学以致用系列丛书

AutoCAD 2016中文版入门与实战

李 莉 编 著

清华大学出版社
北京

内 容 简 介

本书是一本以AutoCAD 2016中文版图形设计软件为基础的介绍图形绘制的工具书，全书共13章，主要包括AutoCAD绘图设计基础、绘制与编辑平面图、管理与标注图形、绘制与编辑三维图形、图形的输出打印以及AutoCAD在不同领域的应用等内容。

本书图文并茂、详略得当，注重实用和技能培养，较为全面、系统地讲解了AutoCAD图形绘制的基本操作、方法和技巧，借助机械和建筑实际环境可以有效提高读者的实际应用能力。

本书主要定位于希望快速入门学习AutoCAD的初、中级用户，适合不同年龄段从事机械设计、建筑设计和室内设计工程技术人员学习与参考。此外，本书也可以作为AutoCAD各类社会培训机构，或各大中专院校的教材。

图书在版编目（CIP）数据

AutoCAD 2016 中文版入门与实战 / 李莉编著 . — 北京：清华大学出版社，2016

(学以致用系列丛书)

ISBN 978-7-302-44034-5

Ⅰ . ① A… Ⅱ . ①李… Ⅲ . ① AutoCAD 软件 Ⅳ . ① TP391.72

中国版本图书馆 CIP 数据核字 (2016) 第 127829 号

责任编辑：李玉萍

封面设计：杨玉兰

责任校对：张彦斌

责任印制：刘海龙

出版发行：清华大学出版社

网　　址：http://www.tup.com.cn，http://www.wqbook.com

地　　址：北京清华大学学研大厦 A 座　　**邮　　编**：100084

社 总 机：010-62770175　　**邮　　购**：010-62786544

投稿与读者服务：010-62776969，c-service@tup.tsinghua.edu.cn

质 量 反 馈：010-62772015，zhiliang@tup.tsinghua.edu.cn

印 装 者：北京亿浓世纪彩色印刷有限公司

经　　销：全国新华书店

开　　本：190mm×260mm　　**印　张**：20　　**字　数**：480 千字

版　　次：2016 年 8 月第 1 版　　**印　次**：2016 年 8 月第 1 次印刷

定　　价：79.00 元

产品编号：068493-01

前言

关于本丛书

如今，使用计算机已不再只是休闲娱乐的一种生活方式，在工作节奏如此快的今天，计算机已成为各类人士不可替代的一种工作方式。为了让更多的初学者学会计算机及其相关软件的操作，经过我们精心的策划和创作，“学以致用系列丛书”已在2015年年初和广大读者见面了。该丛书自上市以来，反响一直很好，而且销量突破预计。

为了回馈广大读者，让更多的人学会使用计算机和一些常用软件的操作，时隔一年，我们对“学以致用系列”进行了全新升级改版，不仅优化了版式效果，更对内容进行了全面更新，让全书更具深度，让读者能学到更多实用的技巧。

本丛书涉及计算机基础与入门、网上开店、Office办公软件、图形图像和网页设计等方面，每本书的内容和讲解方式都根据其特有的应用要求进行量身打造，目的是让读者真正学得会、用得好。其具体包括的书目如下：

- Excel高效办公入门与实战
- Excel函数和图表入门与实战
- Excel数据透视表入门与实战
- Access数据库基础及应用（第2版）
- PPT设计与制作（第2版）
- 新手学开网店（第2版）
- 网店装修与推广（第2版）
- Office 2013入门与实战（第2版）
- 新手学电脑（第2版）
- 中老年人学电脑（第2版）
- 电脑组装、维护与故障排除（第2版）
- 电脑安全与黑客攻防（第2版）
- 网页设计与制作入门与实践
- AutoCAD 2016中文版入门与实战
- Photoshop CS6平面设计入门与实战

丛书两大特色

本丛书主要体现了我们“理论知识和操作学得会，实战工作中能够用得好”的策划和创作宗旨。

理论知识和操作学得会

◆ **讲解上——实用为先，语言精练**

本丛书在内容挑选方面注重3个“最”——内容最实用，操作最常见，案例最典型，并且精练讲解理论部分的内容，用通俗的语言对知识进行讲解，可以提高读者的阅读和学习效率。

◆ **外观上——单双混排，全程图解**

本丛书采用灵活的单双混排方式，主打图解式操作，并且每个操作步骤在内容和配图上均采用编号进行逐一对应，使整个操作更清晰，让读者能够轻松快速地掌握。

◆ **结构上——布局科学，学习＋提升同步进行**

本丛书在每章知识的内容安排上，采用“主体知识＋给你支招”的结构。其中，“主体知识”是针对当前章节涉及的所有理论知识进行讲解；“给你支招”是对本章相关知识的延伸与提升，其实用性和技巧性更强。

◆ **信息上——栏目丰富，延展学习**

本丛书在讲解知识的过程中，还穿插了各种栏目板块，如小绝招、给你支招和长知识。通过这些栏目，有效地增加了本书的知识量，扩展了读者的学习宽度，从而可以帮助读者掌握更多实用的技巧操作。

实战工作中能够用得好

本丛书采用“知识点＋实例操作”的结构形式来讲解，为了让读者清楚这些知识在实战工作中的具体应用，所有的案例均来源于实战工作中的典型案例，比较有针对性。通过这种讲解方式，使读者能在真实的环境中体会知识的应用，从而达到举一反三，融会贯通的目的。

本书内容

本书共13章，主要包括AutoCAD 2016基础入门、二维图形和三维图形的创建与编辑、图纸打印、综合实例等部分，各部分的具体内容如下表所示。

章节介绍	内容体系	作 用
Chapter 01 ~ Chapter 02	基础准备，具体内容包括快速入门的必备基础知识以及利用AutoCAD绘图之前必须掌握的基础操作等	通过本部分的学习，为后面的具体学习奠基
Chapter 03 ~ Chapter 04	绘制和编辑平面图，具体内容包括各种二维平面图的绘制方法、二维平面图的基本编辑和填充方法，以及使用图块绘制图形的方法	通过本部分的学习，掌握有关二维平面图的绘制和编辑操作
Chapter 05 ~ Chapter 09	图形的图层、块、文字以及标注，具体内容包括使用图层管理图形，以及在图形上添加说明和尺寸、创建图形块等	熟练掌握复杂图形的管理方法以及在图形上添加标注的方法
Chapter 10 ~ Chapter 11	三维图形的绘制和打印，具体内容包括简单三维图形的绘制、编辑和渲染以及图纸打印操作	学会使用AutoCAD绘制和编辑三维图形
Chapter 12 ~ Chapter 13	综合实例讲解，具体内容包括三维实体模型的绘制以及建筑图纸的绘制	体会并掌握软件在机械设计领域和建筑设计领域的应用

本书特点

特 点	特点说明
专题精讲	本书体系完善，由浅入深地全面讲解AutoCAD 2016的各项功能，主要包括AutoCAD绘图设计基础、绘制与编辑平面图、管理与标注图形、绘制与编辑三维图形、图形的输出打印以及AutoCAD在不同领域的应用等内容
案例实用	为了让读者更容易学会理论知识，本书不仅为理论知识配备了大量的案例操作，而且在案例选择上注重实用性。这些案例不单单是为了验证知识操作，更是我们实际工作和生活中常遇到的问题，因此，通过这些案例可以让我们在学会知识的同时，解决工作和生活中的问题
拓展知识丰富	本书在讲解过程中安排了上百个“小绝招”和“长知识”板块，用于对相关知识的提升或延展。另外，在每章的最后还专门增加了“给你支招”板块，可以让读者学会更多的进阶技巧，从而提高工作效率
语言轻松	本书语言通俗易懂、贴近生活，略带幽默元素，让读者能充分享受阅读的过程。行文的逻辑感较强，前后呼应，可以加强读者的记忆

读者对象

本书主要定位于希望快速入门学习AutoCAD的初、中级用户，适合不同年龄段从事机械设计、建筑设计和室内设计工程技术人员学习与参考。此外，本书也可以作为AutoCAD各类社会培训机构或各大中专院校的教材。

创作团队

本书由智云科技编著，参与本书编写的人员有邱超群、杨群、罗浩、林菊芳、马英、邱银春、罗丹丹、刘畅、林晓军、周磊、蒋明熙、甘林圣、丁颖、蒋杰、何超等，在此对大家的辛勤工作表示衷心的感谢！

由于编者经验、知识和技术水平有限，书中难免有疏漏和不足之处，恳请专家和读者不吝赐教。

编 者

目录

Chapter 01 AutoCAD 2016基础入门

Chapter 02 AutoCAD 2016基本设置与视图操作

Chapter 08 使用图块和外部参照

Chapter 09 三维图形的绘制

Chapter 10 三维图形的编辑与渲染

Chapter 11 输出与打印图形文件

Chapter 12 AutoCAD机械设计绘图

Chapter 13 AutoCAD建筑设计绘图

Chapter 01

AutoCAD 2016 基础入门

学习目标

AutoCAD是一款计算机辅助设计软件，使用它可以绘制出各种各样的图形。目前，其最新版本是AutoCAD 2016。本章将学习AutoCAD 2016的基础知识，如启动与退出、创建与管理AutoCAD文件以及一些相关的基础操作，让用户快速掌握并使用这些操作，为以后的绘图操作奠定基础。

本章要点

- AutoCAD 2016的基本功能
- AutoCAD 2016的行业应用
- 新建文件
- 打开与关闭文件
- 为文件设置数字签名
- 输入命令绘图
- 命令的重复执行
- 选择对象的方法
- 直角坐标和极坐标
- 控制坐标值的显示

知识要点	学习时间	学习难度
入门知识和软件基本操作	30 分钟	★
绘图命令的使用	40 分钟	★★
对象的选择和坐标系的使用	40 分钟	★★

1.1 走进 AutoCAD 2016

阿智：小白，你拿着笔在画什么啊？那么费劲！

小白：我想要画我家房屋的平面图。

阿智：干嘛用笔画啊，用计算机软件AutoCAD画不但漂亮而且尺寸也很精确。下面我给你介绍一下AutoCAD是什么样的软件吧。

AutoCAD是一个常用的绘图设计软件，在使用之前我们需要对它的应用范围、启动和退出方法以及工作界面有一个完整认识，下面分别进行讲解。

1.1.1 AutoCAD 2016的基本功能

AutoCAD软件主要用于绘制各种各样的图纸，与传统的人工设计和手工绘图相比，使用AutoCAD可以方便地绘制、编辑和修改图形，大大提高了工作效率，而且绘制出来的图纸质量相当高。

学习目标 认识AutoCAD 2016的基本功能
难度指数 ★★

小绝招 以AutoCAD为基础的软件

国内的 AutoCAD 产品增值开发商和独立软件开发商相继开发了很多以 AutoCAD 为平台的建筑专业设计软件，如天正 Tangent、圆方、ABD、建筑之星 ArchStar、华远 House、容创达 RCD 等。要想熟练地运用这些专业软件，首先必须熟悉和掌握 AutoCAD。

1.1.2 AutoCAD 2016的行业应用

AutoCAD广泛应用于机械、建筑、电子、服装、模具、石油、化工和冶金等行业，有时也用于地理、气象和航海等特殊图形的制作，甚至在乐谱、灯光、幻灯和广告等领域也有一席之地。

学习目标 了解AutoCAD 2016的行业应用
难度指数 ★★

机械设计

AutoCAD在机械设计行业的应用最早，也最为广泛。使用AutoCAD进行产品设计不但使设计人员摆脱了丁字尺和图板，更新了传统的设计思想，还可以实现设计自动化，降低产品的成本，提高产品的市场竞争力，缩短产品的开发周期，提高生产效率。图1-1所示是机械设计图纸。

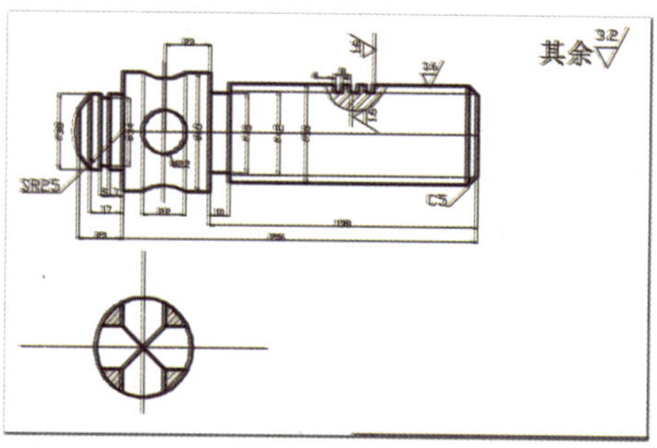

图1-1 机械设计图纸

建筑装修

建筑行业是继机械设计行业之后较早使用AutoCAD进行设计绘图的行业之一，熟练使用AutoCAD进行设计绘图已成为从事建筑设计工作的基本要求之一。与其他绘图软件相比，AutoCAD绘图尺寸更精确、坐标系统更清晰明了，它提供的度量和块等辅助功能可使建筑平面图纸的绘制过程变得简单快速，按比例输出功能还可以准确地输出施工图纸，最大可能地避免因输出比例错误而造成的严重后果。图1-2所示是建筑图纸。

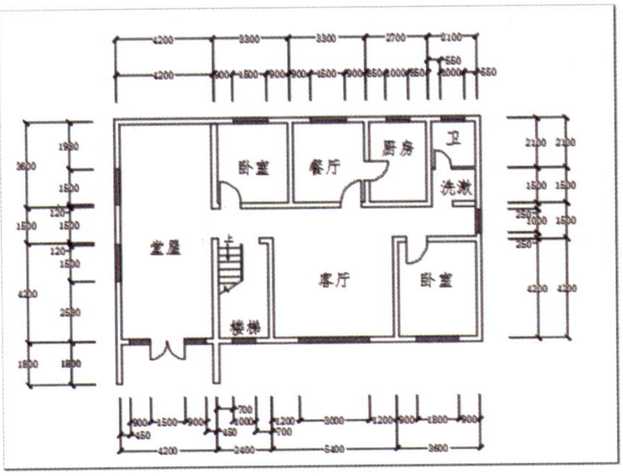

图1-2　建筑图纸

1.1.3 启动AutoCAD 2016软件

AutoCAD 2016软件的启动方式有多种，下面将详细介绍3种常用的方法。

学习目标	掌握正确启动AutoCAD 2016的方法
难度指数	★★

通过开始菜单启动

安装AutoCAD 2016后，选择“开始/所有程序/Autodesk/AutoCAD 2016 - 简体中文(Simplified Chinese)/AutoCAD 2016”命令启动AutoCAD 2016，如图1-3所示。

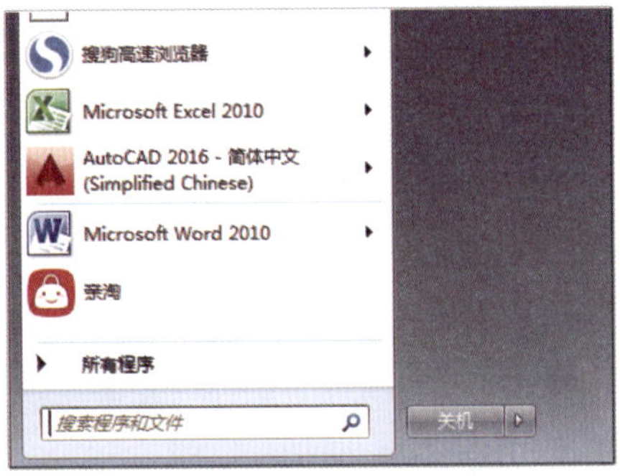

图1-3　通过开始菜单启动

通过桌面快捷方式图标启动

安装AutoCAD 2016后，系统将自动在桌面上创建一个快捷图标，如图1-4所示，双击该图标即可启动AutoCAD 2016。

图1-4　通过桌面快捷图标启动

通过双击AutoCAD文件启动

如果用户计算机中有AutoCAD图形文件，则双击这种文件，也可启动AutoCAD 2016并打开该图形文件，如图1-5所示。

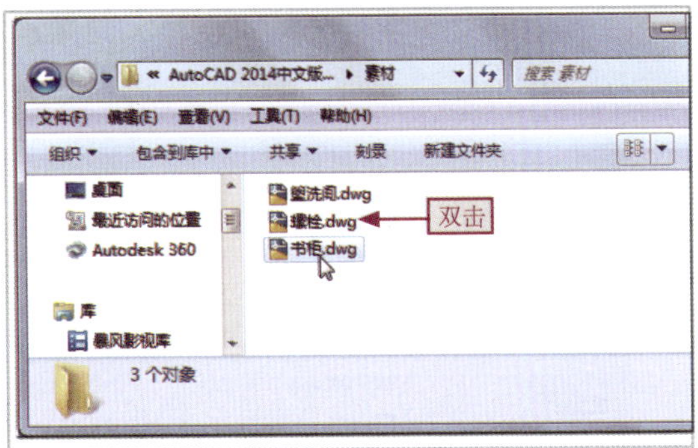

图1-5　通过双击AutoCAD文件启动

1.1.4 认识AutoCAD 2016的工作界面

启动AutoCAD 2016，关闭“欢迎”窗口后，将显示“草图与注释”工作界面，该工作界面主要由应用程序按钮、快速访问工具栏、标题栏、功能区选项卡、文件选项卡、绘图区、坐标系图标、命令行和应用程序状态栏等组成，如图1-6所示。

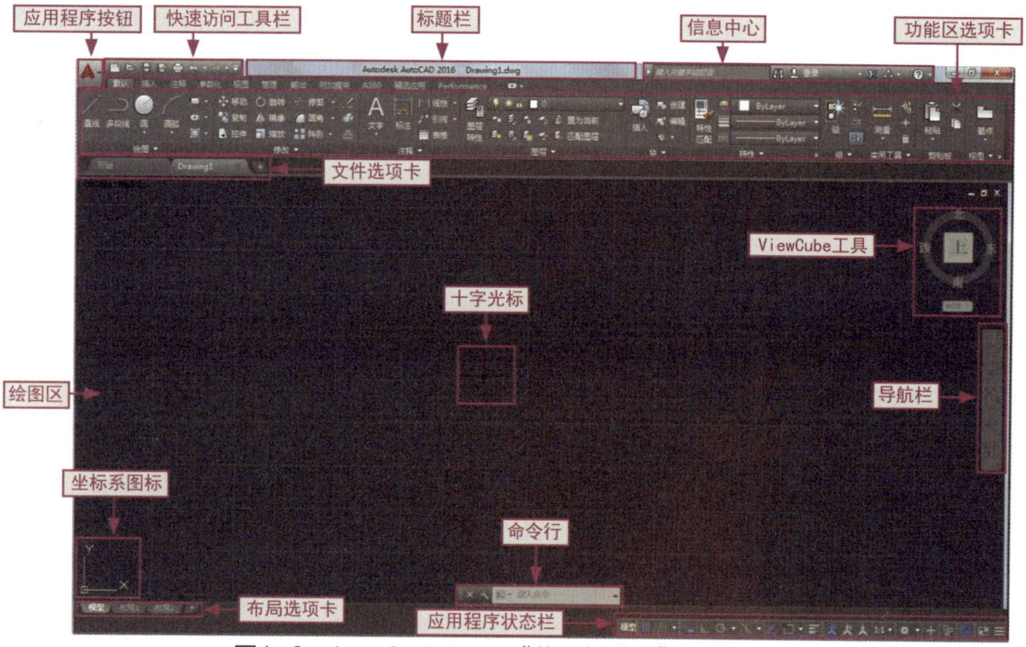

图1-6　AutoCAD 2016“草图与注释”工作界面

学习目标　认识AutoCAD 2016的工作界面

难度指数　★★

应用程序菜单

单击应用程序按钮将显示基于Windows的菜单，即应用程序菜单。应用程序菜单包含新建、保存和发布文件等常用命令，如图1-7所示。

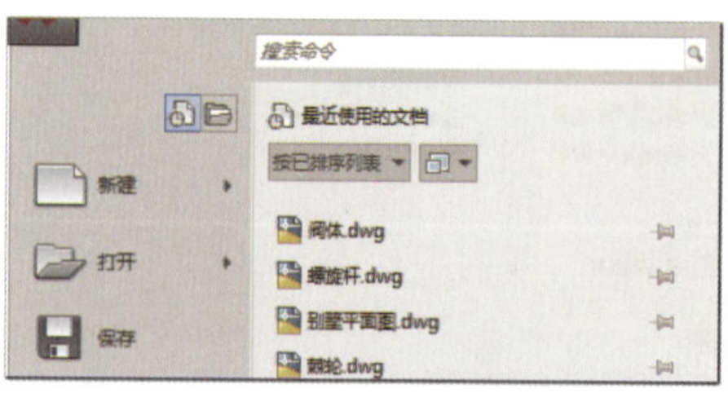

图1-7　应用程序菜单

快速访问工具栏

使用快速访问工具栏可对定义的命令集直接访问。用户可以添加、删除和重新定位命令与控件。默认状态下，快速访问工具栏包括新建、打开、保存、另存为、打印、放弃和重做命令，如图1-8所示。

图1-8　快速访问工具栏

标题栏与信息中心

标题栏位于工作界面顶端的中间位置，显示软件的名称和当前打开的文件名称；信息中心是一种用在多个Autodesk产品中的功能，它由标题栏右侧的一组工具组成，使用它可以访问许多与产品相关的信息源，如工作界面中显示了用于Autodesk 360服务的“登录”按钮或指向Autodesk Exchange的链接等；标题栏最右侧还显示了“帮助”“最小化”“恢复窗口大小”“关闭”按钮，如图1-9所示。

图1-9　标题栏与信息中心

功能区选项卡、功能区和功能区面板

功能区面板可以将一组与任务相关的按钮和控件在功能区组合在一起，用户只需单击面板上的按钮就可以执行相应命令。功能区包含多个功能区面板组，它为与当前工作空间相关的命令提供了一个单一、简洁的放置区域，如图1-10所示。

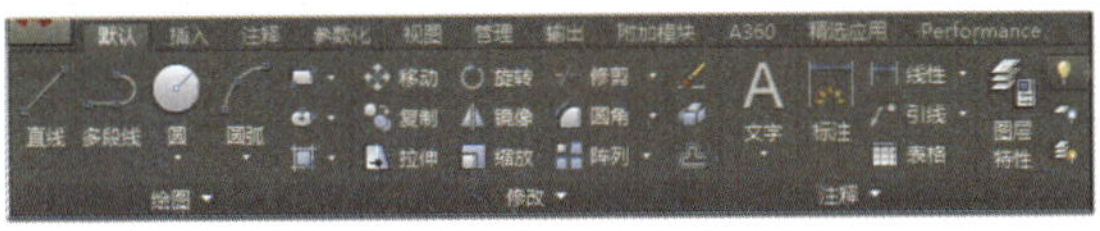

图1-10　功能区选项卡、功能区和功能区面板

文件选项卡

文件选项卡可以帮助用户访问应用程序中所有打开的图形。文件选项卡通常显示完整的文件名。单击文件选项卡右侧的“+”按钮，可以打开“选择样板”对话框，创建新图形，如图1-11所示。

图1-11　文件选项卡

绘图区

绘图区是绘图和编辑对象的工作区域，所有设计和绘制的图形都将显示在该区域，因此应尽量保证绘图区域大一些，如图1-12所示。

图1-12　全屏显示工作界面

十字光标与坐标系图标

在绘图区移动鼠标将看到一个十字光标在移动，即图形光标，绘制图形时图形光标显示为“十”字形。绘图区左下角是AutoCAD的直角坐标系显示标志，用于指示图形设计的平面。绘图区底部有一个模型标签和两个布局标签，在AutoCAD中有两个工作空间，模型代表模型空间，布局代表图纸空间，单击相应的标签可切换工作空间，图1-13所示为图纸空间。

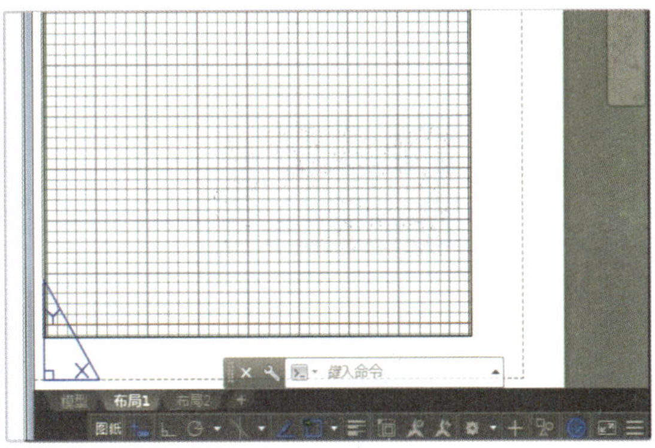

图1-13　图纸空间

命令行

命令行是一个输入命令和反馈命令参数提示的区域，AutoCAD所有的命令都可在命令行实现。如画直线时，除了可以在“默认”选项卡的“绘图”面板中单击“直线”按钮外，还可在命令行输入“line”直线命令，如图1-14所示。

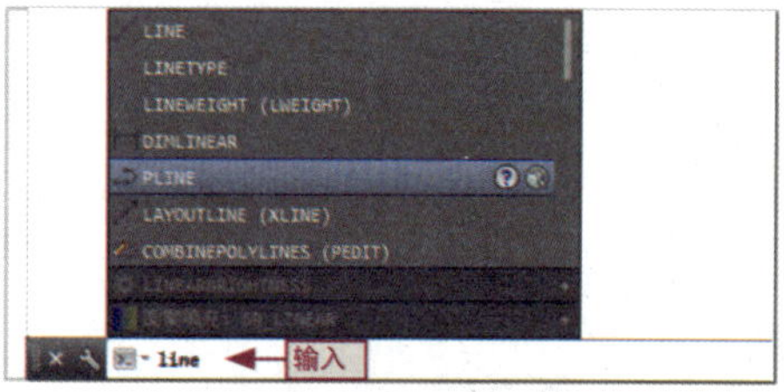

图1-14　在命令行输入“line”直线命令

ViewCube工具

方位显示(ViewCube)导航工具在视图发生更改时可提供有关模型当前视点的直观反映；将光标放置在视图方位显示(ViewCube)工具上后，视图方位显示(ViewCube)将变为活动状态，可以通过拖动或单击来切换到可用预设视图之一、滚动当前视图或更改为模型的主视图。单击ViewCube工具右下角的倒三角按钮，将弹出ViewCube菜单，在其中可恢复和更改主视图、切换视图投影模式或访问ViewCube设置，如图1-15所示。

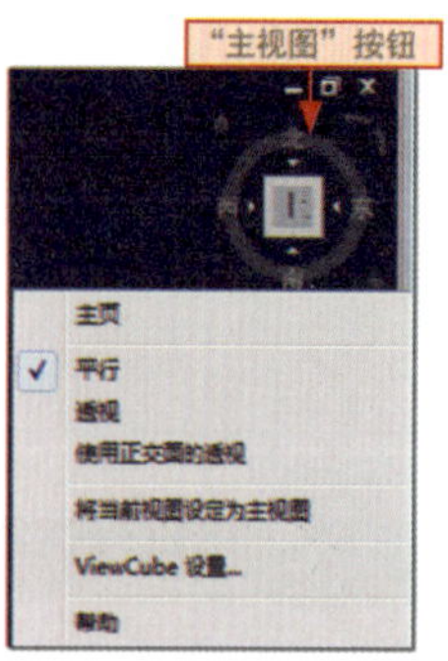

图1-15　ViewCube工具

导航栏

导航栏包含一组导航工具，使用它可以方便地访问多种产品特定的导航工具，如控制盘、平移和缩放等，如图1-16所示。默认情况下，控制盘是关闭的，可以在命令行中输入Navswheel命令，即可将其显示出来。

图1-16　导航栏

应用程序状态栏

应用程序状态栏左侧的数字 -0.9580, -1.0710, 0.0000 显示为当前光标的XYZ坐标值；绘图辅助工具用来帮助用户快速、精确地作图；模型与布局用来控制当前图形设计是在模型空间还是布局空间；注释工具可以显示注释比例及可见性；工作空间菜单方便用户切换不同的工作空间；锁定的作用是可以锁定或解锁浮动工具栏、固定工具栏、浮动窗口或固定窗口在图形中的位置。锁定的工具栏和窗口不可以被拖动，但按住Ctrl键，可以临时解锁，从而拖动锁定的工具栏和窗口；隔离对象是控制对象在当前图形上显示与否；右侧是“全屏显示”按钮，如图1-17所示。

图1-17　应用程序状态栏

1.1.5 关闭AutoCAD 2016软件

用户不需要使用AutoCAD 2016时，可通过以下几种方法退出AutoCAD 2016。

学习目标　掌握退出AutoCAD 2016的方法
难度指数　★★

通过应用程序菜单退出

在AutoCAD 2016工作界面中单击应用程序按钮，在弹出的应用程序菜单中单击“退出Autodesk AutoCAD 2016”按钮即可，如图1-18所示。

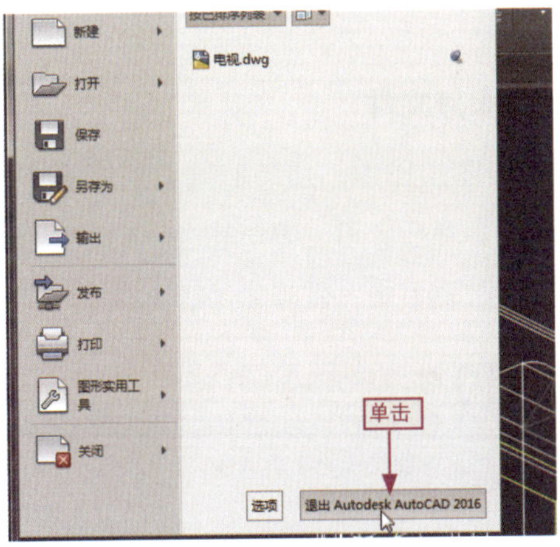

图1-18　通过应用程序菜单退出

通过命令行退出

在AutoCAD 2016的命令行中执行QUIT或EXIT命令也可退出AutoCAD 2016，如图1-19所示。

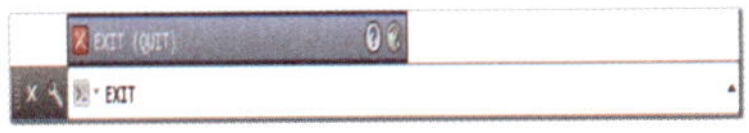

图1-19　通过命令行退出

通过其他方式退出

在AutoCAD 2016的标题栏右侧单击“关闭”按钮，如图1-20所示，或在AutoCAD 2016的运行状态下按Alt+F4组合键都可退出AutoCAD 2016。

图1-20　单击“关闭”按钮退出

1.2 软件的基本操作

小白：AutoCAD软件的基本功能我已经了解了，但是具体该如何操作使用软件呢?

阿智：AutoCAD软件和其他的软件类似，首先需要了解文件的建立和保存等操作，下面我们来学习一下吧。

AutoCAD 2016图形文件的创建与管理和其他设计软件相同，主要包括文件的新建、保存、关闭、打开和保护等操作。

1.2.1 新建文件

当用户需要多个图形文件时，可以执行相应的操作创建更多新的图形文件。新建文件的具体操作如下。

学习目标	掌握新建文件的方法
难度指数	★

步骤01 在AutoCAD 2016工作界面中❶单击应用程序按钮，❷在弹出的应用程序菜单中选择“新建/图形”命令，如图1-21所示。

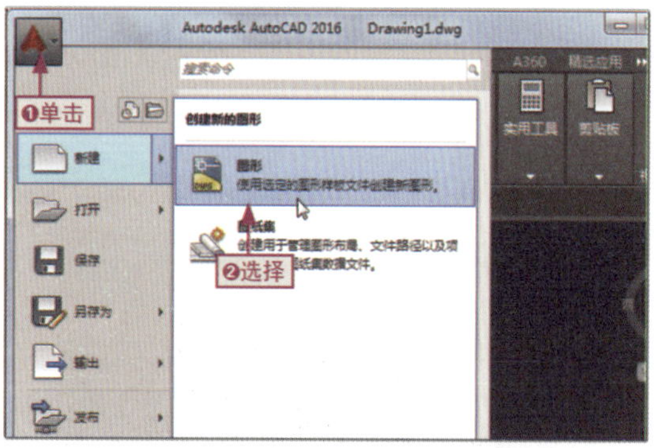

图1-21 选择“新建”命令

步骤02 打开“选择样板”对话框，❶选择新文件所要使用的样板文件(默认样板文件是acadiso.dwt)，❷单击“打开”按钮，新建基于选定样板的文件，如图1-22所示。

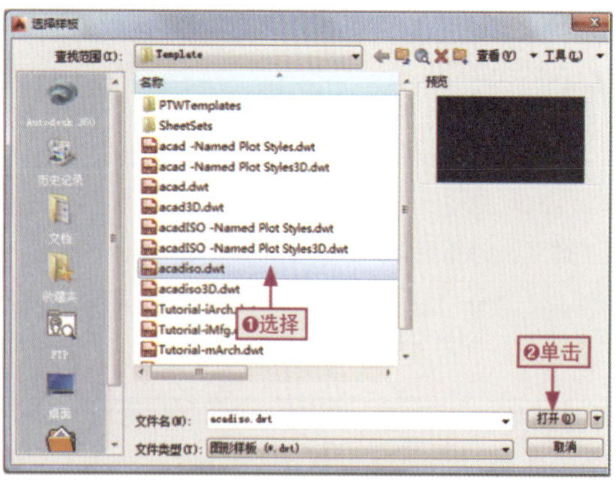

图1-22 选择样板文件

步骤03 在“文件选项卡”中可看到新建的名为“Drawing2”的文件，如图1-23所示。

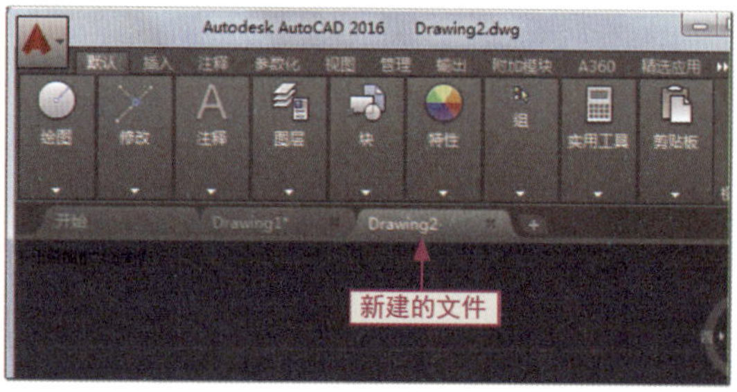

图1-23 查看新建的文件

1.2.2 文件的直接保存和另存

保存文件分为直接保存和另存文件，下面分别介绍。

1. 直接保存文件

在绘图工作中，应随时注意对图形文件进行保存，以免因死机、停电和操作错误等造成图形文件及数据丢失。保存文件的具体操作如下。

本节素材	/素材/Chapter01/无
本节效果	/效果/Chapter01/建筑总平面图.dwg
学习目标	掌握保存文件的方法
难度指数	★

步骤01 启动AutoCAD 2016，在“快速访问工具栏”上单击“保存”按钮，如图1-24所示。

图1-24 保存文件

步骤02 打开“图形另存为”对话框，❶在“保存于”下拉列表框中选择图形保存的位置，❷在“文件名”下拉列表框中输入图形的文件名称“建筑总平面图”，❸单击“保存”按钮，将图形文件进行保存，如图1-25所示。

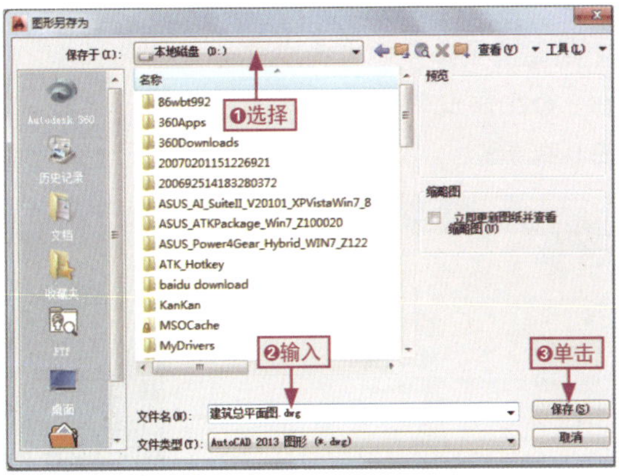

图1-25 设置保存位置

2. 另存文件

将图形文件保存之后，用户还可以将其另存为其他文件名、其他格式的文件，其具体操作如下。

本节素材	/素材/Chapter01/建筑总平面图.dwg
本节效果	/效果/Chapter01/建筑立面图.dwg
学习目标	掌握另存文件的方法
难度指数	★

步骤01 打开“建筑总平面图”素材文件，在快速访问工具栏上单击“另存为”按钮，如图1-26所示。

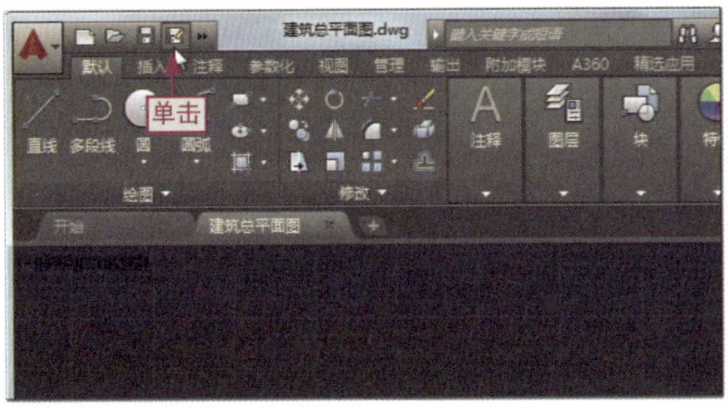

图1-26 另存文件

步骤02 打开“图形另存为”对话框，❶在“保存于”下拉列表框中选择图形保存的位置，❷在“文件名”下拉列表框中输入图形的文件名称“建筑立面图”，❸单击“保存”按钮，将图形文件进行另存，如图1-27所示。

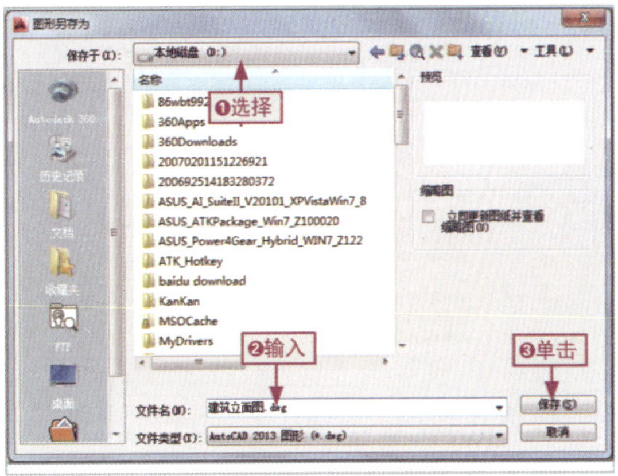

图1-27 另存文件设置

1.2.3 打开与关闭文件

将图形文件保存在计算机上后，用户可以随时打开并对其进行编辑和打印等操作，编辑完成并保存后，可以将其关闭。打开和关闭文件的具体操作如下。

本节素材	/素材/Chapter01/建筑总平面图.dwg
本节效果	/效果/Chapter01/无
学习目标	掌握打开和关闭文件的方法
难度指数	★

步骤01 打开AutoCAD 2016，在快速访问工具栏上单击“打开”按钮，如图1-28所示。

图1-28 打开文件

步骤02 打开“选择文件”对话框，❶在“查找范围”下拉列表框中选择图形保存位置，❷选择“建筑总平面图”图形文件所在的位置，❸单击“打开”按钮，如图1-29所示。

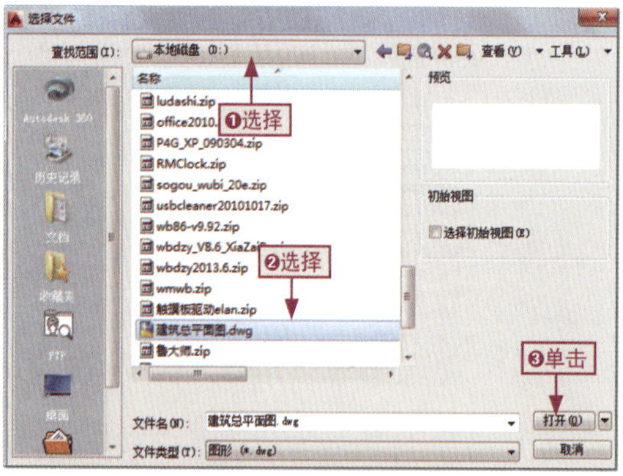

图1-29　打开文件

步骤03 打开选择的文件，对文件进行编辑和保存后，单击“文件选项卡”上的“关闭”按钮，将该文件关闭，如图1-30所示。

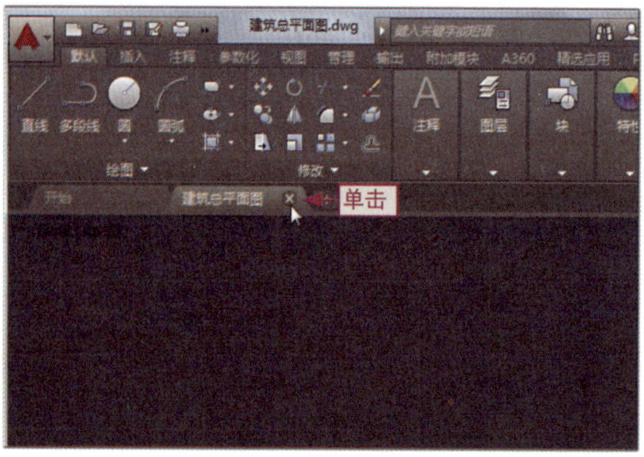

图1-30　关闭文件

1.2.4 为文件设置数字签名保护

使用数字签名可以更方便地与其他人进行工程协作，为图形接收者提供可靠信息，如图形集的创建者以及图形在附加数字签名后是否被修改。数字签名有助于证明用户的身份和图形的真实性。创建数字签名的具体操作如下。

学习目标　掌握为文件签署数字签名的方法
难度指数　★★

步骤01 ❶在目标文件中单击“应用程序”按钮，❷在弹出的菜单中单击“选项”按钮，如图1-31所示。

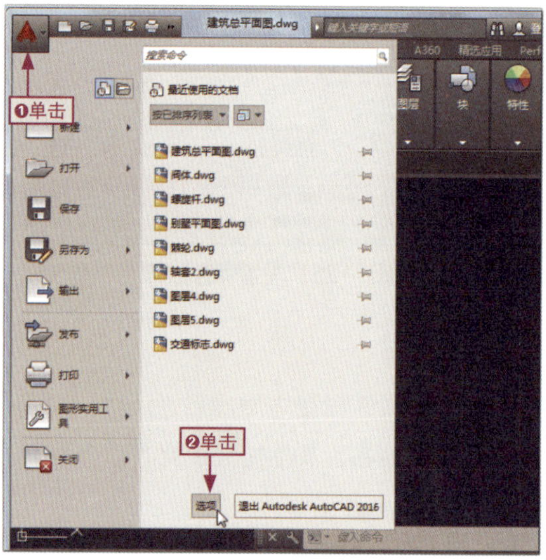

图1-31　单击“选项”按钮

步骤02 ❶打开“选项”对话框，单击“打开和保存”选项卡，❷在其中单击“数字签名”按钮，如图1-32所示。

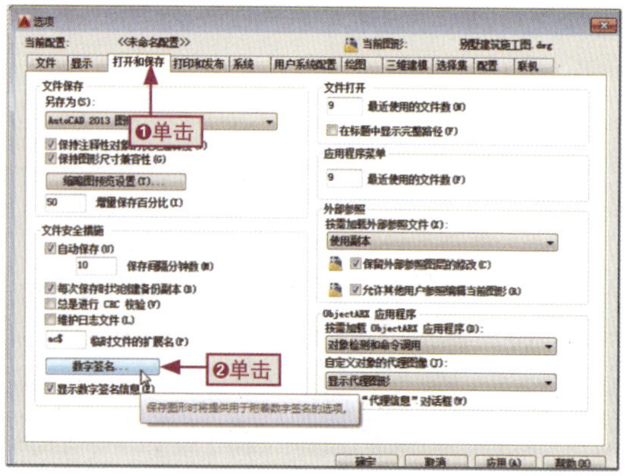

图1-32　“选项”对话框

步骤03 在打开的“数字签名-数字签名不可用”对话框中提示需要下载的数字证书，单击“获取”按钮，将会打开相应的网站进行数字证书的下载，如图1-33所示。

步骤04 完成后在打开的“数字签名”对话框中进行数字签名的设置，完成后单击“确定”按钮，如图1-34所示。

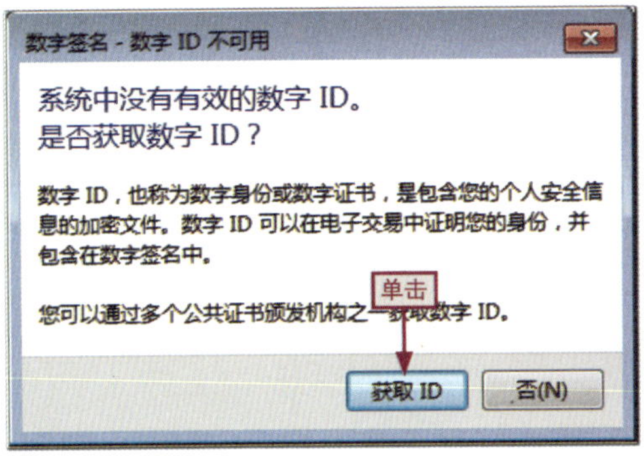

图1-33 “数字签名-数字签名不可用”对话框

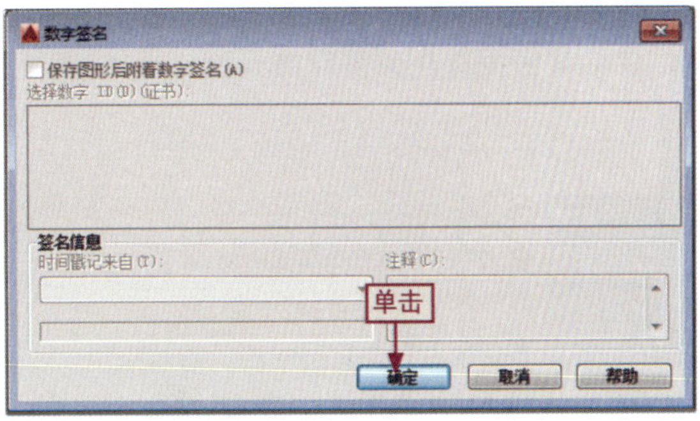

图1-34 设置数字签名

小绝招

为文件设置自动保存

在制作或者编辑图形文件的过程中，为了避免因为意外断电等原因导致文件未保存，可以通过“选项”对话框中的“打开和保存”选项卡中的“文件安全措施”栏来设置文件的自动保存时间，设置后程序会在指定的时间间隔自动对文件进行保存。

1.3 使用命令绘图

小白：基础的操作都了解了，可以开始进行绘图了吗?

阿智：要进行绘图还需要掌握一些绘图的基本操作，AutoCAD绘图的方法有两种，单击功能区的按钮或者输入命令均可进行绘制。

小白：哪种方法更好一些呢？你快教教我吧。

AutoCAD命令的执行方式有多种，如使用菜单命令、工具按钮和命令行等执行方式。在绘图时，多种方式结合使用能有效地提高绘图效率。

1.3.1 输入命令绘图

在命令行输入命令绘图是AutoCAD最常用也是最需要掌握的绘图方法。当需要使用某个工具进行绘图时，只需在命令行中输入该工具的命令，根据提示即可完成绘图，具体操作如下。

本节素材	/素材/Chapter01/无
本节效果	/效果/Chapter01/圆.dwg
学习目标	掌握命令的输入方法
难度指数	★

步骤01 在命令行中输入CIRCLE命令，按Enter键，此时命令行提示指定圆的圆心，如图1-35所示。

图1-35　输入CIRCLE命令

步骤02 在绘图区单击指定圆的圆心，此时命令行提示指定圆的半径。在命令行输入“300”，按Enter键，完成圆的绘制，如图1-36所示。

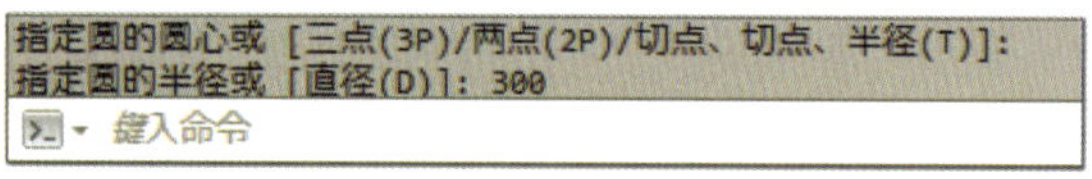

图1-36　指定圆心并输入直径

小绝招　中括号的选项和尖括号的数值

很多命令提示都带有若干以中括号提示的选项，若要选择某个选项，只需输入圆括号中的字母并按Enter键即可，如在命令行中输入D，并按Enter键，命令提示就变为“指定圆的直径”了。在执行某些命令时，经常会遇到命令提示的后面有一个尖括号（如“<10.0000>”），其中的数值是当前的默认值，此时如果直接按Enter键表示使用该默认值。

1.3.2 输入动态命令

在AutoCAD中，鼠标光标的附近会显示一个提示信息和命令输入框，称为动态输入框。很多命令和数据都可以直接在动态命令框中输入，这样可以提高输入命令的效率，具体操作如下。

本节素材	/素材/Chapter01/无
本节效果	/效果/Chapter01/圆1.dwg
学习目标	掌握动态输入方法
难度指数	★

步骤01 ❶在命令行中输入CIRCLE命令，鼠标指针旁将自动出现动态输入框，❷选择CIRCLE按钮，按Enter键，如图1-37所示。

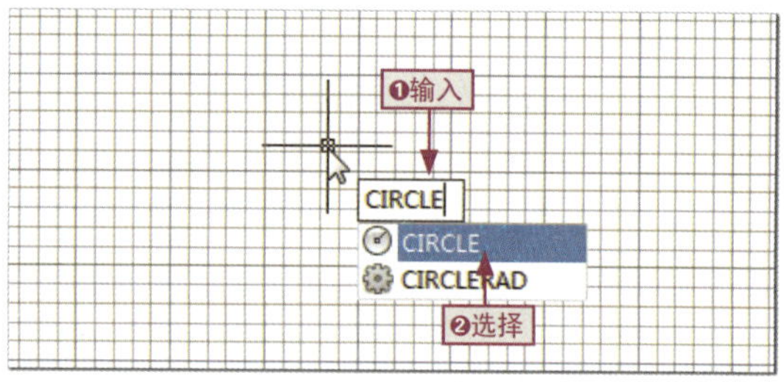

图1-37　动态输入命令

步骤02 将鼠标光标移动到圆心坐标，按Enter键指定圆的圆心如图1-38所示。

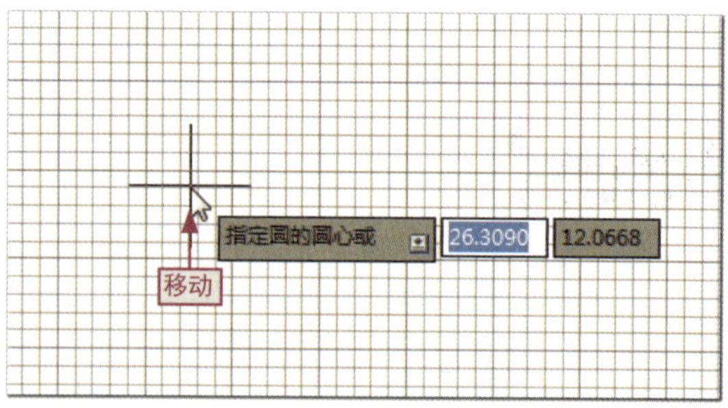

图1-38　选择圆心坐标

步骤03 在提示输入圆的半径文本框中输入“300”，按Enter键完成圆的绘制，如图1-39所示。

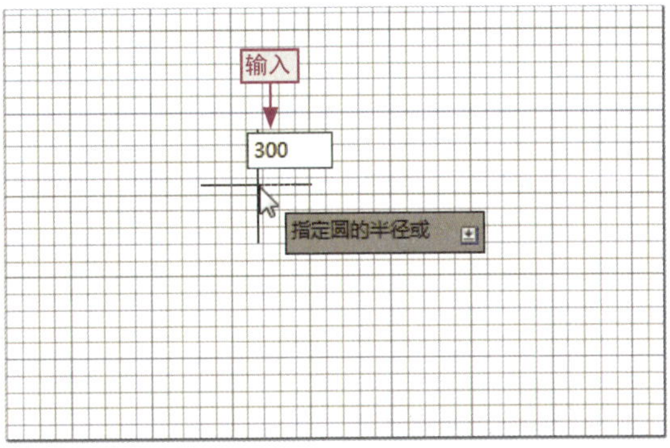

图1-39 输入圆的半径

1.3.3 命令的重复执行

如果需要重复执行前一次的命令，只需在命令行提示状态为“命令:”时按Enter键或空格键即可，系统将自动执行前一次操作的命令，具体操作如下。

本节素材	/素材/Chapter01/无
本节效果	/效果/Chapter01/圆2.dwg
学习目标	掌握重复执行命令的方法
难度指数	★

步骤01 输入CIRCLE命令，在绘图区绘制一个半径为“500”的圆，如图1-40所示。

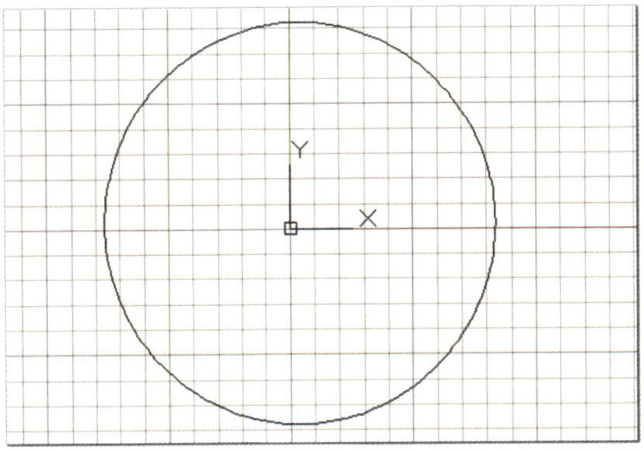

图1-40 绘制图形

步骤02 按Enter键，将重复执行命令CIRCLE，这时可以继续绘制另外一个圆，如图1-41所示。

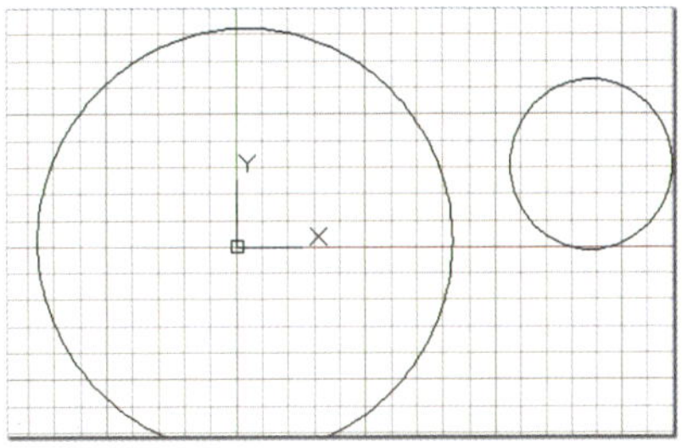

图1-41 继续绘制

小绝招

快速翻阅执行过的命令

在键盘上按↑方向键，可依次向上翻阅前面在命令行中所输入的数值或命令，当出现用户需执行的命令后，按Enter键或空格键即可执行命令。

1.3.4 取消与恢复命令

在绘图过程中常常会出现图形绘制错误的情况，这时可以通过UNDO命令来撤销该操作，或通过REDO命令来还原被撤销的操作，具体操作如下。

本节素材	/素材/Chapter01/无
本节效果	/效果/Chapter01/圆3.dwg
学习目标	掌握命令的取消和恢复
难度指数	★

步骤01 使用CIRCLE命令，在绘图区绘制3个半径不同的圆，输入UNDO命令，如图1-42所示。

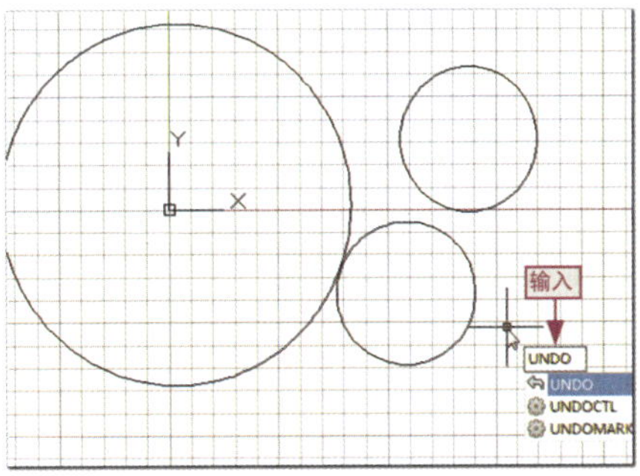

图1-42 绘制3个图形

步骤02 在绘图区可以看到最后绘制的一个圆被撤销了，如图1-43所示。

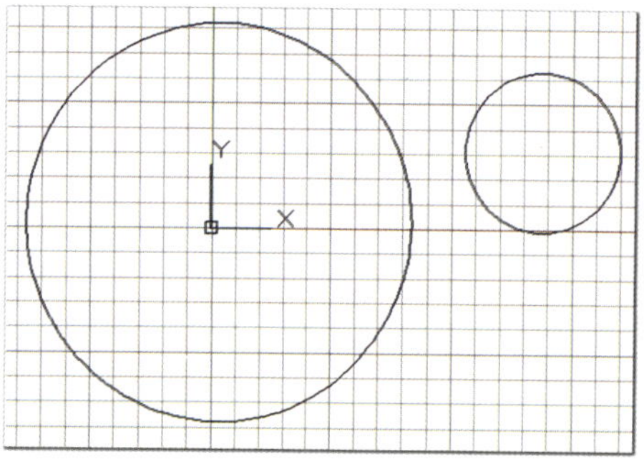

图1-43　撤销绘制的图形

步骤03 输入命令REDO即可还原被撤销的操作，如图1-44所示。

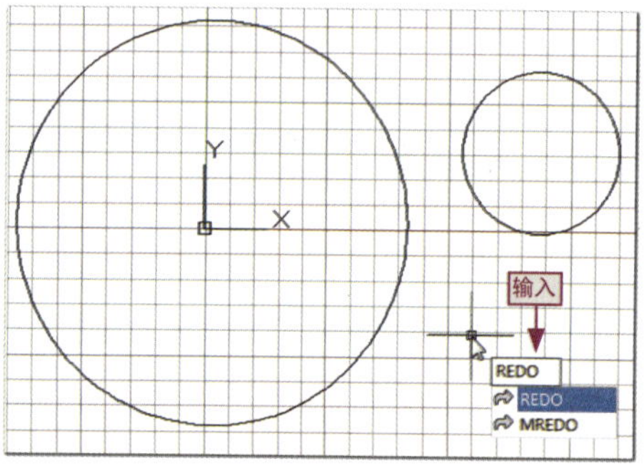

图1-44　输入恢复命令

> **小绝招　取消和恢复操作中的其他命令**
>
> 在命令行中执行 OOPS 命令可取消前一次操作。与前面的方法不同，该命令只能恢复以前操作时最后一次被删除的对象。一些命令在执行时也提供了“放弃（U）”选项，选择该选项将取消上一步的操作，连续选择“放弃”选项可连续取消前面执行的操作。

1.3.5 退出还在执行的命令

若用户在绘图过程中，要退出正在执行的命令，有如下两种方法。

- 按Esc键：在键盘上按Esc键即可退出正在执行的命令，但有的命令需要多次按Esc键才能退出。
- 按Enter键：有的命令在操作过程中会多次重复提示用户执行某项操作，此时可直接按Enter键，但有的命令需要多次按Enter键才能退出。

1.3.6 透明命令

在AutoCAD中，当在执行某个命令的过程中需要用到其他命令，而又不退出当前执行的命令时，可使用透明命令，其具体操作如下。

学习目标　掌握使用透明命令的方法和操作

难度指数　★

步骤01 在绘图区输入CIRCLE命令，按Enter键，如图1-45所示。

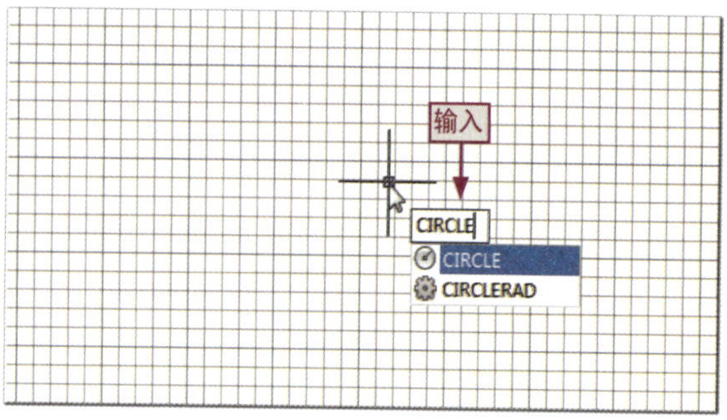

图1-45　输入命令

步骤02 指定圆心，在命令行提示“指定圆的半径”时，在动态输入框中输入HELP，如图1-46所示。此时将打开“帮助”窗口。

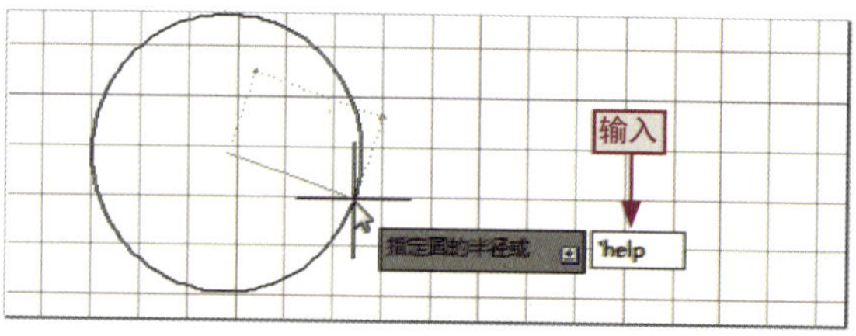

图1-46　执行透明命令操作

1.4 使用选择对象的五种方法

小白：我绘制了一个图形，但需要进行修改，该怎么做呢？

阿智：要修改图形首先需要先选择修改的图形，所以我们先来学习图形的选择方法。选择的方法有多种，用户可以根据编辑的需要来自行选择。

在用AutoCAD编辑对象前，首先应选择需编辑的对象。AutoCAD提供了多种选择对象的方式，如点选、框选、栏选、全选和快速选择等。

1.4.1 点选对象

点选对象即用鼠标光标直接单击需要选择的对象，一般用来选择单个对象。它是一种最简单、最常用的选择方法。点选对象的具体操作如下。

本节素材	/素材/Chapter01/低速轴.dwg
本节效果	/效果/Chapter01/无
学习目标	掌握点选图形对象的方法
难度指数	★★

步骤01 打开“低速轴”素材文件，将鼠标光标移动到需要点选的对象上，如图1-47所示。

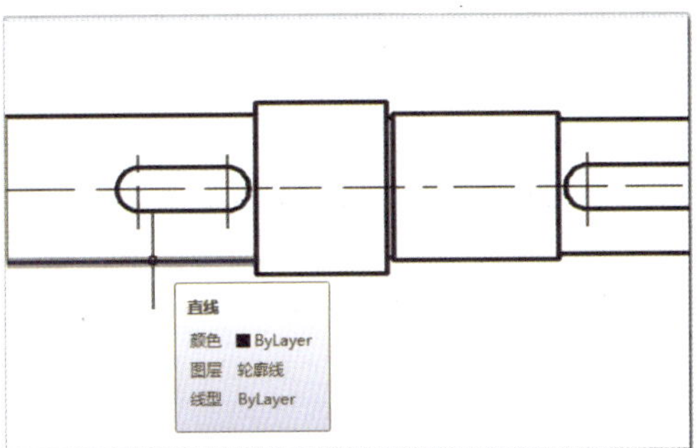

图1-47 移动鼠标

步骤02 单击即可选择该对象，被选择的对象以蓝点虚线显示。单击其他对象可以进行连续选择，如图1-48所示。

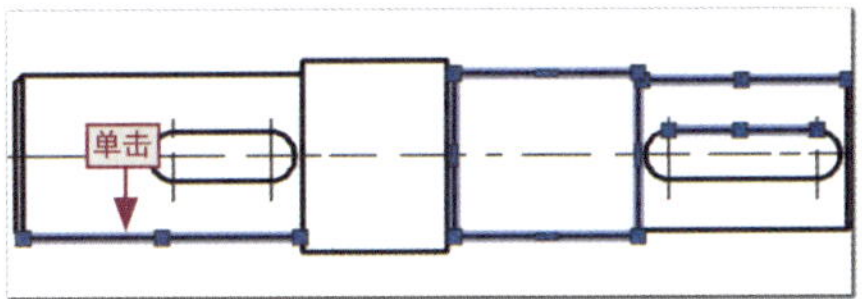

图1-48 点选多个对象

小绝招 取消选择对象

如果要取消点选对象，其方法有如下两种。

- 按Esc键。
- 在命令行中输入U命令。如果在执行某个命令的过程中选择对象，使用该方法可以取消本次选择操作，但不会退出正在执行的某个命令。

1.4.2 框选对象

框选对象和在计算机中的框选文件类似，但AutoCAD的框选方式可分为左框选和右框选两种，下面通过实例来介绍这两种方法的区别，具体操作如下。

本节素材	/素材/Chapter01/低速轴.dwg
本节效果	/效果/Chapter01/无
学习目标	掌握框选图形对象的方法
难度指数	★

步骤01 打开“低速轴”素材文件，将鼠标光标移到图形对象的左侧，单击鼠标，然后向右下方拖动框选左侧第一个矩形和第二个矩形的一半，如图1-49所示。

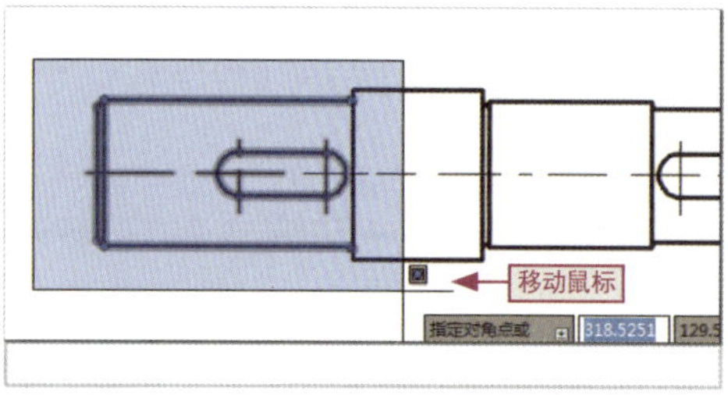

图1-49　使用左键选择对象

步骤02 释放鼠标后，用户可以看到仅选中了左侧第一个矩形对象，如图1-50所示。

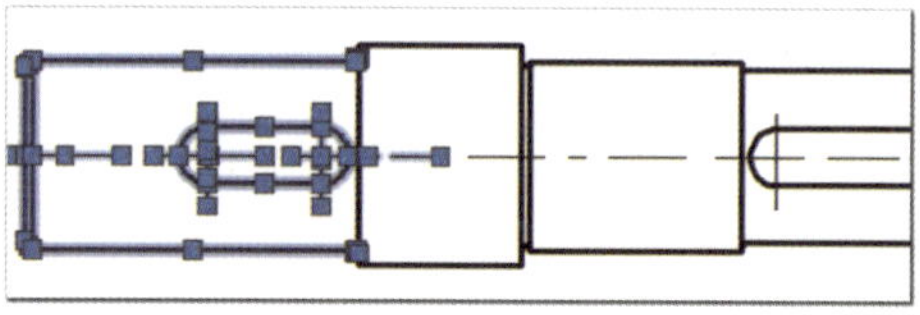

图1-50　框选左侧对象

步骤03 将鼠标光标从图形对象的右侧向左侧拖动，框选右侧第一个矩形和第二个矩形的一半，如图1-51所示。

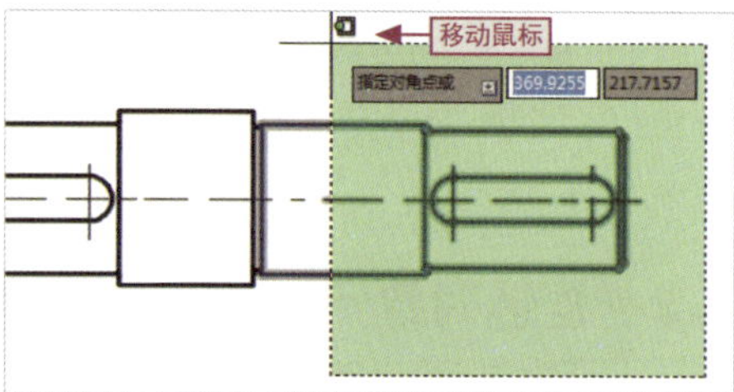

图1-51　使用左键框选对象

步骤04 释放鼠标后，用户可以看到同时框选了右侧的两个矩形对象，如图1-52所示。

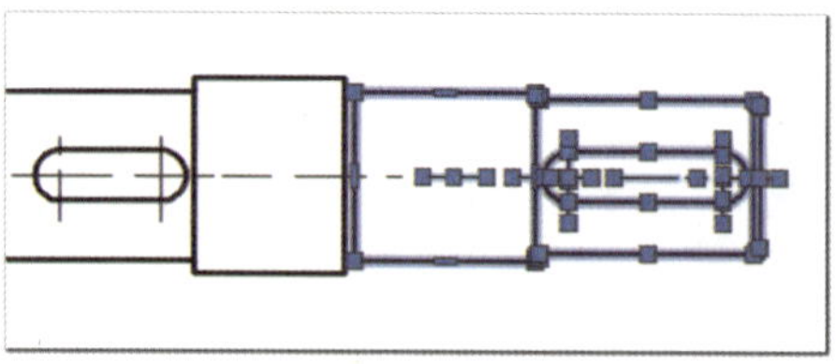

图1-52　已框选对象

1.4.3 栏选对象

栏选对象是指在选择对象时拖拽出任意折线，凡是与折线相交的图形对象均会被选择。利用该方式选择连续性目标非常方便，但栏选线不能封闭或相交，具体操作如下。

本节素材	/素材/Chapter01/螺栓.dwg
本节效果	/效果/Chapter01/无
学习目标	掌握栏选图形对象的方法
难度指数	★

步骤01 打开“螺栓”素材文件，在绘图区单击，指定一个起点，如图1-53所示。

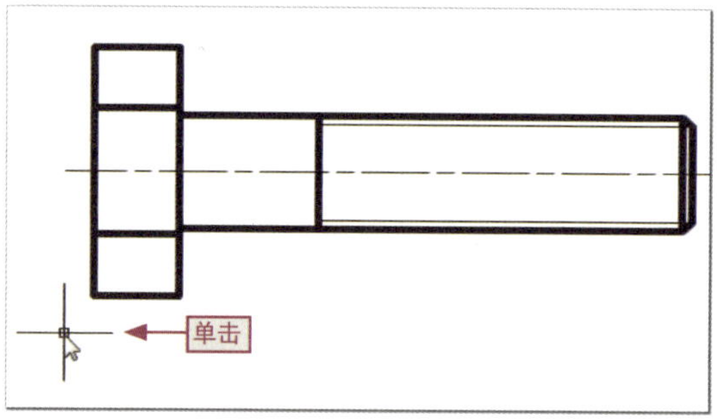

图1-53　指定起点

步骤02 当命令提示行提示“指定对角点”时，在命令行中输入F，选择栏选选项，将鼠标移动到需要选择的对象方向之上，如图1-54所示。

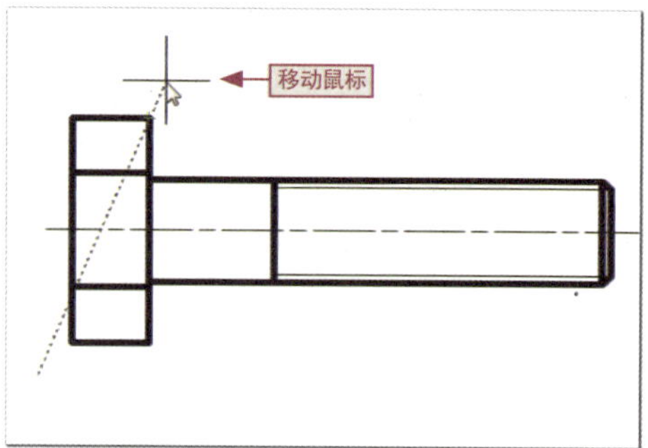

图1-54　指定栏选点

步骤03 单击，当命令提示行提示“指定下一栏选点”时，移动鼠标指定下一点，如图1-55所示。

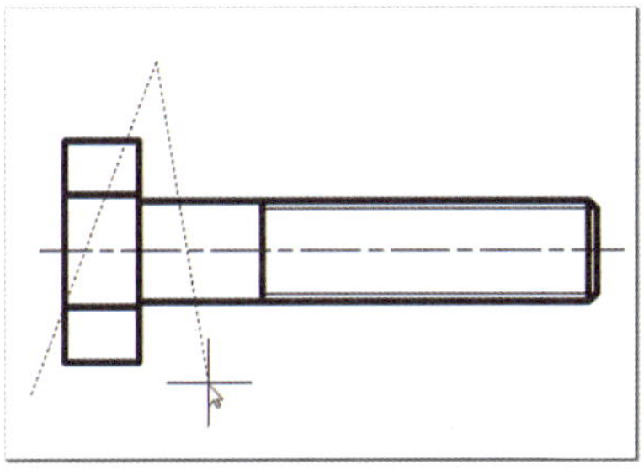

图1-55　选择下一栏选点

步骤04 按Enter键完成栏选操作，在图形中即可选择需要的对象，如图1-56所示。

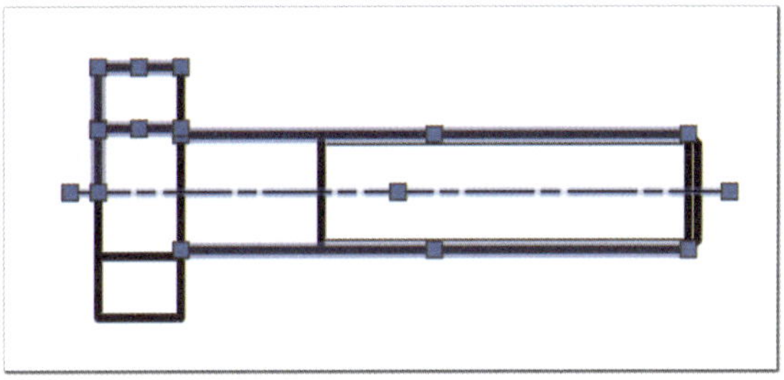

图1-56　选择对象效果

1.4.4 全选对象

绘图区的图形有很多，需要进行选择时，使用点选和框选很不方便，此时可以进行全选操作，如图1-57所示。选择全部对象的方法有以下两种。

- 在未执行命令时，按Ctrl+A组合键可全选绘图区的所有对象。
- 当命令行提示“选择对象:”时，执行ALL命令。

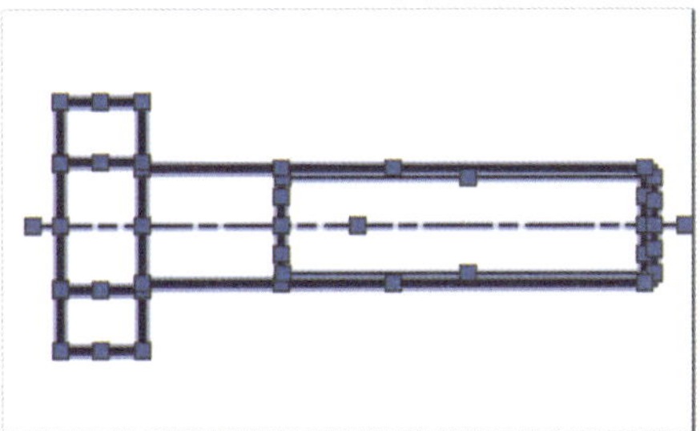

图1-57　全选图形效果

1.4.5 快速选择对象

快速选择对象功能可以快速选择具有特定属性的对象，适合需要从多个对象中选择具有相同属性的对象时采用此方法，其具体操作如下。

本节素材	/素材/Chapter01/餐桌.dwg
本节效果	/效果/Chapter01/无
学习目标	掌握快速选择指定对象的方法
难度指数	★

步骤01 ❶打开“餐桌”素材文件，❷在命令行中输入QSELECT命令，如图1-58所示。

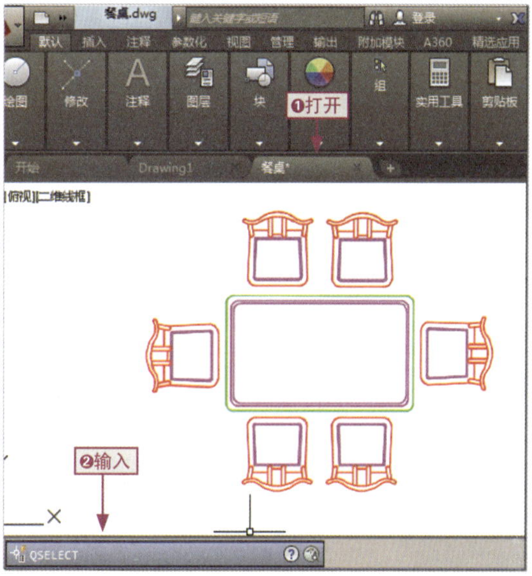

图1-58　输入命令

步骤02 打开“快速选择”对话框，❶在“特性”列表框中选择“颜色”选项，❷在“运算符”下拉列表框中选择“= 等于”选项，❸在“值”下拉列表框中选择“红”选项，❹单击“确定”按钮，如图1-59所示。

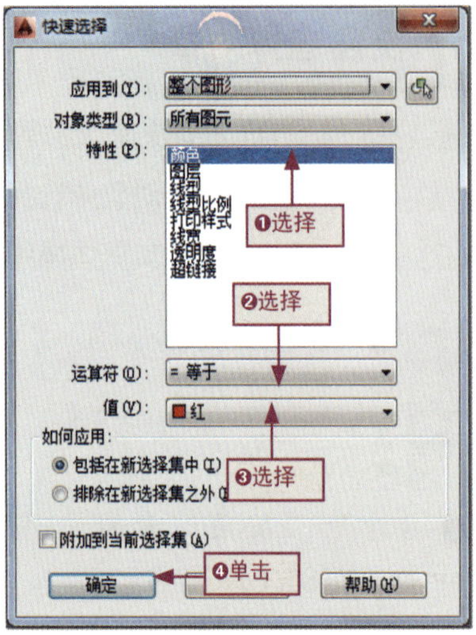

图1-59　设置快速选择选项

步骤03 在绘图区，用户可以看到图像中的所有红色的对象被选择，如图1-60所示。

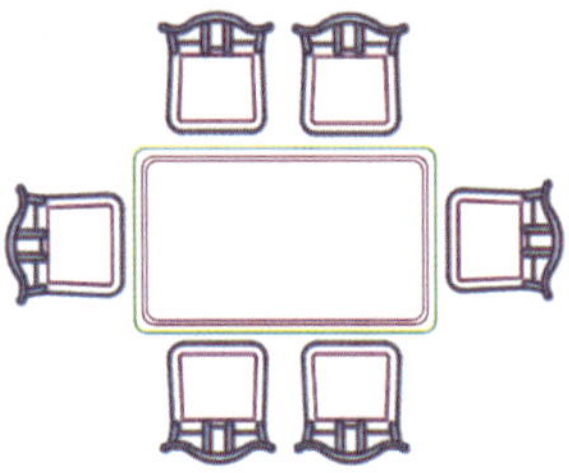

图1-60　选择对象效果

小绝招

"快速选择"对话框中的选项

快速选择对话框中的部分选项功能如下。

- "应用到"下拉列表框：默认为"整个图形"选项，单击其右侧的"选择对象"按钮返回到绘图区，选择部分图形对象作为筛选的范围，此时"应用到"下拉列表框中将变为"当前选择"选项。
- "对象类型"下拉列表框：用于选择对象的类型，其下方的"特性"列表框中将根据对象类型显示不同的特性，如颜色、图层及线型等。
- "值"下拉列表框：用于选择对象特性的具体值，选项根据所选特性的不同而不同。如选择"颜色"特性时，其选项为"蓝色""红色"等。
- "附加到当前选择集"复选框：取消选中该复选框，表示将现在创建的选择集替换原选择集，选中该复选框则表示将现在创建的选择集添加到原选择集中。

1.5 用坐标系精确定位图形

小白：我绘制的图形有些位置不是很精确，有没有什么方法可以让图形更精确呢?

阿智：AutoCAD有一个坐标的功能，使用坐标系可以在需要的坐标上绘制图形，这样绘制出来的图形位置就很精确了。

在使用AutoCAD绘制图形时，要精确地定位图形可使用坐标系，下面来了解一下坐标系的相关内容。

1.5.1 直角坐标和极坐标

AutoCAD使用最频繁的是直角坐标，直角坐标主要有两种：绝对坐标和相对坐标。另外还有一种特殊坐标——极坐标，下面分别讲解各种坐标。

绝对坐标

指某一个点以原点(0,0)为参照点，分别在X轴和Y轴(如果是三维坐标还包含Z轴)方向上与原点的距离的一种表示方式。绝对坐标中任意一点的坐标值与其他点没有关系，如图1-61所示。

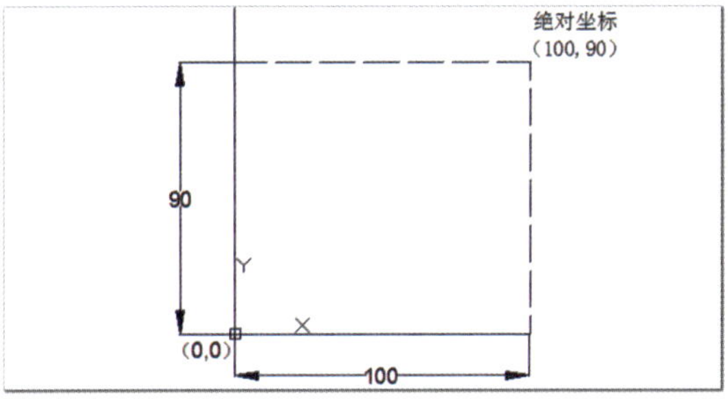

图1-61　绝对坐标

相对坐标

指某点以另外一个坐标点(原点除外)为参照点，分别在X轴和Y轴(如果是三维坐标则还包含Z轴)方向上指出与参照点的距离的一种表示方式。相对坐标中任何点的坐标值与原点的距离无关系，仅参照当前的参照点，如图1-62所示。

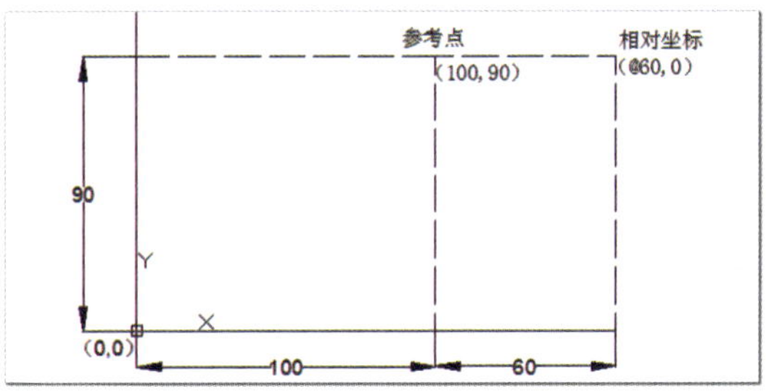

图1-62　相对坐标

极坐标

极坐标较为特殊，它是使用点与原点的直线距离和直线角度进行定位的。其格式为“距离<角度”。图1-63所示为与原点距离为60，角度为45°的点。极坐标也可以采用相对坐标方式输入，格式为“@距离<角度”。

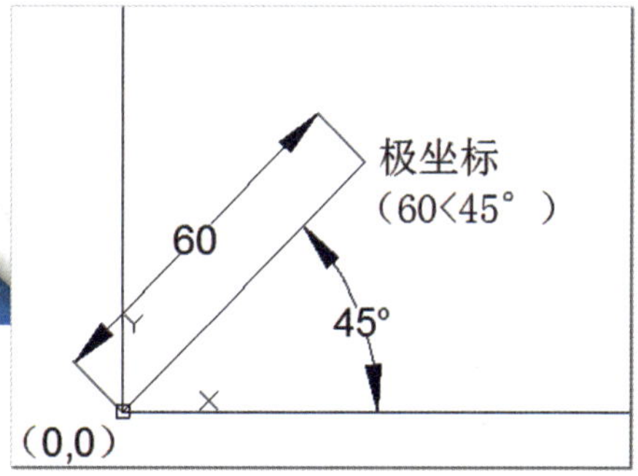

图1-63　极坐标

1.5.2 控制坐标值的显示

状态栏的左侧用于显示当前鼠标光标的坐标值，开启或关闭坐标值的显示的具体操作如下。

学习目标	掌握控制坐标值显示的方法和操作
难度指数	★

步骤01 将鼠标光标移动到状态栏左侧的坐标值上，单击，如图1-64所示。

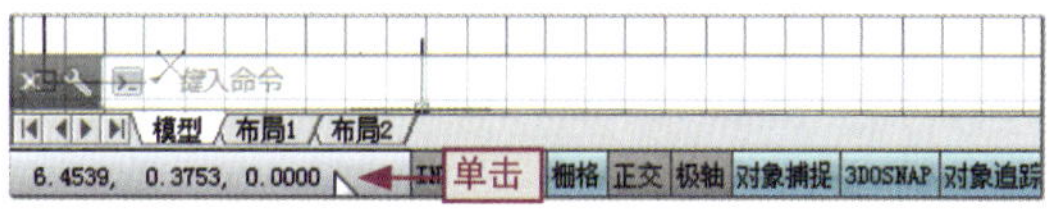

图1-64　单击坐标值

步骤02 坐标值将会以灰色图标显示，表示关闭该坐标值，再次单击它将打开显示状态，如图1-65所示。

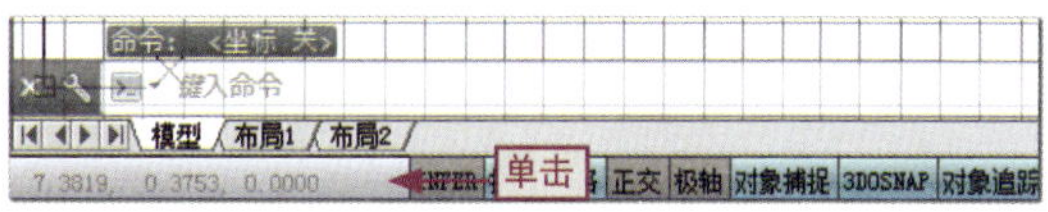

图1-65　关闭坐标值显示

给你支招 | 添加或取消选择对象

小白：选择了一些对象后，如果发现有误选或漏选的对象，需要重新进行选择吗？

阿智：不需要重新进行选择。需要添加选择的，直接单击即可继续添加选择。按住Shift键不放，选择需要取消选择的对象即可，其具体操作如下。

步骤01 在选择了图形对象的基础上，按住Shift键不放，如图1-66所示。

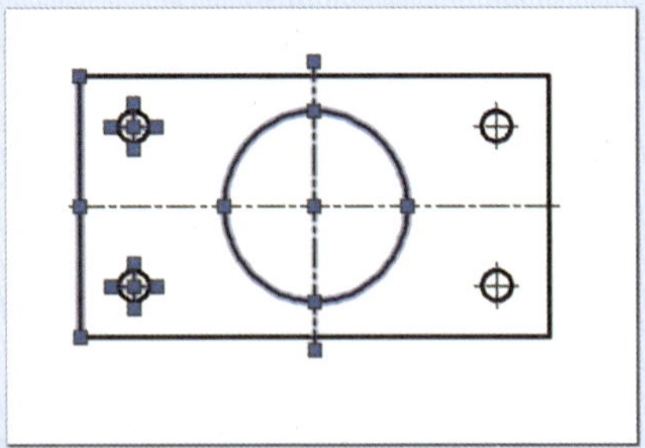

图1-66　选择对象

步骤02 在需要取消选择的对象上单击即可，如图1-67所示。

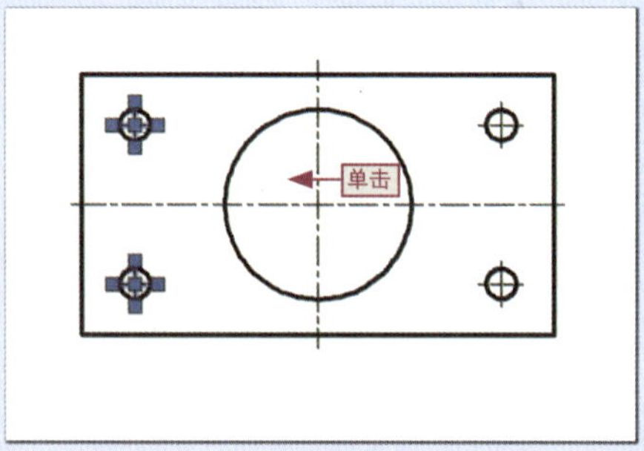

图1-67　取消选择图形对象

给你支招 | 以只读方式打开文件

小白：我绘制了一些图形文件，只想给别人看，而不想被别人修改该怎么做呢？

阿智：你可以设置以只读方式来打开文件，这样别人就只能查看该图形而不能进行修改了。在“选择文件”对话框中单击“打开”按钮旁的下拉按钮，在弹出的下拉菜单中选择“以只读方式打开”命令，则文件将以只读方式打开，如图1-68所示。

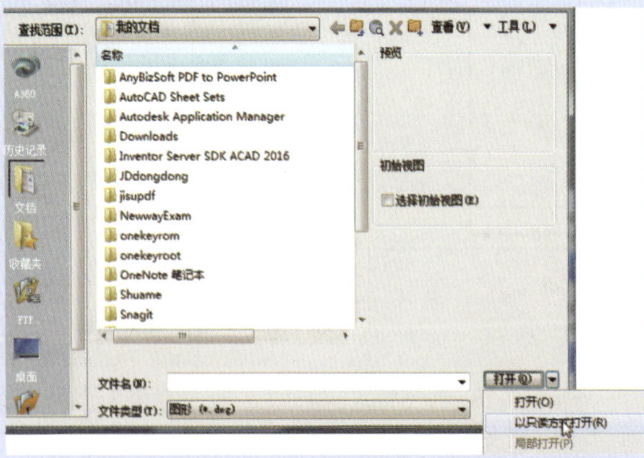

图1-68　以只读方式打开文件

Chapter 02

AutoCAD 2016 基本设置与视图操作

学习目标

每个用户使用软件都有自己的习惯，因此在使用AutoCAD前，需要了解相应的设置和视图操作，以帮助大家自定义适合自己的绘图环境，提高绘图效率。另外，学习一些常用的绘图辅助功能也可以让绘图方便快捷。

本章要点

- 设置绘图单位
- 设置图形界限
- 设置工作空间
- 使用栅格与捕捉功能
- 对象的捕捉与对象追踪
- 视图的缩放
- 视图的命名
- 重画与重生成操作

知识要点	学习时间	学习难度
设置绘图环境	30 分钟	★★
使用辅助功能	45 分钟	★★★
视图的调整	30 分钟	★★

2.1 自定义绘图环境

阿智：小白，考考你，你知道AutoCAD的工作界面可以自定义吗？

小白：自己设置？设置一个自己喜欢的界面吗？

阿智：是啊，设置一个你习惯的工作界面，以后绘图就更加方便了。

在使用AutoCAD辅助绘图之前，要先设置绘图环境，其包括对绘图单位、绘图边界、绘图区颜色、鼠标右键功能、光标参数、工具栏和命令行等进行设置。

2.1.1 设置绘图单位

绘图单位即使用AutoCAD 绘图时默认采用的单位，如毫米、米等。设置绘图单位的具体操作如下。

学习目标 掌握设置绘图单位的方法

难度指数 ★★

步骤01 ❶单击“应用程序”按钮，❷在弹出的菜单中选择“图形实用工具/单位”命令，如图2-1所示。

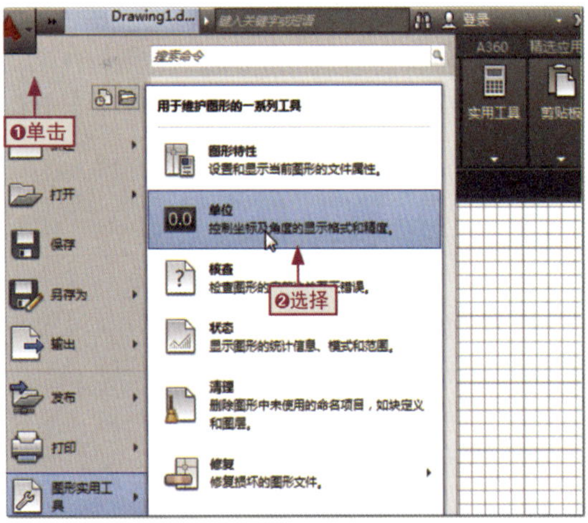

图2-1 选择“单位”命令

步骤02 打开“图形单位”对话框，❶对“长度”“角度”“缩放单位”等选项进行设置，❷设置完毕单击“确定”按钮，如图2-2所示。

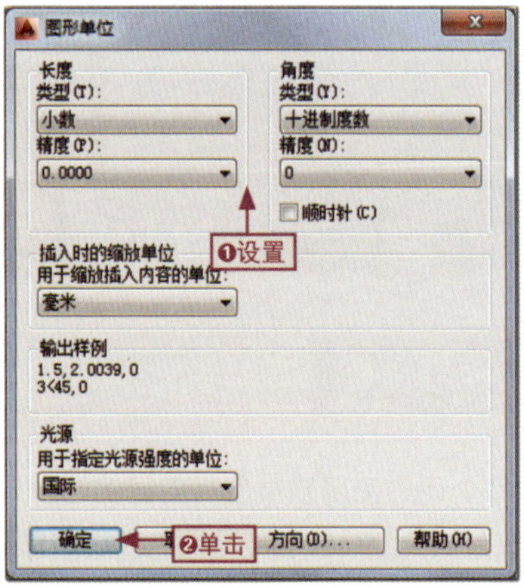

图2-2 设置单位

小绝招

“图形单位”对话框选项

AutoCAD 中的图形常用的单位主要以毫米为主，所以一般表示图形尺寸的数字单位都是毫米。

小绝招

“图形单位”对话框选项

在“图形单位”对话框中，可设置长度、角度的单位与精度等，各选项的含义如下。

- “长度”栏：在“类型”下拉列表框中选择长度单位的类型，如分数、工程、建筑、科学和小数等；在“精度”下拉列表框中可选择长度单位的精度。
- “角度”栏：在“类型”下拉列表框中选择角度单位的类型，如百分度、度／分／秒、弧度、勘测单位和十进制度数等；在“精度”下拉列表框中可选择角度单位的精度。
- “顺时针”复选框：系统默认不选中该复选框，即以逆时针方向旋转的角度为正方向；选中该复选框，则以顺时针方向为正方向。
- “插入时的缩放单位”栏：在“用于缩放插入内容的单位”下拉列表框中可选择插入图块时的单位，这也是当前绘图环境的尺寸单位。
- “方向”按钮：单击该按钮将打开“方向控制”对话框，在其中设置基准角度，即设置0°的角度，比如基准角度设为“北”，则绘图时的0°实际在90°方向上。

2.1.2 设置图形界限

AutoCAD默认的绘图边界为无限大，如果用户想限制绘图的边界，可以指定一个图形界限，使用户只能在指定的图纸大小空间中绘制图形，相当于手工制图时选择图纸的大小。

当启用绘图界限检查功能时，如果输入或拾取的点超出绘图界限，则操作将无法进行。如果关闭了绘图界限检查功能，则绘制图形不受绘图范围的限制，设置图形界限的具体操作如下。

学习目标　掌握设置图形界限的方法

难度指数　★★

步骤01 在工作界面的命令行中输入LIMITS，按Enter键，如图2-3所示。

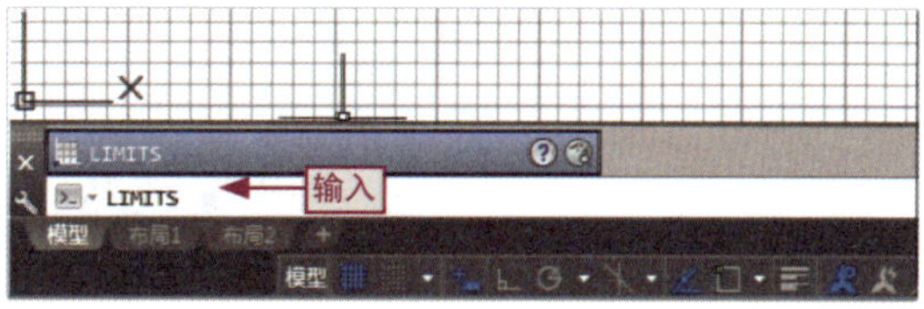

图2-3　输入命令

步骤02 在命令行提示“指定左下角点”时，直接按Enter键，表示左下角点坐标位置为(0,0)，如图2-4所示。

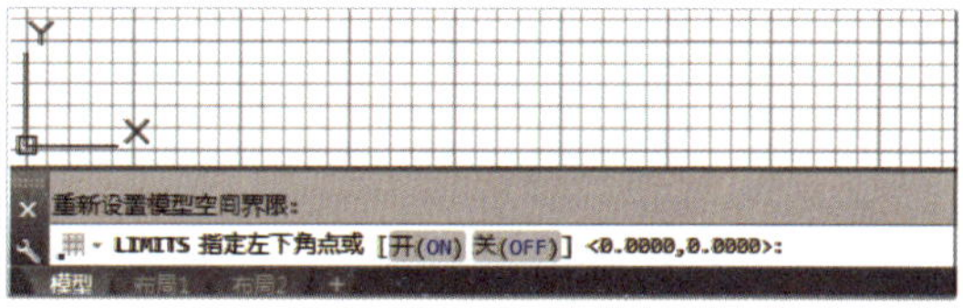

图2-4　指定左下角点

步骤03 在命令行提示“指定右上角点”时，输入“450,300”，指定图形界限右上角点的坐标位置，完成图形界限的设置，如图2-5所示。

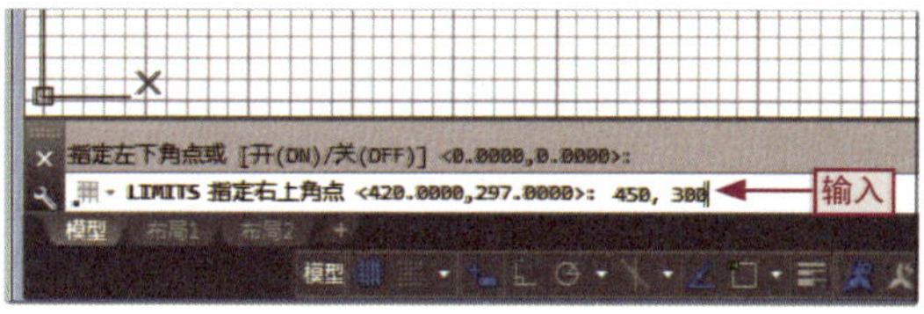

图2-5　设置界限

2.1.3 设置系统选项

前面已介绍过系统选项来加密文件，除此以外，用户还可以通过系统选项设置打印、保存和用户系统的配置等选项。下面通过设置绘图区背景颜色来介绍设置的方法，其具体操作如下。

学习目标 掌握设置系统选项的方法

难度指数 ★★

步骤01 ❶单击“应用程序”按钮，❷单击“选项”按钮，如图2-6所示。

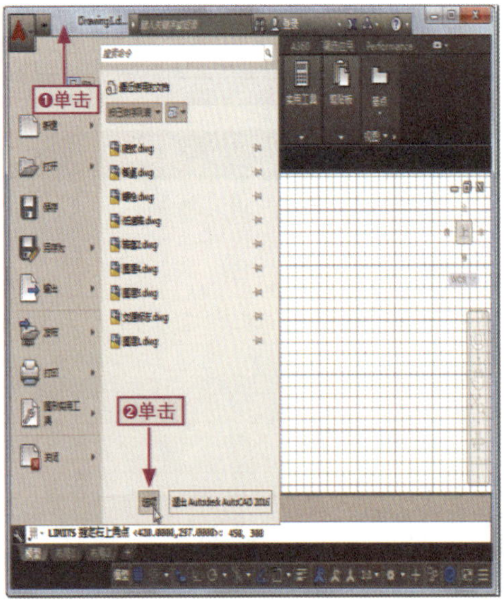

图2-6 单击“选项”按钮

步骤02 打开“选项”对话框，❶单击“显示”选项卡，❷单击“颜色”按钮，如图2-7所示。

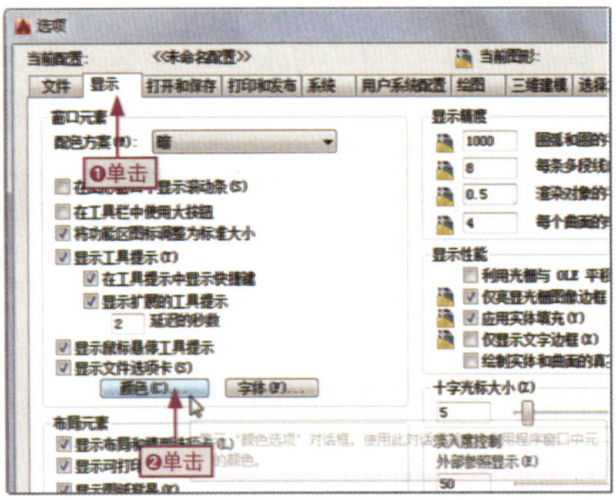

图2-7 “选项”对话框

步骤03 打开“图形窗口颜色”对话框，❶选择“二维模型空间”选项，❷选择“统一背景”选项，❸选择“白”选项，❹单击“应用并关闭”按钮完成设置，如图2-8所示。

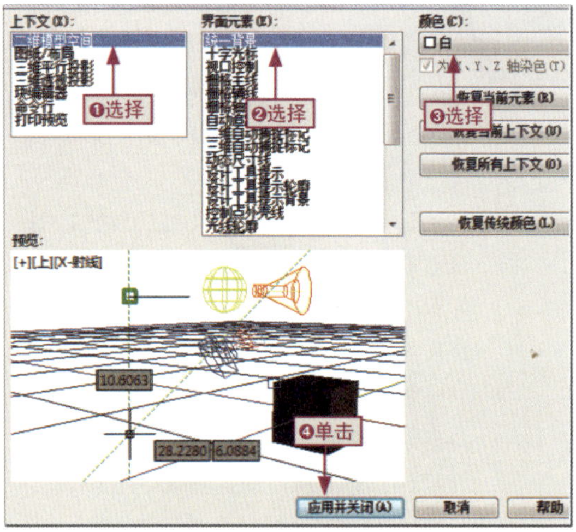

图2-8 设置背景颜色

2.1.4 设置工作空间

工作空间用于对用户的工作环境进行管理，它是选项卡和可固定窗口(如“特性”选项板和工具选项板窗口)的集合，它们的组织方式使用户可以在一个自定义的熟悉的绘图环境中工作。使用工作空间时，界面只显示与工作空间相关的选项，设置工作空间的具体操作如下。

学习目标 掌握设置工作空间的方法

难度指数 ★★

步骤01 ❶在状态栏单击“锁定”按钮，❷在弹出的菜单中选择“固定窗口”命令，锁定这些窗口元素的位置，如图2-9所示。

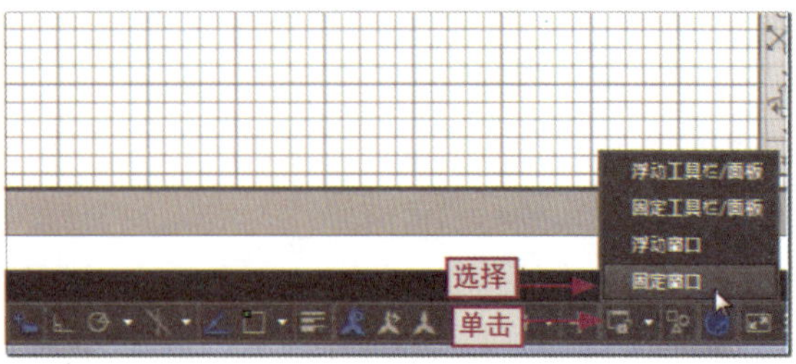

图2-9 选择“固定窗口”命令

步骤02 ❶在系统默认显示的“工作空间”工具栏上“单击草图与注释”下拉按钮，❷在弹出的下拉列表中选择“将当前工作空间另存为”选项，如图2-10所示。

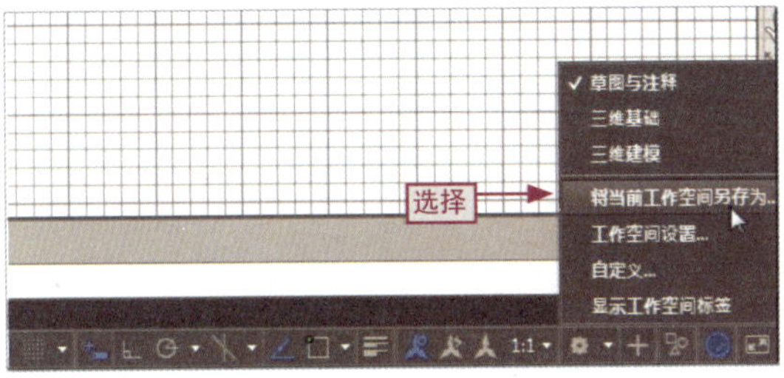

图2-10 选择命令

步骤03 打开“保存工作空间”对话框，❶在“名称”文本框中输入欲创建的工作空间名称，❷单击“保存”按钮即可创建自己的工作空间，如图2-11所示。如要使用刚创建的工作空间，在“名称”下拉列表框中选择该工作空间名称即可。

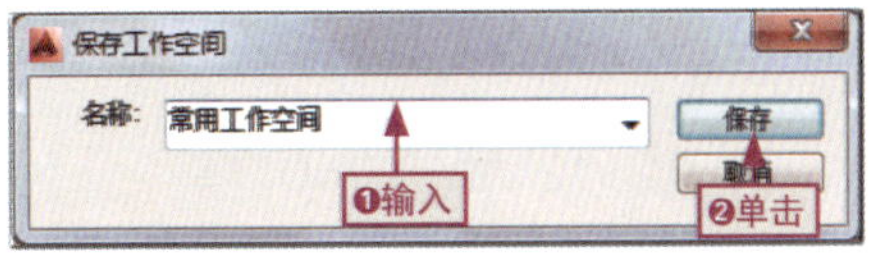

图2-11 设置工作空间名称

小绝招 **删除工作空间**

在不需要创建的工作空间中，可以选择“工作空间设置”命令，在打开的对话框中选择需删除的工作空间进行删除即可。

2.2 使用辅助功能定位图形

小白：我绘制了一个圆形，需要在圆心上再进行绘制，可是不能准确地找到圆心，怎么办呢？

阿智：可以使用辅助功能，打开捕捉模式就可以快速找到圆心。

小白：在哪里打开呢？你快给介绍一下吧。

在使用AutoCAD绘制图形时，要精确地定位图形可使用的坐标系。要使绘图更加快捷、灵活，则需要使用捕捉、栅格、正交、极轴、对象捕捉和追踪等功能。

2.2.1 使用栅格与捕捉

栅格和捕捉是AutoCAD绘图的重要功能，两者需要结合才可发挥作用。

1. 使用栅格功能

系统在默认情况下栅格功能是关闭的，开启栅格的方法有以下几种。

- 单击状态栏上的“栅格”按钮使其呈现凹陷状态。
- 在命令行中执行GRID命令。
- 按F7键。

下面以将栅格的水平间距设置为100，垂直间距设置为100为例，具体操作如下。

学习目标	掌握使用栅格的方法和操作
难度指数	★★

步骤01 在命令行中执行GRID命令后，如图2-12所示。

命令: GRID
指定栅格间距(X) 或 [开(ON)/关(OFF)/捕捉(S)/主(M)/自适应(D)/界限(L)/跟随(F)/纵横向间距(A)] <10.0000>: A
指定水平间距 (X) <10.0000>: 100
指定垂直间距 (Y) <10.0000>: 100

图2-12　执行GRID命令

步骤02 完成设置后的效果如图2-13所示。

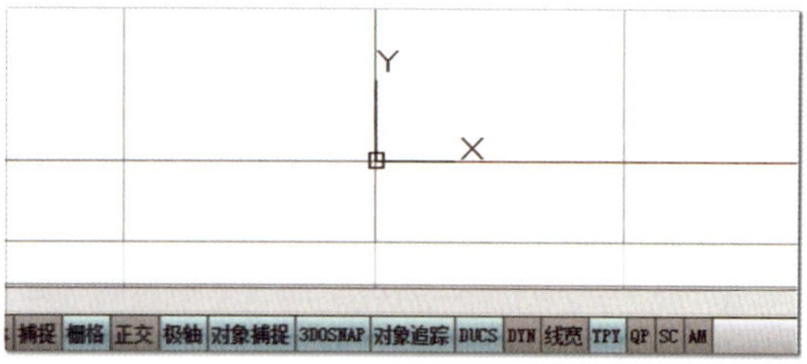

图2-13　设置间距效果

小绝招

栅格命令中各选项的含义

在命令执行过程中各选项的含义如下。

- 开：选择该选项将按当前间距显示栅格。
- 关：选择该选项将关闭栅格功能。
- 捕捉：将栅格间距定义为与 SNAP 命令设置的当前鼠标光标移动间距相同。当捕捉时鼠标光标会自动捕捉到相应的栅格点上。
- 纵横向间距：用于设置栅格的横向间距和纵向间距。在输入值后输入 X（如输入“20X”），则将栅格间距设置为捕捉间距的指定倍数。

2. 使用捕捉功能

开启栅格后即可启用捕捉功能辅助绘图，其调用方法有以下几种。

- 单击状态栏上的“捕捉”按钮使之呈凹陷状态 。
- 在命令行中执行SNAP命令。
- 按F9键。

学习目标　学习使用捕捉功能的方法
难度指数　★★

小绝招

捕捉命令中各选项的含义

在执行上述命令后，将十字光标在绘图区移动，会发现光标将会按一定的间距移动。在执行 SNAP 命令过程中各选项的含义如下。

- 开：选择该选项将开启捕捉功能，并按当前捕捉间距进行捕捉。
- 关：选择该选项，将关闭捕捉功能。
- 纵横向间距：选择该选项，可设置捕捉的纵向和横向间距。
- 旋转：选择该选项，将使十字光标连同捕捉方向一起旋转一定的角度。
- 样式：选择该选项，将设置捕捉样式为矩形捕捉模式或等轴测模式，等轴测模式可在二维空间中仿真三维视图。
- 类型：选择该选项，将捕捉类型设为直角坐标捕捉类型或极坐标捕捉类型。

2.2.2 正交与极轴功能的使用

正交模式和极轴追踪在绘制精确尺寸的图形时常常用到，下面分别来介绍其功能。

1. 使用正交功能

使用正交功能可以在绘图区手动绘制水平直线或垂直直线，其调用方法有以下几种。

- 单击状态栏上的“正交”按钮使其凹陷。
- 在命令行中执行ORTHO命令。
- 按F8键。

学习目标　学习使用正交功能
难度指数　★★

2. 使用极轴功能

使用极轴功能可以在绘图区根据用户的设置，准确地绘制出具有一定角度的直线，如

图2-14所示。

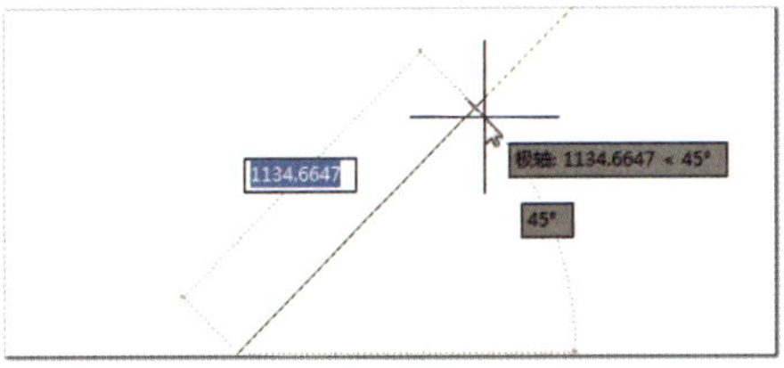

图2-14 使用极轴功能

启用极轴功能的方法有以下两种。

- ◆ 在状态栏上单击凸起的图标使之凹陷。
- ◆ 按F10键。

启用极轴功能后，在绘图区使用绘图光标手动绘制直线，当绘图光标靠近用户指定的极轴角度时，在绘图光标的一侧总是会显示当前点距离前一点的长度、角度及极轴追踪的轨迹。

系统默认的极轴追踪角度为90°，可根据需要设置角度，其具体操作如下。

学习目标	掌握设置极轴角度的方法
难度指数	★★

步骤01 在状态栏上单击“极轴”的下拉按钮，在弹出的下拉菜单中可以选择角度增量，或者选择“正在追踪设置”命令，如图2-15所示。

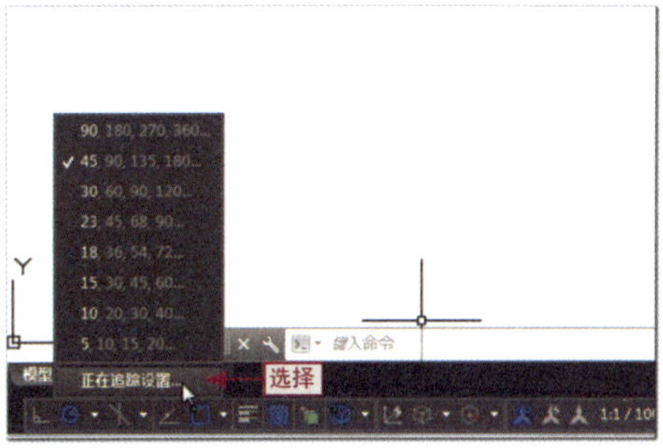

图2-15 选择命令

步骤02 打开“草图设置”对话框，❶单击“极轴追踪”选项卡，❷选中“启用极轴追踪”复选框，开启极轴功能。❸在“增量角”下拉列表框中输入相应的角度值，指定极轴角的大小，❹单击“确定”按钮完成设置，如图2-16所示。

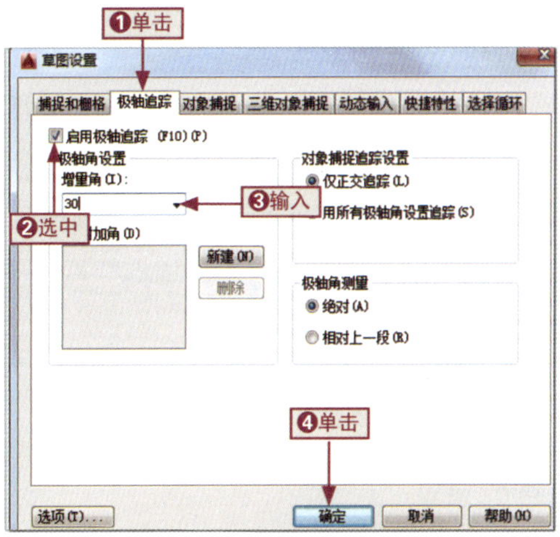

图2-16 设置极轴增量参数

长知识

设置极轴角度

AutoCAD 默认的极轴角度为 90°，用户可以根据个人需求进行设置，其具体操作是：在状态栏上的“极轴”按钮上右击，❶选择“设置”命令。❷在“草图设置”对话框中单击“极轴追踪”选项卡，❸选中“启用极轴追踪”复选框启用极轴功能。❹在“增量角”下拉列表框中选择角度值来指定极轴角的大小，❺单击“确定”按钮完成设置，如图 2-17 所示。

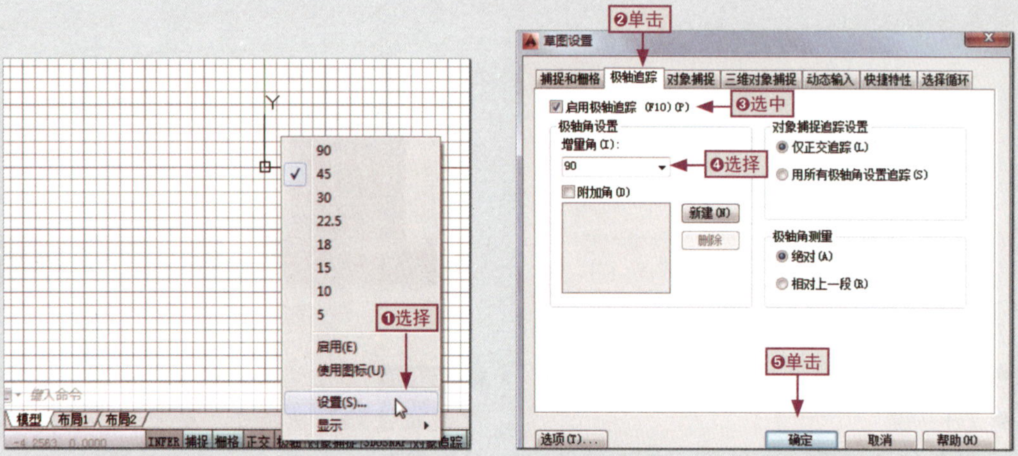

图2-17　设置极轴角度

2.2.3 对象的捕捉与追踪

1. 使用对象捕捉功能

对象捕捉功能可以准确地捕捉到直线的端点、两条直线的交点、圆的圆心以及直线与圆的切点等特征点，其调用方法有以下两种。

◆ 单击状态栏上的“对象捕捉”按钮使其呈凹陷状态。

◆ 按F3键。

小绝招

草图参数设置

在状态栏上的“对象捕捉”按钮上右击，选择“设置”命令，将打开“草图设置”对话框的“对象捕捉”选项卡，如图2-18所示，在其中可以选择需要的捕捉方式。

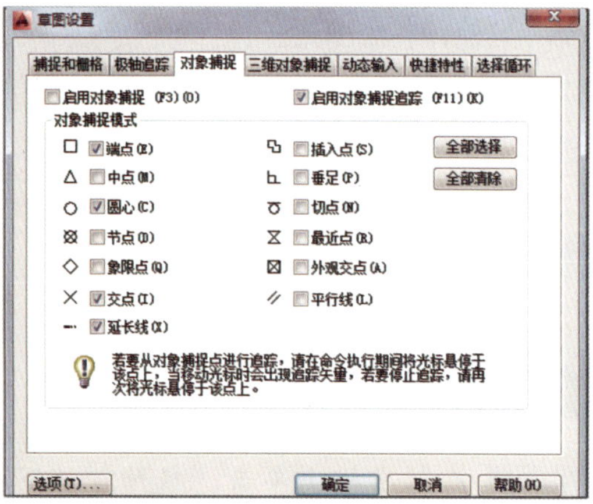

图2-18　设置捕捉方式

学习目标	学习使用对象捕捉功能
难度指数	★★

2. 使用对象追踪功能

对象追踪功能的作用是当捕捉到图形中某个特征点时，系统将自动以这个点为基准点沿正交或某个极坐标方向寻找另一特征点，与此同时在追踪方向上显示一条辅助线。对象追踪功能有以下两种调用方法。

◆ 单击状态栏上的“对象追踪”按钮使其凹陷。

◆ 按F11键。

学习目标 了解使用对象追踪功能
难度指数 ★★

小绝招 **对象追踪的必要条件**

对象追踪功能必须在开启了对象捕捉功能的情况下使用，而且只有在捕捉到特征点后才能进行追踪。

2.2.4 线宽功能的使用

为绘制的图形设置线宽后，可以通过开启和关闭“线宽”功能来显示与隐藏图形的线宽，其具体操作如下。

学习目标 掌握开启和关闭线宽的操作
难度指数 ★

步骤01 单击状态栏上的“线宽”按钮，当该按钮呈凹陷状态时，此时绘图区的所有图形均以实际线宽显示，如图2-19所示。

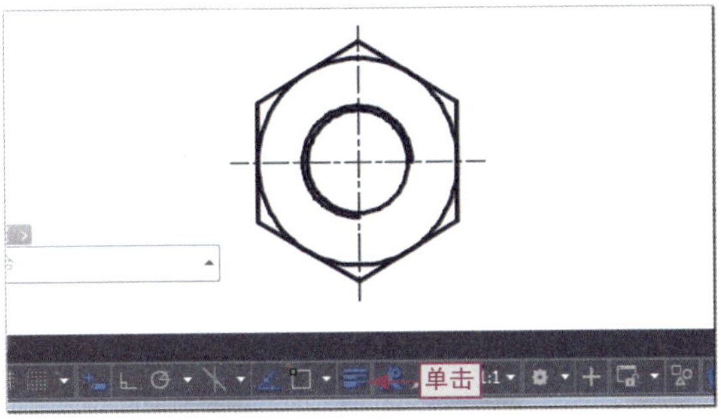

图2-19 开启线宽功能

步骤02 再次单击“线宽”按钮，当其呈凸出状态时，则当前绘图区的所有图形均以系统默认线宽显示，如图2-20所示。

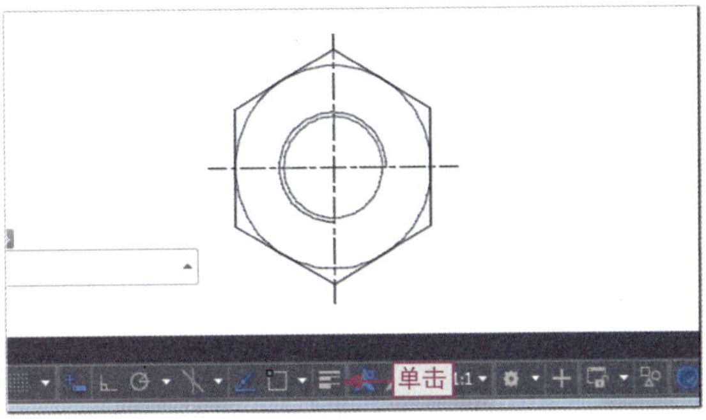

图2-20 关闭线宽功能

2.3 调整视图

小白：阿智，可不可以把绘图区的窗口拆分为几个窗口？我需要显示不同的图形。

阿智：可以。通过调整视图就可以对图形进行平移、缩放以及拆分成多个窗口来显示图形。

掌握视图的调整技巧是提高绘图效率的一项重要因素。AutoCAD提供了多种视图调整工具，可以对视图进行缩放、平移、鸟瞰和重命名等操作。

2.3.1 视图的缩放

缩放视图的方式多种多样，在不同的情况下可以采用不同的方法，如执行ZOOM命令将使绘图区的图形放大两倍显示，其命令行提示及操作如下。

学习目标 掌握对视图进行缩放的操作
难度指数 ★★

步骤01 在命令行中输入命令ZOOM，按Enter键，如图2-21所示。

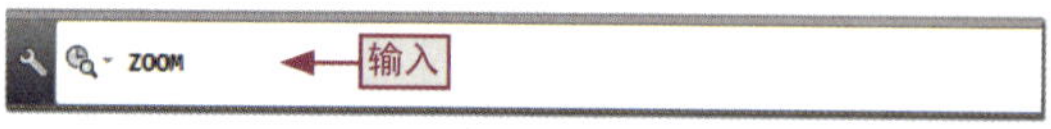

图2-21　输入命令

步骤02 在提示行中输入S，选择设置比例，按Enter键，如图2-22所示。

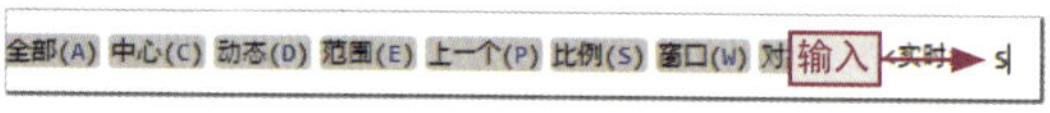

图2-22　选择比例选项

步骤03 在提示行中输入比例因子，这里输入“2”，按Enter键，如图2-23所示，即可将原来的视图放大两倍。

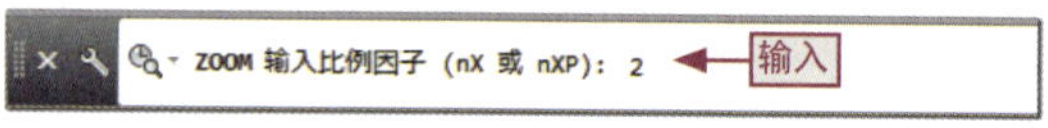

图2-23　输入比例因子

小绝招

最简单的方法缩放视图

随着三键鼠标的普及，不管在任何状态下，在绘图区中滑动鼠标滚轮均可对视图进行实时缩放。在实际绘图时，这种方法最为简便，使用频繁。

2.3.2 视图的平移

绘制较大的图纸时，在线条清晰的显示比例下，绘图区往往不能完全显示图纸中的所有对象。此时可以通过平移视图观看图纸的各个部分，其具体操作如下。

本节素材 /素材/Chapter02/铆钉.dwg
本节效果 /效果/Chapter02/无
学习目标 掌握平移视图的方法
难度指数 ★

步骤01 打开“铆钉”素材文件，在“视图”选项卡的“二维导航”组中单击“平移”按钮，如图2-24所示。

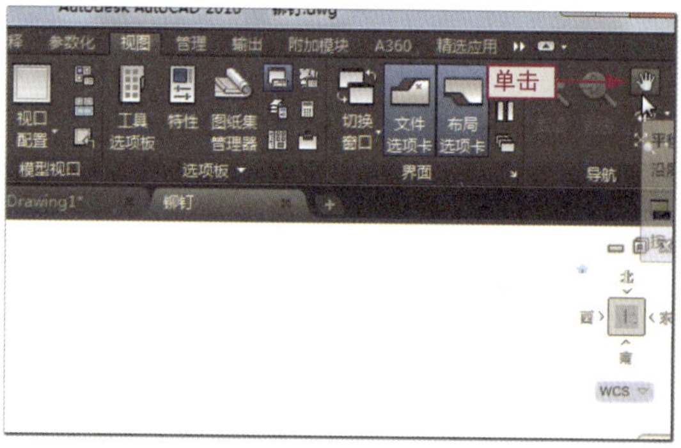

图2-24　启用平移功能

步骤02 当鼠标光标变为手型形状时，在绘图区按住鼠标左键不放并拖动，可以自由地移动当前图形，以便对图形的各个部分进行查看，如图2-25所示。

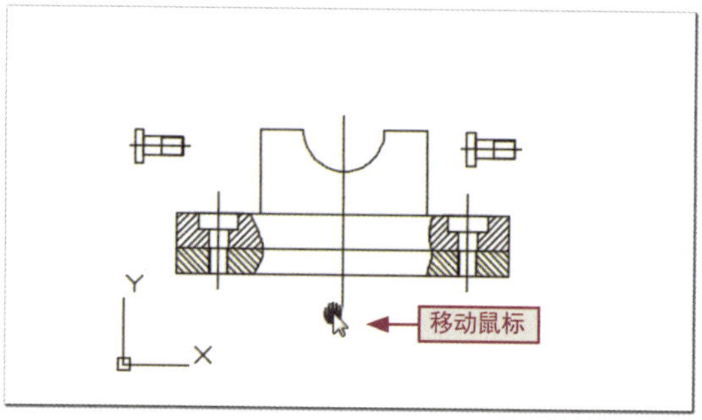

图2-25　平移图形

2.3.3 视图的命名

在绘图的过程中，需要返回到前面的视图时，可利用ZOOM命令的“上一个(P)”选项进行操作。但如果要返回到之前的某个特定视图，而且需要经常使用这个视图进行操作，最好的办法是将该特定视图的图形名字命名为一个视图名称，需要时调用相应的视图名称即可快速显示，其具体操作如下。

本节素材	/素材/Chapter02/铆钉.dwg
本节效果	/效果/Chapter02/铆钉.dwg
学习目标	掌握命名视图的方法
难度指数	★

步骤01 打开“铆钉”素材文件，在“视图”选项卡的“视图”组中单击“视图管理器”按钮，如图2-26所示。

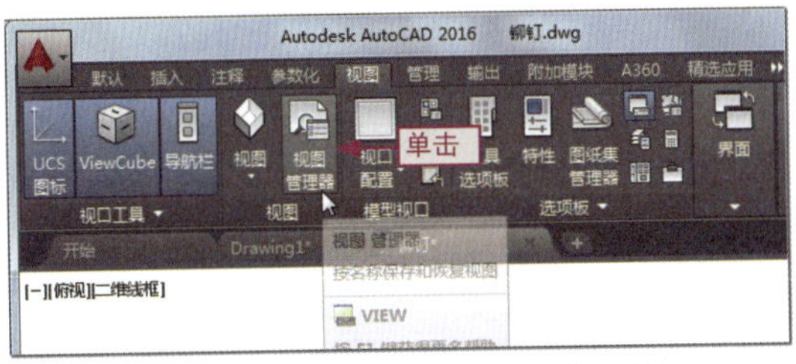

图2-26　单击“视图管理器”按钮

步骤02 打开“视图管理器”对话框，单击“新建”按钮，如图2-27所示。

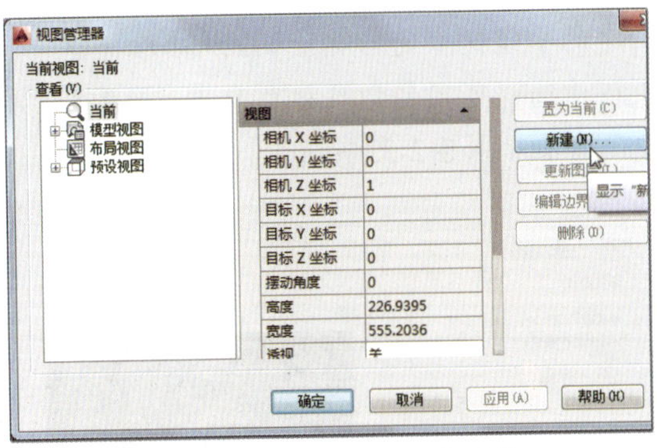

图2-27　“视图管理器”功能

步骤03 打开“新建视图/快照特性”对话框，❶在其中的“视图名称”文本框中输入新建视图的名称为“视图1”，❷选中“当前显示”单选按钮，❸单击“选择”按钮，如图2-28所示。

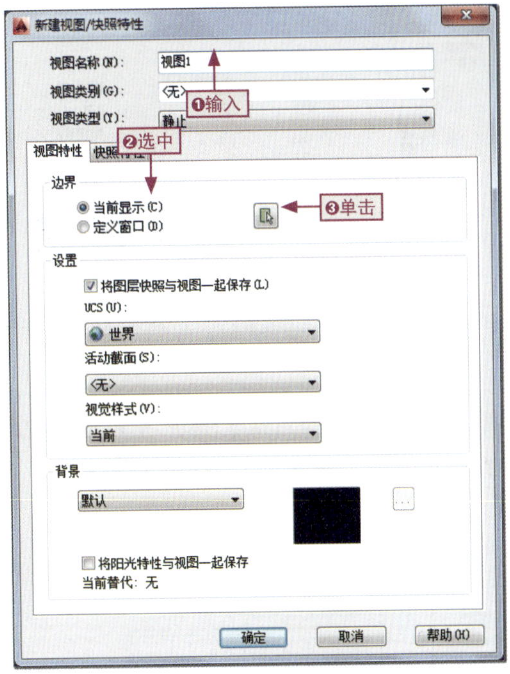

图2-28　设置新建视图

步骤04 返回到绘图区，使用鼠标框选住左上角的铆钉图形，然后释放鼠标，如图2-29所示。

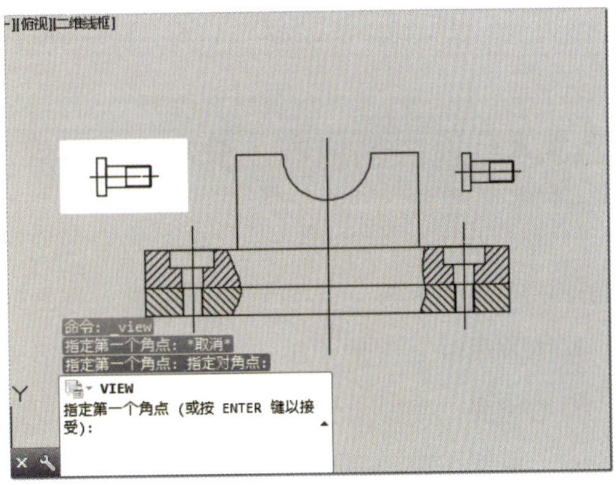

图2-29　选择图形区域

步骤05 返回到“新建视图/快照特性”对话框，单击“确定”按钮进入“视图管理器”对话框，❶在左侧选择“视图1”选项，❷单击“置为当前”按钮，如图2-30所示。

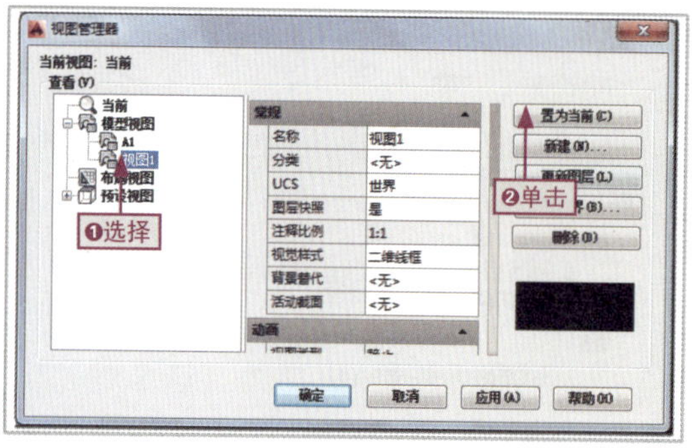

图2-30 设置当前视图

步骤06 返回到绘图区，用户可以看到已将铆钉视图显示在屏幕中，如图2-31所示。

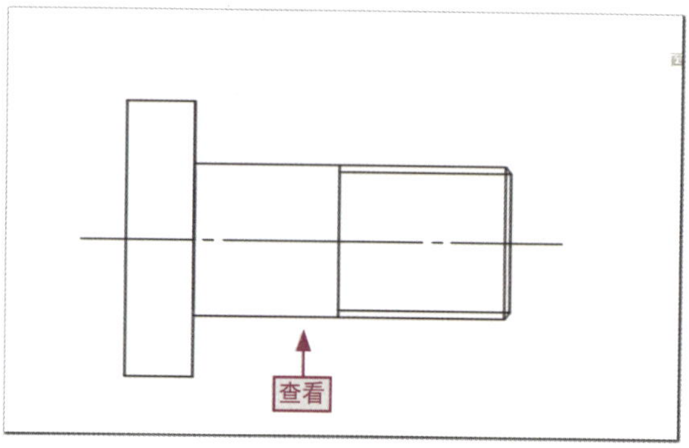

图2-31 查看设置效果

2.3.4 视口的新建、分割与合并

为了方便在绘图时编辑，常需要将图形的局部进行放大以显示其细节。当需要观察图形的整体效果时，仅使用单一的绘图视口已经无法满足需要，此时可使用AutoCAD的平铺视口功能，将绘图窗口划分为若干视口。下面进行新建、分割与合并视口的操作。

本节素材	/素材/Chapter02/铆钉.dwg
本节效果	/效果/Chapter02/无
学习目标	掌握新建、分割与合并视图的方法
难度指数	★

步骤01 打开“铆钉”素材文件，在“视图”选项卡的“模型视口”组中单击“命名”按钮，如图2-32所示。

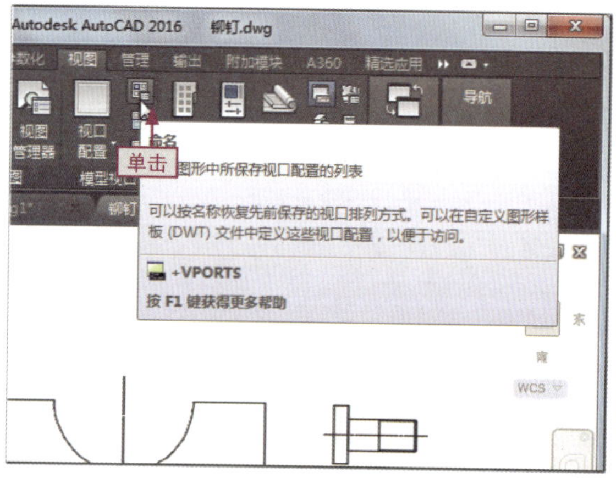

图2-32 单击“命名”按钮

步骤02 打开“视口”对话框，❶单击“新建视口”选项卡，❷在“新名称”文本框中输入新建的平铺视口的名称，❸在“标准视口”列表框中选择可用的标准视口配置，❹单击“确定”按钮，如图2-33所示。

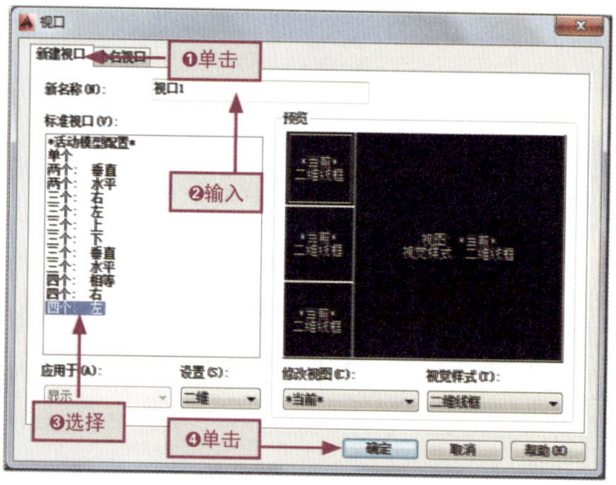

图2-33 “视口”对话框

步骤03 ❶在“模型视口”组中单击“视口配置”按钮，❷在弹出的下拉菜单中选择相应的选项，可重新将当前视口分割为多个视口，如图2-34所示。

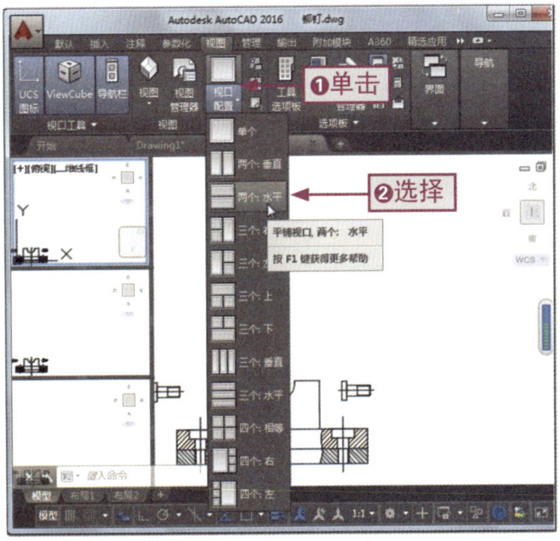

图2-34 重新设置视口

小绝招

恢复当前的视口

如果选择的视口不能满足用户需求，可以在“模型视口”组中单击“恢复”按钮来恢复前面的视口。

步骤04 单击“合并视口”按钮，系统要求选定一个视口作为主视口，然后选择一个相邻视口，并将该视口与主视口合并，如图2-35所示。

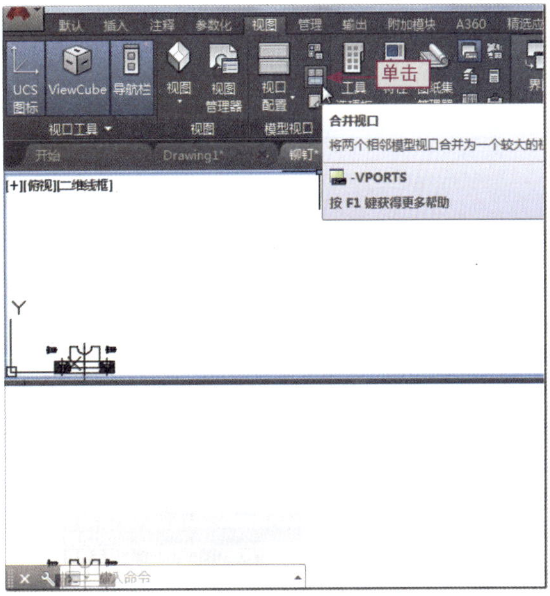

图2-35 合并视口

2.3.5 重画与重生成操作

在绘制一些复杂的图纸时，绘图区常会留下一些用来指示对象位置的标记点，使显示屏幕看起来有些杂乱，此时可通过重画或重生成操作来刷新当前视图中的图形，以消除残留的标记点。重画或重生成命令有以下两种调用方法。

- 在“视图”菜单中单击“重画”按钮、“重生成”按钮或“全部重生成”按钮。
- 在命令行中执行REDRAWALL、REGEN或REGENALL命令。

学习目标	掌握重画与重生成操作
难度指数	★

小绝招

绘制三维图形时需要重生成

在绘制三维图形时，如果对实体进行了消隐或更改线框密度等操作，也需要重生成视图才能观察到更改后的效果。

给你支招 | 添加功能区没有的按钮

小白：在设置视图时，为什么我的软件界面上没有你说的一些按钮呢？

阿智：软件在默认情况下有些按钮是没有显示出来的，你可以通过添加动作来完成这些按钮的显示，其具体操作如下。

步骤01 在工作界面功能区的空白处右击，在弹出的快捷菜单中选择“显示面板/导航”命令，如图2-36所示。

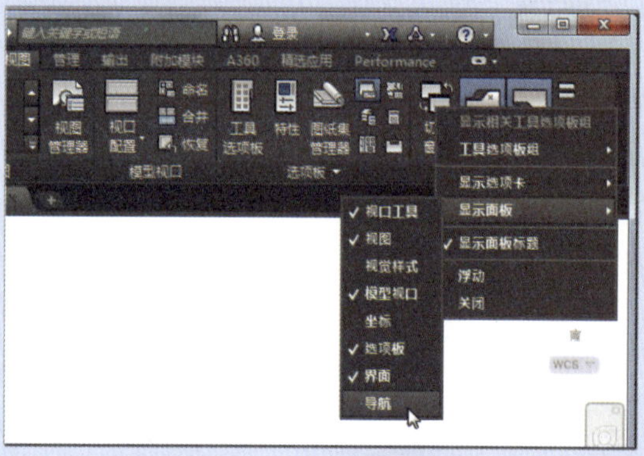

图2-36 执行“导航”命令

步骤02 返回功能区即可将“导航”组中的各个按钮显示出来，如图2-37所示。其他添加方式类似于此方法。

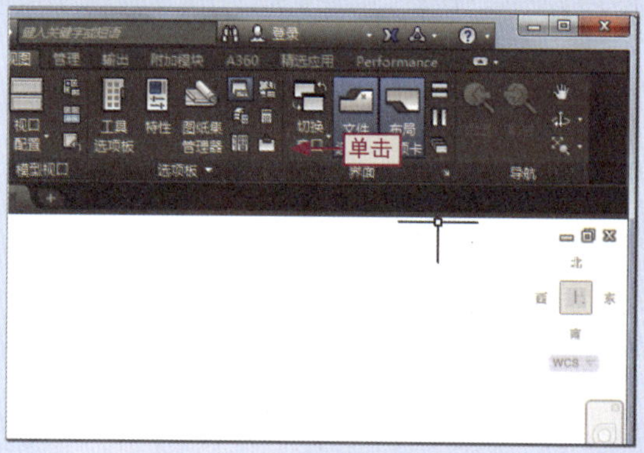

图2-37 添加“导航”组工具

给你支招 | 重新配置用户系统选项

小白：在命令行中输入直线的坐标值时，为什么捕捉到离光标较近的对象捕捉点，如何才能解决该问题?

阿智：在命令行中输入坐标值，却捕捉到了图形对象，主要是因为在绘图时，同时打开了对象捕捉功能。解决的方法有两种：一种是单击状态栏上的“对象捕捉”按钮，关闭对象捕捉功能；另一种方法是打开“选项”对话框，❶在该对话框中单击“用户系统配置”选项卡，❷在“坐标数据输入的优先级”栏中选中“除脚本外的键盘输入”单选按钮，❸单击“确定”按钮，如图2-38所示。

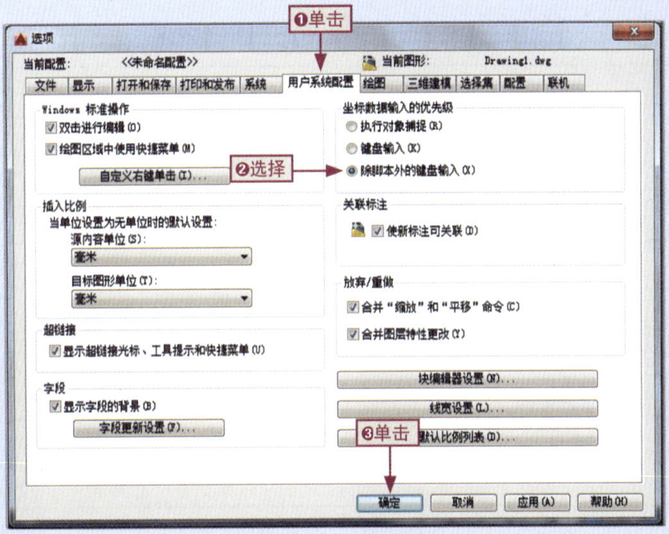

图2-38 设置选项

给你支招 | 命令行中字母的含义

小白：在命令行中输入命令时，后面的提示文字的右侧常常会有一个英文字母，这个字母表示什么意思呢?

阿智：为了提高绘图效率，很多用户都习惯使用命令来代替鼠标操作，在输入一些命令时，其后面一些设置选项会带有相应的字母提示，即在命令行中输入该字母，即可执行相对应的命令。如在输入“圆”命令后，命令行提示指定圆的圆心或三点(3P)两点(2P)切点、切点、半径(T)，后面的3P、2P、T字母即代表其操作，仅输入括号内的字符即可，如图2-39所示。

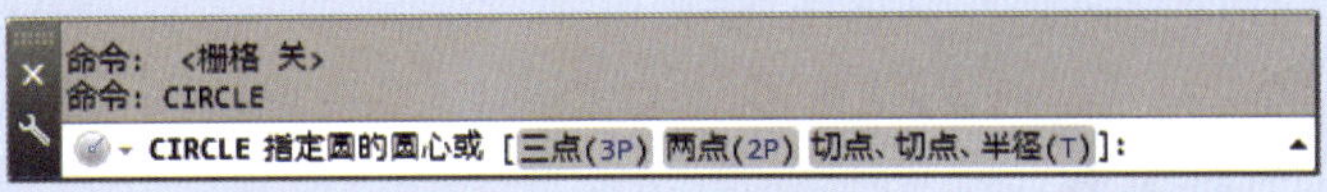

图2-39 命令行提示

阅读随笔

Chapter 03 二维图形的绘制

学习目标

平面图形是用投影的方式来表达实体的形状和大小的，任何一个平面图形都是由点、线、面组合而成的。在AutoCAD中绘制平面图形也不例外。本章将学习在AutoCAD中绘制点、线、面等图形元素，其中包括直线、构造线、多线、多段线、曲线、矩形、多边形和圆等对象，以及对绘制图形的填充。

本章要点

- 绘制直线
- 构造线和射线的绘制
- 多线和多段线样式的数量与绘制
- 样条曲线的绘制
- 设置点样式
- 绘制等分点和等距点
- 绘制圆和圆弧
- 绘制椭圆和椭圆弧
- 创建图案填充
- 图案的编辑和分解

知识要点	学习时间	学习难度
直线型图形的绘制	50 分钟	★★★
矩形、多边形、圆和圆弧的绘制	30 分钟	★★★
图案的填充	30 分钟	★★

3.1 绘制不同的线

阿智：小白，你知道在AutoCAD中具体怎么绘制各种图形吗?

小白：是和其他绘图软件一样的操作吗?

阿智：嗯，差不多。不过在AutoCAD中可以绘制很多种类别的图形，下面我们先来了解线型图形的绘制吧。

AutoCAD可以绘制多种线条，如直线、射线、构造线、多线、椭圆弧、圆弧和样条曲线等。

3.1.1 绘制直线

直线的绘制有多种方式，下面分别进行介绍。

1. 使用坐标绘制直线

使用坐标功能绘制直线可以通过输入直线端点的坐标来完成直线图形的绘制，具体操作如下。

本节素材	/素材/Chapter03/无
本节效果	/效果/Chapter03/活动钳身.dwg
学习目标	掌握使用坐标绘制直线的方法
难度指数	★★

步骤01 ❶新建一个文件，将其命名为“活动钳身”，❷在“绘图”组中单击“直线”按钮或在命令行中输入Line(L)命令，如图3-1所示。

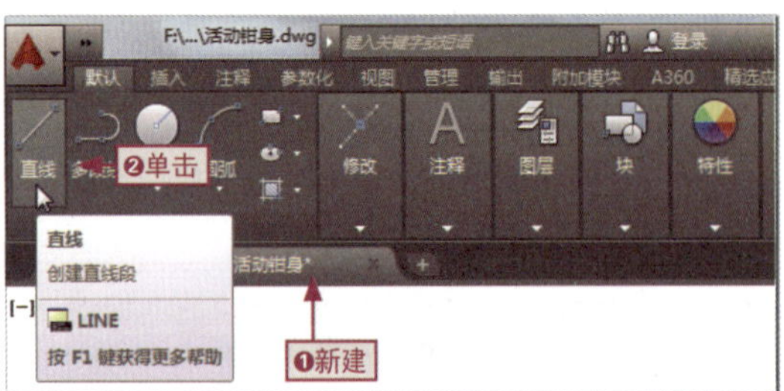

图3-1 单击“直线”按钮

步骤02 按F12键关闭动态输入功能，执行直线命令，在“指定第一点:”后输入“0,0”，按Enter键，如图3-2所示。

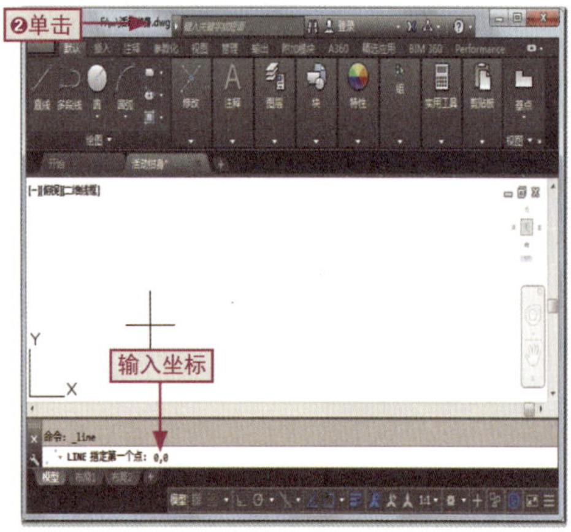

图3-2 输入坐标

步骤03 在“指定下一点或 [放弃(U)]:”后输入“65,0”，按Enter键，如图3-3所示。

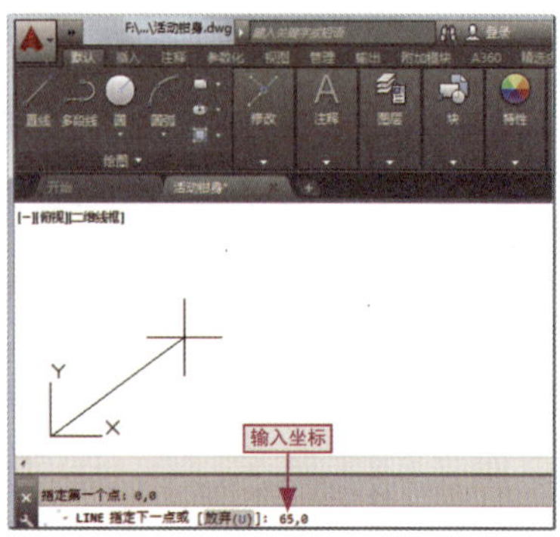

图3-3 输入坐标

步骤04 在“指定下一点或[闭合(C)/放弃(U)]:”后输入“58,10”，按Enter键，如图3-4所示。

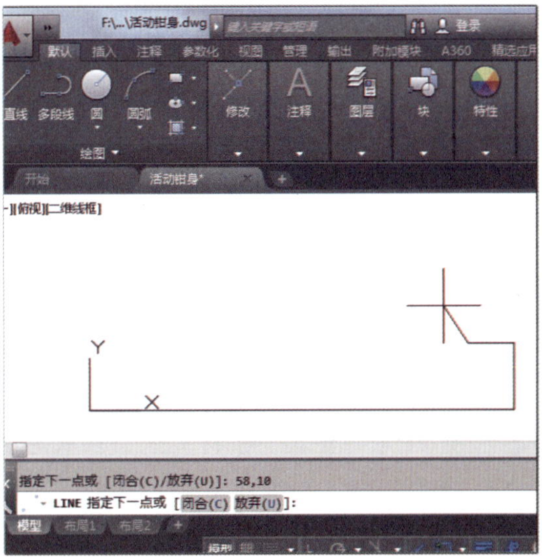

图3-4　输入坐标

步骤05 用相同的方法依次在命令行中输入“56,8”“54,10”“56,12”“56,28”“18,28”“15,25”“15,18”“3,18”“0,15”按Enter键，如图3-5所示。

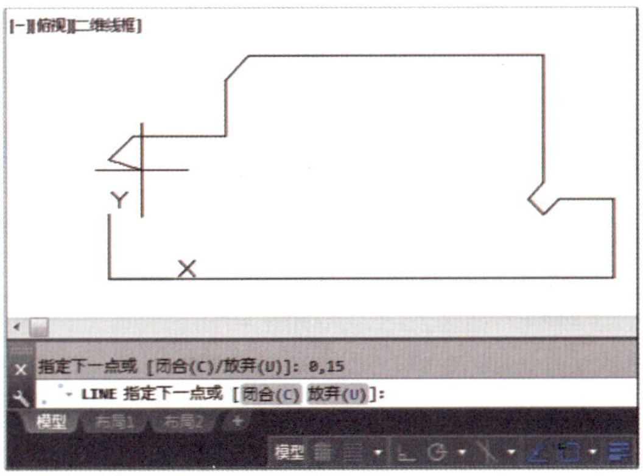

图3-5　输入坐标

步骤06 在“指定下一点或[闭合(C)/放弃(U)]:”后输入“C”，选择“闭合”选项，完成绘制，如图3-6所示。

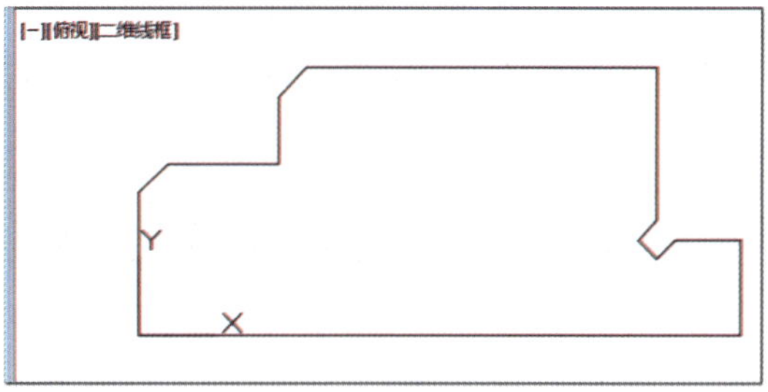

图3-6　完成绘制

小绝招

直线命令中两个选项的含义

执行“LINE”命令过程中出现闭合(C)，表示如果连续绘制了多条线段而最后要形成一个封闭的图形，则选择该选项（按C键）并按Enter键可将最后确定的端点与第1条直线段的第1个起点重合，形成一个封闭的图形。放弃(U)表示选择该选项（按U键）将撤销刚才绘制的一条直线段而不退出“LINE”命令。

小绝招

输入坐标的注意事项

在绘制直线时，开启动态输入功能输入的是相对坐标值，若想输入绝对坐标值，可以按F12键关闭动态输入。

2. 使用正交功能绘制直线

在绘制水平和垂直直线时，可以使用正交功能来快速完成图形的绘制。下面以使用正交功能绘制一个台阶图形为例，具体操作如下。

本节素材	/素材/Chapter03/无
本节效果	/效果/Chapter03/台阶.dwg
学习目标	通过绘制台阶掌握正交功能绘制直线的方法
难度指数	★★

步骤01 ❶新建文件名为“台阶”的文件，在“绘图”组中单击“直线”按钮，❷单击状态栏上的“正交”按钮，打开正交功能，如图3-7所示。

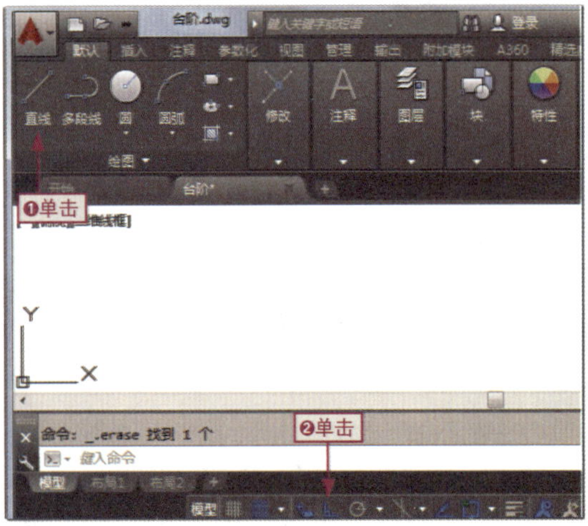

图3-7　单击“正交”按钮

步骤02 ❶在绘图区选择一个起点，然后将鼠标指针向右移动，❷当出现动态输入框时，在其中输入“300”，指定水平直线的长度，如图3-8所示。

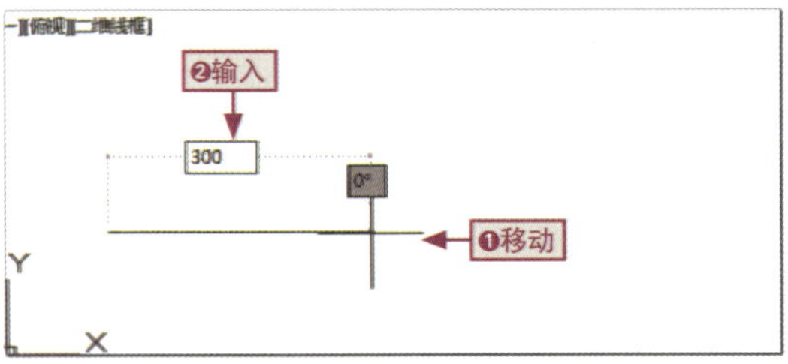

图3-8　输入水平直线长度

步骤03 ❶将鼠标光标向上移动，❷出现动态输入框时，在其中输入“150”，指定垂直直线的长度，如图3-9所示。

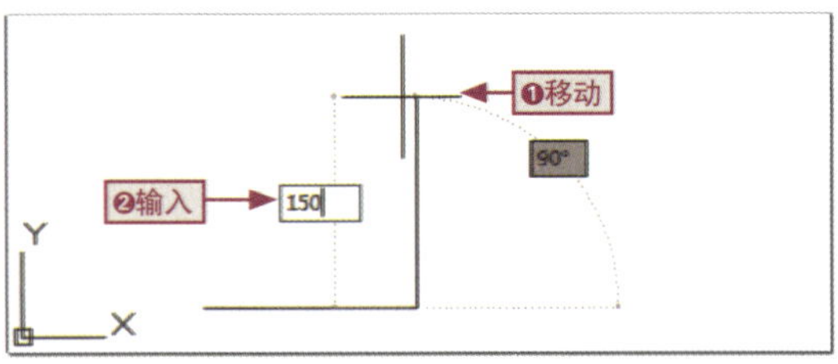

图3-9　输入垂直直线长度

步骤04 用同样的方法依次绘制水平长度为300、垂直长度为150的台阶，按Enter键结束命令，完成绘制，如图3-10所示。

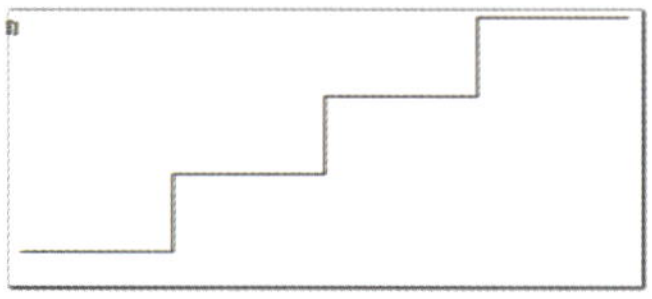

图3-10　绘制台阶效果

3. 使用栅格和捕捉绘制直线

使用栅格和捕捉功能可以精确地进行直线的绘制，其具体操作如下。

本节素材	/素材/Chapter03/盘盖.dwg
本节效果	/效果/Chapter03/盘盖.dwg
学习目标	掌握利用栅格和捕捉功能绘制直线的方法
难度指数	★★

步骤01 打开“盘盖”素材文件，在状态栏上的“图形栅格”按钮上右击，选择“网格设置”命令，如图3-11所示。

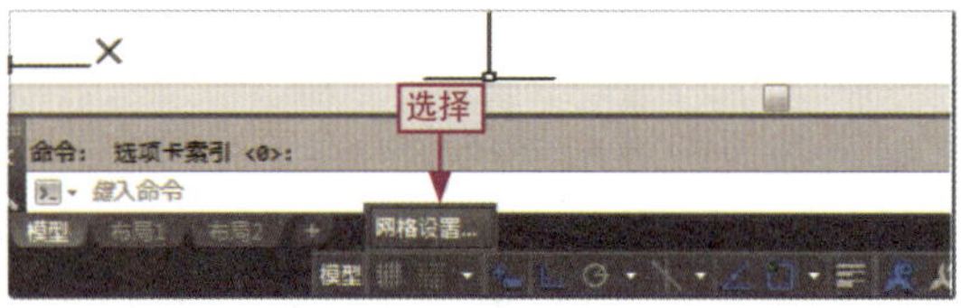

图3-11　选择“网格设置”命令

步骤02 ❶打开“草图设置”对话框，选中“启用捕捉”和“启用栅格”复选框，❷将“捕捉间距”和“栅格间距”均设置为“2”，❸单击“确定”按钮，如图3-12所示。

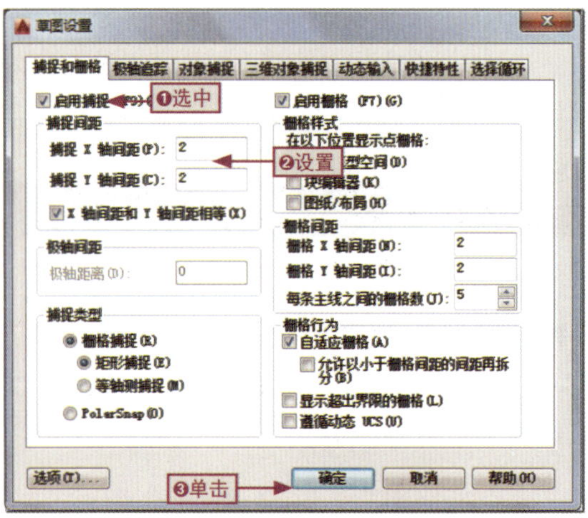

图3-12　设置捕捉和栅格参数

步骤03 执行直线命令，然后在图形左上角的第二个栅格上捕捉到该点，指定直线第一个点，如图3-13所示。

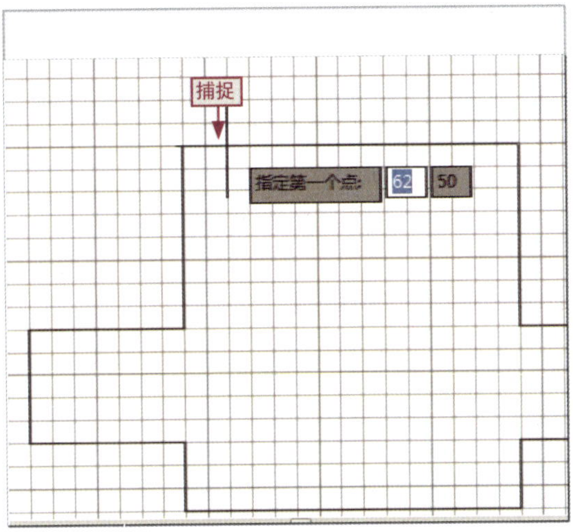

图3-13 捕捉第一点

步骤04 将鼠标光标向下移动，在图形左下角的第二个栅格上捕捉到下一点，完成一条直线的绘制，如图3-14所示。

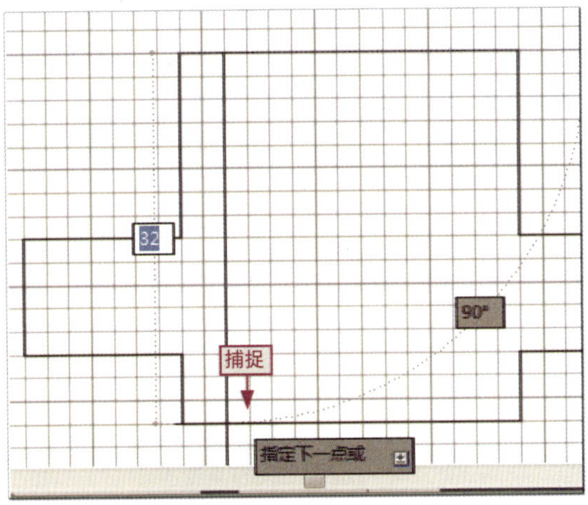

图3-14 捕捉第二点

步骤05 用同样的方法在图形右侧绘制另一条直线，如图3-15所示。

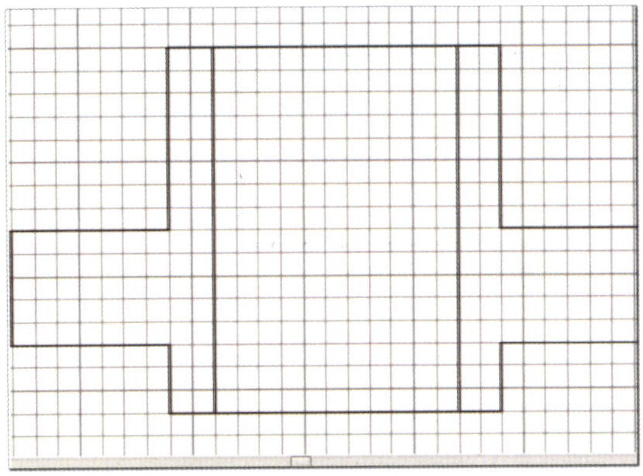

图3-15 绘制另一条直线

4. 使用对象捕捉绘制直线

通过对象捕捉功能可以捕捉到图形的端点、中点等，可以通过这些点来绘制直线，其具体操作如下。

本节素材	/素材/Chapter03/分电盘.dwg
本节效果	/效果/Chapter03/分电盘.dwg
学习目标	掌握通过对象捕捉绘制直线的方法
难度指数	★

步骤01 打开“分电盘”素材文件，在“绘图”组中单击“直线”按钮，如图3-16所示。

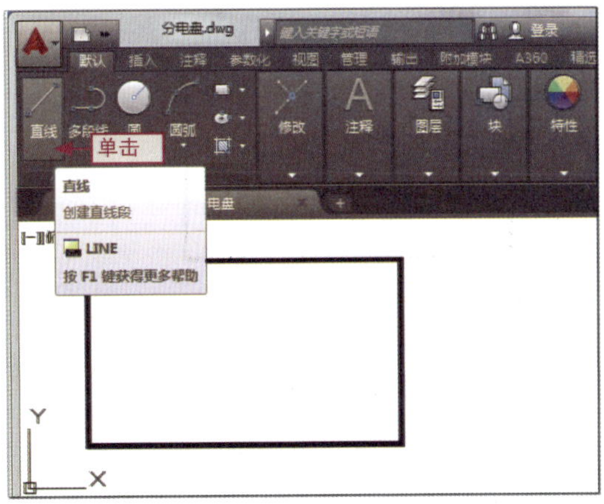

图3-16 单击“直线”按钮

步骤02 在命令行提示“指定第一点”后将鼠标光标移到矩形左下角的直线端点处，出现“端点”提示，单击，如图3-17所示。

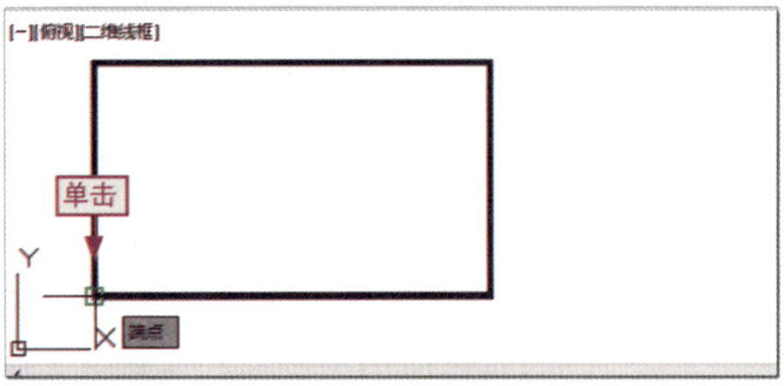

图3-17　捕捉起点

步骤03 在命令行提示“指定下一点”后捕捉矩形右上方的端点，指定直线的第二点，按Enter键，结束命令，如图3-18所示。

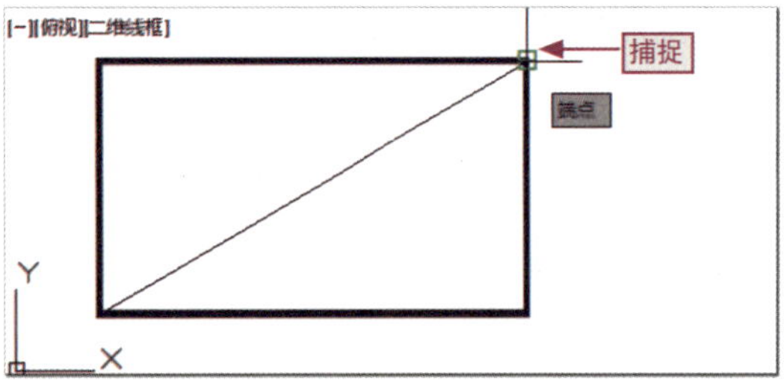

图3-18　捕捉端点

步骤04 再次执行直线命令，在命令行提示“指定第一点”后捕捉矩形左侧顶端端点，指定直线的第一点，如图3-19所示。

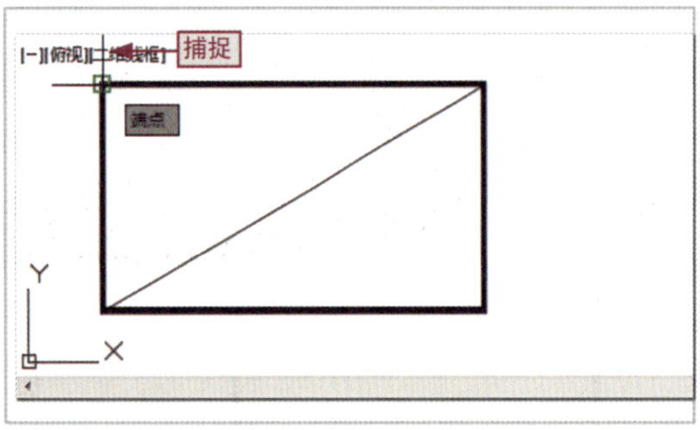

图3-19　捕捉起点

步骤05 在命令行提示“指定下一点”后捕捉矩形右下方的端点，结束命令，完成图形绘制，如图3-20所示。

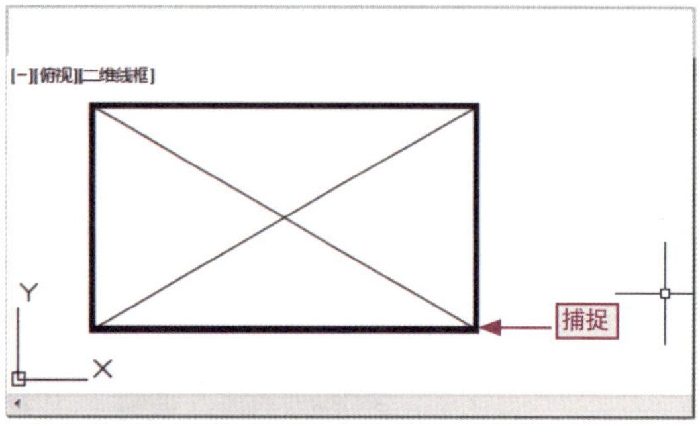

图3-20　完成绘制

5. 使用极轴绘制直线

通过极轴功能可以精确绘制一些带有角度的直线，其具体操作如下。

本节素材	/素材/Chapter03/螺钉.dwg
本节效果	/效果/Chapter03/螺钉.dwg
学习目标	掌握使用极轴功能绘制直线的方法
难度指数	★

步骤01 打开“螺钉”素材文件，❶单击状态栏上的“极轴”按钮右侧的下拉按钮，❷选择“30，60，90，120”选项，启用极轴功能，并选择“增量角”为“30”，如图3-21所示。

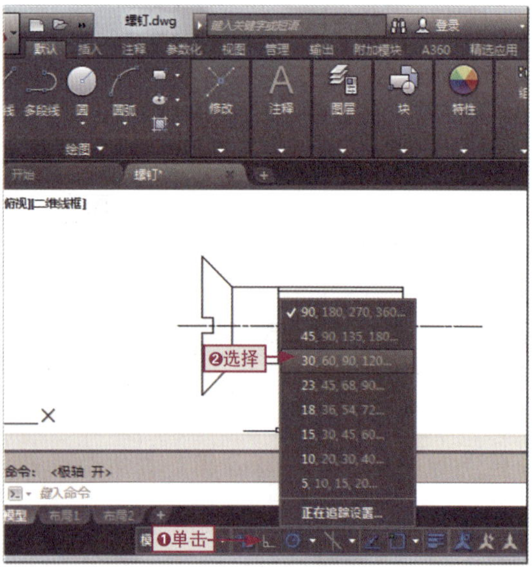

图3-21　设置极轴

步骤02 开启“对象捕捉”功能，执行直线命令，在命令行提示“指定第一点”时捕捉底端直线的端点，指定直线起点，如图3-22所示。

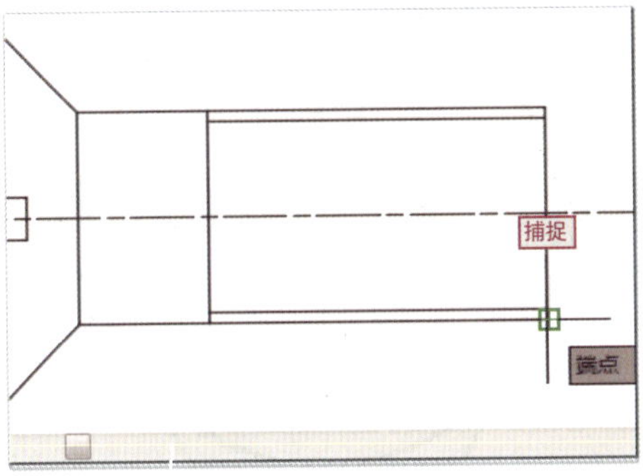

图3-22 捕捉起点

步骤03 在命令行提示“指定下一点”后移动鼠标到30°角的位置，出现极轴追踪线，捕捉极轴追踪线与水平中心线的交点，指定直线的第二点，如图3-23所示。

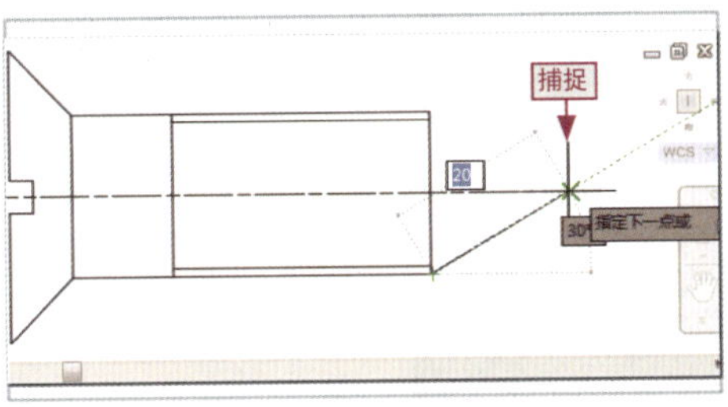

图3-23 捕捉一点

步骤04 在命令行提示“指定下一点”后捕捉极轴追踪线与水平直线的交点，指定直线的下一点，按Enter键，结束直线命令，完成绘制，如图3-24所示。

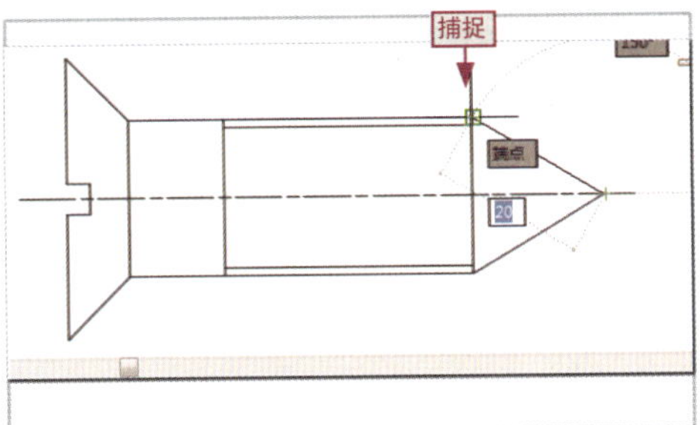

图3-24 捕捉交点

3.1.2 构造线和射线的绘制

构造线是两端无限延伸的直线，射线是一端无限延伸的直线，这两种直线常作为辅助线出现在图形中。绘制构造线和射线的具体操作如下。

本节素材	/素材/Chapter03/螺母.dwg
本节效果	/效果/Chapter03/螺母.dwg
学习目标	掌握绘制构造线和射线的方法
难度指数	★

步骤01 打开“螺母”素材文件，在“默认”选项卡的“特性”组中的“线型”下拉列表框中选择一种线型，如图3-25所示。

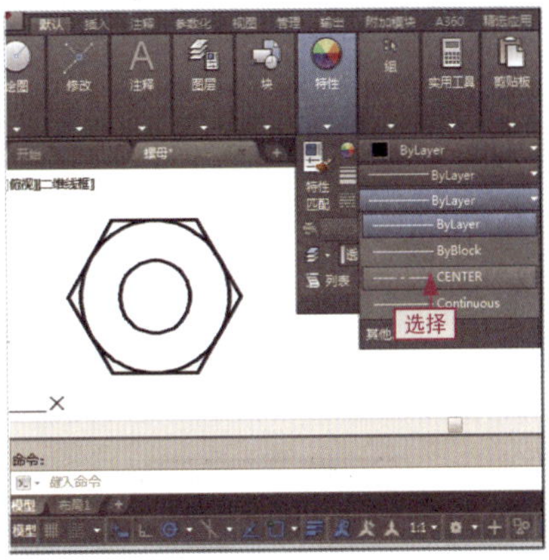

图3-25 选择线型

步骤02 在“绘图”组中单击“构造线”按钮或在命令行中输入XLINE命令，如图3-26所示。

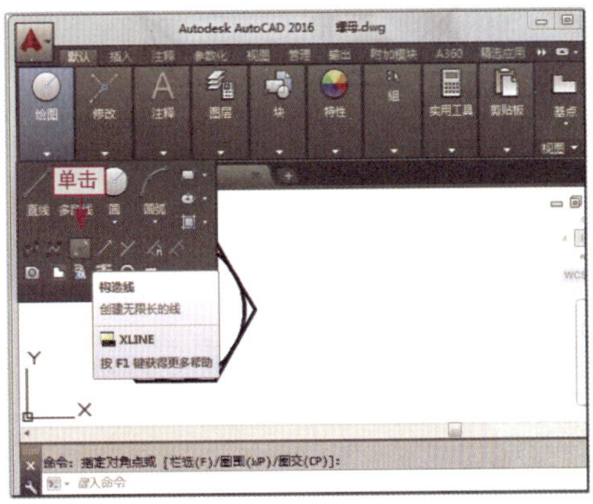

图3-26 单击“构造线”按钮

步骤03 开启对象捕捉和正交功能，将鼠标光标移动到图形中捕捉到圆形的圆心，如图3-27所示。

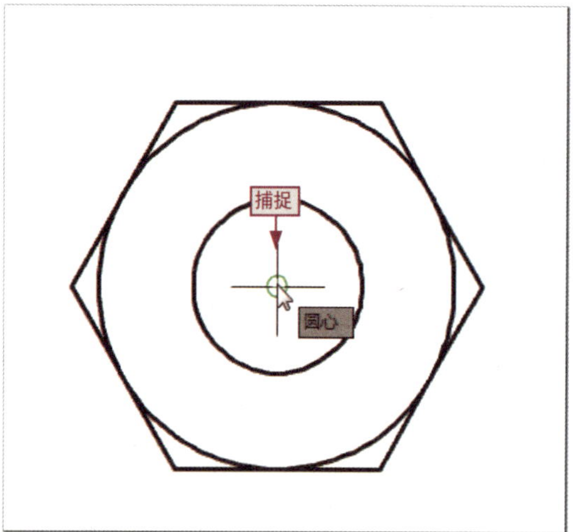

图3-27　捕捉圆心

步骤04 单击鼠标，绘制一条构造线，如图3-28所示。

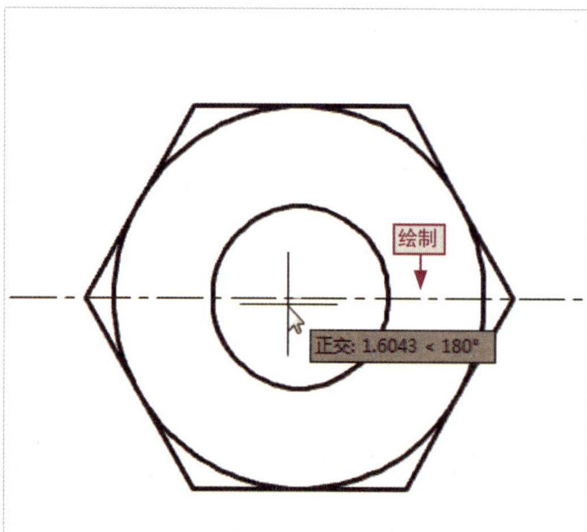

图3-28　绘制构造线

> **小绝招**
>
> **设置构造线的线型**
>
> 在图形中绘制构造线主要是起到辅助线作用，因此为了区别其他线条，可以为构造线设置其他的线型。关于线型的操作将在以后的章节中介绍。

步骤05 移动鼠标光标，在垂直方向上绘制一条垂直的构造线，如图3-29所示。

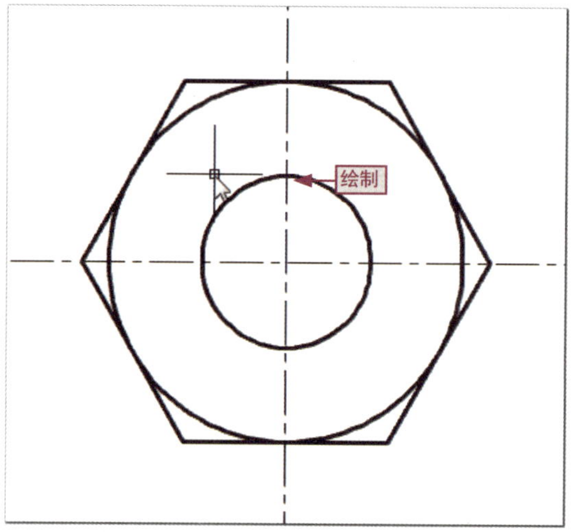

图3-29　绘制垂直构造线

步骤06 在“绘图”组中单击“射线”按钮或在命令行中输入RAY命令，如图3-30所示。

图3-30　单击“射线”按钮

步骤07 将鼠标光标移动到圆心处捕捉到该点，再单击，如图3-31所示。

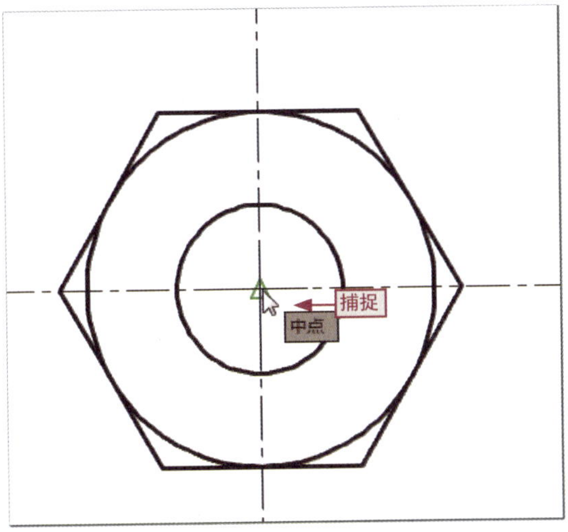

图3-31　捕捉圆心

步骤08 开启极轴功能，指定通过点为“30”，完成射线的绘制，如图3-32所示。

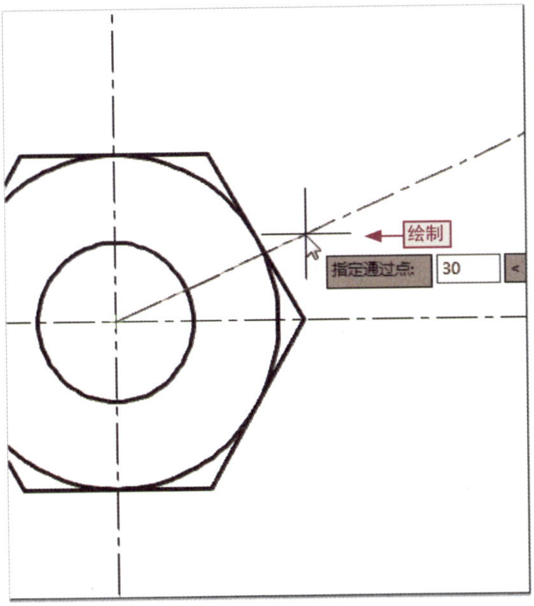

图3-32　绘制射线

3.1.3 多线样式的设置与绘制

绘制多线包括多线样式的设置和多线的绘制方法。

1. 设置多线样式

利用多线命令可以一次性绘制多条平行线，而且每条线可拥有各自的颜色和线型。在使用多线命令之前，可对多线进行数量和每条单线的偏移距离、颜色、线型及背景填充等特性的设置。

学习目标　掌握设置多线样式的方法

难度指数　★★

步骤01 在“绘图”组中单击“多线样式”按钮，如图3-33所示。

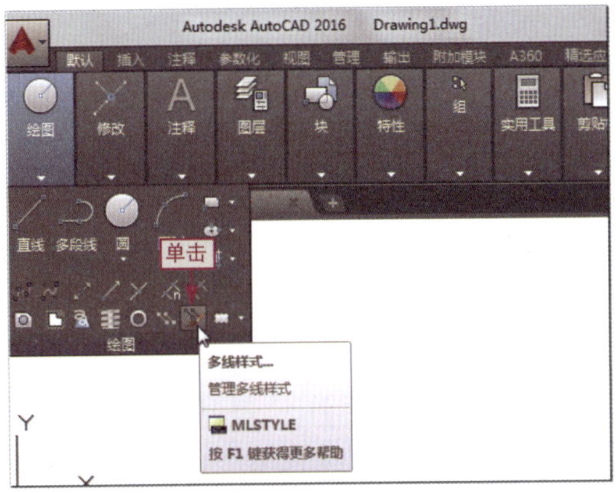

图3-33　单击“多线样式”按钮

小绝招

添加多线和多线样式按钮

在“绘图”组中正常情况下没有“多线”和“多线样式”按钮，但可以添加两个按钮，其方法是在命令行中输入“CUI”命令，打开“自定义用户界面”对话框。在左上方的列表框中选择“功能区／面板／二维常用选项卡－绘图”选项，在左下角的列表框中选择“多线”和“多线样式”选项，将其拖动到“二维常用选项卡－绘图”中的“第 3 行”选项中，即可将两个按钮添加到“绘图”组中。

步骤02 在“多线样式”对话框中，单击“新建”按钮，新建一个多线样式，如图3-34所示。

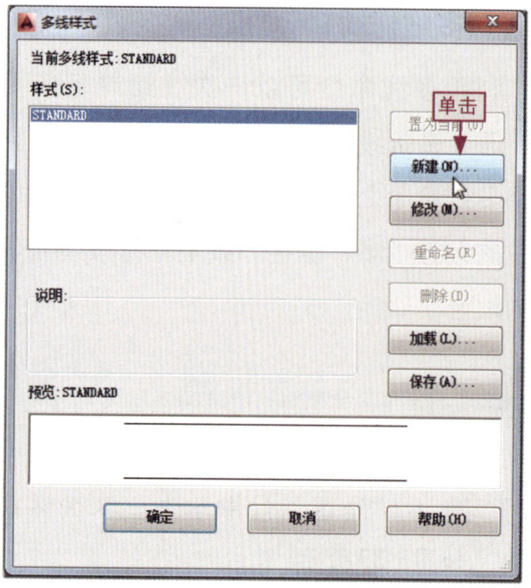

图3-34 新建多线样式

小绝招

修改多线样式

在“多线样式”对话框中，如果已有创建的多线样式，则可以在列表框中选择该样式，然后单击“修改”按钮，对其进行修改。

步骤03 ❶在打开的“创建新的多线样式”对话框的“新样式名”文本框中输入“墙体”，❷单击“继续”按钮，如图3-35所示。

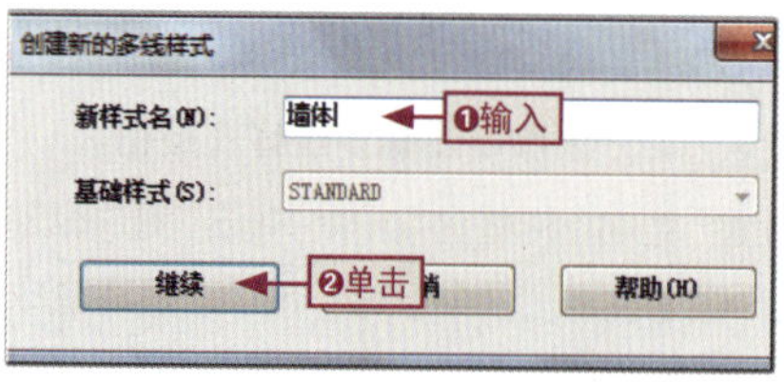

图3-35 设置样式名称

步骤04 打开“新建多线样式:墙体”对话框，单击“添加”按钮，如图3-36所示。

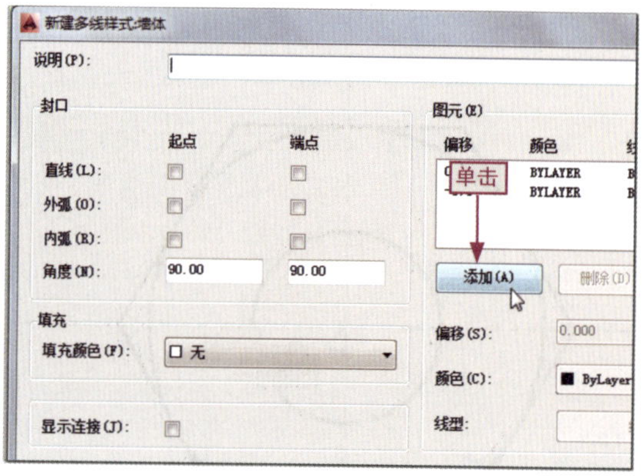

图3-36 添加多线样式

步骤05 ❶在“偏移”文本框中输入“120”，❷在“颜色”下拉列表框中选择一种多线的颜色，❸单击“线型”按钮，如图3-37所示。

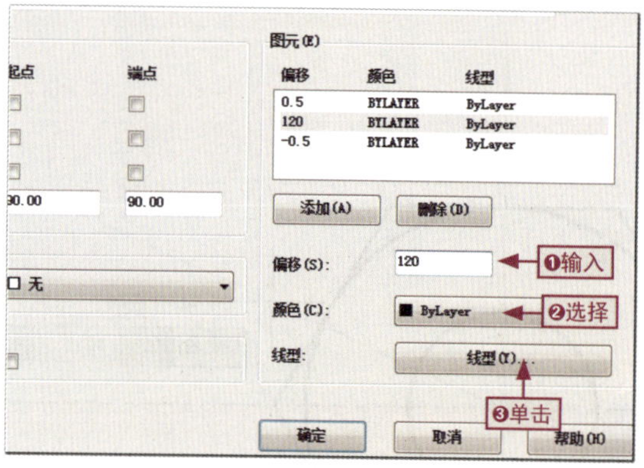

图3-37 设置图元样式

步骤06 打开“选择线型”对话框，❶在“已加载的线型”列表框中选择一种线型，❷单击“确定”按钮，如图3-38所示。

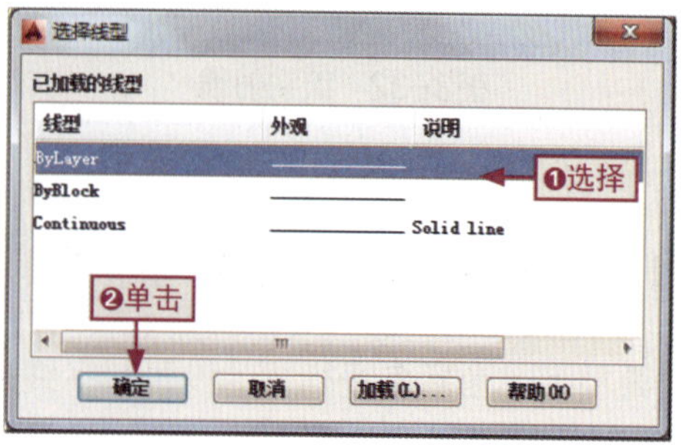

图3-38 “选择线型”对话框

步骤07 ❶返回“新建多线样式:墙体”对话框，用同样的方法添加一个偏移量为“-120”，颜色和线型相同的多线样式，❷完成后单击“确定”按钮，如图3-39所示。

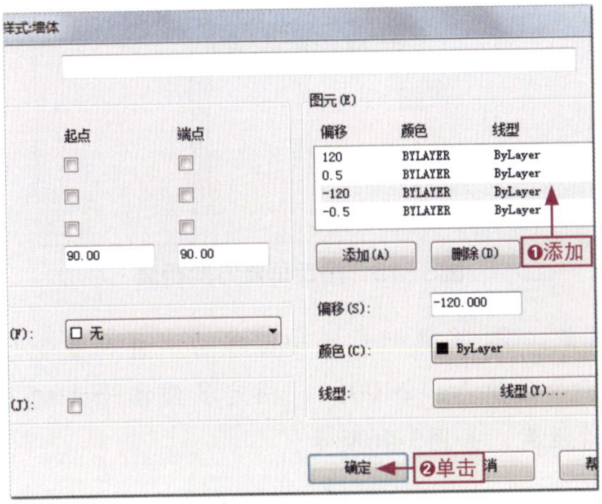

图3-39 添加样式

步骤08 返回“多线样式”对话框，在其中可以看到创建多线的名称和预览效果，单击“确定”按钮，完成设置，如图3-40所示。

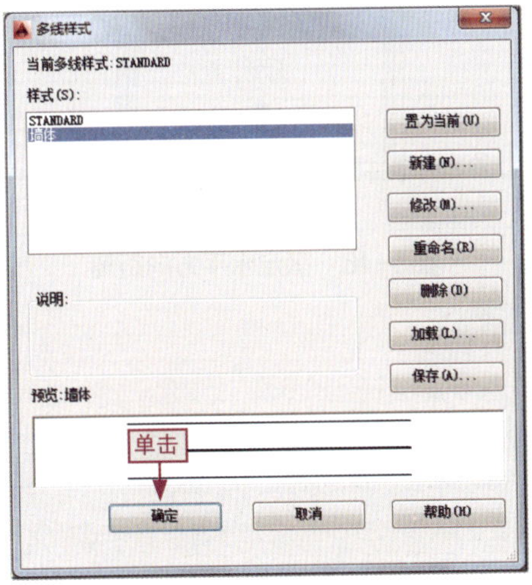

图3-40 添加完成多线样式

2. 绘制多线

多线样式设置好后，就可以利用多线绘制图形。下面以绘制一个墙体为例，其具体操作如下。

本节素材	/素材/Chapter03/无
本节效果	/效果/Chapter03/墙体.dwg
学习目标	掌握绘制多线的方法
难度指数	★★

步骤01 新建一个文件，在“绘图”组中单击“多线”按钮或在命令行中输入MLINE命令，如图3-41所示。

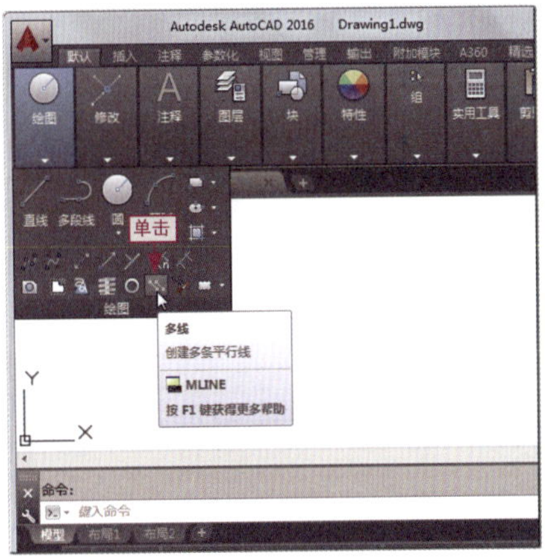

图3-41 单击“多线”按钮

步骤02 打开正交功能，将鼠标光标移动到绘图区单击定位地点，然后向右移动鼠标光标，在命令提示行中输入“300”，如图3-42所示。

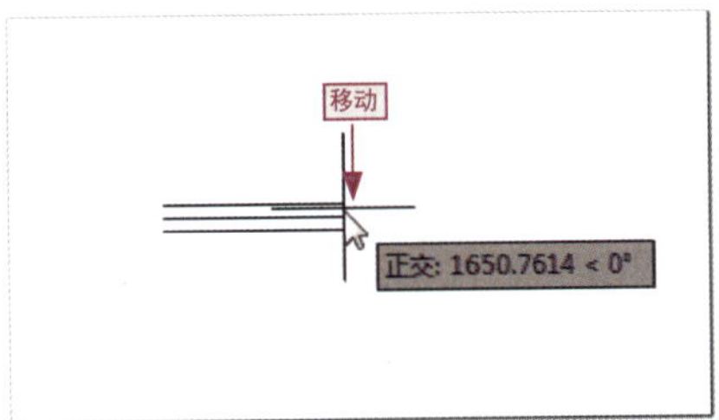

图3-42 右移鼠标光标

步骤03 将鼠标光标向上移动，并在命令行提示后输入“5400”，指定多线垂直方向上的距离，如图3-43所示。

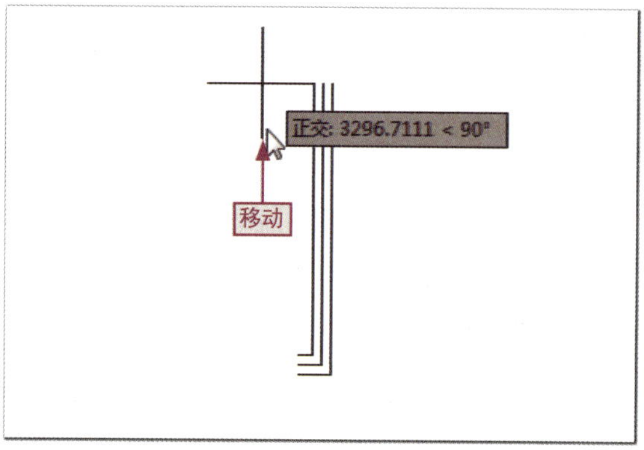

图3-43 上移动鼠标光标

步骤04 将鼠标指针向左移动，并在命令行提示后输入“3600”，指定多线水平方向上的距离，如图3-44所示。

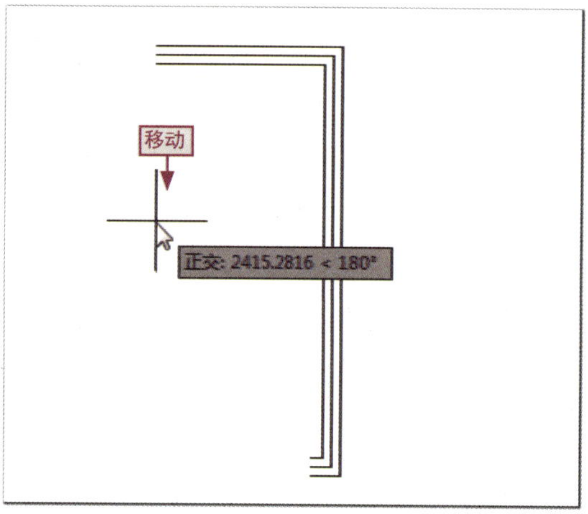

图3-44 输入长度

小绝招

选择多线样式

在绘制多线时，命令行提示需要选择多线的样式，可以输入 ST 命令，然后输入创建的样式名称即可。在“多线样式”对话框中，选择创建的多线样式，再单击“置为当前”按钮，可以将该样式作为当前的样式，无须再选择。

步骤05 将鼠标光标向下移动，并在命令行提示后输入“5400”，指定多线垂直方向上的距离，如图3-45所示。

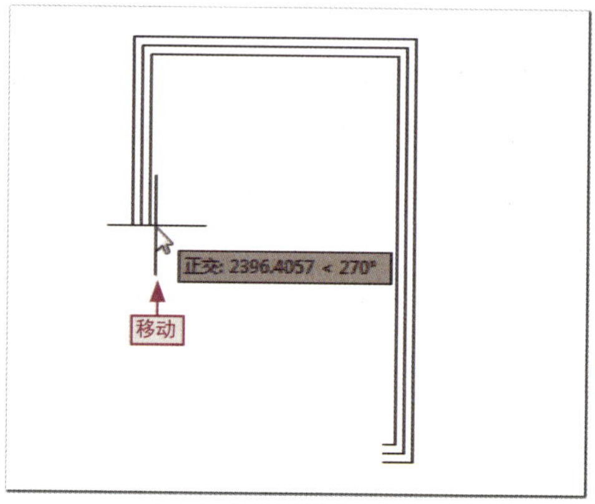

图3-45 指定垂直方向距离

步骤06 将鼠标光标向右移动，并在命令行提示后输入“2400”，指定多线水平方向上的距离，如图3-46所示。

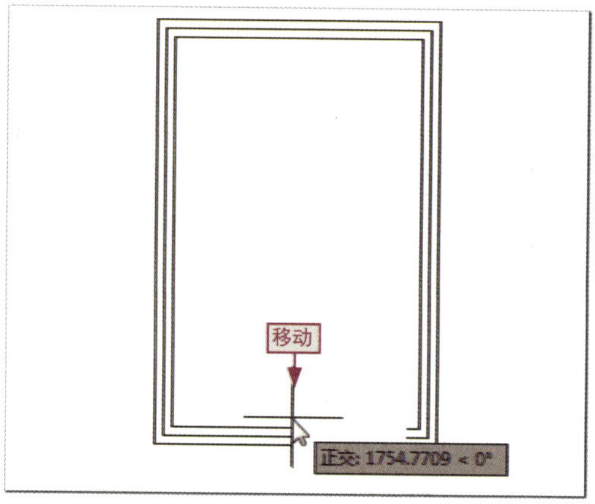

图3-46 指定水平方向距离

小绝招

删除多线

在“多线样式”对话框中，可以删除该多线样式。如果要删除该样式，必须先删除以该样式所绘制的图形。

步骤06 在命令行提示“指定下一点”后按Enter键，结束多线命令，完成墙线的绘制，如图3-47所示。

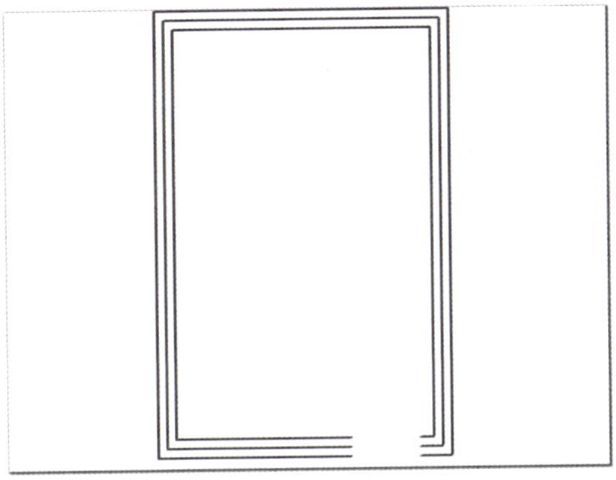

图3-47 完成绘制

3.1.4 多段线的绘制

多段线是由多条线段组成的图形，这些线段可以是直线或圆弧等。多段线是一个整体，用户可对其进行整体编辑，其具体操作如下。

本节素材	/素材/Chapter03/禁止左转.dwg
本节效果	/效果/Chapter03/禁止左转.dwg
学习目标	掌握绘制多段线的方法
难度指数	★★

步骤01 打开“禁止左转”素材文件，在“绘图”组中单击“多段线”按钮或在命令行中输入PLINE执行多段线命令，如图3-48所示。

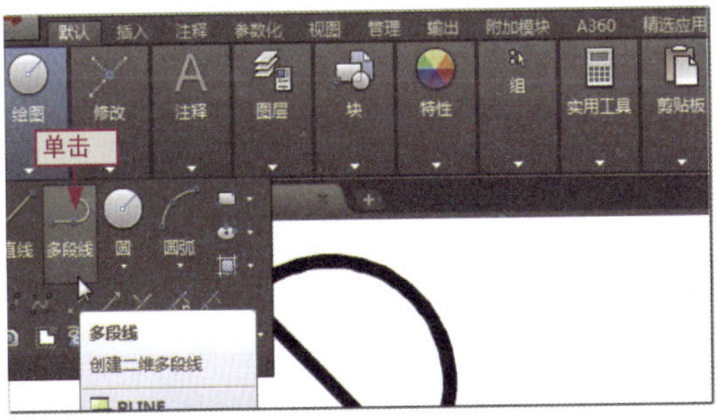

图3-48 单击“多段线”按钮

步骤02 启动极轴和对象捕捉功能，将鼠标光标移动到圆的下方，捕捉象限点，如图3-49所示。

图3-49 捕捉象限点

步骤03 在命令行提示“指定起点”时输入“@100,100”，指定起点，如图3-50所示。

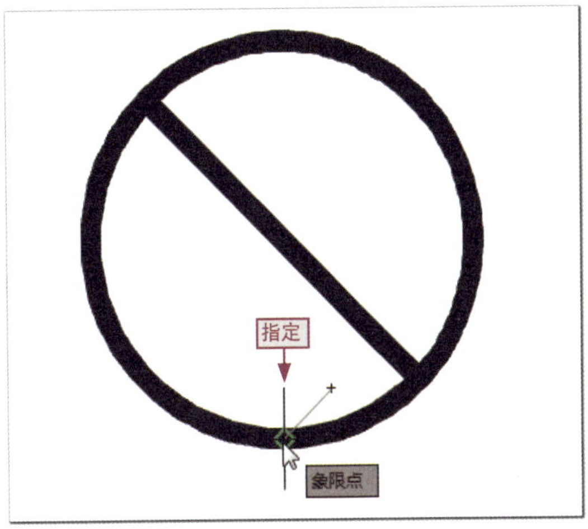

图3-50 指定起点

步骤04 在命令行提示“指定下一点”时，输入w命令，并设置多段线的宽度，命令操作如下所示。

指定下一个点或 [圆弧(A)/半宽(H)/长度(L)/放弃(U)/宽度(W)]: w
指定起点宽度 <0.0000>: 80
指定端点宽度 <80.0000>: 80

步骤05 将鼠标光标向上移动并捕捉极轴追踪线，在命令行提示后输入“400”，指定端点的位置，如图3-51所示。

图3-51 指定端点

步骤06 在命令行提示“指定下一点”时输入“A”命令，设置多段线的圆弧，并设置角度为“90”，半径为“80”，命令操作如下所示。

指定下一点或 [圆弧(A)/闭合(C)/半宽(H)/长度(L)/放弃(U)/宽度(W)]: A
指定圆弧的端点或
[角度(A)/圆心(CE)/闭合(CL)/方向(D)/半宽(H)/直线(L)/半径(R)/第二个点(S)/放弃(U)/宽度(W)]: A
指定包含角: 90
指定圆弧的端点或 [圆心(CE)/半径(R)]: R
指定圆弧的半径: 80

步骤07 在命令行提示后捕捉135°的极轴追踪线，指定圆弧的弦方向，如图3-52所示。

图3-52 设置圆弧方向

步骤08 在命令行中输入L命令，绘制长度为“150”的直线，命令操作如下所示。

指定圆弧的端点或
[角度(A)/圆心(CE)/闭合(CL)/方向(D)/半宽(H)/直线(L)/半径(R)/第二个点(S)/放弃(U)/宽度(W)]: L
指定下一点或 [圆弧(A)/闭合(C)/半宽(H)/长度(L)/放弃(U)/宽度(W)]: L
指定直线的长度: 150

步骤09 在命令行提示后选择“宽度”选项，分别指定起点宽度为“200”，端点宽度为“0”。将鼠标光标向左移动，捕捉极轴追踪线，并输入“200”，指定多段线的端点位置，完成图形绘制，如图3-53所示。

图3-53 完成绘制

小绝招

多段线的闭合

若用户不选择“闭合”选项来闭合多段线，而是直接捕捉多段线的起点来闭合多段线，则多段线的端点与起点处不会完成闭合，而会出现锯齿形状。在绘制多段线的过程中，可随时选择“放弃”选项取消前一次绘制的多段线。

3.1.5 样条曲线的绘制

样条曲线是一种通过或接近指定点的拟合曲线，它通过起点、控制点、终点及偏差变量来控制曲线，用于表达具有不规则变化曲率半径的曲线。在机械、建筑和服装设计领域应用十分广泛，常用来表示断切面、轮廓线等，其具体操作如下。

本节素材	/素材/Chapter03/盘盖剖视图.dwg
本节效果	/效果/Chapter03/盘盖剖视图.dwg
学习目标	掌握绘制样条曲线的方法
难度指数	★

步骤01 打开“盘盖剖视图”素材文件，在“绘图”组中单击“样条曲线拟合”按钮或在命令行中输入SPLINE命令，如图3-54所示。

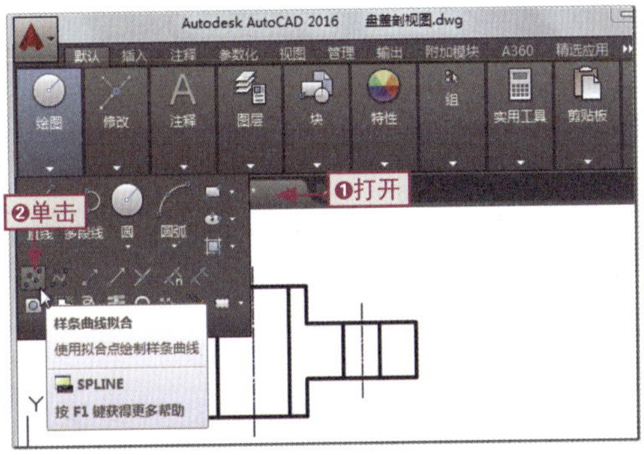

图3-54　单击“样条曲线”按钮

步骤02 在命令行提示“指定第一个点或对象”后将鼠标光标移动到图形的右上角并单击，指定样条曲线的第一个点，如图3-55所示。

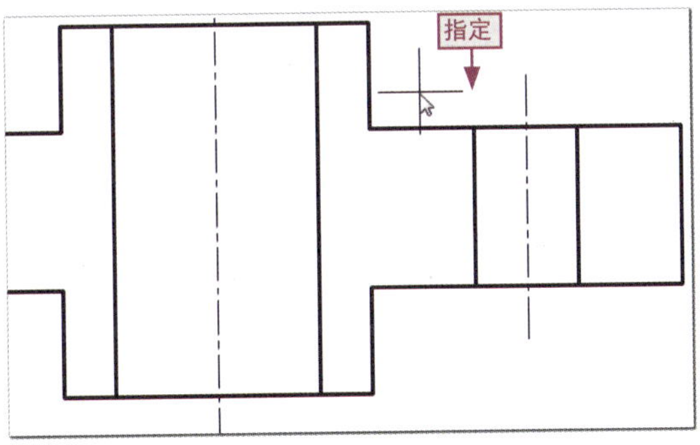

图3-55　指定第一点

步骤03 将鼠标指针向下移动并单击，指定样条曲线第二个点，如图3-56所示。

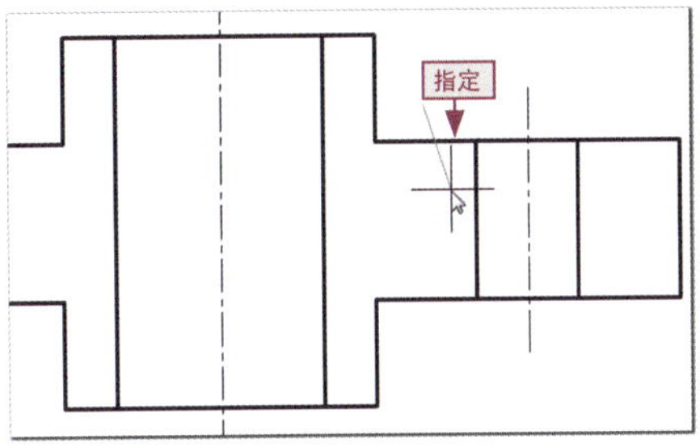

图3-56　指定第二点

步骤04 用相同的方法指定样条曲线的第三个点，如图3-57所示。

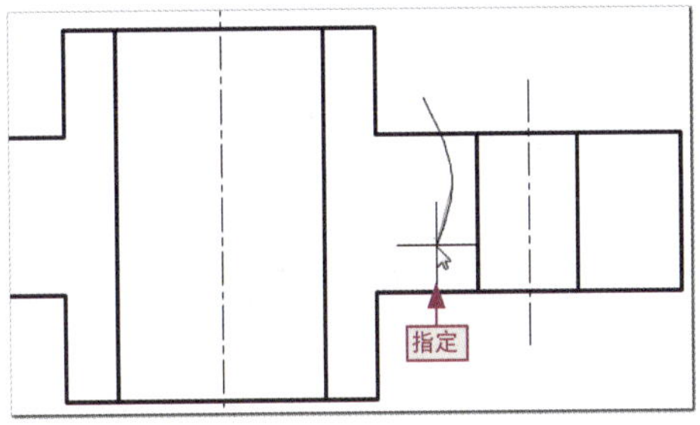

图3-57　指定第三点

步骤05 用相同的方法指定样条曲线的第四个点，如图3-58所示。

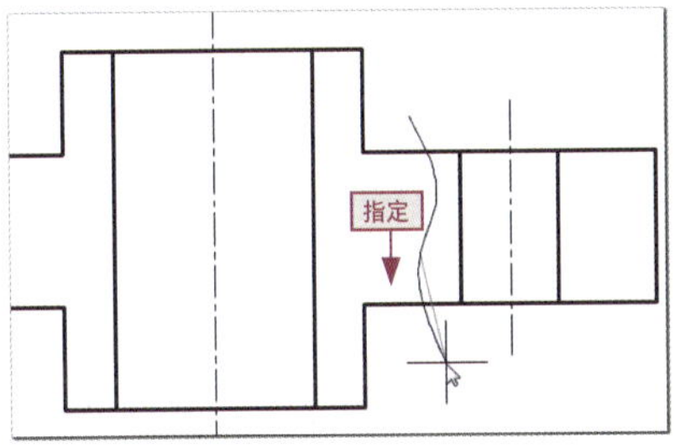

图3-58　指定第四点

步骤06 按Enter键分别确定样条曲线起点和端点切向，完成绘制，如图3-59所示。

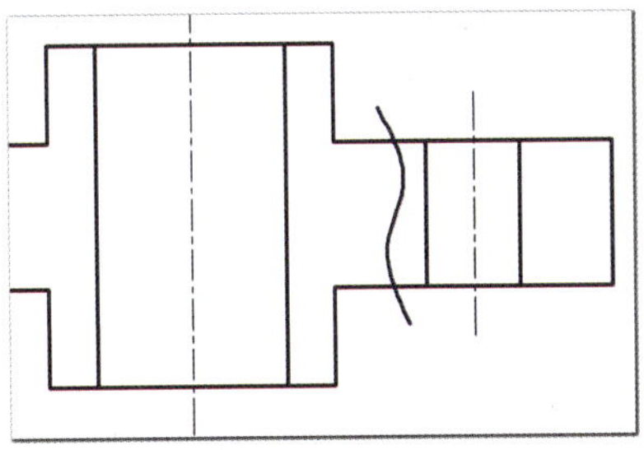

图3-59　完成操作

长知识

样条曲线命令的各个选项

样条曲线命令中各个选项的含义如下。

- 对象（O）：选择该选项，可将所选直线对象转换为样条曲线。
- 拟合公差（F）：选择该选项可以指定样条曲线的拟合公差值。输入的值越大，绘制的曲线偏离指定的点越远；输入的值越小，绘制的曲线离指定的点越近。
- 起点切向：样条曲线起始点处切线方向。
- 端点切向：样条曲线端点处切线方向。

3.1.6 修订云线的绘制

修订云线主要用于突出显示图纸中已修改的部分，它一般由连续的圆弧组成。在绘制建筑总平面图中，常使用修订云线表示拟建建筑区。绘制修订云线的具体操作如下。

本节素材	/素材/Chapter03/平面图.dwg
本节效果	/效果/Chapter03/平面图.dwg
学习目标	掌握修订云线的绘制和应用
难度指数	★

步骤01 打开“平面图”素材文件，在“绘图”组中单击“修订云线”按钮或在命令行中输入REVCLOUD命令，如图3-60所示。

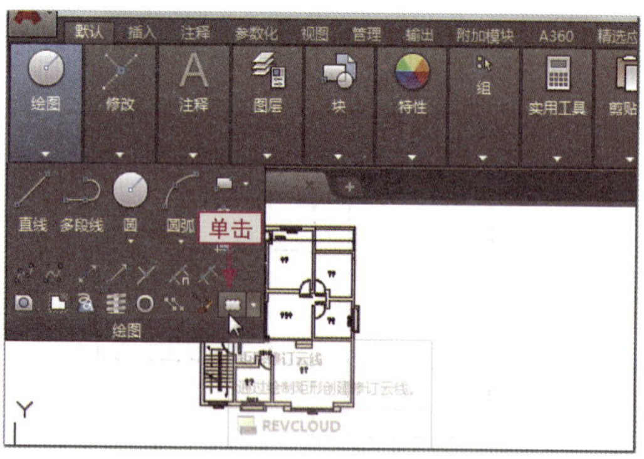

图3-60　启用修订云线功能

步骤02 在绘制前可以设置修订云线的弧长，将最小弧长和最大弧长分别设置为“50”和“100”，命令操作如下所示。

命令: _revcloud
最小弧长: 40　最大弧长: 80　样式: 普通
指定起点或 [弧长(A)/对象(O)/样式(S)] <对象>: A
指定最小弧长 <40>: 50
指定最大弧长 <50>: 100

步骤03 将鼠标光标移动到图形中需绘制修订云线的位置并单击，如图3-61所示。

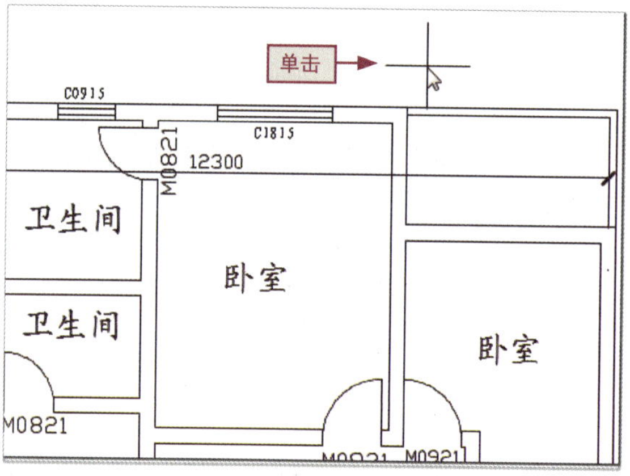

图3-61　指定起点

小绝招

反转修订云线的方向

绘制修订云线完成后，命令提示行会提示是否反转修订云线，如果输入Y，则进行反转，输入N，则不进行反转。

步骤04 拖动鼠标光标绘制一个封闭的修订云线，完成绘制，如图3-62所示。

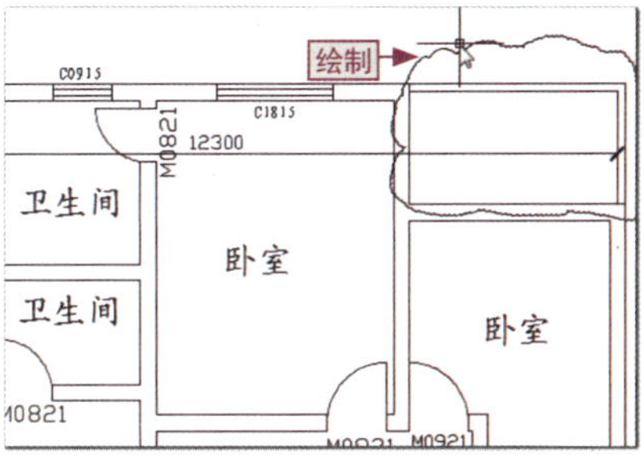

图3-62 修订云线

小绝招

将对象转换为修订云线

修订云线时可将已有的闭合对象转换为修订云线，其方法是：在命令行提示“指定起点或［弧长(A)/对象(O)/样式(S)］<对象>:”时，输入O，然后选择绘图区中的对象作为修订云线即可。

3.2 绘制矩形和多边形

阿智：除了直线型的图形，你还知道哪些图形？

小白：还有正方形、矩形和多边形等，这些都是由直线组成的图形。

阿智：对，这些图形的绘制要比前面的直线图形复杂一点，但是记住了基本的绘制方法，需要的图形也会很快绘制出来的。

在一些建筑和机械图形的绘制过程中，矩形和多边形图形使用较多，下面将分别讲解其绘制方法。

3.2.1 绘制矩形

通过绘制矩形命令可一次性绘制出所需的矩形，而不用使用直线命令逐一绘制各条直线。在绘制矩形的过程中，还可以设置矩形的倒角、圆角等效果，并且可以为其设定宽度与厚度值，其具体操作如下。

本节素材	/素材/Chapter03/底板.dwg
本节效果	/效果/Chapter03/底板.dwg
学习目标	掌握绘制矩形的方法
难度指数	★★

步骤01 打开“底板”素材文件，在“绘图”组中“矩形”下拉菜单中选择“矩形”命令或在命令行中输入RECTANG命令，如图3-63所示。

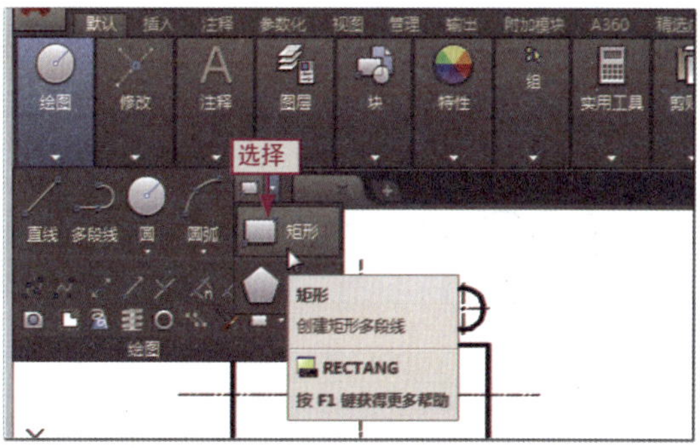

图3-63 启动矩形绘图功能

步骤02 在命令行提示“指定第一个角点”时，输入F命令并选择“圆角”选项，指定圆角半径为“5”，如图3-64所示。

命令: rectang
指定第一个角点或 [倒角(C)/标高(E)/圆角(F)/厚度(T)/宽度(W)]: F
指定矩形的圆角半径 <0.0000>: 5

图3-64 设置圆角半径

步骤03 将鼠标光标移动到辅助线的中点并捕捉该点，在命令行提示“指定第一个角点”时输入“@-35,-25”，指定圆角矩形的第一个起点坐标，如图3-65所示。

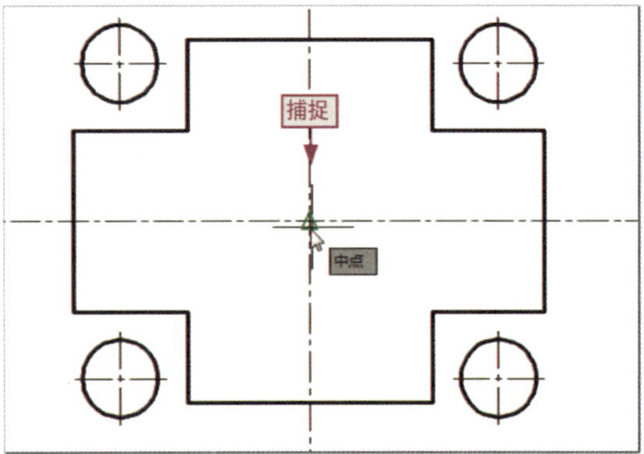

图3-65 捕捉起点

步骤04 在命令行提示“指定另一个角点”后输入“@70,50”，指定圆角矩形的对角点，完成矩形图形的绘制，如图3-66所示。

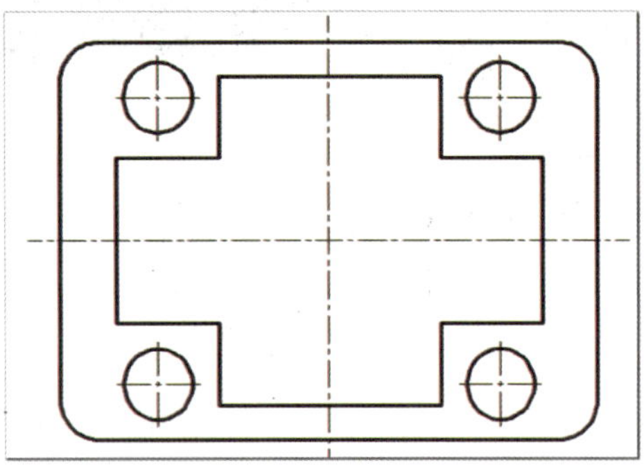

图3-66 完成绘制

3.2.2 绘制正多边形

在绘制正多边形的过程中，可以通过指定多边形边长值或指定多边形中心点及其与圆的相切/相接两种方式来进行绘制，其具体操作如下。

本节素材	/素材/Chapter03/传动机构.dwg
本节效果	/效果/Chapter03/传动机构.dwg
学习目标	掌握正多边形的绘制和设置方法
难度指数	★★

步骤01 ❶打开“传动机构”素材文件，❷在“绘图”组中的“矩形”菜单中选择“多边形”选项或在命令行中输入POLYGON命令，如图3-67所示。

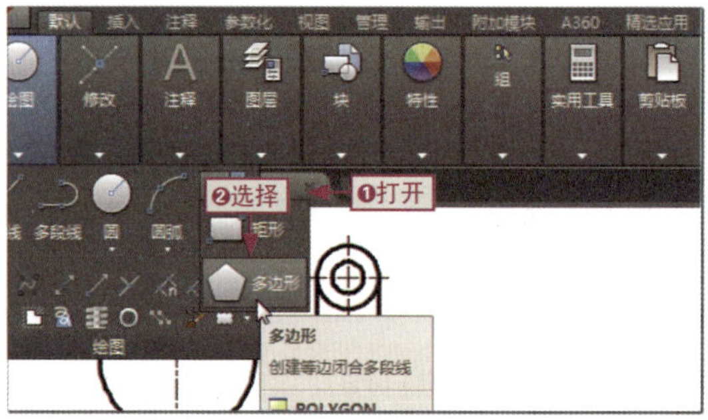

图3-67 选择“多边形”选项

步骤02 在命令行提示后指定正多边形的边数为6，并捕捉辅助线的交点作为正多边形的中心点，如图3-68所示。

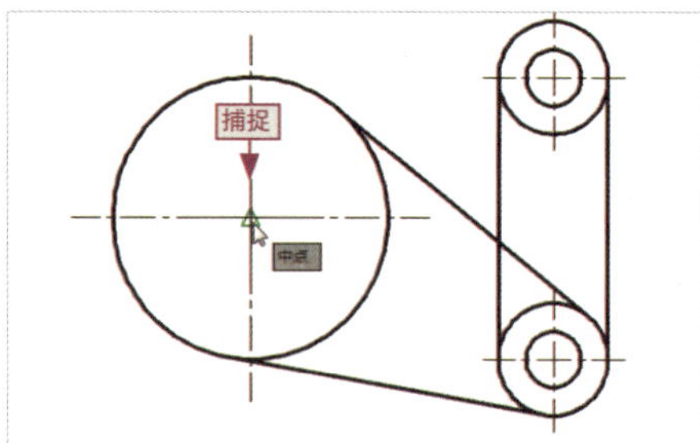

图3-68 捕捉交点

步骤03 在命令行提示“输入选项 [内接于圆(I)/外切于圆(C)] <I>:”后输入“I”或选择“内接于圆”选项，按Enter键，如图3-69所示。

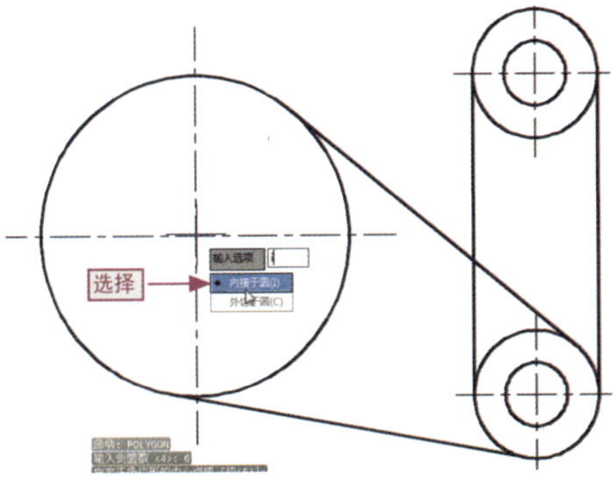

图3-69 选择内接于圆

步骤04 在命令行提示“指定圆的半径:”后输入“20”，确定正多边形的半径，按Enter键完成绘制，如图3-70所示。

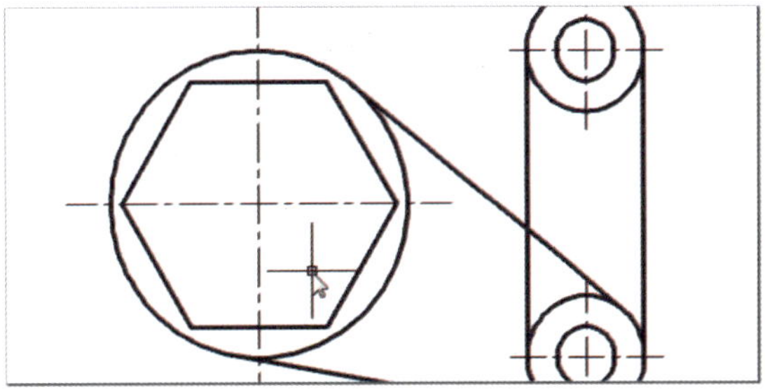

图3-70 完成绘制

3.3 设置点样式和绘制点

阿智：你在绘制图形时碰到过绘制点的图形吗?

小白：碰到过，圆的圆心就是一个点。

阿智：在AutoCAD中的点可以用多种样式表现，下面我们认识这些点的绘制。

在AutoCAD中，点不仅是组成图形最基本的元素，还常用作捕捉操作和偏移对象的参考点。除了最基本的圆点外，通过设置点样式，还可绘制出各种不同形状的点。

3.3.1 设置点样式

系统默认情况下绘制的点图形在绘图区显示为一个小圆点，通过对点的样式进行设置，可以使其更加容易辨认。

下面通过设置一种点样式，其点大小为“5.0000”为例，讲解具体设置点样式的操作方法。

学习目标	掌握设置点样式的方法
难度指数	★★

步骤01 在“默认”选项卡中的“实用工具”组中选择“点样式”命令或在命令行中输入命令PTYPE，如图3-71所示。

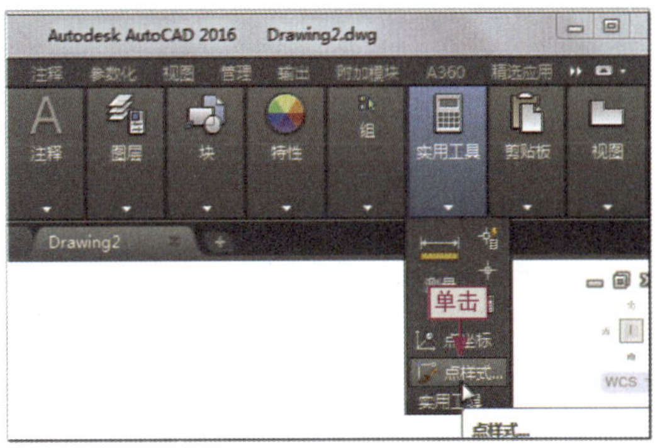

图3-71 单击“点样式”按钮

步骤02 ❶在打开的对话框中选择一种样式，❷在“点大小”文本框中输入“5.0000”，❸单击“确定”按钮，如图3-72所示。

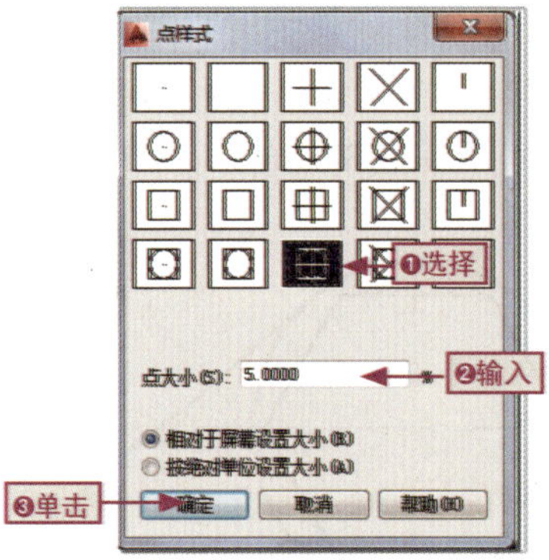

图3-72　设置点样式

3.3.2 绘制单点和多点

单点和多点是在辅助绘图过程中常常使用到的，下面分别介绍其操作。

1. 绘制单点

在命令行中输入POINT(PO)命令，即可在绘图区中绘制单点，命令操作如下所示。

命令:POINT
当前点模式:　PDMODE=0　PDSIZE=0.0000
指定点:

其中各选项的含义如下。

◆ PDMODE：PDMODE用于控制点的样式，不同的值对应不同的样式，其取值范围分别为0~4、32~36、64~68、96~100，关系如图3-73所示。

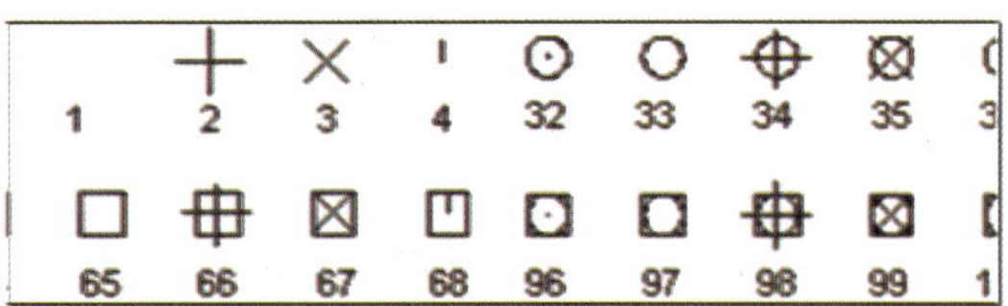

图3-73　各种点样式对应的PDMODE值

◆ PDSIZE：用于控制点的大小，当该值为0时，点的大小为系统默认值，即屏幕大小的5%；当值为负时，它表示点的相对尺寸大小。

2. 绘制多点

在AutoCAD中提供了专门用于绘制多点的命令，可一次性绘制任意多个点。下面以绘制多个矩形样式的点为例，练习绘制多点的操作。

学习目标　掌握绘制多点的方法
难度指数　★★

步骤01 单击“绘图”工具栏上的“多点”按钮，如图3-74所示。

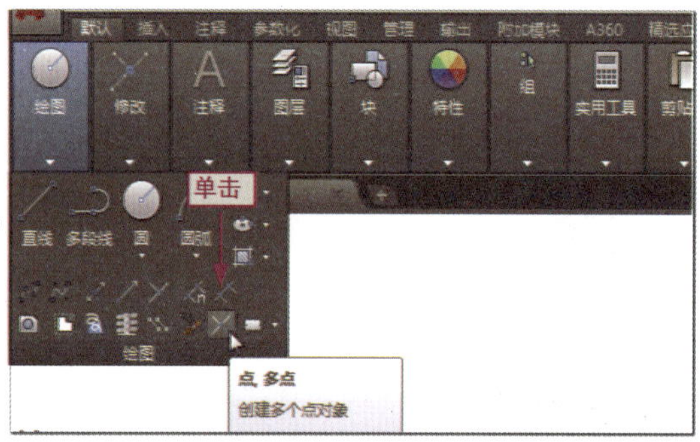

图3-74　单击“多点”按钮

步骤02 打开“点样式”对话框，❶选择一种样式作为多点的样式，❷单击“确定”按钮，如图3-75所示。

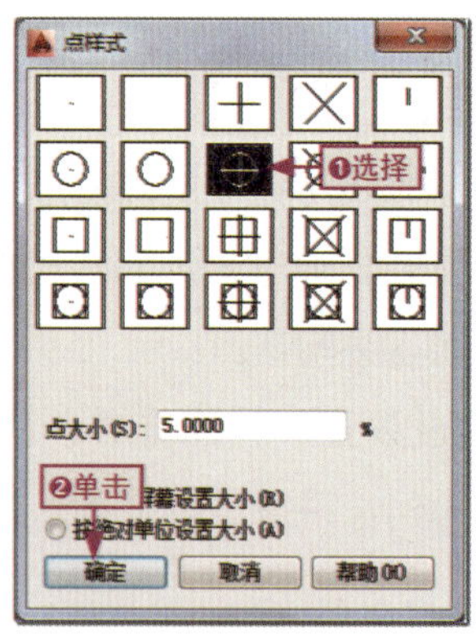

图3-75　选择点样式

步骤03 在绘图区中多次单击鼠标，即可绘制指定样式的多个点，如图3-76所示。

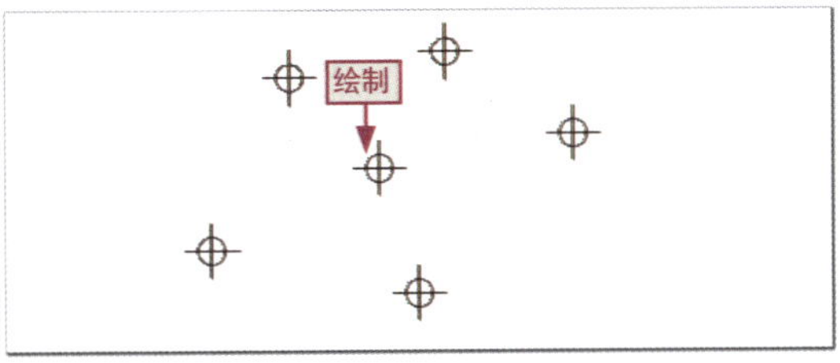

图3-76 绘制多点的效果

3.3.3 绘制等分点和等距点

进行绘制时需要进行等分和等距分割，这就需要绘制等分点和等距点。

1. 绘制等分点

等分点是指以等分长度的方式在指定对象上绘制点对象。被等分的对象有直线、圆、圆弧和多段线等，绘制等分点的具体操作如下。

本节素材	/素材/Chapter03/窗户.dwg
本节效果	/效果/Chapter03/窗户.dwg
学习目标	掌握绘制等分点的方法
难度指数	★★

步骤01 打开“窗户”素材文件，在“绘图”组中单击“定数等分”按钮，或在命令行中输入DIVIDE命令，如图3-77所示。

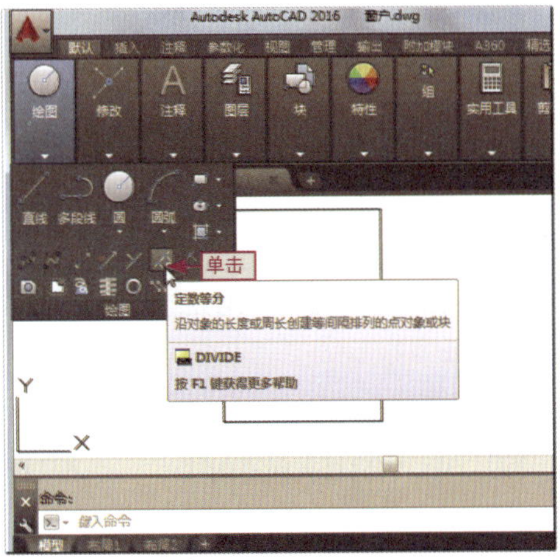

图3-77 单击“定数等分”按钮

步骤02 将鼠标光标移动到图形左侧的直线上并单击，选择图形，如图3-78所示。

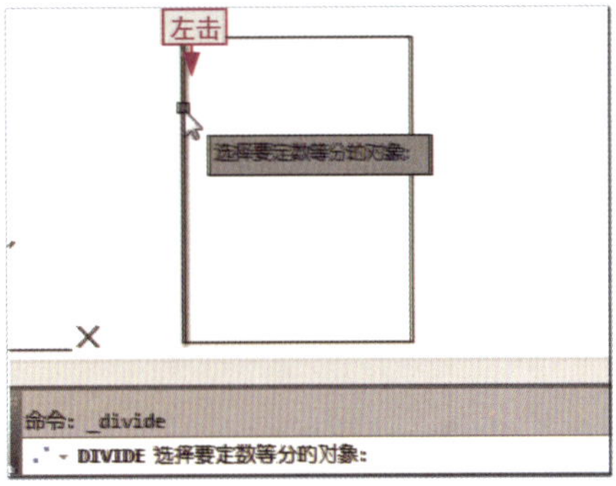

图3-78 选择等分对象

步骤03 这时提示输入要等分图形的数量，在动态输入框中输入“3”，然后按Enter键，如图3-79所示。

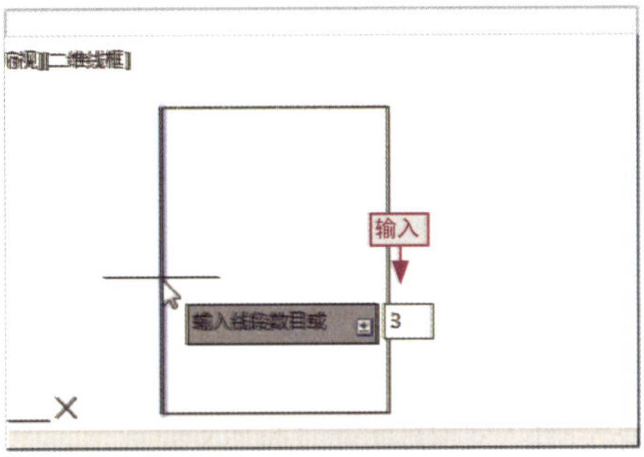

图3-79 输入等分数量

步骤04 打开“点样式”对话框，❶在其中选择一种样式，❷单击“确定”按钮，设置点样式，如图3-80所示。

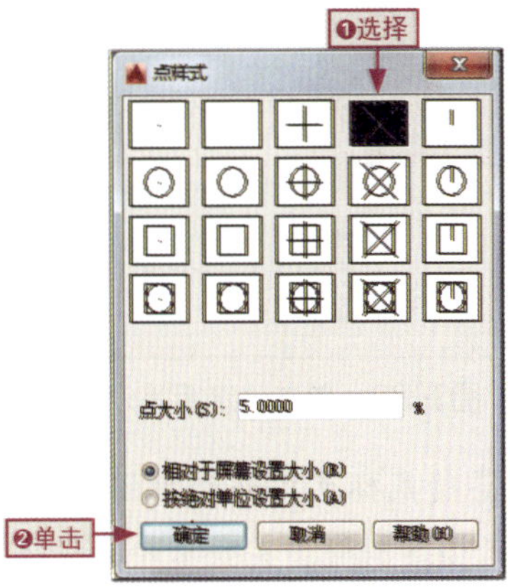

图3-80 选择点样式

步骤05 返回绘图区中可以看到圆上出现了两个等分点，如图3-81所示。

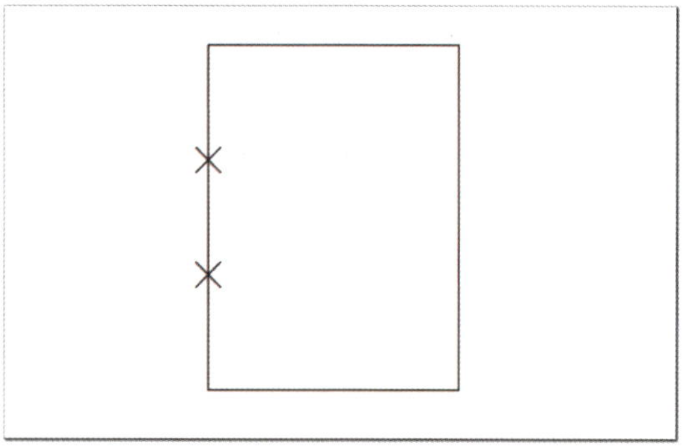

图3-81　等分图形效果

2. 绘制等距点

绘制等距点是指在所选对象上按指定距离绘制多个点对象。绘制等距点的具体操作如下。

本节素材	/素材/Chapter03/窗户1.dwg
本节效果	/效果/Chapter03/窗户1.dwg
学习目标	掌握绘制等距点的方法
难度指数	★★

步骤01 打开“窗户1”素材文件，在“绘图”组中单击“定距等分”按钮，或在命令行中输入MEASURE命令，如图3-82所示。

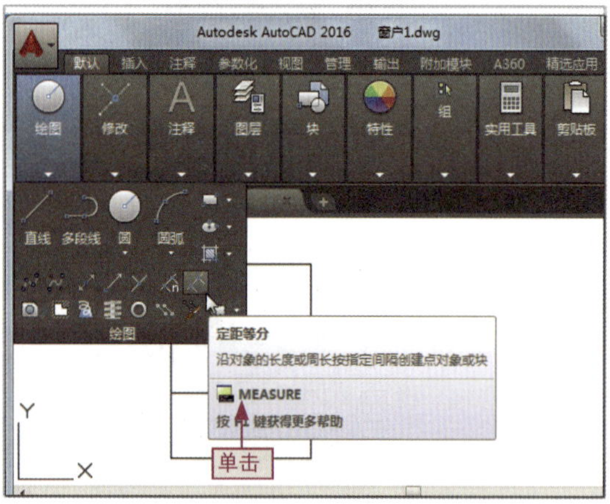

图3-82　单击“定距等分”按钮

步骤02 将鼠标光标移动到图形的水平直线上并单击选择图形，其效果如图3-83所示。

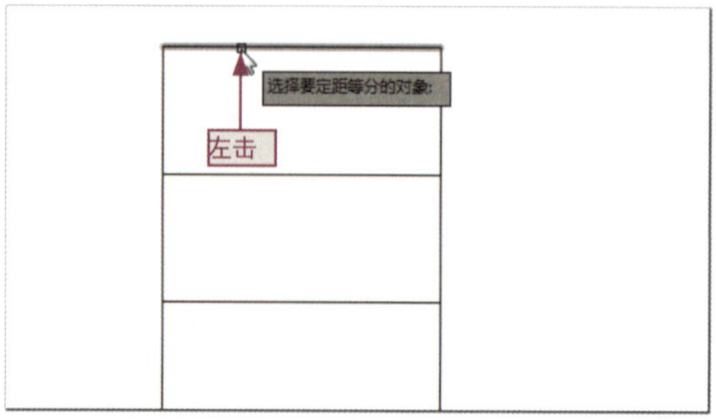

图3-83　选择直线

步骤03 在动态输入框中输入“500”，然后按Enter键，如图3-84所示。

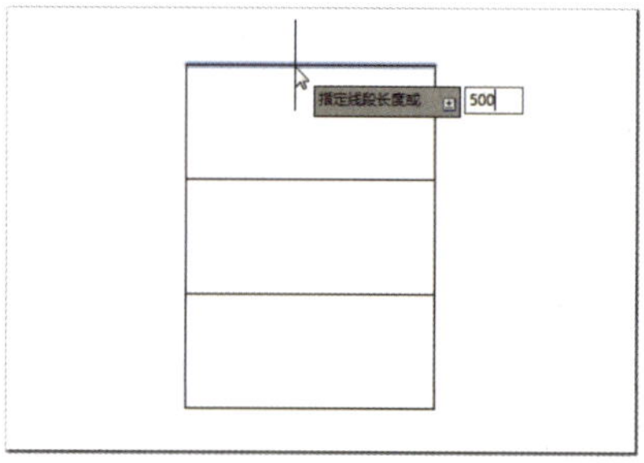

图3-84　输入等距距离值

步骤04 在图形中将水平直线以500的距离进行划分，如图3-85所示。

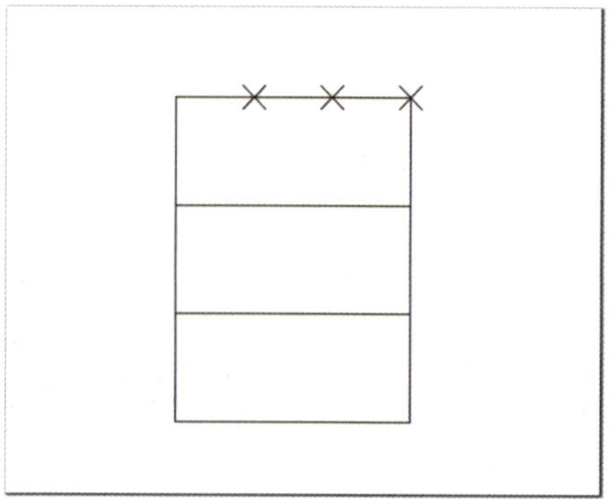

图3-85　直线上等距的效果

小绝招　**等分插入所选的块**

在执行DIVIDE命令的过程中，如果在提示“输入线段数目或［块(B)]:”时选择“块(B)”选项，则可用指定的块代替点，即在线段上等分插入所选的块。

3.4 绘制圆和弧图形

阿智：小白，知道圆形怎么绘制吗?

小白：知道啊，就是以圆心为基础，绘制一个半径大小的圆。

阿智：在AutoCAD中有多种绘制圆的方法，不知道了吧，下面我来给你介绍。

在平面图形中主要的元素有直线和曲线，并且越复杂的图形曲线也越多，所以绘制曲线型图形是使用AutoCAD绘图必须掌握的。曲线型图形主要包括圆、椭圆、弧线和椭圆弧等。

3.4.1 绘制圆和圆弧

圆和圆弧的绘制方法类似，下面分别介绍圆和圆弧的具体绘制操作。

1. 绘制圆

在机械、建筑以及施工图的绘制过程中，绘制圆的频率都比较频繁，其具体操作如下。

本节素材	/素材/Chapter03/连接件.dwg
本节效果	/效果/Chapter03/连接件.dwg
学习目标	掌握绘制圆的方法
难度指数	★★

步骤01 打开“连接件”素材文件，在“绘图”组中“圆”下拉菜单中选择“圆心，半径”命令，或者在命令行中输入CIRCLE命令，如图3-86所示。

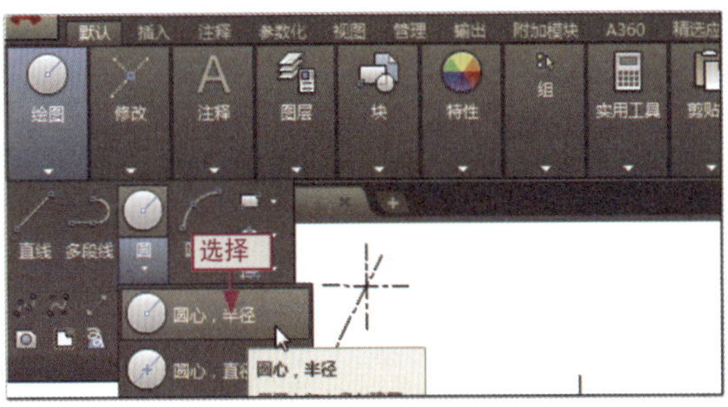

图3-86　选择“圆心，半径”选项

步骤02 在命令行提示“指定圆的圆心”时将鼠标光标移动到最上面的辅助线上，捕捉辅助线的交点并单击，如图3-87所示。

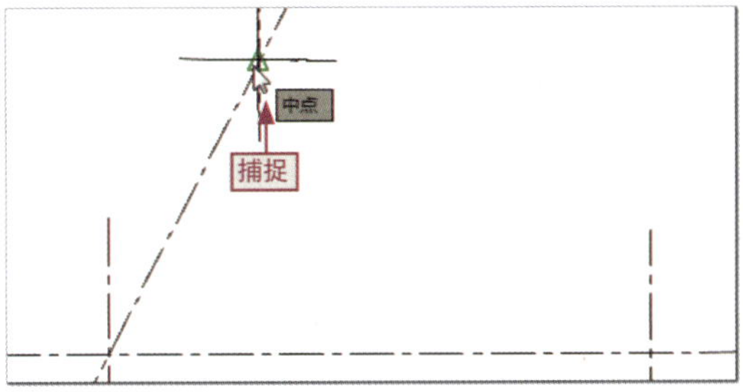

图3-87　捕捉圆心点

步骤03 在命令行提示“指定圆的半径”时输入圆的半径“5”，按Enter键，如图3-88所示。

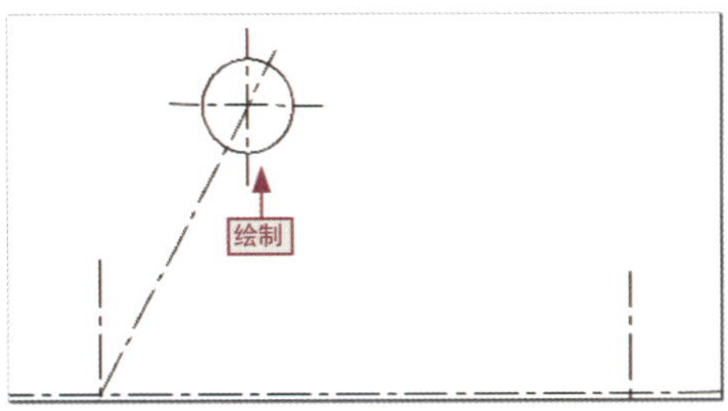

图3-88　绘制圆形

步骤04 再次执行圆命令，并捕捉左下角辅助线的交点为圆心，绘制一个半径为“6”的圆，如图3-89所示。

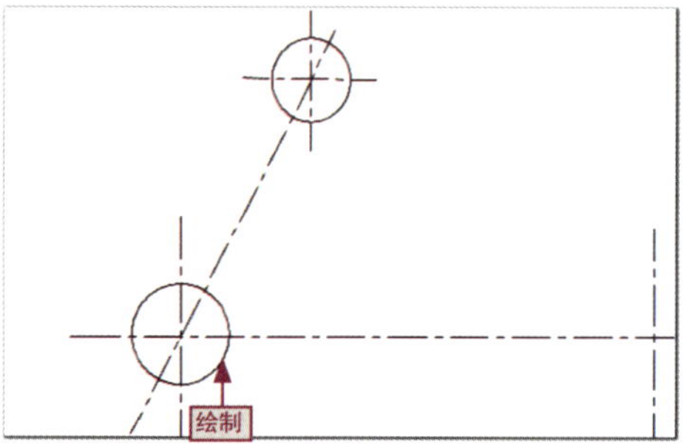

图3-89　绘制圆形

步骤05 执行圆命令，捕捉左下角辅助线的交点为圆心，绘制一个半径为“11”的同心圆，如图3-90所示。

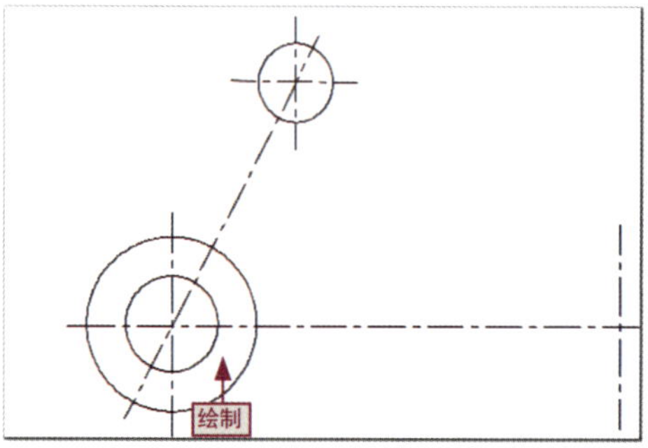

图3-90　绘制圆形

步骤06 用同样的方法以右下角辅助线的交点为圆心，绘制两个半径分别为“5”和“8”的同心圆，如图3-91所示。

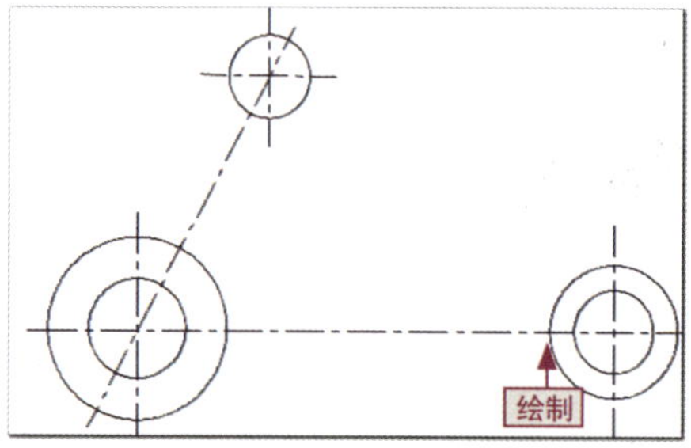

图3-91　绘制同心圆

步骤07 执行直线命令，捕捉圆的切点绘制一条直线。用相同的方法绘制其他两个圆之间相切的直线，完成绘制，如图3-92所示。

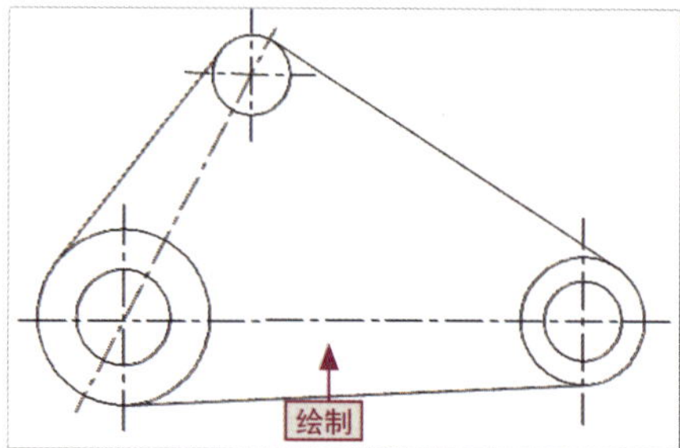

图3-92　完成绘制

长知识

添加或取消选择对象

在“圆”命令的下拉菜单中可以选择6种不同的方式绘制圆，其中“圆心、半径”方法即为在前面案例中绘制圆的方法。其他几种绘制方式，可以在选择该方式后，按照命令行提示进行操作。图3-93所示为几种绘制圆的方式。

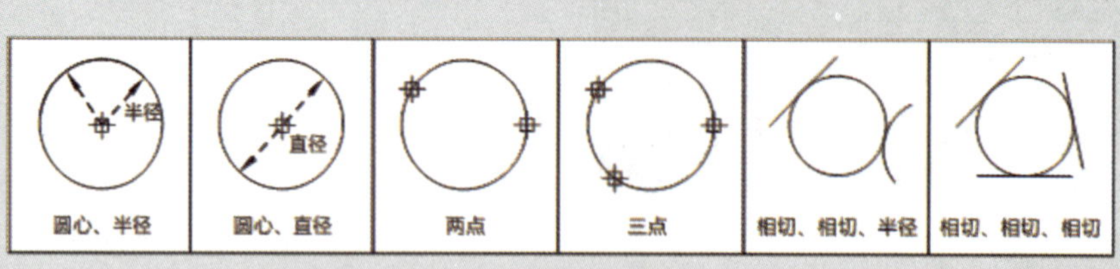

图3-93　绘制圆的几种方式

2. 绘制圆弧

在一些图形中常常会有圆弧形状的图形，下面介绍圆弧的绘制，其具体操作如下。

本节素材	/素材/Chapter03/浴缸.dwg
本节效果	/效果/Chapter03/浴缸.dwg
学习目标	掌握绘制圆弧的常用方法
难度指数	★★

步骤01 打开“浴缸”素材文件，在“绘图”组中“圆弧”下拉菜单中选择“三点”命令或在命令行中输入ARC命令，如图3-94所示。

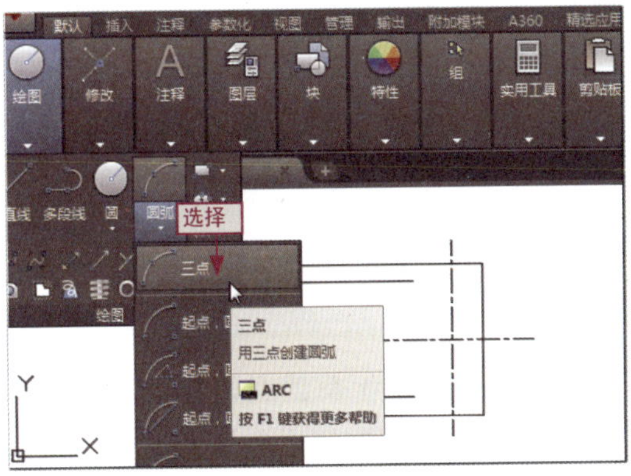

图3-94 选择“三点”命令

步骤02 在命令行提示“指定圆弧的起点或圆心”时，将鼠标光标移动到图形上，并捕捉到图形右侧的一个端点，单击，如图3-95所示。

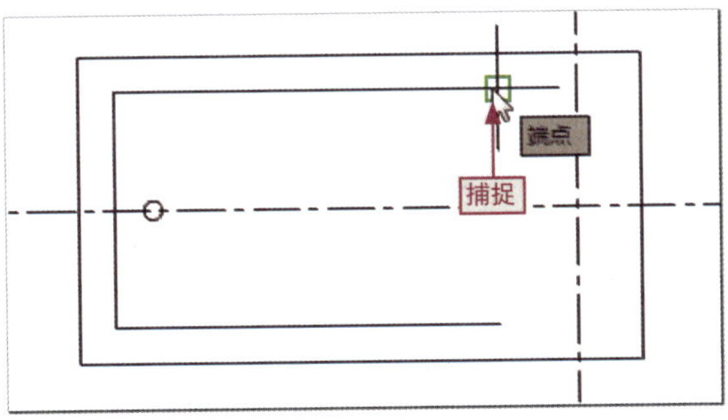

图3-95 捕捉起点

步骤03 在命令行提示“指定圆弧的第二点”时，将鼠标光标移动到图形上辅助线的交点并捕捉到该交点，单击，如图3-96所示。

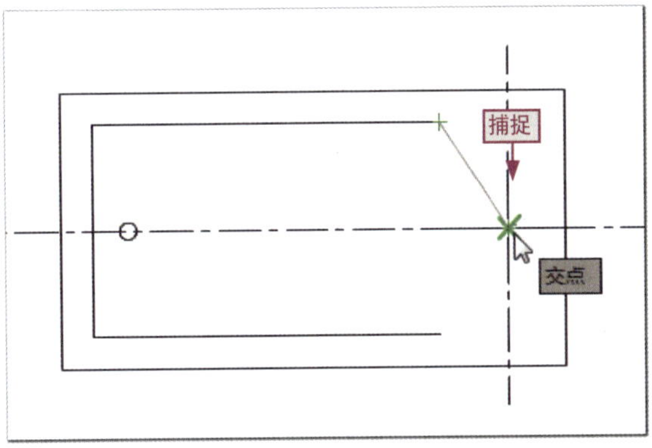

图3-96 捕捉交点

步骤04 在命令行提示“指定圆弧的端点”时，将鼠标光标移动到图形下方的端点处，并捕捉到该端点，单击完成绘制，如图3-97所示。

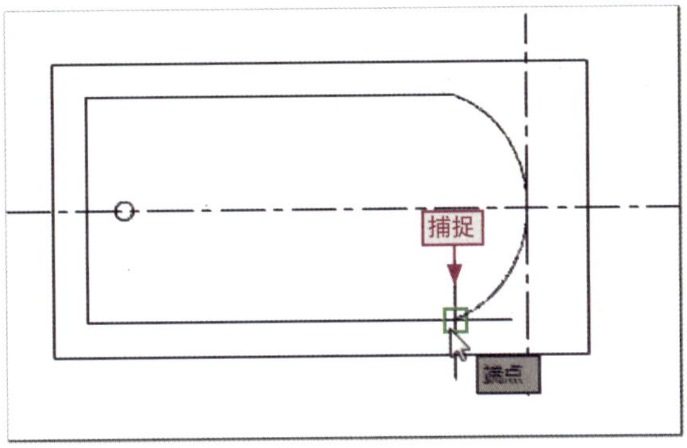

图3-97 完成绘制

小绝招

圆弧半径的正负值

在默认情况下，当设置的圆弧半径值为正值时，将沿逆时针方向绘制弧；当半径为负值时，将沿顺时针方向绘制弧。因此应特别注意指定圆弧起点与终点的顺序。

长知识

绘制圆弧的几种方式

在“圆弧”命令的下拉菜单中可以选择 11 种不同的方式绘制圆，在实际绘制过程中，可以按照图形的需要来选择不同的绘制方式，并按照命令行的提示进行绘制。图 3-98 所示分别为绘制圆弧的几种不同方式。

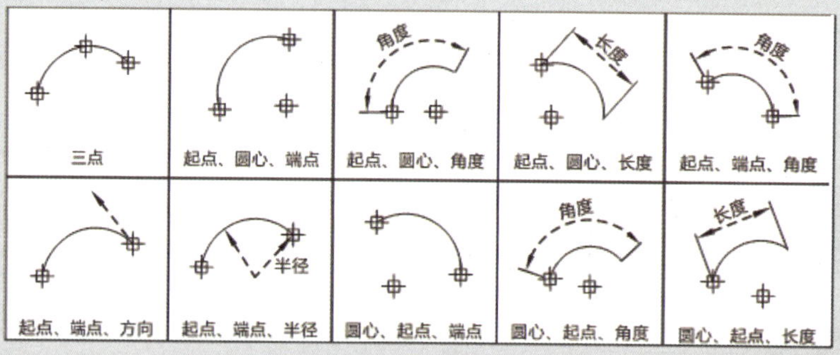

图3-98　绘制圆弧的几种方式

3.4.2 绘制椭圆和椭圆弧

椭圆和椭圆弧也常在绘图中使用，下面分别介绍其绘制方法。

1. 绘制椭圆

椭圆也是常常使用到的图形，下面介绍其绘制方法，具体操作如下。

本节素材	/素材/Chapter03/无
本节效果	/效果/Chapter03/洗手盆.dwg
学习目标	掌握绘制椭圆的方法
难度指数	★★

步骤01 新建一个文件，在命令行输入REC，执行矩形命令，绘制长度为1200、高度为600的矩形，如图3-99所示。

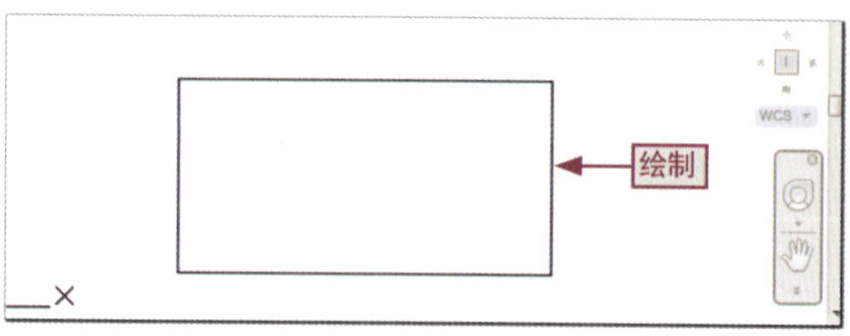

图3-99　绘制矩形

步骤02 执行圆命令，利用对象追踪的功能，捕捉矩形边中点对象追踪线的交点，指定圆的圆心，绘制一个直径为20的圆，如图3-100所示。

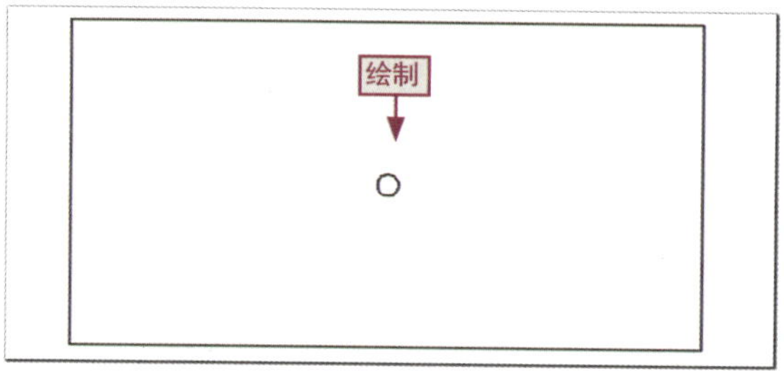

图3-100　绘制圆形

小绝招

绘制椭圆的两种方式

椭圆的绘制方式主要有两种：一是通过确定椭圆圆心和长轴的长度来进行绘制，二是通过椭圆的轴和端点来进行绘制。

步骤03 在“绘图”组的“椭圆”下拉菜单中选择“椭圆”命令或在命令行中输入ELLIPSE命令，如图3-101所示。

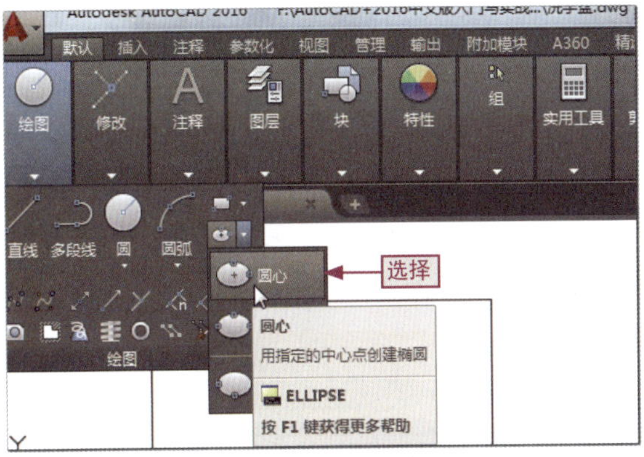

图3-101 移动鼠标指针

步骤04 在命令行提示"指定另一条半轴长度或 [旋转(R)]:"后输入"250"，指定椭圆轴的长度，如图3-102所示。

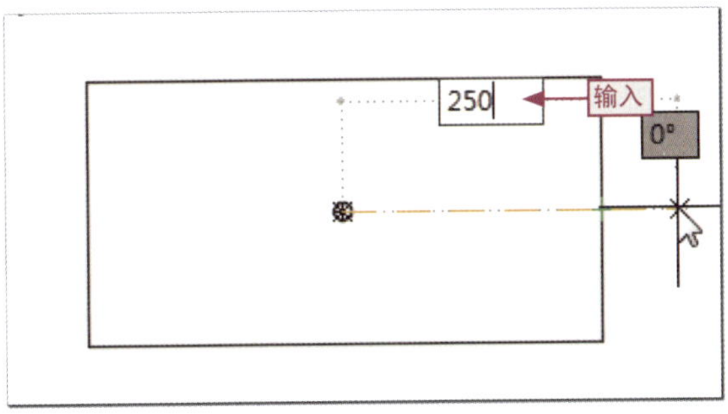

图3-102 输入长轴

步骤05 再次执行椭圆命令，在命令行提示后捕捉椭圆圆心的对象追踪线，并在命令行提示后输入"175"，指定另一条半轴的长度，如图3-103所示。

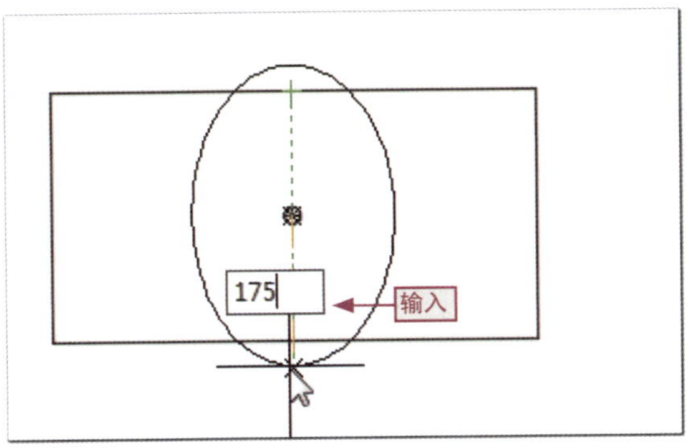

图3-103 输入长度

> **小绝招　椭圆的角度**
>
> 需要注意的是，起始的角度是在绘图过程中最后确定的轴（即第二个轴）的反方向逆时针旋转的角度，这是 AutoCAD 为不同的绘制方法和习惯而设计的。初学者在这里极易混淆概念，会误以为起始角度就是起始点与 Y 轴正方向的角度。

步骤06 在命令行提示"指定另一条半轴长度"后输入"8"，指定另一条半轴的长度，完成绘制如图3-104所示。

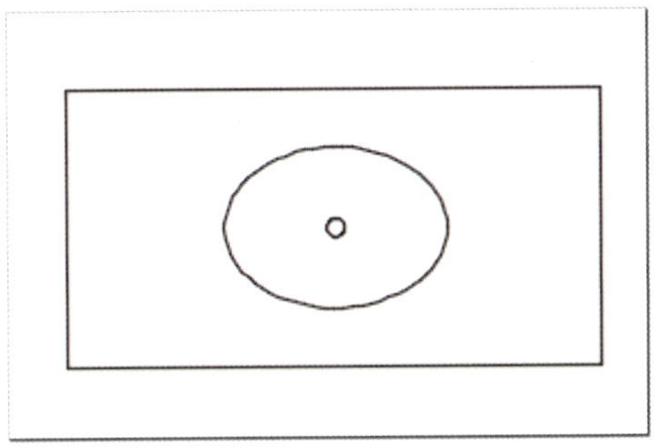

图3-104 完成绘制

2. 绘制椭圆弧

椭圆弧和椭圆命令是一样的，绘制椭圆弧实际上是绘制椭圆命令ELLIPSE中的一个选项。如果选择"绘图/椭圆/圆弧"命令或单击"绘图"工具栏上的按钮，系统将自动执行ELLIPSE命令并选择"圆弧"选项，其具体操作如下。

本节素材	/素材/Chapter03/水杯.dwg
本节效果	/效果/Chapter03/水杯.dwg
学习目标	掌握椭圆弧的绘制方法
难度指数	★

步骤01 打开"水杯"素材文件，在"绘图"组中的"椭圆"下拉菜单中选择"椭圆弧"命令或在命令行中输入ELLIPSE命令，如图3-105所示。

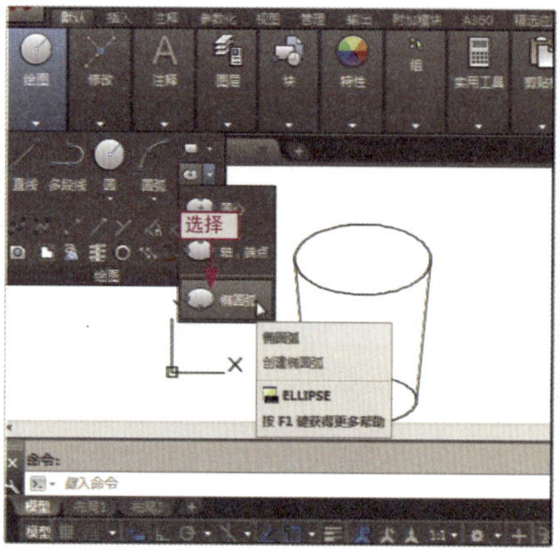

图3-105 选择“椭圆弧”选项

步骤02 在命令行提示“指定椭圆弧的轴端点”时，在图形右侧的直线上捕捉一点，并单击，如图3-106所示。

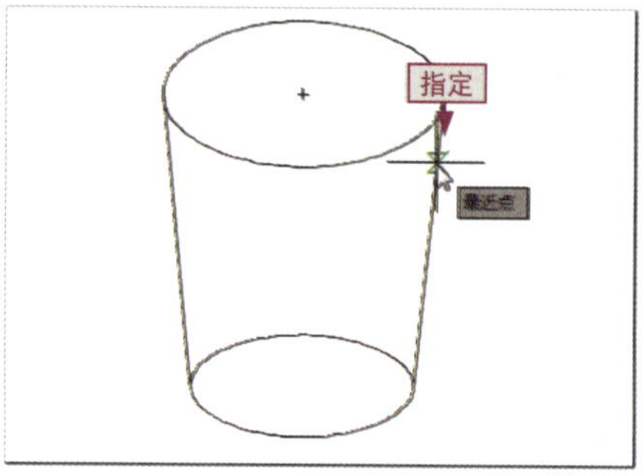

图3-106 指定一点

步骤03 在命令行提示“指定轴的另一个端点”时，在直线下方捕捉另外一点，并单击，如图3-107所示。

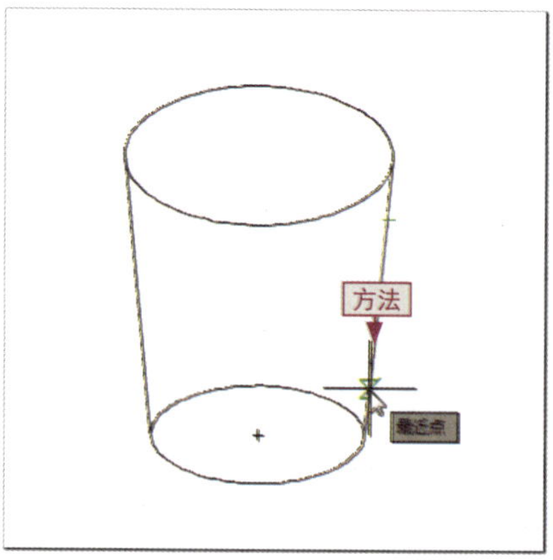

图3-107 指定另一点

步骤04 在命令行提示“指定另一条半轴长度”时输入“4”，如图3-108所示。

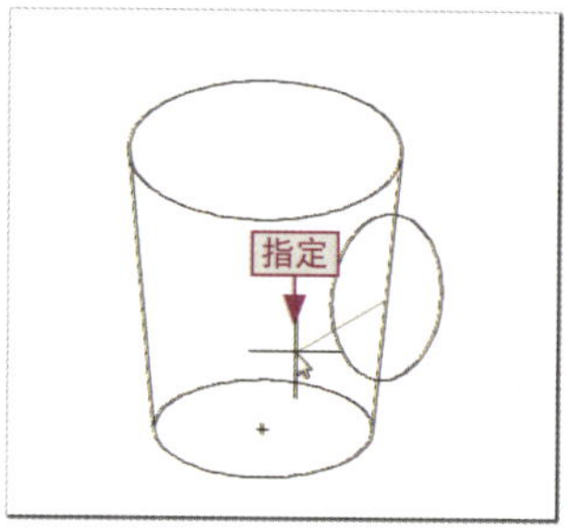

图3-108 输入长度

步骤05 在命令行提示“指定起点角度”时，输入“180”，指定起点角度。在命令行提示“指定端点角度”时，输入“0”，指定端点角度，完成绘制，如图3-109所示。

图3-109 完成绘制

长知识

椭圆弧命令各选项的含义

执行命令过程中主要有“中心点(C)”“旋转(R)”“参数(P)”“包含角度(I)”等几个选项，其含义分别如下。

- 中心点：以指定圆心的方式绘制椭圆弧。选择该选项后指定第一根轴的长度时只需指定其半长即可。
- 旋转：通过绕第一条轴旋转圆的方式绘制椭圆，再指定起始角度与终止角度绘制出椭圆弧。
- 参数：选择“参数”选项后，输入椭圆弧的起始角度，系统将通过矢量参数方程式“p(u) = c+a* cos(u)+b*sin(u)”来绘制椭圆弧。其中，c 表示椭圆的中心点，a 和 b 分别表示椭圆的长轴和短轴。
- 包含角度：从起始角度开始的包含角度。

3.5 图形的填充和编辑

阿智：如果要在绘制的图形里面填上一种颜色，你知道该怎么办吗？

小白：这个我还不知道。

阿智：AutoCAD也有图形填充的功能，下面我来给你介绍。

在绘制图形的过程中，经常会给图形中某个封闭的区域填充图案，这就是图案填充。通过图案填充既可对图形边界进行填充，还能对图形图案进行填充。

3.5.1 创建图案填充

填充可以进行边界填充也可以进行图案填充。

1. 填充图形边界

在封闭的图形中，可对图形内部的区域进行填充，其具体操作如下。

本节素材	/素材/Chapter03/圆环.dwg
本节效果	/效果/Chapter03/圆环.dwg
学习目标	掌握图案边界填充的方法
难度指数	★★

步骤01 打开“圆环”素材文件，在“绘图”面板中单击“图案填充”按钮，如图3-110所示。

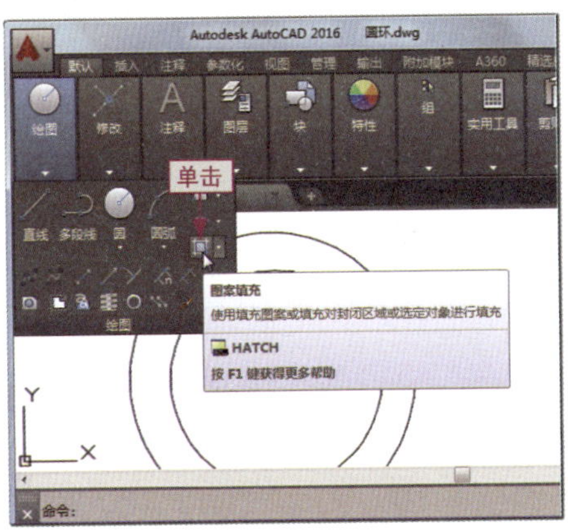

图3-110 单击“图案填充”按钮

小绝招 “图案填充”的两种方法

有两种方法可以执行“图案填充”命令，一种是执行“绘图/图案填充”命令。第二种是在命令行输入H命令，按Enter键。

步骤02 在打开的面板中单击“边界”面板的“选择边界对象”按钮，如图3-111所示。

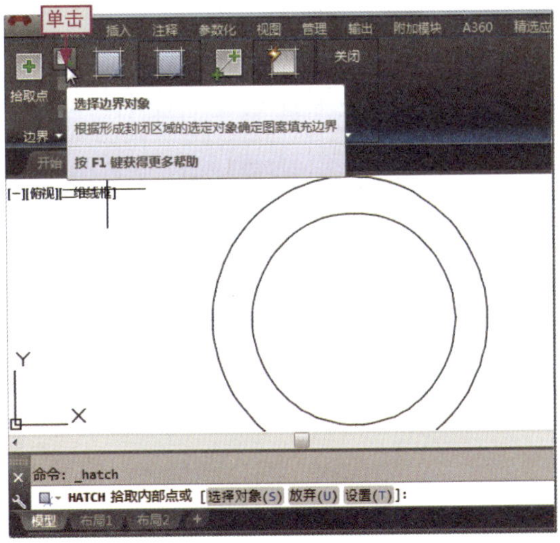

图3-111 选择边界对象

步骤03 在图案样式中选择ANGLE图案样式，如图3-112所示。

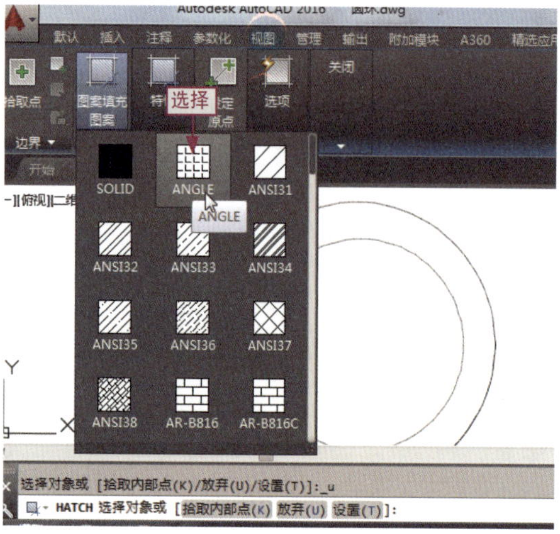

图3-112　选择ANGLE图案样式

步骤04 单击图形，此时整个对象进行了填充。下面先单击图形外侧边沿，如图3-113所示。

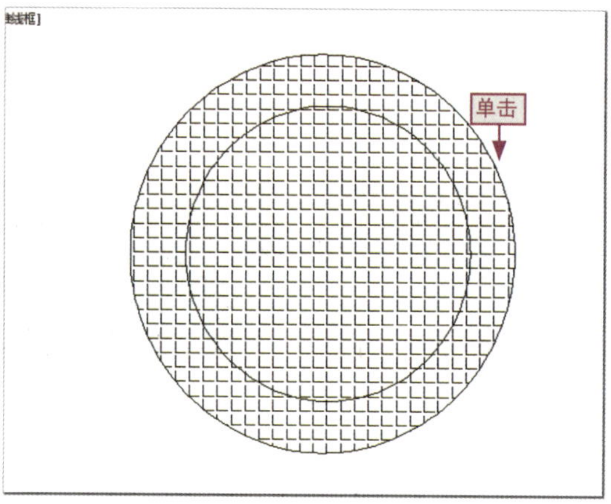

图3-113　单击图形外部边沿

> **小绝招　填充图形内外边沿的顺序**
>
> 在填充图形时，可先选择图形需要填充的内部边沿，再在外部边沿单击，填充边界的效果不变。

步骤05 再单击内部边沿，此时可以看到内外边沿之间的区域被填充，效果如图3-114所示。

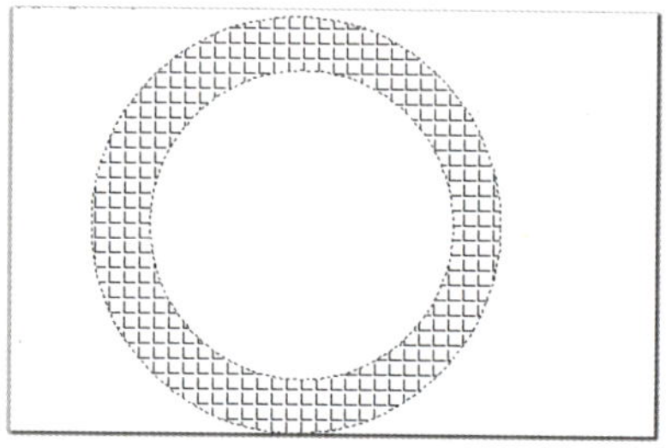

图3-114　单击需要填充的内部边沿

2. 填充图形图案

进行图案填充的可以是圆和矩形等单个封闭对象，也可以是由多线段等对象首尾相连而形成的封闭区域。除了选择图案填充封闭区域之外，还可以在指定区域创建渐变色填充图案。

本节素材	/素材/Chapter03/雪花.dwg
本节效果	/效果/Chapter03/雪花.dwg
学习目标	填充指定对象图案
难度指数	★★

步骤01 打开“雪花”素材文件，在命令行中输入H(h)命令，按Enter建，如图3-115所示。

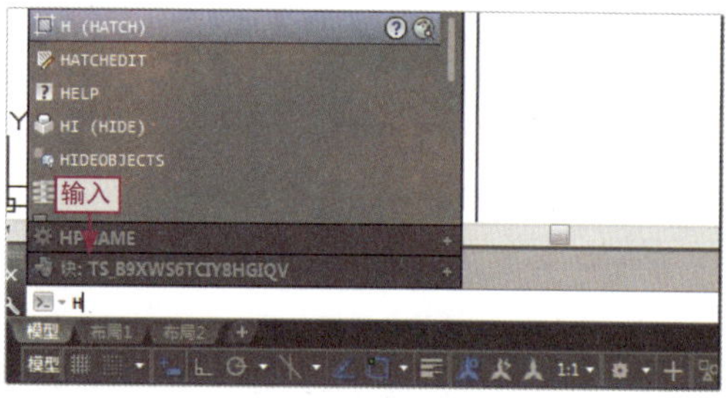

图3-115　输入命令“H(h)”

> **小绝招　输入命令“H(h)”的方式**
>
> 在 AutoCAD 2016 中，对于所有命令中字母的输入不区分大小写。
>
> 在输入命令“H(h)”时，不需要将文本插入点定位到命令输入框中再输入命令，只要保证鼠标光标在工作区内，此时输入的命令均可被执行，并能够打开相应的选项。

步骤02 在“创建图案填充”下拉菜单中，选择图案样式，如图3-116所示。

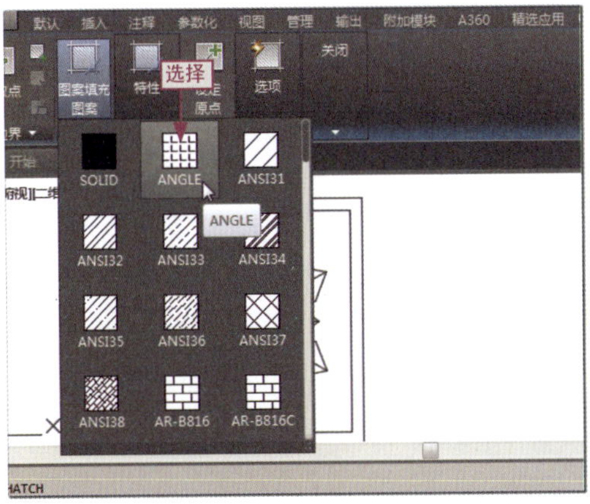

图3-116 选择图形样式

步骤03 选择需要填充图案的封闭区域，比如选择封闭区域的一个边沿，如图3-117所示。

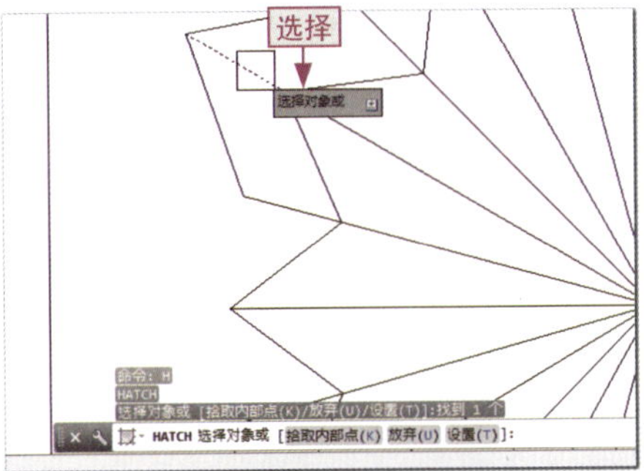

图3-117 选择需要图案填充图形的一个边沿

步骤04 依次选择封闭区域的其他边沿，如图3-118所示。

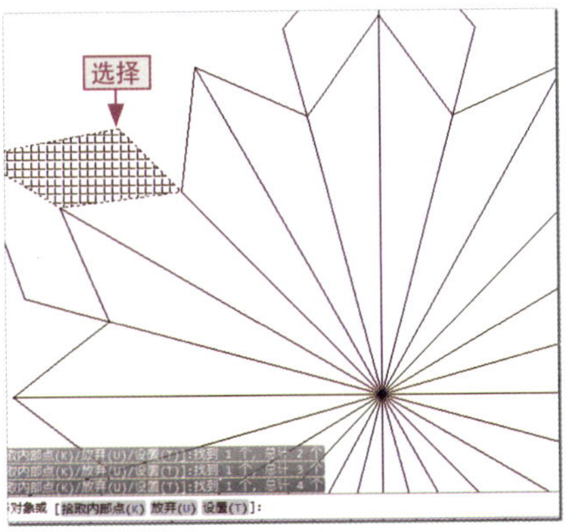

图3-118 依次选中闭合区域的边沿

步骤05 按照上述方法，依次填充其他区域，完成后的效果如图3-119所示。

图3-119 依次填充后的效果

步骤06 ❶在“特性”组中单击“图案”下拉按钮，❷选择“渐变色”选项，如图3-120所示。

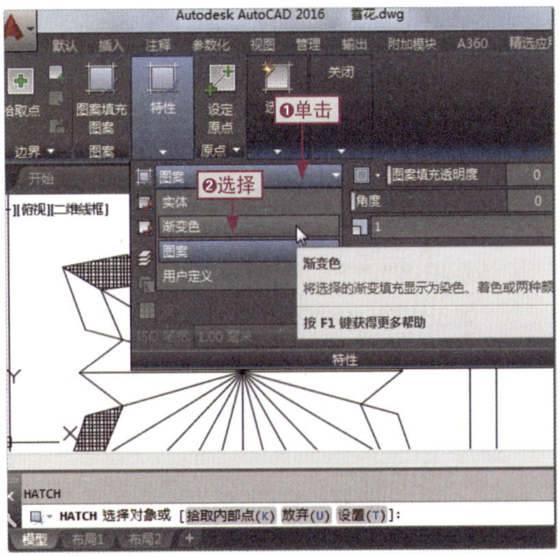

图3-120 选择“渐变色”选项

步骤07 完成选定“渐变色”选项后，在“渐变色1”和“渐变色2”两个下拉列表中选择渐变色的颜色分别为蓝色和黄色，如图3-121所示。

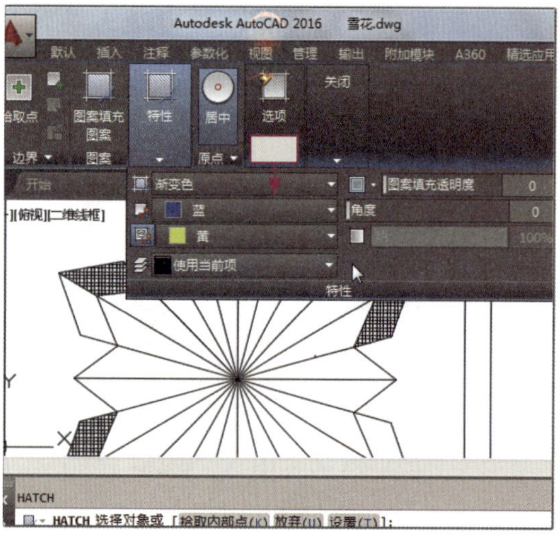

图3-121　选择两种渐变色

步骤08 选择完成后，依次选择封闭图形区域的边沿，完成后的效果如图3-122所示。

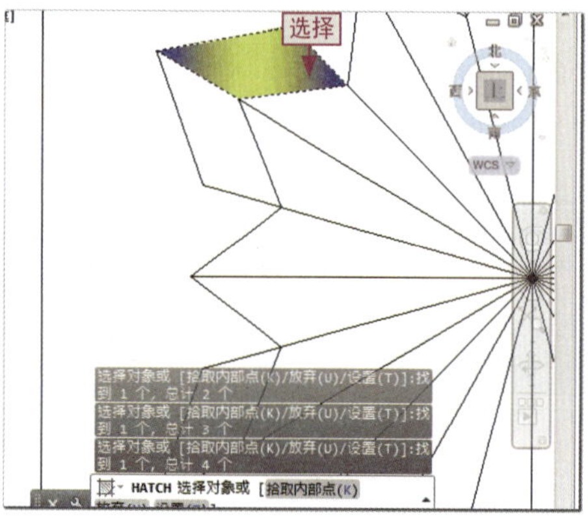

图3-122　依次选择封闭区域的边沿

步骤09 依次在需要填充的位置处填充，完成后的效果如图3-123所示。

图3-123　依次填充后的效果

3.5.2 填充图案的编辑和分解

对图案进行填充后，还可以对其进行相应的编辑操作。

1. 编辑填充图案

在填充图形后，若是图形填充有瑕疵，则可以通过图案填充编辑命令，对已填充的图案进行修改编辑。

本节素材	/素材/Chapter03/雪花1.dwg
本节效果	/效果/Chapter03/雪花1.dwg
学习目标	掌握对填充图案进行编辑的方法
难度指数	★★

步骤01 打开“雪花1”素材文件，选择图案填充的图形，如图3-124所示。

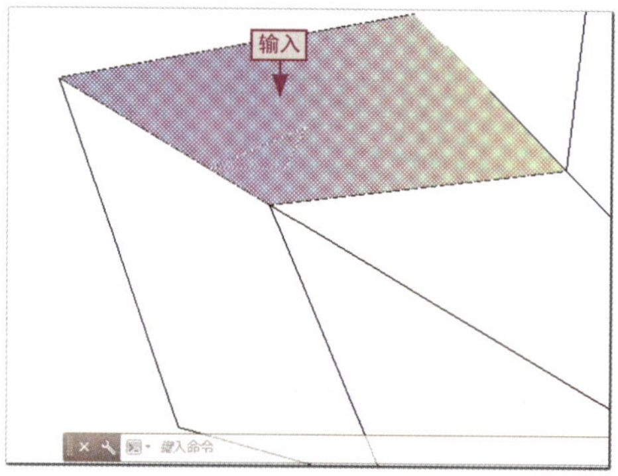

图3-124　选择图案填充的图形区域

步骤02 输入命令“HE”，如图3-125所示。

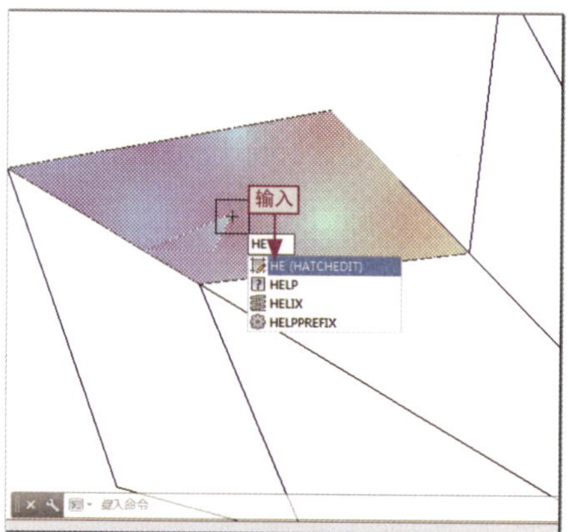

图3-125　输入命令“HE”

步骤03 按Enter键，打开“图案填充编辑”对话框，如图3-126所示。

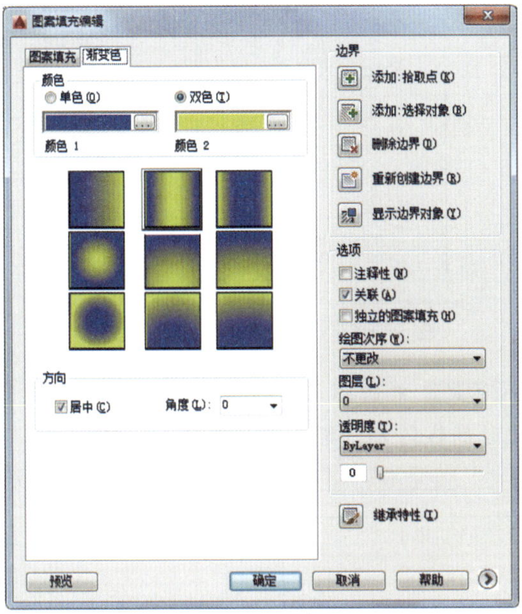

图3-126 “图案填充编辑”对话框

步骤04 ❶选定“颜色”为双色，❷在打开的对话框中设置颜色，分别指定“颜色1”和“颜色2”的“渐变色”，❸单击“确定”按钮，如图3-127所示。

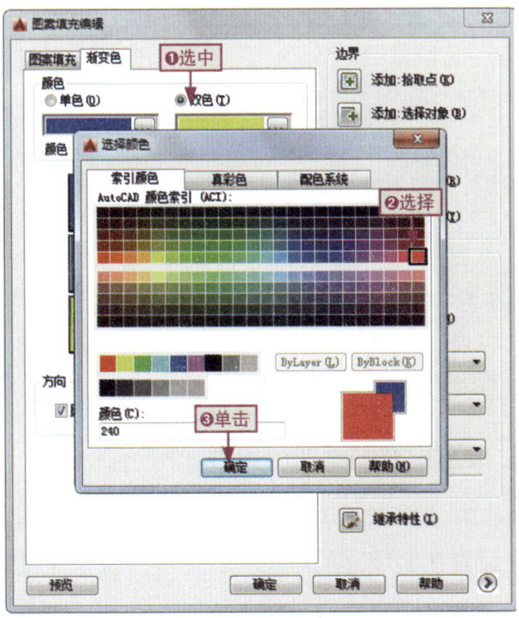

图3-127 设置双色颜色

步骤05 ❶选中“居中”前的复选框，❷单击“确定”按钮，如图3-128所示。

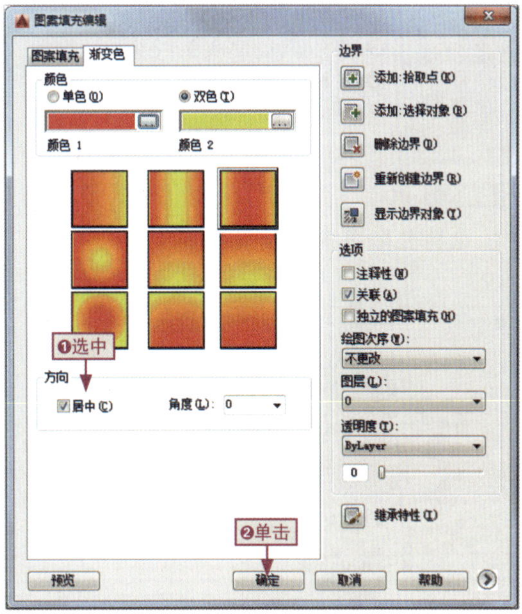

图3-128 编辑填充方向

步骤06 返回到工作区图形中，查看更改的效果，如图3-129所示。

图3-129 设置完成后的效果图

2. 分解图案

当图形已组合成一个整体时，此时填充图案，系统不会区分中间的线段，而会对整个对象进行填充。这时若要对单独的区域进行填充，就需要先将图案进行分解。

本节素材	/素材/Chapter03/雪花2.dwg
本节效果	/效果/Chapter03/无
学习目标	掌握图案分解的方法
难度指数	★★

步骤01 打开“雪花2”素材文件，在工作区中，选择整个图案，如图3-130所示。

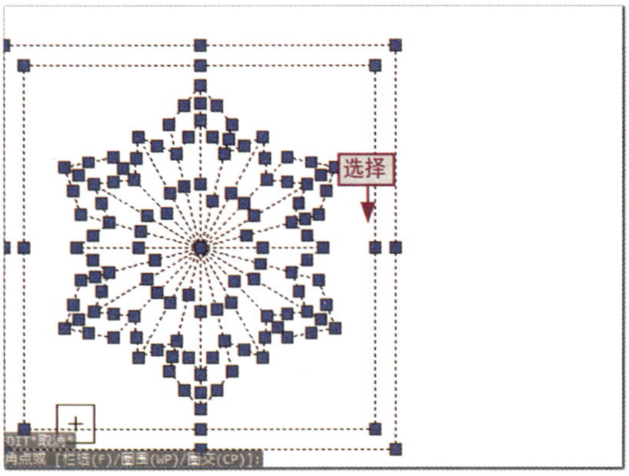

图3-130 选择整个图案

步骤02 在命令行中输入X(x)命令，如图3-131所示。

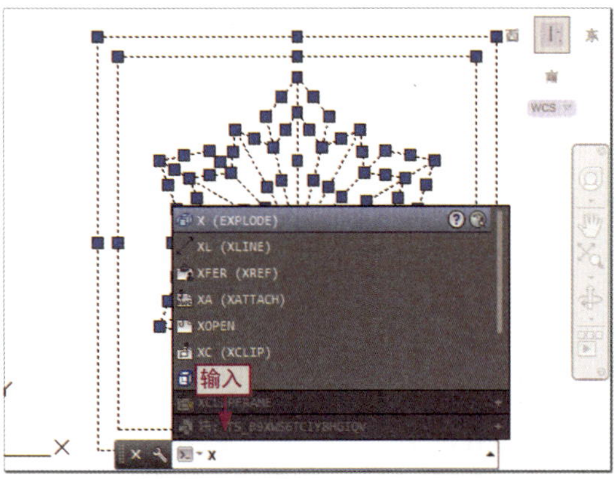

图3-131 输入命令X(x)

步骤03 按Enter键执行命令，选择图形结果如图3-132所示。

图3-132 执行分解操作后的图形

步骤04 单击图形中任意一条线段，会发现此时的线段都已经分解，如图3-133所示。

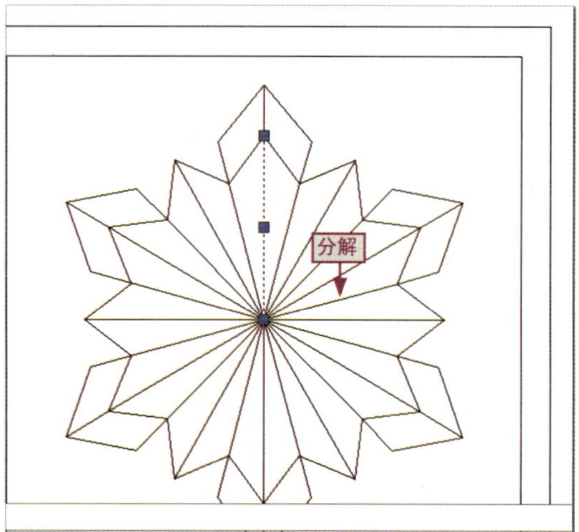

图3-133 被分解的图形线

小绝招

EXPLODE的含义

在命令框中输入的“X(x)”命令，其全称为“EXPLODE”，为分割函数。直接在命令框中输入该函数也可达到分解的效果。

3. 设置填充图案的可见性

对于设置了填充图案的对象，可根据需要来设置图案填充的可见性。一种方法是通过输入命令“FILL”进行控制。

本节素材	/素材/Chapter03/雪花3.dwg
本节效果	/效果/Chapter03/雪花3.dwg
学习目标	掌握设置填充图案的可见性的方法
难度指数	★★

步骤01 打开“雪花3”素材文件，在命令行中输入“FILL”，按Enter键，如图3-134所示。

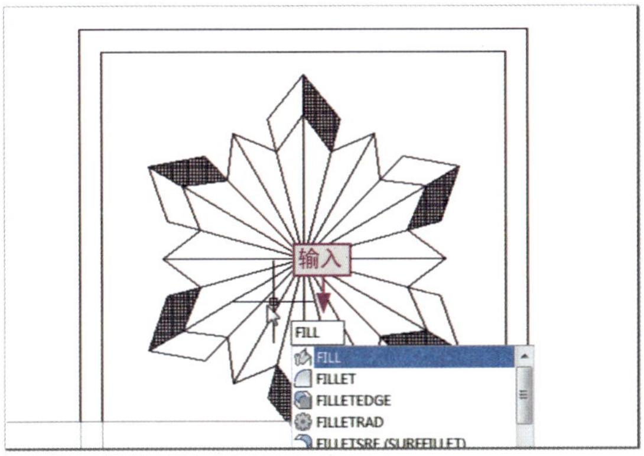

图3-134 输入命令“FILL”

步骤02 选择“关(OFF)”选项，如图3-135所示。

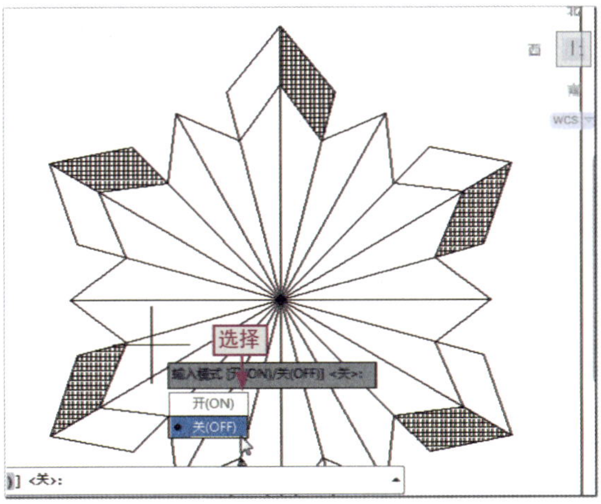

图3-135 选择“关”选项

步骤03 输入重生成命令“REGEN”，按Enter键，如图3-136所示。

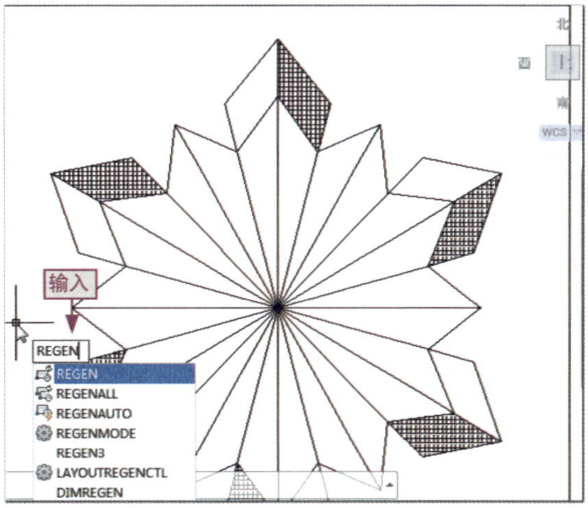

图3-136 输入重生成命令

步骤04 操作完成后，返回工作区查看效果，如图3-137所示。

图3-137 查看效果

小绝招

显示填充对象

如果用户需要再次显示被隐藏的填充图案，可再次执行上述操作，完成图案填充对象的显示。

给你支招 | 特性匹配填充图案

小白：在绘制的图形中有多个区域需要进行填充，每次都要选择“填充”按钮进行填充，有什么快捷的方法吗?

阿智：如果要对图形中的各个区域进行填充，可以在单击“填充”按钮后，连续选择填充的区域，但是这些区域被填充后，填充图案就变成一个整体，删除一个区域的图案将全部删除其他的图案，这时可以使用“特性匹配”功能来单独快速地填充区域，其具体操作如下。

步骤01 在“绘图”组中单击“填充”按钮，如图3-138所示。

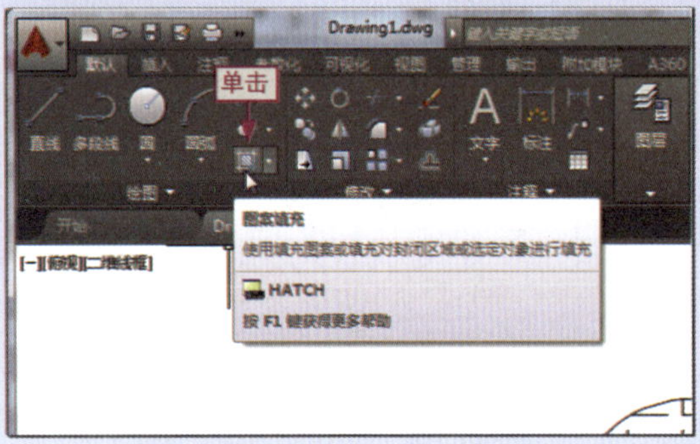

图3-138 单击“填充”按钮

步骤02 在命令行提示“选择图案填充对象”时，在已经填充的图案中单击，如图3-139所示。

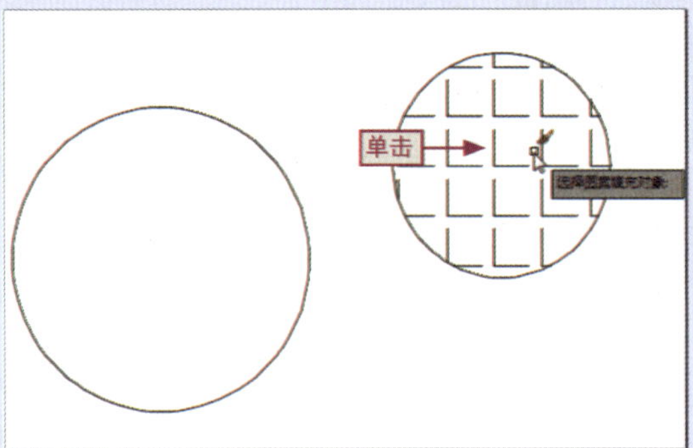

图3-139 选择填充图案

步骤03 打开“图形填充创建”选项卡，在“选项”组中单击“特性匹配”按钮，再从弹出的下拉菜单中选择“用源图案填充原点”命令，如图3-140所示。

图3-140 选择“用源图案填充原点”命令

步骤04 在命令行提示“拾取内部点”时，在未进行填充图案的图形中单击，即可将填充图案匹配到该图形中，如图3-141所示。

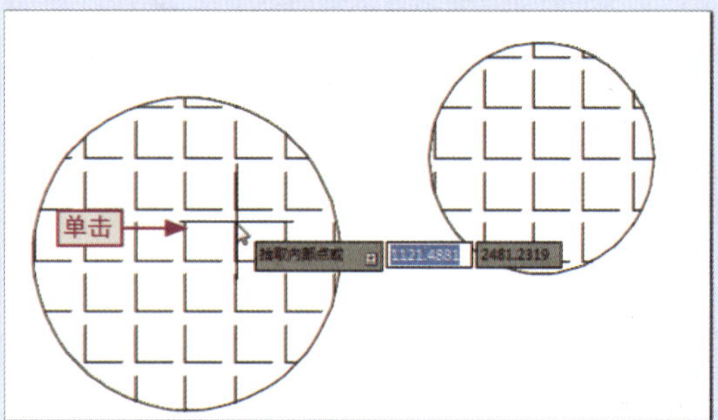

图3-141 匹配填充图案

给你支招 | 直线和多段线的区别

小白：我看直线工具和多段线工具绘制的图形都差不多，那么它们之间有何不同?

阿智：使用LINE命令绘制的是单直线，每条直线都是独立的对象。使用PLINE命令绘制的多段线是一个整体，如图3-142所示。用户可对其进行整体编辑。在绘制多段线的过程中，用户可对多段线进行宽度设置，也可使用PLINE命令绘制圆弧，而LINE命令则没有这些功能。

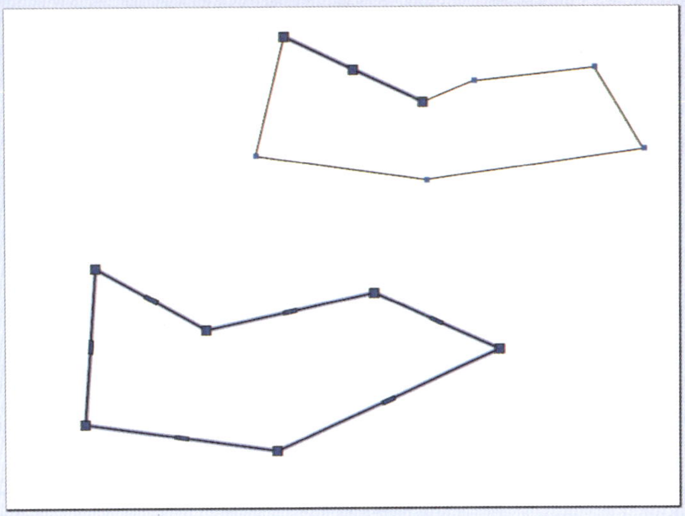

图3-142　直线和多段线

阅读随笔

Chapter 04 二维图形的编辑

学习目标

在对平面图形进行编辑的过程中，如何选择编辑的对象，如何删除多余的图形等，都是读者必须熟练掌握的操作。本章将学习平面图形的基本编辑，其中包括调整视图的显示方式、选择图形对象、删除和恢复图形对象、改变对象比例、改变对象位置和修改对象平面图形的基本编辑方法。

本章要点

- 删除与恢复图形
- 修剪多余图形
- 将图形进行倒角
- 复制图形
- 矩形和环形阵列
- 移动图形
- 图形的延伸
- 多线的编辑
- 夹点设置
- 设置夹点的两种方式

知识要点	学习时间	学习难度
删除与修改图形	60 分钟	★★★★
绘制形状相同的图形	70 分钟	★★★★
图形位置与比例的变换	30 分钟	★★

4.1 删除与修改图形

阿智：小白，如果你绘图时不小心出现错误知道该怎么办吗?

小白：把错误的图形删除就行了吧。

阿智：不会全部都删除吧，那样好浪费时间。我们可以对图形进行修改，通过修改可以绘制出我们需要的图形。

在AutoCAD中绘制图形不可能一步到位，在绘制过程中常常需要对图形进行删除和修改，下面具体介绍相关操作。

4.1.1 删除与恢复图形

绘图时常会删除多余的图形，删除时既可先选择对象后执行删除命令，也可先执行删除命令，再选择对象。如果误删除了图形还可将其恢复，具体操作如下。

本节素材	/素材/Chapter04/餐桌.dwg
本节效果	/效果/Chapter04/无
学习目标	掌握删除与恢复图形对象的方法
难度指数	★

步骤01 打开“餐桌”素材文件，在“修改”组中单击“删除”按钮或在命令行中输入“ERASE”命令，如图4-1所示。

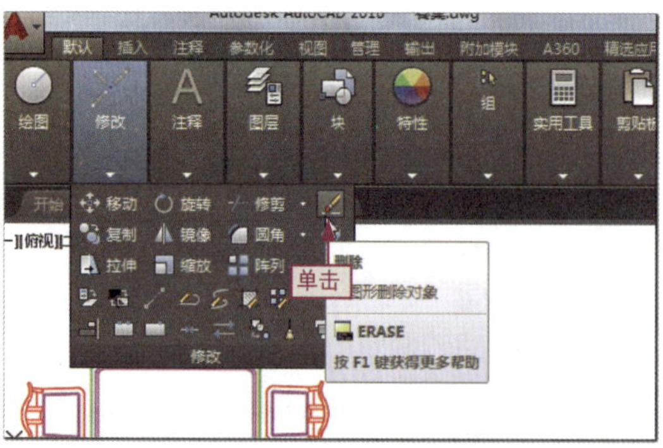

图4-1　单击“删除”按钮

步骤02 在命令行提示“选择对象”时，将鼠标光标移动到绘图区，框选图形右侧的“椅子”图形，按Enter键即可将该图形删除，如图4-2所示。

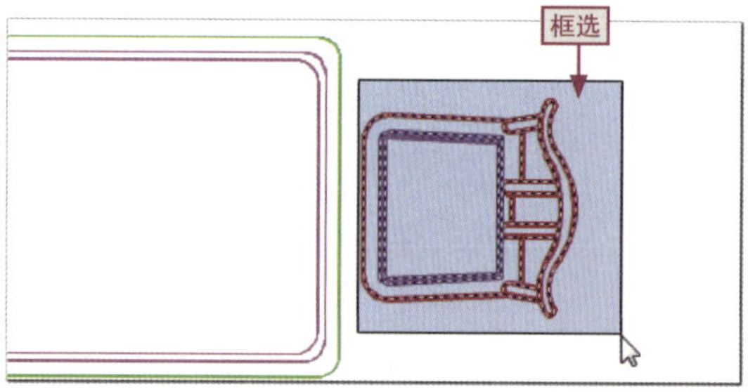

图4-2　选择图形

小绝招　其他删除与恢复图形操作的方法

删除图形除了前面介绍的操作外，还可以在选择对象后按 Delete 键进行删除。恢复删除的图形可以单击工具栏上的“撤销”按钮或输入“OOPS”命令，但 OOPS 命令只能恢复最近的一次删除操作。

步骤03 在命令行中输入“UNDO”命令，当提示“输入要放弃的操作数目”时，输入“1”，按Enter键即可恢复刚删除的图形，如图4-3所示。

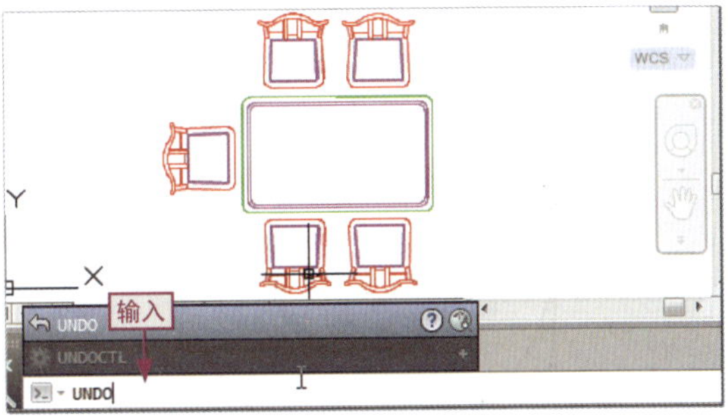

图4-3　输入恢复命令

4.1.2 修剪多余图形

使用修剪命令可将超出指定边界的线条修剪掉，被修剪的对象可以是直线、圆、弧、多段线、样条曲线和射线等，其具体操作如下。

本节素材	/素材/Chapter04/螺母.dwg
本节效果	/效果/Chapter04/螺母.dwg
学习目标	掌握修剪图形的几种方法
难度指数	★★

步骤01 打开“螺母”素材文件，在“修改”组中单击“修剪”按钮或在命令行中输入“TRIM”命令，如图4-4所示。

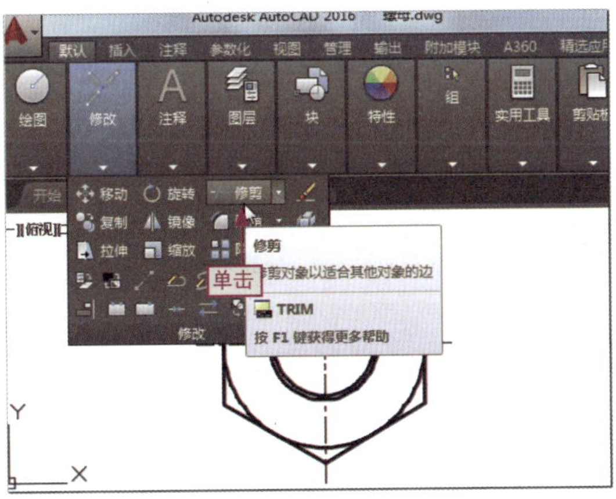

图4-4　启动修剪功能

步骤02 在命令行提示“选择对象”时，将鼠标光标移动到绘图区选择两条垂直的辅助线，作为剪切边，然后按Enter键，如图4-5所示。

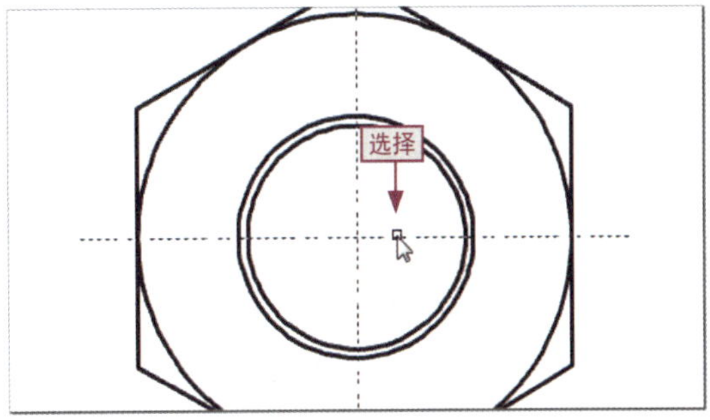

图4-5　选择剪切边

小绝招

通过菜单打开“排序”对话框

使用修剪命令过程中部分选项的含义如下。

- 栏选（F）：选择该选项可栏选多个修剪的对象。
- 窗交（C）：选择该选项可框选多个修剪的对象。
- 投影（P）：选择该选项，则指定修剪对象时将使用投影模式，这在三维绘图中十分常用。
- 边（E）：确定是在另一对象的隐含边处修剪对象，还是仅修剪对象到与它在三维空间中相交的对象处。
- 删除（R）：直接删除选择的对象。

步骤03 在命令行提示“选择要修剪的对象”时，将鼠标光标移动到右下角的圆形上单击即可将该圆弧修剪掉，如图4-6所示。

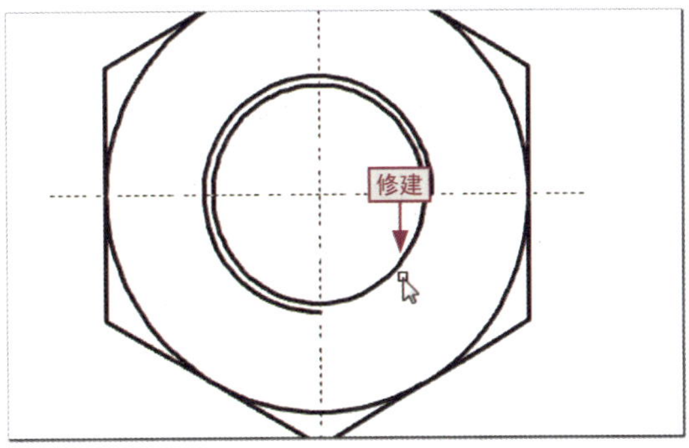

图4-6　修剪图形

4.1.3 将相似图形合并

通过合并图形可以方便地将同一平面上的

相似的对象合并为一个对象，其具体操作如下。

本节素材	/素材/Chapter04/螺母1.dwg
本节效果	/效果/Chapter04/螺母1.dwg
学习目标	掌握合并图形对象的方法
难度指数	★★

步骤01 打开“螺母1”素材文件，在“修改”组中单击“合并”按钮或在命令行中输入“JOIN”命令，如图4-7所示。

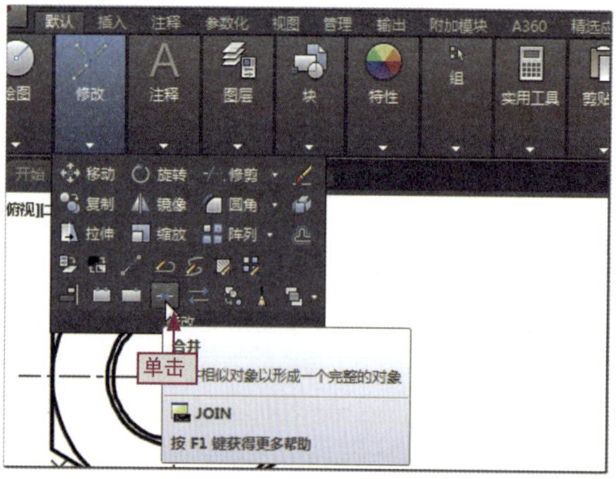

图4-7 单击“合并”按钮

步骤02 在命令行提示“选择源对象”时选择图形中的圆弧对象，按Enter键，如图4-8所示。

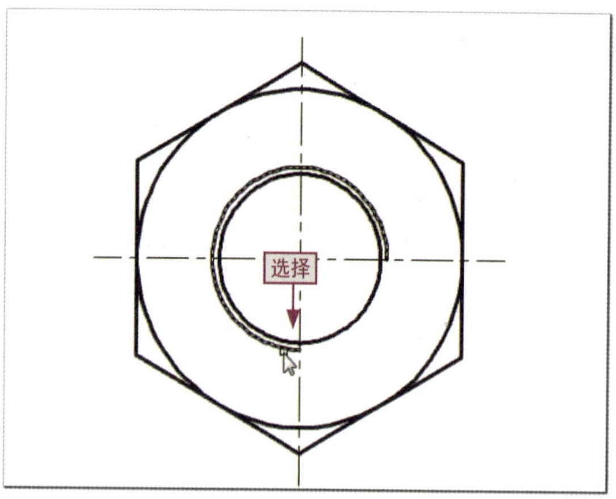

图4-8 选择对象

步骤03 当命令行提示“闭合”时，输入“L”命令，按Enter键，将圆弧合并为一个圆形，如图4-9所示。

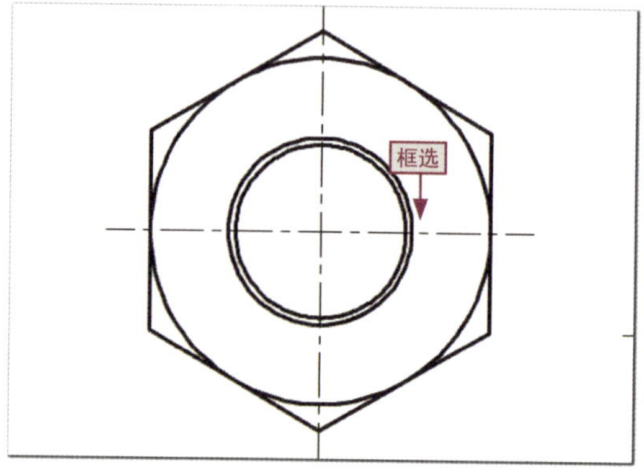

图4-9 合并图形效果

4.1.4 打断图形

打断对象可以将直线、多段线、样条曲线、圆和圆弧等对象分成两个对象或删除对象中的一部分，其具体操作如下。

本节素材	/素材/Chapter04/沙发.dwg
本节效果	/效果/Chapter04/沙发.dwg
学习目标	掌握打断图形对象的方法
难度指数	★★

步骤01 打开“沙发”素材文件，在“修改”组中单击“打断”按钮或在命令行中输入“BREAK”命令，如图4-10所示。

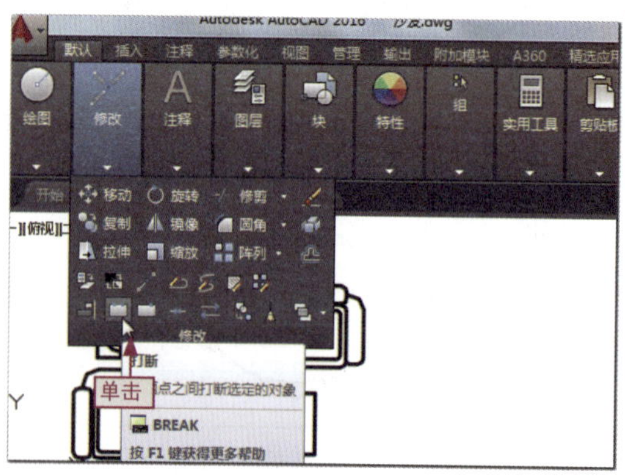

图4-10 使用打断功能

步骤02 当命令行提示“选择对象”时，选择图形“沙发”上端的一条直线，如图4-11所示。

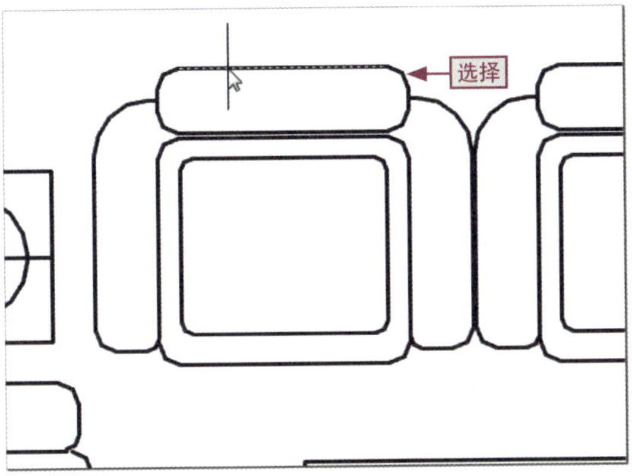

图4-11 选择目标直线

步骤03 当命令行提示“指定第二个打断点或 [第一点(F)]:”时，输入“F”命令，在直线上指定一点，如图4-12所示。

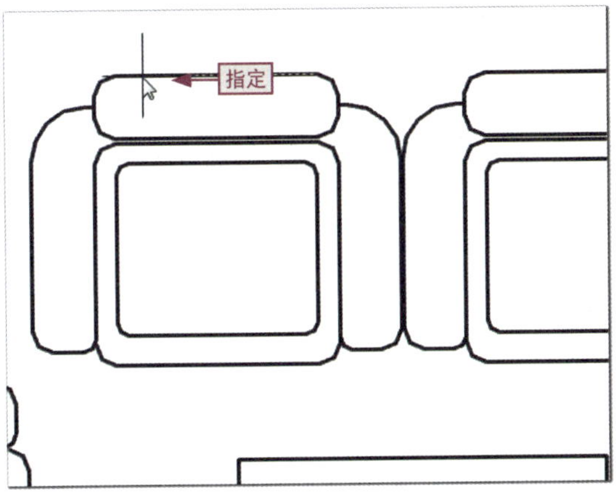

图4-12 捕捉打断点

小绝招

打断和打断于点的区别

在“绘图”组中还有一个“打断于点”按钮，它指将线段进行无缝断开，分离成两条独立的线段，但线段之间没有空隙。而“打断”是以两点方法打断对象，是指在对象上创建两个打断点，使对象以一定的距离断开。

步骤04 当命令行提示“指定第二个打断点”时，在直线上指定第二点并单击，即可将两点之间的线段打断，如图4-13所示。

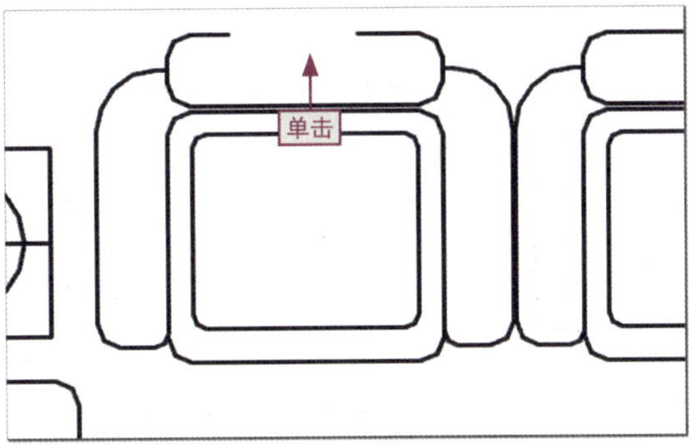

图4-13 打断线条效果

4.1.5 将图形进行倒角

倒角用于将两条非平行的直线或多段线做出有斜度的倒角，其具体操作如下。

本节素材	/素材/Chapter04/轴套.dwg
本节效果	/效果/Chapter04/轴套.dwg
学习目标	掌握通过图形进行倒角的方法
难度指数	★★

步骤01 打开“轴套”素材文件，在“修改”组中的“倒角”下拉列表中选择“倒角”命令或在命令提示行中输入“CHAMFER”命令，如图4-14所示。

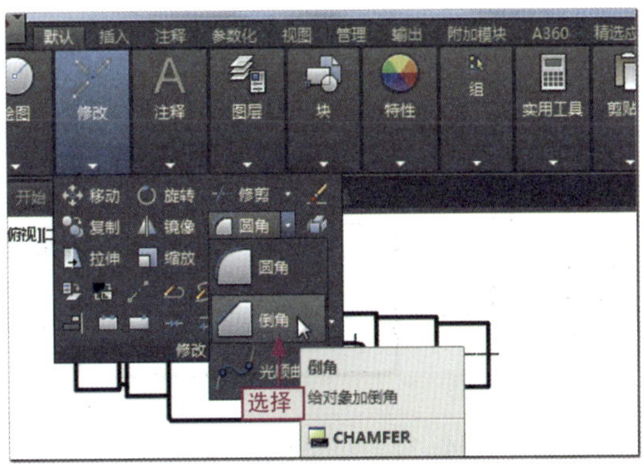

图4-14 选择“倒角”命令

步骤02 在命令行提示“选择第一条直线”后输入“D”命令，按Enter键，输入倒角距离为“2”，然后选择第一条倒角边，如

图4-15所示。

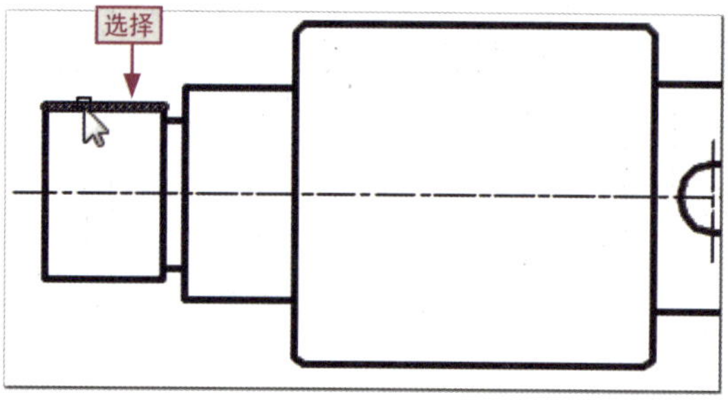

图4-15　选择第一条倒角边

步骤03 在命令行提示“选择第二条直线”后选择与第一条直线垂直的直线，如图4-16所示。

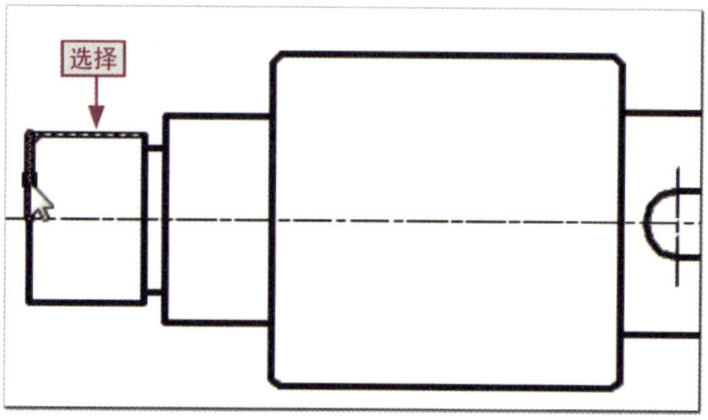

图4-16　选择第二条倒角边

步骤04 为图形进行倒角操作，用相同的方法为左下角的角进行倒角，如图4-17所示。

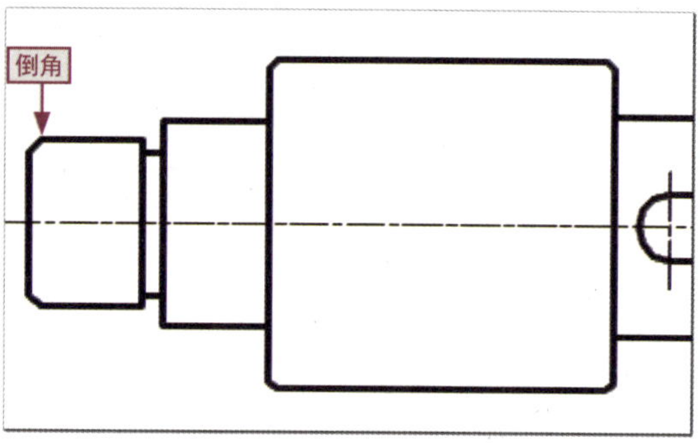

图4-17　对图形进行倒角

小绝招

倒角命令中各选项的含义

对图形进行倒角过程中，命令行中出现的各选项含义如下。

- ◆ 多段线（P）：在二维多段线所有顶点处产生倒角。
- ◆ 距离（D）：设置倒角距离。
- ◆ 角度（A）：以指定一个角度和一段距离的方法来设置倒角的距离。
- ◆ 修剪（T）：设定是否在倒角对象后，仍然保留被倒角对象原有的形状。
- ◆ 方法（M）：在“距离”和“角度”两个选项之间选择一种方法。
- ◆ 多个（U）：给多个对象增加倒角，命令行将重复显示提示，按 Enter 键结束命令。

4.1.6 把图形设置为圆角

使用圆角命令，可以将两个图形对象使用圆弧进行连接，利用该命令对实体执行圆角操作时，应先设定圆角弧半径，再进行圆角操作，其具体操作如下。

本节素材	/素材/Chapter04/端盖.dwg
本节效果	/效果/Chapter04/端盖.dwg
学习目标	掌握对图形进行圆角的方法
难度指数	★★

步骤01 打开“端盖”素材文件，在“修改”组中的“倒角”下拉列表中选择“圆角”命令或在命令提示行中输入“FILLET”命令，如图4-18所示。

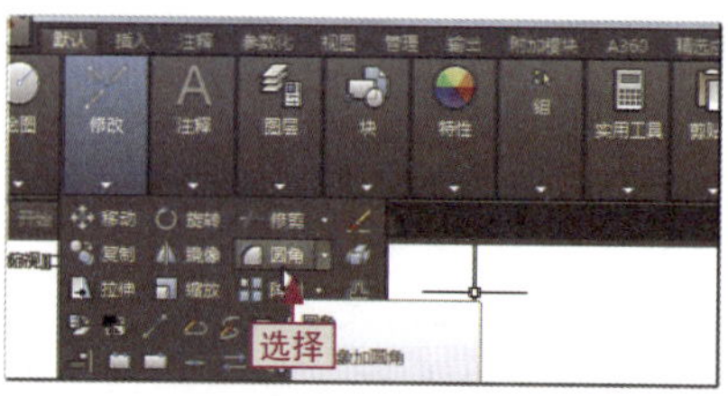

图4-18　选择“圆角”命令

步骤02 在命令行提示“选择第一个对象”后输入“R”命令，按Enter键，输入圆角半径为“3”，然后选择第一条圆角边，如图4-19所示。

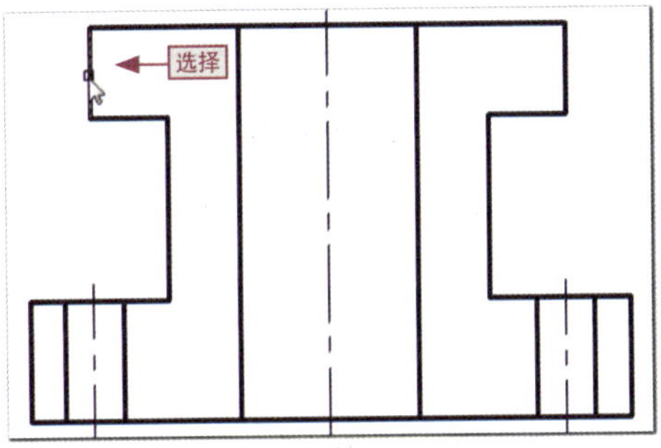

图4-19 选择第一条直线

步骤03 在命令行提示“选择第二个对象”后选择另外一条直线作为圆角边，如图4-20所示。

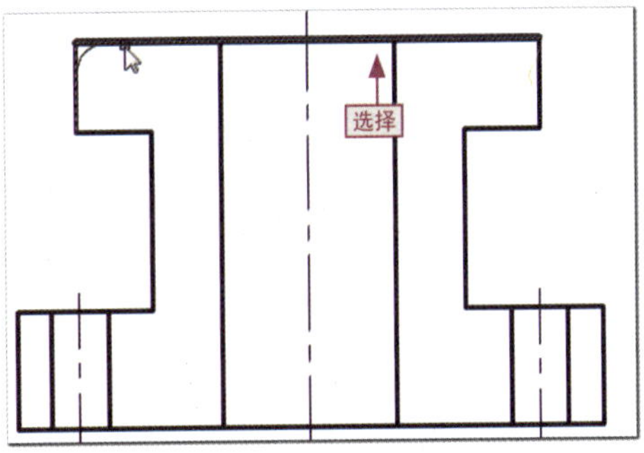

图4-20 选择第二条直线

步骤04 在图形中可以看到圆角的效果，用同样的方法为右侧的角进行圆角操作，如图4-21所示。

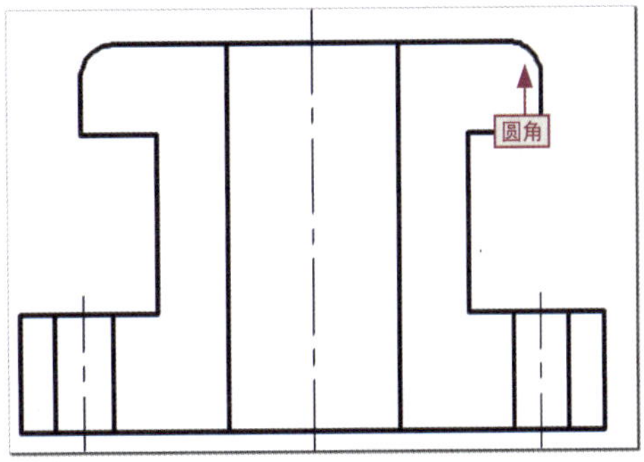

图4-21 圆角效果

小绝招

圆角命令中各选项的含义

执行圆角命令的过程中，在命令行中出现的各选项的含义分别如下。

- 选择第一个对象：在此提示选择第一个对象，该对象用于定义二维圆角的两个对象之一，也可以用来选择三维实体的边。
- 多段线（P）：对二维多段线中两条线段相交的每个顶点处圆角。
- 半径（R）：指定圆角的半径。
- 修剪（T）：确定是否修剪选定的边到圆角的端点。
- 多个（U）：给多个对象添加圆角。AutoCAD 将重复显示提示，直到按 Enter 键结束命令。

4.2 相同图形的绘制

阿智：在一个矩形的四个角上要绘制一个圆形，如果绘制呢？

小白：使用圆命令，在四个角上绘制4个圆形就行了。

阿智：这样你不能精确地进行绘制，可以使用阵列的方法来同时绘制出4个圆形。

在绘制图形时，有时需要绘制形状相同的图形，通过复制、偏移、阵列和镜像等功能可以快速地复制出符合要求的图形。

4.2.1 复制图形

在AutoCAD中绘制一个图形后，可以通过复制快速绘制一个相同的图形，其具体操作如下。

本节素材	/素材/Chapter04/压板.dwg
本节效果	/效果/Chapter04/压板.dwg
学习目标	掌握对图形进行复制的方法
难度指数	★★

步骤01 打开“压板”素材文件，在“修改”组中单击“复制”按钮或在命令提示行中输入“COPY”命令，如图4-22所示。

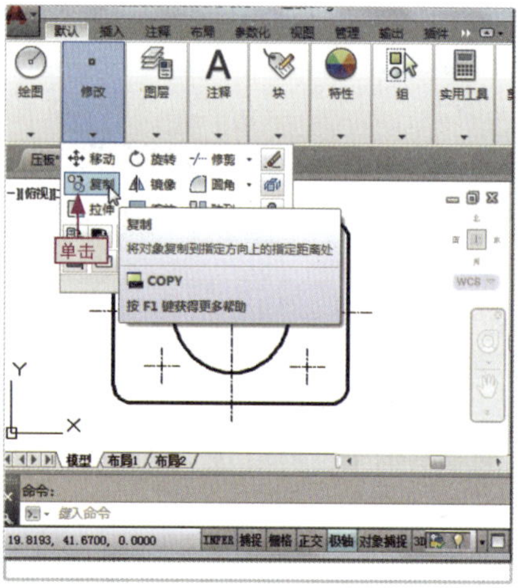

图4-22 单击“复制”按钮

步骤02 在命令行提示“选择对象”后选择图形中左上角的圆形对象作为复制对象，然后按Enter键，如图4-23所示。

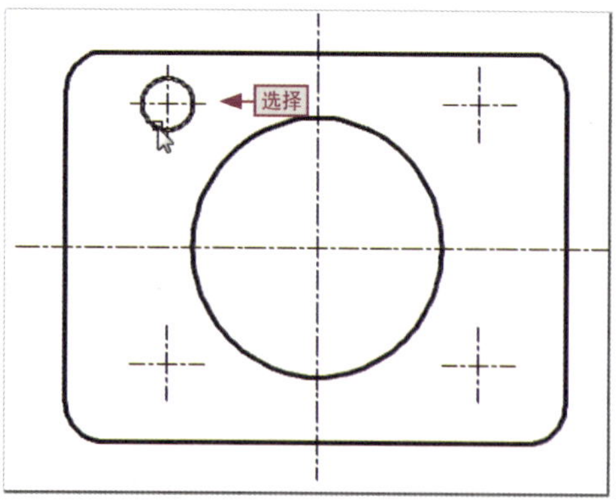

图4-23 选择复制对象

步骤03 在命令行提示“指定基点”后，捕捉圆形辅助线的中点为复制对象基点，如图4-24所示。

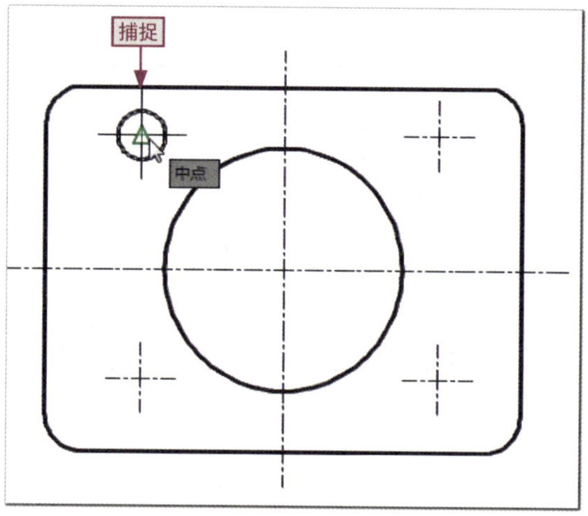

图4-24 捕捉中点

步骤04 将鼠标光标移动到右侧的辅助线上捕捉到该中点并单击，如图4-25所示。

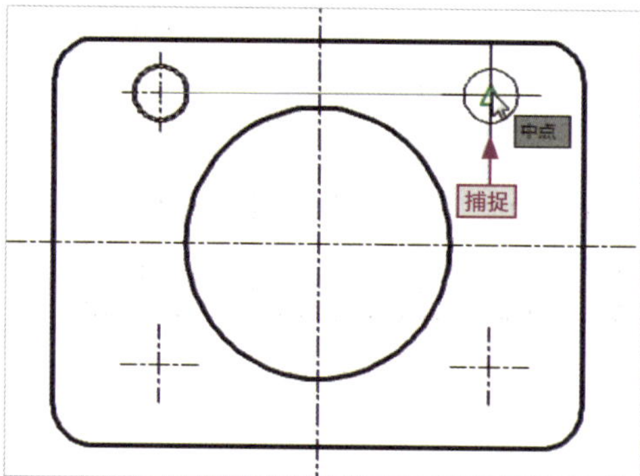

图4-25 捕捉中点

步骤05 将圆形复制到右侧辅助线上。用同样的方法复制圆到其他两条辅助线上，完成绘制，如图4-26所示。

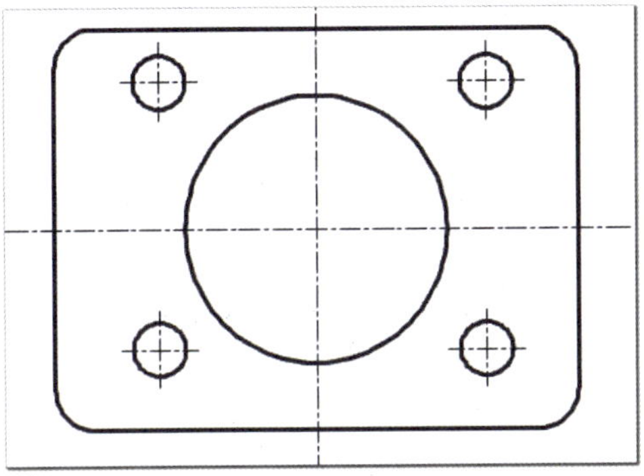

图4-26 复制对象效果

4.2.2 偏移图形

偏移图形就是将选择的图形按照指定的方向和距离进行复制操作。

1. 偏移直线型图形

执行偏移命令时若选择的对象为直线，则新对象将在源对象的基础上进行平行复制，其偏移的距离由指定距离，以及拾取点的方式确定，其具体操作如下。

本节素材	/素材/Chapter04/螺钉头.dwg
本节效果	/效果/Chapter04/螺钉头.dwg
学习目标	掌握对直线图形进行偏移的方法
难度指数	★★

步骤01 打开“螺钉头”素材文件，在“修改”组中单击“偏移”按钮或在命令行中输入“OFFSET”命令，如图4-27所示。

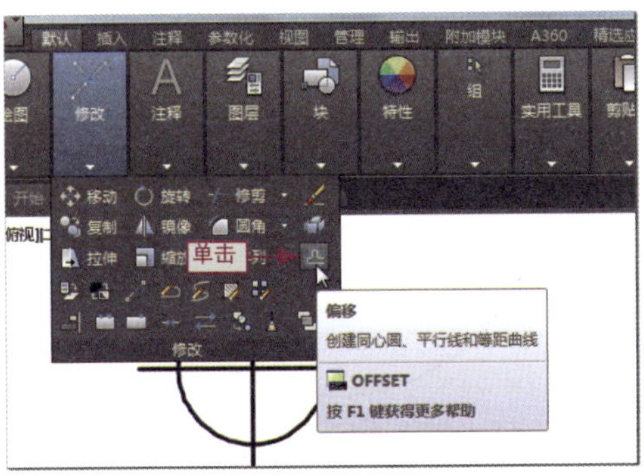

图4-27 启用偏移功能

步骤02 在命令行提示“指定偏移距离”时，输入偏移距离“3”，然后按Enter键。在命令行提示“选择要偏移的对象”时，选择图形中垂直直线，如图4-28所示。

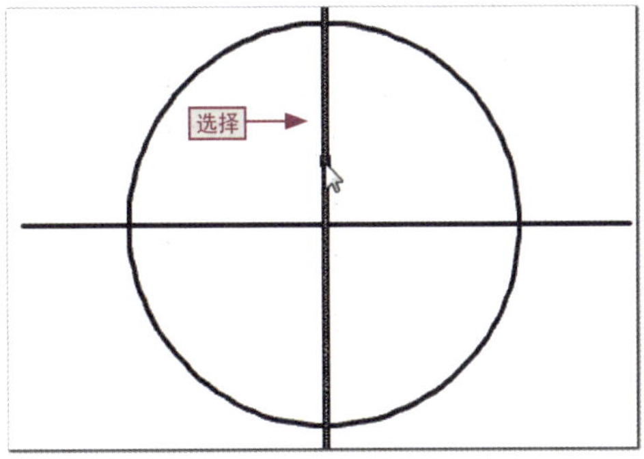

图4-28 指定偏移距离

步骤03 向右移动鼠标光标，偏移一条直线，如图4-29所示。

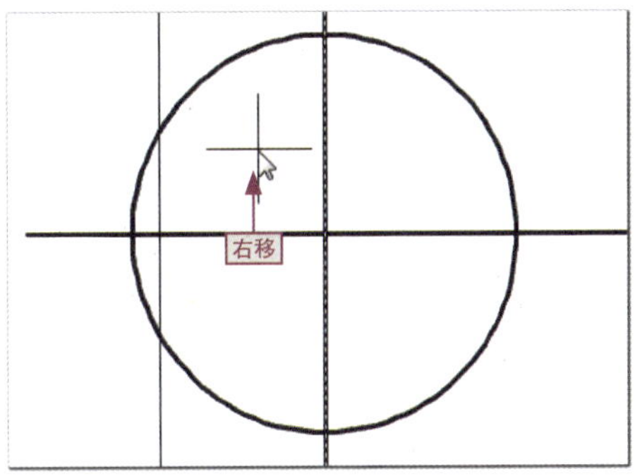

图4-29 偏移垂直直线

步骤04 再次执行偏移命令，在右侧偏移一条相同距离的直线，如图4-30所示。

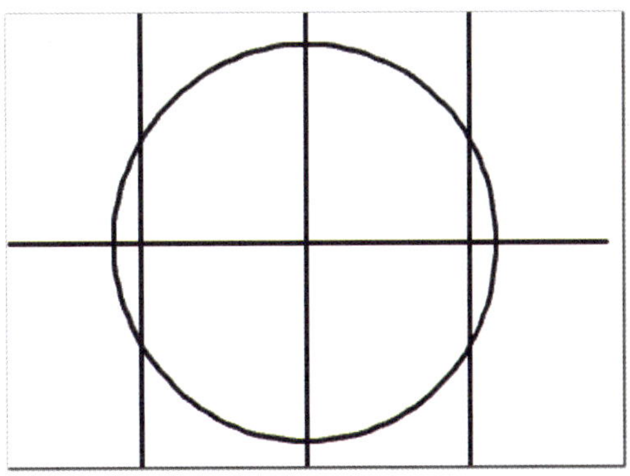

图4-30 偏移直线

步骤05 用同样的方法为水平直线偏移出两条距离均为“0.5”的直线，如图4-31所示。

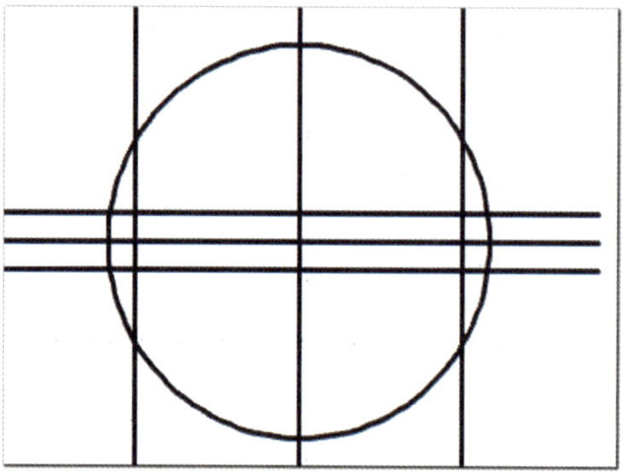

图4-31 偏移水平直线

步骤06 执行删除命令，将绘制的水平和垂直辅助线进行删除。执行修剪命令，将偏移后的水平及垂直线条以及圆进行修剪处理，完成半圆头螺钉的绘制，如图4-32所示。

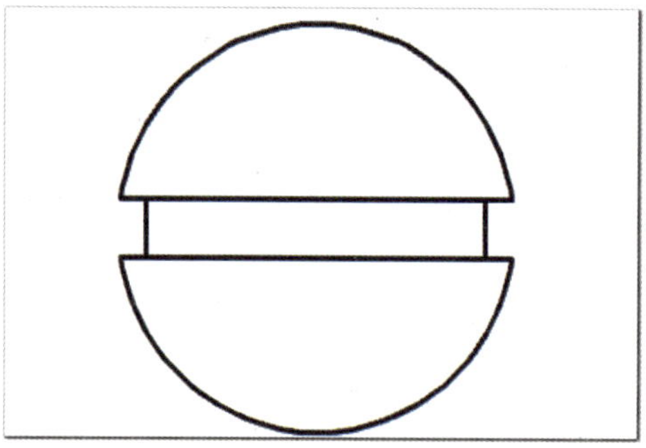

图4-32 完成绘制

2. 偏移环形图形

若选择对象为弧线或闭合图形，执行偏移操作后，新对象将在源对象的基础上进行同心复制，即中心点与源对象相同，对该类对象进行偏移的具体操作如下。

本节素材	/素材/Chapter04/盘盖.dwg
本节效果	/效果/Chapter04/盘盖.dwg
学习目标	掌握对封闭图形进行偏移的方法
难度指数	★★

步骤01 打开“盘盖”素材文件，单击“偏移”按钮，在命令行提示“指定偏移距离”时输入偏移距离“30”，按Enter键，选择图形中最外侧的圆形，如图4-33所示。

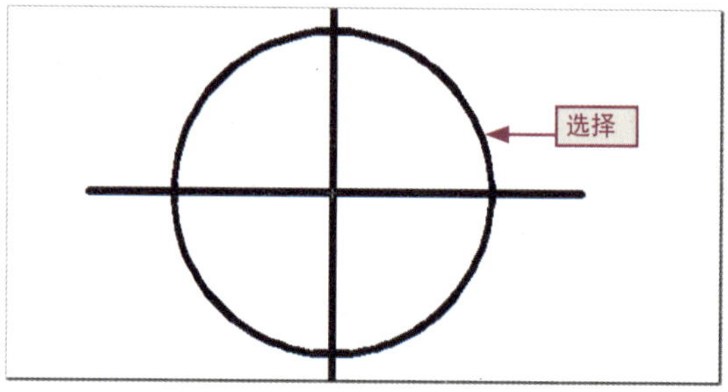

图4-33 选择偏移对象

步骤02 将鼠标光标向圆心方向移动，指定偏移方向，单击即可偏移出一个圆形，如图4-34所示。

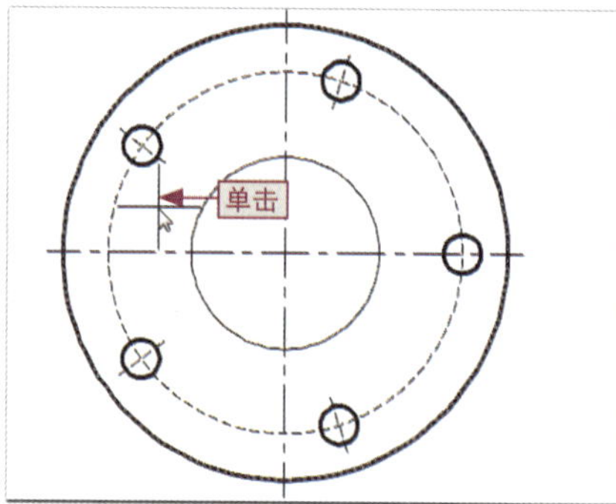

图4-34 偏移圆形

步骤03 执行偏移命令，在命令行提示后输入“10”，指定偏移距离，并选择偏移后的圆，将鼠标光标向圆心方向移动，偏移方向，按Enter键，如图4-35所示。

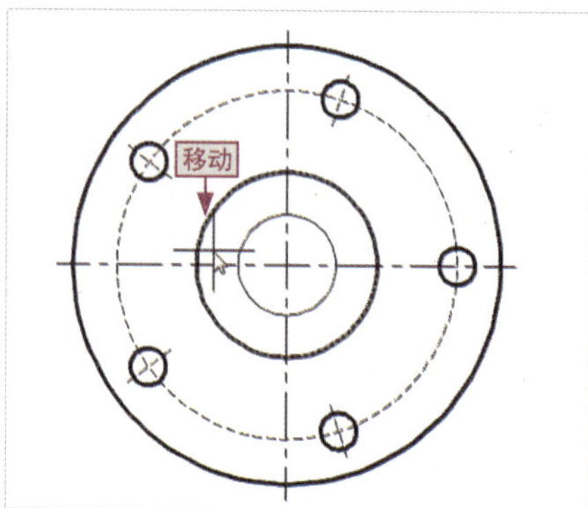

图4-35 偏移图形

步骤04 再次执行偏移命令，在命令行提示后输入“3”，指定偏移距离，并选择第一次偏移后的圆对其进行偏移，然后对最小的圆进行偏移，完成绘制，如图4-36所示。

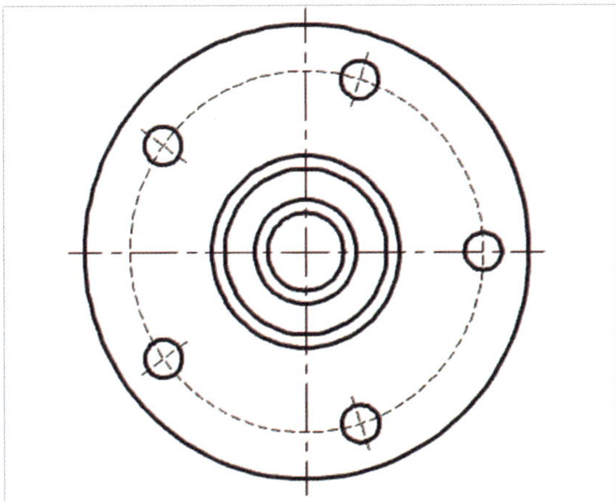

图4-36 完成绘制

小绝招 偏移命令各选项的含义

在执行偏移命令过程中部分选项的含义如下。

- 通过（T）：表示系统会要求指定一个已知点，偏移复制后的对象将通过该点。
- 删除（E）：表示偏移对象后将删除源对象。
- 图层（L）：用于设置在源对象所在图层执行偏移或在当前图层执行偏移操作。选择该选项则系统将提示“输入偏移对象的图层选项［当前（C）/源（S）］<源>：”，其中C表示当前图层，S表示源图层。
- OFFSETGAPTYPE值：用于控制偏移闭合多段线时线段之间潜在间隙的处理方式，其值有0（默认）、1和2。其中0表示通过延伸多段线来填充间隙，1表示用圆角弧线段填充间隙（每个弧线段半径等于偏移距离），2表示用倒角填充间隙（到每个倒角的垂直距离等于偏移距离），如图4-37所示。

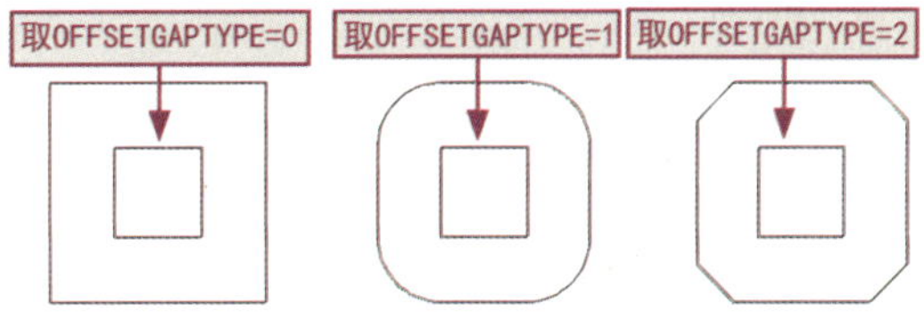

图4-37 OFFSETGAPTYPE值图形

4.2.3 矩形和环形阵列

阵列图形包括矩形阵列和环形阵列，下面分别进行介绍。

1. 矩形阵列

阵列图形是指将对象一次性复制多个并按一定的规律排列，其中矩形阵列是将图形对象以行列的方式进行复制，具体操作如下。

本节素材	/素材/Chapter04/底板.dwg
本节效果	/效果/Chapter04/底板.dwg
学习目标	掌握使用矩形阵列复制图形的方法
难度指数	★★

步骤01 打开“底板”素材文件，在“修改”组中的“阵列”下拉列表中选择“矩形阵列”命令或在命令提示行中输入ARRAYRECT命令，如图4-38所示。

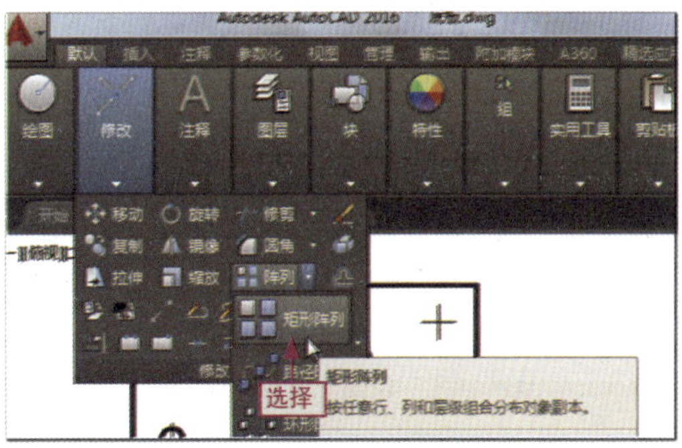

图4-38 选择“矩形阵列”命令

步骤02 当命令行提示“选择对象”时，选择图形中左下角的圆形作为阵列的对象，然后按Enter键，如图4-39所示。

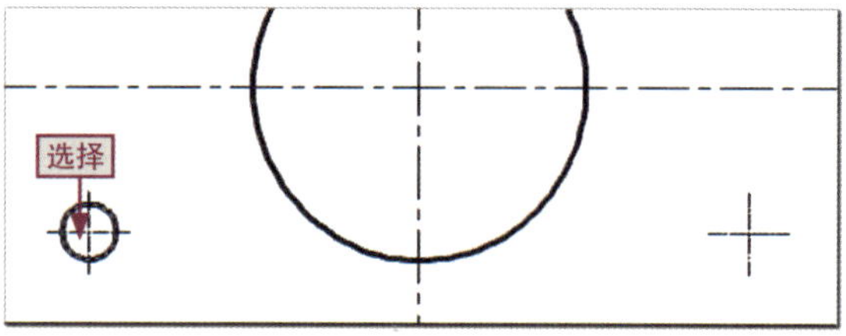

图4-39　选择阵列对象

步骤03 当提示"选择夹点以编辑阵列"时输入"COL"命令，按Enter键，在提示输入列数时，输入"2"，如图4-40所示。

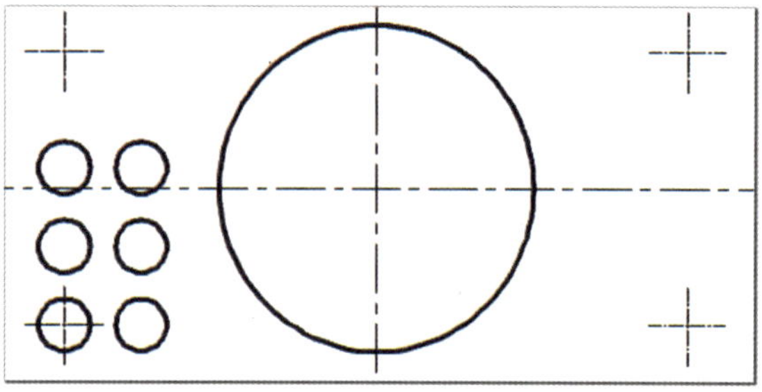

图4-40　设置列数

步骤04 当命令行提示"指定列数之间的距离"时，开启对象捕捉功能。❶捕捉左下角圆形的圆心，并单击，❷然后捕捉右下角辅助线的交点并单击，确定列之间的距离，如图4-41所示。

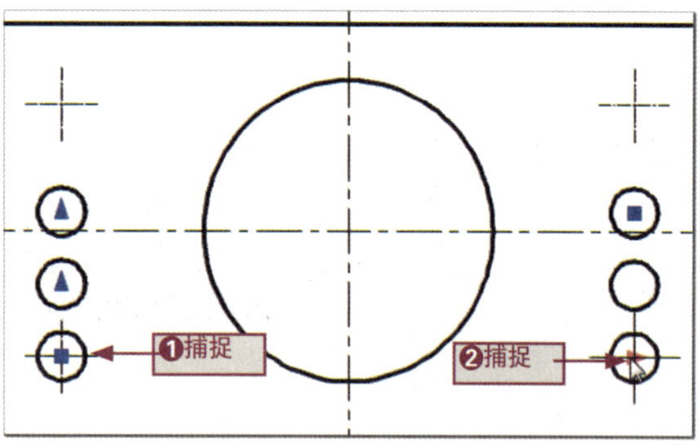

图4-41　设置列之间的距离

步骤05 按Enter键，当提示"选择夹点以编辑阵列"时输入"R"命令，在提示输入行数时，输入"2"，如图4-42所示。

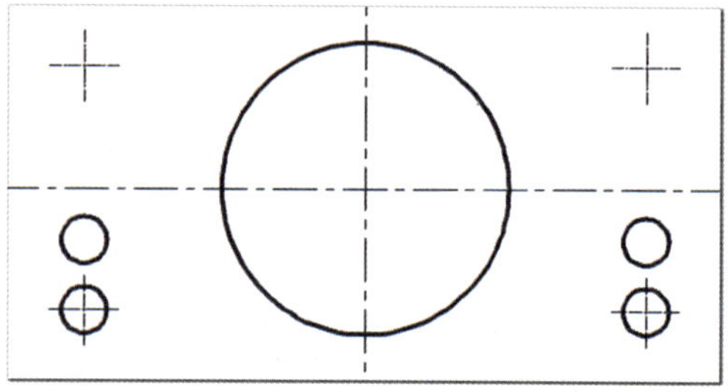

图4-42　设置行数

小绝招

矩形阵列命令中选项的含义

矩形阵列命令中各部分选项的含义如下。

- 行数和列数：用于指定矩形阵列的行数和列数。
- 行偏移：用于指定矩形阵列的行间距，也可单击右侧的"拾取行偏移"按钮，在绘图区指定两点作为行偏移值。若行偏移值为负数，则将在源对象的下方进行矩形阵列。
- 列偏移：用于指定矩形阵列的列间距，也可单击右侧的"拾取列偏移"按钮，在绘图区指定两点作为列偏移值。若列偏移值为负数，则将在源对象的左边进行矩形阵列。
- 阵列角度：用于指定矩形阵列的角度。
- 拾取两个偏移：可在绘图区指定一个矩形区域，系统将自动以该矩形的长和宽作为矩形阵列的行间距与列间距。

步骤06 当命令行提示"指定行数之间的距离"时，捕捉左下角圆形的圆心，并单击，然后捕捉左上角辅助线的交点并单击，确定行之间的距离，按Enter键，如图4-43所示。

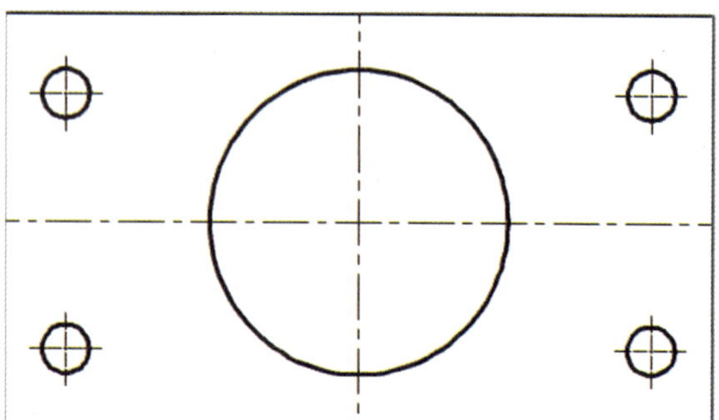

图4-43　完成阵列复制

2. 环形阵列

环形阵列可以绕某个中心点进行环形复制，阵列后的对象以环形方式排列，对图形进行环形阵列复制的具体操作如下。

本节素材	/素材/Chapter04/法兰盘.dwg
本节效果	/效果/Chapter04/法兰盘.dwg
学习目标	掌握使用环形阵列复制图形的方法
难度指数	★★

步骤01 打开“法兰盘”素材文件，在“修改”组中的“阵列”下拉列表框中选择“环形阵列”命令或在命令提示行中输入ARRAYPOLAR命令，如图4-44所示。

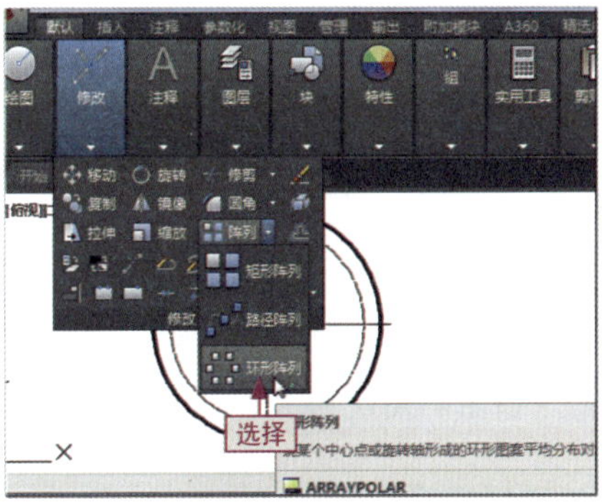

图4-44　选择“环形陈列”命令

步骤02 当命令行提示“选择对象”时，选择图形中的小圆形作为阵列的对象，然后按Enter键，如图4-45所示。

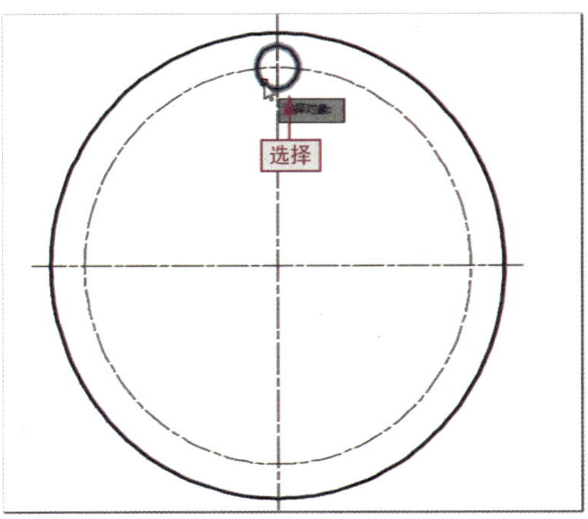

图4-45　选择对象

步骤03 在命令行中提示“指定阵列的中心点”时，捕捉大圆形的中点，并单击，如图4-46所示。

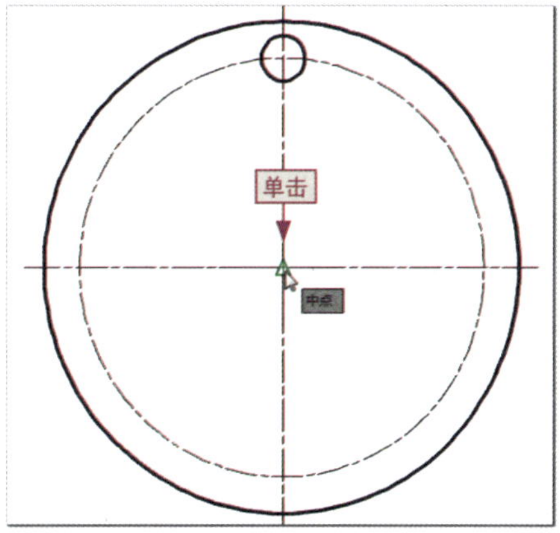

图4-46　指定中点

小绝招

环形阵列命令各选项的含义

使用环形阵列命令各选项的含义如下。

- “中心点”栏：用于指定环形阵列圆心的坐标。单击其右侧的“拾取中心点”按钮，可在绘图区指定一个点作为中心点。
- “方法”下拉列表框：可在该下拉列表框中选择环形阵列的方式，有“项目总数和填充角度”“项目总数和项目间的角度”“填充角度和项目间的角度”三种方式。
- “项目总数”文本框：用于指定环形阵列生成的对象个数。
- “填充角度”文本框：用于指定环形阵列围绕中心点旋转的角度，默认为360°。
- “项目间角度”文本框：用于指定阵列复制后相邻对象所成的角度。
- “复制时旋转项目”复选框：选中该复选框，则在环形阵列的同时，每一个阵列生成的对象也围绕中心点进行旋转。

步骤04 在命令行提示“选择夹点以编辑阵列”时输入“I”命令，按Enter键。在命令提示中输入“6”，指定环形阵列对象的数目，按Enter键，完成环形阵列，如图4-47所示。

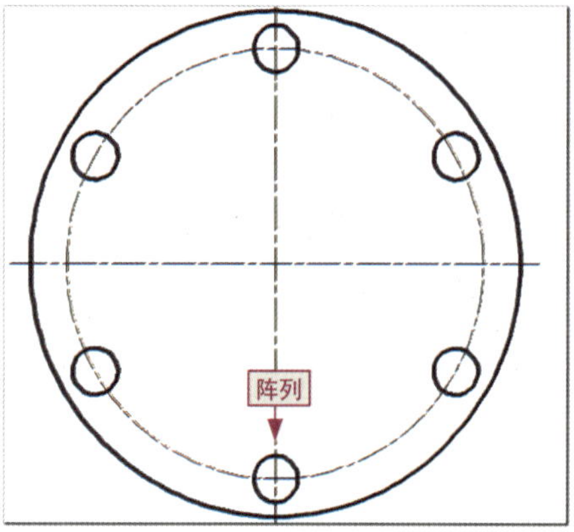

图4-47　完成阵列

小绝招

路径阵列

在使用阵列复制图形时，还可以使用路径阵列来对图形进行复制。路径阵列是根据选择的路径来复制图形对象，阵列的对象将随选择的路径方向进行排列。设置路径阵列的方法是在“修改”组中的“阵列”下拉列表框中选择“路径阵列”命令，然后根据提示选择需要阵列的对象和路径，设置阵列图形的数目和间距等参数即可完成路径阵列。图 4-48 所示为使用路径阵列复制矩形图形的效果。

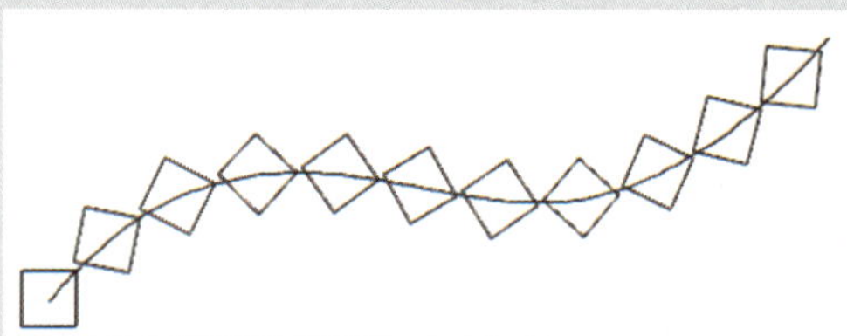

图4-48　路径阵列

4.2.4 用镜像复制图形

使用镜像图形功能可以复制完全对称或者部分具有对称性的图形。使用镜像命令时，需指定其镜像的对称轴线，完成镜像操作后，用户还可根据需要确定是否删除源对象，具体操作如下。

本节素材	/素材/Chapter04/轴套1.dwg
本节效果	/效果/Chapter04/轴套1.dwg
学习目标	掌握使用镜像功能对图形复制的方法
难度指数	★

步骤01 打开“轴套1”素材文件，在“修改”组中单击“镜像”按钮或在提示行中输入MIRROR命令，如图4-49所示。

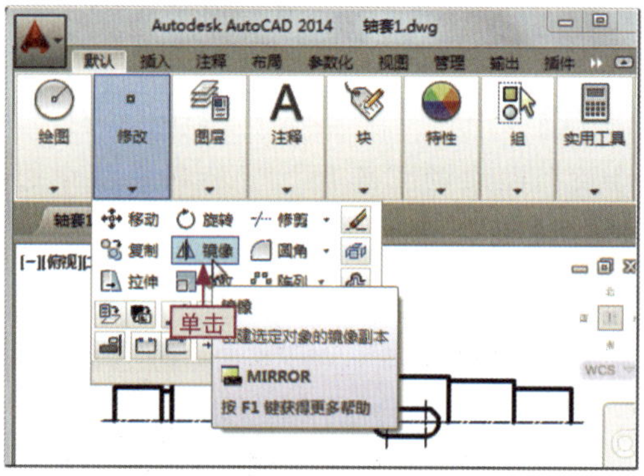

图4-49　单击“镜像”按钮

步骤02 当命令行提示“选择对象”时，使用右框选选择绘图区的矩形图形，完成后按Enter键，如图4-50所示。

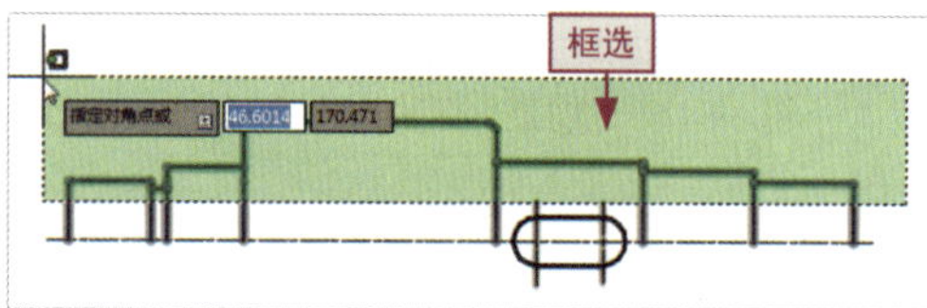

图4-50　框选对象

步骤03 当命令行提示“指定镜像线的第一点”时，捕捉图形左侧的端点并单击，如图4-51所示。

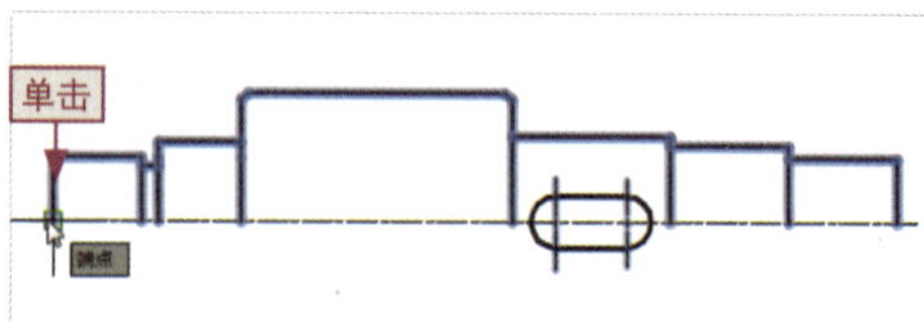

图4-51　捕捉端点

步骤04 当命令行提示“指定镜像线的第二点”时，捕捉图形右侧的端点并单击，如

图4-52所示。

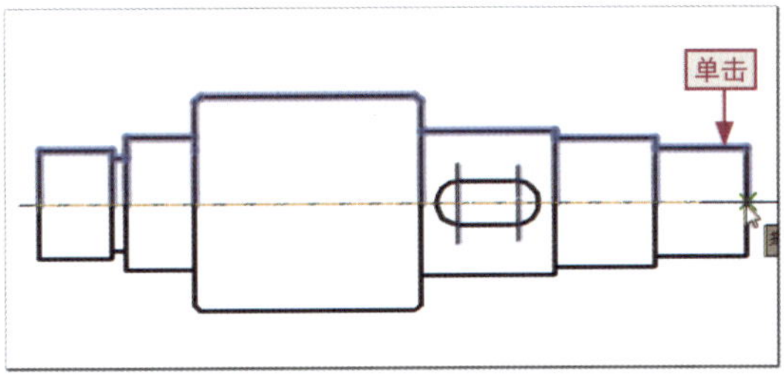

图4-52 捕捉端点

步骤05 当命令行提示“要删除源对象吗”时，按Enter键选择默认的“否”选项，完成图形的镜像，如图4-53所示。

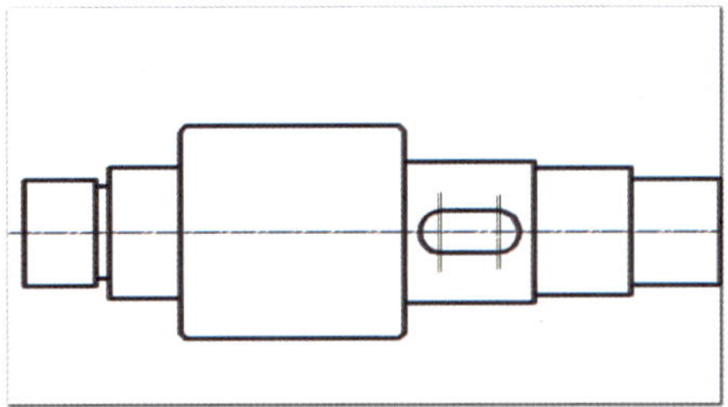

图4-53 完成镜像

4.3 图形位置与比例的变换

阿智：小白，如果你绘制的图形位置不对，知道该怎么办吗？

小白：直接删除，在正确的位置重新绘制一个图形。

阿智：那样很麻烦，你可以使用移动图形的操作来将绘制的图形移动到需要的位置就可以了。

改变图形对象位置，只是将图形由一个地方移动到另一个地方，并未改变对象的形状和大小等特征，其中主要包括移动和旋转两种操作。

4.3.1 移动图形

使用移动命令可以把单个图形对象或多个图形对象从当前位置移至新位置。这种移动并不改变对象的尺寸和方位，只是改变实际坐标位置，其具体操作如下。

本节素材	/素材/Chapter04/窗格.dwg
本节效果	/效果/Chapter04/窗格.dwg
学习目标	掌握移动图形对象的方法和操作
难度指数	★★

步骤01 打开“窗格”素材文件，在“修改”组中单击“移动”按钮或在命令行中输入MOVE命令，如图4-54所示。

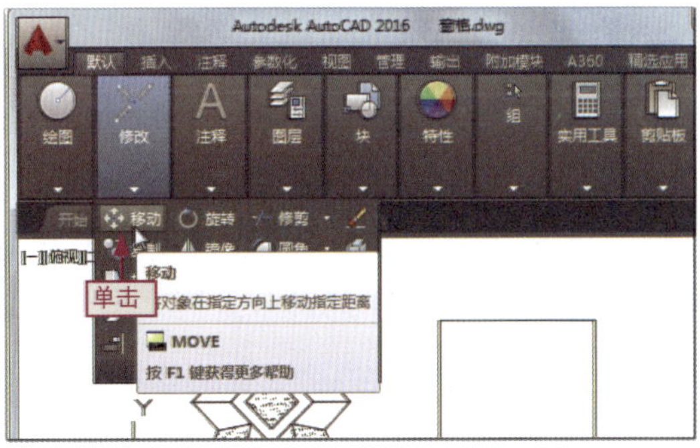

图4-54 单击“移动”按钮

步骤02 当命令行提示“选择对象”时，框选绘图区左侧的图形对象，然后按Enter键，如图4-55所示。

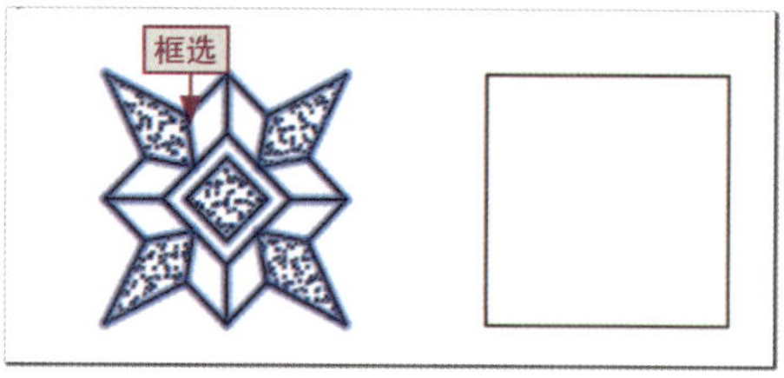

图4-55　框选对象

步骤03 当命令行提示“指定基点”时，使用捕捉功能捕捉到图形的中点，然后单击，如图4-56所示。

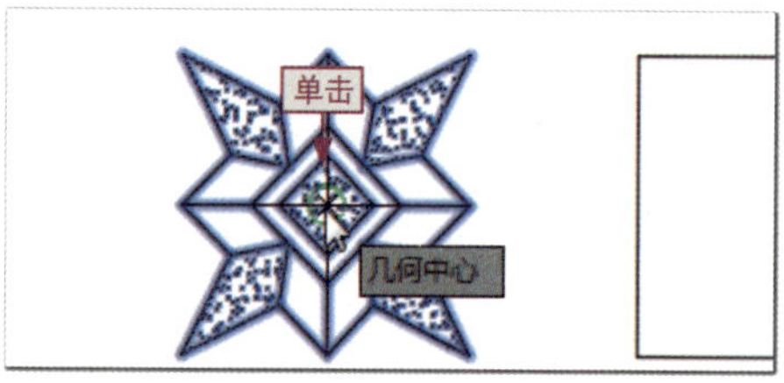

图4-56　捕捉中点

步骤04 当命令行提示“指定第二个点”时，捕捉右侧矩形图形的中点并单击，如图4-57所示。

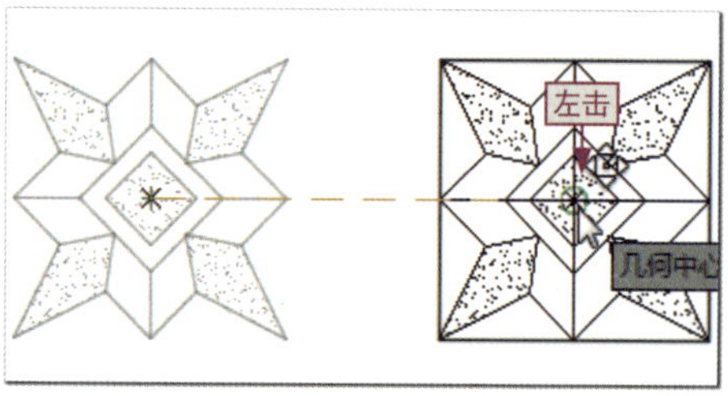

图4-57　指定第二个点

步骤05 释放鼠标后即可将选择的图形移动到相应的位置，如图4-58所示。

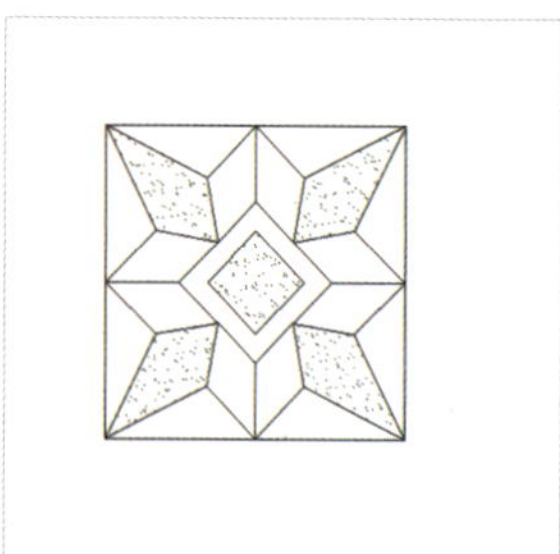

图4-58　完成操作

4.3.2 旋转图形

旋转图形可以旋转单个或一组对象，主要用于将对象与坐标轴或其他对象进行对齐。执行旋转操作后，图形对象的实际大小尺寸不会改变，只是其位置及方向发生了改变，具体操作如下。

本节素材	/素材/Chapter04/窗格1.dwg
本节效果	/效果/Chapter04/窗格1.dwg
学习目标	掌握旋转图形的方法和操作
难度指数	★

步骤01 打开“窗格1”素材文件，在“修改”组中单击“旋转”按钮或在命令行中输入“ROTATE”命令，如图4-59所示。

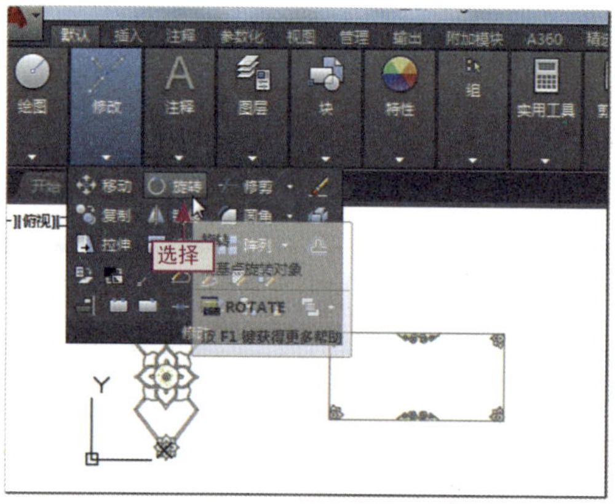

图4-59　单击“旋转”按钮

步骤02 当命令行提示“选择对象”时，框选绘图区左侧的图形对象，然后按Enter键，如图4-60所示。

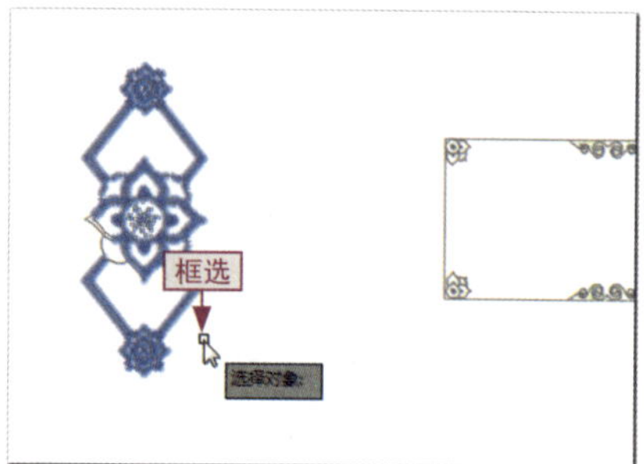

图4-60　框选对象

步骤03 当命令行提示“指定基点”时，使用捕捉功能捕捉图形中间圆形的圆心，然后单击，如图4-61所示。

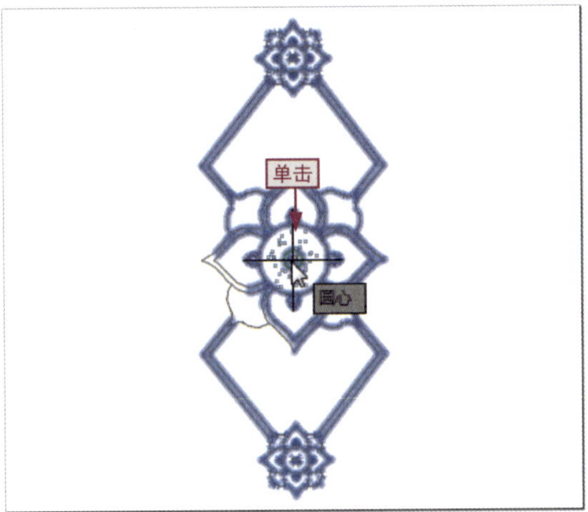

图4-61 捕捉中点

步骤04 当命令行提示“指定旋转角度”时，输入旋转的角度，如“90”，然后按Enter键即可旋转图形，如图4-62所示。

图4-62 完成旋转

步骤05 将旋转后的图形移动到右侧的矩形框中，完成操作，如图4-63所示。

图4-63 移动图形

小绝招 旋转命令中各选项的含义

旋转命令执行过程中两个关键选项的含义如下。

- 复制：选择该选项，则旋转后源对象不被删除，而在新的指定位置生成将该图形旋转后的图形。
- 参照：指定将图形对象与X轴和Y轴对齐，或者与图形中的几何特征对齐。选择该选项后，系统要求指定当前的参照角和旋转角度。

4.3.3 对齐图形

对齐图形即使用ALIGN命令使当前图形与其他图形的点与点、线与线或面与面对齐。该操作既适用于二维图形，也适用于三维图形，具体操作如下。

本节素材	/素材/Chapter04/餐桌1.dwg
本节效果	/效果/Chapter04/餐桌1.dwg
学习目标	掌握对齐图形的方法和操作
难度指数	★★

步骤01 打开“餐桌1”素材文件，在“修改”组中单击“对齐”按钮或在命令行中输入ALIGN命令，如图4-64所示。

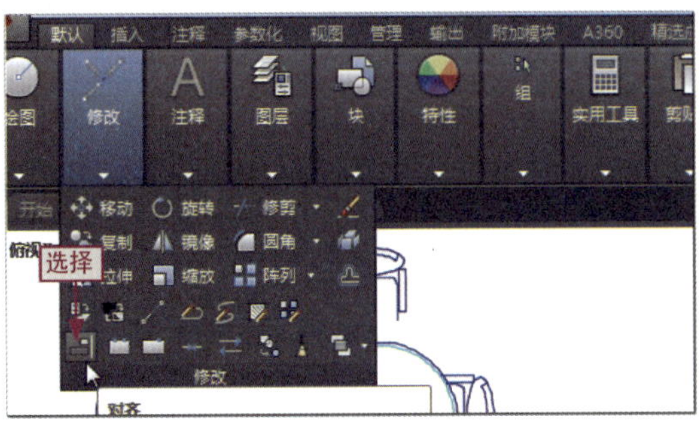

图4-64 单击“对齐”按钮

步骤02 当命令行提示“选择对象”时，框选左侧的椅子图形，按Enter键。当提示第一个源点时，选择椅子的端点。当提示选择选择第一个目标点时，选择桌面的垂足，如

图4-65所示。

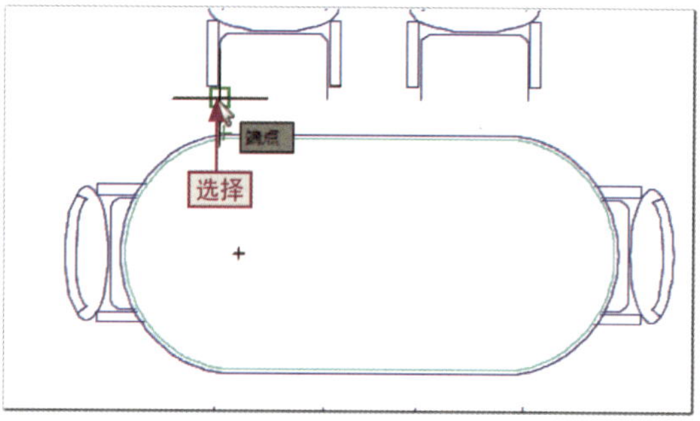

图4-65　选择端点

步骤03 在命令行提示“选择第二个源点”时，选择椅子右边的端点。当提示“选择第二个目标点”时，选择桌面的垂足，如图4-66所示。

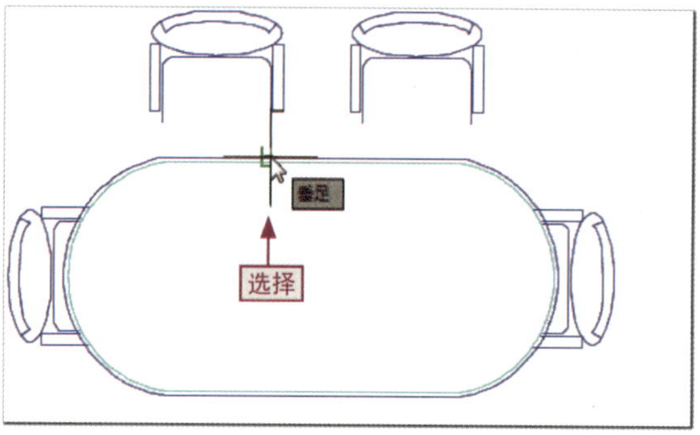

图4-66　选择垂足

步骤04 当命令行提示“指定第三个源点”时，按Enter键，完成对齐操作，如图4-67所示。

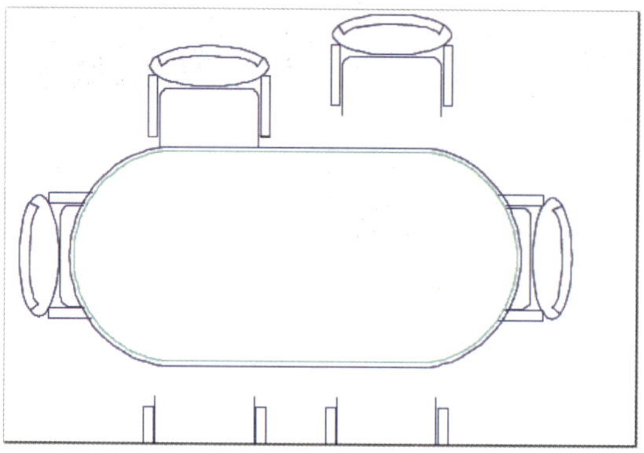

图4-67　完成对齐

4.3.4 图形的缩放

使用缩放命令可以改变实体的尺寸大小，在执行缩放的过程中，用户需要指定缩放比例，若缩放比例值小于1但大于0，则图形按相应的比例进行缩小；若缩放比例大于1，则图形按相应的比例进行放大，具体操作如下。

本节素材	/素材/Chapter04/窗格2.dwg
本节效果	/效果/Chapter04/窗格2.dwg
学习目标	掌握缩放图形的方法和操作
难度指数	★★

步骤01 打开“窗格2”素材文件，在“修改”组中单击“缩放”按钮或在命令行中输入“SCALE”命令，如图4-68所示。

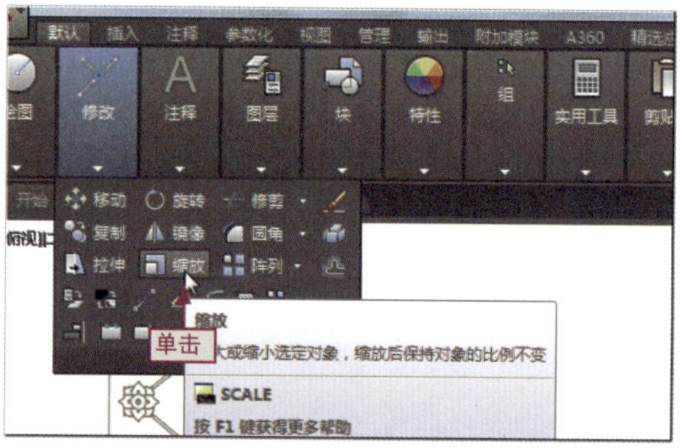

图4-68　单击“缩放”按钮

步骤02 当命令行提示“选择对象”时，框选绘图区的图形对象，然后按Enter键，如图4-69所示。

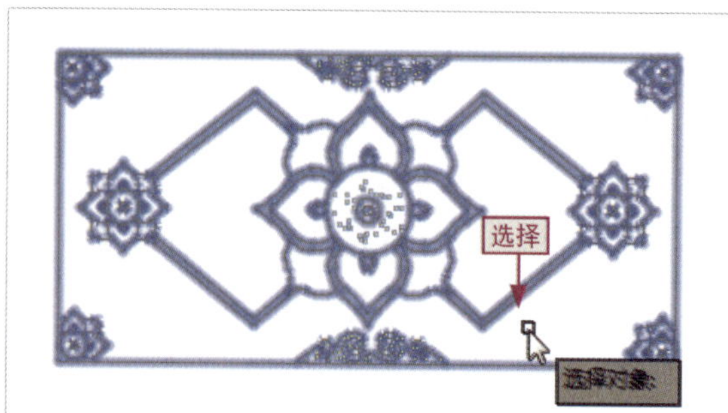

图4-69　框选图形

步骤03 在命令行提示“指定基点”时，捕捉图形中心圆形的圆心并单击，如图4-70所示。

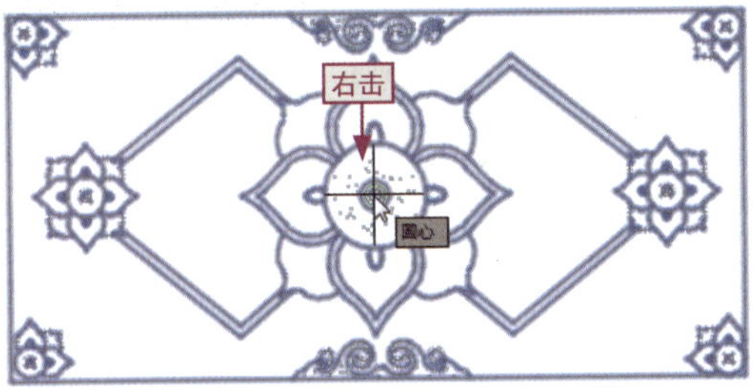

图4-70 捕捉圆心

步骤04 在命令行提示“指定比例因子”时，输入圆的半径“0.5”，按Enter键，即可将图形缩小到原来的一半，如图4-71所示。

图4-71 缩小图形

小绝招

缩放命令中各选项的含义

缩放命令在执行过程中，部分选项的含义如下。

- 比例因子：即图形缩放的比例，当其小于1且大于0时，则图形按相应的比例进行缩小；当其大于1时，则图形按相应的比例进行放大。
- 复制（C）：选择该选项，则进行缩放操作后原图形对象不删除，而在新的指定位置生成将该图形缩放后的图形。
- 参照（R）：选择该选项，则系统将根据用户提供的参照长度和新长度的比例作为缩放比例缩放对象；常用于无法用整数或小数表示缩放比例的情况（如缩放为原来的2/3大小）。

4.3.5 图形的拉伸

使用拉伸命令可以将图形以指定的方向和角度拉长或缩短，可以被拉伸的对象有直线、圆弧、椭圆弧、多段线、样条曲线等，而点、圆、文本和图块不能被拉伸，具体操作如下。

本节素材	/素材/Chapter04/轴套2.dwg
本节效果	/效果/Chapter04/轴套2.dwg
学习目标	掌握拉伸图形的方法和操作
难度指数	★★

步骤01 打开“轴套2”素材文件，在“修改”组中单击“拉伸”按钮或在命令行中输入“STRETCH”命令，如图4-72所示。

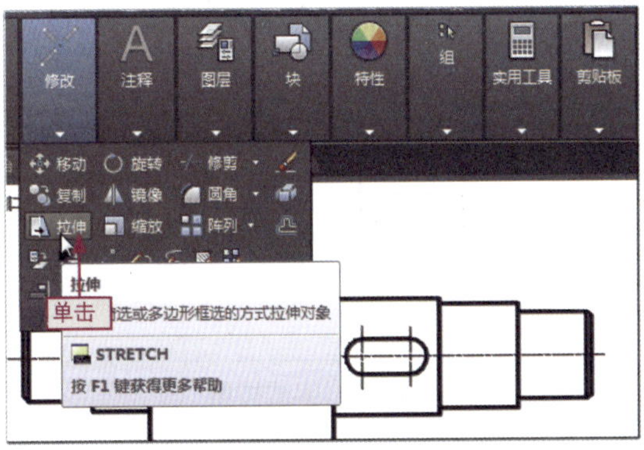

图4-72 单击“拉伸”按钮

步骤02 在命令行提示“选择对象”时，使用右框选方式选择右侧的两个矩形图形，然后按Enter键，如图4-73所示。

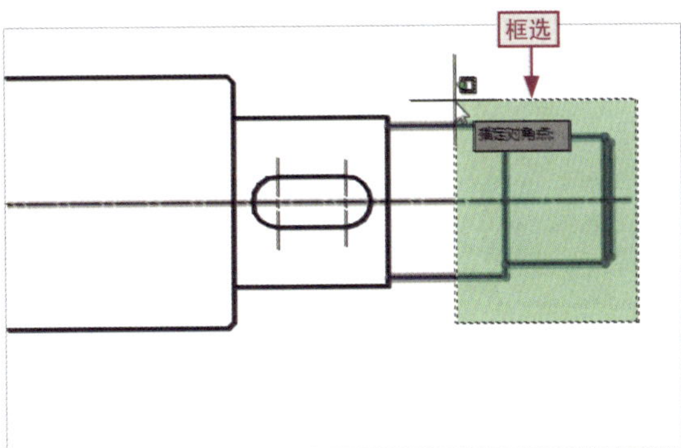

图4-73 框选图形

步骤03 在命令行提示“指定基点”时，捕捉两个矩形之间直线与辅助线的交点并单击，如图4-74所示。

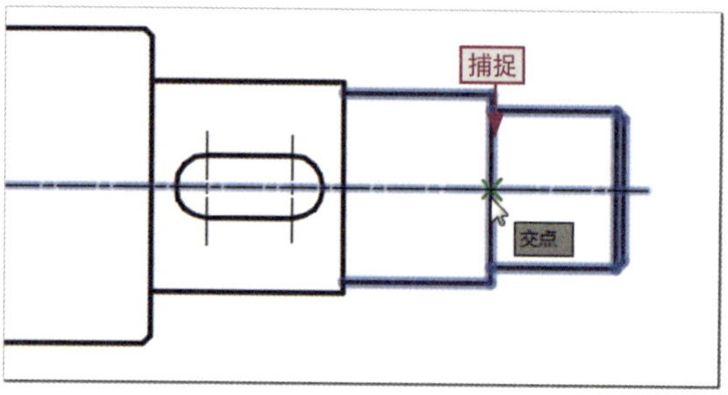

图4-74　捕捉交点

步骤04 在命令行提示“指定第二个点”时，将鼠标光标向右移动，指定拉伸方向，在命令行中输入“50”，按Enter键完成，如图4-75所示。

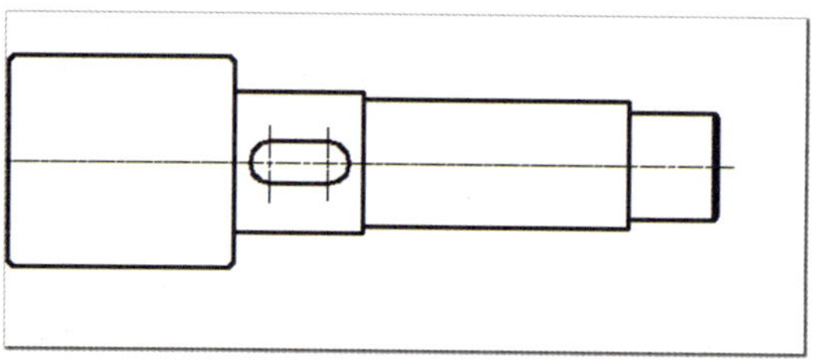

图4-75　完成拉伸

4.3.6 图形的延伸

如果图形中的直线、圆弧和多段线等对象的端点距要求的边界有一定距离，则可以使用延伸命令来延长对象到指定边界，具体操作如下。

本节素材	/素材/Chapter04/浴缸.dwg
本节效果	/效果/Chapter04/浴缸.dwg
学习目标	掌握延伸图形的方法和操作
难度指数	★★

步骤01 打开“浴缸”素材文件，在“修改”组的“修剪”下拉列表中选择“延伸”命令或在命令行中输入“EXTEND”命令，如图4-76所示。

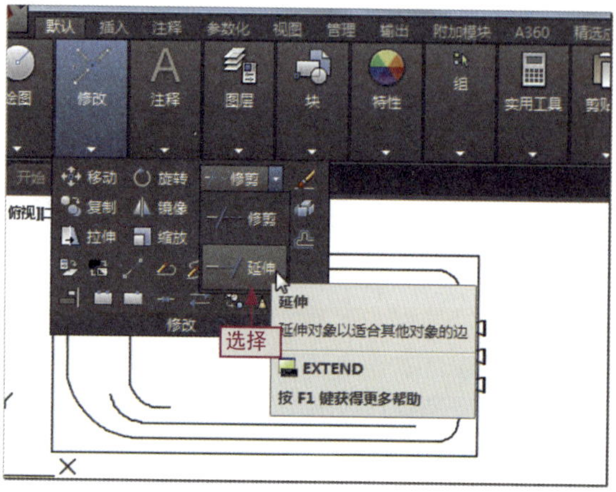

图4-76　选择“延伸”选项

步骤02 在命令行提示“选择边界的边”时，选择图形中右侧垂直的一条直线作为边界，然后按Enter键，如图4-77所示。

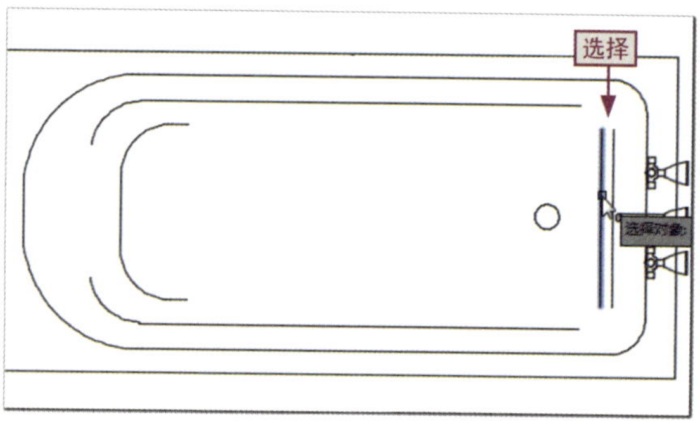

图4-77　选择边界

步骤03 在命令行提示“选择要延伸的对象”时，选择图形左上角圆弧的一端并单击，该直线将自动延伸到边界直线上，如图4-78所示。

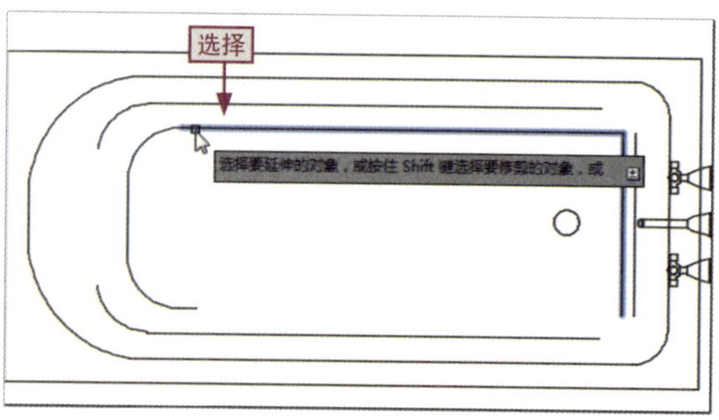

图4-78　选择图形

步骤04 继续捕捉左下角圆弧的端点，单击，将自动延伸到边界线上，如图4-79所示。

> **小绝招 修剪超出延伸边界的对象**
>
> 在执行延伸操作过程中，如果在选择要延伸对象时按住 Shift 键，则可以转换为执行 TRIM 命令，修剪超出延伸边界的对象。

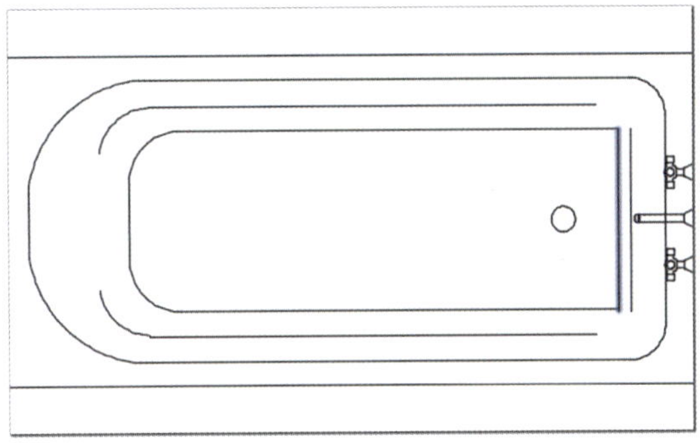

图4-79 查看效果

4.4 多线、多段线和样条曲线的编辑

阿智： 小白，我们前面绘制的多线，知道怎样对多线进行编辑吗?

小白： 不知道，应该有相应的编辑功能吧。

阿智： 对绘制的多线可以进行重新编辑，以达到我们需要的效果。

在AutoCAD中，多段线、样条曲线和多线是比较特殊的线条，它们除了可以使用前面讲解的方法进行编辑外，还可使用专用的编辑命令，如编辑多段线命令、样条曲线命令和多线命令等。

4.4.1 多线的编辑

多线是由具有多个线型和颜色的线混合成的单一对象，用户可将其作为一个整体进行编辑，也可使用标准的对象修改命令，如复制、旋转、拉伸和比例缩放，对其进行编辑，其具体操作如下。

本节素材	/素材/Chapter04/窗户.dwg
本节效果	/效果/Chapter04/窗户.dwg
学习目标	掌握多线编辑的方法
难度指数	★★

步骤01 打开“窗户”素材文件，在“修改”组中单击“多线编辑”按钮或输入“MLEDIT”命令，如图4-80所示。

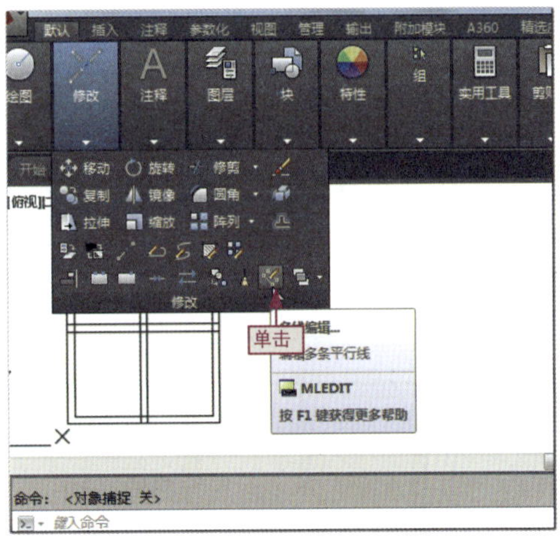

图4-80 单击“多线编辑”按钮

步骤02 打开“多线编辑工具”对话框，选择“T形打开”选项，此时将自动关闭该对话框，如图4-81所示。

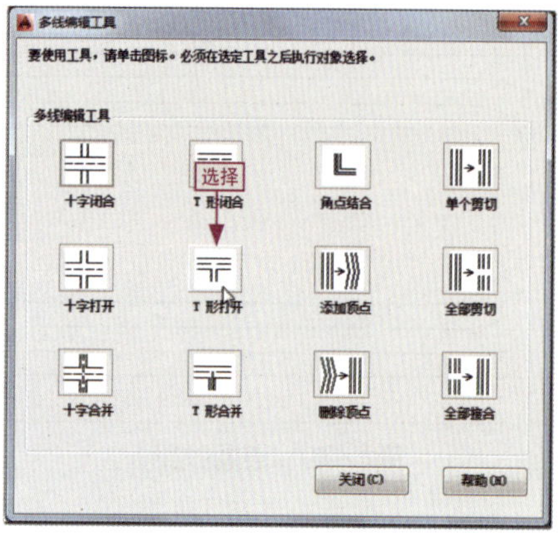

图4-81　选择“T形打开”选项

步骤03 在命令行提示“选择第一条多线”时，将鼠标光标移动到绘图区，选择图形中垂直的多线，如图4-82所示。

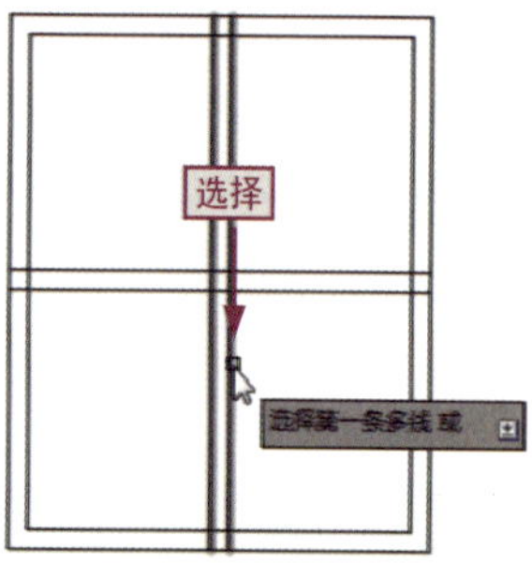

图4-82　选择多线

步骤04 在命令行提示“选择第二条多线”时，将鼠标光标移动到绘图区，选择图形中外围的边框多线，如图4-83所示。

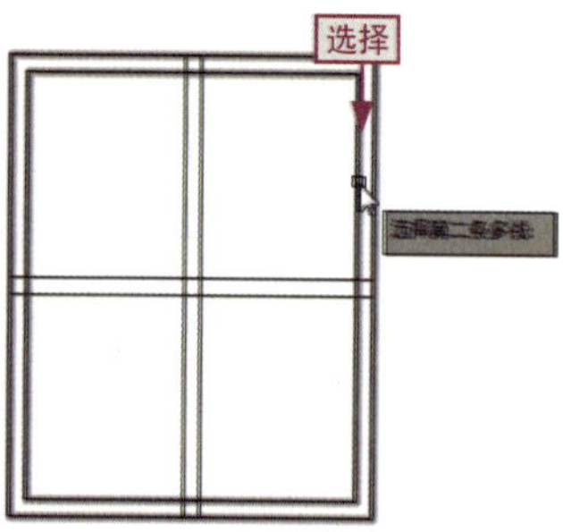

图4-83　选择多线

步骤05 此时对垂直多线的上侧与边框多线的交点处进行编辑，如图4-84所示。

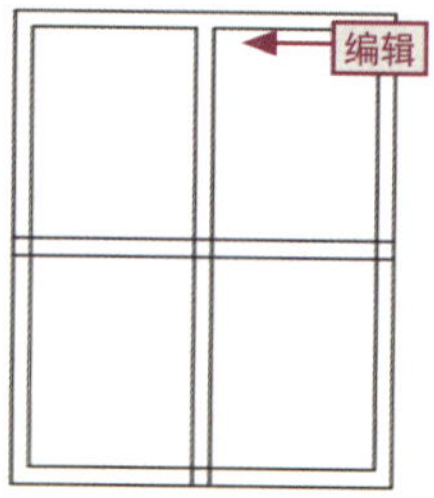

图4-84　编辑多线

步骤06 此时命令行继续提示选择第一条多线，用同样的方法对垂直多线的下侧与边框多线的交点处进行编辑，如图4-85所示。

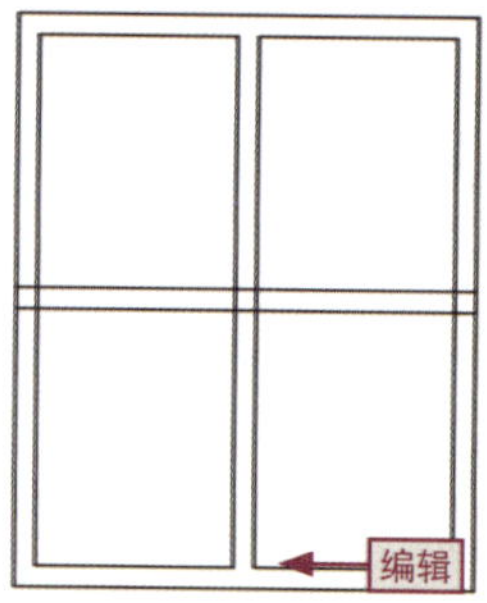

图4-85　编辑多线

步骤07 用同样的方法对水平多线与边框多线的交点处进行编辑，如图4-86所示。

图4-86　编辑多线

步骤08 再次打开“多线编辑工具”对话框，选择“十字打开”选项，选择垂直和水平的两条多线进行编辑，如图4-87所示。

图4-87 完成编辑

4.4.2 多段线的编辑

编辑多段线命令不仅可以对多段线进行修改，还可以编辑正多边形、矩形、圆环和多边形网格等图形对象，其具体操作如下。

本节素材	/素材/Chapter04/右转弯.dwg
本节效果	/效果/Chapter04/右转弯.dwg
学习目标	掌握编辑多段线的方法
难度指数	★★

步骤01 打开“右转弯”素材文件，在“修改”组中单击“多段线编辑”按钮或在命令行中输入“PEDIT”命令，如图4-88所示。

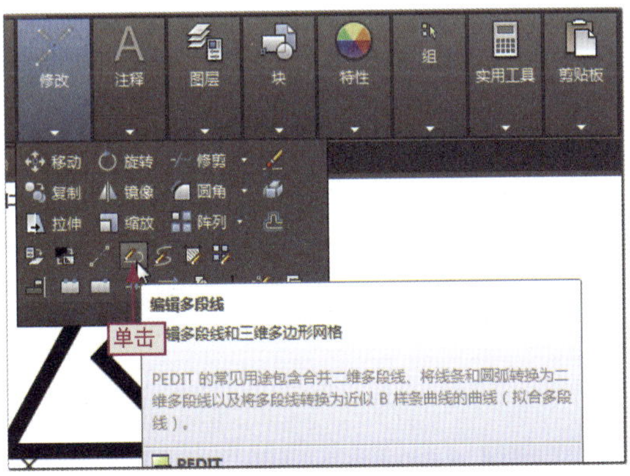

图4-88 单击“多段线编辑”按钮

步骤02 在命令行提示“选择对象”时，选择三角形的多段线，如图4-89所示。

图4-89 选择多线段

步骤03 在命令行提示“输入选项”时，输入“W”指定宽度，按Enter键。在命令行中输入“40”，修改多段线的宽度，如图4-90所示。

图4-90 设置宽度

4.4.3 样条曲线的编辑

样条曲线不能使用延伸和拉长等命令，因此只能使用编辑样条曲线命令来对其进行修改。使用样条曲线编辑命令“SPLINEDIT”可设置样条曲线的顶点、精度、反转方向等参数，其具体操作如下。

本节素材	/素材/Chapter04/轴套3.dwg
本节效果	/效果/Chapter04/轴套3.dwg
学习目标	掌握对样条曲线进行编辑的方法
难度指数	★★

步骤01 打开“轴套3”素材文件，在“修改”组中单击“编辑样条曲线”按钮或在命令行中输入“SPLINEDIT”命令，如图4-91所示。

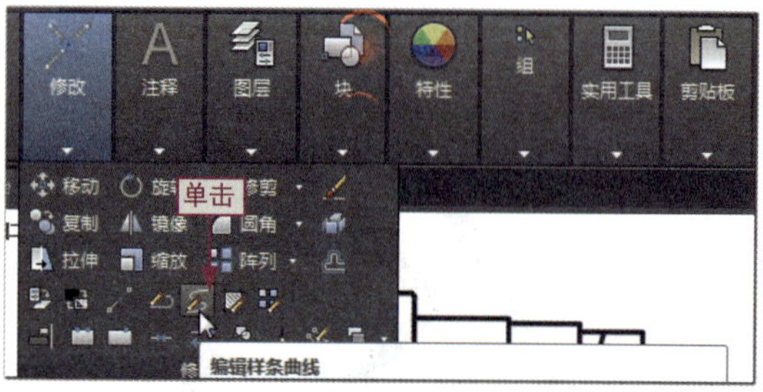

图4-91　单击“编辑样条曲线”按钮

步骤02 在命令行提示“选择样条曲线”时，在图形中选择绘制的样条曲线，并单击。在提示“输入选项”时选择“编辑顶点”，在提示中选择“移动”对顶点进行移动，如图4-92所示。

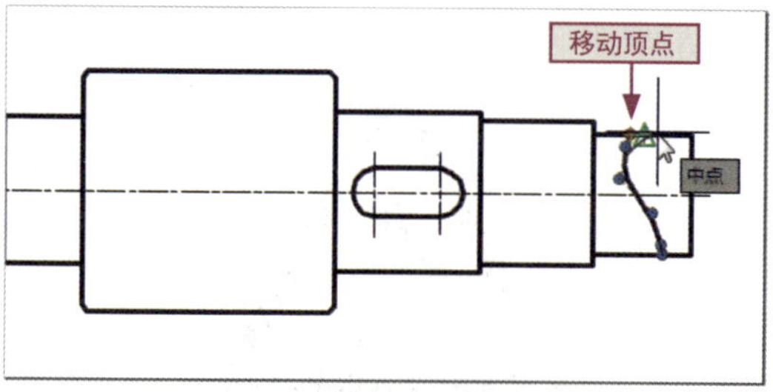

图4-92　移动顶点

步骤03 在对样条曲线的顶点进行移动后，按Enter键可在各个顶点之间切换进行编辑，完成后退出编辑，如图4-93所示。

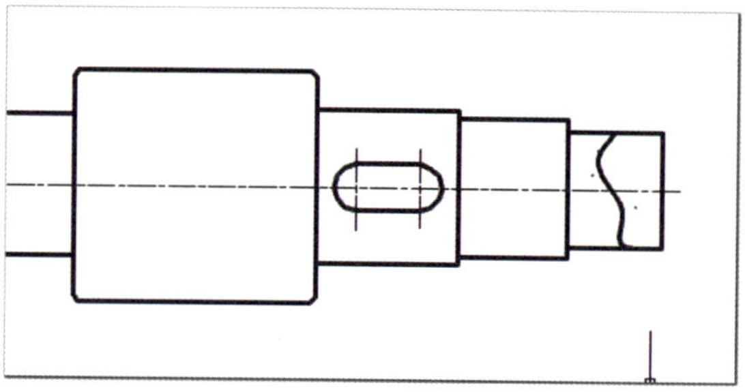
图4-93　完成编辑

> **小绝招**
>
> **转换样条曲线**
>
> 如果不能熟练地对样条曲线进行编辑，可将样条曲线转换成多段线进行编辑，其方法是：在选择样条曲线后，在命令行提示中选择相应的选项即可。

4.5 利用夹点快速编辑图形

阿智：小白，选择图形后出现的蓝色小方块，知道叫什么吗?

小白：我正想问问你呢。

阿智：它叫夹点，通过它可以对图形进行编辑操作，现在我们去认识。

AutoCAD为用户提供了一种快速编辑图形对象的方式——夹点编辑，利用该功能可以快速将选中的对象进行拉伸、移动、旋转、缩放和镜像等常用操作。

4.5.1 设置夹点

为了方便用户操作，在进行夹点编辑前可以根据需要设置夹点的显示颜色、大小及显示方式等，其具体操作如下。

学习目标	掌握设置夹点的方法
难度指数	★★

步骤01 在绘图区的空白处右击，在弹出的下拉菜单中选择“选项”命令，如图4-94所示。

图4-94 选择“选项”命令

步骤02 打开“选项”对话框，❶单击“选择集”选项卡，❷在“夹点尺寸”栏中拖动滑块，调整夹点的大小。❸单击“夹点颜色”按钮，如图4-95所示。

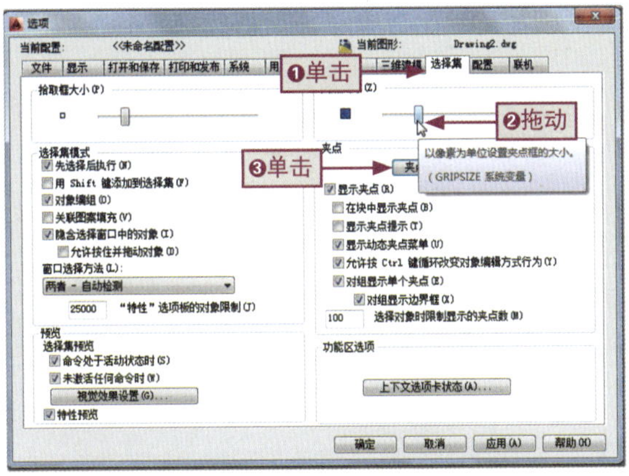

图4-95 设置夹点大小

步骤03 打开“夹点颜色”对话框，❶设置各种夹点的颜色，❷单击“确定”按钮，如图4-96所示。

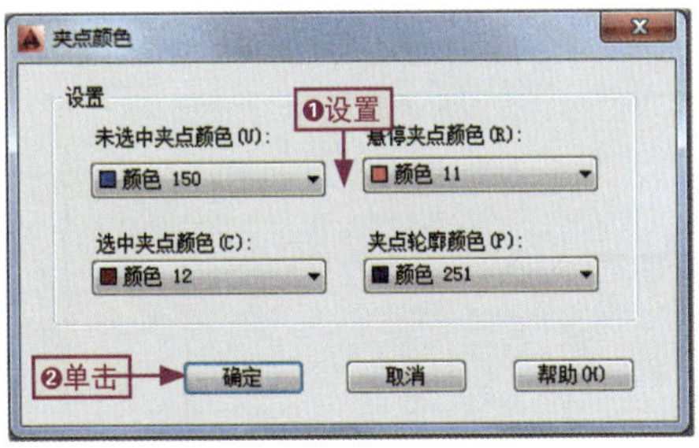

图4-96 设置夹点颜色

步骤04 ❶选中“夹点”区域中的所有复选框，❷单击“确定”按钮，完成夹点选项的设置，如图4-97所示。

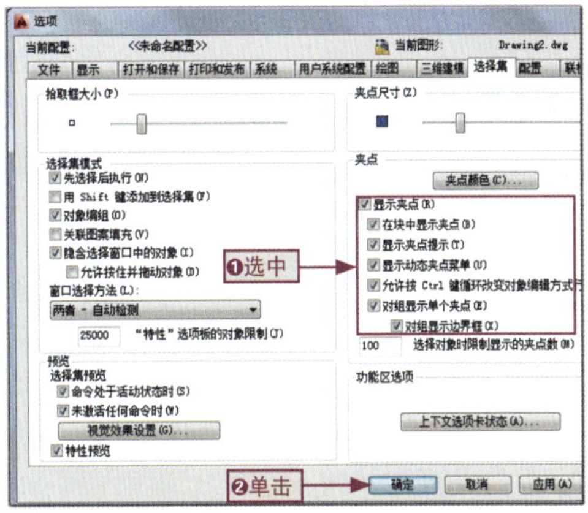

图4-97 设置夹点显示

4.5.2 夹点操作的两种方式

利用夹点进行图形的编辑操作，主要有以下两种方式。

- 选中夹点，在命令行提示“指定拉伸点或 [基点(B)/复制(C)/放弃(U)/退出(X)]:”后输入要执行操作的命令，如缩放命令“SC”、镜像命令“MI”等。
- 选中夹点后，右击，在弹出的快捷菜单中选择要执行的命令。

学习目标 掌握夹点操作的两种方式

难度指数 ★★

利用夹点方式编辑图形对象，其方法与移动、镜像和旋转等相关的命令基本相似，这里不再赘述。

小绝招 对多个夹点拉伸

按住 Shift 键的同时选择夹点，可以选择多个夹点。完成夹点的选择后，释放Shift键。单击其中一个夹点，便可对多个夹点同时进行拉伸等操作。

给你支招 | 让以前的线条保持原样

小白：对两条相交的直线进行圆角时，超出两个圆弧端点的部分将会被删除，能否让以前的线条保持原样?

阿智：当使用AutoCAD中的圆角命令对图形进行圆角时，默认情况下都会将超出圆弧两个端点的线条进行删除。如果要保留原线条，可以在执行圆角命令后，选择"修剪"选项，再在命令行提示中选择"不修剪"选项，则在进行圆角的同时，将保留原线条。图4-98所示为经过修剪的圆角操作，图4-99所示为经过不修剪的圆角操作。

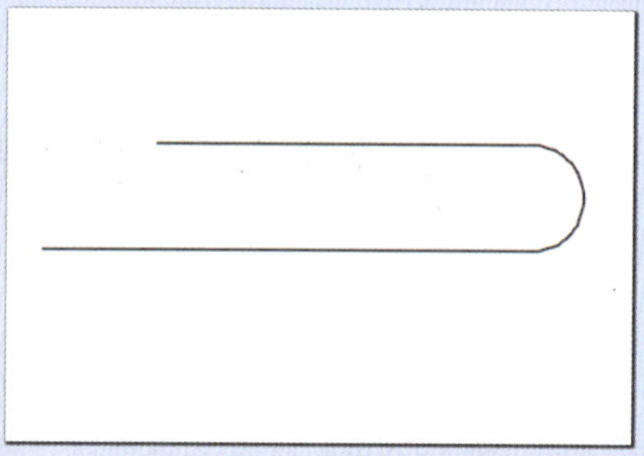
图4-98　修剪后的圆角

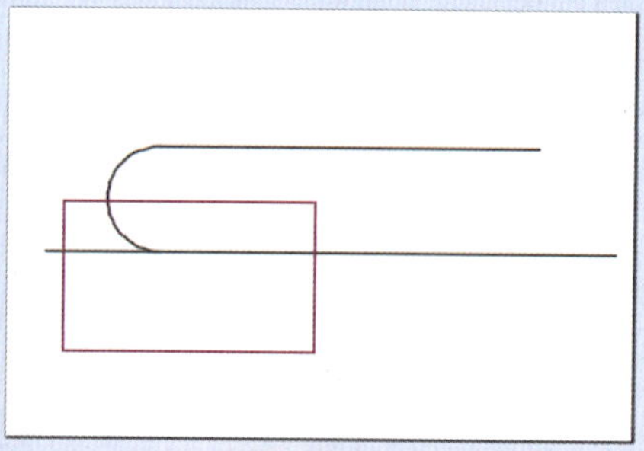
图4-99　不修剪后的圆角

给你支招 | 如何使打断的图形不留空隙

小白：使用打断命令打断图形时，怎样才能使线条被打断的同时中间不留空隙?

阿智：使用打断命令，在指定第一点之后，在命令行提示后输入"@"或"@0,0"都可以将线条在第一点处进行打断，使第一打断点与第二打断点重合。图4-100所示为打断图形并有空隙的图形，图4-101所示为打断图形没有空隙的图形，该图形选择后与其他图形呈断开状态。

图4-100　打断并有空隙的图形

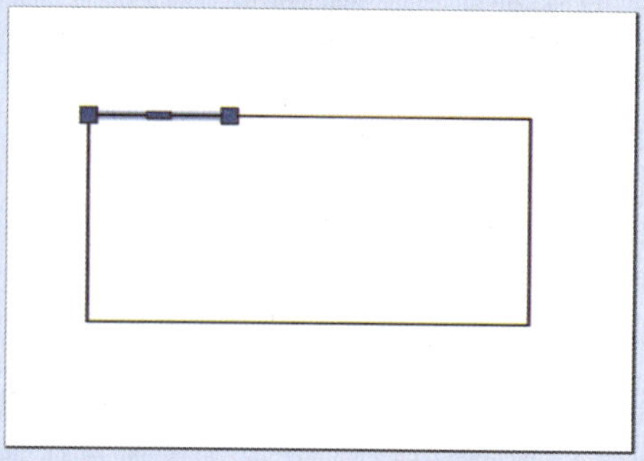
图4-101　打断没有空隙的图形

Chapter 05

使用图层管理图形

学习目标

AutoCAD中的图层如同手工绘图中使用的透明纸一样，可以使用图层来管理不同类型的信息，图形的每一个对象都位于一个图层上。通过本章的学习可以让读者对图层有一个初步认识并可使用图层绘制图形，主要包括图层的基本概念、创建图层、管理图层、输出和调用图层特性等知识点。

本章要点

- 创建图层
- 删除图层
- 设置当前图层
- 设置图层特性
- 图层状态的更改
- 保存与调用图层

知识要点	学习时间	学习难度
图层的创建、删除	40 分钟	★★
图层状态的控制、保存和调用	30 分钟	★★★
图层和对象特性的改变	20 分钟	★★

5.1 图层的创建和删除

阿智：小白，你见过的图形都是在一层一层的图纸上绘制出来的吧。

小白：是啊，这样是为了方便管理各张图纸的图形，分门别类。

阿智：AutoCAD中也可以把图形绘制在不同的图层上，以便于管理。

图层是AutoCAD的重要功能之一。将图形分别绘制在不同的图层上，便于分类存放和控制图形对象，这也是区别于手工绘图的重要特点。

5.1.1 创建图层

绘制比较复杂的机械图样时，一般需创建多个图层，以便使用不同的图层控制不同类型的对象，方便图形编辑和控制。

本节素材	/素材/Chapter05/无
本节效果	/效果/Chapter05/图层.dwg
学习目标	掌握创建图层的方法
难度指数	★

步骤01 在“图层”组中单击“图层特性”按钮，如图5-1所示。

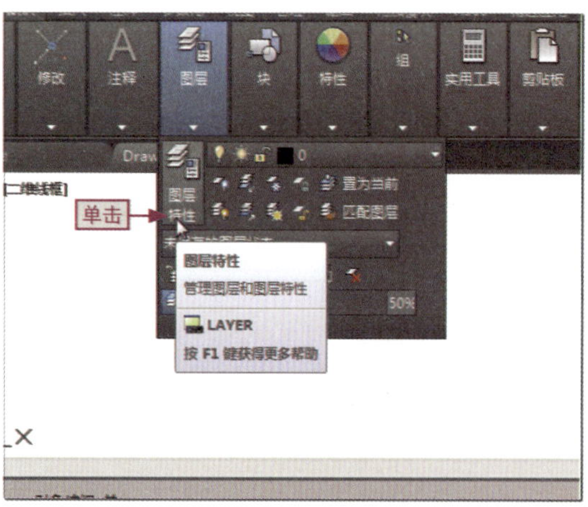

图5-1　单击“图层特性”按钮

步骤02 打开“图层特性管理器”面板，单击“新建图层”按钮，如图5-2所示。

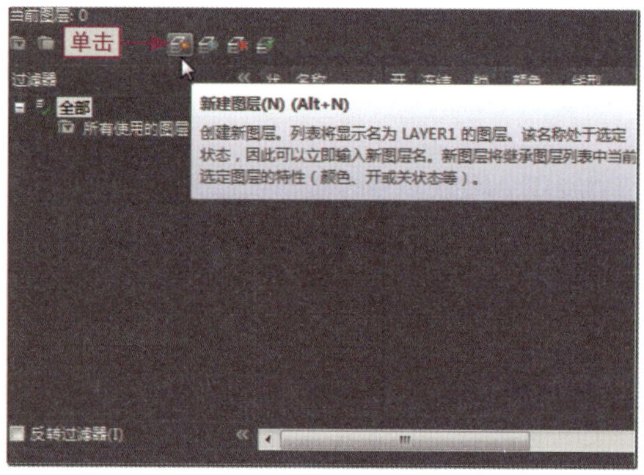

图5-2　单击“新建图层”按钮

步骤03 在面板的图层列表中将显示名为“图层1”的新图层，且图层名呈可编辑状态时，输入新的图层名称(如“中心线”)，然后按Enter键完成图层的重命名，如图5-3所示。

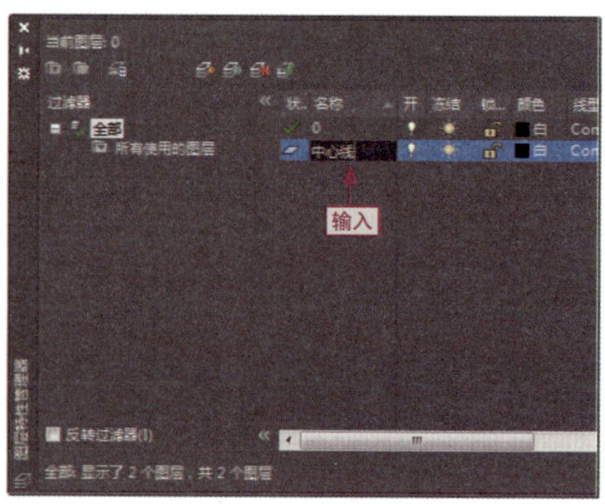

图5-3　创建图层效果

步骤04 用同样的方法创建名称为“轮廓线”“尺寸标注”“虚线”三个图层，如图5-4所示。

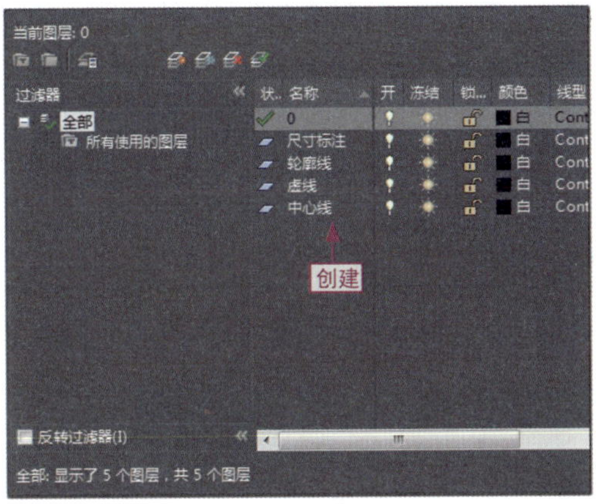

图5-4 创建其他图层

5.1.2 删除图层

当不再使用某个图层时，可以将其删除，删除图层的具体操作如下。

本节素材	/素材/Chapter05/图层1.dwg
本节效果	/效果/Chapter05/图层1.dwg
学习目标	掌握删除图层的方法
难度指数	★

步骤01 打开“图层1”素材文件，并打开“图层特性管理器”面板，在其中选择需要删除的图层，单击“删除”按钮，如图5-5所示。

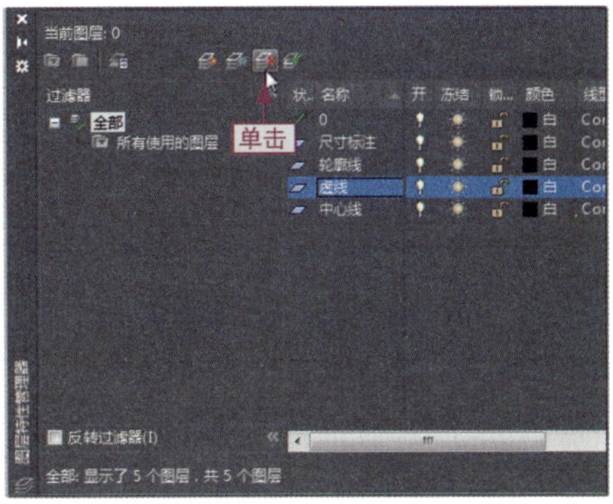

图5-5 选择删除的图层

步骤02 在“图层特性管理器”面板中将选择的图层删除后的效果如图5-6所示。

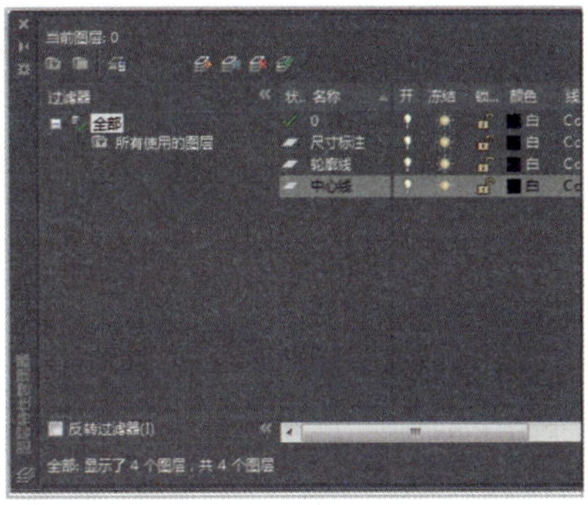

图5-6 删除图层

小绝招

同时删除多个图层

在“图层特性管理器”中如果要同时删除多个图层，可以按住 Ctrl 键或者 Shift 键，选择图层进行删除。

5.2 管理图层

阿智：你知道了创建图层的方法，那知道如何管理这些图层吗?

小白：图层要怎样来管理呢?

阿智：图层可以打开和关闭，还可以设置颜色、线宽和打印样式等，这些对于以后绘制专业图纸是有很大帮助的。

为了提高绘图效率，可对创建的图层进行相应的管理，包括设置当前图层、图层特性、颜色特性、线型特性、线宽特性以及打印样式特性等。

5.2.1 设置当前图层

如果要在一个指定的图层上绘图，首先应将该图层设置为当前图层。AutoCAD默认当前图层是图层0，设置其他图层为当前图层的具体操作有如下两种。

学习目标	掌握设置当前图层的方法
难度指数	★

通过“图层”组设置

在“绘图”选项卡“图层”组中的“图层”下拉列表框中选择要置为当前图层的图层，如图5-7所示。

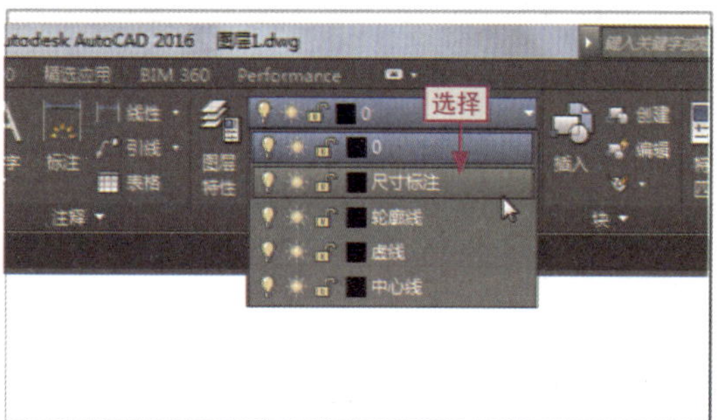

图5-7　选择当前图层

通过“图层特性管理器”设置

❶在“图层特性管理器”中选择图层，❷单击“置为当前”按钮或直接双击要置为当前的图层，置为当前的图层左侧图标变成“√”标志，如图5-8所示。

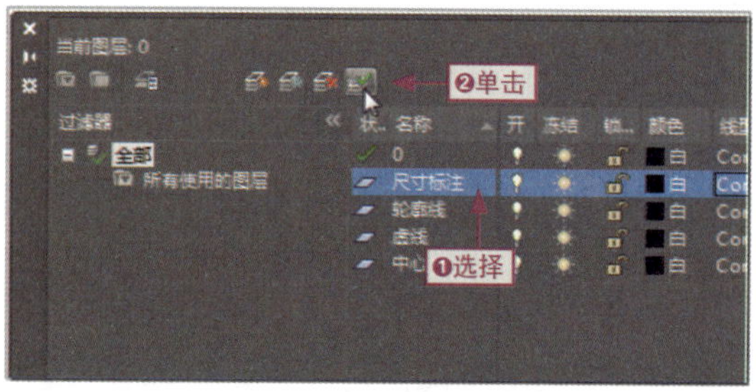

图5-8　设置当前图层

5.2.2 设置图层特性

图层的特性包括图层的颜色、线型、线宽和打印样式等，下面分别进行设置。

1. 设置颜色特性

在绘图过程中，为了区分不同的对象，通常将各图层设置为不同的颜色。设置一个图层颜色特性的具体操作如下。

本节素材	/素材/Chapter05/图层2.dwg
本节效果	/效果/Chapter05/图层2.dwg
学习目标	掌握设置图层颜色的方法
难度指数	★

步骤01 打开“图层2”素材文件，再打开“图层特性管理器”，选择一个图层，单击“颜色”特性图标，如图5-9所示。

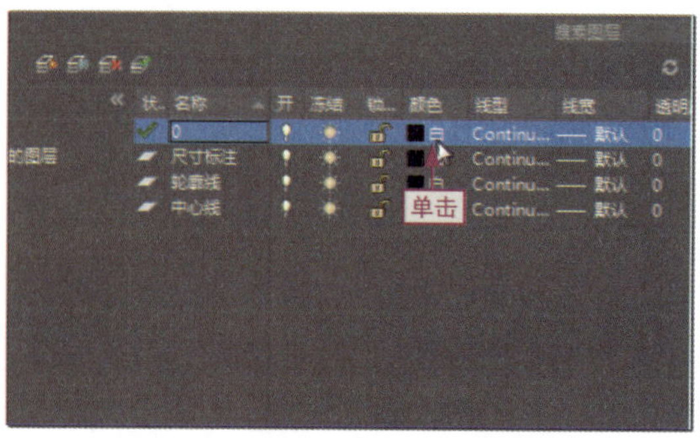

图5-9　单击“颜色”特性图标

步骤02 ❶打开“选择颜色”对话框，在“索引颜色”列表中选择一种颜色，❷单击“确定”按钮，如图5-10所示。

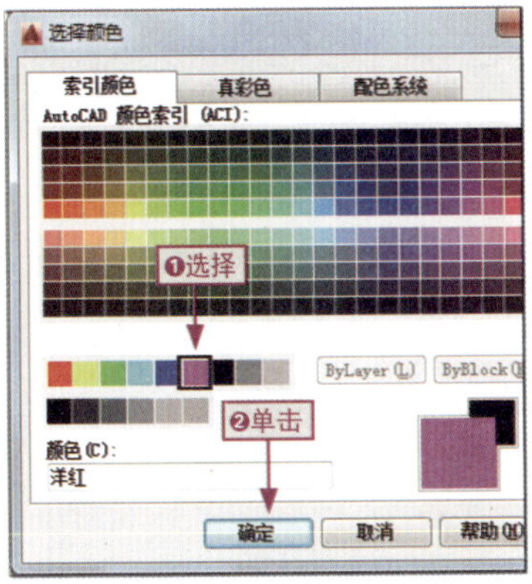

图5-10 选择颜色

步骤03 返回“图层特性管理器”，在其中可以看到设置颜色后图层的效果。用同样的方法为其他图层设置相应的颜色，如图5-11所示。

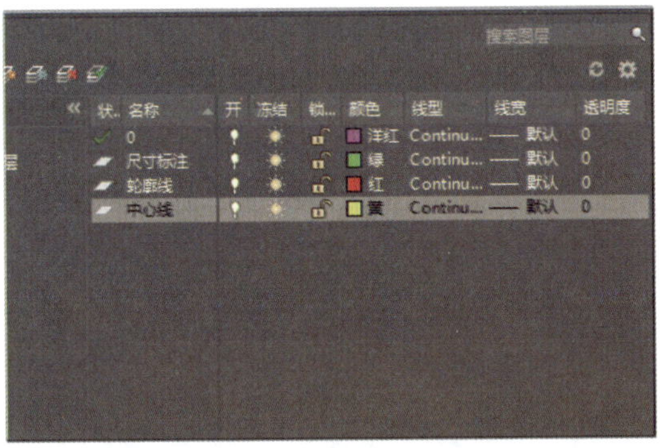

图5-11 设置图层颜色效果

2. 设置线型特性

在AutoCAD中，系统默认的线型是CONTINUOUS线型。若需要绘制辅助线和中心线等对象，则会用到不同的线型，因此需要重新设置图层的线型特性，其具体操作如下。

本节素材	/素材/Chapter05/图层3.dwg
本节效果	/效果/Chapter05/图层3.dwg
学习目标	掌握设置图层线型的方法
难度指数	★

步骤01 打开“图层3”素材文件，并打开“图层特性管理器”，❶在图层列表中选择需设置线型特性的图层，❷单击“线型”特性图标，如图5-12所示。

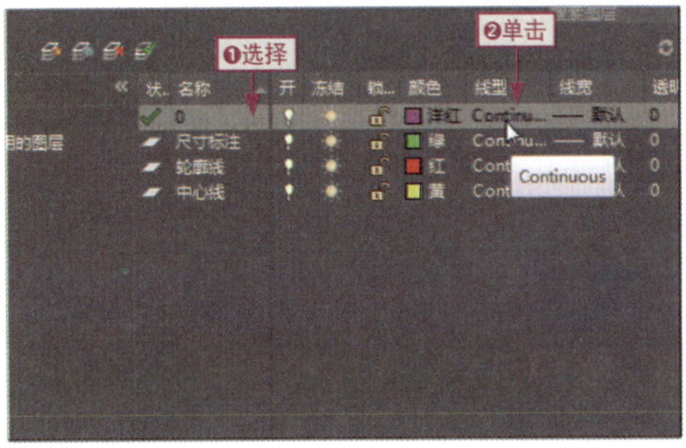

图5-12 单击“线型”特性图标

步骤02 在打开的“选择线型”对话框中只有系统默认的CONTINUOUS线型，若需要选择其他线型，还需进行加载操作。单击“加载”按钮，如图5-13所示。

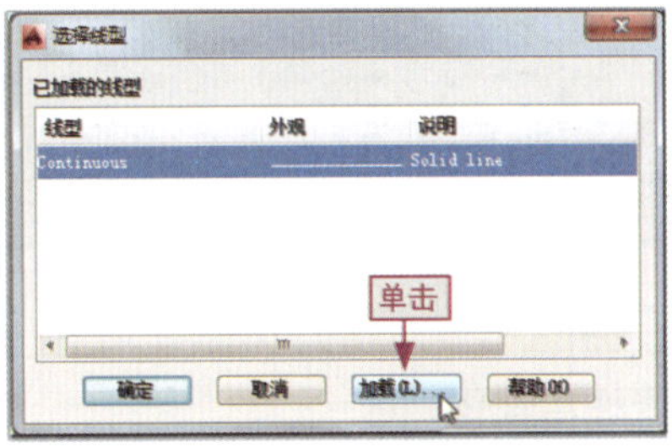

图5-13 单击“加载”按钮

步骤03 打开“加载或重载线型”对话框，❶在列表框中选择要加载的线型，❷单击“确定”按钮，如图5-14所示。

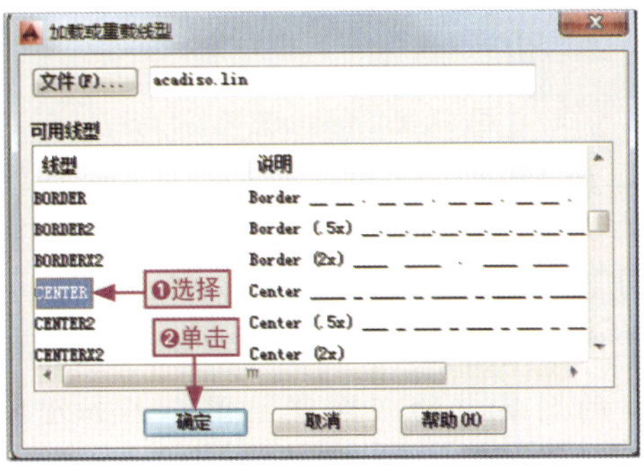

图5-14 选择线型

步骤04 返回“选择线型”对话框，此时在“选择线型”对话框中显示了新加载的线型，❶选择加载的线型，❷单击“确定”按钮，如图5-15所示。

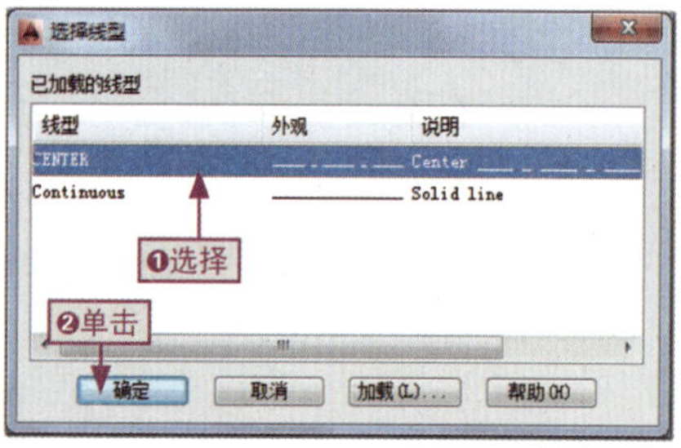

图5-15　自定义线型

步骤05 返回“图层特性管理器”，在其中可以看到设置图层线型的效果，如图5-16所示。

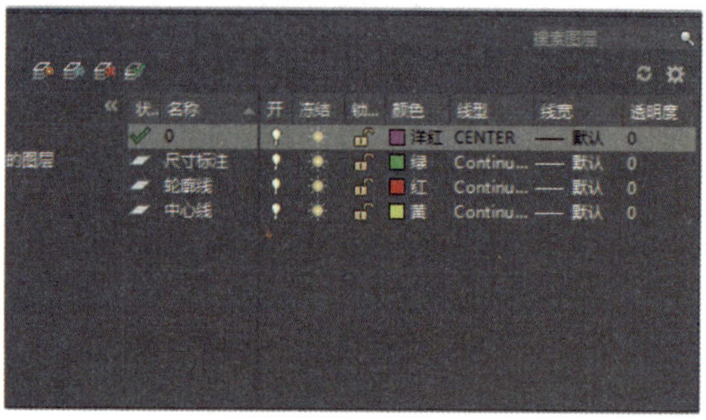

图5-16　设置线型效果

3. 设置线宽特性

使用AutoCAD绘制图形与手工绘制图形一样，可以使用不同粗细的线条来表示不同的对象和信息。用户可以对所绘图形实体的线宽进行设置，其具体操作如下。

本节素材	/素材/Chapter05/图层4.dwg
本节效果	/效果/Chapter05/图层4.dwg
学习目标	掌握设置线宽的方法
难度指数	★

步骤01 打开“图层4”素材文件，并打开“图层特性管理器”，单击需设置线宽特性的图层中的“线宽”图标，如图5-17所示。

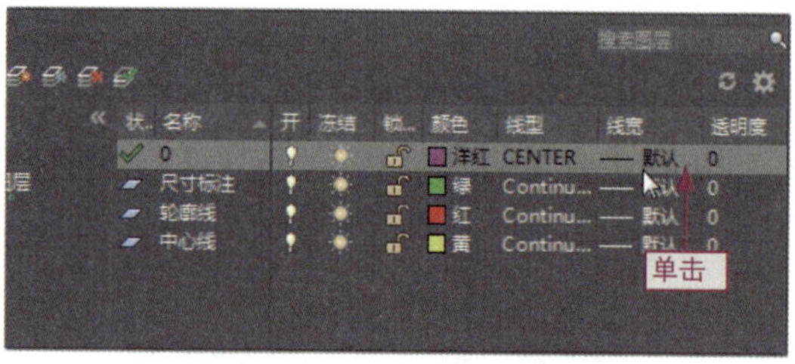

图5-17　单击“线宽”图标

步骤02 在打开的“线宽”对话框中，❶选择所需的线宽，如“0.30mm”，❷单击“确定”按钮，如图5-18所示。

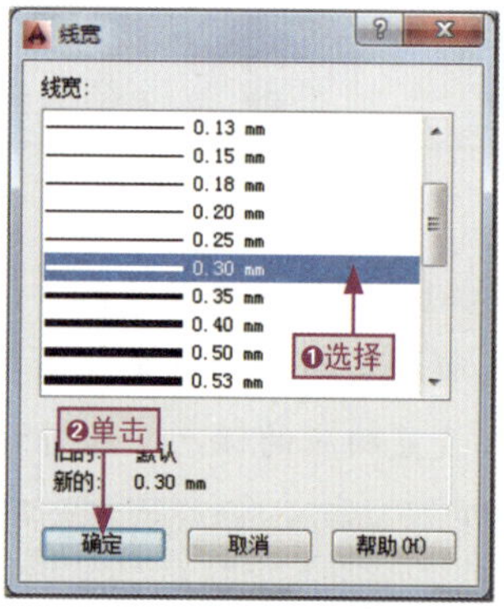

图5-18　选择线宽

步骤03 返回“图层特性管理器”，在其中的“线宽”列下即可看到设置线宽特性后的效果，如图5-19所示。

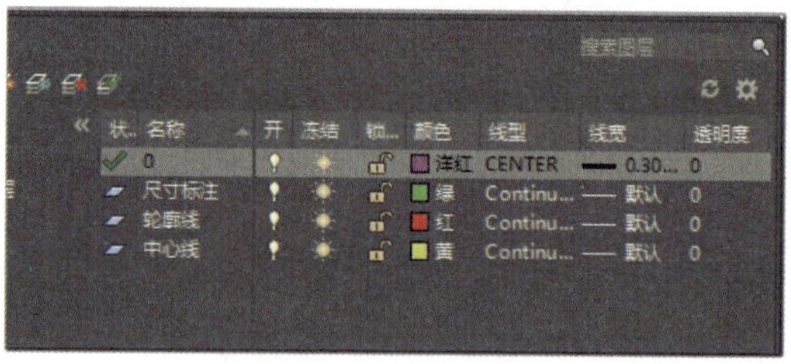

图5-19　设置线宽效果

4. 设置打印样式特性

通过设置图层打印样式，可改变图层上的实体在输出图形时的相应特性，如线宽、线型等，而其在绘图区中的实际特性不会改变。

AutoCAD默认状态下，用户不能在“图层特性管理器”中对打印样式进行设置，若需使用命名打印样式出图，则应对打印样式进行设置，其具体操作如下。

学习目标 掌握设置图层打印样式的方法

难度指数 ★★

步骤01 ❶在操作界面中单击“应用程序”按钮，❷在弹出的菜单中单击“选项”按钮，如图5-20所示。

图5-20 单击“选项”按钮

步骤02 打开“选项”对话框。❶单击“打印和发布”选项卡，❷单击“打印样式表设置”按钮，如图5-21所示。

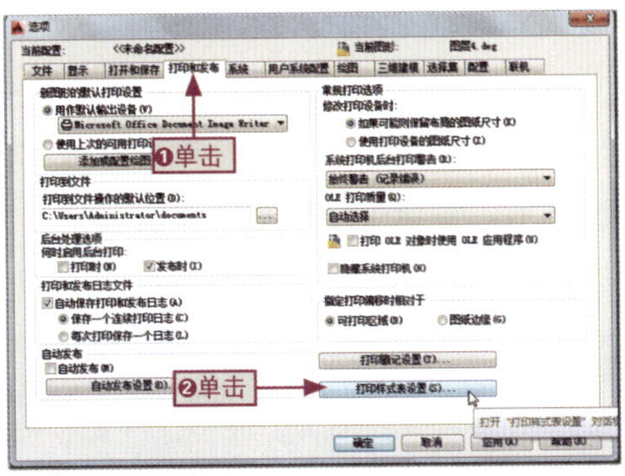

图5-21 “选项”对话框

步骤03 打开“打印样式表设置”对话框。❶在“新图形的默认打印样式”栏选中“使用命名打印样式”前的单选按钮，❷单击“确定”按钮，如图5-22所示。返回“选项”对话框，再次单击“确定”按钮，完成设置。

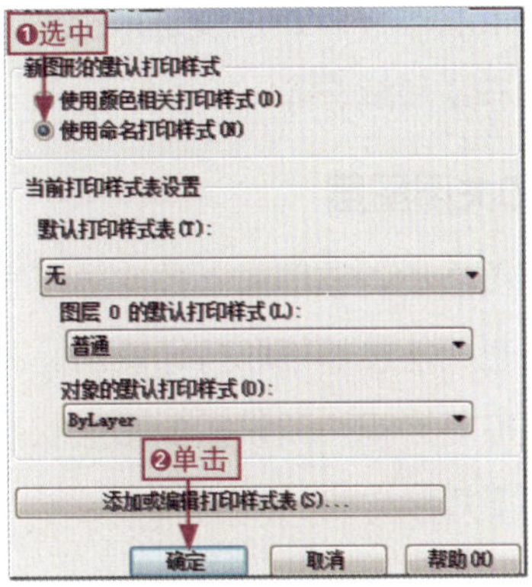

图5-22 设置打印样式

步骤04 退出当前AutoCAD软件，再重新启动AutoCAD，此时的图层打印样式特性便可以编辑了。在“图层特性管理器”中单击“打印样式”特性图标，如图5-23所示。

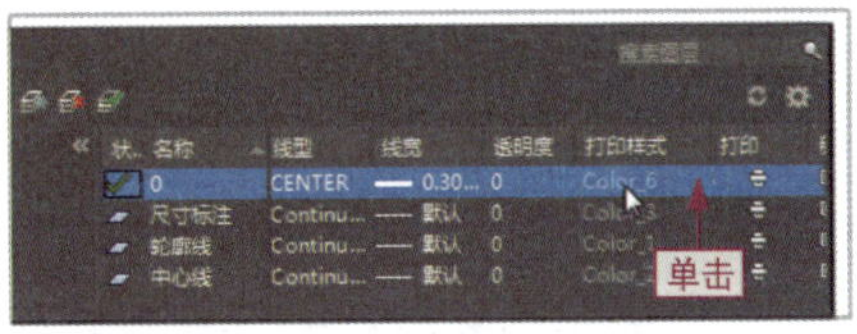

图5-23 单击“打印样式”图标

步骤05 打开“选择打印样式”对话框。❶在该对话框的“打印样式”列表中选择图层所需的打印样式，❷单击“确定”按钮，完成图层打印样式的设置，如图5-24所示。

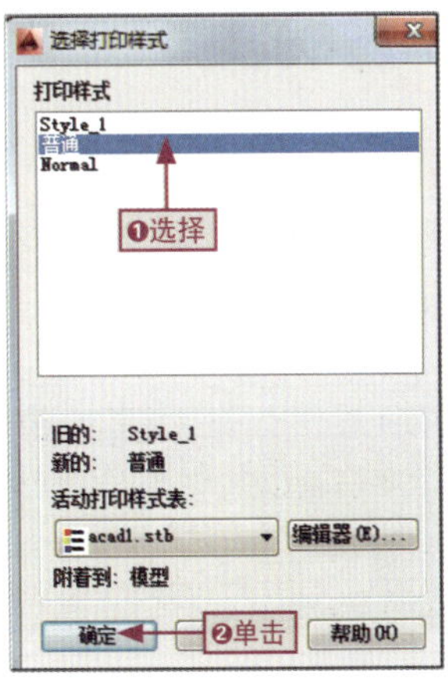

图5-24 选择打印样式

5.2.3 图层状态的更改

图层的状态可以通过设置来控制，如打开和关闭、冻结和解冻等。

1. 打开和关闭图层

关闭图层后，该图层上的实体不再显示在屏幕上，也不能被编辑和打印输出。打开图层后，又将恢复到用户所设置的图层状态。设置主要有以下几种方式。

学习目标　掌握打开和关闭图层的常用方法

难度指数　★

通过“图层特性管理器”设置

在“图层特性管理器”的图层列表中单击“开”按钮，关闭该图层，再次单击该按钮，打开该图层，如图5-25所示。该按钮类似灯泡形状，黄色表示开启状态，蓝色表示关闭状态。

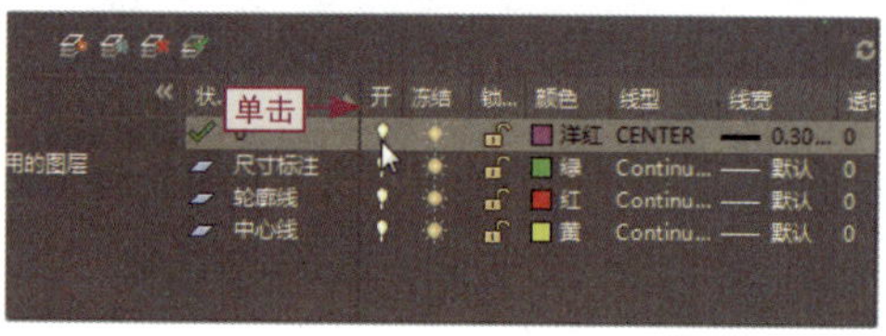

图5-25　通过图层特性管理器设置

通过“图层”组设置

在“绘图”选项卡的“图层”组中的“图层”下拉列表中单击图层“开/关图层”按钮，如图5-26所示。

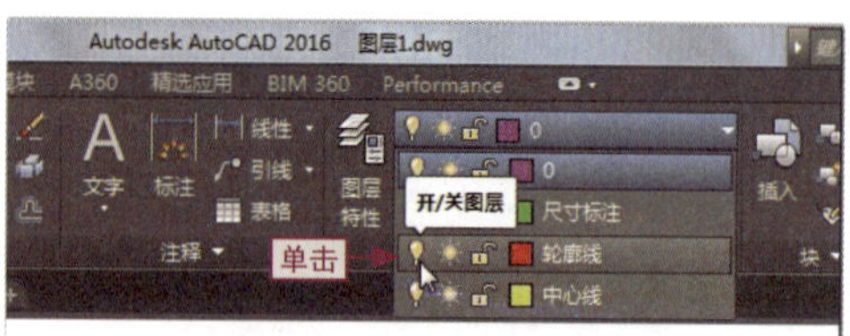

图5-26　通过“图层”组设置

小绝招　打开和关闭0图层

新建文件时，只有一个0图层，因此打开和关闭该图层会出现提示对话框，提示关闭或保持打开状态，如图5-27所示。

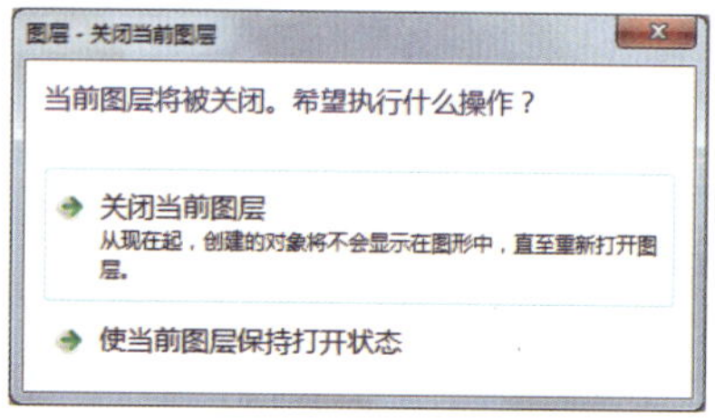

图5-27　打开和关闭0图层

2. 冻结和解冻图层

图层冻结后，该图层上的所有实体将不再显示在屏幕上，不能被编辑，也不能被打印输出。如果要对冻结的图层进行编辑，可将冻结的图层进行解冻，以恢复到图层冻结之前的状态。冻结和解冻图层主要有以下两种方式。

学习目标　掌握冻结和解冻图层的常用方法

难度指数　★

通过“图层特性管理器”设置

在“图层特性管理器”的图层列表中单击“冻结”按钮，冻结该图层，再单击该按钮，解冻该图层。黄色表示解冻状态，蓝色表示冻结状态，如图5-28所示。

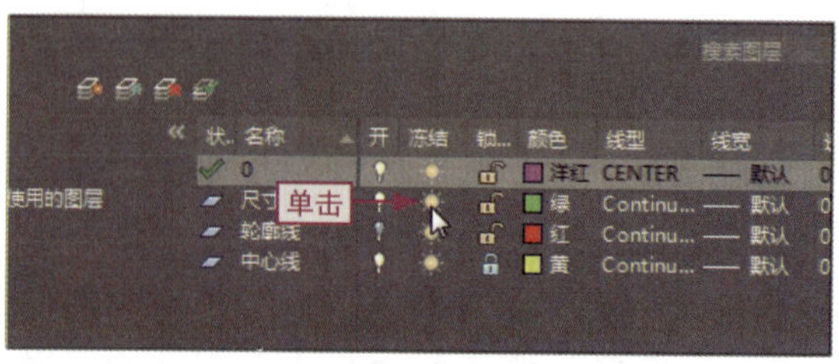

图5-28　通过“图层特性管理器”冻结和解冻图层

通过“图层”组设置

在“绘图”选项卡的“图层”组中的“图层”下拉列表中单击图层“冻结/解冻”按钮，如图5-29所示。

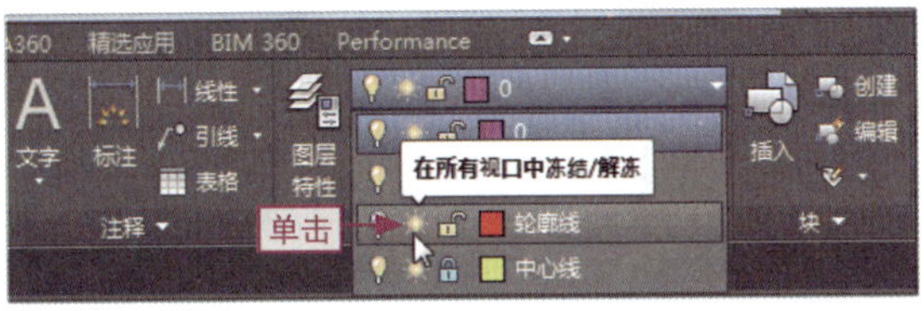

图5-29　单击图层“冻结 | 解冻”按钮

3. 锁定和解锁图层

图层被锁定后，该图层上的图形仍然显示在屏幕上，但不能对其进行编辑。锁定和解锁图层主要有以下两种方式。

学习目标	掌握锁定和解锁图层的常用方法
难度指数	★

通过“图层特性管理器”选项板设置

在“图层特性管理器”的图层列表中单击“锁定”按钮，锁定图层，再次单击，解锁图层，如图5-30所示。

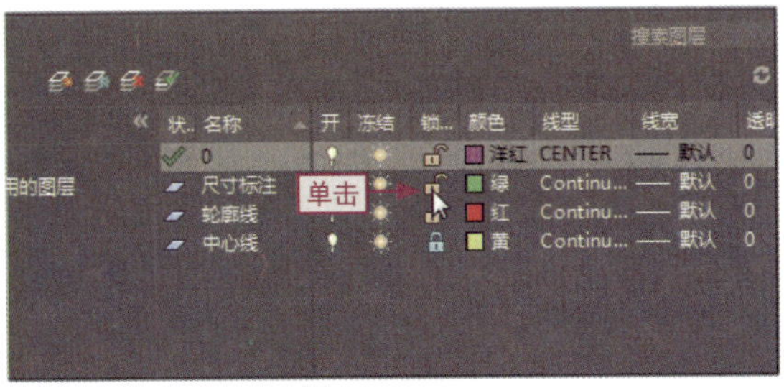

图5-30　通过“图层特性管理器”锁定和解锁图层

通过“图层”组设置

单击“绘图”选项卡的“图层”组中的“图层”下拉列表，在打开的列表中单击“锁定/解锁图层”按钮，如图5-31所示。

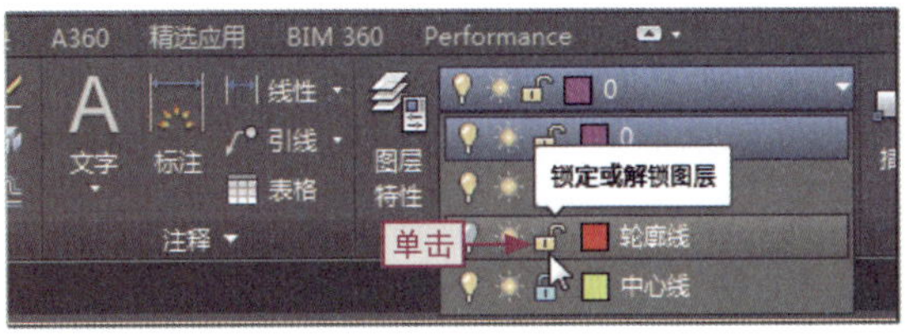

图5-31　通过“图层”组锁定和解锁图层

5.2.4 保存与调用图层

1. 保存当前图层特性及状态

如果常需要使用一种创建好的图层状态，则可以将其保存，方便使用，其具体操作如下。

本节素材	/素材/Chapter05/图层5.dwg
本节效果	/效果/Chapter05/建筑图层.las
学习目标	掌握保存设置图层的方法
难度指数	★★

步骤01 打开“图层5”素材文件，在“图层特性管理器”上单击“图层状态管理器”按钮，如图5-32所示。

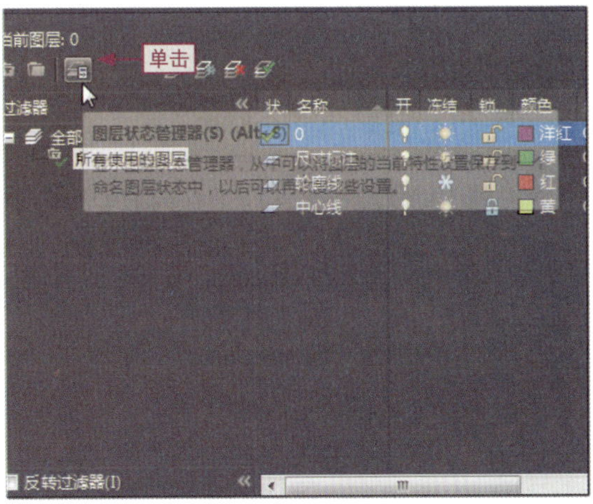

图5-32　单击“图层状态管理器”按钮

步骤02 打开“图层状态管理器”对话框，单击“新建”按钮，如图5-33所示。

图5-33　单击“新建”按钮

步骤03 打开“要保存的新图层状态”对话框，❶在“新图层状态名”文本框中输入保存的名称，❷在“说明”文本框中输入信息，❸单击“确定”按钮，如图5-34所示。

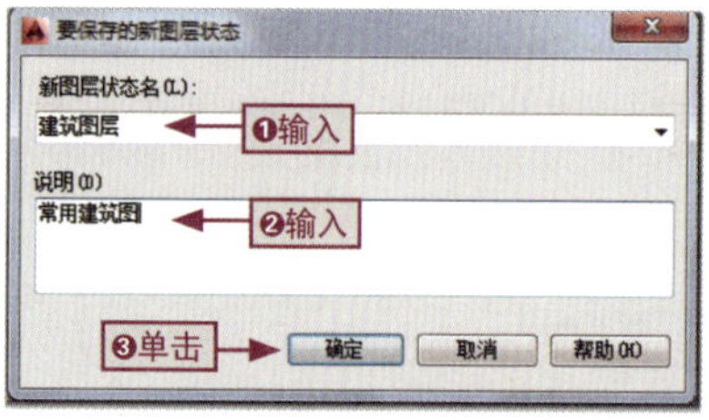

图5-34　设置新图层状态

步骤04 返回“图层状态管理器”对话框，❶在右下角单击“箭头”按钮，使展开的“要恢复的图层特性”栏中的选项及按钮均变为可用，❷单击“输出”按钮，如图5-35所示。

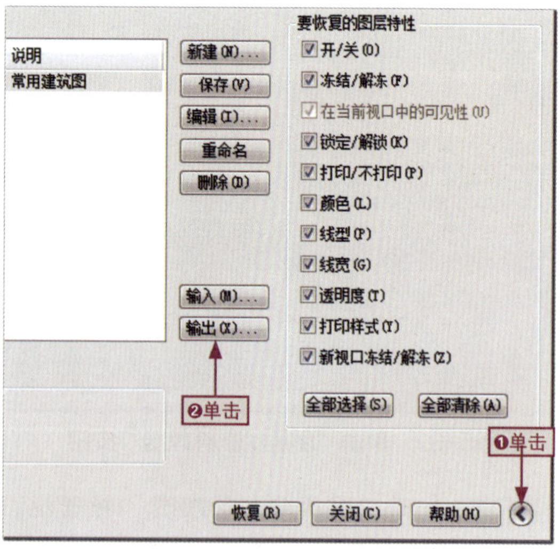

图5-35　输出图层状态

步骤05 ❶在打开的对话框中指定保存的位置，❷单击“保存”按钮，如图5-36所示。

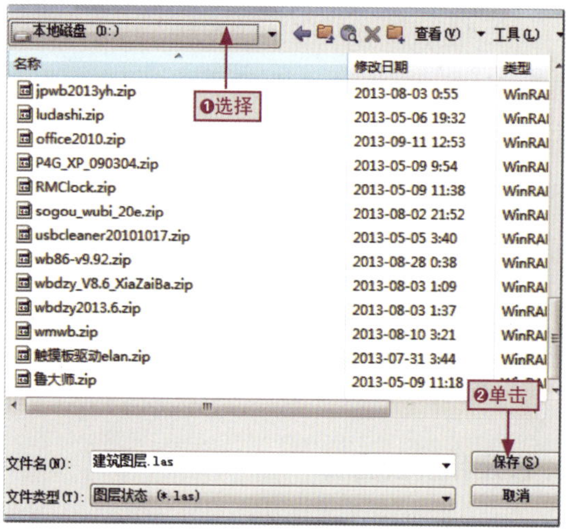

图5-36　保存属性状态文件

2. 调用已有的图层特性及状态

如果要调用已保存的图层来绘图，可以在“图层状态管理器”选项板中输入该图层状态文件名，其具体操作如下。

学习目标　掌握调用图层特性文件的方法

难度指数　★★

步骤01 新建一个文件，打开“图层状态管理器”对话框，在其中单击“输入”按钮，如图5-37所示。

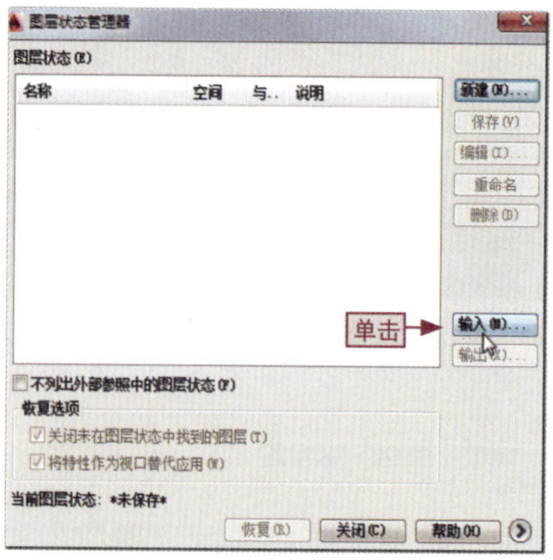

图5-37　单击“输入”按钮

步骤02 打开“输入图层状态”对话框，❶选择创建的图层文件，❷单击“打开”按钮，如图5-38所示。

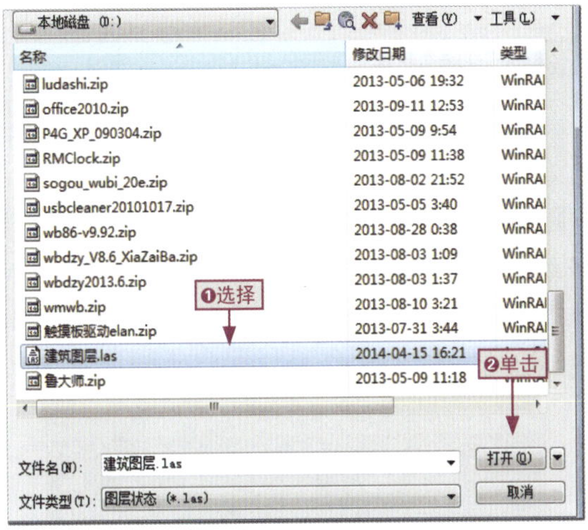

图5-38 选择文件

步骤03 弹出提示对话框，提示用户是否立即将所调用的图层状态恢复到当前图形中，若需要立即调用图层状态，则单击“恢复状态”按钮，如图5-39所示。

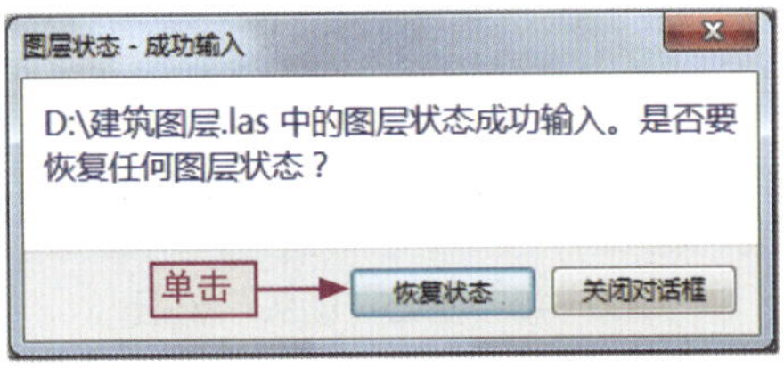

图5-39 单击“恢状态复”按钮

5.2.5 改变图层及对象特性

对于创建了图层的文件，可以通过编辑改变其特性。

1. 快速改变所选图形特性

在AutoCAD中，使用特性匹配功能可以复制对象的属性，包括颜色、线宽、线型及所在图层等，如将已设置好的对象特性复制到其他对象上，这样可以大大提高工作效率，其具体操作如下。

本节素材	/素材/Chapter05/交通标志.dwg
本节效果	/效果/Chapter05/交通标志.dwg
学习目标	掌握使用特性匹配复制图形特性的方法
难度指数	★★

步骤01 打开“交通标志”素材文件，在“特性”组中单击“特性匹配”按钮，或在命令行中输入“MATCHPROP”命令，如图5-40所示。

图5-40 单击“特性匹配”按钮

步骤02 在命令行提示“选择源对象”时，选择绘图区右侧图形中的圆形，如图5-41所示。

图5-41 选择图形

步骤03 在命令行提示“选择目标对象”时，输入“S”命令，打开“特性设置”对话框。❶设置需要进行复制的特性，❷单击“确定”按钮，如图5-42所示。

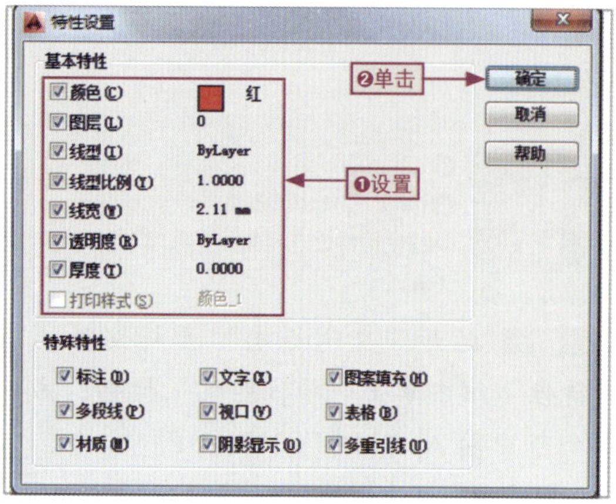

图5-42　设置特性

步骤04 返回绘图区，在左侧图形的圆形上单击，即可将该特性复制到其中，如图5-43所示。

图5-43　复制特性

步骤05 用同样的方法使用“特性匹配”功能，设置圆圈中的直线图形的特性，如图5-44所示。

图5-44　设置直线图形特性

2. 使用“特性”面板改变图形特性

通过“特性”面板可以修改选中的图形对象的图层、颜色、线型、线宽、线型比例、三维图形高度和文本等多方面的特性，还可以对图形输出、视图和坐标系的特性等进行设置，其具体操作如下。

本节素材　/素材/Chapter05/转角沙发.dwg
本节效果　/效果/Chapter05/转角沙发.dwg
学习目标　掌握使用“特性”面板改变图形特性的方法
难度指数　★

步骤01 打开“转角沙发”素材文件，❶选择绘图区中的“转角沙发”图形，❷在“特性”组中单击右下角的“箭头”按钮，如图5-45所示。

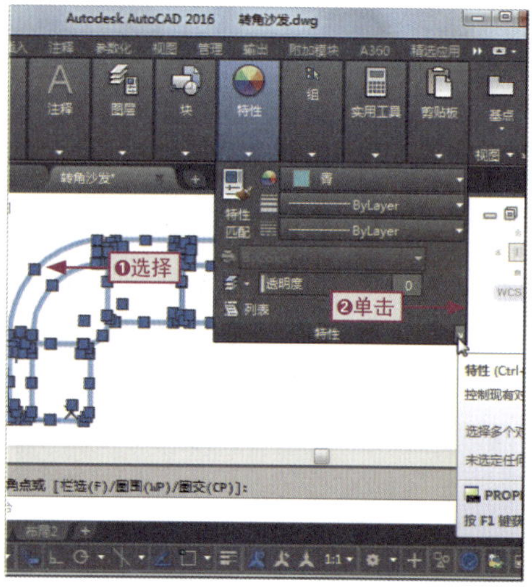

图5-45　单击“箭头”按钮

步骤02 打开“特性”面板，在其中设置图形的颜色、图层、线型和线宽等属性，如图5-46所示。

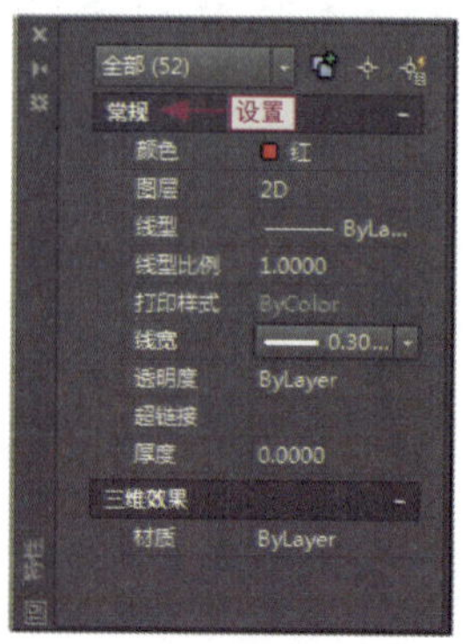

图5-46　设置图形的特性

步骤03 返回绘图区即可看到设置了图形特性的效果，如图5-47所示。

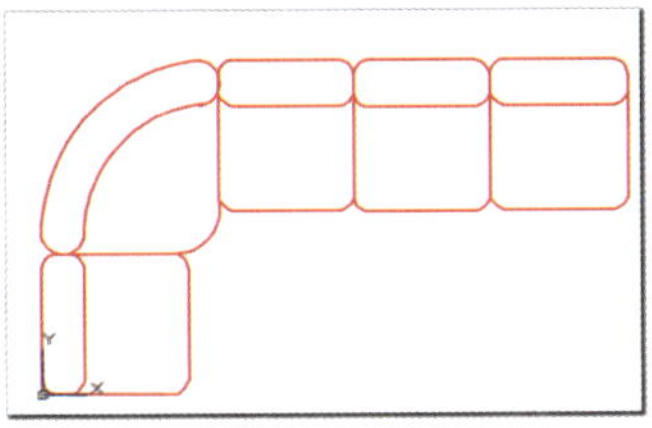

图5-47 改变特性后的效果

小绝招

“特性”面板的属性

选择的对象不同，打开的“特性”面板中的参数项也不同。选择多个对象后，单击选择的对象也可以打开“特性”面板，此时可以在其顶部的下拉列表框中选择多个要修改的对象。

给你支招 | 不能选择打印样式的设置

小白：在进行打印样式设置时，什么不能选择?

阿智：在AutoCAD中有CTB和STB两种文件。CTB是每种颜色对应一种打印输出设置，STB则可以用名字定义集中的打印输出设置。在使用CTB打印样式的图纸中，图层的“打印样式”一栏是灰色的，不能修改，显示的就是颜色编号，与图层颜色对应。例如设置为白色，样式就显示为color_7。而在使用STB的图中，打印样式默认为“Normal”或“普通”，并且可以编辑。如果不能设置打印样式，可以对文件进行转换，其操作如下。

步骤01 在命令行中输入“CONVERTCTB”命令，❶选择一个CAD自带的CTB文件，❷单击“保存”按钮。保存时可以覆盖原有的STB文件，也可以另外重命名一个名字，如图5-48所示。

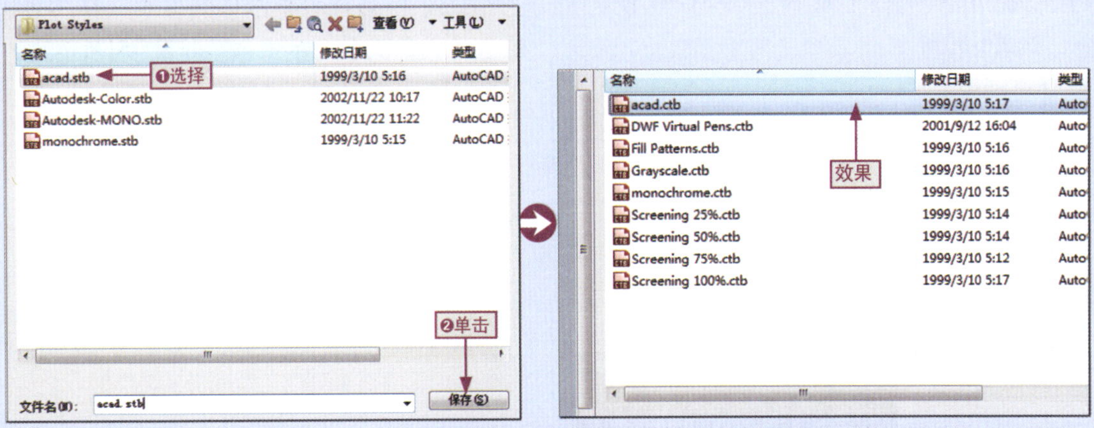

图5-48 转换文件

步骤02 在命令行中输入“CONVERTPSTY-LE”命令，❶在弹出的对话框中单击“确定”按钮。❷选择刚刚转换的STB文件，❸单击“打开”按钮，这样就能在图中设置STB文件了。这时在“打印”对话框中选择打印样式表就可以显示出来，如图5-49所示。

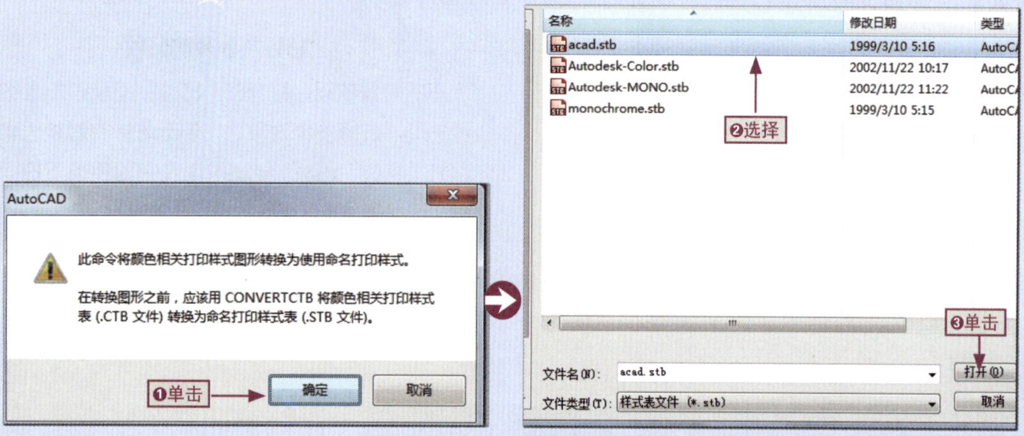

图5-49　选择文件

给你支招 | 设置比例因子

小白：绘制图形时，为什么创建图层中使用点画线线型绘制出来的线条却是实线，如何才能正常显示点画线？

阿智：使用点画线绘制图形时，其线型的显示与线型比例因子有关，可以通过“LTSCAL-E”命令对线型的比例因子进行调节，其具体操作如下。

步骤01 在命令行中输入“LTSCALE”命令，如图5-50所示。

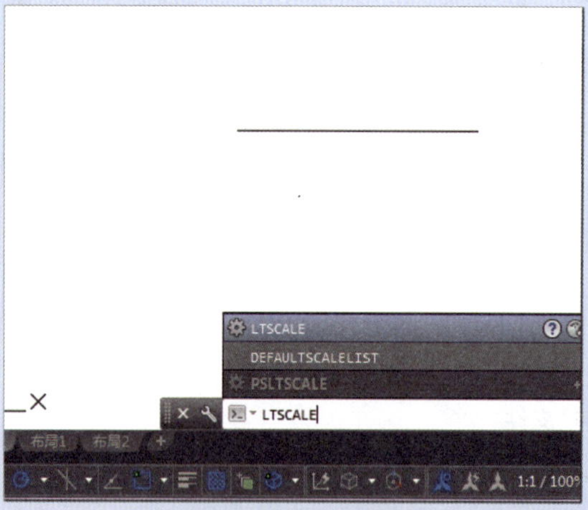

图5-50　输入命令

步骤02 根据提示输入比例因子，即可将图形中的线条线型显示出来，如图5-51所示。

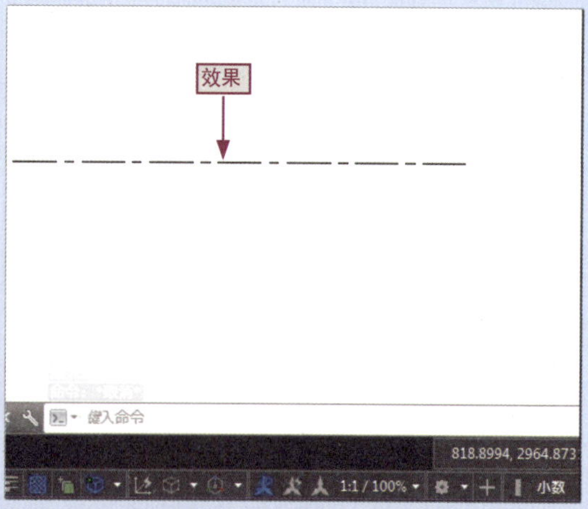

图5-51　设置比例因子

Chapter 06

创建图形文字和表格

学习目标

在AutoCAD中绘制图形时，常会遇到一些难以用图形表达的内容，如材料、工艺说明和施工要求等，这时就必须借助文字或表格进行表达。在AutoCAD中不仅可以为图形添加文字说明，也可用文字样式控制文字格式，还能方便地创建出适合图形设计的表格。

本章要点

- 创建新的文字样式
- 如何创建单行文字
- 如何创建特殊符号
- 如何设置特殊格式
- 更改文字内容
- 文字比例的缩放
- 新建表格格式
- 创建表格

知识要点	学习时间	学习难度
文字样式的创建、修改和删除	30 分钟	★★
文字的输入和编辑	50 分钟	★★★
表格的创建和编辑	35 分钟	★★★

6.1 文字样式的设置

小白：我绘制的图形需要添加一些文字进行说明，如何才能添加呢?

阿智：AutoCAD有添加文字的功能，不过首先要设置文字样式。

阿智：那你快教教我吧。

在AutoCAD中绘制图形时，通常需要对图形进行描述，制作一些文字注释，如标题栏、明细栏、图形的说明、技术要求以及施工规范等。文本注释可以直观地表达图形的设计信息，提供对象特征的描绘。本节将学习创建与编辑文本，从而使绘制的图形更规范。

6.1.1 创建新的文字样式

AutoCAD中有一个名为“Standard”的默认文字样式。直接输入的文字将采用该文字样式。用户也可创建新的文字样式，新建文字样式的具体操作如下。

本节素材	/素材/Chapter06/无
本节效果	/效果/Chapter06/文字标注.dwg
学习目标	掌握新建文字样式的方法
难度指数	★★

步骤01 新建一个文件，在“注释”选项卡的“文字”组中单击“文字样式”按钮或输入“STYLE”命令，如图6-1所示。

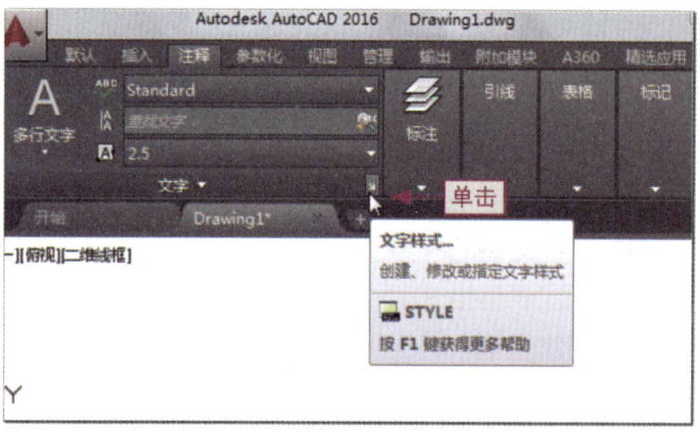

图6-1 单击“文字样式”按钮

步骤02 打开“文字样式”对话框，单击“新建”按钮，如图6-2所示。

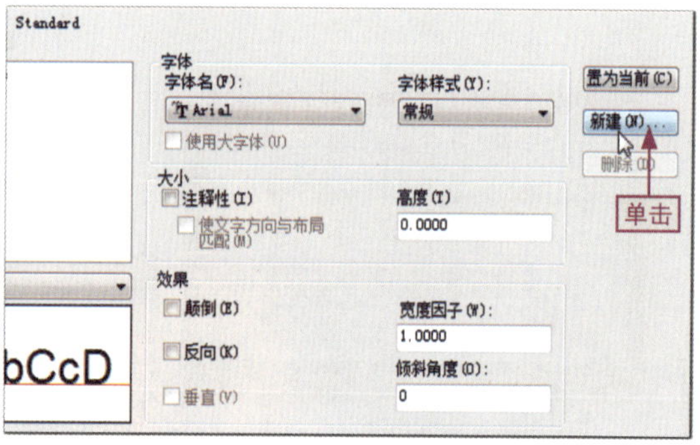

图6-2 单击“新建”按钮

步骤03 打开“新建文字样式”对话框。❶在“样式名”文本框中输入“标注文字”，❷单击“确定”按钮，如图6-3所示。

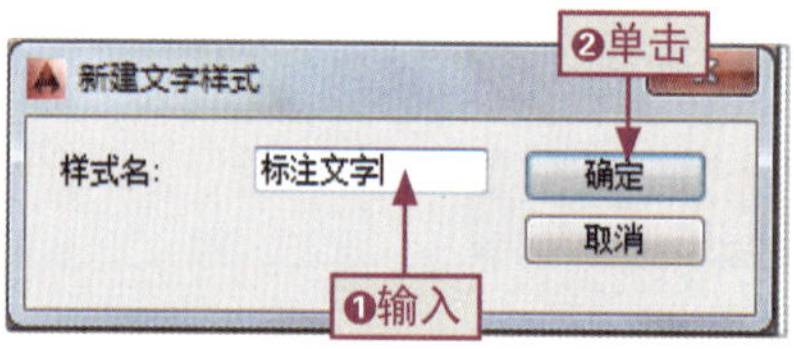

图6-3 输入样式名称

步骤04 返回“文字样式”对话框，❶设置字体样式，❷单击“应用”按钮，如图6-4所示。

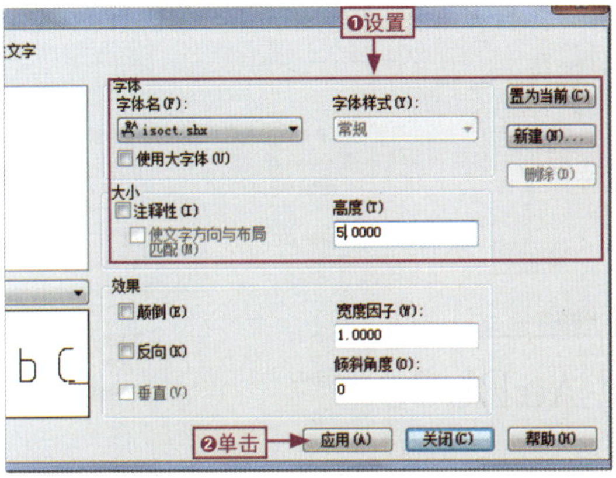

图6-4 设置文字样式

6.1.2 指定当前文字样式

新建一种文字样式后，如果想要使用该样式，首先应将其设置为当前文字样式，其操作方法有如下两种。

学习目标	掌握将创建的文字样式指定为当前的方法
难度指数	★

通过对话框设置

❶在打开的“文字样式”对话框的“样式”栏中，选择当前需要使用的文字样式，❷单击“置为当前”按钮，如图6-5所示。

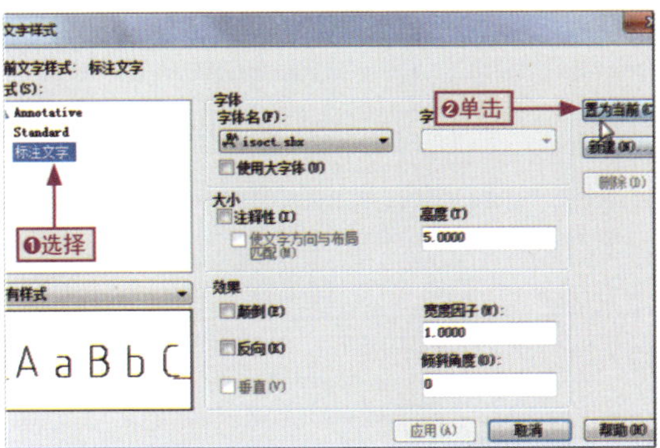

图6-5 单击“置为当前”按钮

通过组设置

在“注释”选项卡的“文字”组中的“文字样式”列表框中，选择要置为当前的文字样式，如图6-6所示。

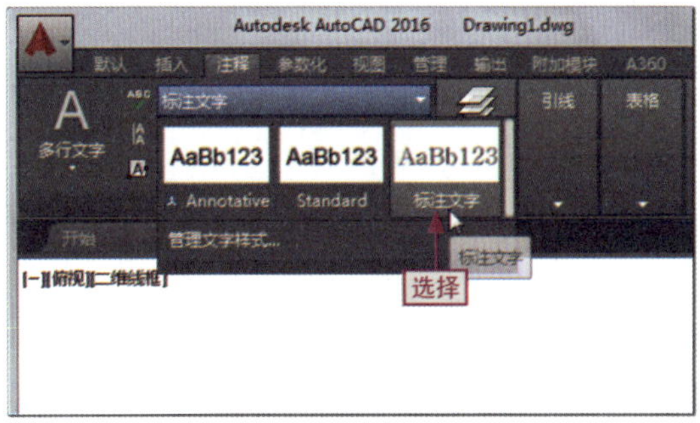

图6-6 选择文字样式

6.1.3 重命名文字样式

如果新建文字样式时设置的名称不适合，可对其进行重命名，具体操作如下。

本节素材	/素材/Chapter06/文字标注1.dwg
本节效果	/效果/Chapter06/文字标注1.dwg
学习目标	掌握重命名文字样式的方法
难度指数	★

步骤01 打开“文字标注1”素材文件，进入“文字样式”对话框。在“样式”列表框中需要重命名的样式上右击，在弹出的下拉菜单中选择“重命名”命令，如图6-7所示。

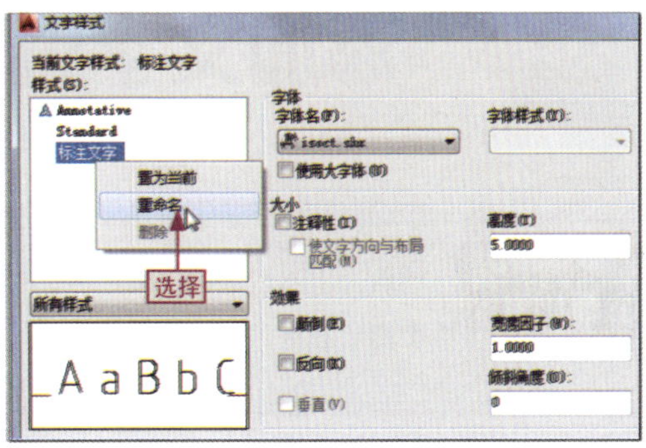

图6-7 选择“重命名”命令

步骤02 当样式名称变成可编辑状态时，❶输入新的名称，❷然后在空白处单击即可，如图6-8所示。

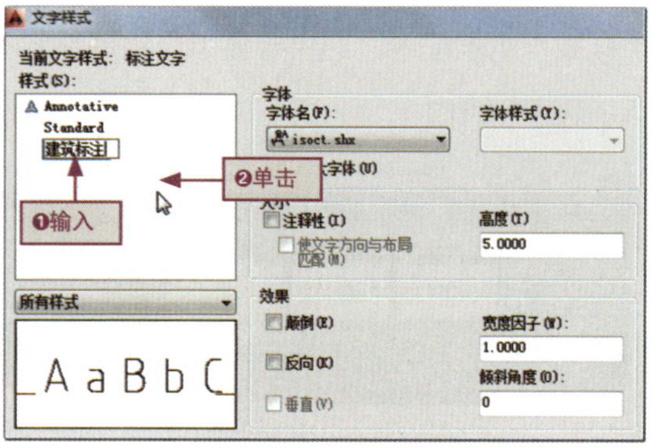

图6-8 输入新名称

6.1.4 修改与删除文字样式

如果需要修改文字样式的字体和字高等参数，或不再需要该文字样式需将其删除，此时可按以下步骤操作。

本节素材	/素材/Chapter06/文字标注2.dwg
本节效果	/效果/Chapter06/文字标注2.dwg
学习目标	掌握修改和删除文字样式的方法
难度指数	★

步骤01 打开“文字标注2”素材文件，在“文字样式”对话框中，❶选择“建筑标注”样式，❷重新设置其字体和高度，❸单击“应用”按钮，如图6-9所示。

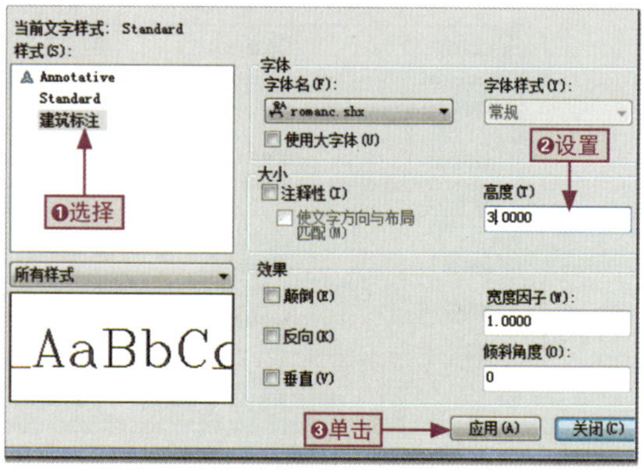

图6-9 单击“应用”按钮

步骤02 在对话框的“样式”列表框中需删除的样式名称上右击，在弹出的快捷菜单中选择“删除”命令，在打开的对话框中单击“确定”按钮，即可删除该文字样式，如图6-10所示。

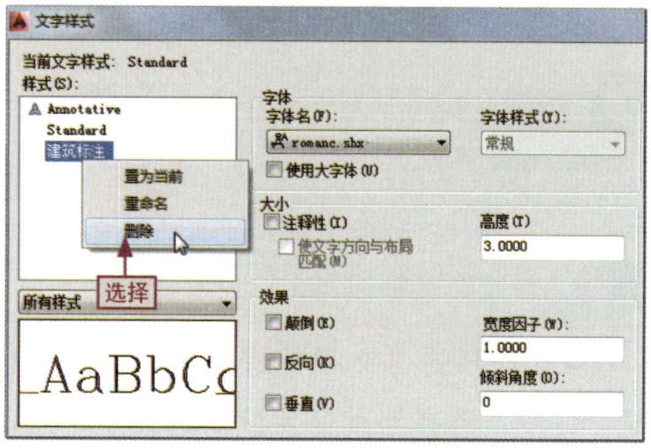

图6-10 删除文字样式

6.2 添加文字说明

小白：文字样式创建完成了，现在可以输入文字了吧？

阿智：可以，下面我们就来学习文字的输入操作吧。

小白：好啊，那咱们开始吧。

设置文字样式后，就可以使用该文字样式书写对图形进行文字说明的文本内容。用户可根据需要在AutoCAD中创建单行文字、多行文字以及设置特殊格式和特殊符号等，下面分别进行介绍。

6.2.1 创建单行文字

单行文字命令并不是指只能输入一行文字，而是指在AutoCAD中将输入的每一行文字作为一个单独的对象来处理，用户可分别对每一行文字进行编辑和修改，其具体操作如下。

本节素材	/素材/Chapter06/阀杆.dwg
本节效果	/效果/Chapter06/阀杆.dwg
学习目标	掌握创建单行文字的方法
难度指数	★

步骤01 打开“阀杆”素材文件，❶在“文字”组中单击“文字”按钮，❷在弹出的下拉菜单中选择“单行文字”命令或在命令行中输入“TEXT”命令，如图6-11所示。

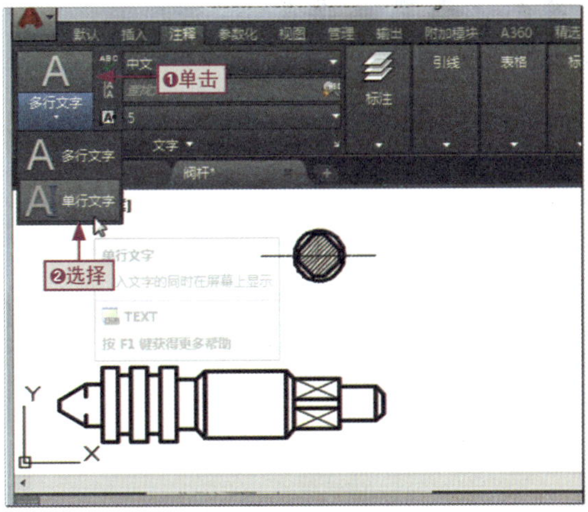

图6-11　选择“单行文字”命令

步骤02 在命令行提示“指定文字起点”时，在绘图区指定一点作为起点，如图6-12所示。

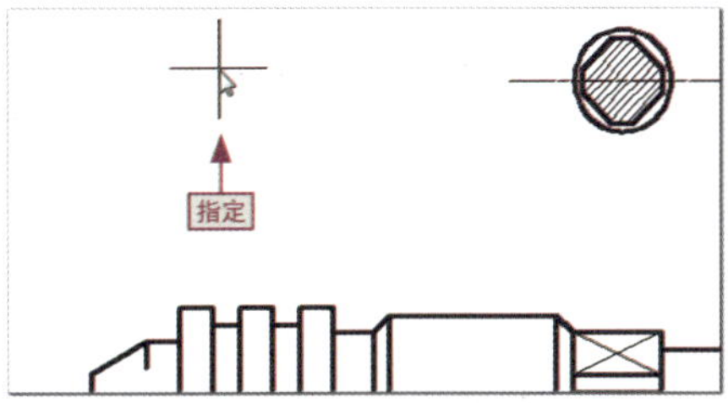

图6-12　指定起点

步骤03 在命令行提示“指定高度”时，在命令行中输入“2.5”，按Enter键；提示旋转角度时，按Enter键，此时绘图区出现一个闪动的光标，如图6-13所示。

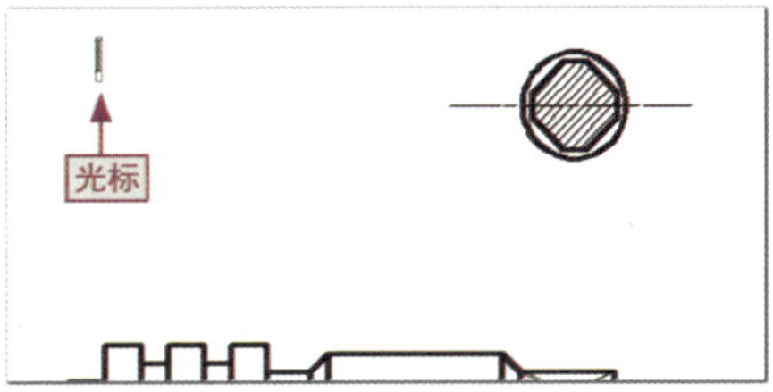

图6-13　设置高度和旋转角度

步骤04 在光标处输入文字“技术要求”，按Enter键，如图6-14所示。

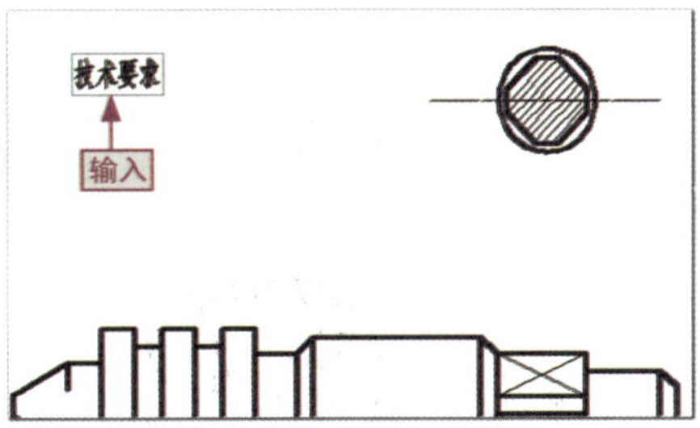

图6-14　输入文字

步骤05 将光标移动到下一行，输入“1.未注倒角为R2；”，按Enter键；输入“2.装O型盘根处表面粗糙度为6.3。”，按Enter键。再次按Enter键，结束单行文字命令，如图6-15所示。

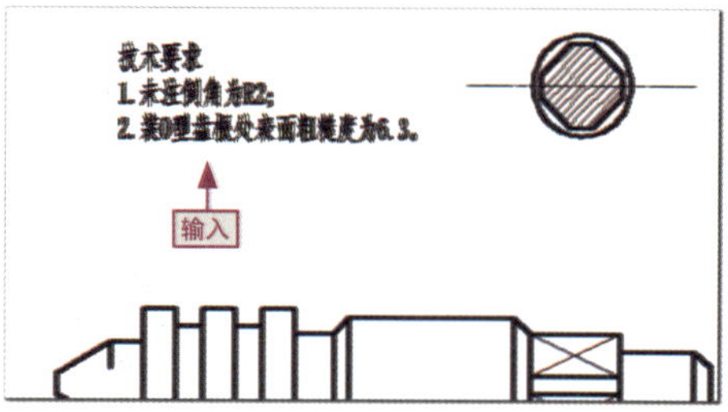

图6-15　输入文字

6.2.2 创建多行文字

多行文字常用于创建比较复杂的图形说明、文字说明和图框注释以及一些扩展性的描述等，创建多行文字的具体操作如下。

本节素材	/素材/Chapter06/齿轮.dwg
本节效果	/效果/Chapter06/齿轮.dwg
学习目标	掌握创建多行文字的方法
难度指数	★

步骤01 打开“齿轮”素材文件，❶在“文字”组中单击“文字”按钮，❷在弹出的下拉菜单中选择“多行文字”命令或在命令行中输入“MTEXT”命令，如图6-16所示。

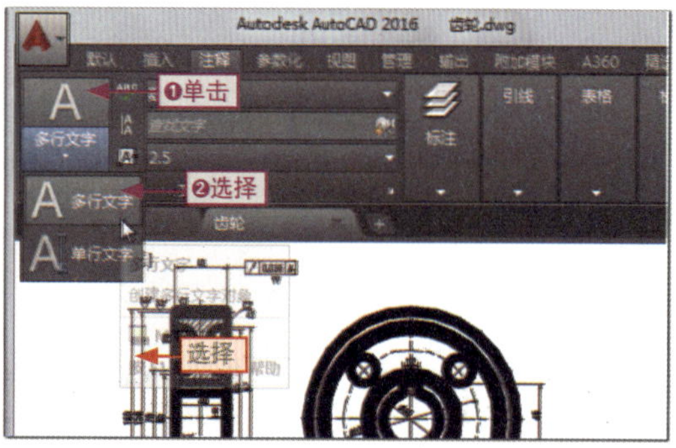

图6-16　选择“多行文字”命令

步骤02 在命令行提示“指定起点”和“对角点”时，指定多行文字的两点，如图6-17所示。

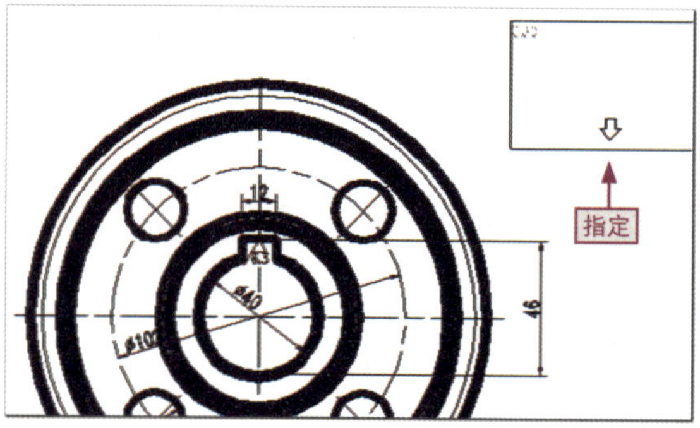

图6-17　指定文字起点

步骤03 此时将出现一个带有标尺的矩形框，在其中输入多行文字的内容，如图6-18所示。

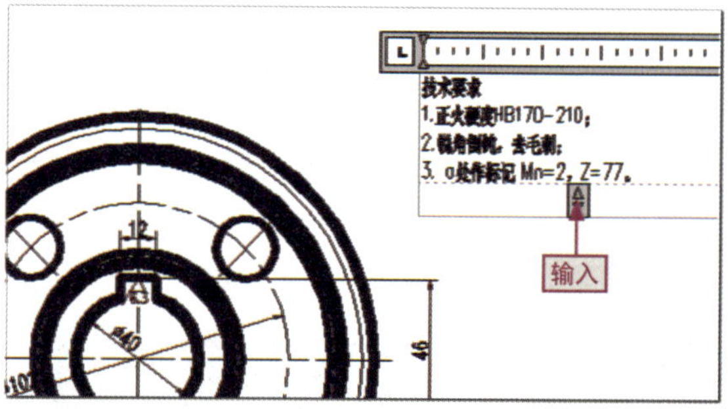

图6-18　输入多行文字

小绝招

多行文字命令中各选项的含义

在执行多行文字命令的过程中，要求指定文字窗口的第二角点时，各选项的含义如下。

- 高度：指定所要创建的多行文字的高度。
- 对正：指定多行文字的对齐方式，与创建单行文字时的该选项功能相同。
- 行距：当创建两行以上的多行文字时，可以设置多行文字的行间距。
- 旋转：设置多行文字的旋转角度。
- 样式：指定多行文字要采用的文字样式。
- 宽度：设置多行文字所能显示的文字宽度。

长知识

"文字编辑器"选项卡功能

在图形中创建多行文字后，将自动打开"文字编辑器"，在其中可以对文字进行相应的设置，效果如图 6-19 所示。

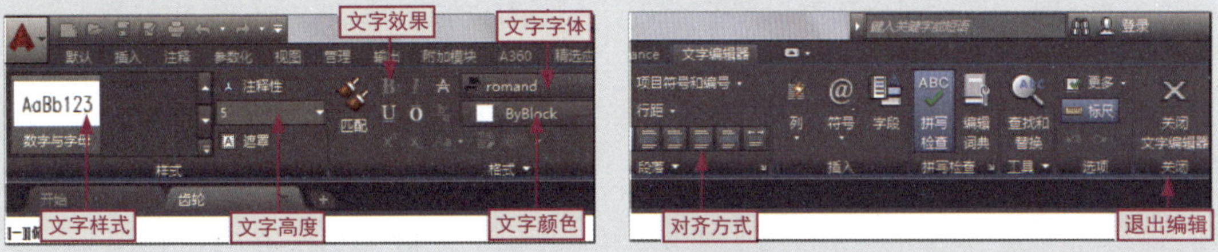

图6-19 "文字编辑器"选项卡

6.2.3 创建特殊符号

在AutoCAD中，"_""%""°"和直径符号等都属于特殊符号，这些符号可通过AutoCAD提供的特定插入方法来完成，同时也可以设置特殊格式使文字标注更准确，其具体操作如下。

本节素材	/素材/Chapter06/齿轮1.dwg
本节效果	/效果/Chapter06/齿轮1.dwg
学习目标	掌握在图形中插入特殊符号的方法
难度指数	★★

步骤01 打开"齿轮1"素材文件，双击文字内容，在出现的编辑框中输入"4.未注明之铸造圆角"，如图6-20所示。

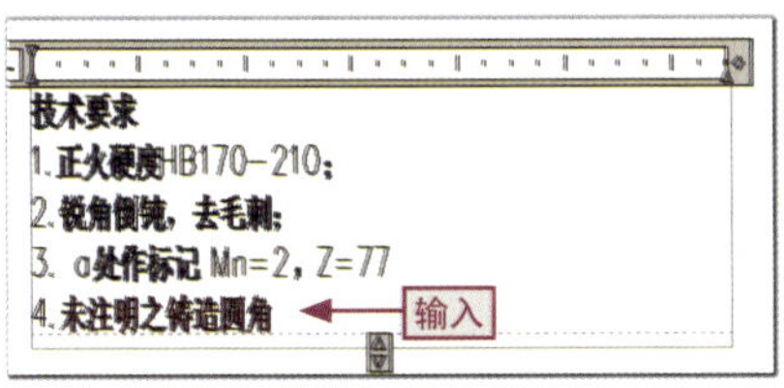

图6-20 输入文字

步骤02 ❶将鼠标光标定位到输入的文本后，❷在"文字编辑器"选项卡的"插入"组中单击"符号"按钮，❸在弹出的下拉菜单中选择"直径"命令，如图6-21所示。

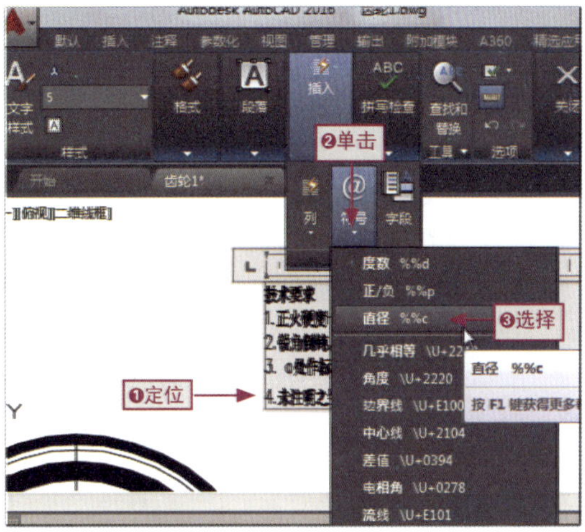

图6-21 选择"直径"命令

步骤03 在文字后面便可插入一个直径符号，输入"2~"，再用相同的方法输入另一个直径符号，并添加"5"，如图6-22所示。

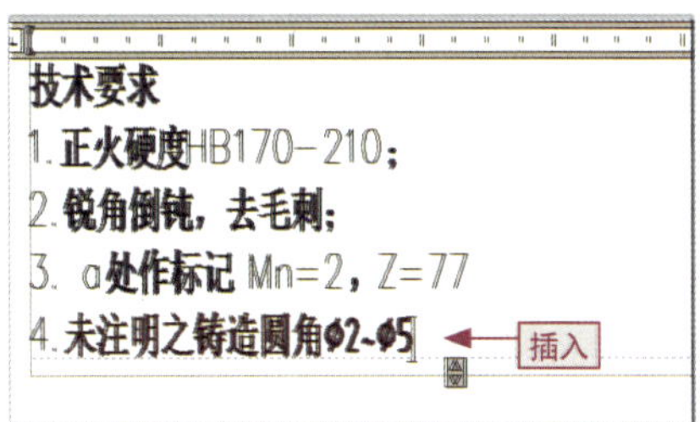

图6-22 插入符号

小绝招

快速输入特殊符号

在机械制图中经常需要输入一些特殊符号，如直径符号、正负符号、下划线和上划线等。这些符号都不能在键盘上直接找到，可以通过输入键盘上符号的组合来完成特殊符号的输入，其方法如下。

- “¯”（上划线）：在执行单行文字命令时，首先应输入“%%o”，然后输入文字内容，再次输入“%%o”，取消上划线功能。在多行文字中，选择要加上划线的文字内容，再单击“格式”组中的“上划线”按钮即可。
- “_”（下划线）：在执行单行文字命令时，首先应输入“%%u”，然后输入文字内容，再次输入“%%u”，取消下划线功能。在多行文字中，选择要加下划线的文字内容，再单击“格式”组中的“下划线”按钮即可。
- “°”（角度符号）：在执行单行文字或多行文字命令时，输入“%%d”便会出现角度符号。
- “±”（正负符号）：在执行单行文字以及多行文字命令时，输入“%%p”便会出现正负符号。
- “Ø”（直径符号）：在执行单行文字或多行文字命令时，输入“%%c”便会出现直径符号。

6.2.4 设置特殊格式

在机械和建筑制图中，还经常遇到需要标注配合公差、尺寸公差和输入分数等特殊情况，这在AutoCAD中都是无法直接输入的，需通过“文字编辑器”选项卡的“格式”组中的“堆叠”按钮来完成特殊格式的设置，用“堆叠”功能可以设置如下3种特殊格式。

学习目标	掌握设置文本特殊格式的方法
难度指数	★★

配合公差

如果选择含“/”符号的文本，单击“堆叠”按钮，将“/”符号左边的文本设置为分子，右边的文本设置为分母，并采取上下排列方式。比如选择“H7/I5”文本后单击“堆叠”按钮，将创建如图6-23左侧所示的配合公差效果。

$$\frac{H7}{I5} \qquad 20^{+0.03}_{-0.05} \qquad {}^{4}/_{9}$$

图6-23　各种特殊格式效果

尺寸公差

如果选中含“^”符号的文本，单击“堆叠”按钮，可将“^”左边的文本设为上标，右边的文本设为下标。如选中20后面的“+0.03^-0.05”文本，再单击“堆叠”按钮，将创建出如图6-23中间所示的尺寸公差效果。

分数

如果选中含“#”符号的文本，单击“堆叠”按钮可将“#”符号左边的文本设为分子，右边的文本设为分母，并采用斜排方式。如选择“4#9”文本后单击“堆叠”按钮将创建出如图6-23右侧所示的分数效果。

6.3 修改错误的文字

小白：我在图形上输入的文字出现了错误，而且格式也不对，怎么办?

阿智：可以通过编辑功能对输入的文字重新进行编辑。

小白：对啊，你快教教我如何进行编辑吧。

如果发现文字内容有错误，或要更改技术说明，可以对输入的文本进行编辑，主要包括改变文字内容、调整文字比例以及查找替换等。

6.3.1 更改文字内容

无论是单行文字，还是多行文字，其编辑命令都相同，但由于单行文字和多行文字的特性不同，因此能够进行的编辑也不同，编辑单行文字的具体操作如下。

本节素材	/素材/Chapter06/阀杆1.dwg
本节效果	/效果/Chapter06/阀杆1.dwg
学习目标	掌握编辑文字的方法
难度指数	★★

步骤01 ❶打开“阀杆1”素材文件，选择“技术要求”的第二条内容，❷在其上右击，在弹出的快捷菜单中选择“编辑”命令或在命令行中输入“DDEDIT”命令，如图6-24所示。

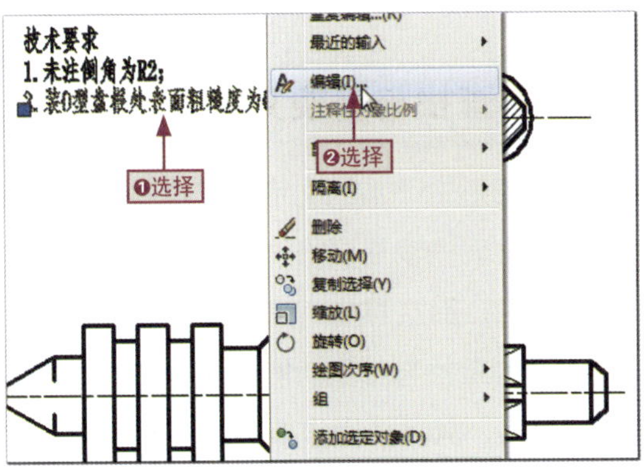

图6-24 选择“编辑”命令

步骤02 此时文字呈蓝底白字的可编辑状态，如图6-25所示。

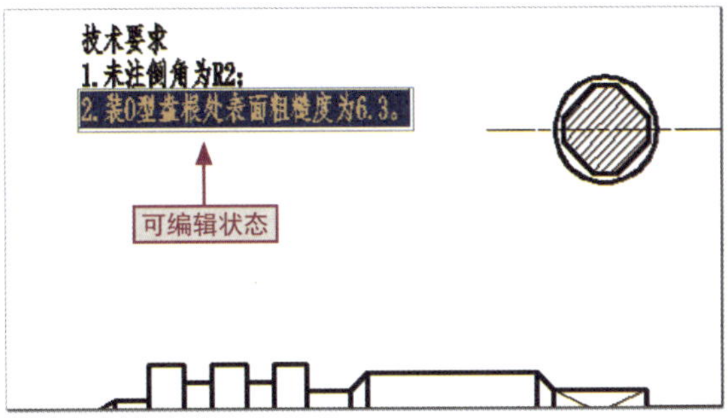

图6-25 文字编辑状态

步骤03 输入“未注精度等级按11级。”，按Enter键确定文字内容更改，再按Enter键结束编辑文字命令，如图6-26所示。

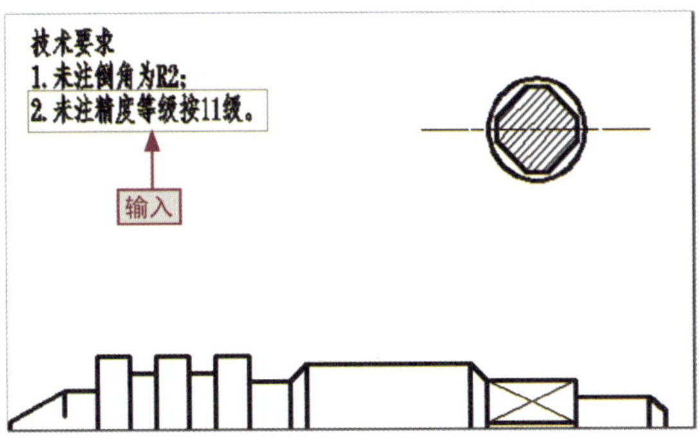

图6-26 输入文字

小绝招　编辑多行文字

如果编辑的文字是多行文字，那么在输入 DDEDIT 命令或选择“编辑”命令后，将会打开文字编辑对话框，在其中可以对多行文字进行相关的编辑。

6.3.2 文字比例的缩放

添加文字说明后，如果需要调整大量文字信息的整体比例，可以通过缩放文字比例的方法来实现，而不用重新修改这些文字的高度值，其具体操作如下。

本节素材	/素材/Chapter06/阀杆2.dwg
本节效果	/效果/Chapter06/阀杆2.dwg
学习目标	掌握调整文字比例的方法
难度指数	★★

步骤01 打开“阀杆2”素材文件，在“文字”组中单击“缩放”按钮或在命令中输入“SCALETEXT”命令，如图6-27所示。

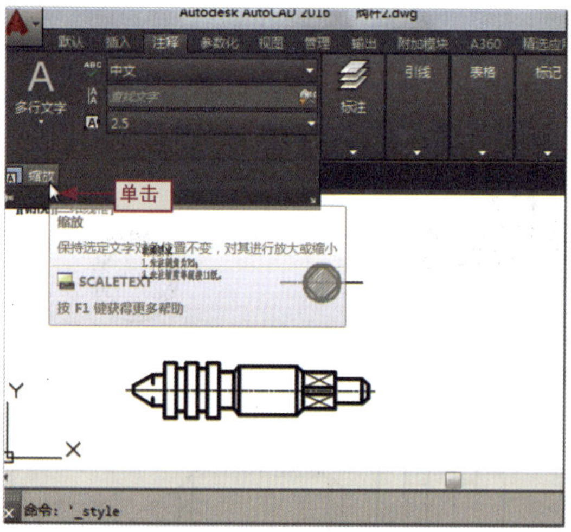

图6-27　单击“缩放”按钮

步骤02 在命令行提示“选择对象”时，在绘图区选择“技术要求”文字，如图6-28所示。

图6-28　选择文字

步骤03 根据提示在命令行中输入文字的缩放比例“2”，其命令行操作如下所示。

命令: scaletext
选择对象: 找到1个
选择对象:
输入缩放的基点选项
[现有(E)/左对齐(L)/居中(C)/中间(M)/右对齐(R)/左上(TL)/中上(TC)/右上(TR)/左中(ML)/正中(MC)/右中(MR)/左下(BL)/中下(BC)/右下(BR)] <现有>:L
指定新模型高度或 [图纸高度(P)/匹配对象(M)/比例因子(S)] <2.5>:S
指定缩放比例或 [参照(R)] <2>: 2
1 个对象已更改

步骤04 在绘图区可以看到选择的文字被放大了，如图6-29所示。

图6-29　缩放文字的效果

6.3.3 查找与替换文字

如果图形中添加的文字内容较多，而其中某个多次出现的词需要修改，用编辑文字的方法相当费时，而且可能有遗漏。此时可以利用AutoCAD的查找与替换功能快速地完成文字的查找和替换，其具体操作如下。

本节素材	/素材/Chapter06/阀杆3.dwg
本节效果	/效果/Chapter06/阀杆3.dwg
学习目标	掌握查找和替换文字的方法
难度指数	★★

步骤01 打开“阀杆3”素材文件，在“文字”组中单击“查找文字”文本框右侧的按钮，如图6-30所示。

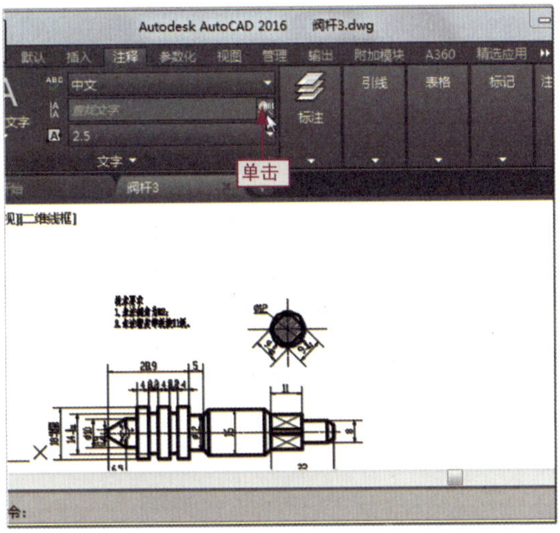

图6-30 单击“查找文字”右侧的按钮

步骤02 打开“查找和替换”对话框，❶在“查找内容”和“替换为”下拉列表框中分别输入“R2”和“R2.5”，❷单击“下拉”按钮，如图6-31所示。

图6-31 输入查找替换文字

步骤03 在展开的面板中❶选中“标注/引线文字”、“单行/多行文字”和“表格文字”前的复选框，❷单击“查找”按钮，如图6-32所示。

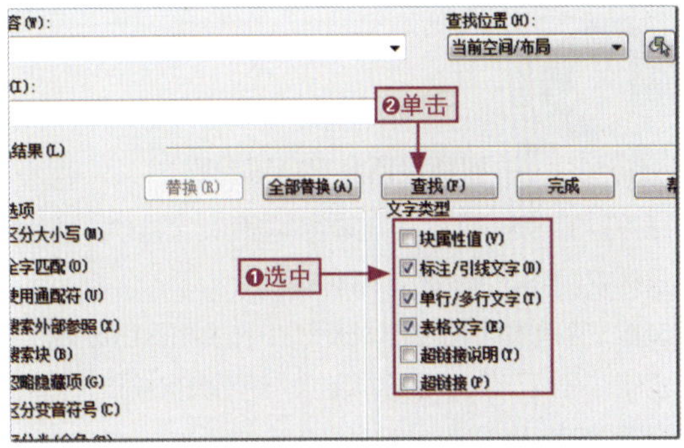

图6-32 单击“查找”按钮

步骤04 ❶在对话框中选中“列出结果”前的复选框，在列表框中显示出查找到的文字内容，❷单击“替换”按钮，如图6-33所示。

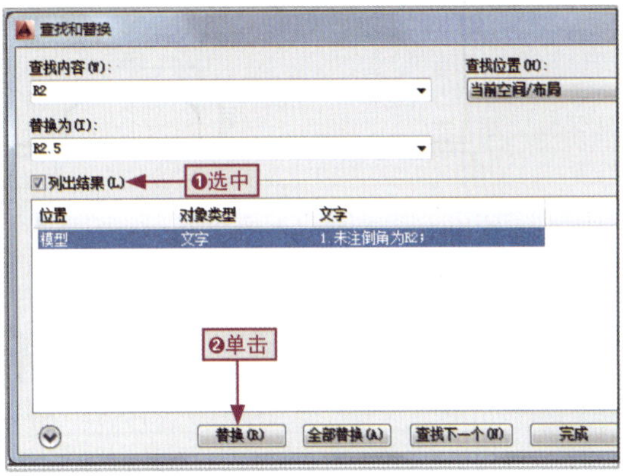

图6-33 单击“替换”按钮

步骤05 替换完成后将打开提示对话框，单击“确定”按钮，完成文字查找和替换，如图6-34所示。

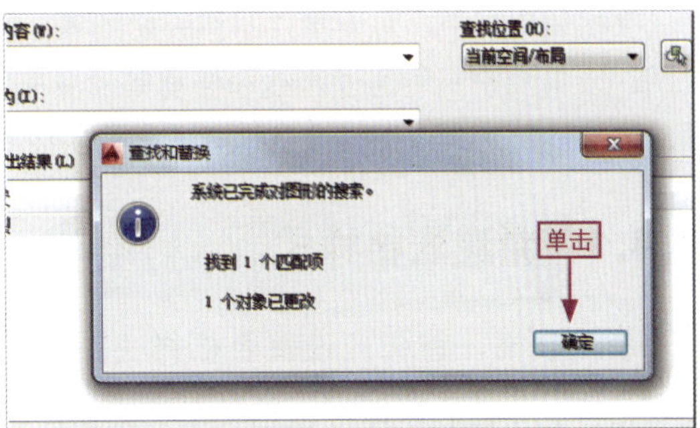

图6-34 替换完成

长知识

如何设置文字背景遮罩

在复杂的图形中为了突出文字的显示，可以为文字添加背景遮罩，即文字背景颜色。在创建以及编辑多行文字的过程中，都可以设置文字背景遮罩。

设置文字背景遮罩的具体操作是：在绘图区创建多行文字，在"文字编辑器"选项卡的"格式"组中单击"背景遮罩"按钮，在打开的对话框中选中"使用背景遮罩"复选框，并设置边界偏移因子以及背景色。单击"确定"按钮，设置后的效果如图 6-35 所示。

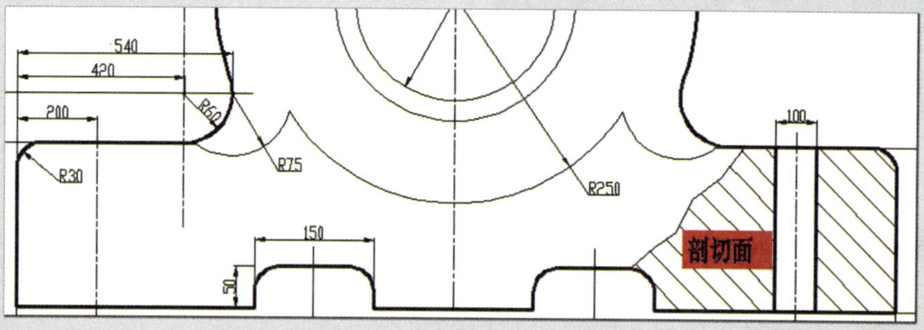

图6-35 设置背景遮罩后的效果

6.4 表格样式的创建与修改

小白：我绘制的机械图形需要一个表格来说明参数，表格怎么绘制呢？

阿智：创建表格也是AutoCAD的一个功能。

小白：那要如何创建呢？你快教教我吧。

在机械制图中，对于零件图和装配图等，常常需要使用表格对材料、制表员和审核等情况进行说明。以前用户只能通过直线和修剪等命令来绘制表格，但是在AutoCAD 2016中，用户可以通过插入表格的方法来快速、准确地完成表格的绘制。

6.4.1 新建表格样式

使用表格，首先应设置表格样式，在完成表格样式设置后，即可根据表格样式创建表格，并输入相应的内容。执行表格样式命令的具体操作如下。

本节素材	/素材/Chapter06/虎钳.dwg
本节效果	/效果/Chapter06/虎钳.dwg
学习目标	掌握创建表格样式的方法
难度指数	★★

步骤01 打开"虎钳"素材文件，在"注释"选项卡的"表格"组中单击"表格样式"按钮或在命令行中输入"TABLESTYLE"命令，如

图6-36所示。

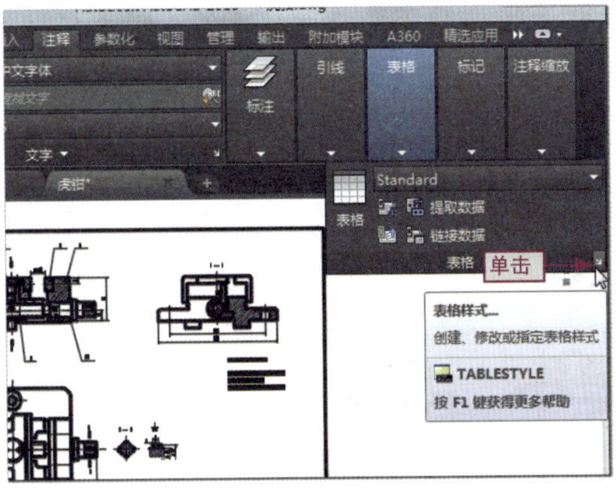

图6-36 单击“表格样式”按钮

步骤02 打开“表格样式”对话框，单击“新建”按钮，如图6-37所示。

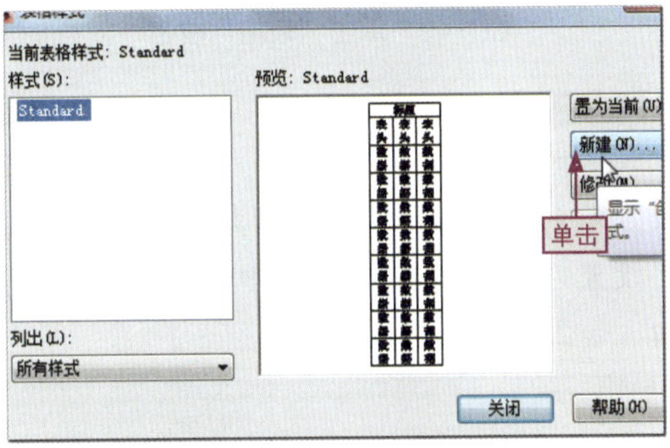

图6-37 单击“新建”按钮

步骤03 打开“创建新的表格样式”对话框，❶在“新样式名”文本框中输入“明细表”，❷单击“继续”按钮，如图6-38所示。

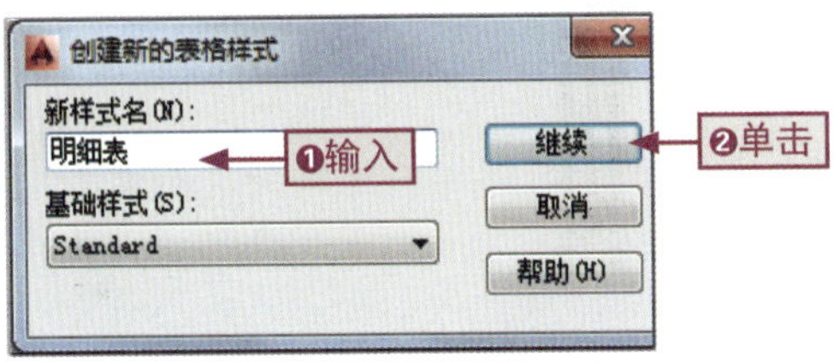

图6-38 单击“继续”按钮

步骤04 打开“新建表格样式：明细表”对话框，在“表格方向”下拉列表框中选择“向上”命令，如图6-39所示。

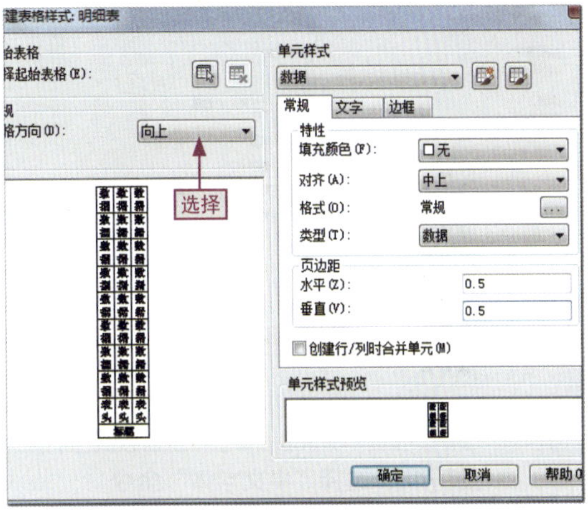

图6-39 选择“向上”命令

步骤05 ❶在“单元样式”栏中的下拉列表框中选择“数据”命令，❷在“常规”选项卡的“水平”和“垂直”文本框中输入“0.5”，如图6-40所示。

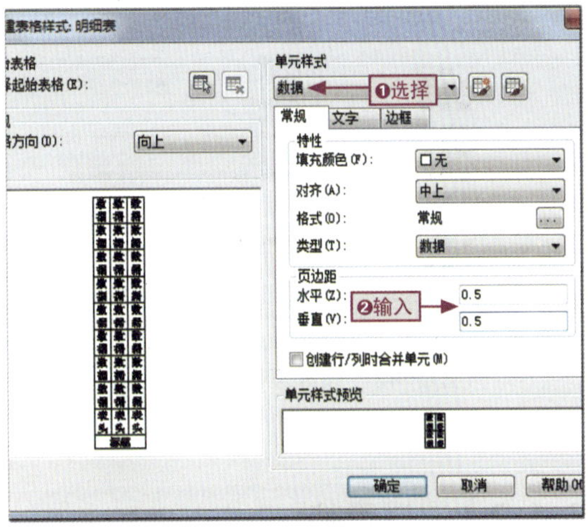

图6-40 设置页边距

步骤06 在“文字”选项卡的“文字样式”下拉列表框中选择“中文字体”命令，如图6-41所示。

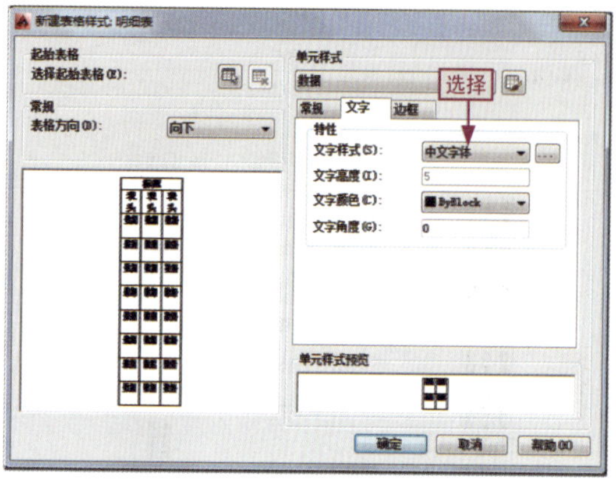

图6-41　选择“中文字体”命令

步骤07 在“边框”选项卡中，❶对表格边框的线型、线宽和颜色等进行设置，❷完成后单击“确定”按钮，如图6-42所示。

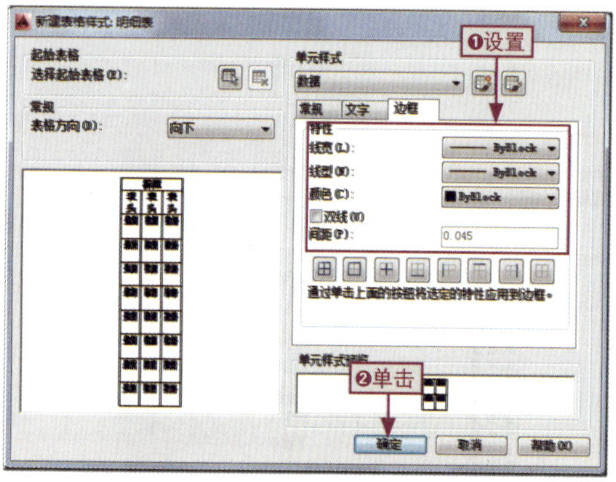

图6-42　设置表格边框属性

6.4.2 创建表格

完成表格样式的设置后，便可根据设置的表格样式创建表格，并在表格中输入相应的内容，创建表格的具体操作如下。

本节素材	/素材/Chapter06/虎钳1.dwg
本节效果	/效果/Chapter06/虎钳1.dwg
学习目标	掌握创建表格的方法
难度指数	★★

步骤01 打开“虎钳1”素材文件，在“注释”选项卡的“表格”组中单击“表格”按钮或在命令行中输入“TABLE”命令，如图6-43所示。

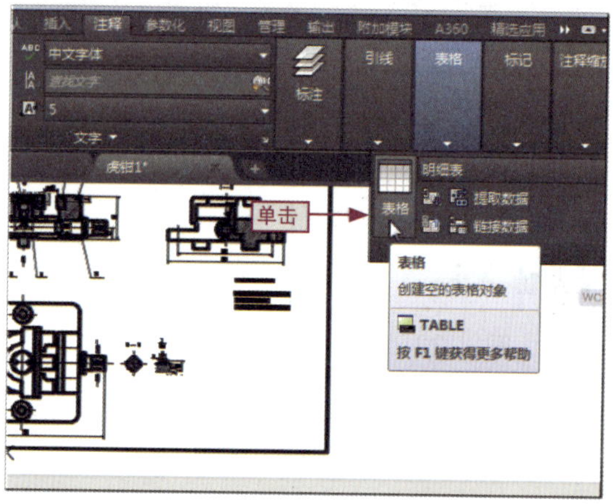

图6-43　单击“表格”按钮

步骤02 打开“插入表格”对话框，❶设置“表格样式”为“明细表”，❷选中“指定窗口”前的单选按钮，❸将“列”和“行”分别设置为“6”和“12”，❹单击“确定”按钮，如图6-44所示。

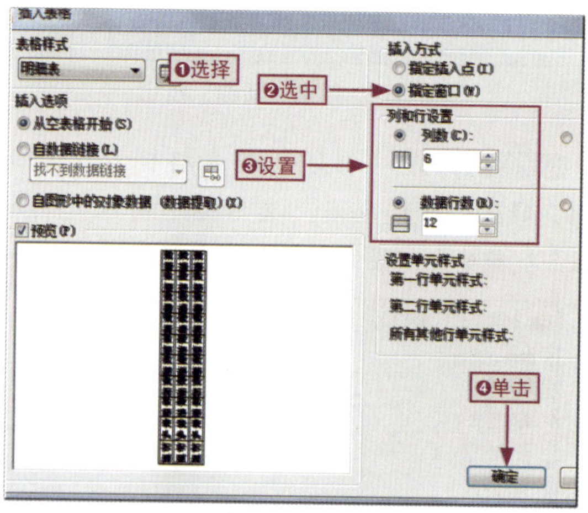

图6-44　设置表格参数

步骤03 在命令行提示“指定第一个角点”时在绘图区指定一点，如图6-45所示。

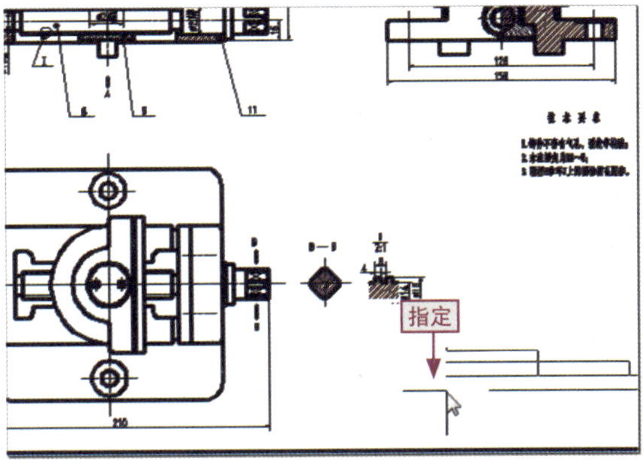

图6-45 指定表格起点

步骤04 在命令行提示“指定第二角点”时拖动鼠标光标创建一个表格，如图6-46所示。

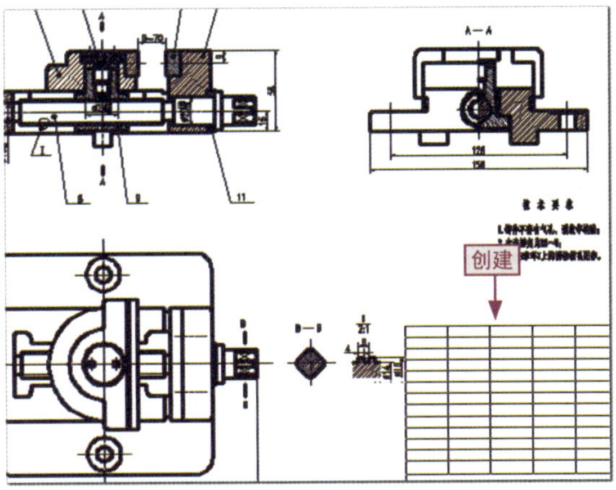

图6-46 绘制表格

步骤05 在绘图区创建一个表格后，将鼠标光标定位到第一个单元格中，在其中输入“序号”文本，如图6-47所示。

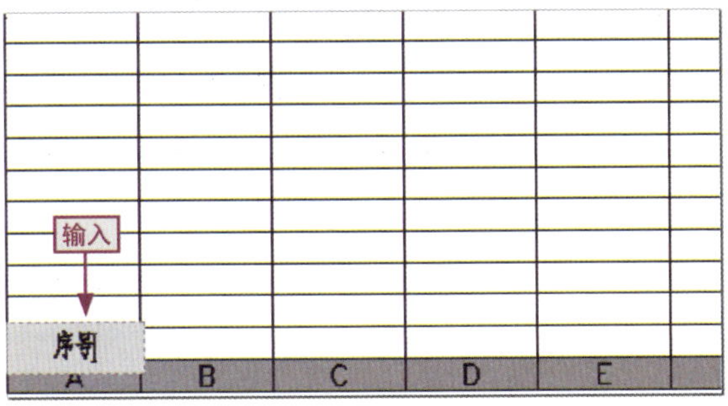

图6-47 输入表格内容

步骤06 将鼠标光标依次向右定位到其他单元格中，依次输入“图号”和“名称”等文字，如图6-48所示。

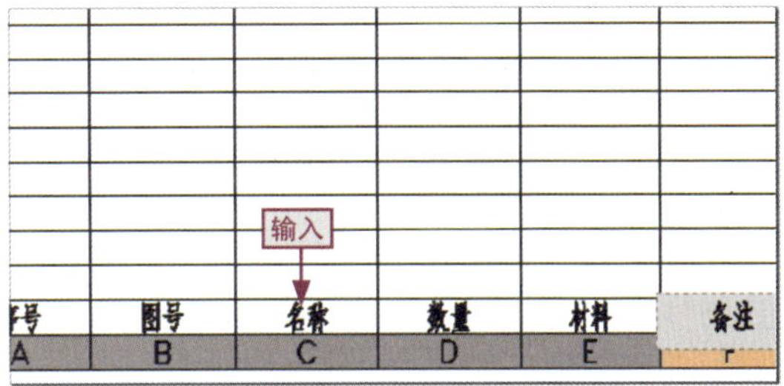

图6-48 输入表格内容

步骤07 使用相同的方法在表格中输入其他的内容，如图6-49所示。

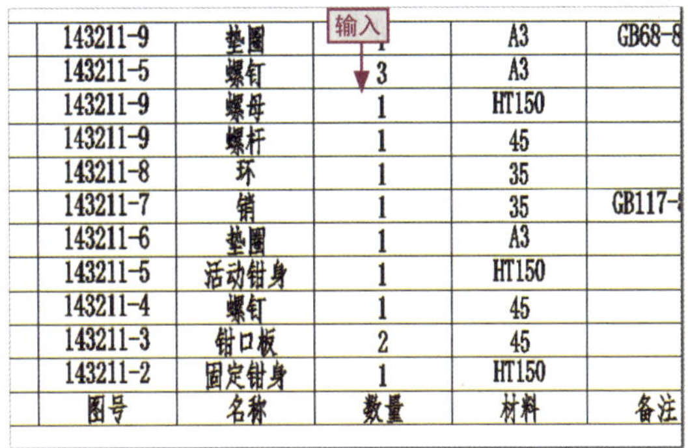

图6-49 完成输入

6.4.3 表格的调整

创建表格后，有些单元格可能不符合要求，因此需要对表格进行编辑，包括单元格的合并、行高和列宽的调整等，编辑表格的具体操作如下。

本节素材	/素材/Chapter06/虎钳2.dwg
本节效果	/效果/Chapter06/虎钳2.dwg
学习目标	掌握对表格进行编辑的方法
难度指数	★★

步骤01 打开“虎钳2”素材文件，在图形的右下角创建一个8行13列的表格，如图6-50所示。

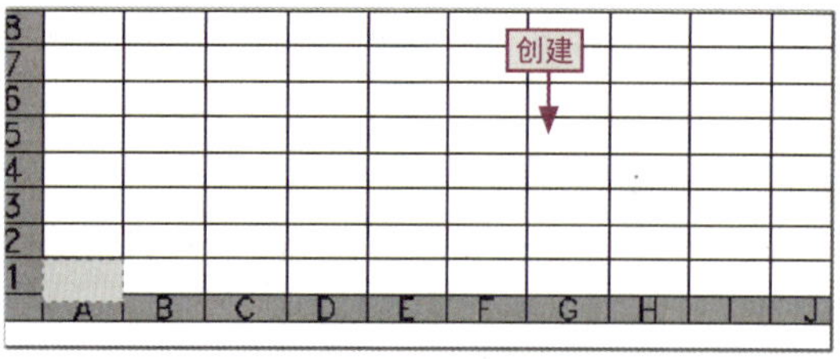

图6-50　创建表格

步骤02 在表格单元格中输入文字内容，如图6-51所示。

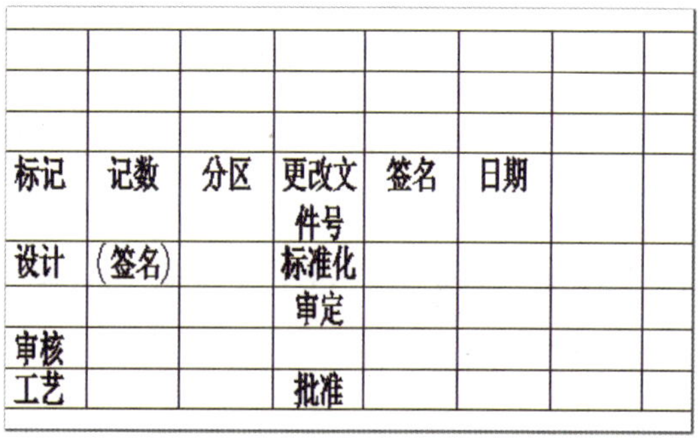

图6-51　输入表格内容

步骤03 ❶选择表格中G5:L8单元格区域，❷在打开的“表格单元”中的“合并”组中单击“合并单元”按钮，❸在下拉菜单中选择“合并全部”命令，如图6-52所示。

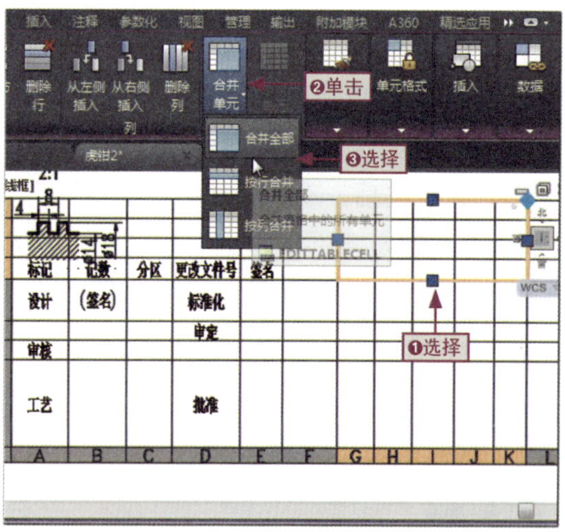

图6-52　选择“合并全部”命令

步骤04 用同样的方法选择G4:J4单元格区域，将其合并，并在其中输入“图样标记”文字，如图6-53所示。

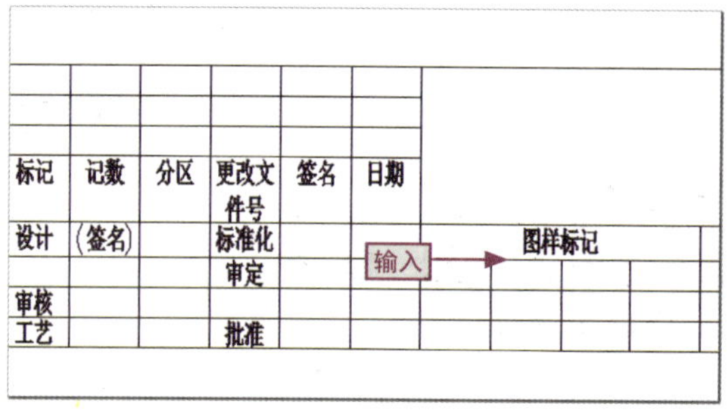

图6-53　输入“图样标记”文字

步骤05 用同样的方法选择G1:L4单元格区域，将其合并，并在其中输入内容，如图6-54所示。

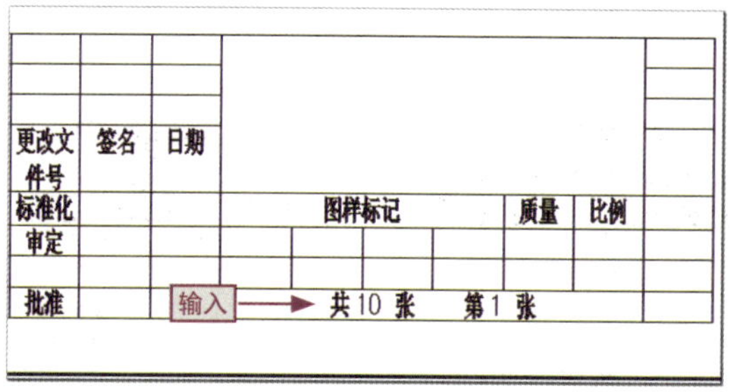

图6-54　输入相关内容

步骤06 分别选择M1:M3、M4:M5、M6:M8单元格区域，将其合并，并在其中输入文字内容，如图6-55所示。

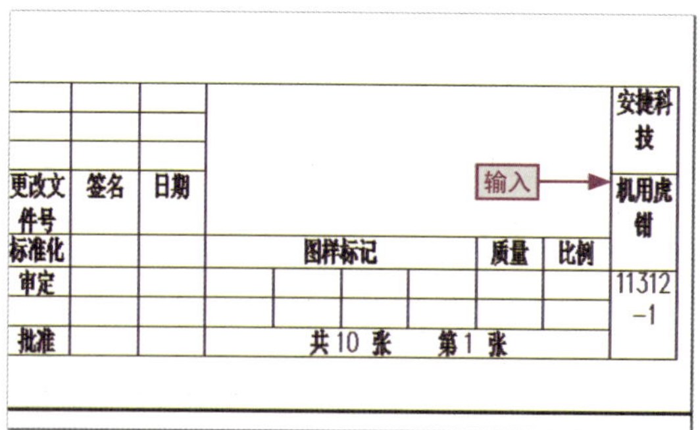

图6-55　输入文字

步骤07 单击表格边框，将鼠标光标定位到一个夹点上，如图6-56所示。

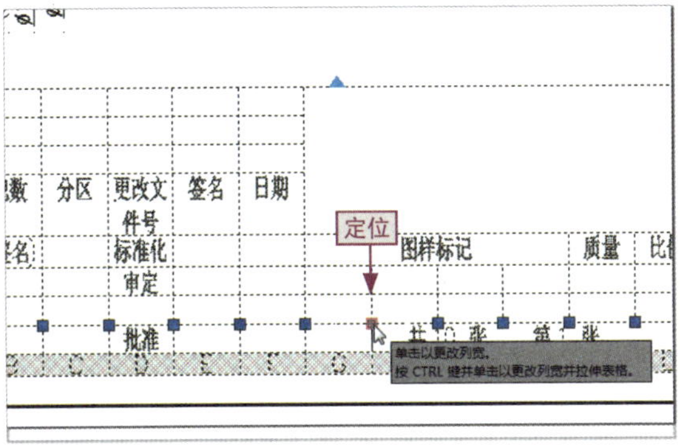

图6-56 选择夹点

步骤08 选中夹点后，向左移动鼠标光标，调整单元格的列宽，如图6-58所示。

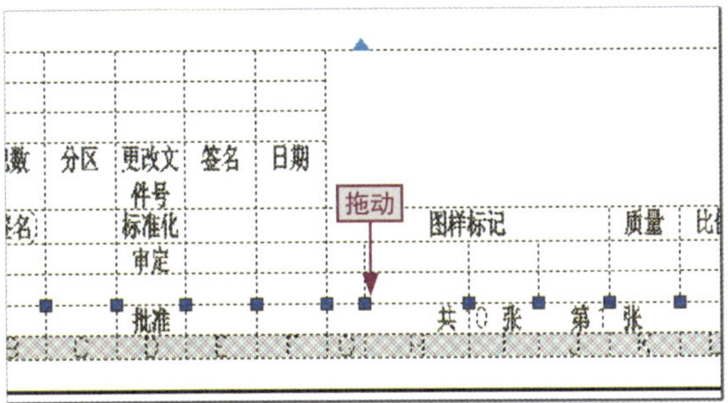

图6-57 拖动夹点调整列宽

步骤09 释放鼠标后完成列宽的调整。用相同的方法调整其他单元格的列宽，如图6-58所示。

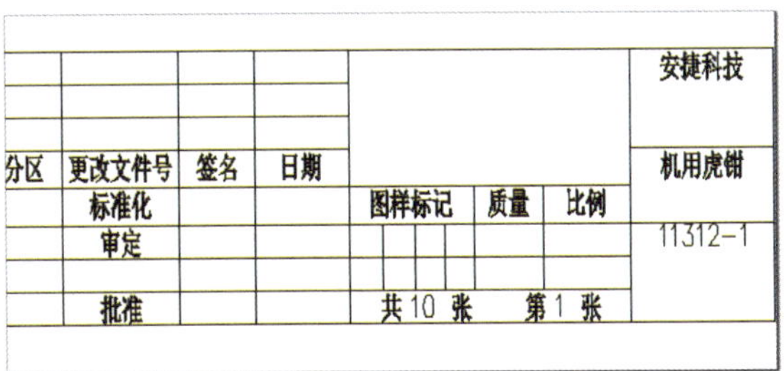

图6-58 调整其他单元格的列宽

步骤10 ❶选择表格中的全部单元格，❷在“表格单元”选项卡的“单元样式”组中单击“对齐方式”按钮，❸在弹出的下拉菜单中选择“正中”命令，设置单元格的对齐方式，如图6-59所示。

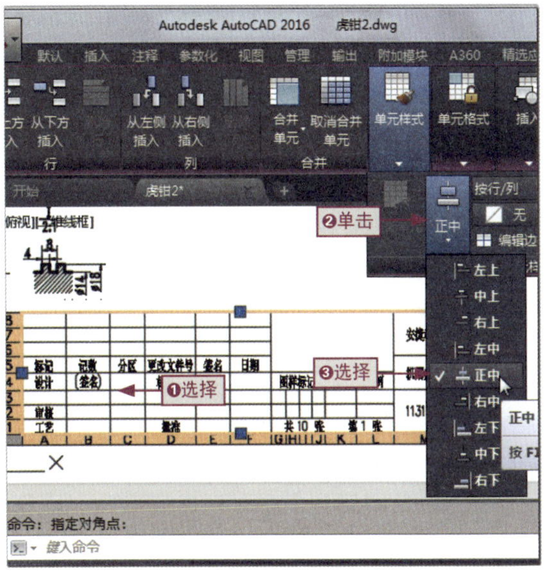

图6-59 设置单元格对齐方式

步骤11 在绘图区可以看到编辑表格后的最终效果，如图6-60所示。

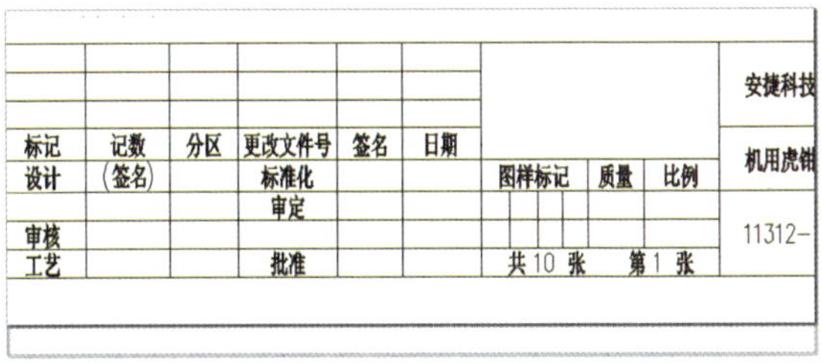

图6-60 表格最终效果

小绝招

锁定单元格和设置数据格式

在“单元格式”组中单击“锁定单元”按钮，可对单元中的格式和数据进行锁定；单击“数据格式”按钮，可对单元数据的格式进行设置。

给你支招 | 设置文字行宽度

小白：在使用多行文字进行文字编辑时，所输入的文字内容在一行只显示一个，为什么不像在Word等文字编辑软件里，在一行满了之后自动换行？

阿智：在AutoCAD中进行多行文字书写时，同样是一行满了之后再换行，一行的宽度由绘制的矩形决定。要避免该问题的出现，应该在执行多行文字后，指定多行文字的宽度，此外，还可以选择已经书写的多行文字，然后拖动夹点，以改变多行文字的列宽，其操作如下。

步骤01 在文字上双击，打开文字编辑框，在编辑栏上右击，在弹出的快捷菜单中选择“设置多行文字宽度”命令，如图6-61所示。

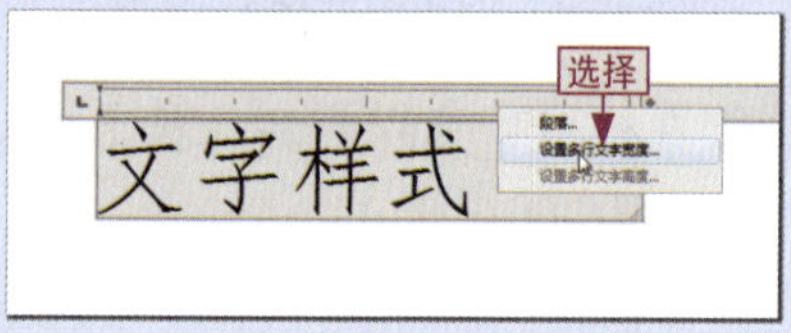

图6-61 选择“设置多行文字宽度”命令

步骤02 打开“设置多行文字宽度”对话框，❶在“宽度”文本框中输入需要设置文本的宽度，❷单击“确定”按钮，完成设置，如图6-62所示。

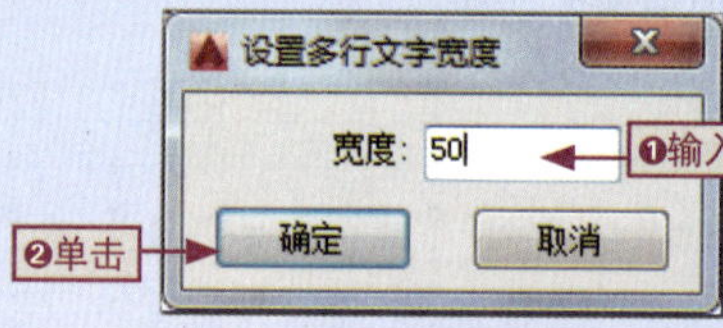

图6-62 设置宽度

给你支招 | 设置文字字体文件

小白：我在打开一些文件时，软件会打开一个提示对话框，如图6-63所示，这是什么原因啊？

阿智：这是因为在你的计算机中缺少相关的CAD设置的字体文件造成的，这样会使图形中的字体无法显示出来。你可以安装相应的字体文件，或者在对话框中单击“为每个SHX文件指定替换文件”选项，然后在打开的如图6-64所示的对话框中使用计算机中已有的字体进行替代，但是替代了字体后，图形中的有些文字不一定会显示出来。

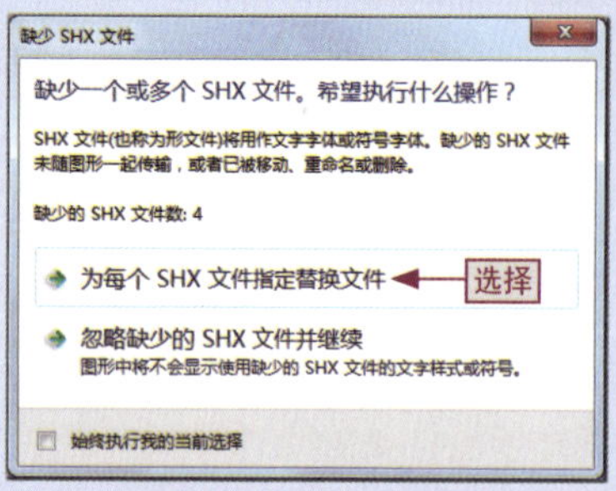

图6-63 提示对话框

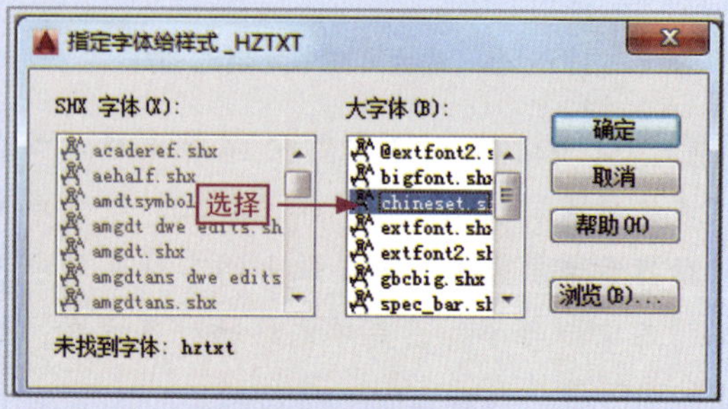

图6-64 替换字体

给你支招 | 设置文字字体不当

小白：我在AutoCAD中执行“DTEXT”命令，但是输入的汉字都是倒着的，如图6-65所示，该如何解决?

阿智：这是由于输入汉字前选择文字样式字体不当造成的，在选择字体时选择前面不带@符号的字体即可解决该问题。

图6-65 文字样式

阅读随笔

Chapter 07 标注图形尺寸

学习目标

当图形绘制完成后，用户需要对图形尺寸进行标注。使用AutoCAD中提供的丰富且功能强大的标注工具，可以对图形尺寸进行精确标注，如线性标注、对齐标注、角度标注、坐标标注、半径(直径)标注、基线标注、连续标注以及快速标注等。

本章要点

- 如何标注水平和垂直尺寸
- 如何标注平行尺寸
- 如何标注基线尺寸
- 如何标注角度尺寸
- 标注直径和半径
- 如何标注坐标尺寸
- 如何标注引线尺寸
- 如何标注形位公差尺寸

知识要点	学习时间	学习难度
创建与设置标注样式	30 分钟	★★
标注圆形尺寸	50 分钟	★★★
编辑与更新标注	35 分钟	★★★

7.1 创建与设置标注样式

小白：我绘制的图形别人不知道具体尺寸，应该怎么添加呢？

阿智：AutoCAD中可以为图形添加具体的尺寸标注，这样图形更精确，不过在这之前需要设置标注的样式。

在AutoCAD中绘制的图形只能反映机械产品的形状，其真实大小和相互间的位置关系必须通过尺寸标注来完成。尺寸标注是绘制图形的一项重要内容，是不可缺少的一部分，是产品加工和生产的重要依据。对图形进行尺寸标注前，应对尺寸标注的样式进行必要的设置，如尺寸标注的标注文字和箭头大小等，其具体操作如下。

本节素材	/素材/Chapter07/无
本节效果	/效果/Chapter07/标注样式.dwg
学习目标	掌握新建标注样式的方法
难度指数	★★

步骤01 新建一个文件，在“注释”选项卡的“标注”组中单击“标注样式”按钮或输入DIMSTYLE命令，如图7-1所示。

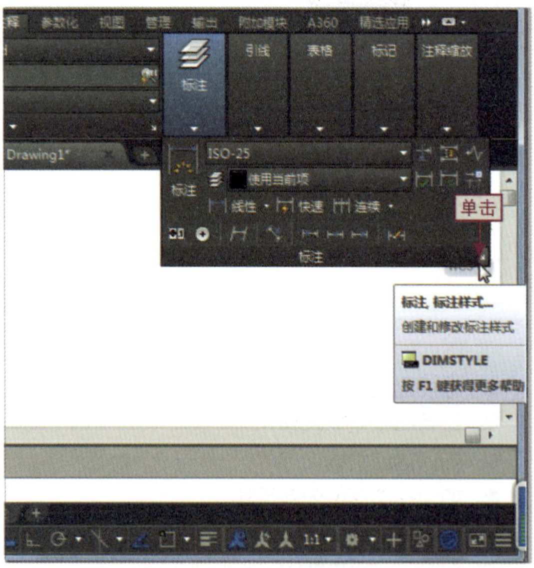

图7-1 单击“标注样式”按钮

步骤02 打开“标注样式管理器”对话框，单击“新建”按钮，如图7-2所示。

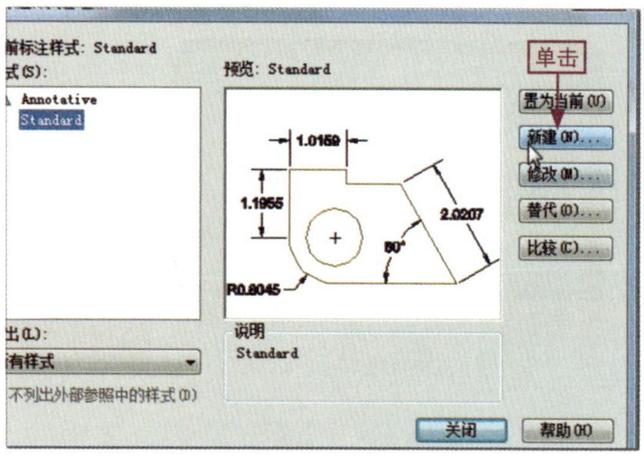

图7-2 单击“新建”按钮

步骤03 打开“创建新标注样式”对话框，❶在“新样式名”文本框中输入“建筑标注”，❷单击“继续”按钮，如图7-3所示。

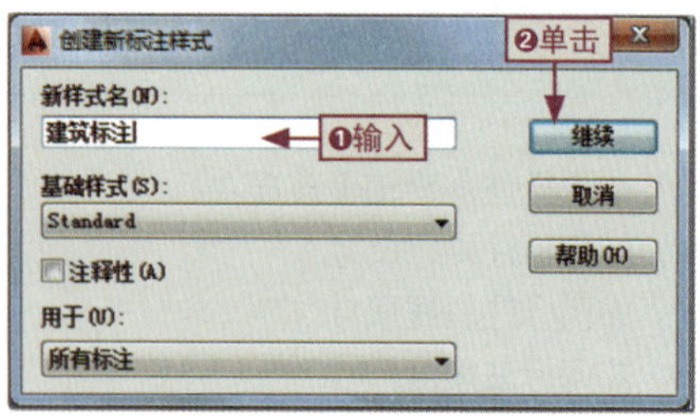

图7-3 输入样式名称

步骤04 ❶在打开的对话框的“线”选项卡中的“基线间距”文本框中输入“8.0000”，❷在“超出尺寸线”文本框中输入“2.5000”，❸在“起点偏移量”文本框中输入“0.0000”，如图7-4所示。

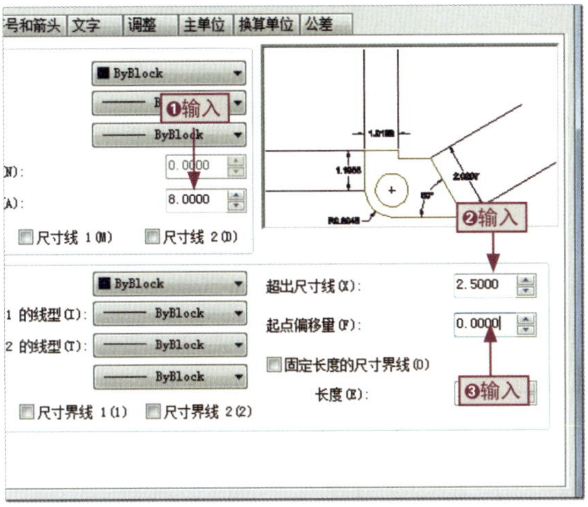

图7-4 设置尺寸线和尺寸界线

步骤05 ❶单击“符号和箭头”选项卡，❷分别设置“第一个”、“第二个”和“引线”为“实心闭合”，❸在“箭头大小”文本框中输入“2.5000”，❹在“圆心标记”栏中选中“无”单选按钮，❺在“弧长符号”栏中选中“标注文字的上方”单选按钮，如图7-5所示。

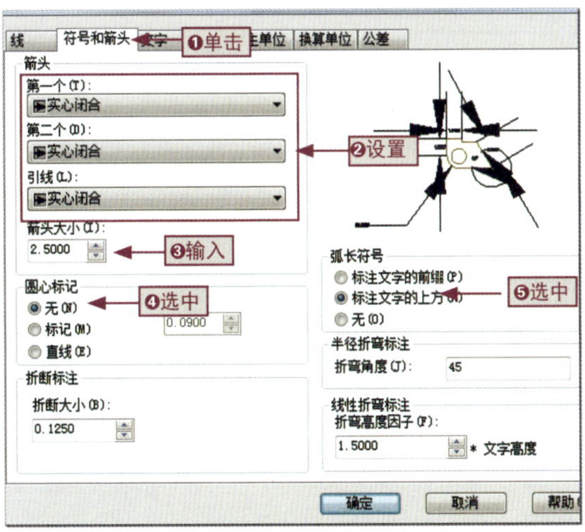

图7-5 设置尺寸箭头及圆心标记

步骤06 ❶单击“文字”选项卡，❷在“文字外观”的“文字高度”微调框中输入“2.5000”，❸在“文字位置”栏设置“垂直”为“上”，❹在“从尺寸线偏移”微调框中输入“1.0000”；❺选中“与尺寸线对齐”单选按钮，如图7-6所示。

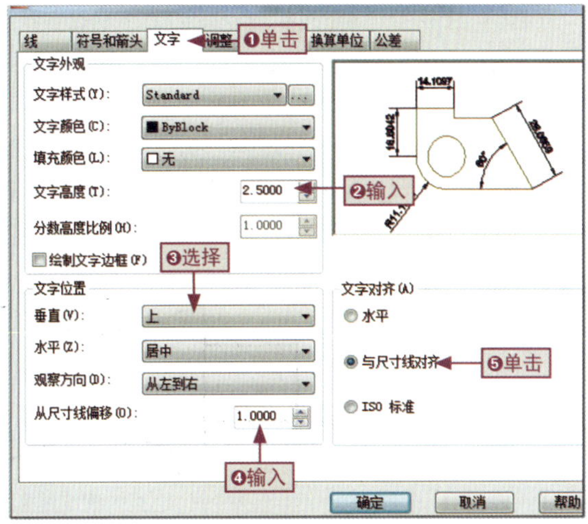

图7-6 设置尺寸标注字体

步骤07 ❶单击“主单位”选项卡，❷在“线性标注”栏中将“精度”设置为“0.00”，❸单击“确定”按钮，完成样式的创建，如图7-7所示。

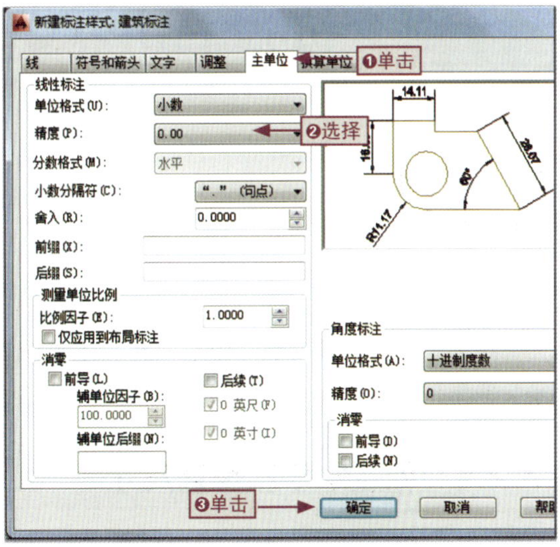

图7-7 设置标注单位及精度

长知识

完整的尺寸标注由标注文字、尺寸线、箭头和尺寸界线等部分组成，尺寸标注各组成部分如图 7-8 所示。绘图中的尺寸标注并不是任意绘制的，它有相关的绘制规则和标准，其具体规定如下。

- 产品的真实大小应以图样标注的尺寸数值为准，与图形的实际大小和绘图的准确度无关。
- 图样中标注的尺寸单位为 mm，标注尺寸时无须再标注其单位。
- 标注的尺寸应准确，不能重复标注尺寸，也不能漏标，且尺寸应标注在该产品最醒目的位置。
- 标注的尺寸为产品最后的完工尺寸，否则应另附说明。

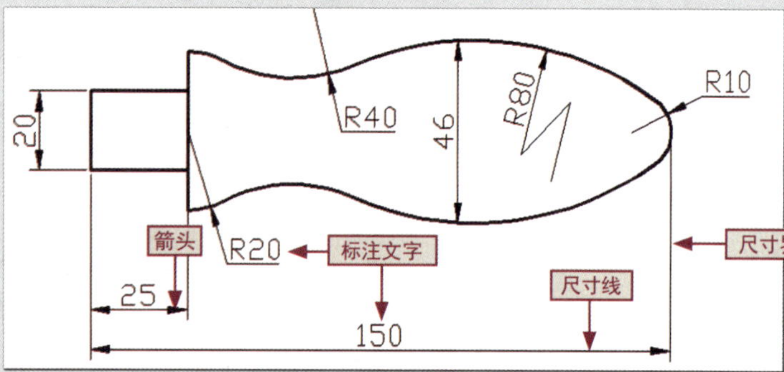

图7-8　标注尺寸的组成

7.2 标注图形尺寸

小白：我的标注样式设置完成了，现在可以进行标注了吧？

阿智：可以啊，不过标注有很多种类型，我要慢慢给你介绍。

小白：那先从第一个开始吧。

尺寸标注样式设置完成以后，就可以用相应的标注命令对图形对象进行尺寸标注了。这里先介绍长度型尺寸标注，其中包括线性标注、对齐标注、基线标注和连续标注等。

7.2.1 标注水平和垂直尺寸

线性标注命令用于标注水平和垂直方向上的尺寸。使用该命令标注对象时，标注尺寸线始终呈水平或垂直状态，线性标注的具体操作如下。

本节素材	/素材/Chapter07/座体.dwg
本节效果	/效果/Chapter07/座体.dwg
学习目标	掌握标注线性尺寸的方法
难度指数	★★

步骤01 打开“座体”素材文件，❷在“标注”组中的“线性”下拉列表中选择“线性”命令或在命令行中输入“DIMLINEAR”命令，如图7-9所示。

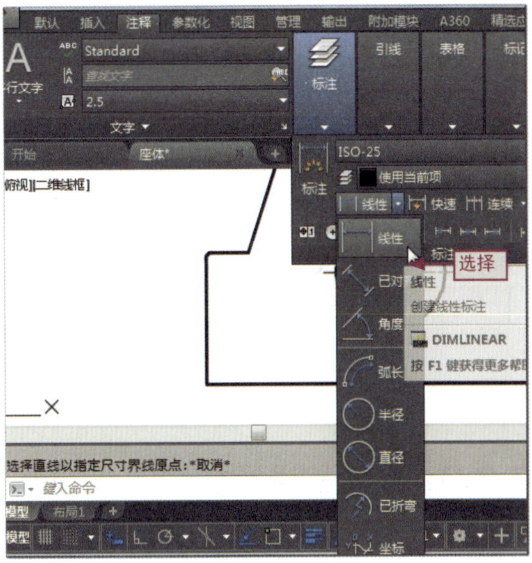

图7-9 选择“线性”命令

步骤02 在命令行提示“指定第一个尺寸界线的原点”时，利用对象捕捉功能捕捉左侧直线的交点，如图7-10所示。

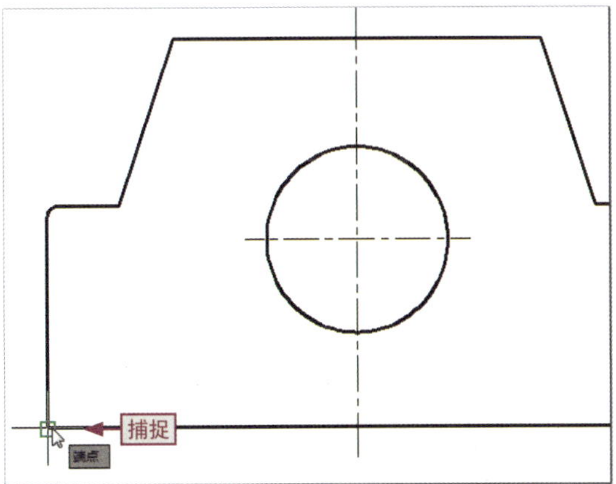

图7-10 指定第一点

步骤03 在命令行提示“指定第二个尺寸界线的原点”时，利用对象捕捉功能捕捉右侧直线的交点，如图7-11所示。

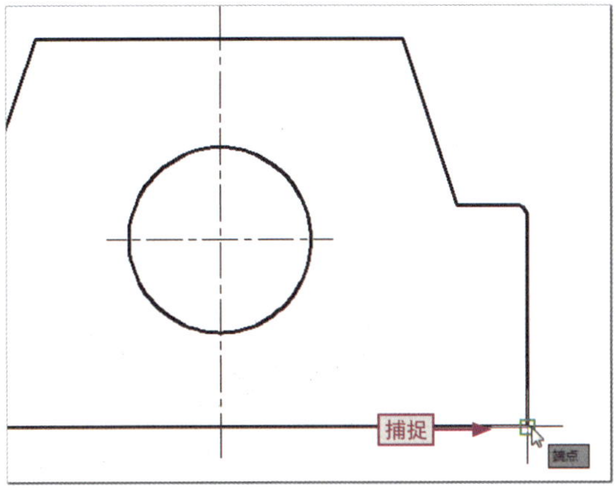

图7-11 指定第二点

步骤04 在指定线性标注的第二点之后，上下移动鼠标，尺寸线随光标的移动而移动。在命令行提示后输入“@0,-25”，指定尺寸线的位置，如图7-12所示。

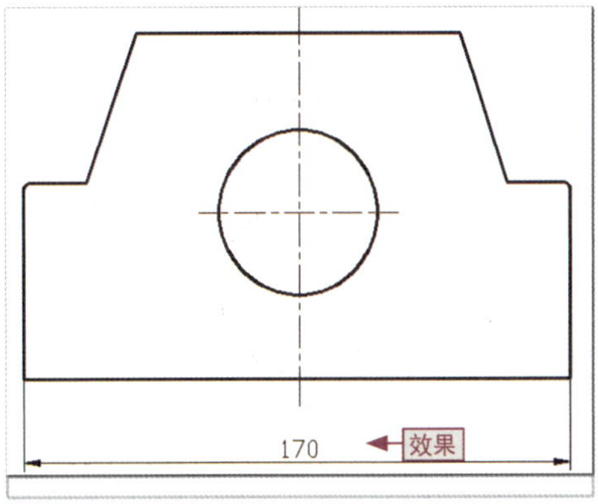

图7-12 输入间距

7.2.2 标注平行尺寸

对齐标注命令用于创建平行于所选对象或两尺寸界线原点连线的直线型尺寸。标注对齐尺寸的具体操作如下。

本节素材	/素材/Chapter07/座体1.dwg
本节效果	/效果/Chapter07/座体1.dwg
学习目标	掌握标注对齐尺寸的方法
难度指数	★★

步骤01 打开“座体1”素材文件，❶在“标注”组中单击“标注”按钮，❷在弹出的下拉菜单中选择“已对齐”命令或输入DIMALIGNED命令，如图7-13所示。

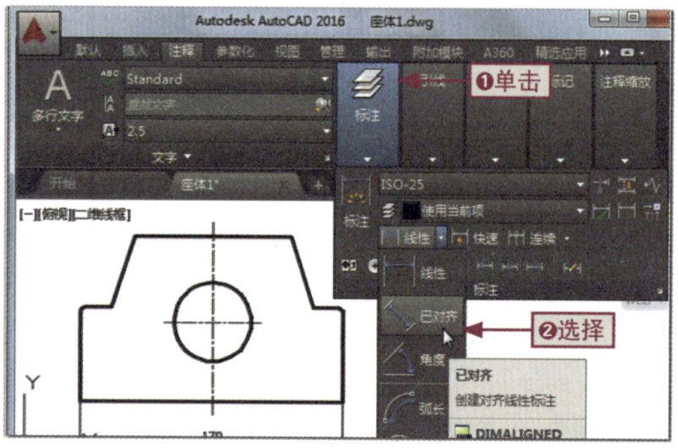

图7-13 选择“对齐”选项

步骤02 在命令行提示“指定第一个尺寸界线的原点”时，利用对象捕捉功能捕捉左上角直线的交点，如图7-14所示。

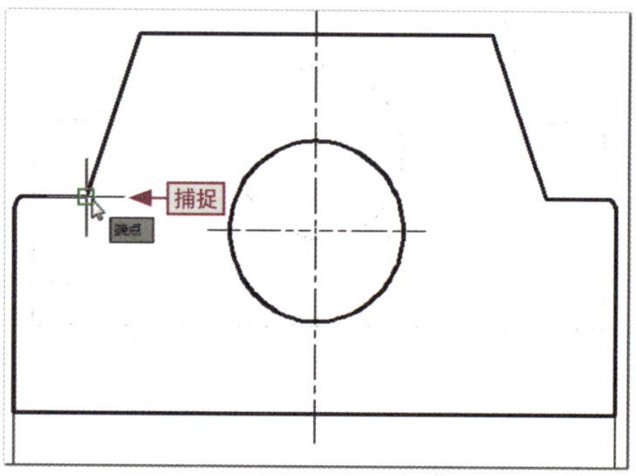

图7-14 捕捉第一点

步骤03 在命令行提示“指定第二个尺寸界线的原点”时，利用对象捕捉功能捕捉上方直线的端点，如图7-15所示。

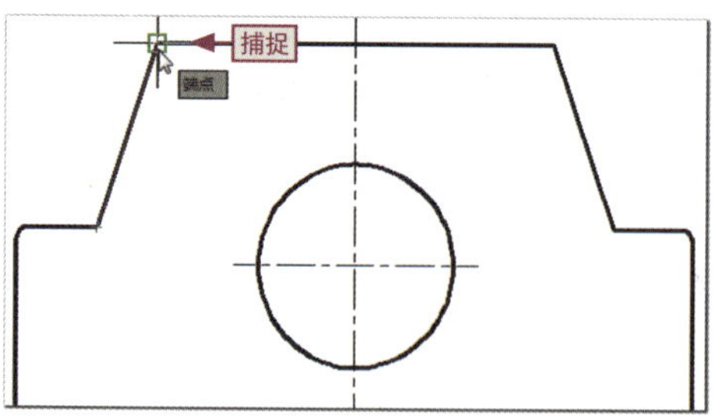

图7-15 捕捉第二点

步骤04 移动鼠标光标，对齐标注的尺寸线随光标的移动而移动，且与捕捉的两点呈平行移动。将鼠标光标向右下方移动，并在命令行提示后输入“20”，指定对齐标注的尺寸线位置，如图7-16所示。

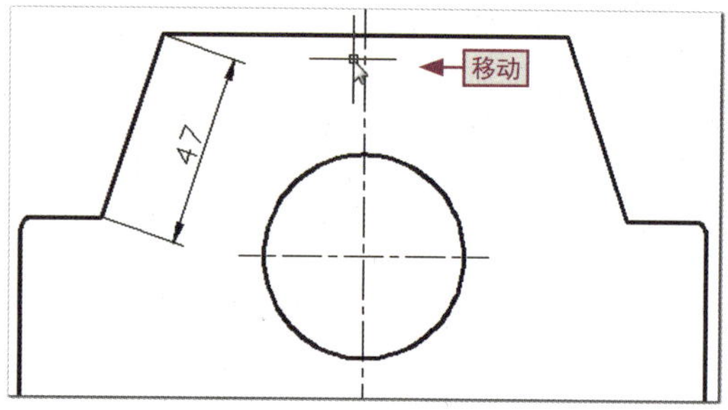

图7-16 标注效果

7.2.3 标注基线尺寸

基线标注可根据直线或角度标注进行标注，即创建自相同基线测量的一系列相关标注。标注基线尺寸的具体操作如下。

本节素材	/素材/Chapter07/座体2.dwg
本节效果	/效果/Chapter07/座体2.dwg
学习目标	掌握标注基线尺寸的方法
难度指数	★★

步骤01 打开“座体2”素材文件，执行线性标注命令，在图形中创建一个线性标注，并在命令行提示后输入“@0,60”，设置标注的高度，如图7-17所示。

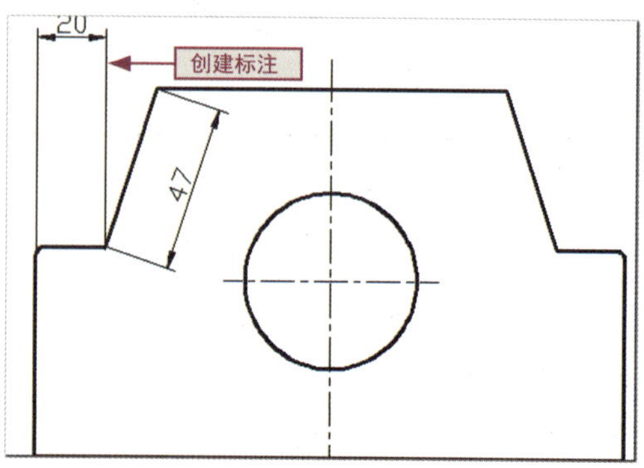

图7-17 创建线性标注

步骤02 在“标注”组的“连续”下拉菜单中选择“基线”命令或在命令行中输入DIMBASELINE命令，如图7-18所示。

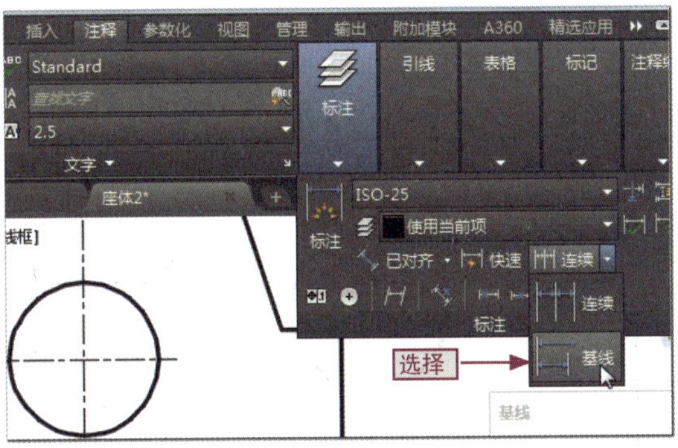

图7-18 选择“基线”命令

步骤03 在命令行提示“指定第二条尺寸界线原点”时，捕捉基线标注的第二条尺寸界线端点，如图7-19所示。

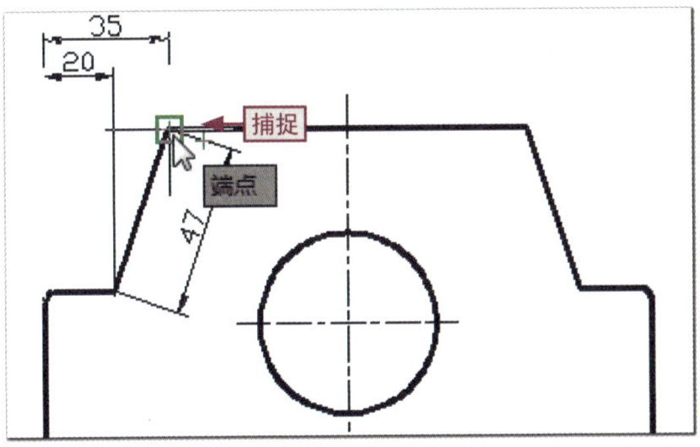

图7-19 捕捉端点

步骤04 在命令行提示“指定第二条尺寸界线原点”时，继续捕捉图形中需要进行标注的端点，如图7-20所示。

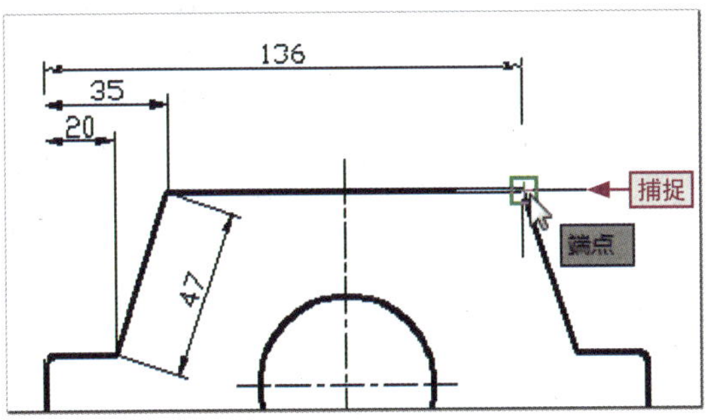

图7-20 捕捉第二个端点

步骤05 按Enter键取消下一条尺寸界线原点，以及基线标注的选择，完成基线标注命令，如图7-21所示。

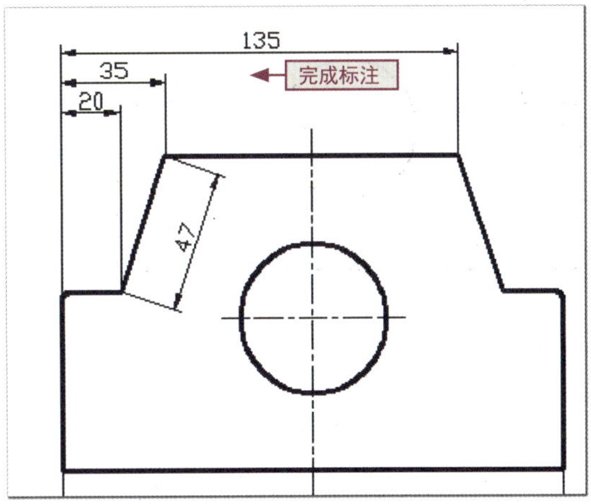

图7-21 创建标注效果

小绝招

基线尺寸标注的相关设置

在结束对某标注的一组基线标注后，系统将提示“选择基准标注”，此时如果选择不结束命令，则可继续进行其他的基线标注，直到按退出命令为止。在基线尺寸标注中，可以对“标注样式”对话框的“直线”选项卡中的“基线间距”设置尺寸线之间的间距。

7.2.4 连续标注尺寸

连续标注命令可以标注连续的尺寸，该命令也需要选择一个已有的尺寸标注样式作为基准标注，然后快速创建出与其相邻对象的尺寸，具体操作如下。

本节素材	/素材/Chapter07/座体3.dwg
本节效果	/效果/Chapter07/座体3.dwg
学习目标	掌握连续标注尺寸的方法
难度指数	★★

步骤01 打开“座体3”素材文件，执行线性标注命令，在图形中创建一个线性标注，并

在命令行提示后输入“@25,0”，设置标注的高度，如图7-22所示。

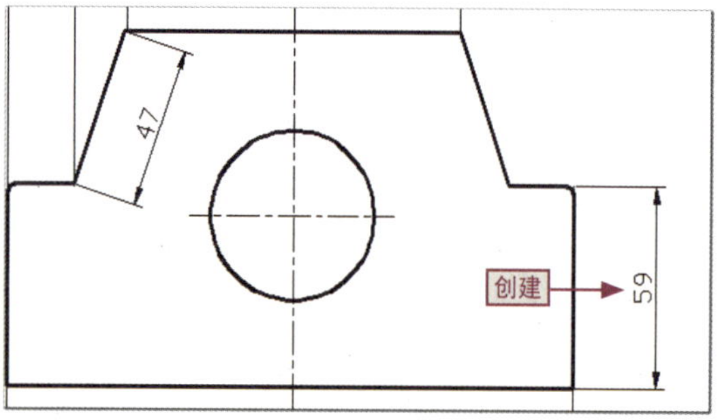

图7-22　创建线性标注

步骤02 在“标注”组中的“连续”下拉菜单中选择“连续”命令或在命令行中输入DIMCONTINUE命令，如图7-23所示。

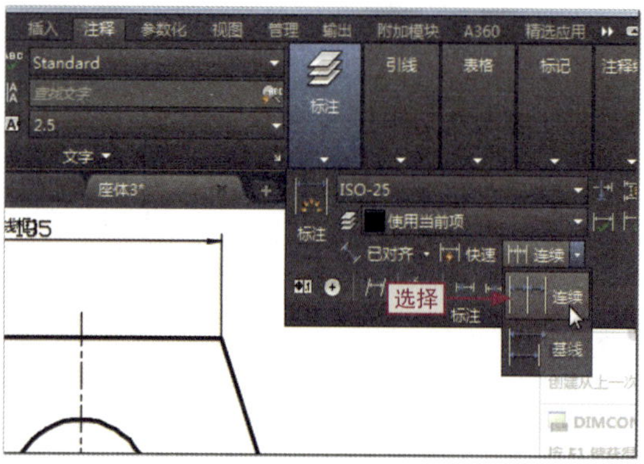

图7-23　选择“连续”命令

步骤03 在命令行提示“指定第二条尺寸界线原点”时，捕捉基线标注的第二条尺寸界线端点，如图7-24所示。

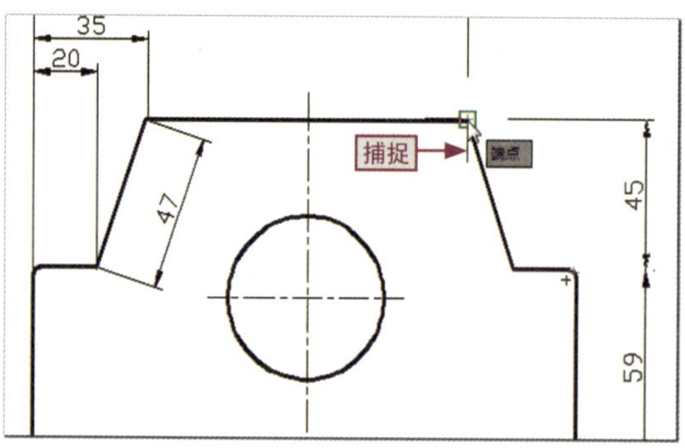

图7-24　捕捉端点

步骤04 按Enter键取消再次选择连续标注的原点，再次按Enter键，结束连续标注命令，如图7-25所示。

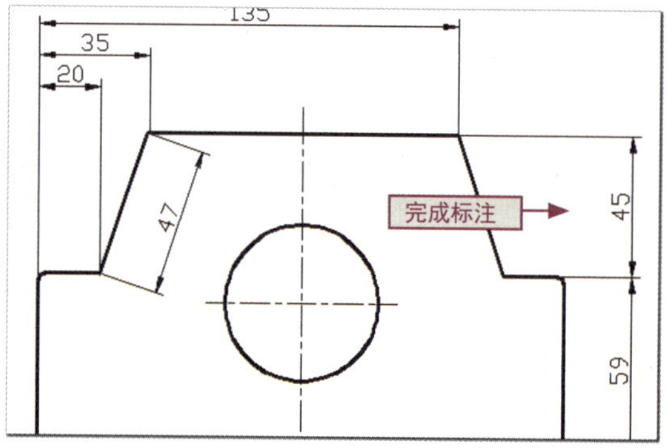

图7-25　创建标注效果

7.2.5 标注角度尺寸

角度标注命令不仅可以用于标注所选两个对象之间的夹角，还可以对圆弧的角度进行角度标注，创建角度尺寸标注的具体操作如下。

本节素材	/素材/Chapter07/座体4.dwg
本节效果	/效果/Chapter07/座体4.dwg
学习目标	掌握标注角度尺寸的方法
难度指数	★★

步骤01 打开“座体4”素材文件，在“标注”组中的“标注”下拉菜单中选择“角度”命令或输入DIMANGULAR命令，如图7-26所示。

图7-26　选择“角度”命令

步骤02 在命令行提示“选择圆弧、圆、直线”时，选择第一条直线，如图7-27所示。

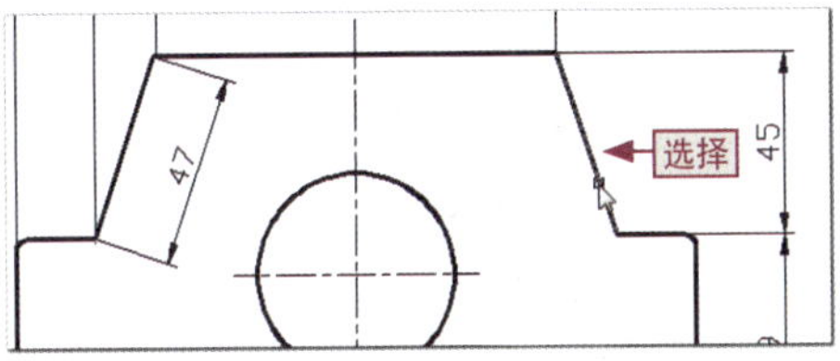

图7-27 选择第一条直线

步骤03 在命令行提示“选择第二条直线”时，选择另一条角度的直线，如图7-28所示。

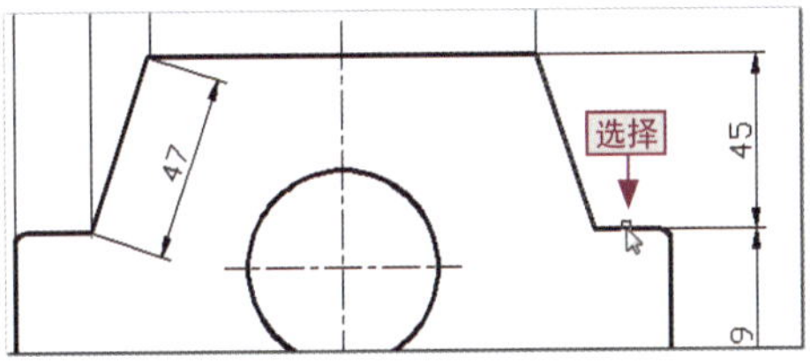

图7-28 选择第二条直线

步骤04 在命令行提示“指定标注弧线位置”时，将鼠标光标向右上角进行移动，如图7-29所示。

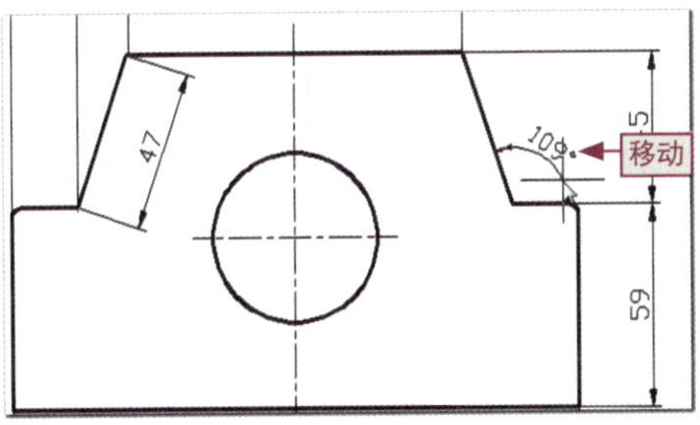

图7-29 移动鼠标

步骤05 在命令行中输入“15”，确定尺寸线与角度圆心之间的距离，按Enter键完成角度标注，如图7-30所示。

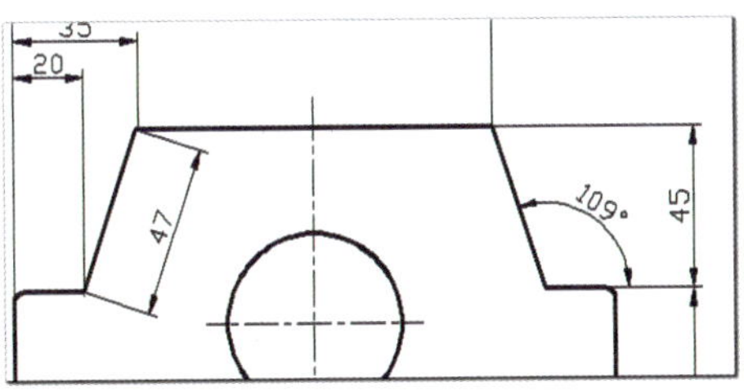

图7-30 创建角度标注效果

7.2.6 标注直径和半径

圆弧型图形的标注包括图形的直径、半径以及折弯等标注，下面分别进行介绍。

1. 标注直径

直径标注用于标注圆或圆弧的直径尺寸，标注直径的具体操作如下。

本节素材	/素材/Chapter07/连杆.dwg
本节效果	/效果/Chapter07/连杆.dwg
学习目标	掌握标注图形直径的方法
难度指数	★★

步骤01 打开“连杆”素材文件，在“标注”组中的“标注”下拉菜单中选择“直径”命令或在命令行中输入DIMDIAMETER命令，如图7-31所示。

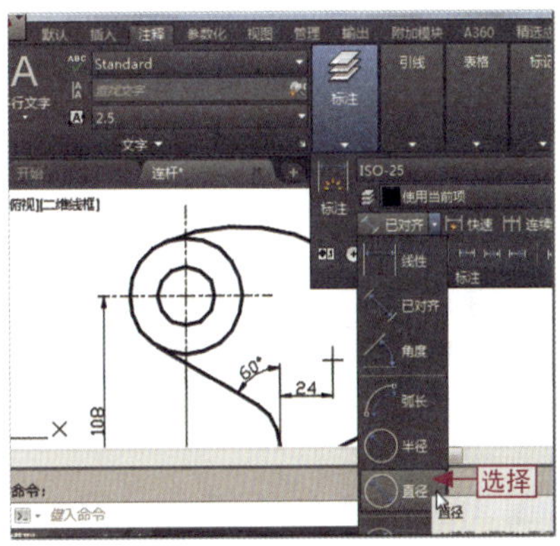

图7-31 选择“直径”命令

步骤02 在命令行提示“选择圆弧或圆”时，在图形中的小圆形上拾取一点，利用该点决定尺寸线的位置，如图7-32所示。

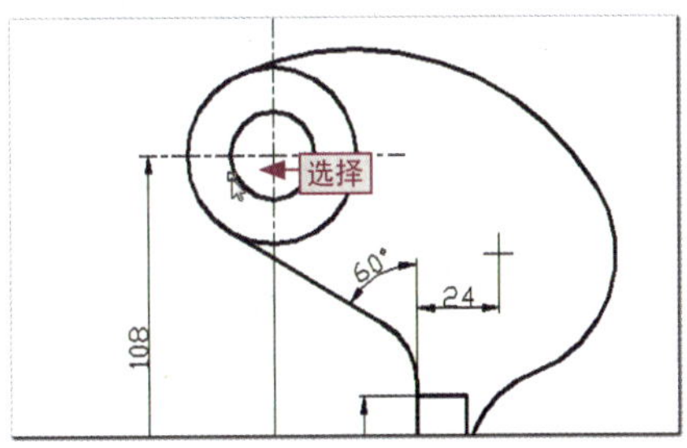

图7-32 选择标注的圆形

步骤03 移动鼠标光标可以调整尺寸线的长度，到达合适的位置后释放鼠标，完成标注，如图7-33所示。

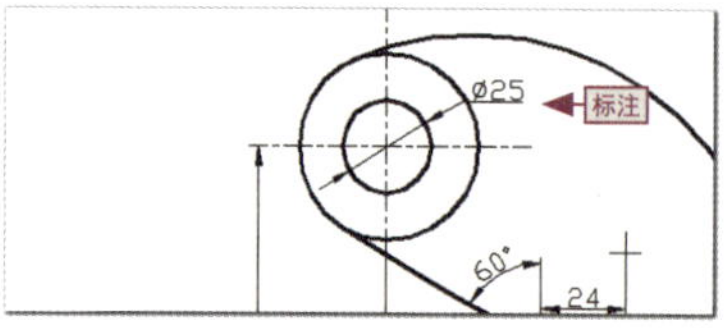

图7-33 标注圆形效果

步骤04 用同样的方法选择大圆形，为其添加直径标注，如图7-34所示。

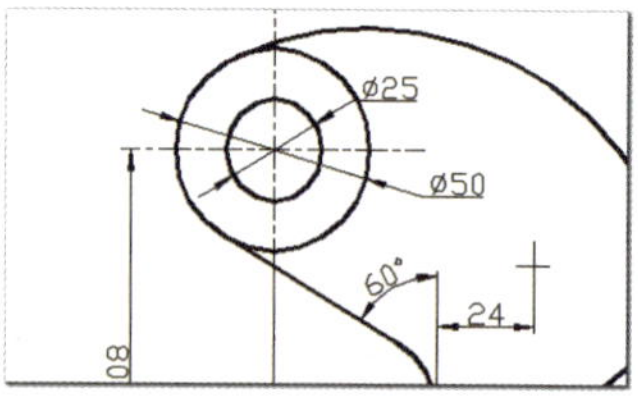

图7-34 标注圆形效果

2. 标注半径

半径标注用于标注圆或圆弧的半径尺寸，标注半径的具体操作如下。

本节素材	/素材/Chapter07/连杆1.dwg
本节效果	/效果/Chapter07/连杆1.dwg
学习目标	掌握标注半径的方法
难度指数	★★

步骤01 打开“连杆1”素材文件，在“标注”组中的“标注”下拉菜单中选择“半径”命令或在命令行中输入DIMRADIUS命令，如图7-35所示。

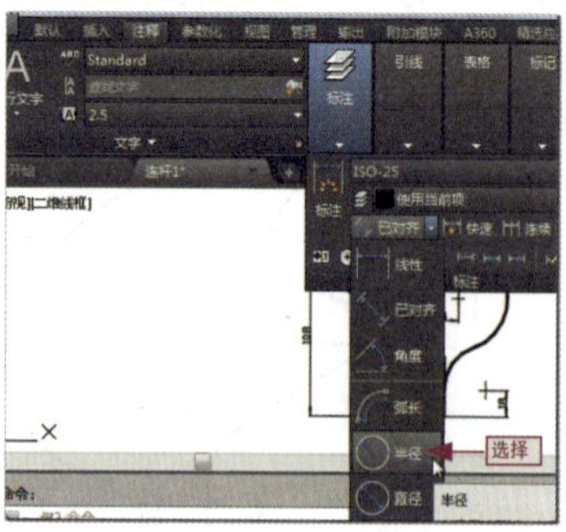

图7-35 选择“半径”命令

步骤02 在命令行提示“选择圆弧或圆”时，选择要进行半径尺寸标注的圆弧，如图7-36所示。

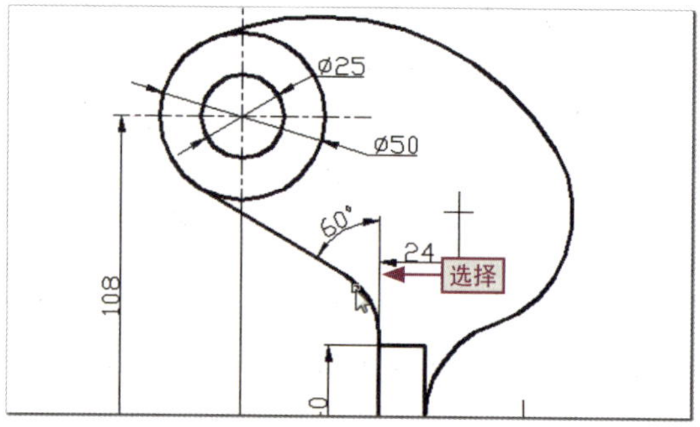

图7-36 选择圆弧

步骤03 移动鼠标光标至合适的位置并单击，确定半径标注的位置，如图7-37所示。

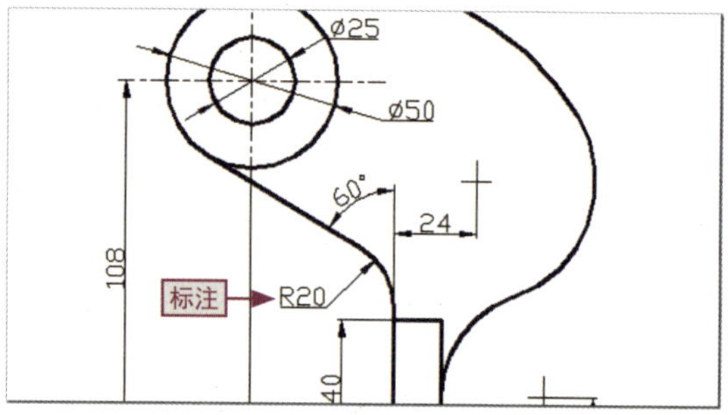

图7-37 标注半径效果

3. 标注折弯半径

当圆弧或圆的中心位于布局外并且无法在其实际位置显示时，使用折弯半径标注命令可以创建折弯半径尺寸标注，其具体操作如下。

本节素材	/素材/Chapter07/连杆2.dwg
本节效果	/效果/Chapter07/连杆2.dwg
学习目标	掌握标注折弯半径的方法
难度指数	★★

步骤01 ❶打开“连杆2”素材文件，❷在“标注”组中的“标注”下拉菜单中选择“已折弯”命令或在命令行中输入DIMJOGGED命令，如图7-38所示。

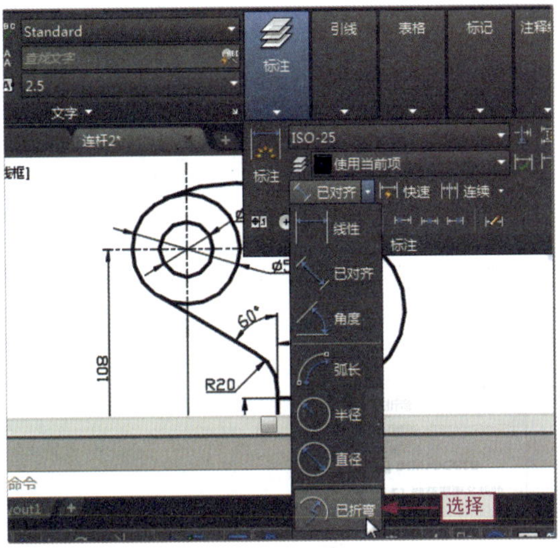

图7-38　选择“已折弯”命令

步骤02 在命令行提示“选择圆弧或圆”时，选择要进行折弯半径标注的圆弧，如图7-39所示。

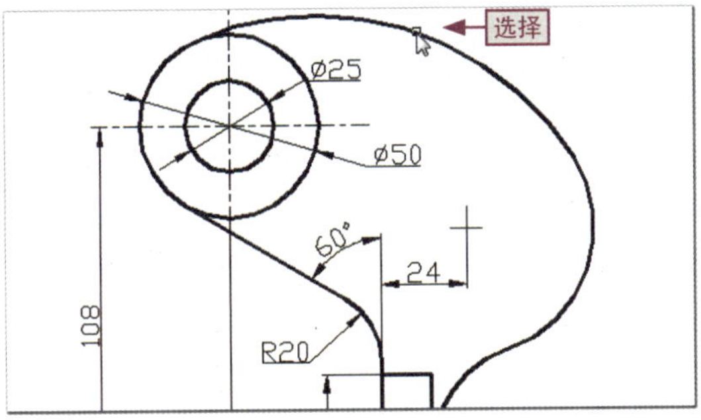

图7-39　选择圆弧

步骤03 在图形的空白处单击，指定折弯半径标注中心位置，如图7-40所示。

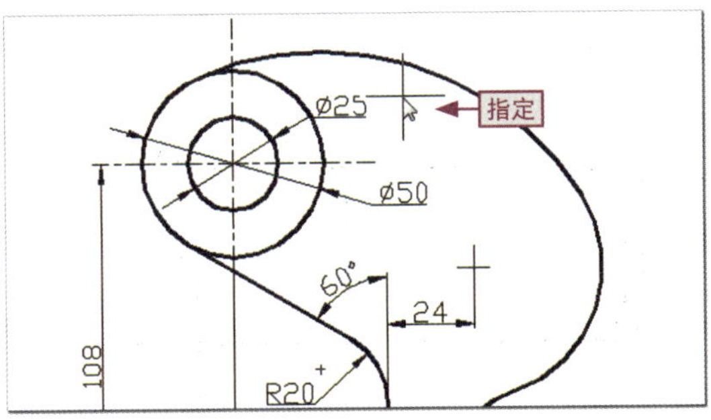

图7-40　指定折弯半径中心位置

步骤04 移动鼠标光标，确定折弯半径尺寸线的位置。再次移动鼠标光标，当移到适当的位置时，单击确定折弯半径的折弯位置，如图7-41所示。

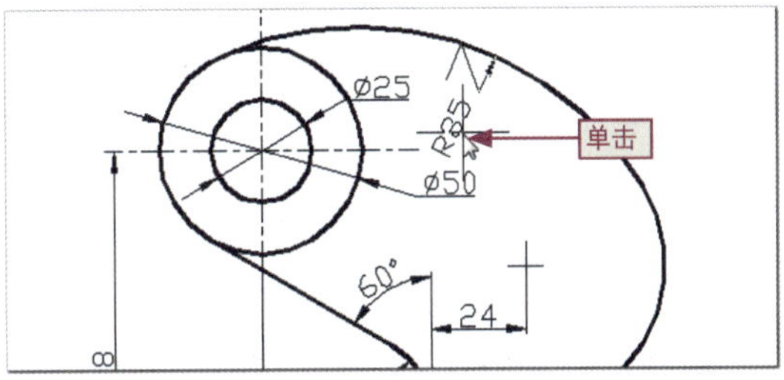

图7-41　确定折弯半径的折弯位置

步骤05 完成对圆弧弯曲半径的尺寸标注，其效果如图7-42所示。

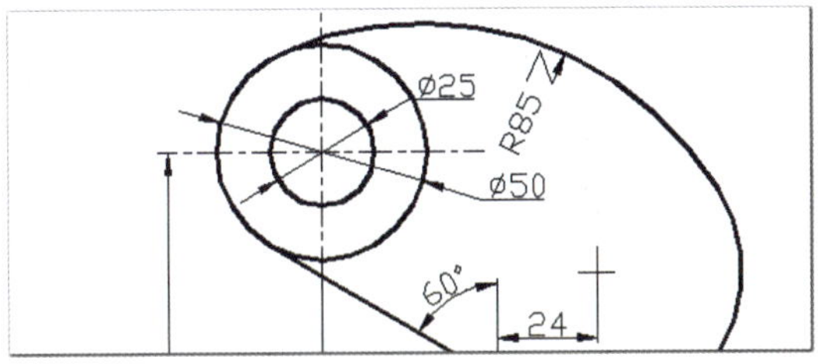

图7-42　完成标注

7.2.7 标注坐标尺寸

使用标注坐标尺寸命令可以自动测量和标注点的坐标位置。坐标标注是沿一条简单的引线显示指定点的X和Y坐标，这类标注也称基准标注，执行标注坐标命令的具体操作如下。

本节素材	/素材/Chapter07/桑拿房.dwg
本节效果	/效果/Chapter07/桑拿房.dwg
学习目标	掌握标注坐标尺寸的方法
难度指数	★★

步骤01 打开“桑拿房”素材文件，❶在“标注”组中单击“标注”按钮，❷在弹出的下拉菜单中选择“坐标”命令或输入DIMORDINATE命令，如图7-43所示。

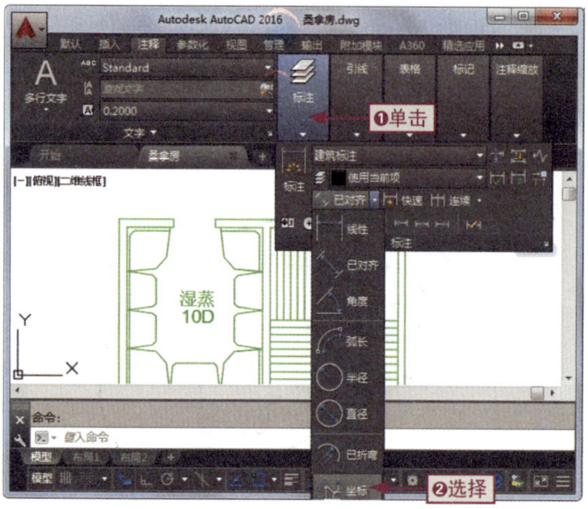

图7-43　选择“坐标”命令

步骤02 在命令行提示“指定点坐标”时，捕捉一点作为点坐标，如图7-44所示。

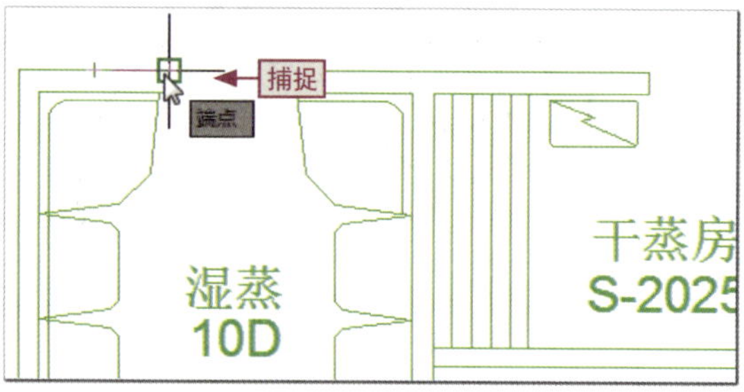

图7-44　捕捉端点

步骤03 移动鼠标光标，确定标注的位置，到达适合的位置后单击，完成标注，如图7-45所示。

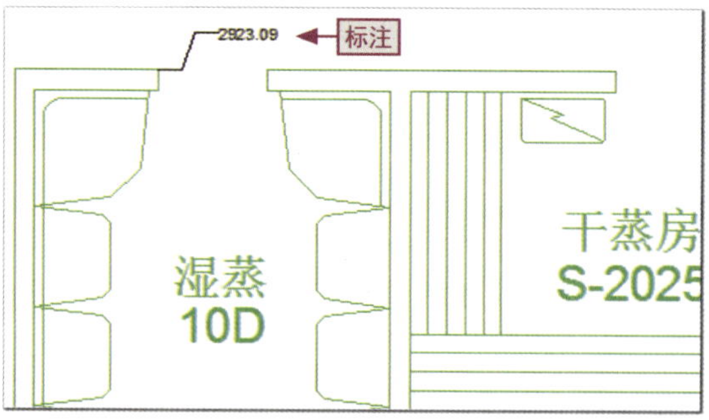

图7-45　完成标注

7.2.8 标注引线尺寸

引线标注常应用于标注某对象的说明信息。使用引线标注命令标注对象时，系统不会自动为图形加上标注文字，引线标注的文字信息由用户手动添加来完成，创建引线标注的具体操作如下。

本节素材	/素材/Chapter07/螺栓.dwg
本节效果	/效果/Chapter07/螺栓.dwg
学习目标	掌握标注引线尺寸的方法
难度指数	★★

步骤01 打开“螺栓”素材文件，在“标注”组中单击“引线”按钮或在命令行中输入QLEADER命令，如图7-46所示。

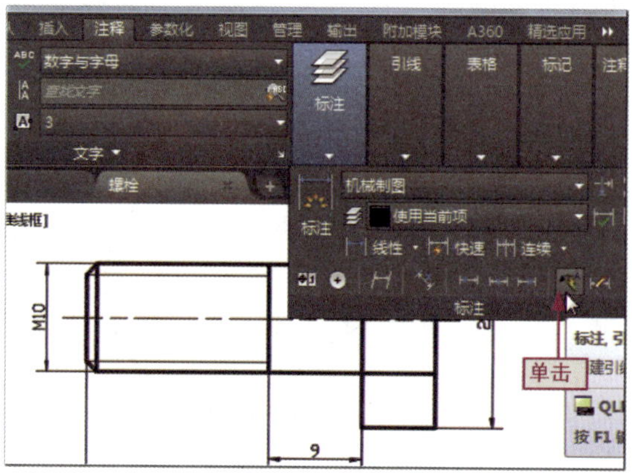

图7-46　单击“引线”按钮

步骤02 在命令行提示“指定第一个引线点”时，捕捉图形左上角的一个端点，如图7-47所示。

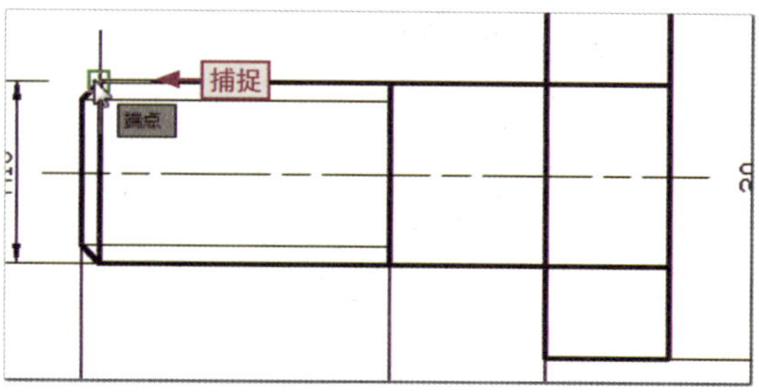

图7-47　捕捉端点

步骤03 在命令行提示“指定下一点”时，打开极轴追踪功能，捕捉45°的极轴，并在命令行中输入其长度为“3”，如图7-48所示。

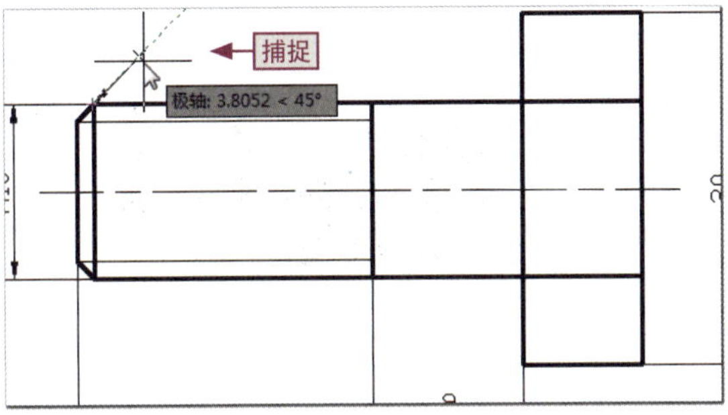

图7-48 捕捉极轴

步骤04 将鼠标光标向右移动，在命令行提示“指定下一点”时，在命令行中输入长度为“1”，如图7-49所示。

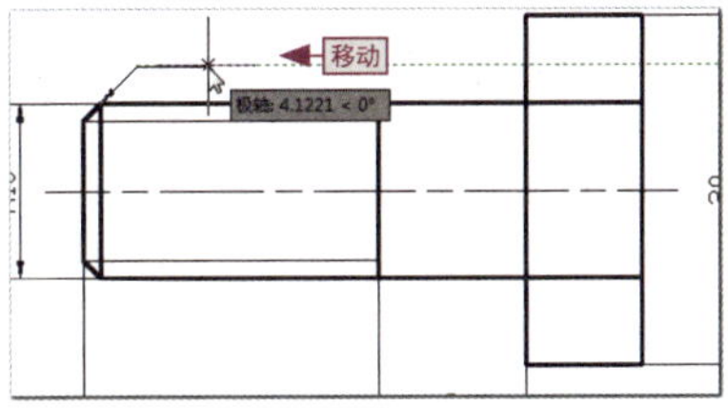

图7-49 移动鼠标光标

步骤05 在命令行提示“输入注释文字的第一行”时，出现一个文字编辑框，输入“C1”，按Enter键结束引线标注命令，如图7-50所示。

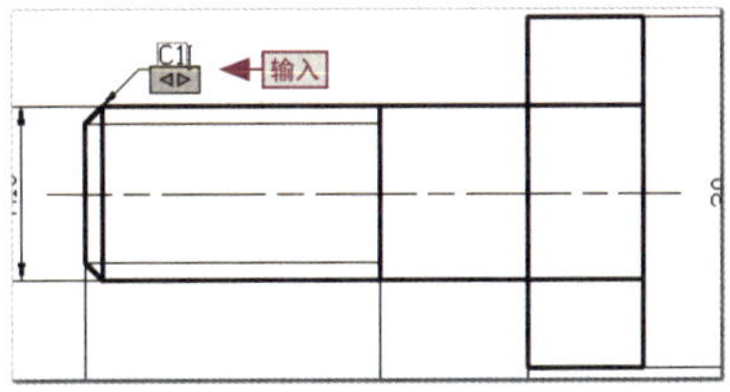

图7-50 输入文字

长知识

设置引线及箭头外观特征

利用引线标注对图形进行说明时，用户可以对引线标注的引线和箭头等外观特征进行设置，其具体操作是：执行引线标注命令，在命令行提示“指定第一个引线点或［设置(S)］<设置>：”时输入S命令。打开“引线设置”对话框，单击“注释”和“附着”选项卡，可对“注释类型”和“多行文字附着”等项进行设置，如图7-51所示。单击“引线和箭头”选项卡，分别在“引线”、“点数”和“箭头”栏中设置引线的类型及箭头符号等，如图7-52所示。单击“确定”按钮，完成设置。

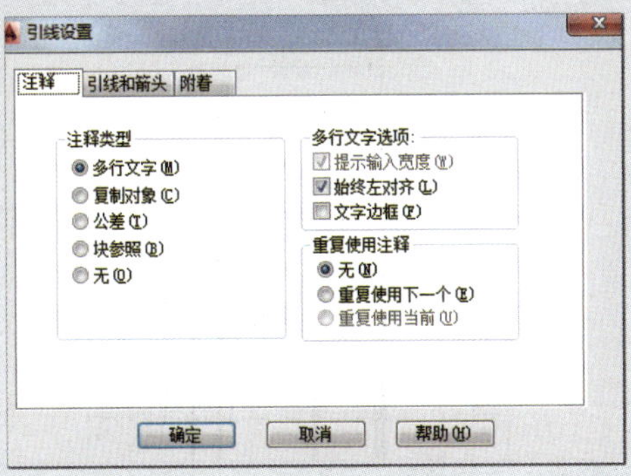

图7-51 “注释”选项卡

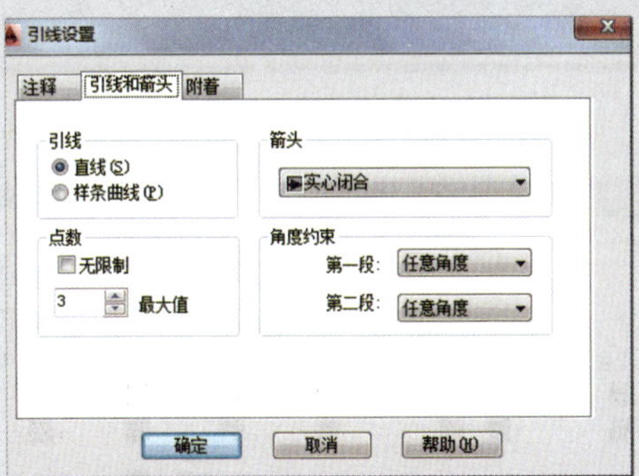

图7-52 “引线和箭头”选项卡

7.2.9 标注形位公差尺寸

形位公差分为形状公差和位置公差，其主要用来定义形状、轮廓、方向、位置和跳动相对精确的几何图形的最大误差值，以表现要求的精确度，标注形位公差尺寸的具体操作如下。

本节素材	/素材/Chapter07/端盖.dwg
本节效果	/效果/Chapter07/端盖.dwg
学习目标	掌握标注形位公差尺寸的方法
难度指数	★★

步骤01 打开“端盖”素材文件，在“注释”选项卡的“标注”组中单击“公差”按钮或在命令行中输入TOLERANCE命令，如图7-53所示。

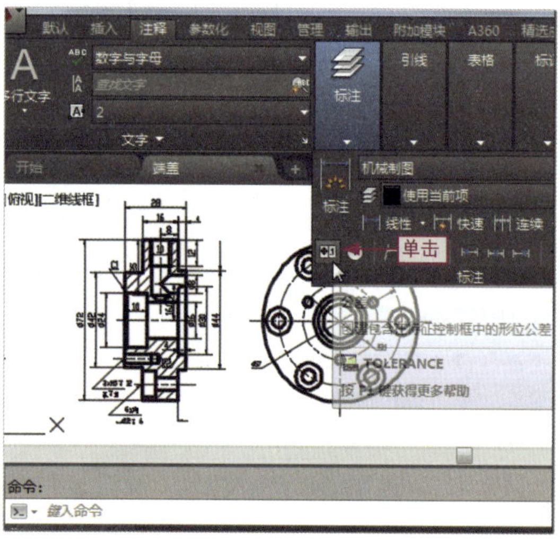

图7-53 单击“公差”按钮

步骤02 打开“形位公差”对话框，单击“符号”栏中的图标框，如图7-54所示。

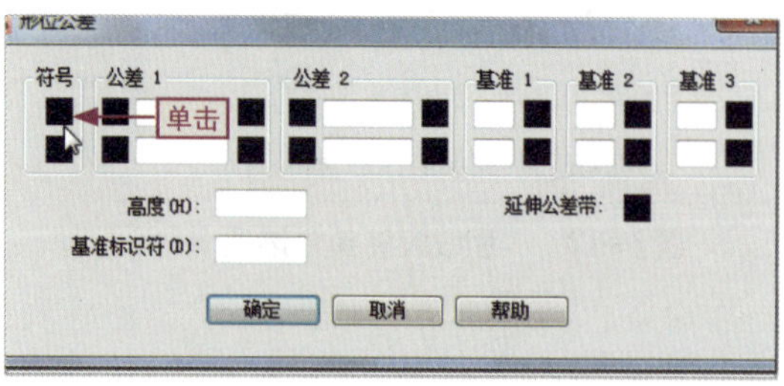

图7-54 单击图标框

步骤03 在打开的“特征符号”对话框中选择“同轴”符号，返回到“形位公差”对话框，如图7-55所示。

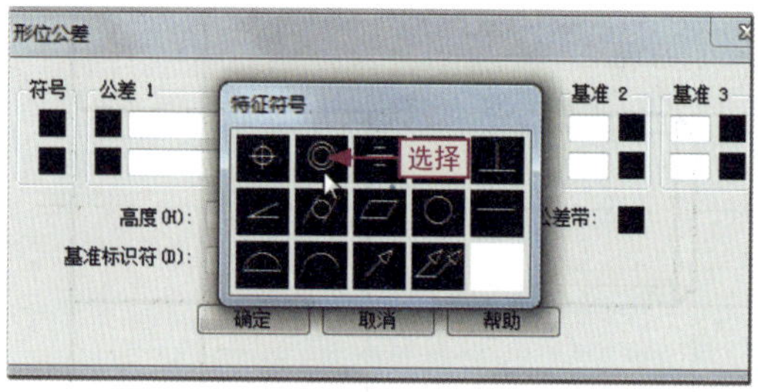

图7-55 选择符号

步骤04 ❶在“公差1”栏中单击图标框，❷并在其后的文本框中输入“0.04”，❸在“基准1”文本框中输入“A”，❹完成设置后，单击“确定”按钮返回到绘图区，如图7-56所示。

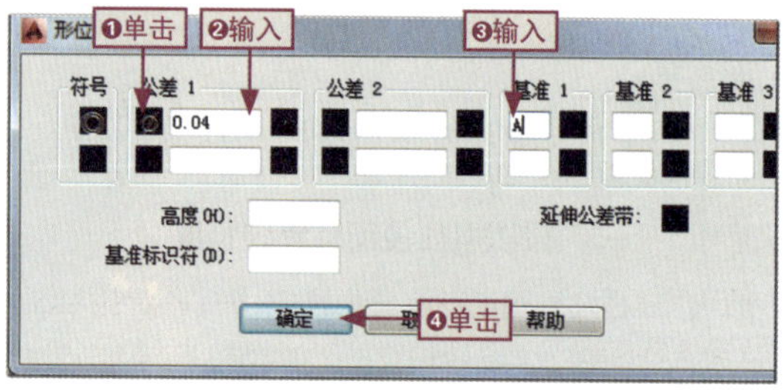

图7-56 设置公差

步骤05 在绘图区利用对象捕捉功能捕捉引线标注的端点，如图7-57所示。

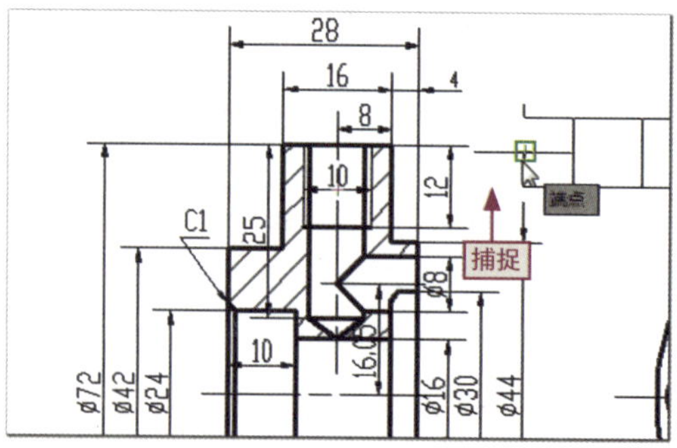

图7-57 捕捉端点

步骤06 完成形位公差的标注，其效果如图7-58所示。

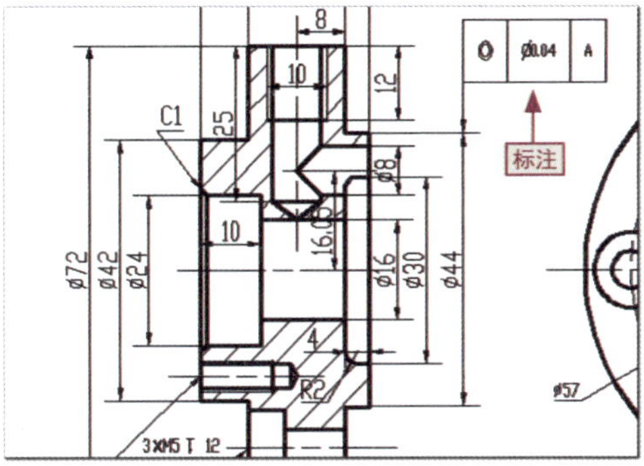

图7-58 形位公差标注

7.2.10 快速标注

快速标注可以快速创建多种形式的标注，如创建基线标注、连续尺寸标注、半径标注或直径标注等，但不能标记圆心和标注公差。快速标注的具体操作如下。

本节素材	/素材/Chapter07/沙发.dwg
本节效果	/效果/Chapter07/沙发.dwg
学习目标	掌握快速标注尺寸的方法
难度指数	★★

步骤01 打开“沙发”素材文件，在“注释”选项卡的“标注”组中单击“快速”按钮或在命令行中输入QDIM命令，如图7-59所示。

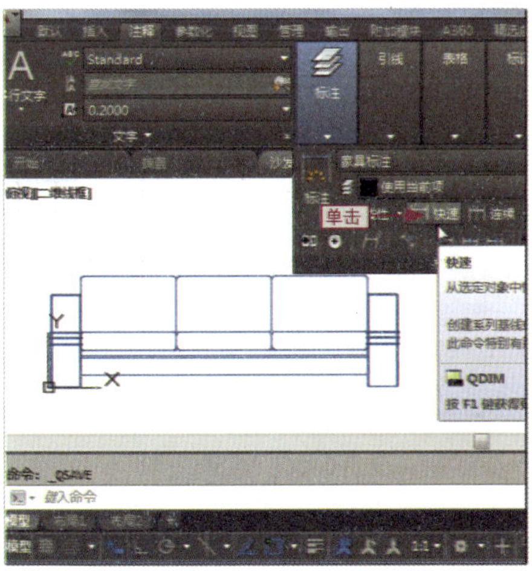

图7-59 单击“快速”按钮

步骤02 在命令行提示“选择要标注的几何图形”时，选择标注的图形，如图7-60所示。

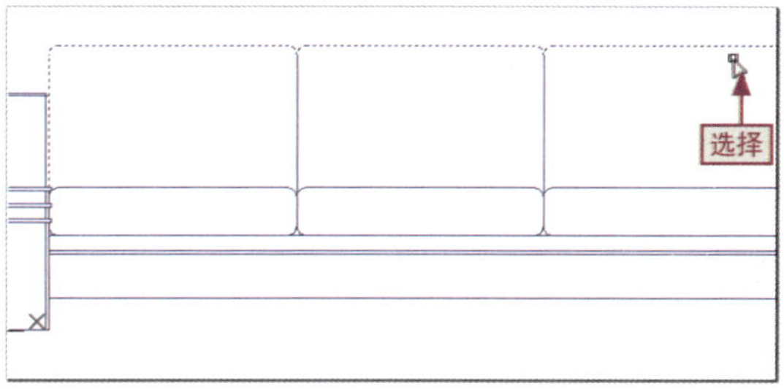

图7-60 选择标注图形

步骤03 按Enter键，在图形上出现标注线，将鼠标光标向上移动，到合适的位置后单击，如图7-61所示。

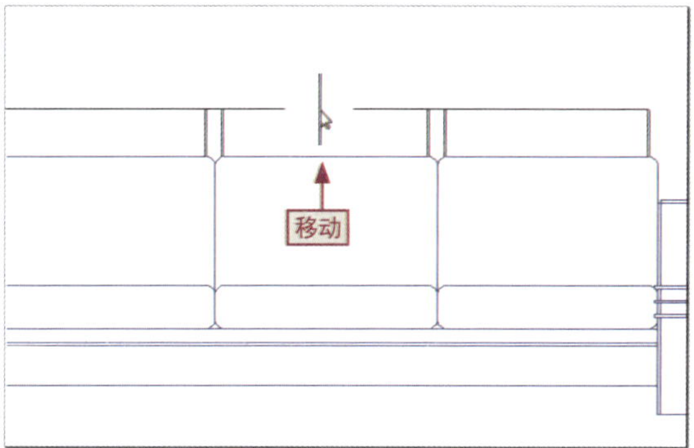

图7-61 移动光标

步骤03 完成对图形的快速标注，效果如图7-62所示。

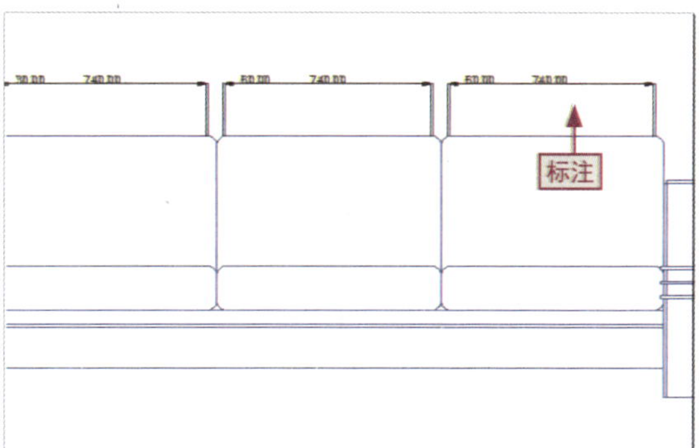

图7-62 标注效果

7.3 编辑与更新标注

小白：我要给绘制的图形添加标注，该如何添加呢？

阿智：可以通过“标注样式管理器”对话框来添加，下面我来教教你吧。

用AutoCAD的标注命令对图形进行标注后，根据需要还可对尺寸标注进行编辑，如修改标注文字的位置、内容，更新标注尺寸及关联标注等。

7.3.1 编辑标注文字

使用“标注样式管理器”对话框可以设置文字的样式和文字高度。在该样式下创建的所有标注，其文字位置都是相同的，但在某些特殊情况下，需要更改标注文字在尺寸线上的位置，这时，便可以使用编辑标注文字命令对标注文字进行调整。编辑标注文字的具体操作如下。

本节素材	/素材/Chapter07/盘盖.dwg
本节效果	/效果/Chapter07/盘盖.dwg
学习目标	掌握编辑标注文字的方法
难度指数	★★

步骤01 打开“盘盖”素材文件，在“标注”组中单击“编辑标注文字”按钮或在命令行中输入DIMTEDIT命令，如图7-63所示。

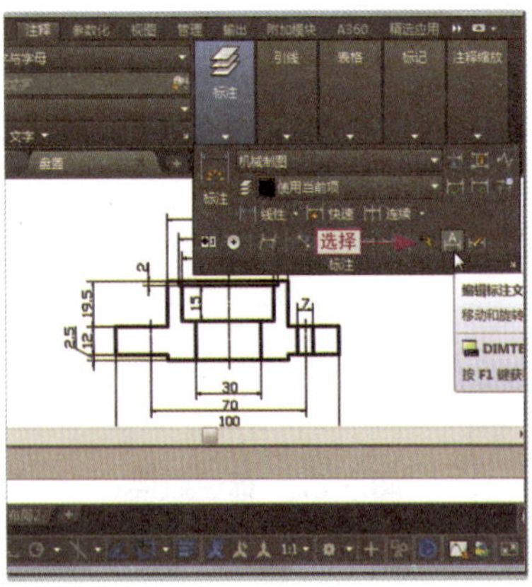

图7-63 单击“编辑标注文字”按钮

步骤02 在命令行提示“选择标注”时，选择要进行编辑的尺寸标注，如图7-64所示。

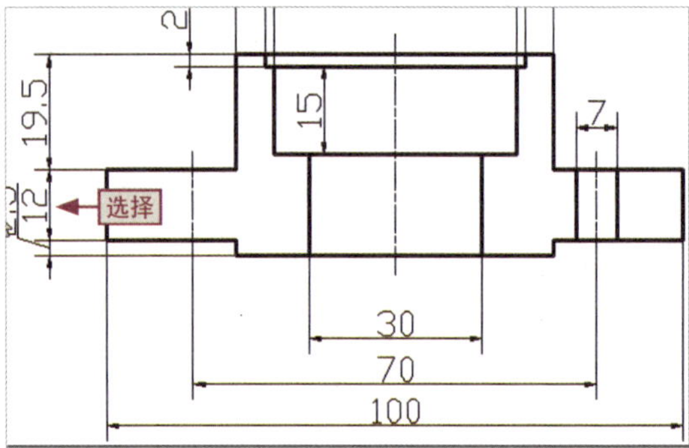

图7-64 选择标注

步骤03 移动鼠标光标，将标注移动到尺寸界线的下方，单击，确定编辑修改，如图7-65所示。

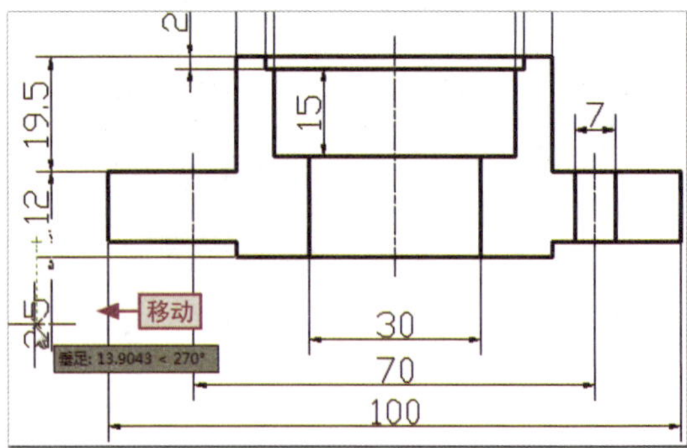

图7-65 移动标注

步骤04 完成对标注文字的编辑，效果如图7-66所示。

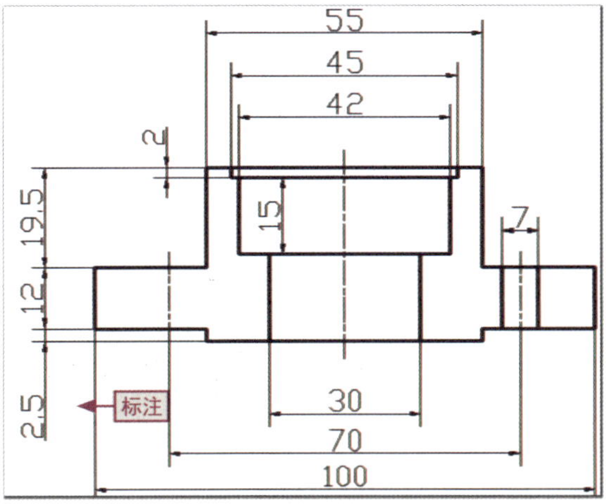

图7-66　编辑标注效果

7.3.2 编辑标注

编辑标注命令可以对尺寸界线、标注文字进行倾斜和旋转处理，编辑标注的具体操作如下。

本节素材	/素材/Chapter07/盘盖1.dwg
本节效果	/效果/Chapter07/盘盖1.dwg
学习目标	掌握编辑标注的方法
难度指数	★★

步骤01 打开“盘盖1”素材文件，在“标注”组中单击“编辑标注”按钮或输入DIMEDIT命令，如图7-67所示。

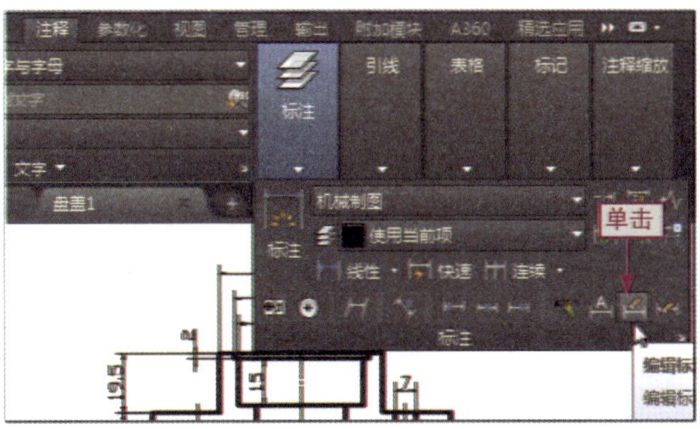

图7-67　单击“编辑标注”按钮

步骤02 在命令行提示“输入标注编辑类型”时，输入N命令，选择“新建”选项，在绘图区出现一个编辑框，在其中的“0”左侧输入“%%c”，显示直径符号，如图7-68所示。

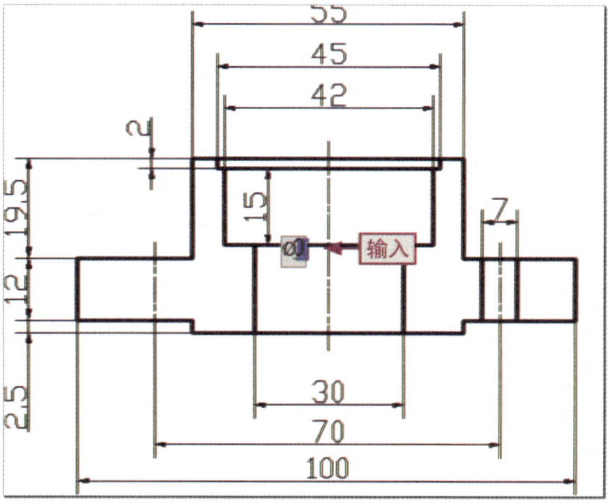

图7-68　输入符号

步骤03 在命令行提示“选择对象”时，选择要进行编辑的标注，如图7-69所示。

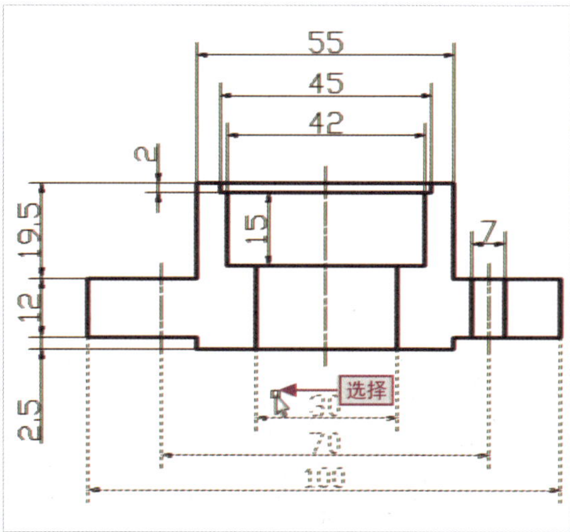

图7-69　选择标注

步骤04 按Enter键即可将选择的线性标注修改为直径标注，如图7-70所示。

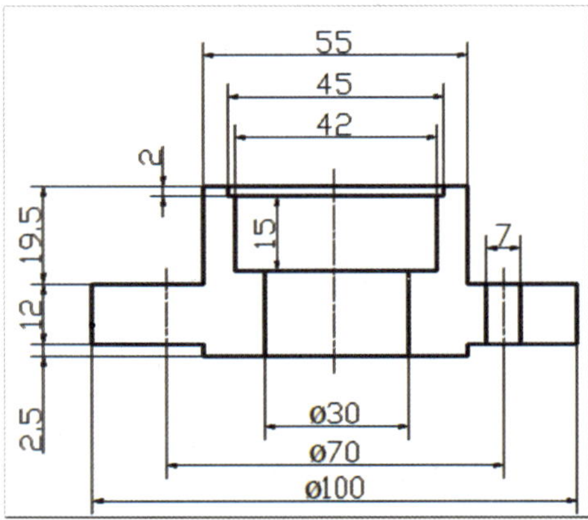

图7-70　将线性标注修改成了直径标注

7.3.3 更新标注

更新标注尺寸是指将多个尺寸标注样式更新为修改后的样式，更新标注的具体操作如下。

本节素材	/素材/Chapter07/盘盖2.dwg
本节效果	/效果/Chapter07/盘盖2.dwg
学习目标	掌握更新标注的方法
难度指数	★★

步骤01 打开“盘盖2”素材文件，在“注释”选项卡的“标注”组中单击“更新”按钮，如图7-71所示。

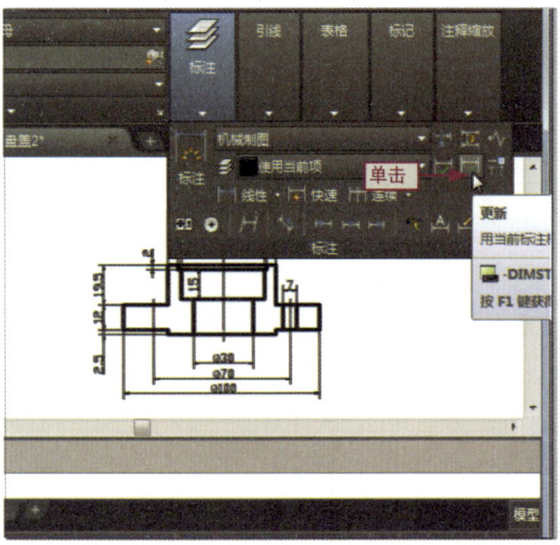

图7-71　单击“更新”按钮

步骤02 在命令行提示“选择对象”时，选择图形中的3个线性标注，如图7-72所示。

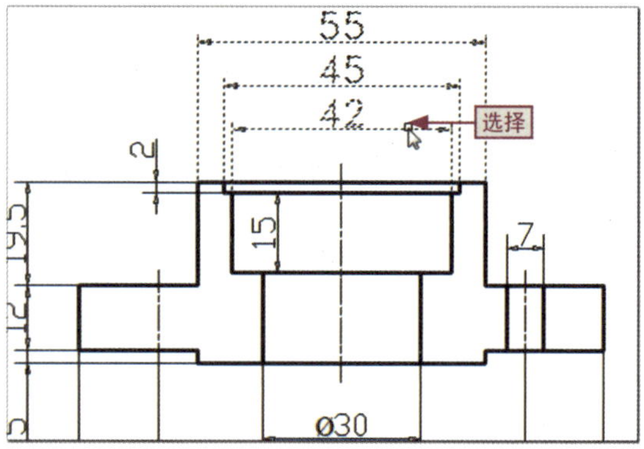

图7-72　选择3个线性标注

步骤03 按Enter键，完成对标注的更新，如图7-73所示。

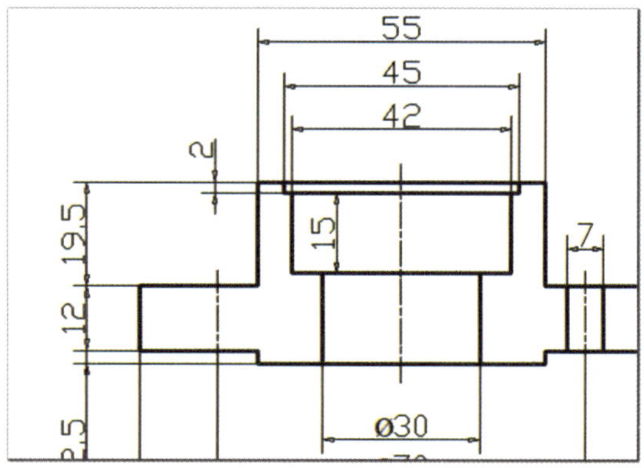

图7-73　完成编辑

给你支招 | 设置标注箭头方向

小白：在进行尺寸标注时，为什么别人的标注箭头都在里面，而我的标注箭头却在外面，而且长度和箭头大小都是一样的？

阿智：这是由于在进行尺寸标注时，系统会根据标注的长度和箭头的大小等参数选项来确定箭头的位置。在AutoCAD中，如果对箭头的位置不满意，可以对其方向进行设置，其操作如下。

步骤01 选择图形上的标注，将鼠标光标移动到箭头图形的夹点上，在自动弹出的快捷菜单中选择“翻转箭头”命令，如图7-74所示。

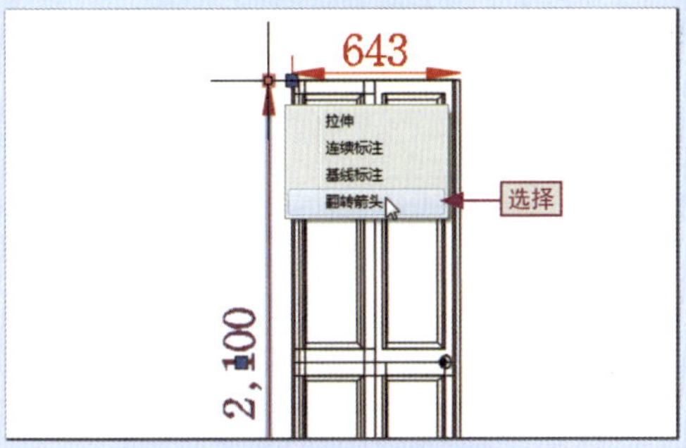

图7-74　选择“翻转箭头”命令

步骤02 将标注的箭头方向翻转到向内指向，如图7-75所示。

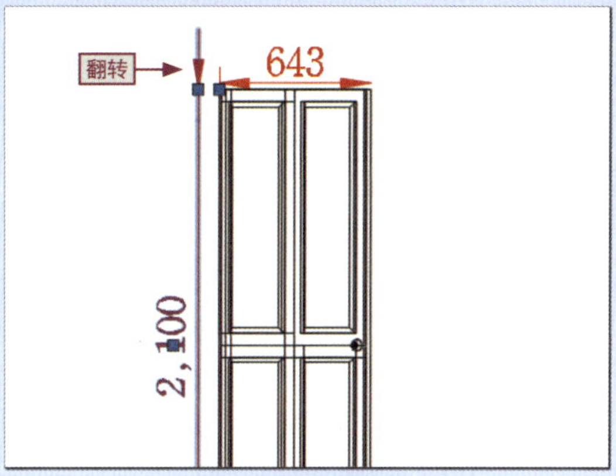

图7-75　设置箭头方向

给你支招 | 设置带转折的标注

小白：对圆进行标注时，如何才能让直径标注的尺寸线带水平转折？

阿智：❶在“修改标注样式”对话框中切换到“文字”选项卡，❷在“文字对齐”栏中选中“水平”单选按钮，这样标注的尺寸标注便变为水平转折的直径标注，如图7-76所示。

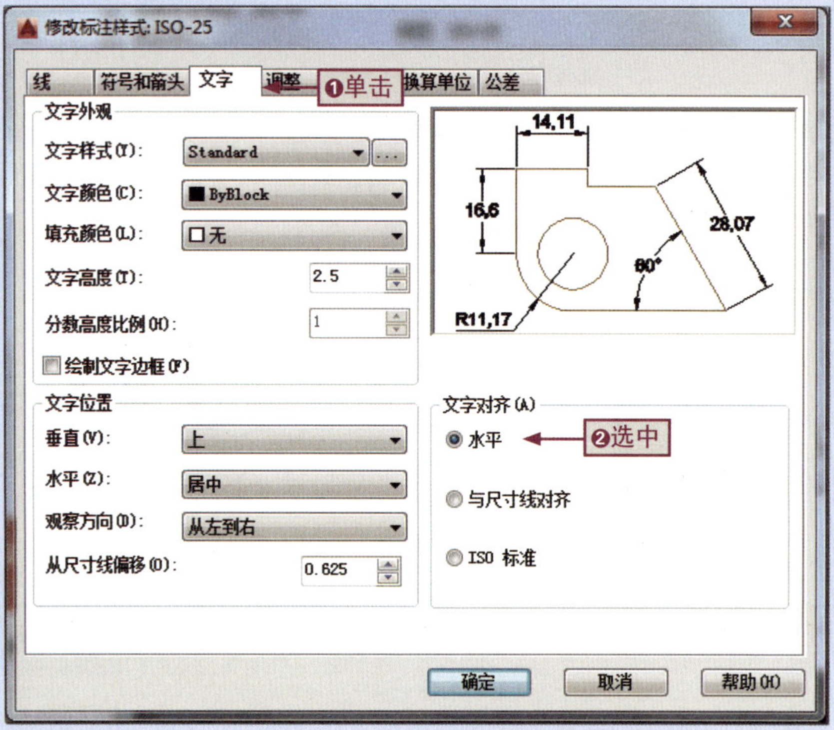

图7-76　选中“水平”单选按钮

Chapter 08 使用图块和外部参照

学习目标

在绘制图形时，将需要多次使用的图形符号、部分图形或整个图形创建为图块，在需要时再将该图块缩放或旋转后插入当前图形中，可以提高绘图速度。本章将学习图块的应用、创建并插入图块、编辑图块和设置其属性等知识。

本章要点

- 内部和外部图块的创建
- 重命名图块
- 分解图块
- 创建新图块
- 设置图块属性
- 使用设计中心

知识要点	学习时间	学习难度
图块的创建和插入	50 分钟	★★★
外部参照的使用	30 分钟	★★★
设计中心的使用	25 分钟	★★

8.1 创建与插入图块

小白：这个图我前两天才绘制好，今天又需要修改，反复绘制里面的部件图形我都厌倦了。

阿智：你可以把这几个常用的图形定义成图块，这样就可以随时调用，简化绘图操作。

图块是由一个或多个图形实体组成的，以一个名称命名的图形单元。要定义一个图块，首先要绘制好组成图块的图形实体，然后再对其进行定义，用户可根据需要创建、插入和分解图块。

8.1.1 内部和外部图块的创建

要使用图块，首先需要创建图块，包括内部和外部图块的创建。

1. 创建内部图块

内部图块只能在定义它的图形文件中调用，它跟定义它的图形文件一同被保存在图形文件内部，其具体操作如下。

本节素材	/素材/Chapter08/沙发.dwg
本节效果	/效果/Chapter08/沙发.dwg
学习目标	掌握创建内部图块的方法
难度指数	★★

步骤01 打开“沙发”素材文件，在“默认”选项卡的“块”组中单击“创建”按钮或在命令行中输入BLOCK命令，如图8-1所示。

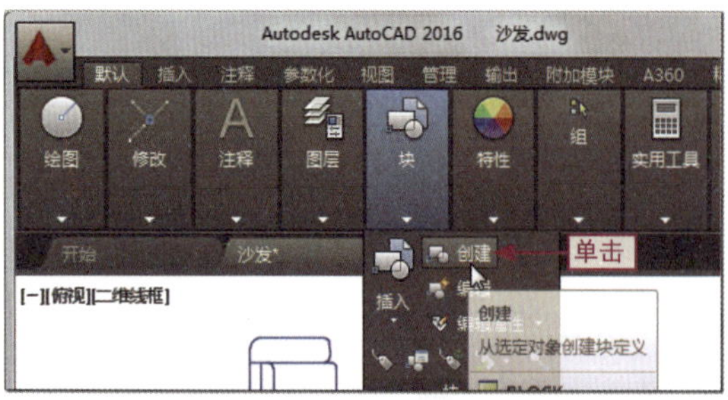

图8-1 单击“创建”按钮

步骤02 打开“块定义”对话框，❶在“名称”下拉列表框中输入块的名称“沙发”，❷单击“拾取点”按钮，如图8-2所示。

图8-2 输入块名称

步骤03 系统自动返回到绘图区，捕捉中间沙发的下边缘中点为基点，如图8-3所示。

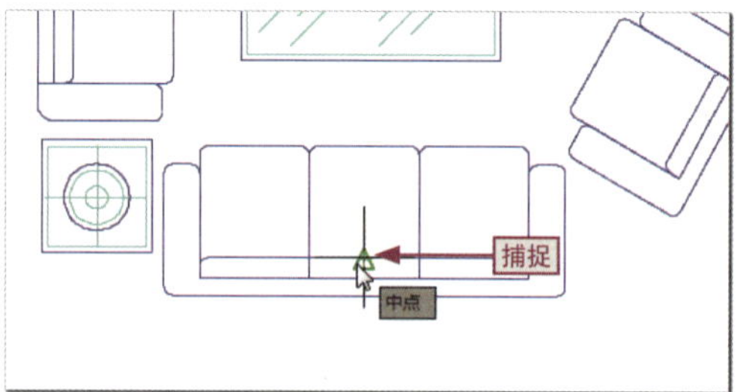

图8-3 捕捉中点

小绝招 创建图块拾取点的意思

在创建图块时需要选择一个拾取点，该点是在创建图块后的一个夹点。一个图形被创建为图块后，只有一个夹点。

步骤04 返回到“块定义”对话框，单击“选择对象”按钮；返回到绘图区并选择沙发图形，然后按Enter键，结束选择对象，如图8-4所示。

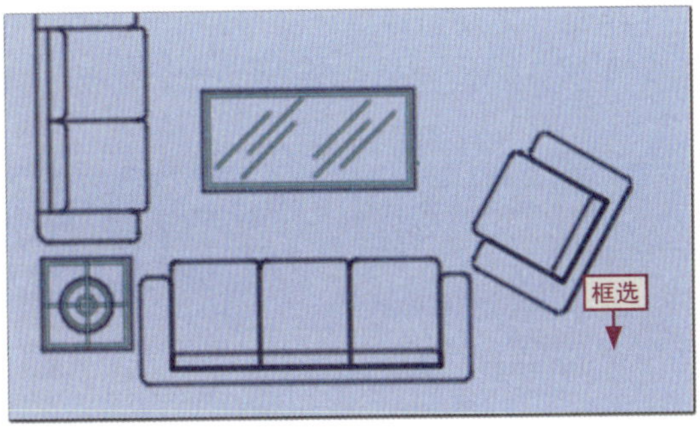

图8-4 框选对象

步骤05 ❶在“设置”栏里的“块单位”选择“毫米”选项，❷在“说明”列表框中输入沙发图块的介绍“家用沙发”，❸单击“确定”按钮，如图8-5所示。

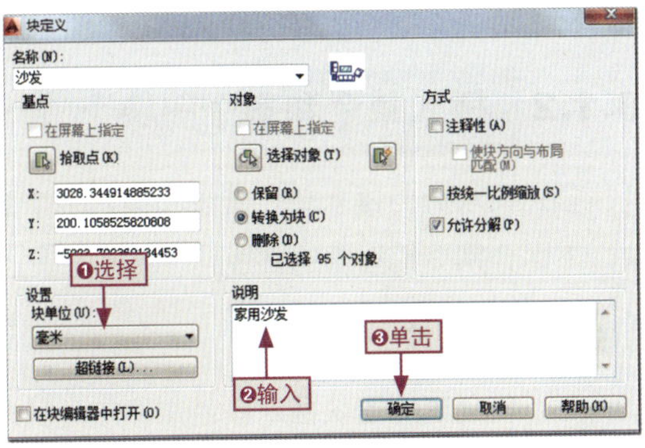

图8-5 设置单位和说明

步骤06 完成创建后，在绘图区重新选择该图块，用户可以看到图形中只有一个夹点，其位于沙发的下边缘中点位置，如图8-6所示。

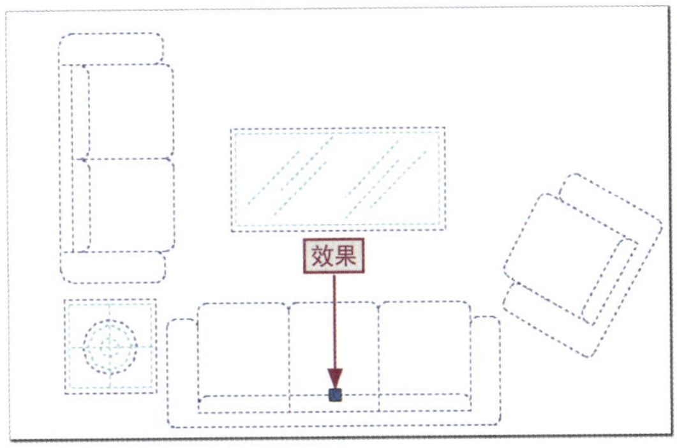

图8-6 创建块效果

2. 创建外部图块

外部图块又称为外部图块文件，它是一个独立的文件，可随时调用到其他图形文件中使用，创建外部图块的具体操作如下。

本节素材	/素材/Chapter08/会议桌.dwg
本节效果	/效果/Chapter08/会议桌.dwg
学习目标	掌握创建外部图块的方法
难度指数	★★

步骤01 打开“会议桌”素材文件，在“默认”选项卡的“块”组中单击“写块”按钮或在命令行中输入WBLOCK命令，如图8-7所示。

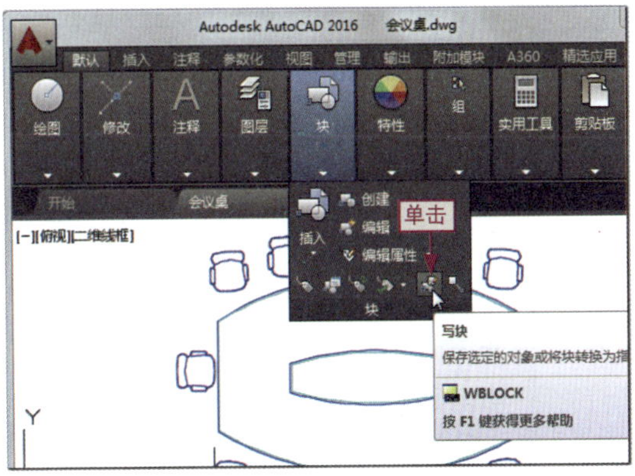

图8-7 单击“写块”按钮

步骤02 打开“写块”对话框，❶在“源”栏中选中“对象”单选按钮，❷单击“拾取点”按钮，如图8-8所示。

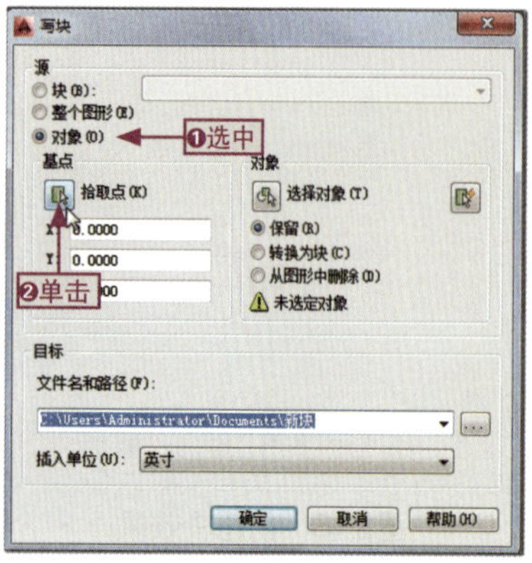

图8-8 “写块”对话框

步骤03 返回到绘图区捕捉会议桌图形的中点，然后按Enter键，结束选择对象，如图8-9所示。

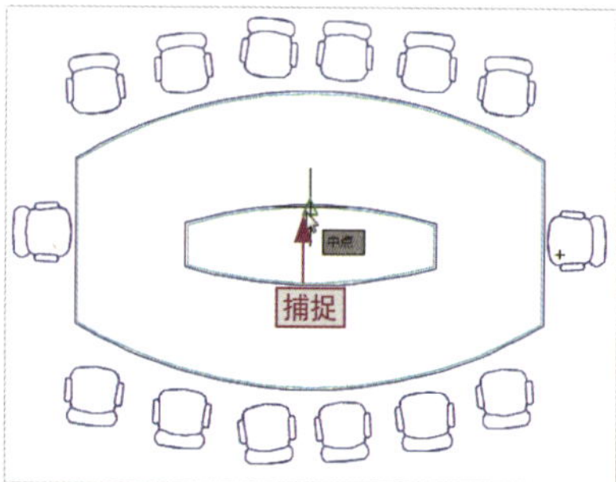

图8-9 捕捉中点

步骤04 ❶单击“选择对象”按钮，返回绘图区，选择会议桌图形，❷在“插入单位”下拉列表框中选择“毫米”选项，❸单击“文件名和路径”下拉列表框右侧的按钮，如图8-10所示。

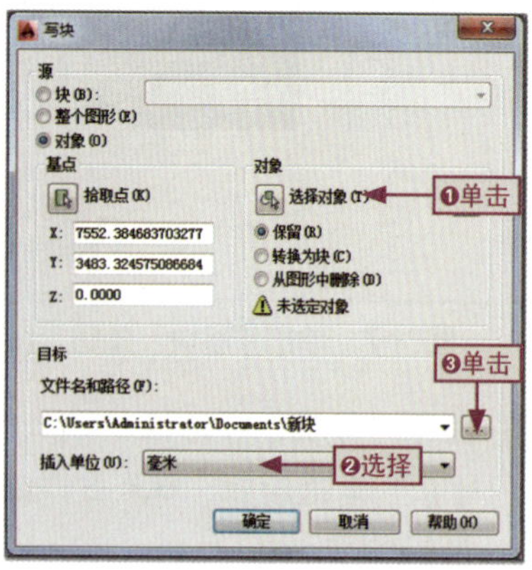

图8-10 设置写块属性

步骤05 ❶在打开的对话框中选择文件保存位置，❷在“文件名”下拉列表框中输入“会议桌外部图块”，❸单击“保存”按钮，如图8-11所示。返回“写块”对话框，单击“确定”按钮，完成创建。

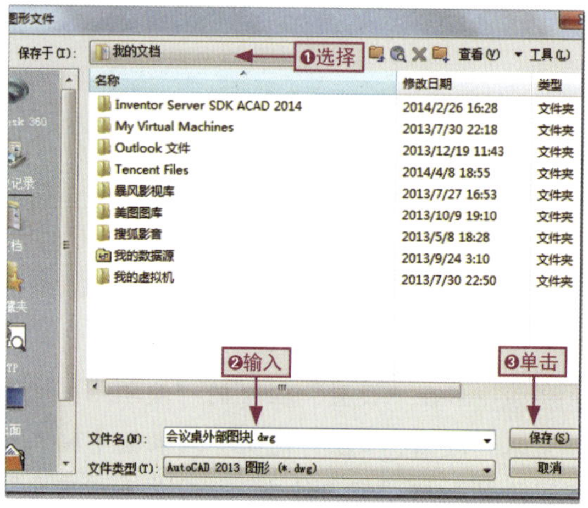

图8-11 保存图块

8.1.2 插入单个和多个图块

插入图块分为插入单个图块和插入多个图块，下面分别介绍插入的方法。

1. 插入单个图块

可以将创建的图块插入其他文件中用以提高绘图效率。同时AutoCAD中还自带有设计中心，其中提供了很多建筑和机械等行业内常用的图块，极大地方便了用户的使用，其具体操作如下。

本节素材	/素材/Chapter08/会议桌外部图块.dwg
本节效果	/效果/Chapter08/无
学习目标	掌握插入单个图块的方法
难度指数	★★

步骤01 新建一个文件，在“块”组中单击“插入”按钮，如图8-12所示。

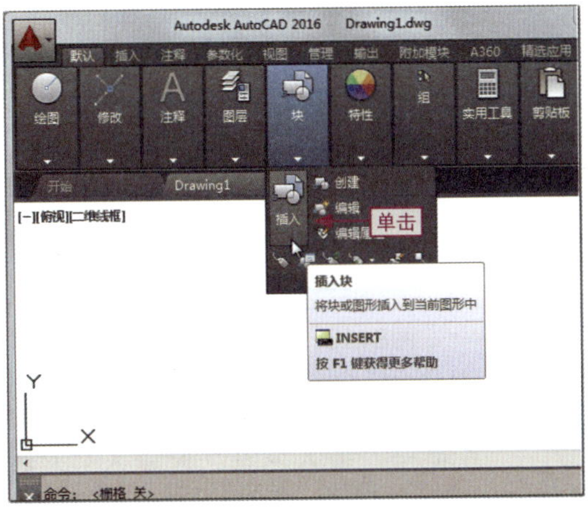

图8-12 单击“插入”按钮

步骤02 打开“插入”对话框，单击“名称”下拉列表框右侧的“浏览”按钮，如图8-13所示。

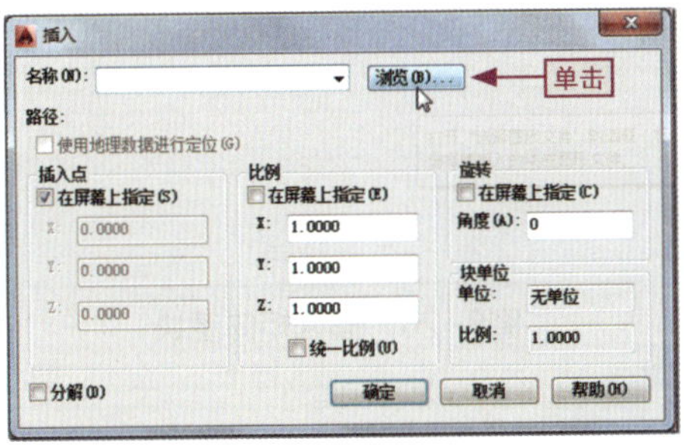

图8-13 单击“浏览”按钮

步骤03 打开“选择图形文件”对话框，❶选择“会议桌外部图块”素材文件，❷单击“打开”按钮，如图8-14所示。

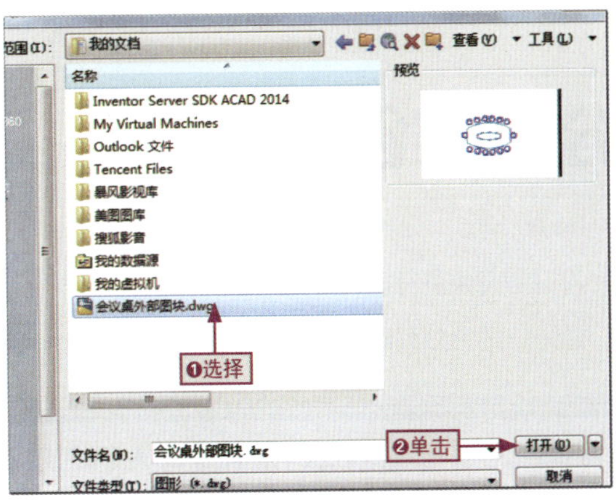

图8-14 选择图块文件

步骤04 返回“插入”对话框，单击“确定”按钮，如图8-15所示。

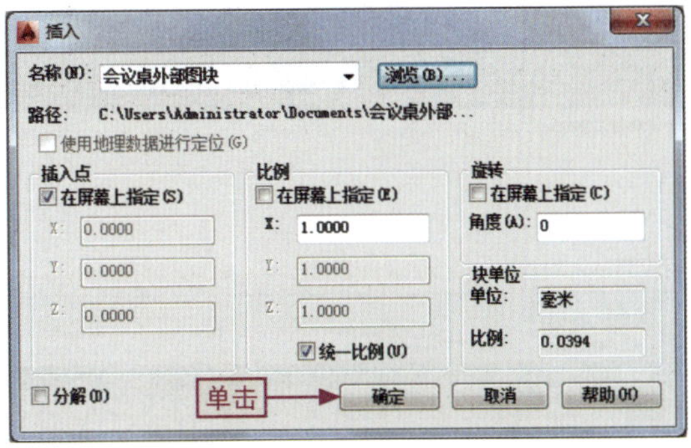

图8-15 单击“确定”按钮

步骤05 在命令行提示“指定插入点”时，在绘图区中单击即可将该图块插入，其效果如图8-16所示。

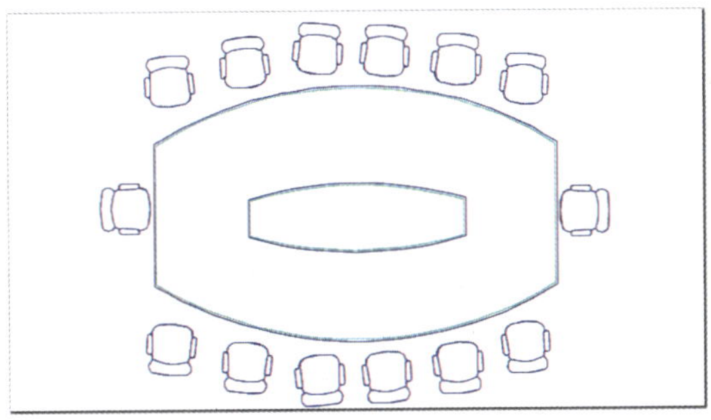

图8-16 插入图块

2. 插入多个图块

使用AutoCAD绘图不仅可以插入单个图块，还可以插入多个图块，并使其按一定的顺序进行排列，如阵列、等分和等距排列等，其具体操作如下。

本节素材	/素材/Chapter08/圆图.dwg
本节效果	/效果/Chapter08/圆图
学习目标	掌握插入多个图块的方法
难度指数	★★

步骤01 新建一个文件，将其另存并命名为“圆图”，在命令行中输入MINSERT命令，然后按Enter键，如图8-17所示。

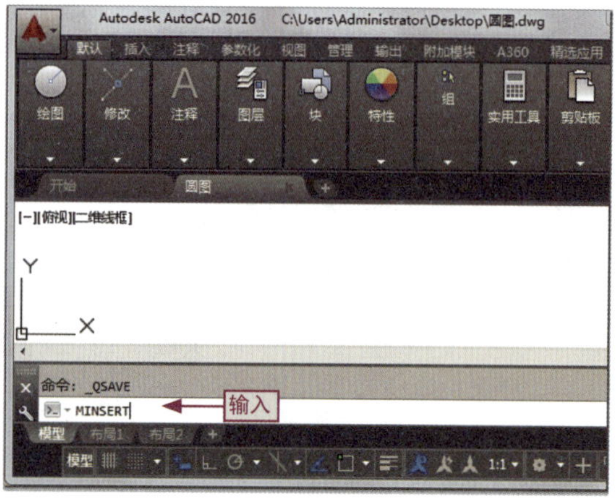

图8-17　输入MINSERT命令

步骤02 在命令行提示“输入图块名”时，输入保存图块的位置和名称，如“D:\圆图”，按Enter键，如图8-18所示。

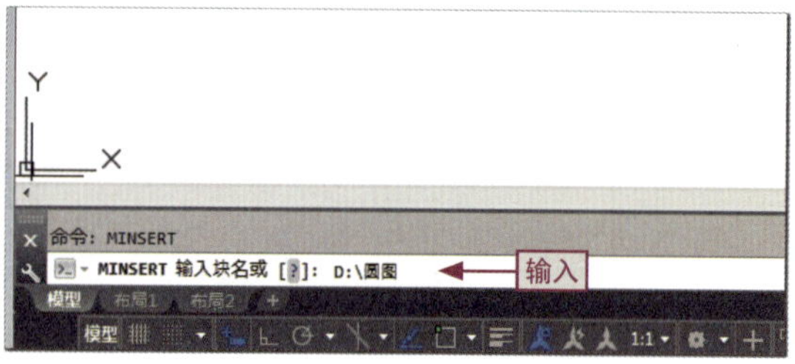

图8-18　输入图块保存位置

步骤03 在命令行提示“指定插入点”时，在绘图区单击鼠标光标指定插入点，按Enter键。在命令行提示“输入 X 比例因子”、“输入 Y 比例因子”和“指定旋转角度”时，分别按Enter键，如图8-19所示。

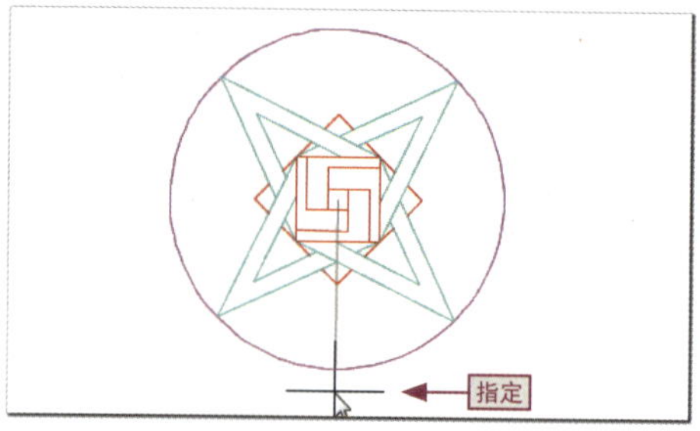

图8-19　指定插入点

步骤04 在提示“输入行数”时，输入“2”，在提示“输入列数”时输入“3”，在提示“输入行间距”和“输入列间距”时，分别输入“2500”，按Enter键，插入一个2行3列的阵列图块，如图8-20所示。

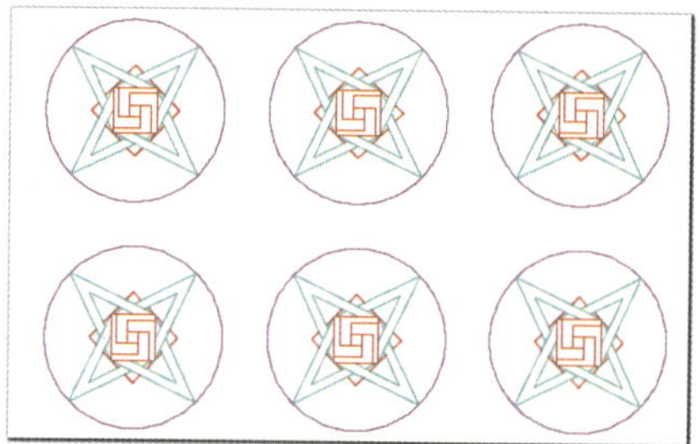

图8-20　插入矩阵图块

小绝招

插入等距或等分的图块

在执行等距或等分命令时，命令行会提示输入线段数目或块，这时选择图块并根据提示输入图块名称，即可插入图块并对其进行等距或者等分操作。

8.2 图块的命名、分解和创建

小白：我创建的图块需要重新修改一下，可以对图块进行重新编辑吗？

阿智：创建好的图块可以重新进行编辑，还可以把它分解后重新进行创建等。

图块与其他CAD图形文件相同，也可以进行编辑，主要有重命名、分解以及重新创建图块等。

8.2.1 重命名图块

创建图块后可根据需要对其进行重命名操作。对于外部图块，直接更改其文件名即可，而对于内部图块，则可使用重命名方式来更改，其具体操作如下。

本节素材	/素材/Chapter08/窗格.dwg
本节效果	/效果/Chapter08/窗格.dwg
学习目标	掌握重命名图块的方法
难度指数	★★

步骤01 打开“窗格”素材文件，在“块”组中单击“重命名”按钮或输入RENAME命令，如图8-21所示。

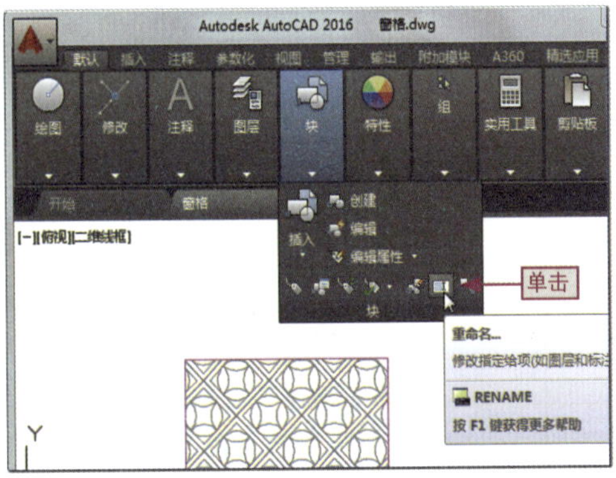

图8-21 单击“重命名”按钮

步骤02 打开“重命名”对话框，❶在“命名对象”列表框中选择“块”选项，❷在“项数”列表框中选择“窗格”选项，如图8-22所示。

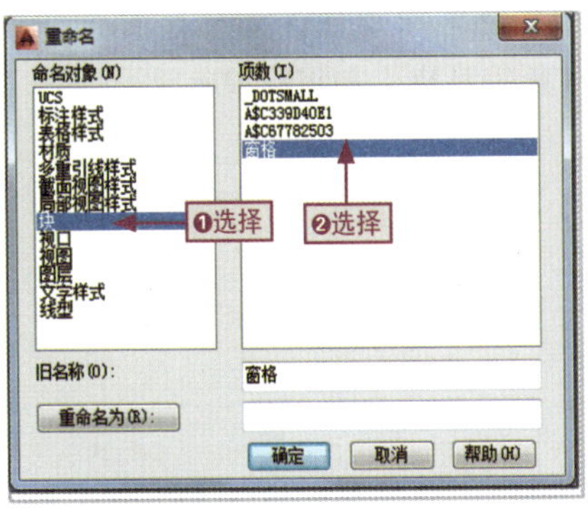

图8-22 选择“块”选项

步骤03 ❶在“重命名为”按钮右侧文本框中输入“窗格花纹”，❷单击“重命名为”按钮，完成重命名，❸单击“确定”按钮，如图8-23所示。

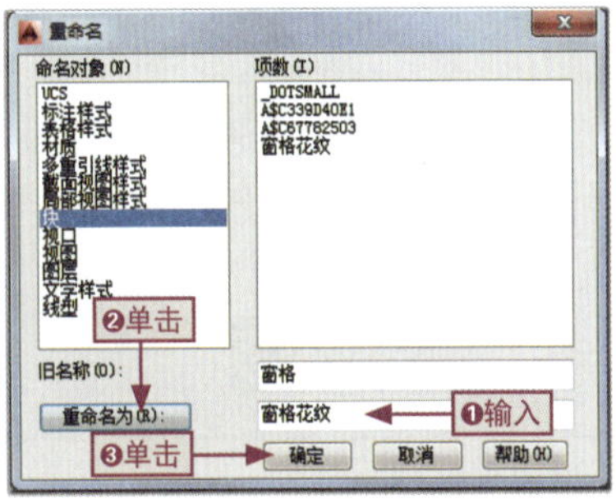

图8-23 输入新名称

8.2.2 分解图块

在图块的实际应用中，插入的图块有时并不完全是需要的图形，有时只需要其中的部分图形。此时，用户可以使用分解命令将其拆分为零散的图形以方便编辑，其具体操作如下。

本节素材	/素材/Chapter08/床.dwg
本节效果	/效果/Chapter08/床.dwg
学习目标	掌握对图块进行分解的方法
难度指数	★★

步骤01 打开“床”素材文件，在“修改”组中单击“分解”按钮或在命令行中输入EXPLODE命令，如图8-24所示。

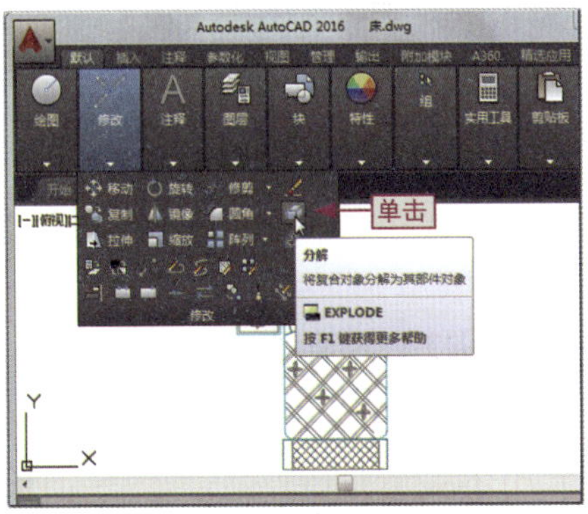

图8-24 单击“分解”按钮

步骤02 在命令行提示“选择对象”时，选择绘图区的“床”图形，然后按Enter键，如图8-25所示。

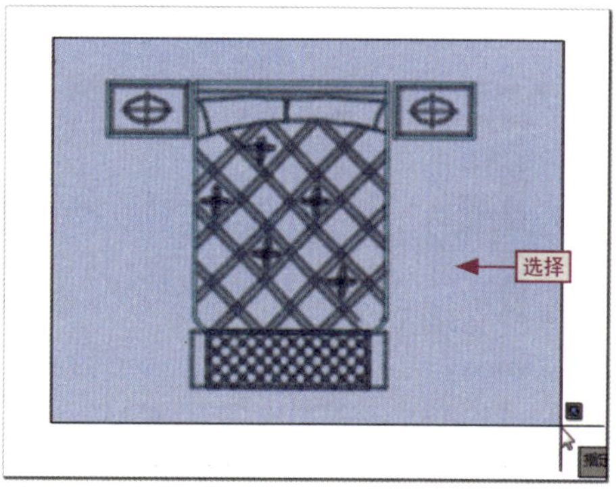

图8-25 选择“床”图形

步骤03 将图形进行分解，此时的图块所有的组成元素都是独立的个体，如图8-26所示。

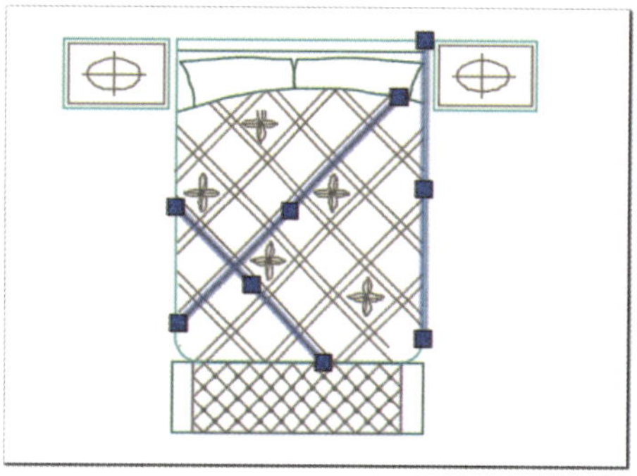

图8-26 分解图形效果

小绝招 **分解图形的范围**

多段线、矩形、多边形和填充图案等都可使用分解命令进行分解，但直线、样条曲线、圆、圆弧和单行文字等不能被分解。

8.2.3 创建新图块

对分解后的图块进行编辑后，可以将其重新定义为图块，其具体操作如下。

本节素材	/素材/Chapter08/床1.dwg
本节效果	/效果/Chapter08/床1.dwg
学习目标	掌握创建新图块的方法
难度指数	★★

步骤01 打开“床1”素材文件，选择“床”图形左右两个床头柜图形，然后按Delete键，将其删除，如图8-27所示。

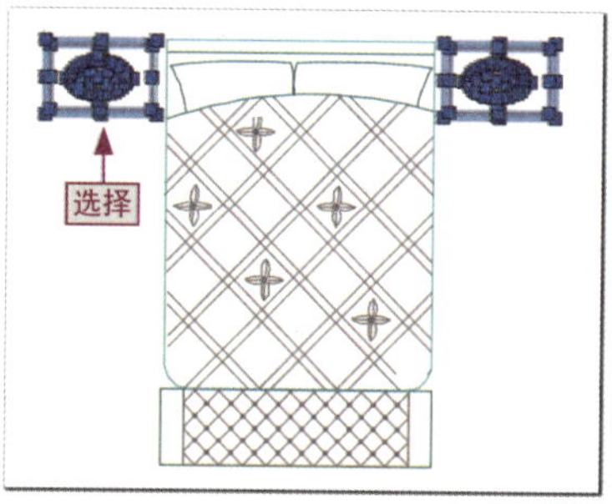

图8-27 选择并删除图形

步骤02 执行创建图块命令，打开“块定义”对话框，❶在其中设置图块名称为“双人床”，并设置图形的基点和选择对象，❷完成后单击“确定”按钮，如图8-28所示。

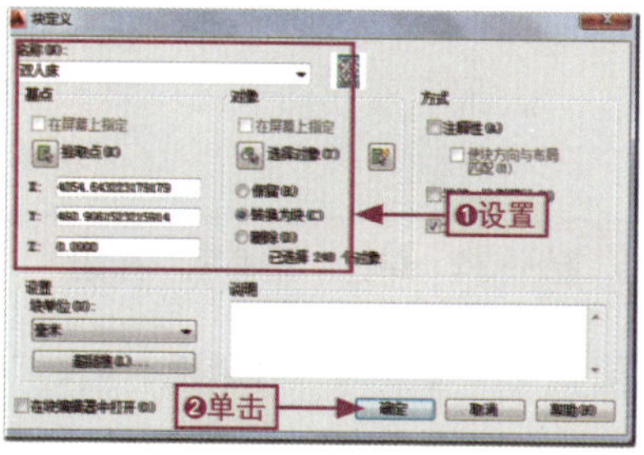

图8-28 块定义

步骤03 返回绘图区，编辑后的图形再次被创建为新的图块，如图8-29所示。

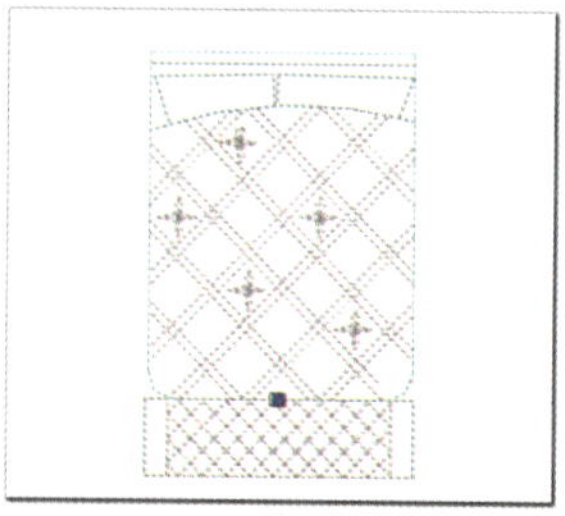

图8-29 重新创建图块

8.3 图块属性的设置和创建

小白：可以为图块添加一些相关的文字来表达图块的信息吗?

阿智：可以。通过设置图块的属性就可以为图块添加一些文字说明信息，下面我们来了解一下。

在AutoCAD中不仅可以新建、插入和删除图块，还可以对其进行相应的管理操作，包括设置图块的属性、使用带属性的图块以及块属性编辑器。

8.3.1 设置图块属性

图块属性是与图块相关联的文字，主要用于表达图块的信息。在建筑制图和机械制图中常用于标注一些技术参数，如尺寸、材料和型号等。对于经常变动的数据，用户可将其定义为属性图块，其具体操作如下。

本节素材	/素材/Chapter08/水槽.dwg
本节效果	/效果/Chapter08/水槽.dwg
学习目标	掌握设置图块属性的方法
难度指数	★★

步骤01 打开“水槽”素材文件，在“块”组中单击“定义属性”按钮或在命令行中输入ATTDEF命令，如图8-30所示。

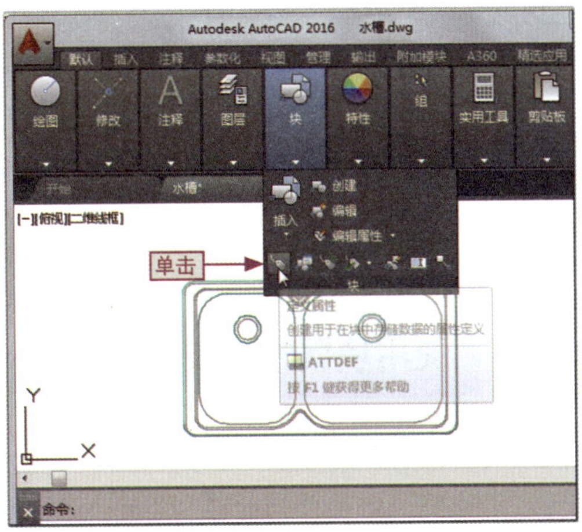

图8-30　单击“定义属性”按钮

步骤02 打开“属性定义”对话框，❶在“属性”栏的“标记”文本框中输入“水槽”，❷在“提示”文本框中输入“隐藏”，如图8-31所示。

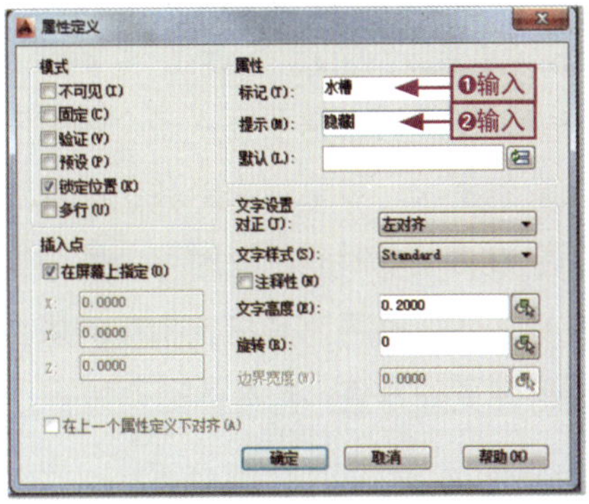

图8-31　输入标记与提示

步骤03 ❶在“文字设置”栏的“对正”下拉列表框中选择“中间”选项，❷在“文字高度”文本框中输入“50.0000”，❸单击“确定”按钮，如图8-32所示。

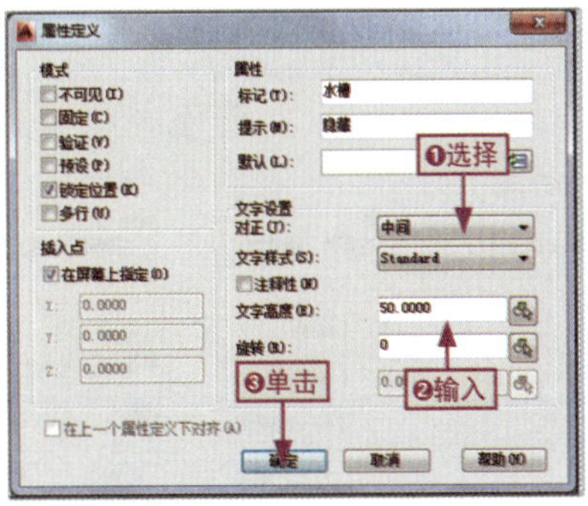

图8-32　设置块属性

步骤04 返回到绘图区，在图块的下方指定属性文字的插入点，完成属性的定义，如图8-33所示。

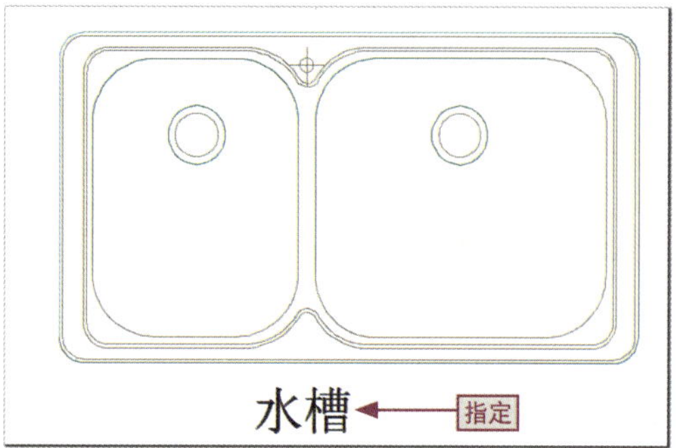

图8-33　带文字属性的块

8.3.2 创建并使用带属性的图块

在绘制图形时常需要插入多个带有不同名称或信息的图块，如果依次对各个图块进行标注，则会浪费很多时间，此时可为图块定义属性，在插入图块时再为其指定相应的属性值，这样使绘图更加方便，其具体操作如下。

本节素材	/素材/Chapter08/水槽1.dwg
本节效果	/效果/Chapter08/水槽1.dwg
学习目标	掌握创建和使用图块的方法
难度指数	★★

步骤01 新建一个文件，在“插入”选项卡的“块”组中单击“插入”按钮，打开“插入”对话框，单击“浏览”按钮，如图8-34所示。

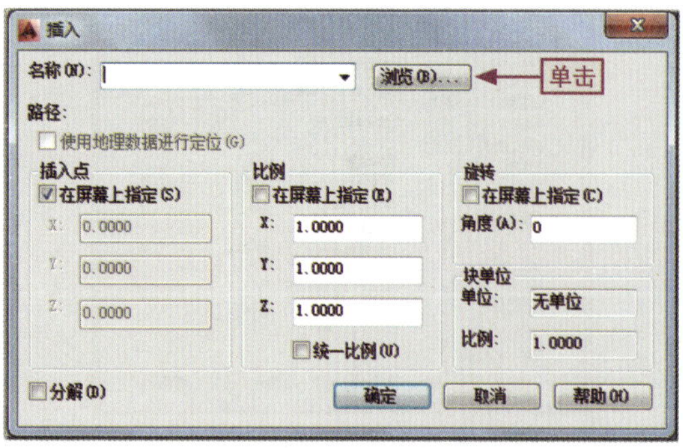

图8-34　“插入”对话框

步骤02 打开“选择图形文件”对话框，❶选择素材文件夹中的“水槽1”文件，❷单击“打开”按钮，如图8-35所示。

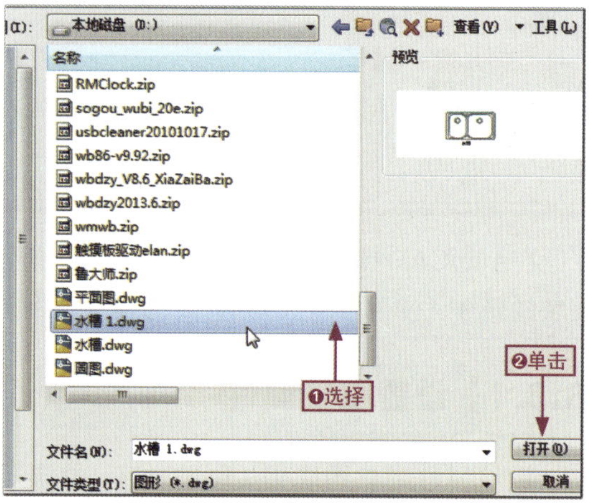

图8-35　选择文件

步骤03 返回到“插入”对话框，单击“确定”按钮。在绘图区指定插入点，❶在打开的对话框中的“隐藏”文本框中输入“水槽”，❷单击“确定”按钮，将图块插入，如图8-36所示。

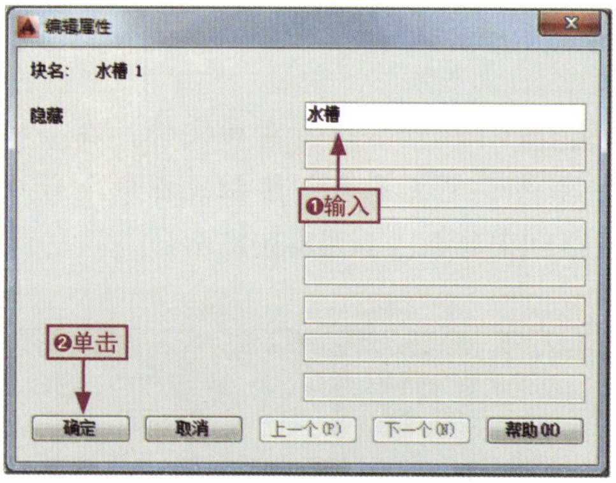

图8-36　编辑属性

8.3.3 使用块属性编辑器

为图块指定相应的属性值后，如果有需要还可使用块属性编辑器对其进行修改，其具体操作如下。

本节素材	/素材/Chapter08/水槽2.dwg
本节效果	/效果/Chapter08/水槽2.dwg
学习目标	掌握使用块属性编辑器的方法
难度指数	★★

步骤01 打开“水槽2”素材文件，在“块”组中单击“编辑属性”按钮，在弹出的下拉菜单中选择“单个”选项，如图8-37所示。

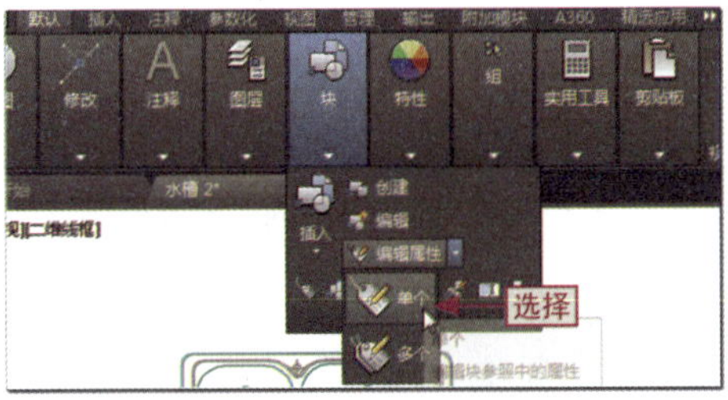

图8-37 选择“单个”选项

步骤02 返回到绘图区，选择水槽图形，打开“增强属性编辑器”对话框。❶单击“属性”选项卡，❷在“值”文本框中修改属性值为“双盆水槽”，如图8-38所示。

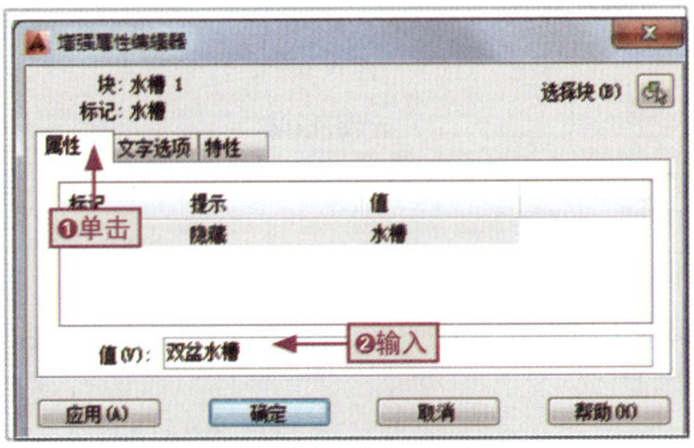

图8-38 设置图块属性

步骤03 ❶切换到“文字选项”选项卡，❷对文本的文字样式、对齐方式、高度、旋转、角度等属性进行设置，❸单击“确定”按钮，如图8-39所示。

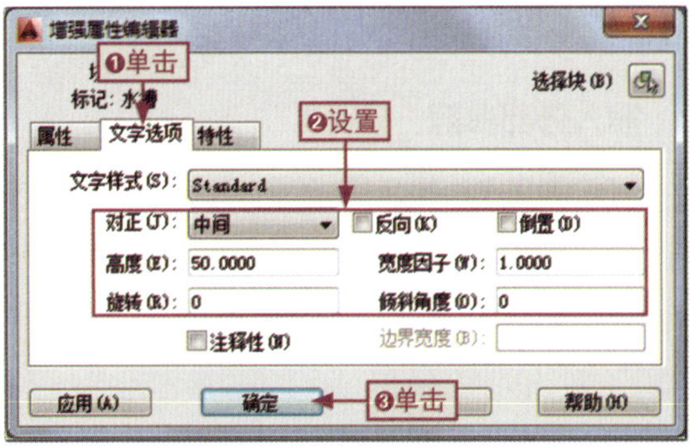

图8-39 设置图块文字样式

步骤04 对块属性进行修改后的效果，如图8-40所示。

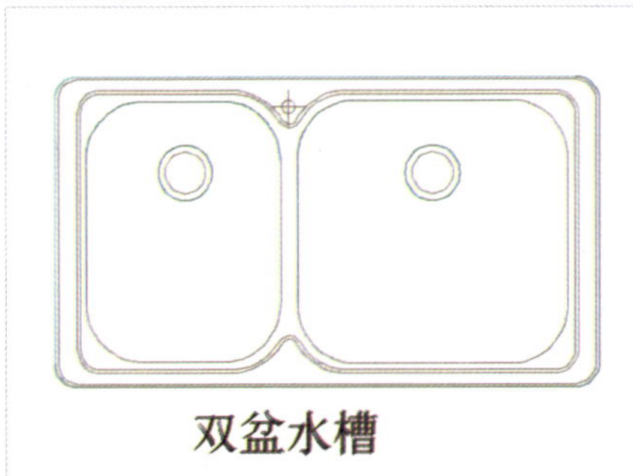

图8-40 修改属性后的效果

8.4 外部参照与设计中心

阿智： 小白，你了解过外部参照和设计中心这两个功能吗？

小白： 没有，这些对我绘制图形有帮助吗？

阿智： 太有帮助了，你学习了以后会大幅提高绘图的速度。

为了提高绘图的效率和减轻工作量，AutoCAD提供了外部参照和设计中心功能，通过这两个功能可以快速完成相应的绘图操作。

8.4.1 使用外部参照

在绘制一些相同图形时，用户可以使用外部的文件来作为参照，这样可以提高绘图效率。

1. 插入外部参照

图块可以作为图形的一部分，而外部参照是作为图形的链接或嵌套出现在其他的图形中，插入外部参照的具体操作如下。

本节素材	/素材/Chapter08/户型图、平面图.dwg
本节效果	/效果/Chapter08/户型图.dwg
学习目标	掌握插入外部参照的方法
难度指数	★★

步骤01 打开“户型图”素材文件，在“插入”选项卡的“参照”组中单击“附着”按钮或在命令行中输入ATTACH命令，如图8-41所示。

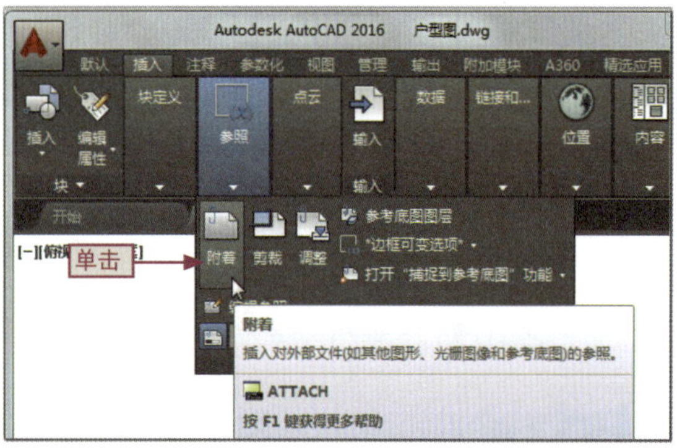

图8-41 单击“附着”按钮

步骤02 打开“选择参照文件”对话框，❶在其中选择需要参照的图形，❷单击“打开”按钮，如图8-42所示。

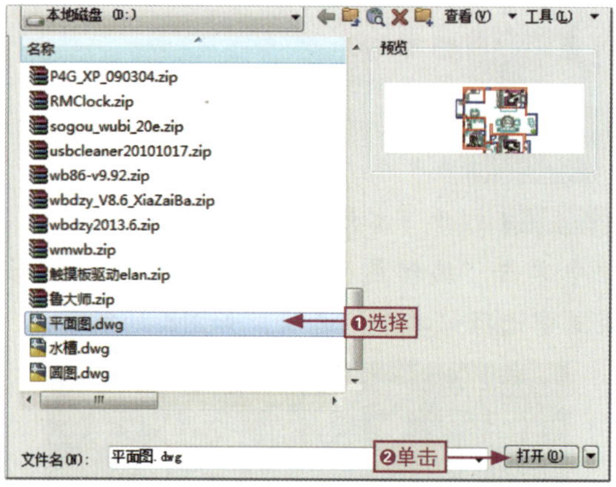

图8-42 选择参照的图形文件

步骤03 打开“附着外部参照”对话框，保持路径插入点、缩放比例以及旋转角度的默认设置，单击“确定”按钮，如图8-43所示。

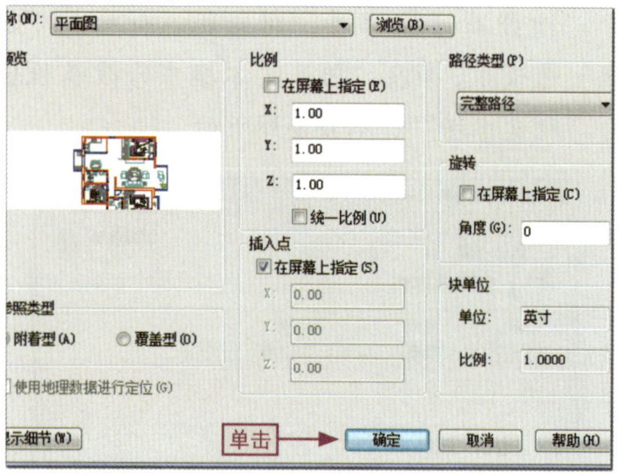

图8-43 设置参数

小绝招 参照类型的含义

外部参照有两种类型：附着型和覆盖型。一般情况下，二者可不加区别，只有当发生嵌套引用（作为外部参照，图形中还插入了其他外部参照）时，前者嵌套的外部参照，也会链接到当前图形文件，而后者嵌套的外部参照则不会链接到当前图形文件中，这种方式可避免出现循环引用的情况。

步骤04 在命令行提示“指定插入点”时，在绘图区指定插入点并单击，即可将外部参照文件插入绘图区，其效果如图8-44所示。

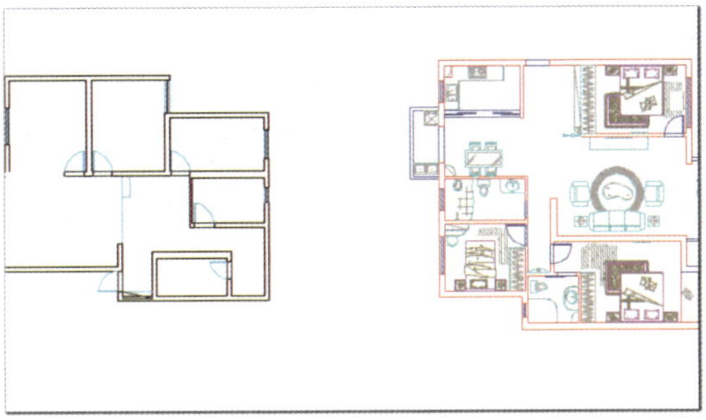

图8-44　插入外部参照效果

2. 裁剪外部参照

插入外部参照图形主要是为了目前绘制的图形进行参照，因此可以对外部参照图形进行剪裁来满足需要，其具体操作如下。

本节素材	/素材/Chapter08/户型图1.dwg
本节效果	/效果/Chapter08/户型图1.dwg
学习目标	掌握对外部参照修剪的方法
难度指数	★★

步骤01 打开“户型图1”素材文件，选择绘图区左侧的户型图，将其移动到右侧的参照图形上，并使两个户型图的客厅位置重合，如图8-45所示。

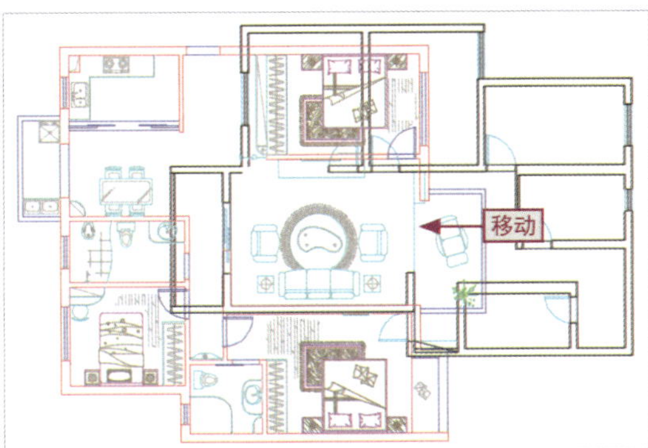

图8-45　移动图形

步骤02 ❶在外部参照图形的边缘单击，❷在打开的“图像”选项卡的“剪裁”组中单击“创建剪裁边界”按钮或在命令行中输入XCLIP命令，如图8-46所示。

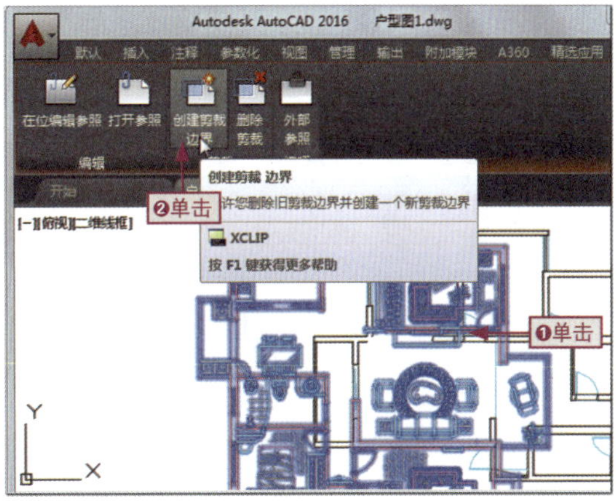

图8-46　单击“创建剪裁边界”按钮

步骤03 在命令行提示“选择多段线”时，在绘图区框选“客厅沙发”的边缘，如图8-47所示。

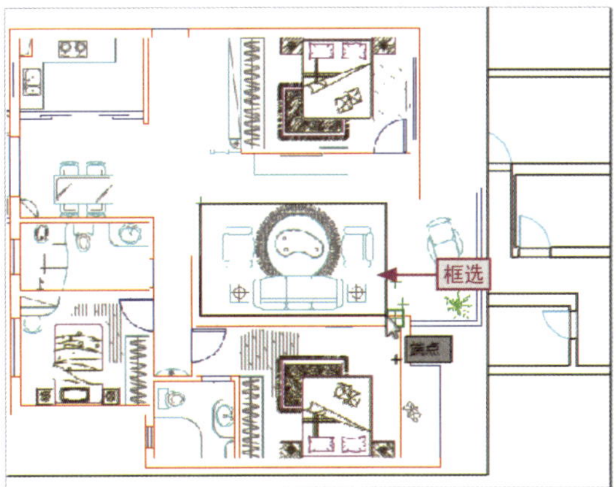

图8-47　框选图形

小绝招　删除剪裁

在创建剪裁区域后，如果对剪裁区域不满意，可以在“剪裁”组中单击“删除剪裁”按钮，删除剪裁的区域，重新设置剪裁区域。

步骤04 释放鼠标后，图形只保留沙发的图片，其他空余部分被裁剪掉，如图8-48所示。

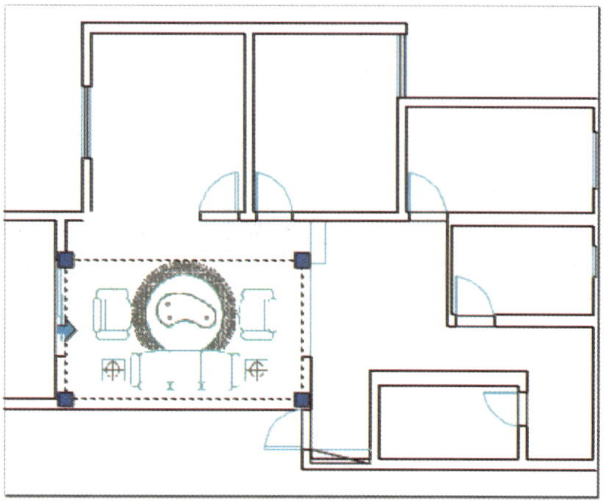

图8-48　剪裁效果

3. 编辑外部参照

对插入的外部参照图形不仅可以进行裁剪等操作，还可以进行隐藏边框等相关操作，其具体操作如下。

本节素材	/素材/Chapter08/户型图2.dwg
本节效果	/效果/Chapter08/户型图2.dwg
学习目标	掌握对外部参照的编辑操作
难度指数	★★

步骤01 打开“户型图2”素材文件，❶在“插入”选项卡的“参照”组中单击“边框可变选项”，❷在其下拉菜单中选择“隐藏边框”命令，可将外部参照的边框进行隐藏，如图8-49所示。

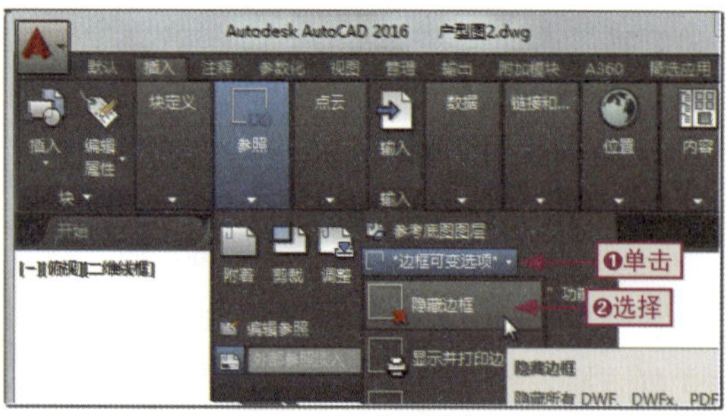

图8-49　选择“隐藏边框”命令

步骤02 ❶选择外部参照图形，❷在自动打开的“外部参照”选项卡的“编辑”组中，单击“在位编辑参照”按钮，如图8-50所示。

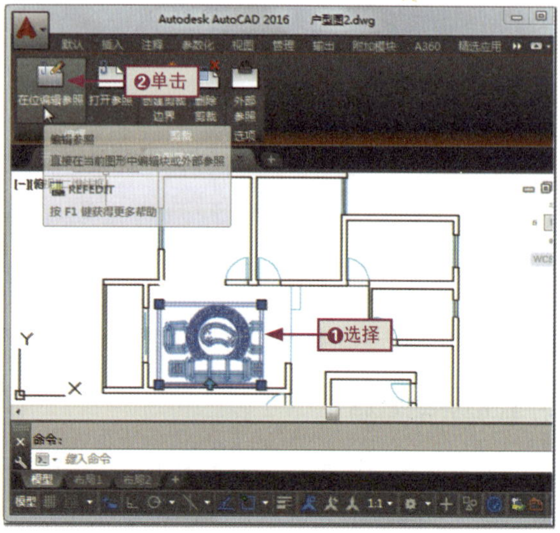

图8-50　单击“在位编辑参照”按钮

步骤03 打开“参照编辑”对话框，❶选中“提示选择嵌套的对象”前的单选按钮，❷单击“确定”按钮，如图8-51所示。

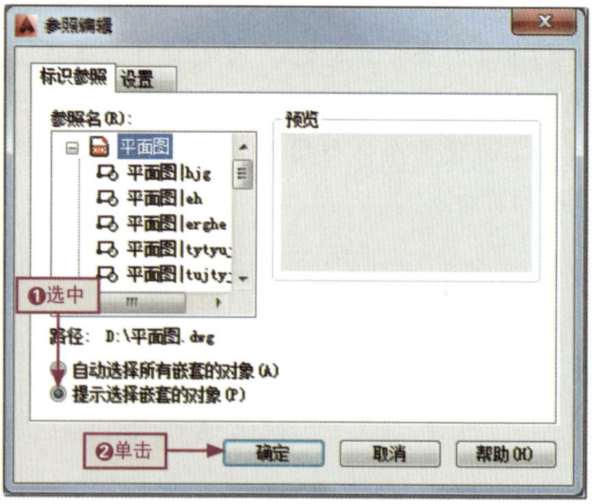

图8-51　编辑参照

步骤04 返回绘图区，在命令行提示“选择嵌套的对象”时，选择图形中的外部参照图形“沙发”，然后按Enter键，如图8-52所示。

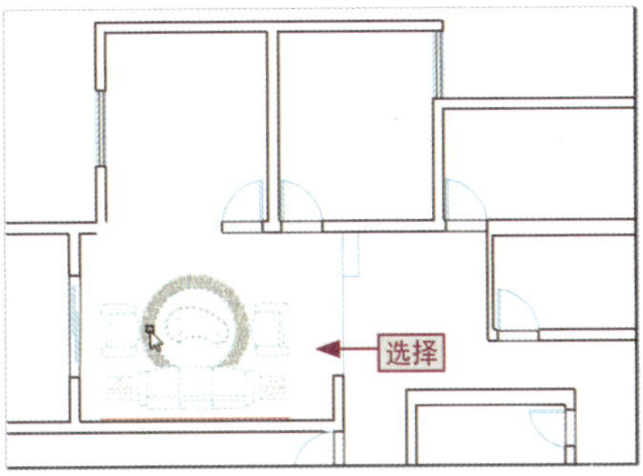

图8-52 选择参照图形

步骤05 对选择的外部参照图形进行相应的编辑，如移动。在“外部参照”选项卡的“编辑参照”组中单击“保存修改”按钮，如图8-53所示，打开提示对话框，单击“确定”按钮完成外部参照的操作。

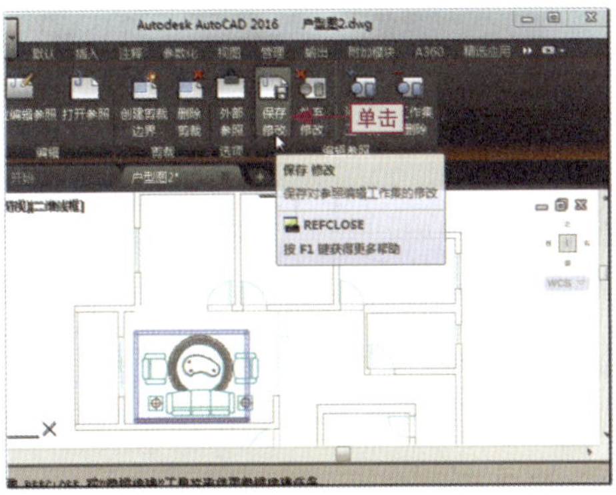

图8-53 保存编辑

4. 绑定外部参照

如果图形绘制完成后需要将图纸传给第三方，可以将外部参照图形绑定到当前图形中，使其成为当前图形的固有部分，绑定外部参照的具体操作如下。

本节素材	/素材/Chapter08/户型图3.dwg
本节效果	/效果/Chapter08/户型图3.dwg
学习目标	掌握对外部参照进行绑定的方法
难度指数	★★

步骤01 打开“户型图3”素材文件，在“外部参照”选项卡的“选项”组中单击“外部参照”按钮，如图8-54所示。

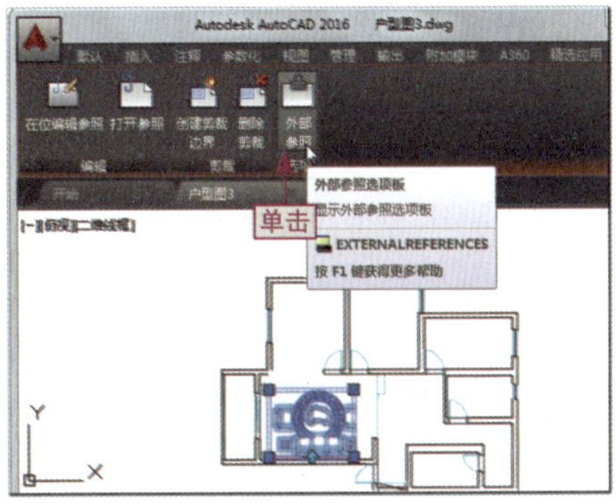

图8-54 单击“外部参照”按钮

步骤02 打开“外部参照”面板，在“文件参照”列表中选择包含外部参照图形的文件“平面图”，右击，在弹出的快捷菜单中选择“绑定”命令，如图8-55所示。

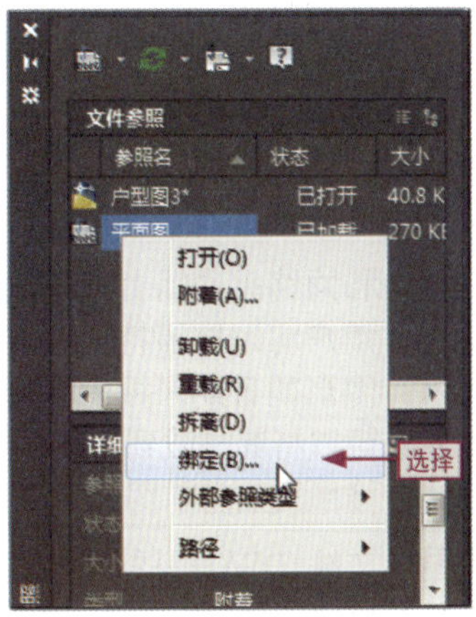

图8-55 选择“绑定”命令

步骤03 打开“绑定外部参照/DGN参考底图”对话框，❶选中“绑定”单选按钮，❷单击“确定”按钮，即可绑定该外部参照。此外部参照将作为图形固定的一部分，如图8-56所示。

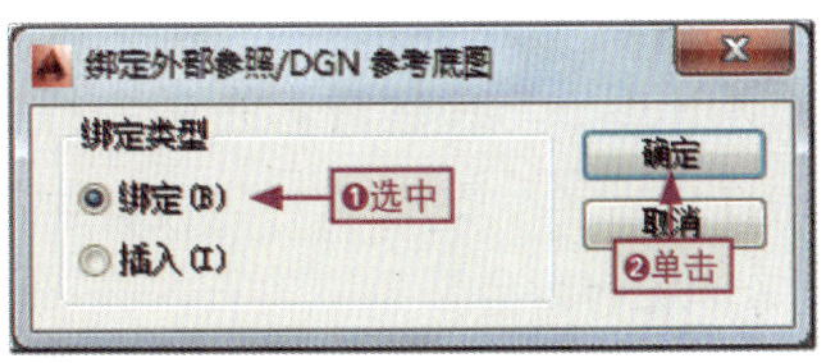

图8-56 完成绑定

8.4.2 使用设计中心

使用AutoCAD设计中心可以管理块参照、外部参照、光栅图像以及来自其他源文件或应用程序的内容。

1. 认识“设计中心”选项板

设计中心的主要功能如下。

学习目标	认识“设计中心”选项板
难度指数	★★

- ◆ 浏览不同图形内容，从经常打开的图形文件到网页上的符号库。
- ◆ 查看图形文件中对象(如块和图层)的定义，将定义插入、附着、复制到当前图形中。
- ◆ 创建指向常用图形、文件夹和Internet地址的快捷方式。
- ◆ 在本地和网络驱动器上查找图形内容。例如，用户可以按照特定图层名称或上次保存图形的日期来搜索图形。找到图形后，可以将其加载到AutoCAD设计中心或直接拖放到当前图形中。
- ◆ 将图形文件(DWG)从控制板拖放到绘图区域即可打开图形。
- ◆ 将光栅文件从控制板拖放到绘图区域即可查看和附着光栅图像。
- ◆ 通过在大图标、小图标、列表和详细资料视图之间切换控制板的内容显示，也可以在控制板中显示预览图像和图形内容的说明文字。

在“视图”选项卡的“选项板”组中单击“设计中心”按钮或者在命令行中输入ADCENTER命令，均可打开“设计中心”选项板，如图8-57所示。

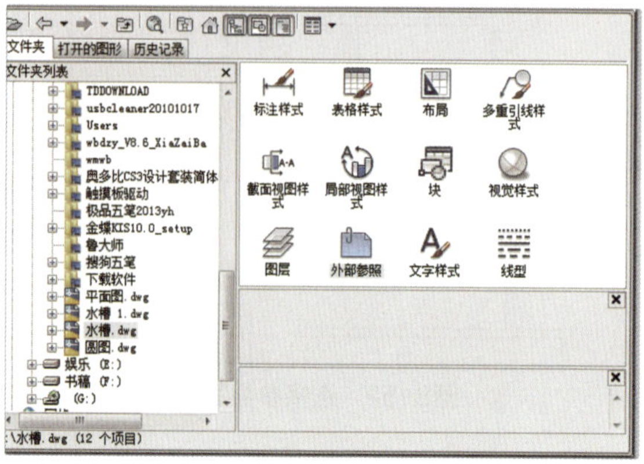

图8-57 “设计中心”选项板

2. 使用设计中心插入内容

使用设计中心可以在图形中进行插入图块、外部参照、图层和光栅对象等操作。下面看看如何通过设计中心插入图块，其具体操作如下。

学习目标	掌握使用设计中心插入图块的方法
难度指数	★★

步骤01 新建一个文件，在“视图”选项卡的“选项板”组中单击“设计中心”按钮，如图8-58所示。

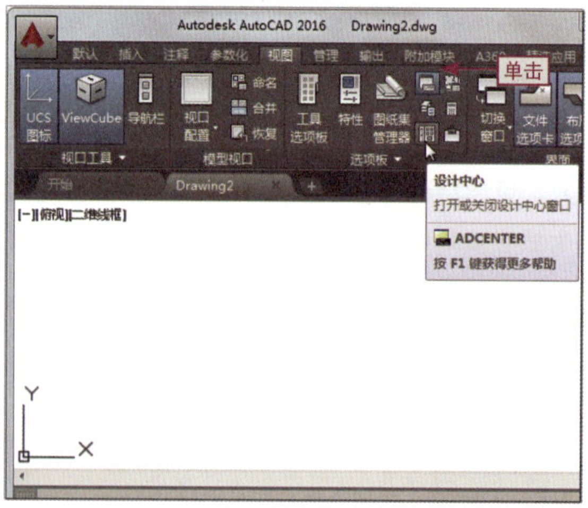

图8-58 单击“设计中心”按钮

步骤02 打开“设计中心”选项板，在左侧的“文件夹列表”中选择外部图块的保存位置，然后在右侧列表框中选择需要的图块，将其拖动到绘图区，再根据命令行提示设置插入点、比例和旋转角度等，即可将该图块插入绘图区，如图8-59所示。

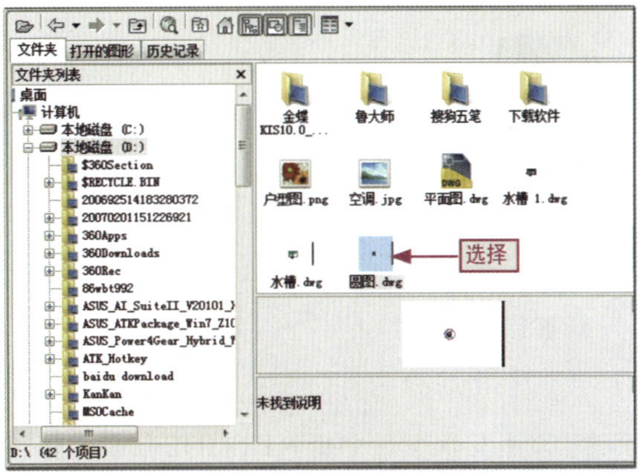

图8-59 选择并添加图块

小绝招

在设计中心添加其他元素

在设计中心不仅可以添加图块，还可以添加图层、线型、文字样式以及标注样式等，而且还可将一些常用的建筑和电气等方面使用的图块放到其中。

给你支招 | 保存内部图块

小白：可以将内部图块以文件的形式保存到计算机中吗?

阿智：可执行WBLOCK(写块)命令，在“写块”对话框的“对象”栏中选择内部图块作为写块对象，然后设置图块保存名称及位置，即可将内部图块保存到计算机中，其操作如下。

步骤01 ❶打开需要创建块的图形，并选择图形，❷在“块”组中单击“写块”按钮，如图8-60所示。

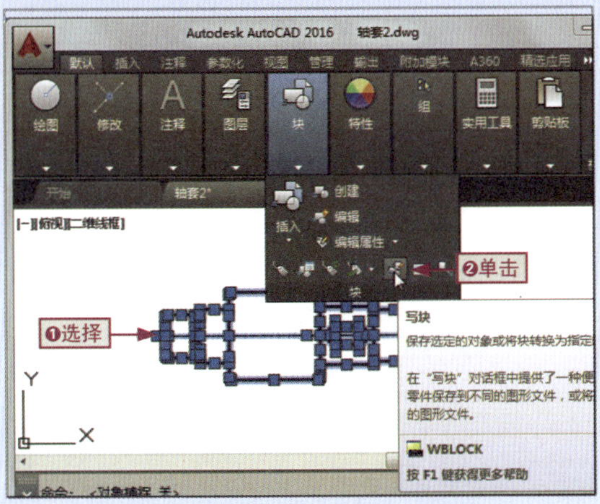

图8-60 单击“写块”按钮

步骤02 ❶在打开的“写块”对话框中选中“对象”前的单选按钮，❷在“文件名和路径”下拉列表框中设置保存路径，❸完成后单击“确定”按钮，如图8-61所示。

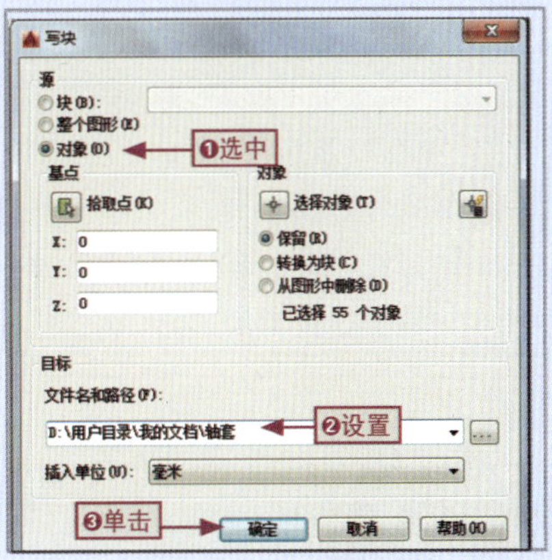

图8-61 设置写块

给你支招 | 插入等分图块

小白：我创建了一个图块，需要等分插入相应的图形上，该怎么做呢？

阿智：前面我已经讲解了绘制等分点的方法，其中在要求输入线段数目时有一个选项为“块(B)”，选择该选项即可将对象等分并在等分处以等分方式插入图块，其操作如下。

步骤01 在命令行中输入DIVIDE命令，根据提示选择等分的图形，如图8-62所示。

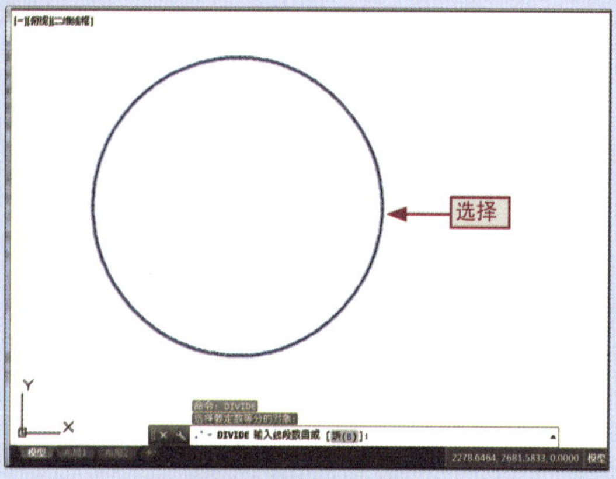

图8-62 输入命令

步骤02 在提示“输入线段数目”时，选择“块(B)”选项，然后在提示中输入块名称和等分的数量，即可将该块以等分的方式插入，如图8-63所示。

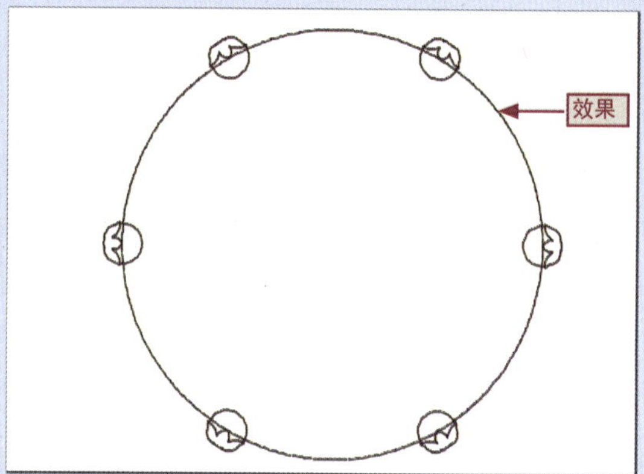

图8-63 等分块图形

Chapter 09 三维图形的绘制

学习目标

利用三维模型可以直观地表现出物体的形状。在AutoCAD中，三维模型有线框模型、表面模型和实体模型之分，本章将介绍创建简单三维模型以及将二维对象、平面曲面转换为三维实体模型的方法。为了更好地理解三维模型的创建方法，在创建之前还需先了解三维视图的基础知识，如用户坐标系等。

本章要点

- 设置三维视图
- WCS与UCS坐标系
- 不同的三维几何模型
- 拉伸实体
- 放样实体
- 设置长方体网格

知识要点	学习时间	学习难度
了解三维绘图基础知识	30 分钟	★★
二维图形生成三维图形	45 分钟	★★★
绘制三维网格和实体	50 分钟	★★★

9.1 认识三维绘图基础知识

阿智：小白，平面图形知识已经学完了，下面我们要了解三维图形的绘制。

小白：AutoCAD中还可以绘制三维图形吗？这样图形看起来是不是有立体感啊？

阿智：是啊，下面我就带你一起学习吧。

要熟练掌握三维绘图的方法，首先必须懂得如何使用和设置三维视图，以及认识和熟悉坐标系的显示和设置，并且熟悉通过使用视觉样式来改变三维实体的显示效果。下面将分别介绍绘制三维图形的相关基础知识。

9.1.1 设置三维视图

按一定比例、观察位置和角度显示的图形称为视图。在AutoCAD中可以创建自己的视图，也可以利用标准视图显示创建的三维图形。

本节素材	/素材/Chapter09/支墩.dwg
本节效果	/效果/Chapter09/支墩.dwg
学习目标	掌握设置三维视图的方法
难度指数	★★

步骤01 打开“支墩”素材文件，在“视图”选项卡的“视图”组中单击“视图管理器”按钮或在命令行中输入VIEW命令，如图9-1所示。

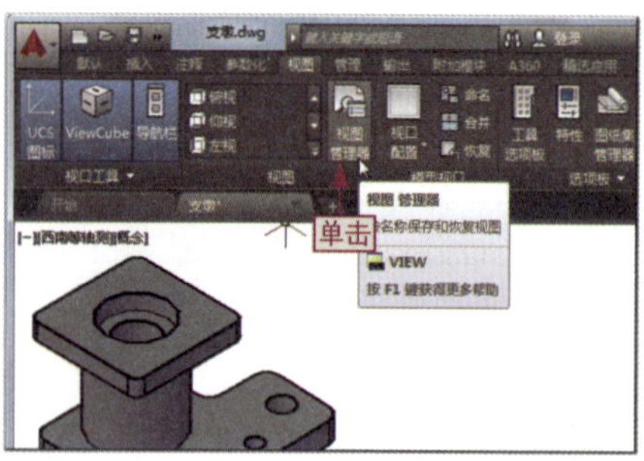

图9-1　单击“视图管理器”按钮

步骤02 打开“视图管理器”对话框，单击“新建”按钮，打开“新建视图/快照特性”对话框。❶在“视图名称”文本框中输入“三维视图”，❷单击“确定”按钮，如图9-2所示。

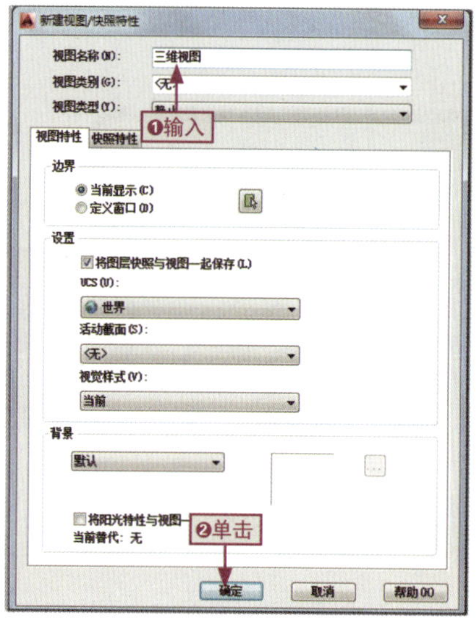

图9-2　输入视图名称

步骤03 返回到“视图管理器”对话框，单击“编辑边界”按钮，如图9-3所示。

图9-3　单击“编辑边界”按钮

步骤04 返回绘图区，在屏幕上选择绘图区的边界后按Enter键，如图9-4所示。

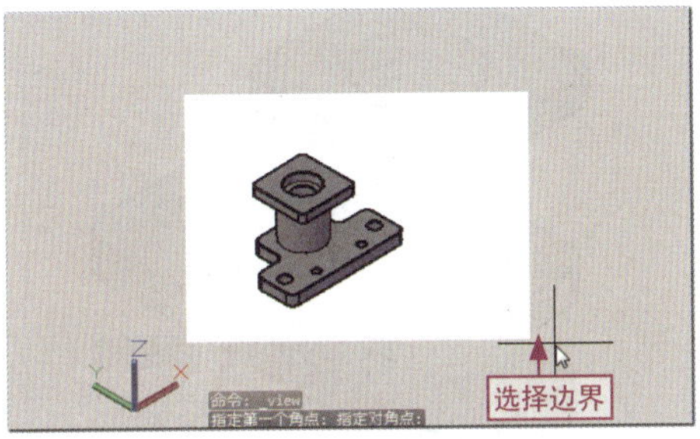

图9-4 选择绘图区的边界

步骤05 返回到“视图管理器”对话框，❶单击“置为当前”按钮，❷单击“确定”按钮，完成设置，如图9-5所示。

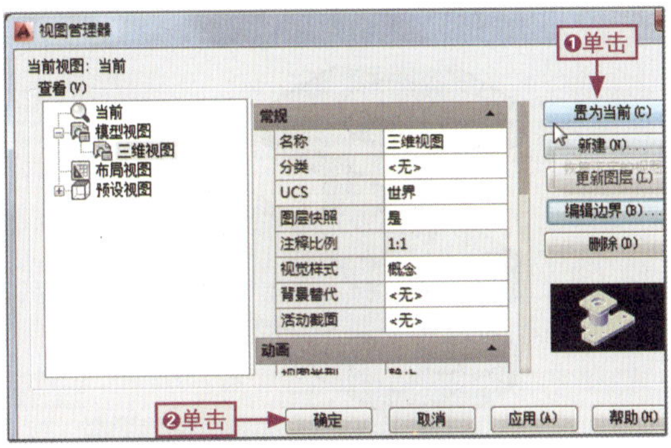

图9-5 设置当前视图

步骤06 在打开的页面中即可看到该视图为当前视图，在其中还可以选择其他视图视点，如“俯视”，如图9-6所示。

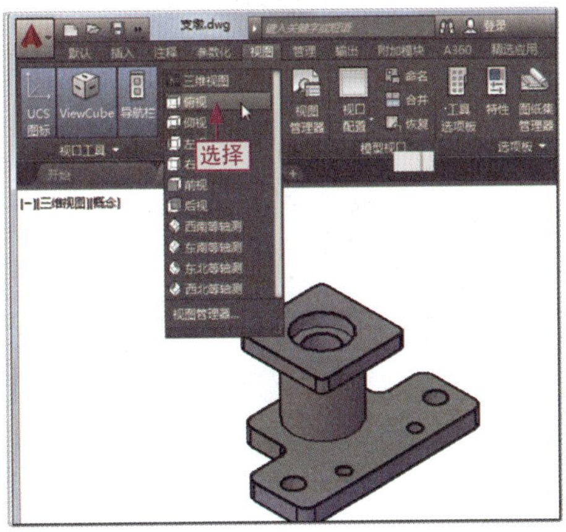

图9-6 选择其他视图模式

步骤07 在绘图区将以“俯视”的视点来显示图形，效果如图9-7所示。

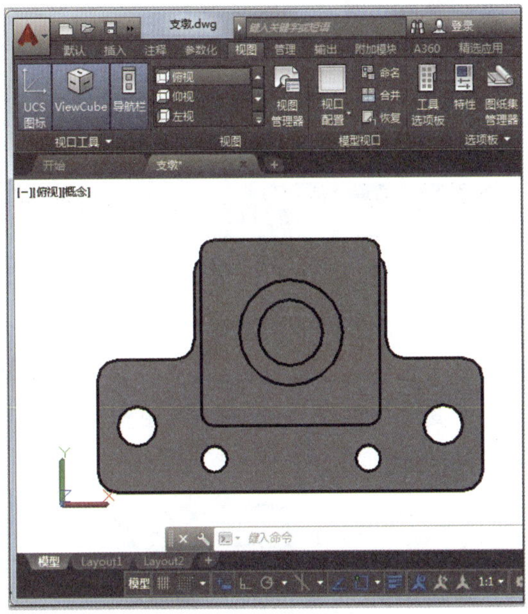

图9-7 查看俯视效果

9.1.2 WCS与UCS坐标系

绘制三维图形时，会使用两种坐标系，一种是固定的世界坐标系(WCS)，另外一种是可移动的用户坐标系(UCS)，对两种坐标系可以进行相应的设置，其具体操作如下。

本节素材	/素材/Chapter09/支墩1.dwg
本节效果	/效果/Chapter09/支墩1.dwg
学习目标	掌握设置三维坐标的方法
难度指数	★★

步骤01 打开“支墩1.dwg”素材文件，❶在状态栏上单击“工作空间”按钮，❷在弹出的下拉列表中选择“三维建模”命令，如图9-8所示。

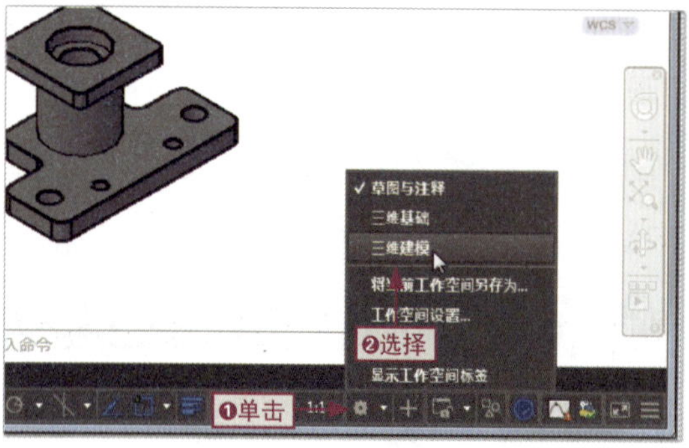

图9-8 选择“三维建模”命令

步骤02 ①在“常用”选项卡的“坐标”组中单击“显示UCS图标”按钮，②在弹出的下拉菜单中选择“原点处显示UCS图标”选项，如图9-9所示。

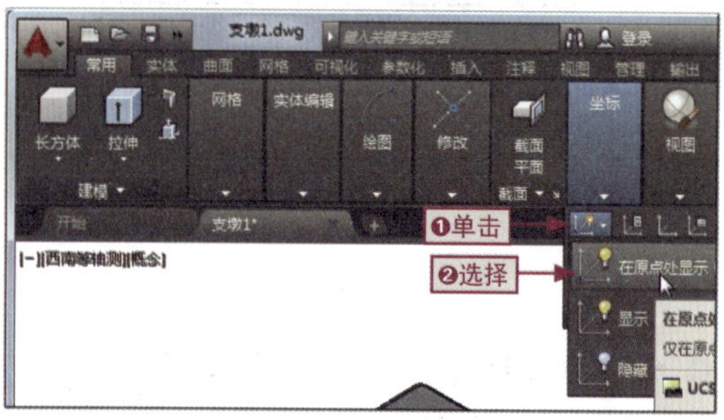

图9-9 设置坐标

步骤03 在“坐标”组中单击UCS按钮，在命令行提示“指定UCS原点”时，捕捉一点作为坐标原点，如图9-10所示。

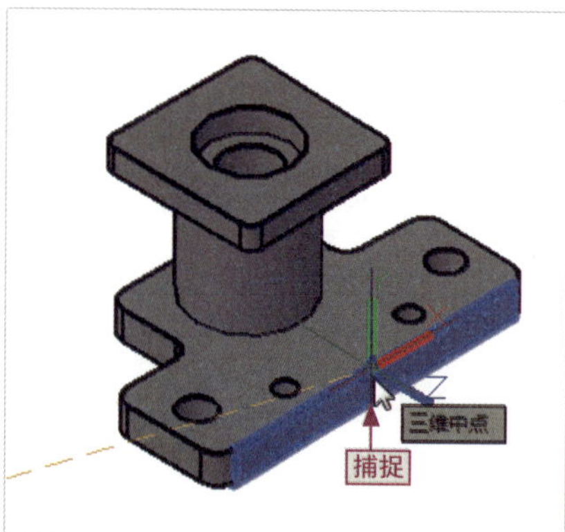

图9-10 捕捉一点

步骤04 在命令行提示“指定X轴上的点”时，移动鼠标光标指定X轴上的一点，如图9-11所示。

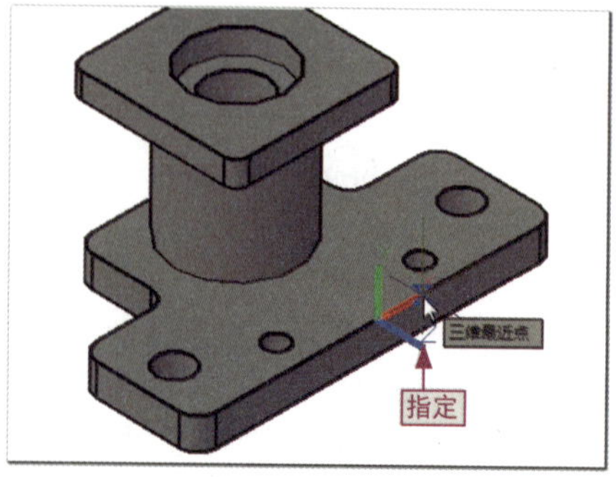

图9-11 指定一点

步骤05 在命令行提示“指定XY平面上的点”时，移动鼠标光标，指定XY平面上的一点，如图9-12所示。

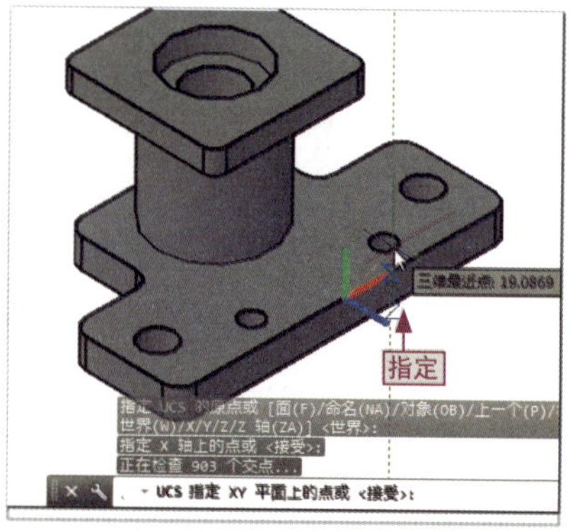

图9-12 指定XY平面上的点

步骤06 完成以上步骤后，将创建一个UCS用户坐标系，效果如图9-13所示。

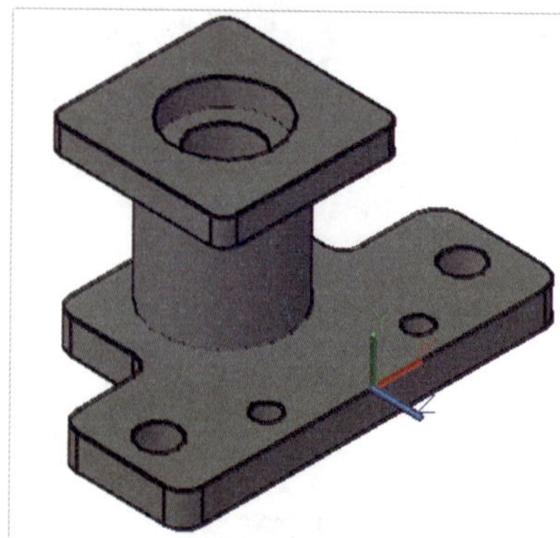

图9-13 创建坐标系

步骤07 在“坐标”组中单击“命名UCS”按钮，❶单击UCS对话框中的“命名UCS”选项卡，在创建的坐标系上右击，❷在弹出的快捷菜单中选择“重命名”命令，如图9-14所示。

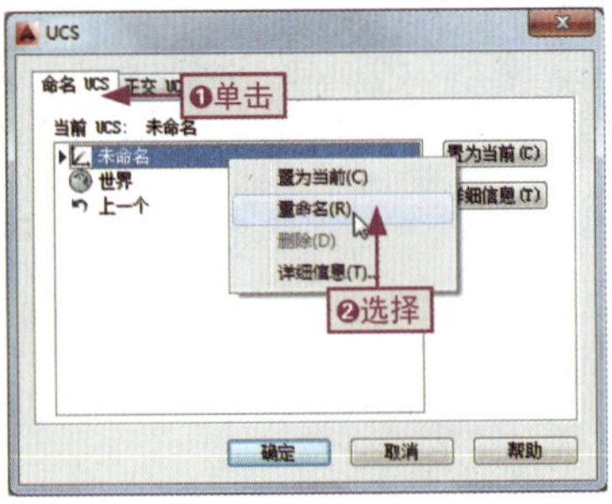

图9-14 选择“重命名”命令

步骤08 当名称变成可编辑状态时，输入坐标的名称“机械坐标”，如图9-15所示。

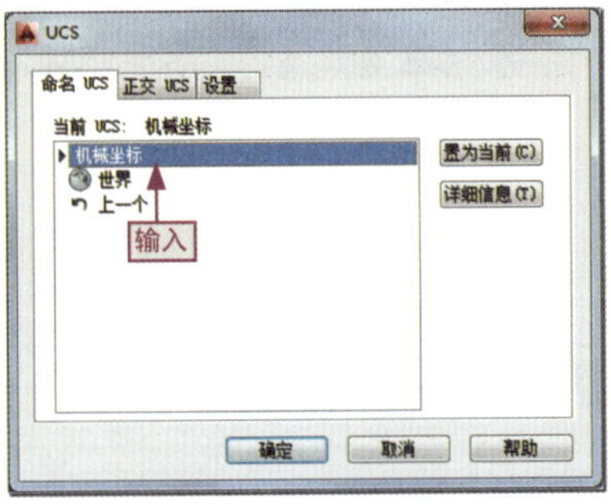

图9-15 编辑名称

步骤09 ❶切换到“设置”选项卡，❷在其中对UCS图标和UCS设置进行相应的设置，❸单击“确定”按钮，完成坐标系的创建，如图9-16所示。

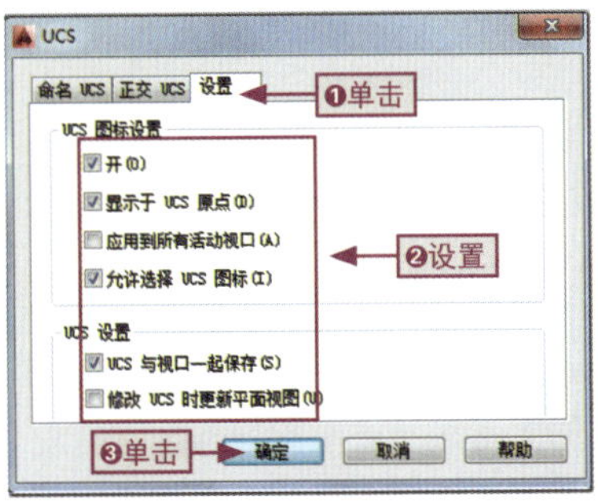

图9-16 设置UCS坐标

9.1.3 不同的三维几何模型

三维几何模型构造方法可分为三类，即线框模型、曲面模型和实体模型。

学习目标 了解三维几何模型的区别

难度指数 ★★

线框模型

线框模型是一种使用直线和曲线来表示三维对象边缘的构造方法，如图9-17所示。线框模型中没有面，只有描绘对象边界的点、直线和曲线，因此可以在三维空间的任何位置放置二维对象来创建线框模型。AutoCAD提供了一些专门的三维线框对象，如三维多段线。由于构成线框模型的每个对象必须单独绘制和定位，因此，这种建模方式是最耗时的，只用于简单模型的创建。

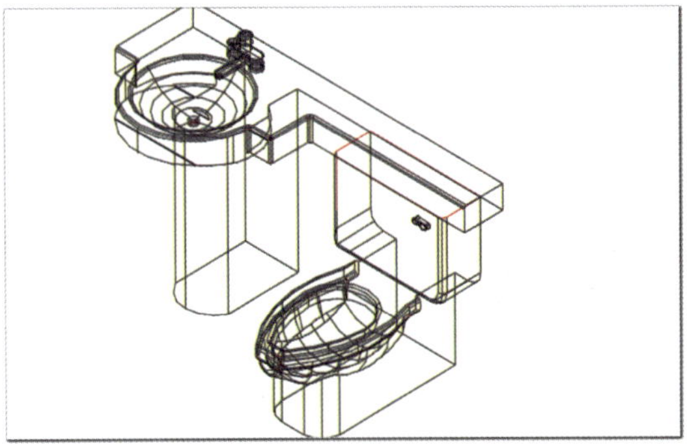

图9-17 线框模型

曲面模型

曲面模型是一种通过物体的面来表示的三维物体，如图9-18所示。曲面模型比线框模型更为复杂，它既要定义三维对象的边，又需要定义三维对象面。曲面模型还可以使用多边形网格定义镶嵌面。由于网格面是平面的，因此网格只能近似于曲面。

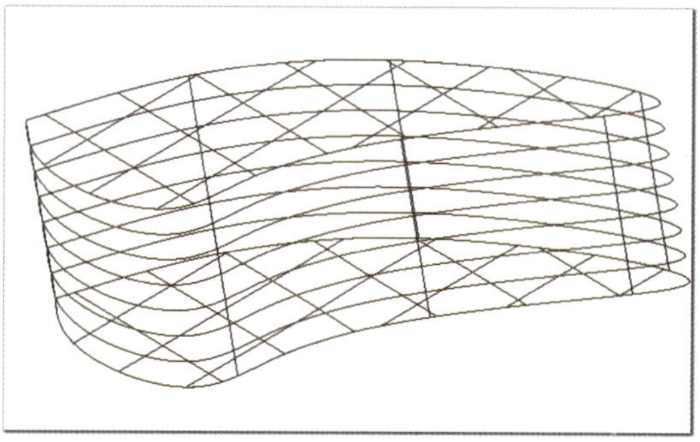

图9-18 曲面模型

实体模型

实体模型是使用最方便的三维建模类型，如图9-19所示。利用 AutoCAD的实体模型，可以创建长方体、圆锥体、圆柱体、球体、楔体和圆环体等实体三维对象。若对这些形状进行合并，找出它们的差集或交集（重叠）部分，结合起来便可生成更复杂的实体。也可以将二维对象沿路径延伸或绕轴旋转来创建实体。

图9-19 实体模型

9.2 将二维图形转换为三维图形

小白：在三维图形中有些很复杂的图形是怎么绘制出来的呢?

阿智：有些复杂的三维图形可以通过对二维图形进行转换、拉伸、旋转、扫掠和放样等操作就可以绘制出来。

在AutoCAD中，用户可以将部分二维对象通过拉伸、旋转、扫掠和放样等方法创建成三维图形，或将平面曲面通过增加厚度的方法转换为三维图形，通过这几种方法可以得到形状较为复杂的三维图形。

9.2.1 拉伸实体

通过拉伸的方法可以将二维平面对象拉伸为三维实体，使用这种方法创建外形不规则的实体比较简单，因为可以先用二维对象绘制不规则的截面，再将其拉伸一定高度。拉伸实体的具体操作如下。

本节素材	/素材/Chapter09/阀盖.dwg
本节效果	/效果/Chapter09/阀盖.dwg
学习目标	掌握拉伸实体的方法
难度指数	★★

步骤01 打开“阀盖”素材文件，在“建模”组中单击“拉伸”按钮或在命令行中输入EXTRUDE命令，如图9-20所示。

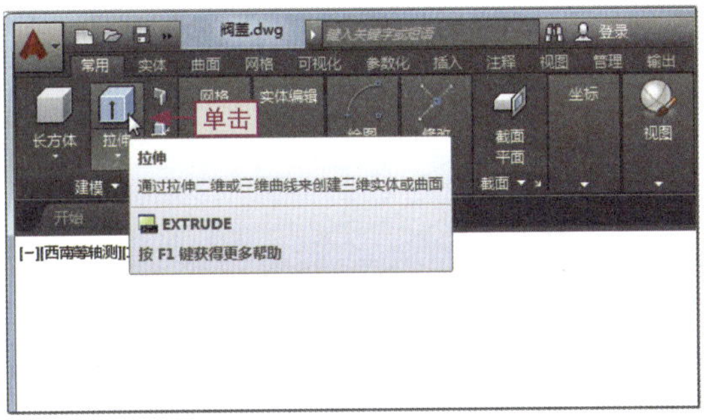

图9-20 单击“拉伸”按钮

步骤02 在命令行提示“选择要拉伸的对象”时，选择图形中需要拉伸的图形，完成后按Enter键，如图9-21所示。

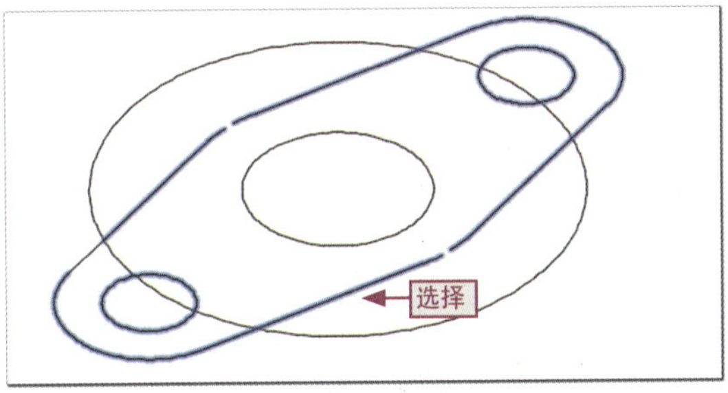

图9-21 选择拉伸图形

步骤03 在命令行提示“指定拉伸的高度”时，在命令行中输入“35”，完成后按Enter键，如图9-22所示。

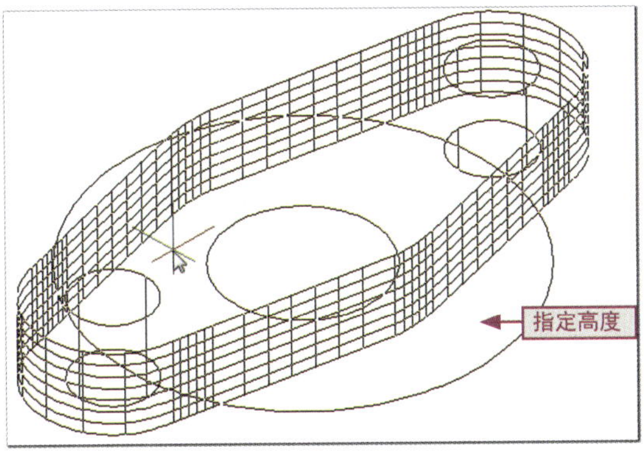

图9-22 设置拉伸高度

步骤04 完成对图形的拉伸，其效果如图9-23所示。

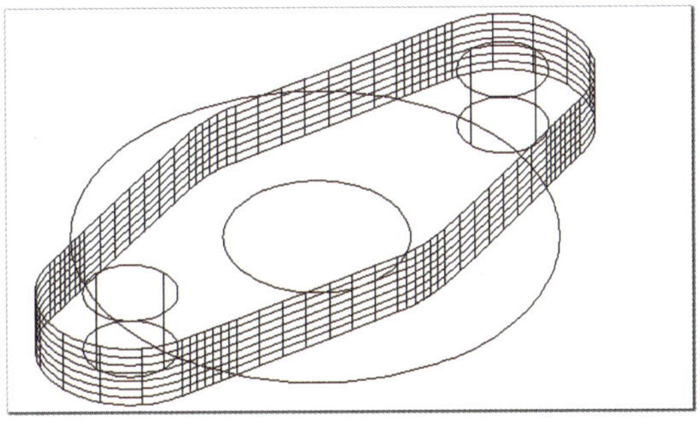

图9-23 拉伸实体效果

9.2.2 旋转实体

通过旋转的方法可以由二维对象创建出具有回转面的三维实体，创建外形不规则且中部为空的实体时常用这种方法。旋转实体的具体操作如下。

本节素材	/素材/Chapter09/花盆.dwg
本节效果	/效果/Chapter09/花盆.dwg
学习目标	掌握旋转图形的方法
难度指数	★★

步骤01 打开“花盆”素材文件，在“建模”组的下拉菜单中选择“旋转”命令或在命令行中输入REVOLVE命令，如图9-24所示。

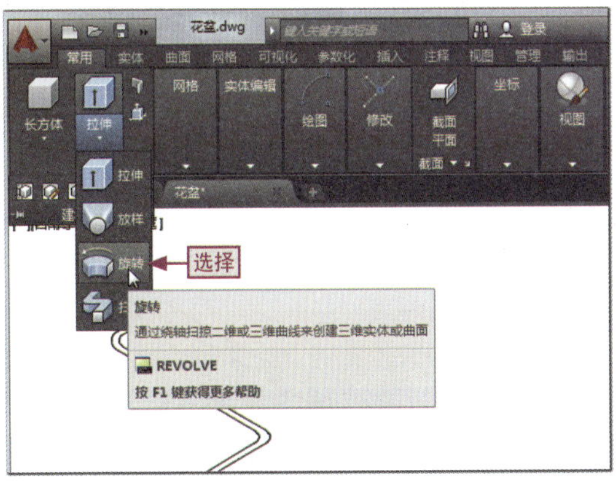

图9-24 选择“旋转”命令

步骤02 在命令行提示“选择要旋转的对象”时，选择图形中的多段线，如图9-25所示。

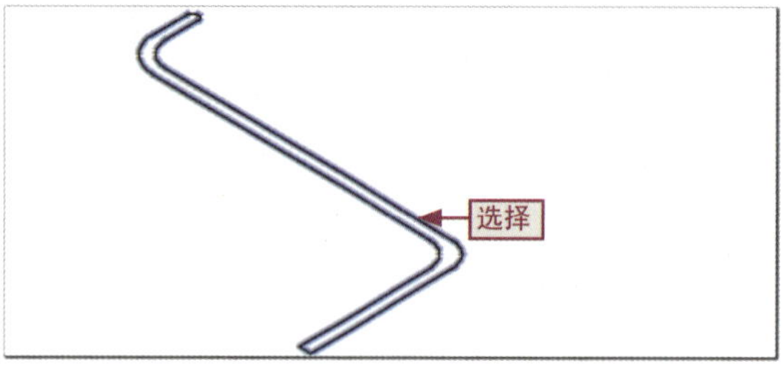

图9-25　选择多段线

步骤03 在命令行提示“指定轴起点或根据以下选项之一定义轴 [对象(O)/X/Y/Z] <对象>:”后捕捉多段线的端点，指定旋转轴的起点，如图9-26所示。

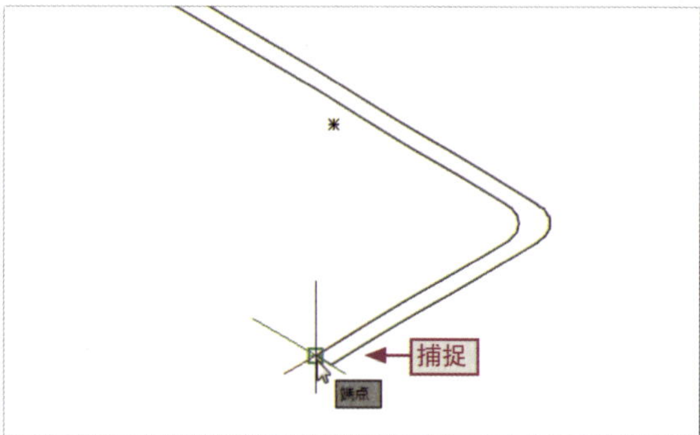

图9-26　选择旋转轴起点

步骤04 在命令行提示“指定轴端点”时，捕捉多段线的另一端点，指定旋转轴的端点，如图9-27所示。

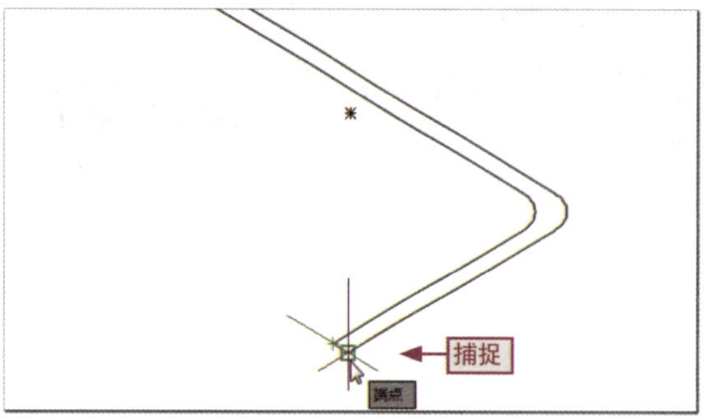

图9-27　选择旋转轴端点

步骤05 在命令行提示“指定旋转角度或 [起点角度(ST)] <360>:”时，按Enter键，指定旋转角度，如图9-28所示。

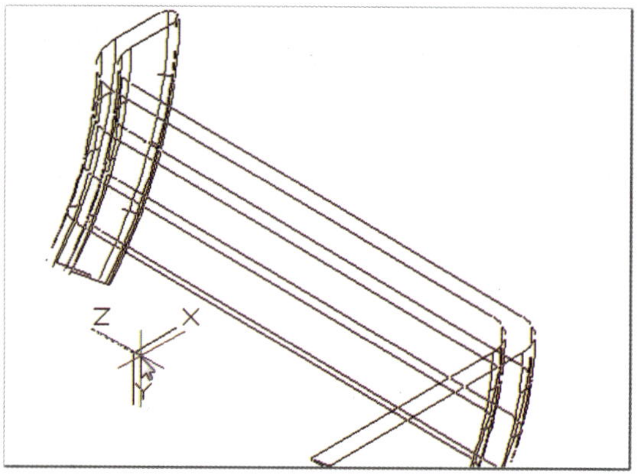

图9-28　指定旋转角度

步骤06 完成对图形的三维旋转，其效果如图9-29所示。

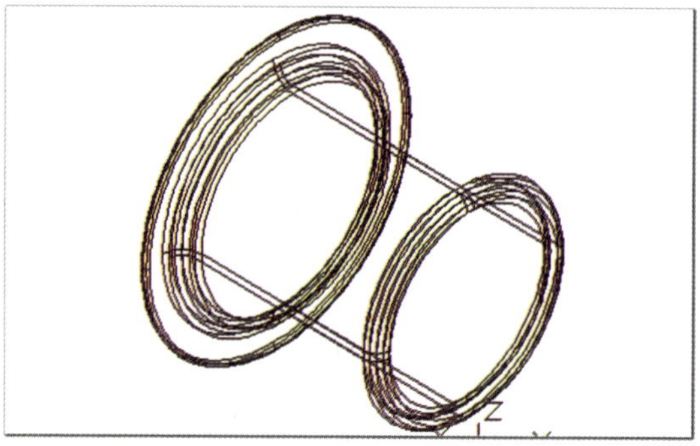

图9-29　查看效果

9.2.3 扫掠实体

通过扫掠实体的方法可以将闭合的二维对象沿指定的路径创建出三维实体，用这种方法创建弹簧等需要同时在不同平面间转换的实体是非常方便的。扫掠实体的具体操作如下。

本节素材	/素材/Chapter09/无
本节效果	/效果/Chapter09/弹簧.dwg
学习目标	掌握扫掠实体的方法
难度指数	★★

步骤01 新建文件保存并命名为“弹簧”，在“绘图”组中单击“螺旋”按钮，在绘图区绘制一个底面半径和顶面半径均为20，高度为100的螺旋图形，如图9-30所示。

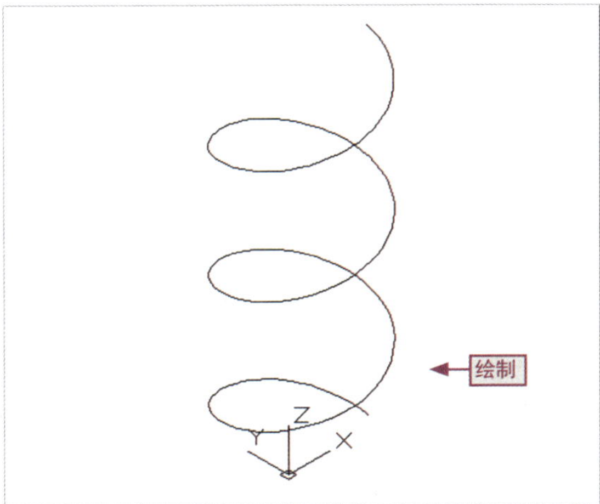

图9-30　绘制螺旋图形

步骤02 在“坐标”组中单击X按钮，将坐标沿X轴旋转90°，如图9-31所示。

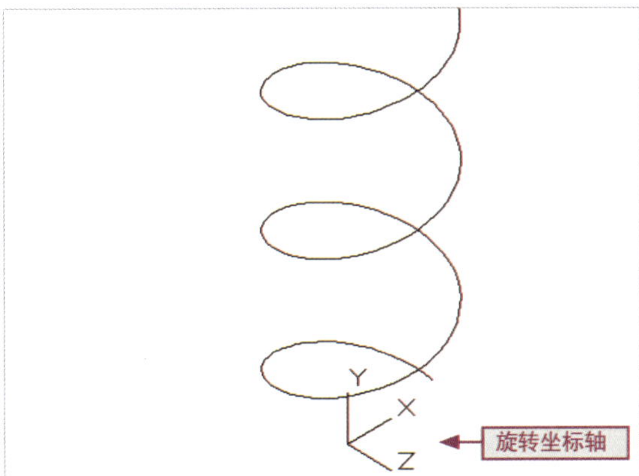

图9-31　旋转坐标轴

步骤03 在“绘图”中单击“圆”按钮，捕捉螺旋图形底面端点作为圆形的圆心，绘制一个半径为“3”的圆形，如图9-32所示。

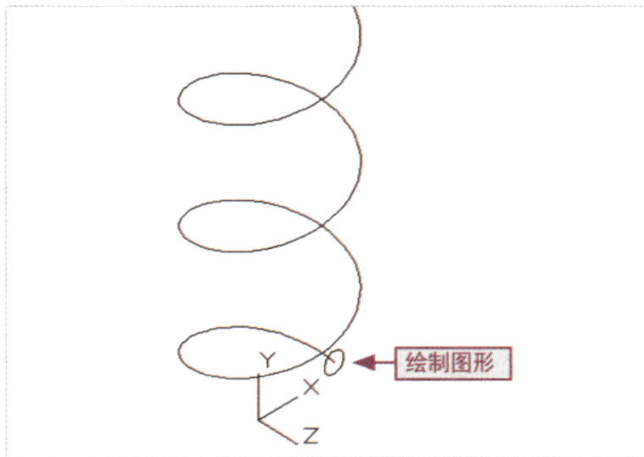

图9-32　完成旋转

步骤04 在“建模”组的下拉菜单中选择“扫掠”命令或在命令行中输入SWEEP命令，如图9-33所示。

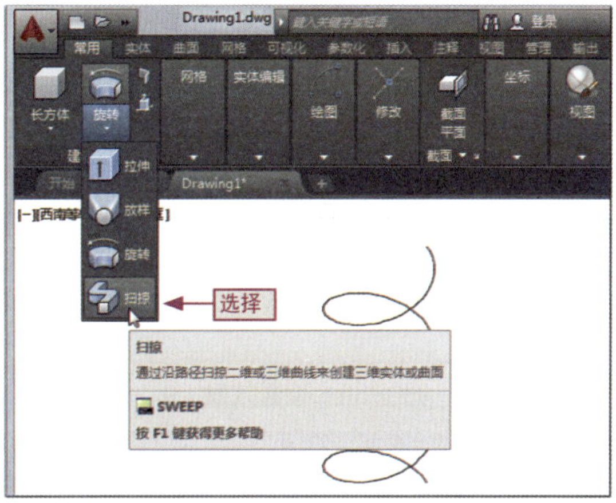

图9-33　选择“扫掠”命令

步骤05 在命令行提示“选择要扫掠的对象”时，选择绘制的圆形，如图9-34所示。

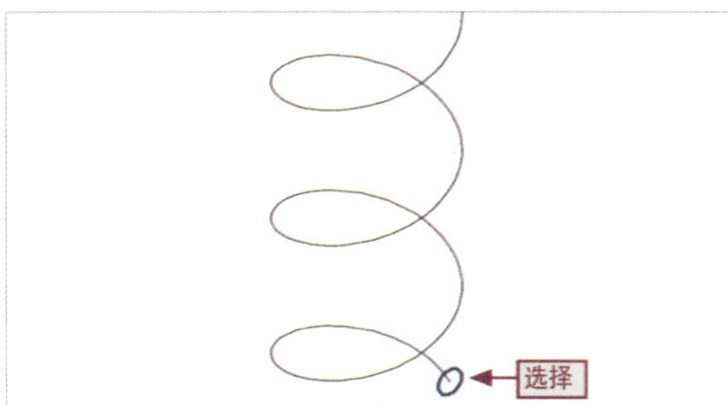

图9-34　选择绘制的圆形

步骤06 在命令行提示“选择扫掠路径”时，选择绘制的螺旋图形，如图9-35所示。

图9-35 选择螺旋图形

步骤07 完成对图形的扫掠，其效果如图9-36所示。

图9-36 查看效果

小绝招

扫掠命令中各选项的含义

执行扫掠命令的过程中，各选项的含义如下。

- 对齐（A）：指定是否对齐轮廓以使其作为扫掠路径切向的方向，一般轮廓是对齐的。
- 基点（B）：指定要扫掠对象的基点。如果指定的点不在选定对象所在的平面上，则该点将被投影到该平面上，再将投影点作为基点。
- 比例（S）：指定比例因子进行扫掠操作。从扫掠路径的开始到结束，比例因子将统一应用于扫掠的对象。
- 扭曲（T）：设置被扫掠对象的扭曲角度，即扫掠对象沿扫掠路径扫掠时的旋转量。

9.2.4 放样实体

放样实体即是通过指定一系列横截面来创建新的实体，用这种方法创建极不规则的形体比较方便，如山体等。放样实体的具体操作如下。

本节素材	/素材/Chapter09/无
本节效果	/效果/Chapter09/电脑椅脚.dwg
学习目标	掌握放样实体的方法
难度指数	★★

步骤01 新建文件并保存为“电脑椅脚”，选择“直线”工具，在绘图区绘制一条长度为300的直线，如图9-37所示。

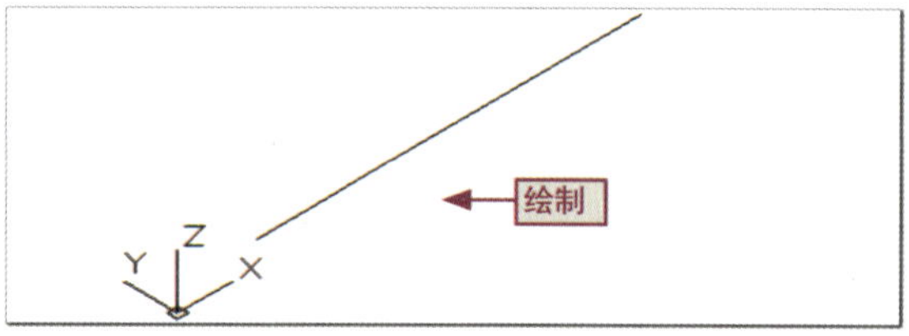

图9-37 绘制直线

步骤02 在“坐标”组中单击Y按钮，将坐标沿Y轴旋转90°，如图9-38所示。

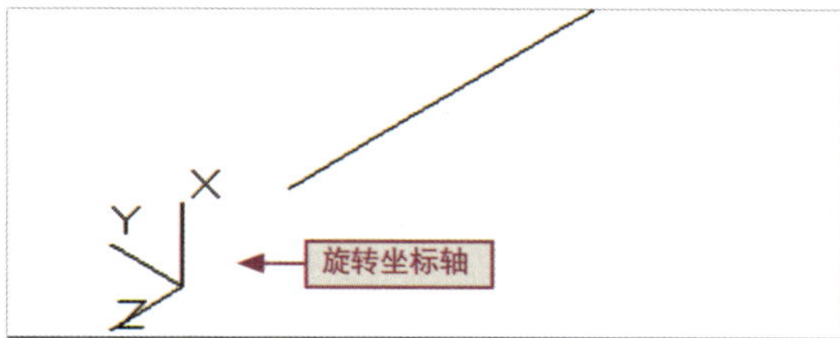

图9-38 旋转坐标轴

步骤03 选择“多边形”命令，选择正多边形的边数为4，并在命令行提示后捕捉直线的端点。在命令行提示“输入选项”时输入C，选择“外切于圆”选项，在提示“指定圆的半径”时输入“25”，绘制正方形，如图9-39所示。

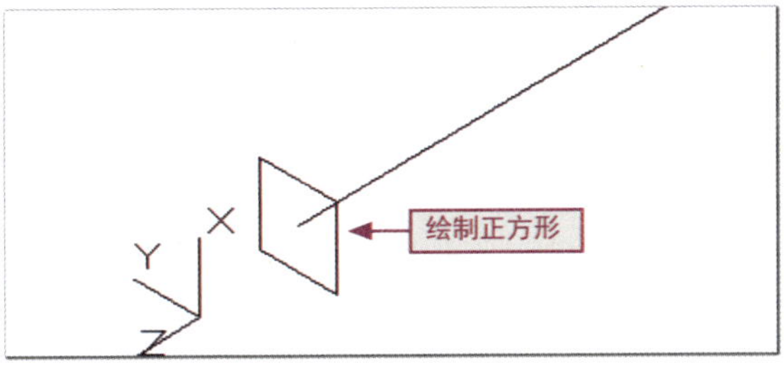

图9-39　绘制多边形

步骤04 在命令行中输入UCS，在提示中输入W命令，将坐标系返回到“直线”坐标系状态，如图9-40所示。

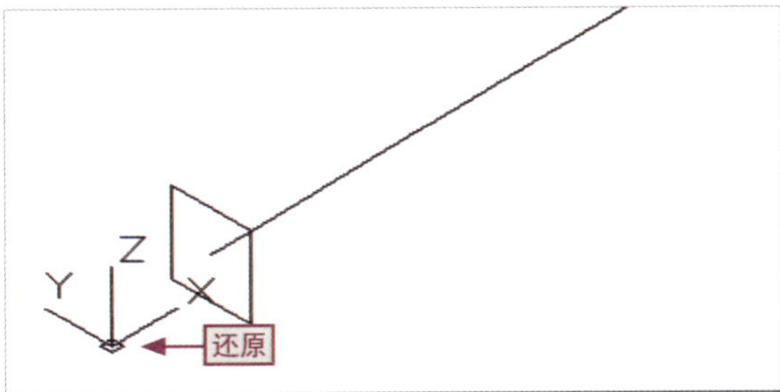

图9-40　还原坐标轴

步骤05 选择绘制的正多边形，将其沿直线方向按照200和300的距离进行复制。在命令行中输入SCALE命令，执行缩放命令，对复制的相对距离为200的正多边形进行缩放，其中基点为正多边形的中心点，缩放比例为1.3，如图9-41所示。

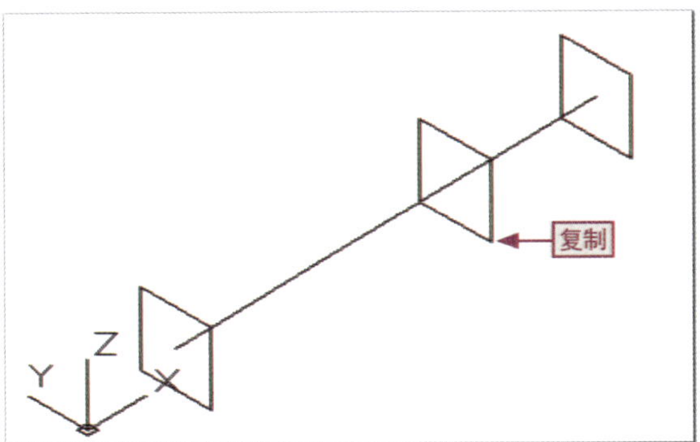

图9-41　复制多边形

步骤06 在命令行中输入SCALE命令，执行缩放命令，对复制的相对距离为200的正多边形进行缩放，其中基点为正多边形的中心点，缩放比例为1.3。在命令行中输入SCALE命令，执行缩放命令，对另一个复制的正多边形进行缩放，其中基点为正多边形的顶端中点，缩放比例为1.5，如图9-42所示。

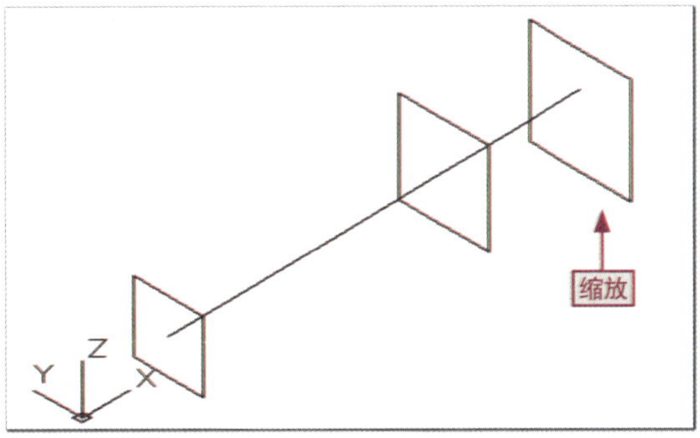

图9-42　执行缩放命令

步骤07 在“建模”组的下拉菜单中选择“放样”命令或在命令行中输入LOFT命令，如图9-43所示。

图9-43　选择“放样”命令

步骤08 在命令行提示“按放样次序选择横截面”时，选择左侧的正多边形，如图9-44所示。

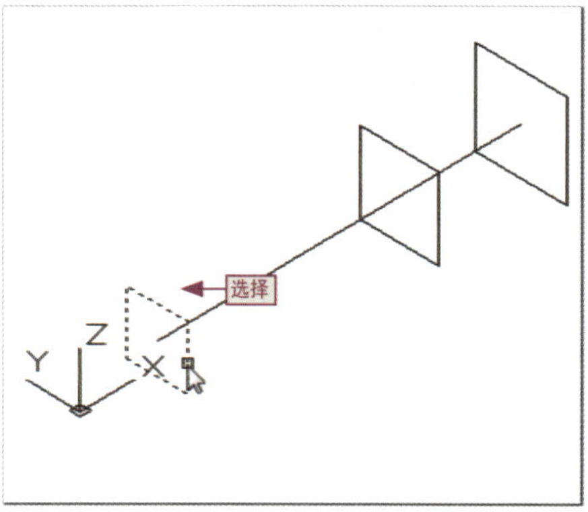

图9-44 选择多边形

步骤09 依次选择中间和右侧的正多边形。在命令行提示“输入选项 [导向(G)/路径(P)/仅横截面(C)] <仅横截面>:”后输入P，选择“路径”选项，如图9-45所示。

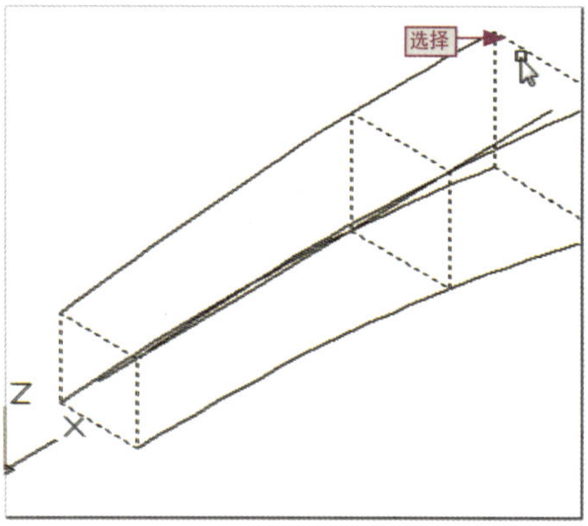

图9-45 选择“路径”选项

步骤10 在命令行提示“选择路径曲线:”时，选择绘制的直线，指定放样路径，完成图形的绘制，如图9-46所示。

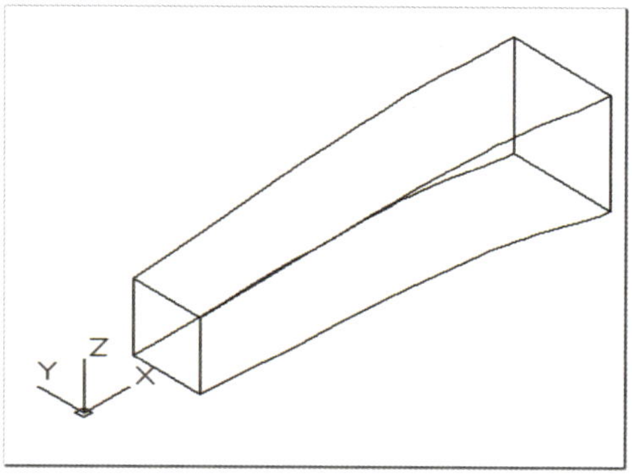

图9-46 完成绘制

小绝招

放样命令中各选项的含义

在执行命令的过程中，各选项的含义如下。

- 引导（G）：用于指定控制放样实体或曲面形状的导向曲线。导向曲线可以是直线或曲线，但每条导向线必须始于第一个横截面，止于最后一个横截面，且必须与每个横截面相交才能进行放样。
- 路径（P）：指通过指定放样实体路径的方法创建放样实体，但用作路径的曲线必须与横截面的所有平面相交。
- 仅横截面（C）：通过打开“放样设置”对话框进行参数设置。

9.3 不同三维曲面的绘制

小白：三维曲面是什么，是不是三维图形的一个面呢？

阿智：可以这么理解。三维网格图形主要由面组成，因此可以对其每个面进行编辑。下面我来给你介绍一些三维曲面的创建操作。

三维曲面主要是以封闭的图形作为边来创建的曲面，如果一些复杂的图形要创建曲面，则可以使用平面曲面、过渡曲面、修补曲面、偏移曲面以及圆角曲面等操作来完成。

9.3.1 绘制平面曲面

通过选择封闭的图形对象或者指定矩形表面的对焦点来创建平面曲面。如果是不规则的图形对象，可以先选择图形对象来进行创建，如果是矩形对象，则可以首先选择平面曲面命令来创建，其具体操作如下。

本节素材	/素材/Chapter09/平面曲面.dwg
本节效果	/效果/Chapter09/平面曲面.dwg
学习目标	掌握创建平面曲面的方法
难度指数	★★

步骤01 打开“平面曲面”素材文件，❶选择绘图区创建的图形，❷在“曲面”选项卡的“创建”组中单击“平面曲面”按钮，如图9-47所示。

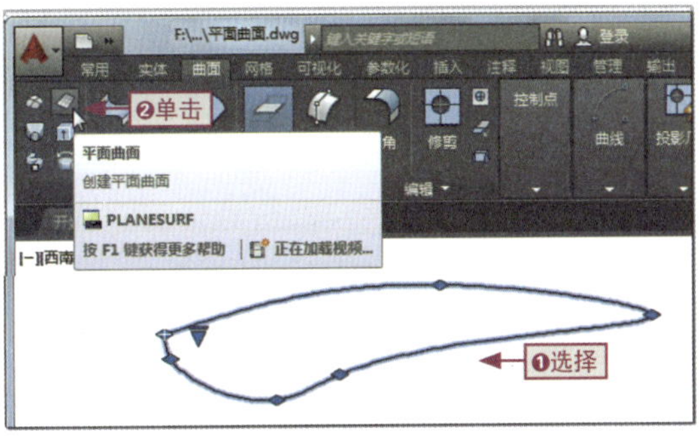

图9-47 单击“平面曲面”按钮

步骤02 在绘图区即可为图形创建一个平面曲面，如图9-48所示。

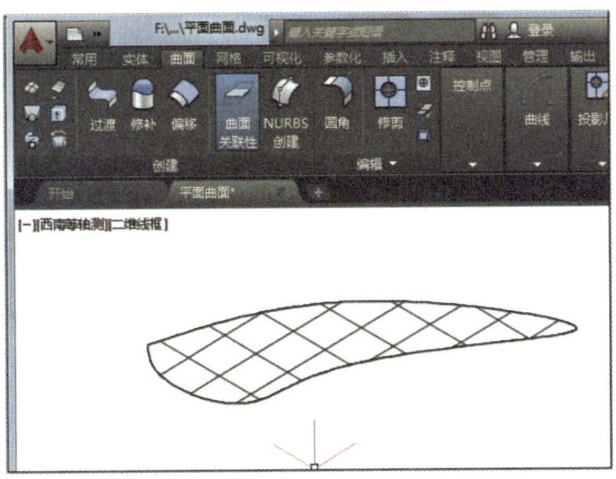

图9-48 创建平面曲面

9.3.2 绘制过渡曲面

AutoCAD 2016可以使用过渡曲面命令在现有曲面和实体之间创建新曲面。对各曲面过渡以形成一个曲面时，可指定起始边和结束边的曲面连续性和凸度幅值，其具体操作如下。

本节素材	/素材/Chapter09/过渡曲面.dwg
本节效果	/效果/Chapter09/过渡曲面.dwg
学习目标	掌握创建过渡曲面的方法
难度指数	★★

步骤01 打开“过渡曲面”素材文件，在“曲面”选项卡的“创建”组中单击“过渡”按钮，如图9-49所示。

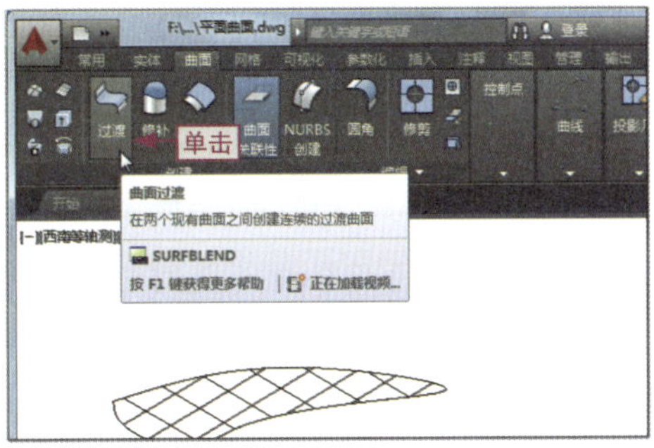

图9-49 单击“过渡”按钮

步骤02 在命令行提示“选择要过渡的第一个曲面”时，在绘图区选择上方的一个曲面，然后按Enter键，如图9-50所示。

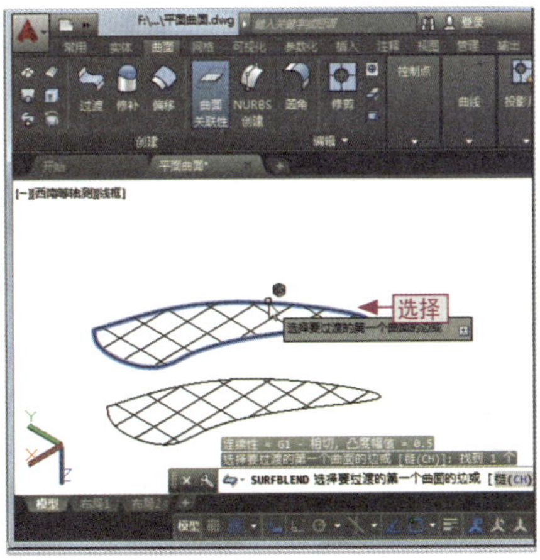

图9-50 选择第一曲面

步骤03 在命令行提示“选择要过渡的第二个曲面”时，在绘图区选择下方的一个曲面，然后按Enter键，如图9-51所示。

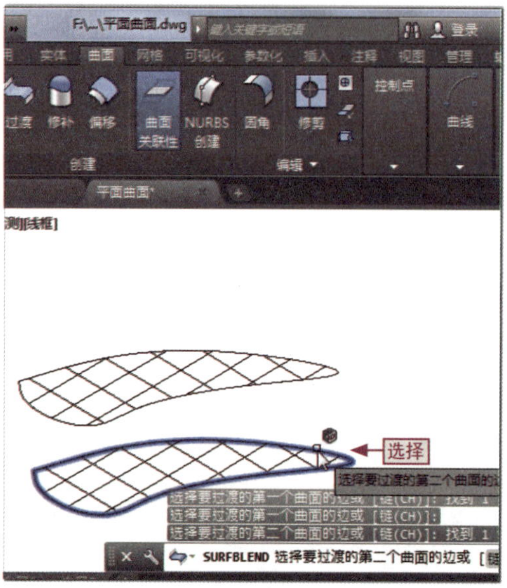

图9-51　选择第二曲面

步骤04 在选择的两个曲面之间创建一个过渡的曲面，如图9-52所示。

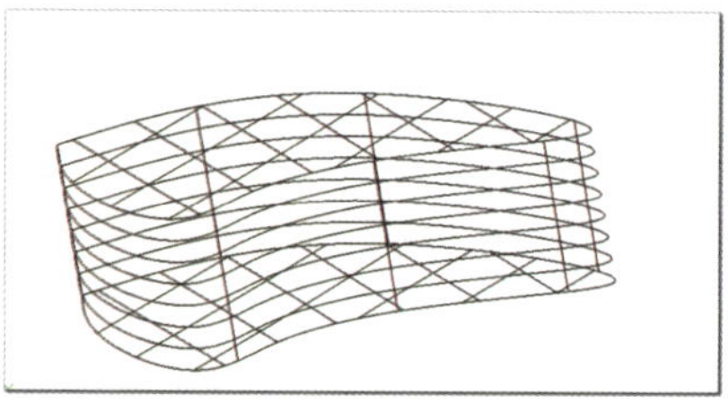

图9-52　完成过渡曲面绘制

小绝招　**过渡曲面命令中各选项的含义**

选择曲面边：选择曲面或面域（而不是曲面本身）作为第一条边和第二条边。

- 链：选择连续的连接边。
- 连续性：测量曲面彼此融合的平滑程度。默认值为 G0，选择一个值或使用夹点来更改连续性。
- 凸度幅值：设定过渡曲面边与其原始曲面相交处该过渡曲面边的圆度，默认值为 0.5，有效值介于 0～1。

9.3.3 绘制修补曲面

使用曲面修补命令可在作为另一个曲面的边的一条闭合曲线(例如闭合样条曲线)内创建曲面，还可以绘制导向曲线，以使用约束几何图形来约束修补曲面的形状，其具体操作如下。

本节素材	/素材/Chapter09/修补曲面.dwg
本节效果	/效果/Chapter09/修补曲面.dwg
学习目标	掌握创建修补曲面的方法
难度指数	★★

步骤01 打开“修补曲面”素材文件，在“曲面”选项卡的“创建”组中单击“修补”按钮，如图9-53所示。

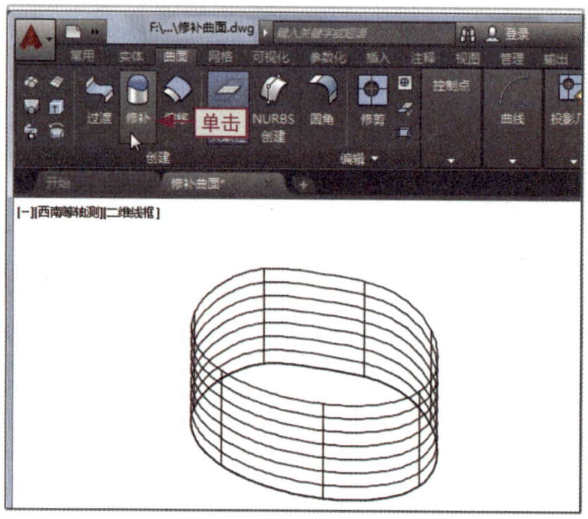

图9-53　单击“修补”按钮

步骤02 在命令行提示“选择要修补的曲面边”时，在绘图区选择图形上方的一个曲面边，按Enter键，如图9-54所示。

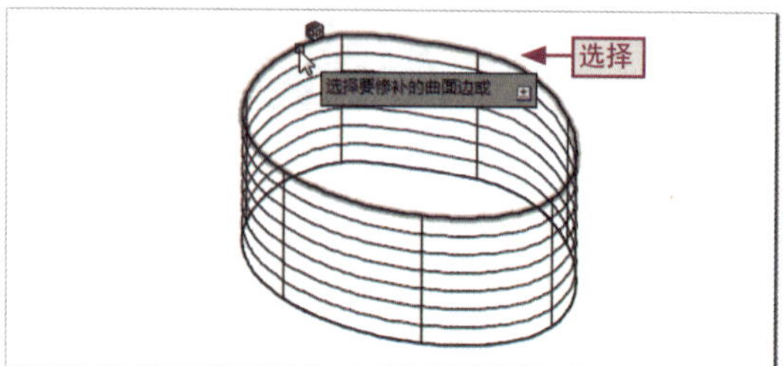

图9-54　选择修补曲面边

步骤03 为图形上面的曲面边添加一个曲面，如图9-55所示。

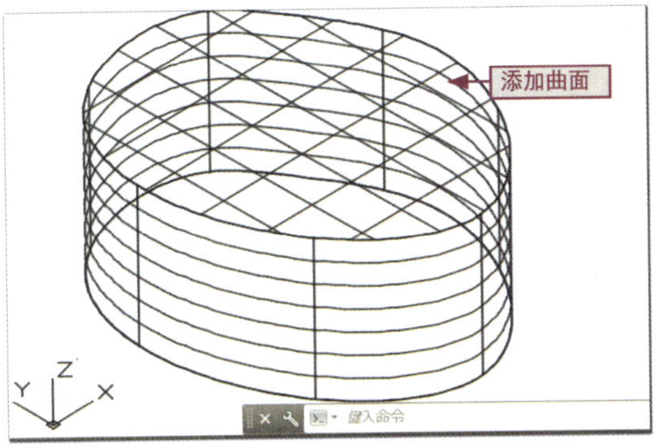

图9-55　添加曲面效果

小绝招

修补曲面命令中各选项的含义

曲面边：选择个别曲面边并将它们添加到选择集中。

- 链：选择连接的但单独的曲面对象的连续边。
- 曲线：选择曲线而不是边。
- 接受修补曲面：创建跨选定边的修补。
- 连续性：测量曲面彼此融合的平滑程度。默认值为 G0，选择一个值或使用夹点来更改连续性。
- 凸度幅值：为获得最佳效果，请输入一个介于0～1的值，以设定修补曲面边与原始曲面相交处修补曲面边的圆度，默认值为 0.5。
- 导向：使用其他导向曲线以塑造修补曲面的形状。导向曲线可以是曲线，也可以是点。

9.3.4 绘制偏移曲面

使用曲面偏移命令可以创建与原始曲面相距一定距离的平行曲面。可以指定偏移曲面是否保持与原始曲面的关联性，还可使用数学表达式指定偏移距离，其具体操作如下。

本节素材	/素材/Chapter09/偏移曲面.dwg
本节效果	/效果/Chapter09/偏移曲面.dwg
学习目标	掌握创建偏移曲面的方法
难度指数	★★

步骤01 打开“偏移曲面”素材文件，在“曲面”选项卡的“创建”组中单击“偏移”按钮，如图9-56所示。

图9-56　单击“偏移”按钮

步骤02 在命令行提示“选择要偏移的曲面或面域”时，在绘图区选择图形，然后按Enter键，如图9-57所示。

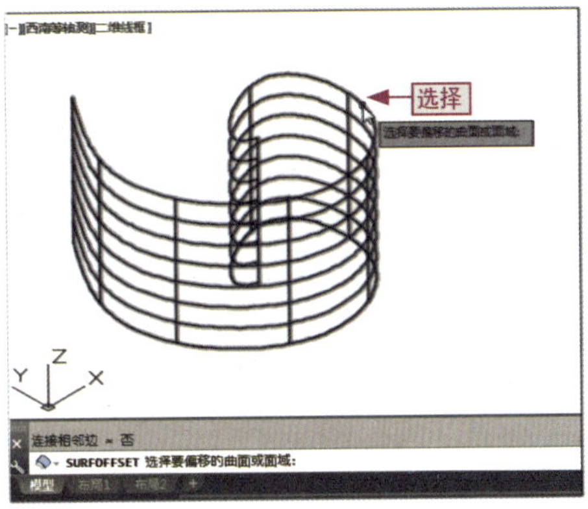

图9-57　选择偏移曲面

步骤03 在命令行提示“指定偏移距离”时，输入“100”，然后按Enter键，如图9-58所示。

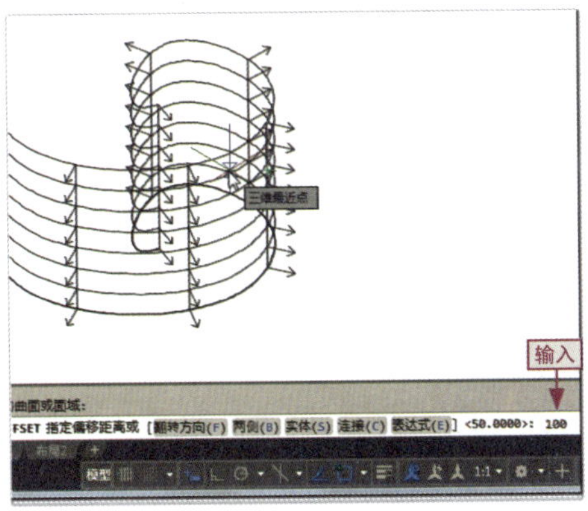

图9-58　指定偏移距离

步骤04 在绘图区可以看到偏移后的图形效果，如图9-59所示。

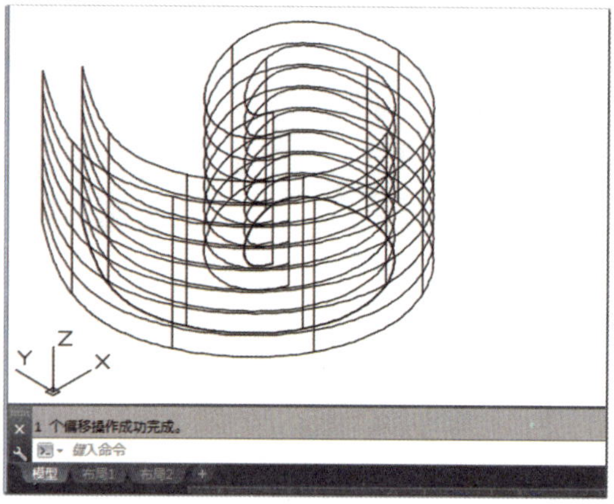

图9-59 偏移曲面效果

小绝招

偏移曲面命令中各选项的含义

- 翻转方向：使用“翻转”选项可以更改偏移方向。
- 两侧：在两个方向上进行偏移以创建两个新曲面。
- 实体：可以在偏移曲面之间创建实体。
- 连接：如果要对多个曲面进行偏移，使用该选项可以指定偏移后的曲面是否仍然保持连接。
- 表达式：可输入用于约束偏移曲面与原始曲面之间距离的表达式，此选项仅在关联性处于启用状态时才会显示。

9.3.5 绘制圆角曲面

圆角曲面是创建一个新的过渡曲面，对两个现有曲面或面域之间的区域进行圆角处理。默认情况下，圆角曲面使用在系统变量中设定的半径值，可在创建曲面时使用半径选项来更改半径，其具体操作如下。

本节素材	/素材/Chapter09/圆角曲面.dwg
本节效果	/效果/Chapter09/圆角曲面.dwg
学习目标	掌握创建圆角曲面的方法
难度指数	★★

步骤01 打开“圆角曲面”素材文件，在“曲面”选项卡的“创建”组中单击“圆角”按钮，如图9-60所示。

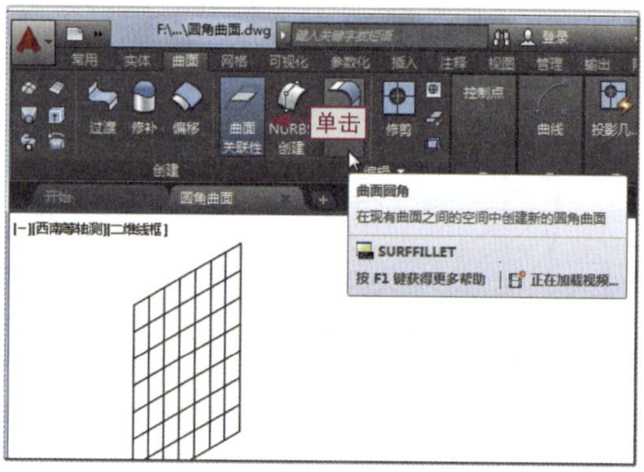

图9-60 单击“圆角”按钮

步骤02 在命令行提示“选择要圆角化的第一个曲面”时，在绘图区选择上方的一个曲面，按Enter键，如图9-61所示。

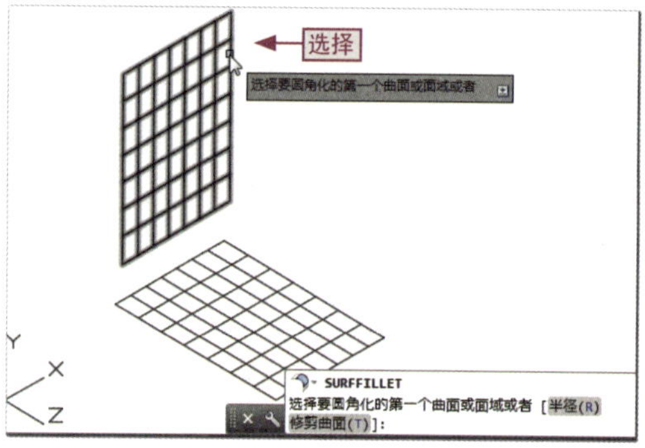

图9-61 选择第一曲面

步骤03 在命令行提示“选择要圆角化的第二个曲面”时，输入R命令，然后输入“50”作为圆角半径，如图9-62所示。

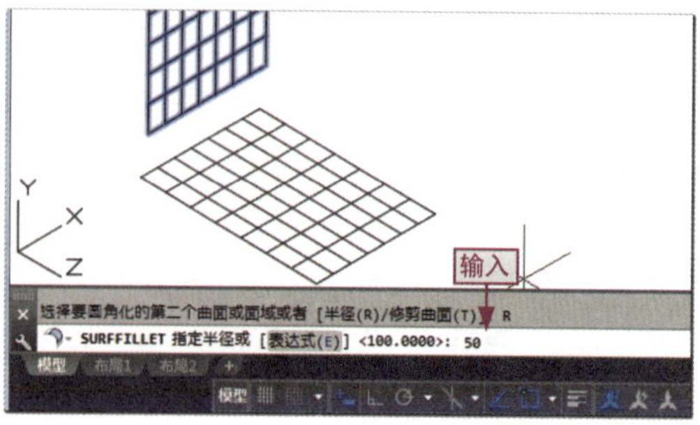

图9-62 设置圆角半径

步骤04 选择绘图区下方的一个曲面作为第二个曲面，完成后按Enter键，如图9-63所示。

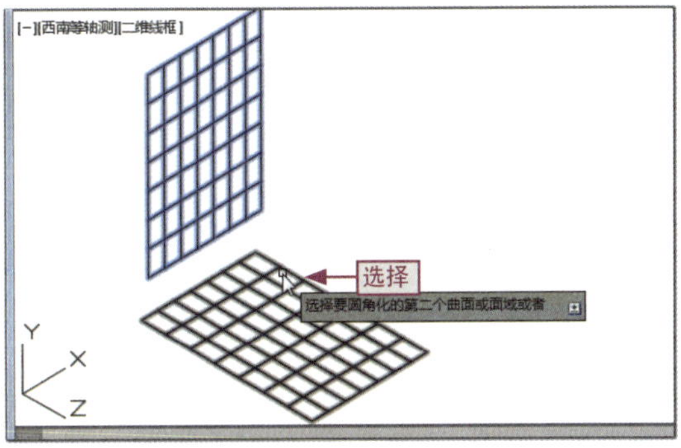

图9-63 选择第二曲面

步骤05 完成以上步骤后即对绘图区的两个面进行了圆角化处理，如图9-64所示。

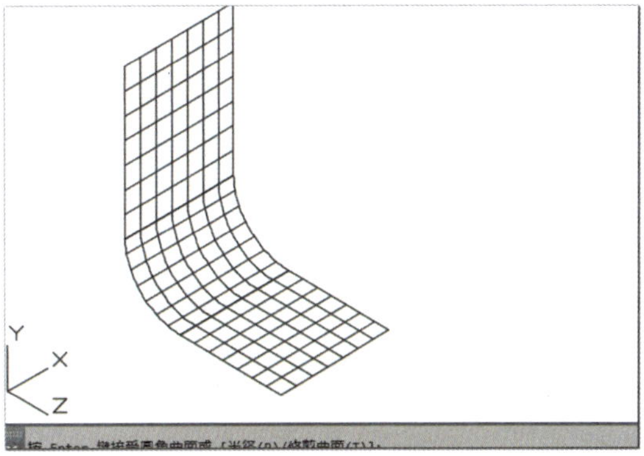

图9-64 圆角曲面效果

9.4 不同三维网格的绘制

小白：前面介绍的一些三维图形主要是以曲面来进行创建的，那有没有直接创建的三维曲面呢？

阿智：有啊，比如长方体就可以在AutoCAD中轻易地创建出来组成网格体，下面我来给你介绍这些网格体的创建。

使用三维网格命令可以绘制三维的基本曲面，如长方体网格、圆柱体网格、球面以及棱锥网格等，下面分别介绍其绘制方法。

9.4.1 设置长方体网格

长方体网格主要用于创建长方体或正方体的表面。在默认情况下，长方体表面的底面总是与当前用户坐标系的XY轴平面平行。长方体网格的创建操作如下。

本节素材	/素材/Chapter09/无
本节效果	/效果/Chapter09/长方体网格.dwg
学习目标	掌握创建长方体网格的方法
难度指数	★★

步骤01 新建一个文件，在"曲面"选项卡的"图元"组中单击"网格长方体"按钮，如图9-65所示。

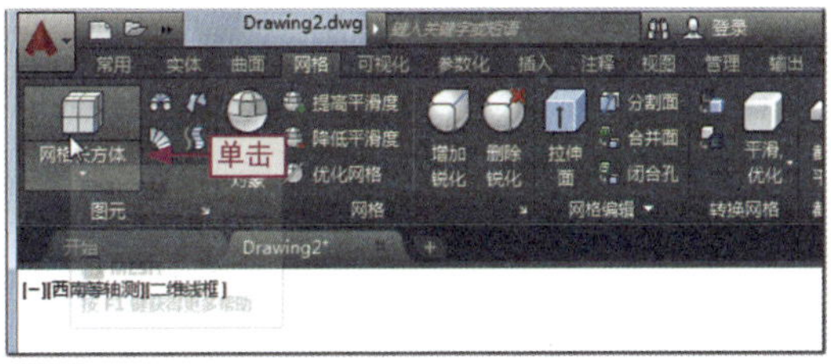

图9-65 单击"网格长方体"按钮

步骤02 当命令行提示"指定第一个角点"时，在绘图区单击，指定角点，如图9-66所示。

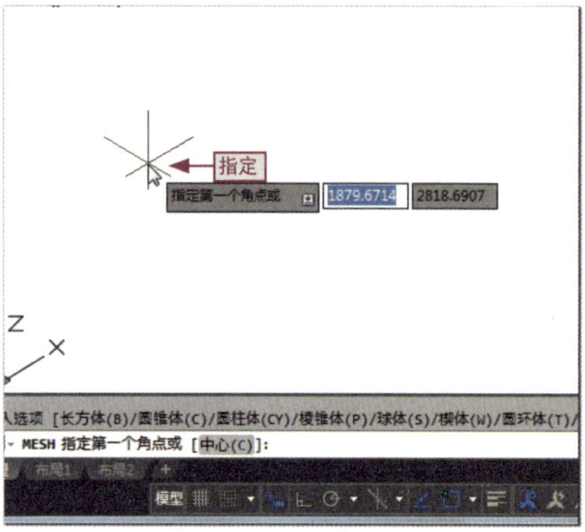

图9-66 指定角点

步骤03 当提示“指定其他角点”时，输入命令“L”，如图9-67所示。

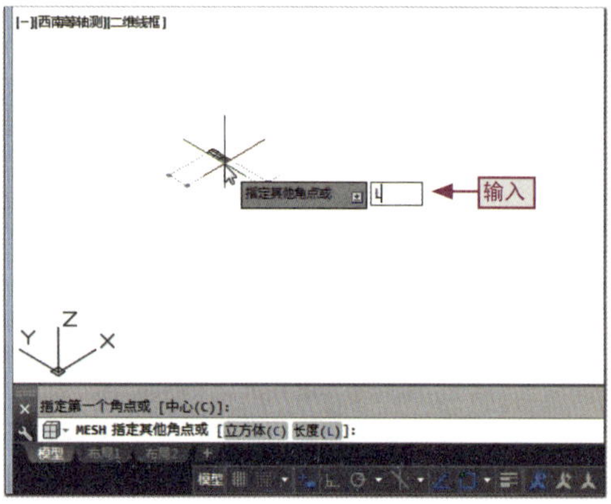

图9-67 输入“L”命令

步骤04 根据命令行提示依次输入长方体的长度为“300”，宽度为“200”，高度为“100”，完成绘制，如图9-68所示。

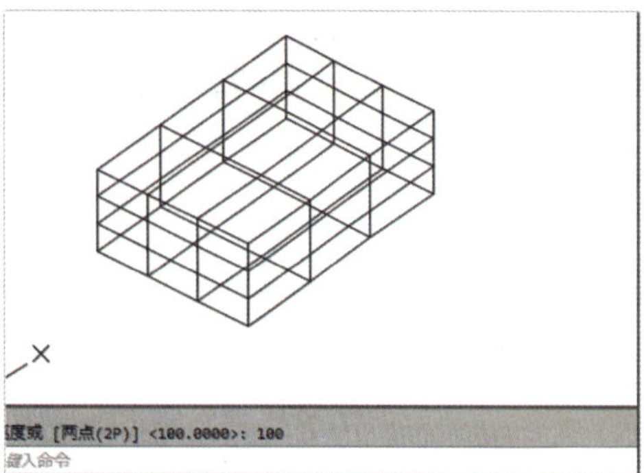

图9-68 完成网格长方体绘制

9.4.2 绘制圆柱体网格

圆柱体网格可以创建以圆或椭圆为底面的网格圆柱体，在默认情况下，网格圆柱体的底面位于当前坐标系的XOY平面上，圆柱体高度与Z轴平行。创建圆柱体网格的具体操作如下。

本节素材	/素材/Chapter09/无
本节效果	/效果/Chapter09/圆柱体网格.dwg
学习目标	掌握创建圆柱体网格的方法
难度指数	★★

步骤01 新建一个文件，在“曲面”选项卡的“图元”组的下拉菜单中选择“网格圆柱体”命令，如图9-69所示。

图9-69 选择“网格圆柱体”命令

步骤02 在绘图区指定位置后，在命令行提示“输入底面半径”时，输入“100”，如图9-70所示。

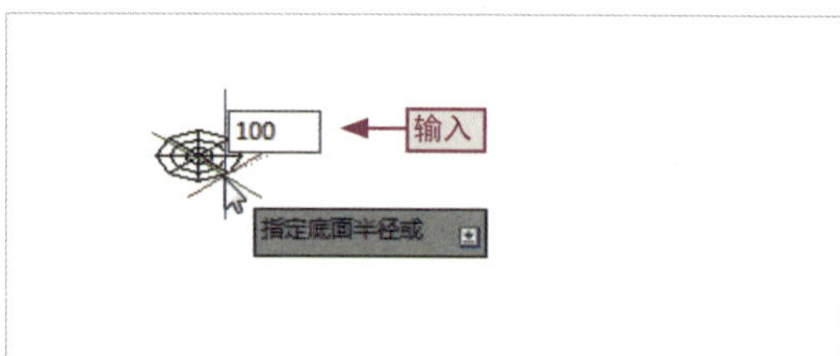

图9-70 输入底面半径

步骤03 在命令行提示“指定高度”时，输入“200”，按Enter键，如图9-71所示。

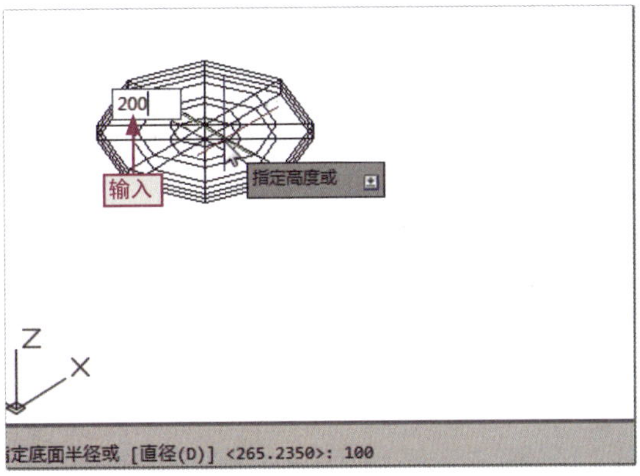

图9-71 输入高度

步骤04 完成圆柱体网格的绘制，如图9-72所示。

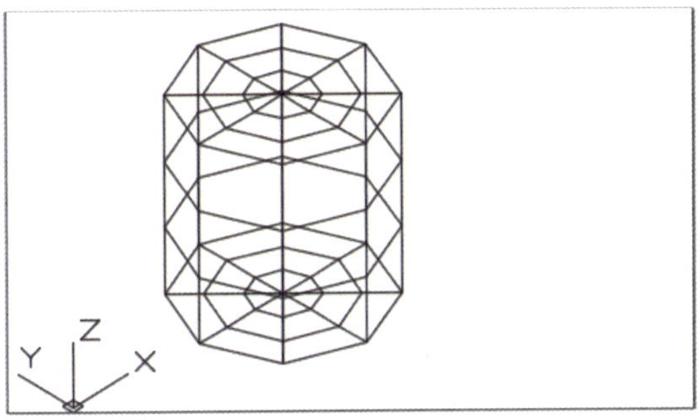

图9-72 完成绘制

9.4.3 绘制圆锥体网格

圆锥体网格可以创建以圆或椭圆为底面的网格圆锥体，默认情况下网格圆锥体的底面位于当前UCS的XOY平面上，圆锥体的高度与Z轴平行。创建圆锥体网格的具体操作如下。

本节素材	/素材/Chapter09/无
本节效果	/效果/Chapter09/圆锥体网格.dwg
学习目标	掌握创建圆锥体网格的方法
难度指数	★★

步骤01 新建一个文件，在“曲面”选项卡的“图元”组的下拉菜单中选择“网格圆锥体”命令，如图9-73所示。

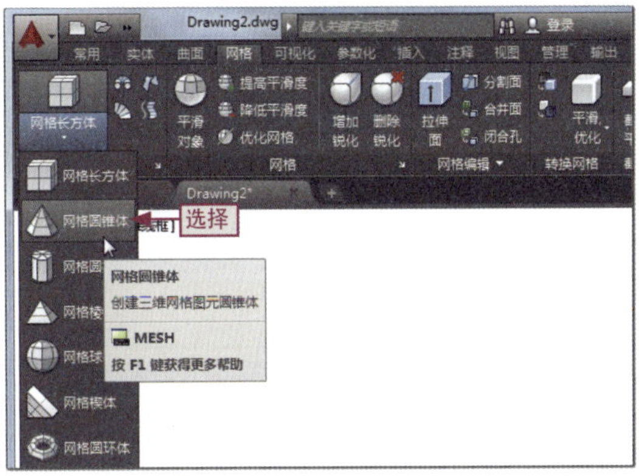

图9-73 选择“网格圆锥体”命令

步骤02 在绘图区指定位置后，在命令行提示“输入底面半径”时，输入“100”，如图9-74所示。

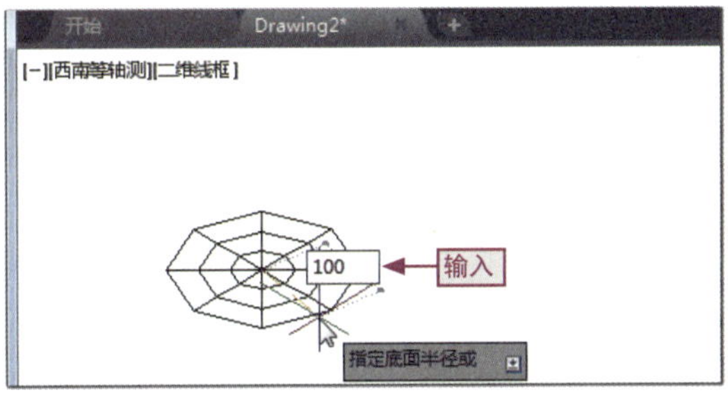

图9-74 输入底面半径

步骤03 在命令行提示“指定高度”时，输入“100”，按Enter键，如图9-75所示。

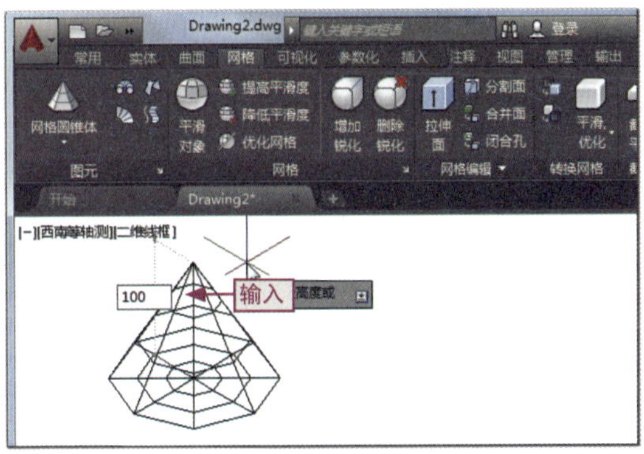

图9-75 指定圆锥体高度

步骤04 完成圆锥体网格的绘制，如图9-76所示。

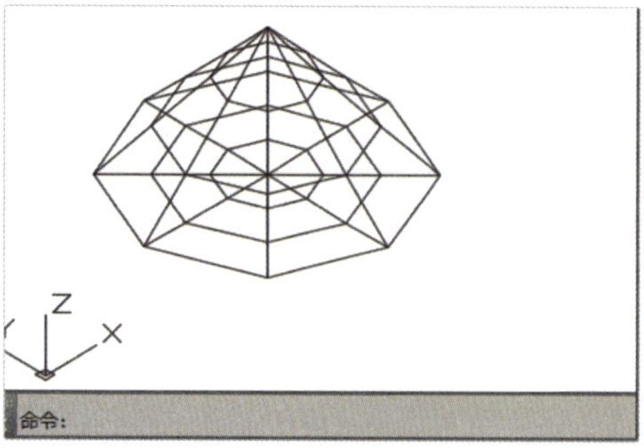

图9-76　完成圆锥体绘制

9.4.4 绘制棱锥体网格

棱锥体网格主要是以矩形或者正方形为底面的一个锥形体，可以设置底面半径和锥体高度来创建底面在XOY平面上，高度与Z轴平行的棱锥体。创建的具体操作如下。

本节素材	/素材/Chapter09/无
本节效果	/效果/Chapter09/棱锥体网格.dwg
学习目标	掌握创建棱锥体网格的方法
难度指数	★★

步骤01 新建一个文件，在“曲面”选项卡的“图元”组的下拉菜单中选择“网格棱锥体”命令，如图9-77所示。

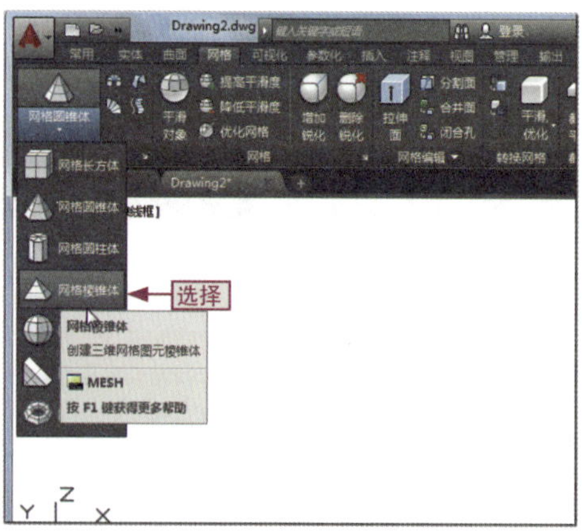

图9-77　执行“网格棱锥体”命令

步骤02 在绘图区指定位置后，在命令行提示“输入底面半径”时，输入“200”，如图9-78所示。

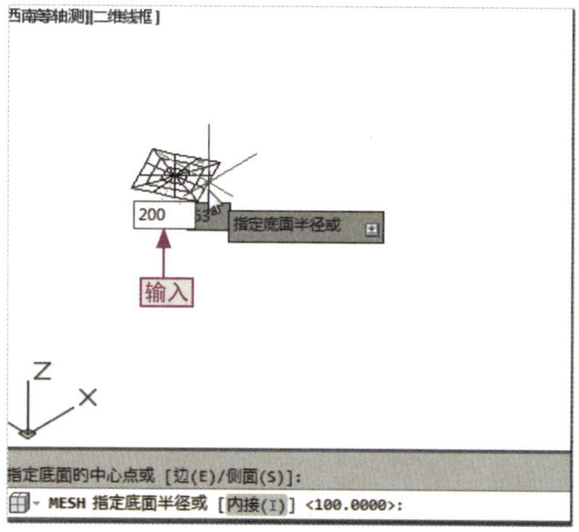

图9-78　输入底面半径

步骤03 在命令行提示“指定高度”时，输入“300”，按Enter键，如图9-79所示。

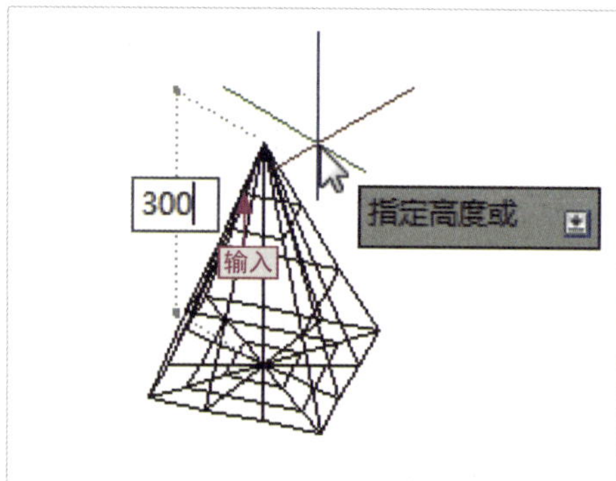

图9-79　输入高度

步骤04 完成棱锥体网格的绘制，如图9-80所示。

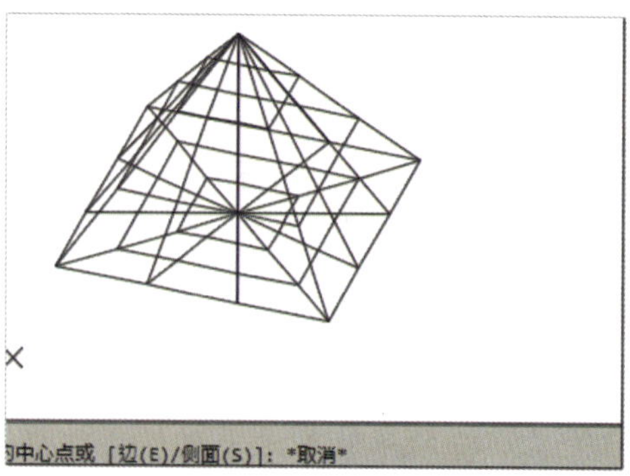

图9-80　完成绘制

9.4.5 绘制球体网格

圆球体网格的创建很简单，只要在指定球体的半径后即可完成创建操作，其具体操作如下。

本节素材	/素材/Chapter09/无
本节效果	/效果/Chapter09/球体网格.dwg
学习目标	掌握创建球体网格的方法
难度指数	★★

步骤01 新建一个文件，在“曲面”选项卡的“图元”组的下拉菜单中选择“网格球体”命令，如图9-81所示。

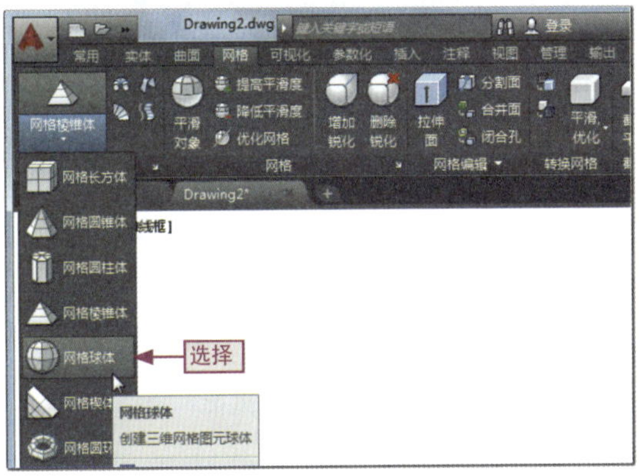

图9-81　执行“网格球体”命令

步骤02 在绘图区指定位置后，在命令行提示“指定半径”时，输入“200”，指定球体半径，如图9-82所示。

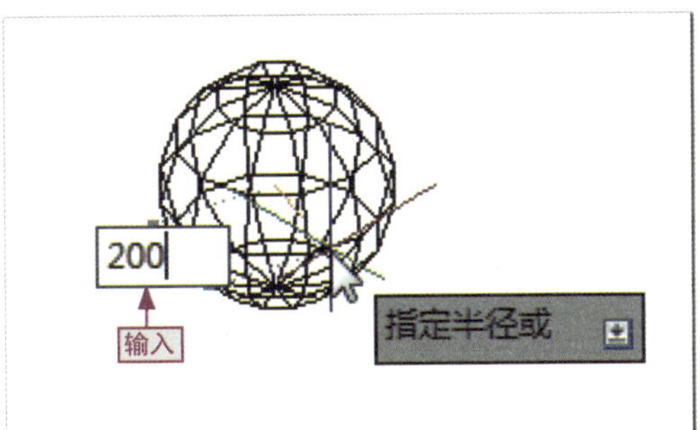

图9-82　指定球体半径

步骤03 这样就完成了球体网格的绘制，如图9-83所示。

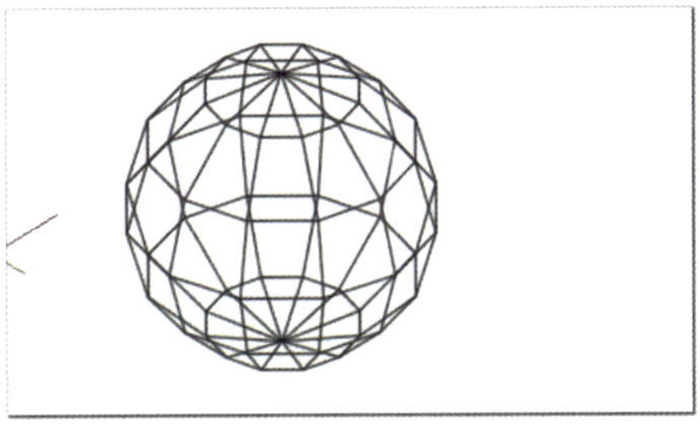

图9-83　完成球体网格绘制

9.4.6 绘制圆环体网格

圆环体网格的创建分为两步操作：一是指定圆环的半径，二是指定圆环中圆管的半径，其具体操作如下。

本节素材	/素材/Chapter09/无
本节效果	/效果/Chapter09/圆环体网格.dwg
学习目标	掌握创建圆环体网格的方法
难度指数	★★

步骤01 新建一个文件，在“曲面”选项卡的“图元”组的下拉菜单中选择“网格圆环体”命令，如图9-84所示。

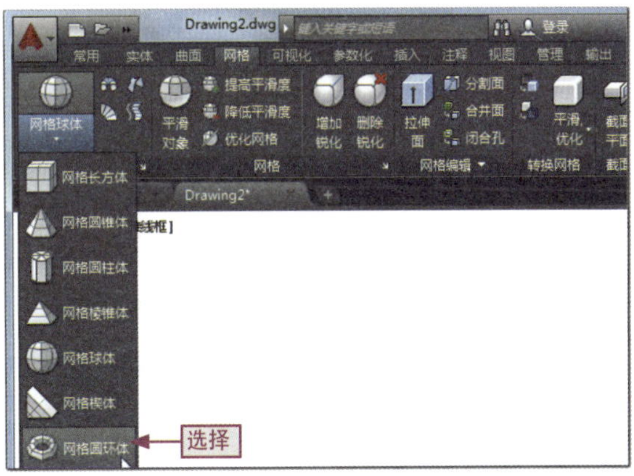

图9-84　执行“网格圆环体”命令

步骤02 在绘图区指定位置后，在命令行提示“指定半径”时，输入“100”，指定圆环体半径，如图9-85所示。

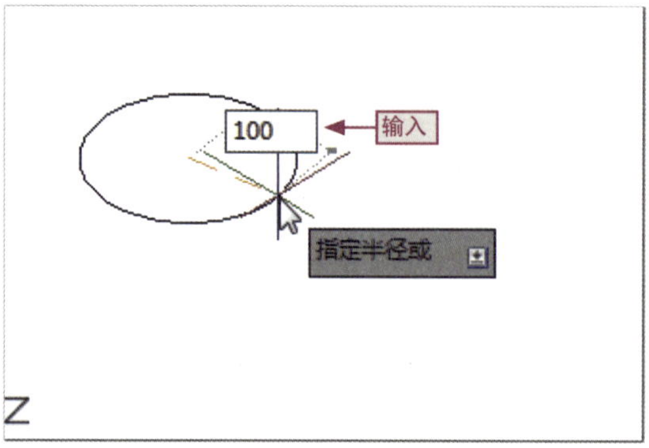

图9-85　输入圆环半径

步骤03 在命令行提示“指定圆管半径”时，输入“20”，指定圆管半径，如图9-86所示。

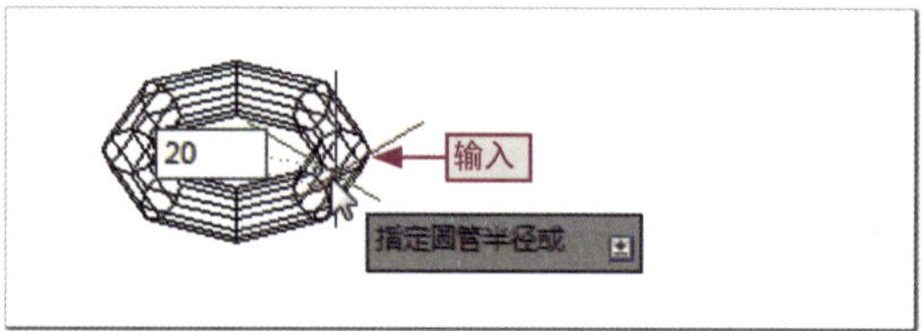

图9-86　输入圆管半径

步骤04 完成圆环体网格的绘制，如图9-87所示。

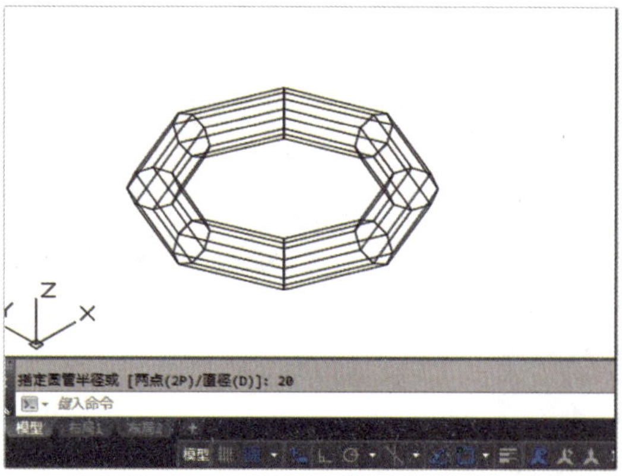

图9-87　完成绘制

9.4.7 绘制楔体网格

网格楔体可以创建面为矩形或正方形的网格楔体，在默认情况下，将楔体的底面位置为与当前坐标系的XOY平面平行，斜面正对第一个角点，高度与Z轴平行。创建网格楔体的具体操作如下。

本节素材	/素材/Chapter09/无
本节效果	/效果/Chapter09/楔体网格.dwg
学习目标	掌握绘制楔体网格的方法
难度指数	★★

步骤01 新建一个文件，在“曲面”选项卡的“图元”组的下拉菜单中选择“网格楔体”命令，如图9-88所示。

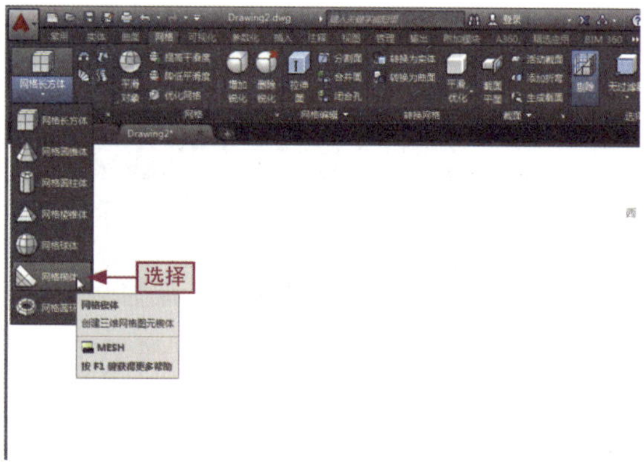

图9-88　选择“网格楔体”命令

步骤02 在绘图区指定位置后，在命令行提示“指定长度”时，输入“300”，指定楔体长度，如图9-89所示。

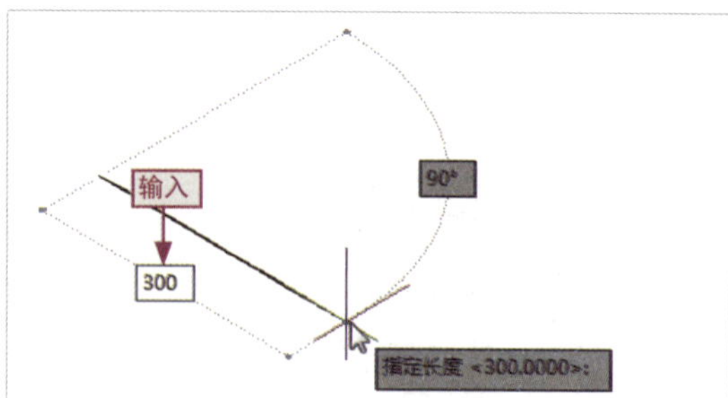

图9-89　指定长度

步骤03 在命令行出现提示“指定宽度”时，输入“200”，指定楔体宽度，如图9-90所示。

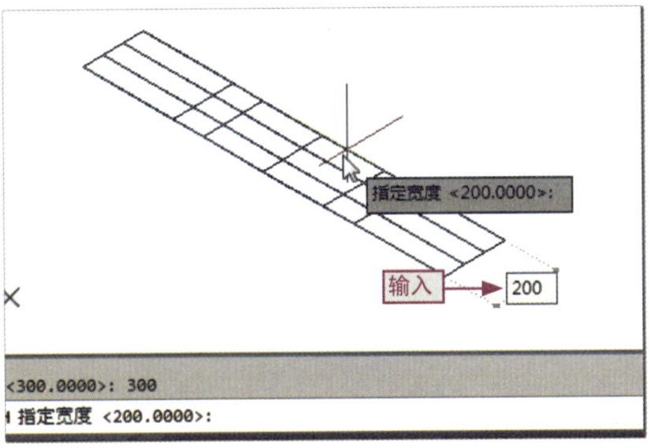

图9-90 指定宽度

步骤04 在命令行提示“指定高度”时，输入“50”，指定楔体高度，完成楔体的绘制，如图9-91所示。

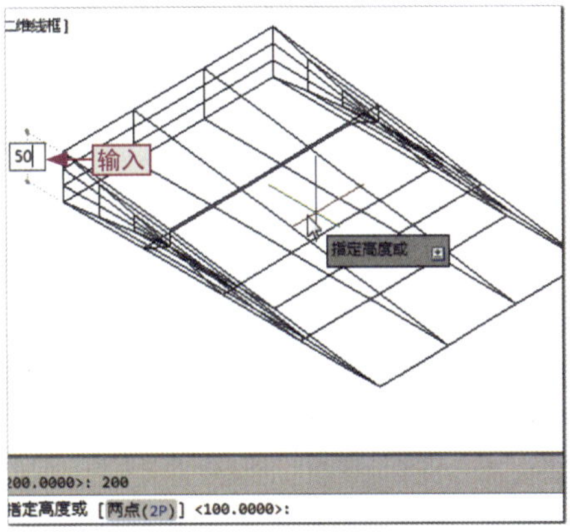

图9-91 完成绘制

9.5 三维实体的绘制

小白：创建三维实体和创建三维网格在操作上有什么区别呢?

阿智：这两种三维图形的创建方法类似，不过三维网格主要是由曲面组成的，而三维实体是整体实心的。下面我们来了解三维实体的创建操作。

在日常设计工作中，常会涉及三维实体的设计工作。在AutoCAD中基本的实体包括长方体、圆柱体、球体、圆锥体和多段体等，下面分别通过绘制一些基本的模型来介绍这些基本元素的创建方法。

9.5.1 绘制长方体

长方体是最基本的实体模型之一，绘制它的具体操作如下。

本节素材	/素材/Chapter09/无
本节效果	/效果/Chapter09/底座.dwg
学习目标	掌握绘制长方体的方法
难度指数	★★

步骤01 新建一个文件，保存并命名为“底座”。在“常用”选项卡的“建模”组的下拉菜单中选择“长方体”命令或在命令行中输入BOX命令，如图9-92所示。

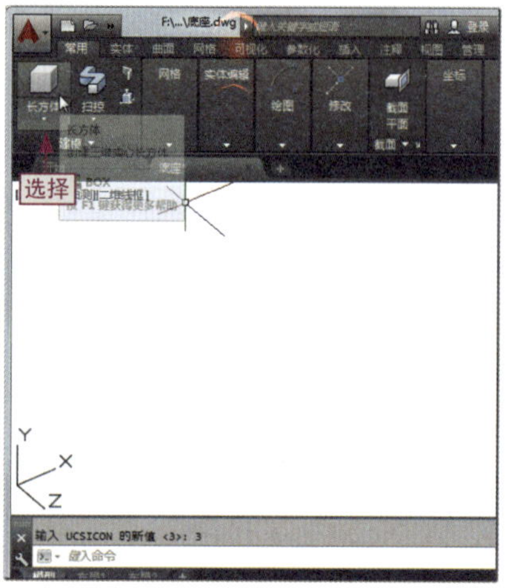

图9-92　选择“长方体”命令

步骤02 在命令行提示“指定第一个角点”时，在命令行中输入“0,0,0”，作为长方体的起点，如图9-93所示。

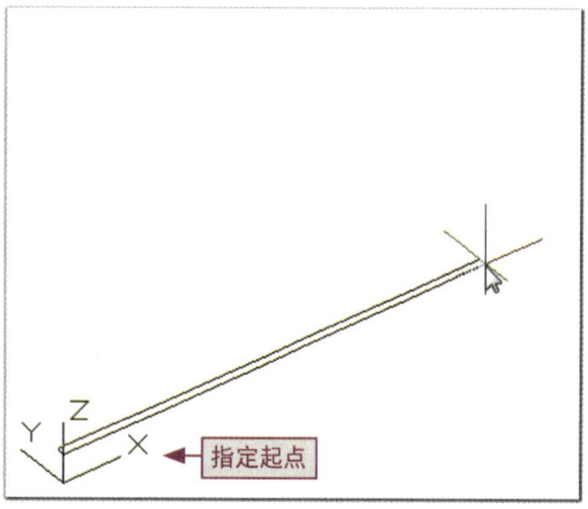

图9-93　指定起点

步骤03 在命令行提示“指定其他角点”时，输入L命令，按Enter键。在提示输入长度时，输入“120”，指定长度，如图9-94所示。

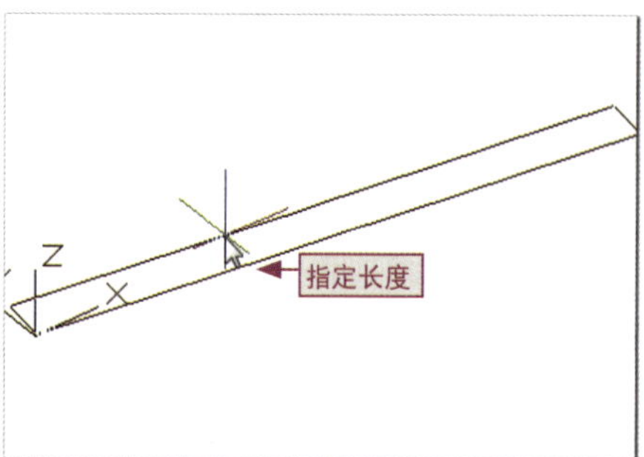

图9-94　指定长度

步骤04 按Enter键，在命令行中提示“指定宽度”时，输入“120”，如图9-95所示。

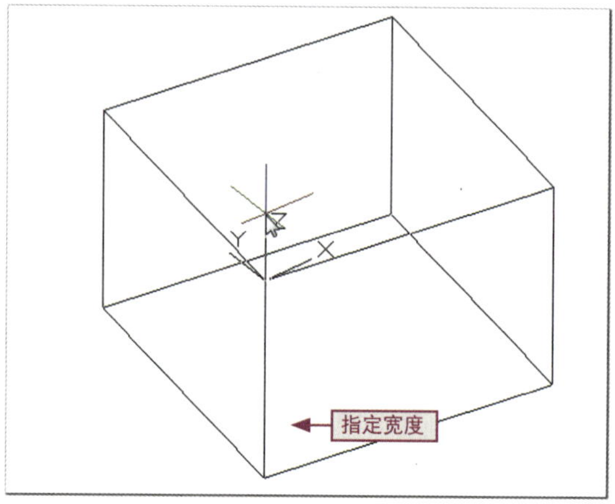

图9-95　指定宽度

步骤05 按Enter键，在命令行提示“指定高度”时，输入“10”，按Enter键，完成长方体的绘制，如图9-96所示。

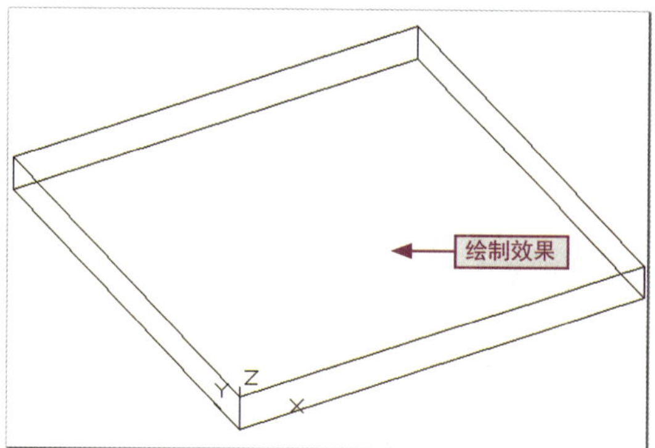

图9-96　完成绘制

小绝招

绘制长方体时各个命令选项的含义

绘制长方体的默认方法是直接通过选择长方体两个角点及指定 Z 轴上的点进行绘制。如果没有已有的定位点，这种方式不能精确绘制长方体，因此常通过指定长、宽和高值的方式进行绘制，在执行命令时各选项的含义如下。

- 中心（C）：使用指定中心点的方式创建长方体。
- 立方体（C）：选择此选项后只需输入一个值就可创建正方体。

9.5.2 绘制圆柱体

圆柱体也是最常用的基本实体模型之一，无论在机械还是建筑中都被广泛应用。绘制圆柱体的具体操作如下。

本节素材	/素材/Chapter09/底座1.dwg
本节效果	/效果/Chapter09/底座1.dwg
学习目标	掌握绘制圆柱体的方法
难度指数	★★

步骤01 打开“底座1”素材文件，在“建模”组的下拉菜单中选择“圆柱体”命令或在命令行中输入CYLINDER命令，如图9-97所示。

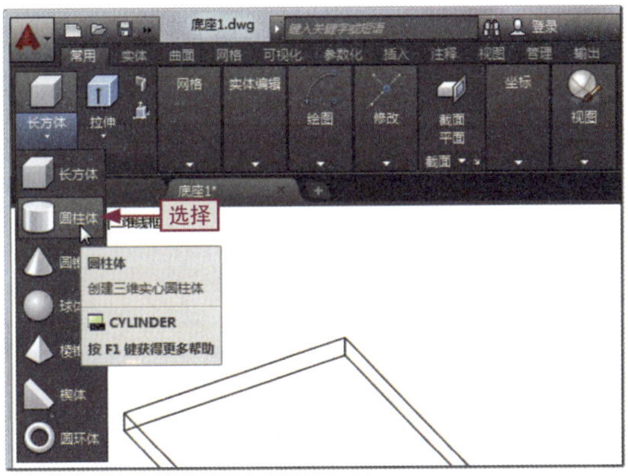

图9-97 选择“圆柱体”命令

步骤02 在命令行提示“指定底面中心点”时,利用对象捕捉及对象追踪功能，捕捉长方体两条边中点延伸的交点，如图9-98所示。

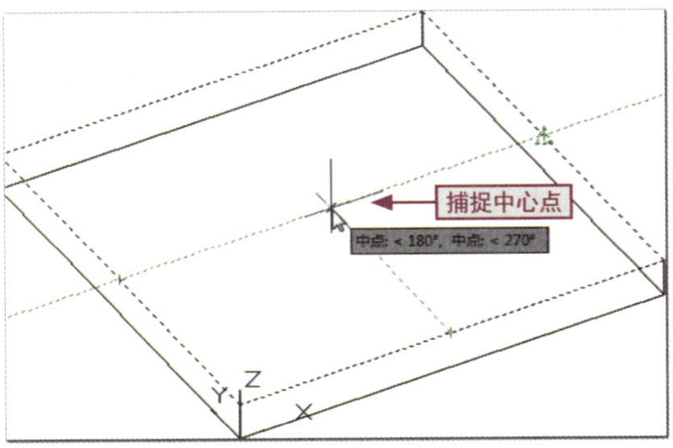

图9-98 捕捉中心点

步骤03 在命令行提示“指定底面半径”时，输入“20”，按Enter键，如图9-99所示。

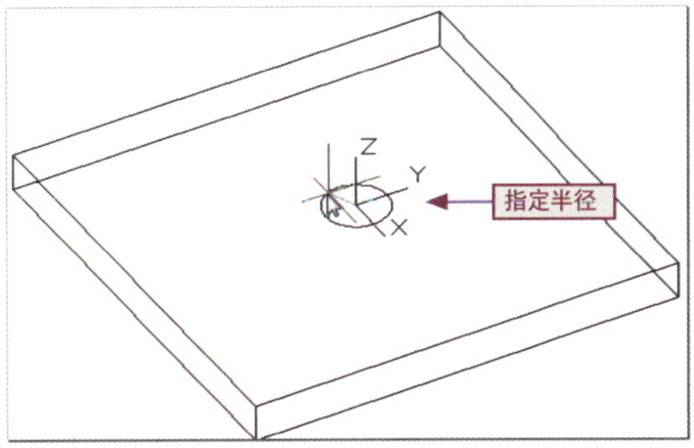

图9-99 指定半径

步骤04 在命令行提示“指定高度”时，输入“60”，按Enter键，完成圆柱体的绘制，如图9-100所示。

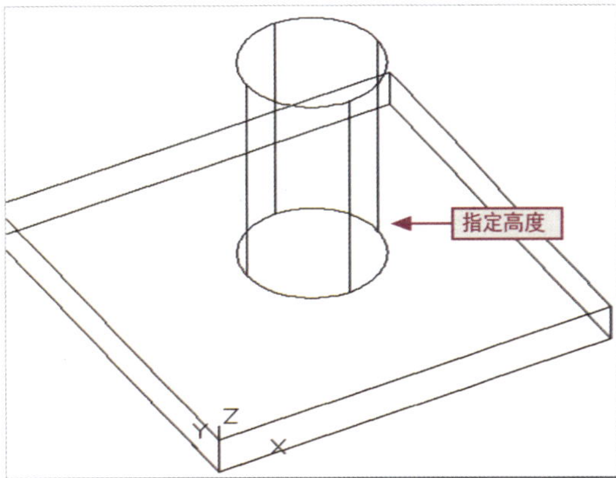

图9-100 指定高度

小绝招

绘制圆柱体时各个命令选项的含义

在绘制圆柱体的过程中，与绘制圆过程中相同选项的含义也相同，其他关键选项的含义如下。椭圆（E）：绘制椭圆形圆柱实体，选择该选项后，命令行将提示“指定圆柱体底面椭圆的轴端点或［中心点（C）］:”。在该提示下需要指定圆柱底面椭圆的轴端点、第二个轴端点和椭圆柱的高度等参数。

9.5.3 绘制圆锥体

圆锥体命令主要用于绘制圆锥形实体，使用此命令所绘制的圆锥体，由圆或椭圆底面以及顶点所确定。绘制圆锥体的具体操作如下。

本节素材	/素材/Chapter09/无
本节效果	/效果/Chapter09/铁钉.dwg
学习目标	掌握绘制圆锥体的方法
难度指数	★★

步骤01 新建一个文件，保存并命名为“铁钉”。在绘图区绘制一个半径为“5”，高度为“2”的圆柱体，如图9-101所示。

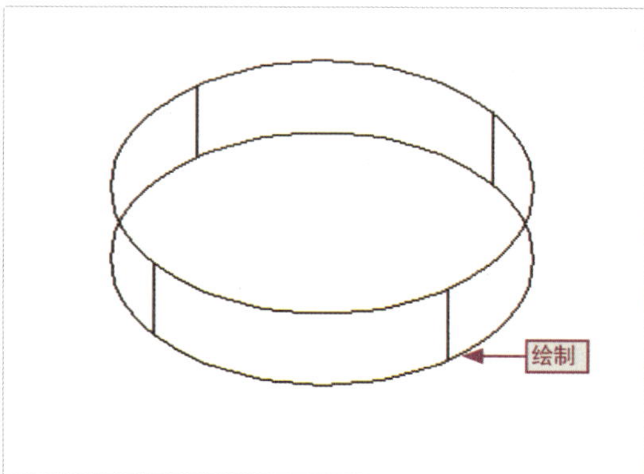

图9-101　绘制圆柱体

步骤02 再次执行圆柱体命令，在命令行提示“指定底面中心点”时，捕捉圆柱体顶面圆心，指定底面中心点，如图9-102所示。

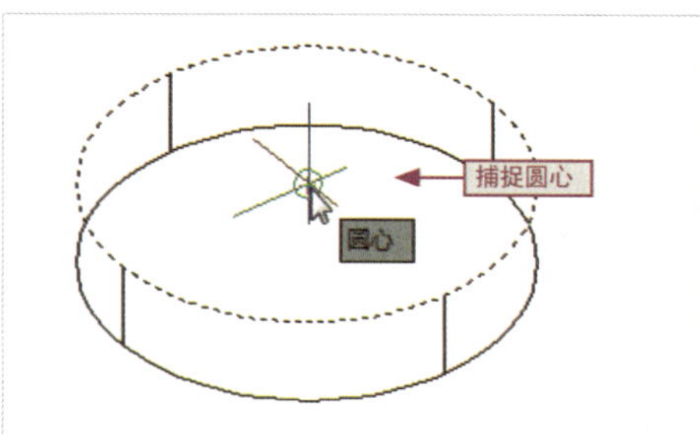

图9-102　捕捉圆心

步骤03 在命令行提示“指定底面半径”时，输入“3”，按Enter键，如图9-103所示。

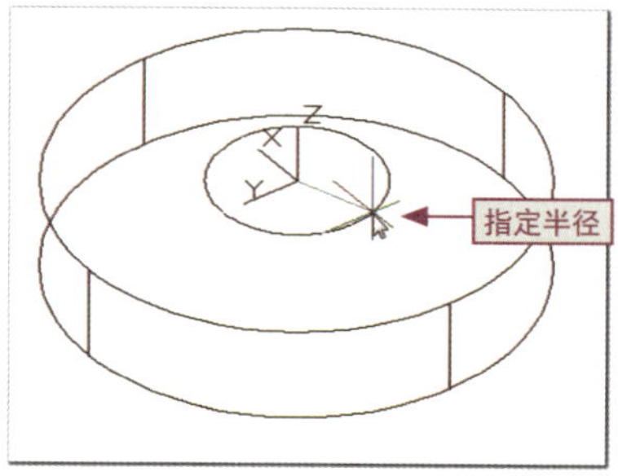

图9-103　指定圆柱体半径

步骤04 在命令行提示“指定高度”时，输入“40”，按Enter键，完成圆柱体的绘制，如图9-104所示。

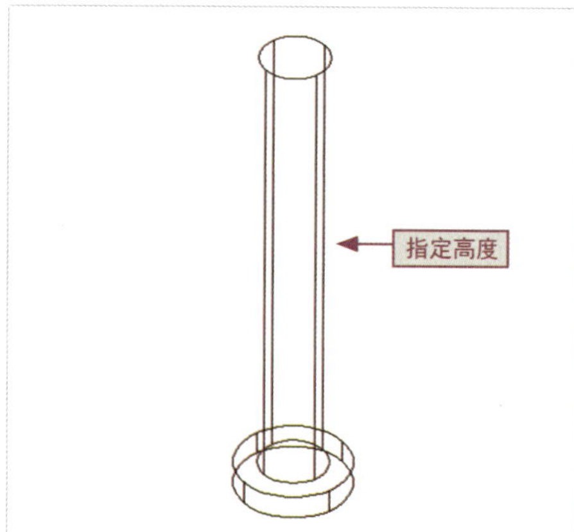

图9-104　指定圆柱体高度

步骤05 在“建模”组的下拉菜单中选择“圆锥体”命令或在命令行中输入CONE命令，如图9-105所示。

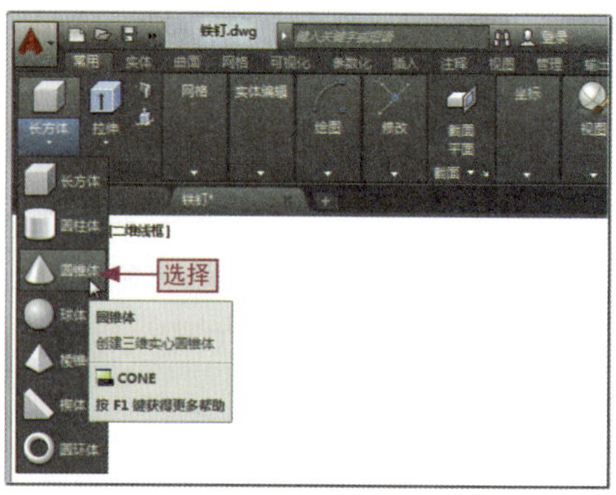

图9-105　选择“圆锥体”命令

步骤06 在命令行提示“指定底面中心点”时，捕捉圆柱体顶面圆心，指定圆锥体底面中心点，如图9-106所示。

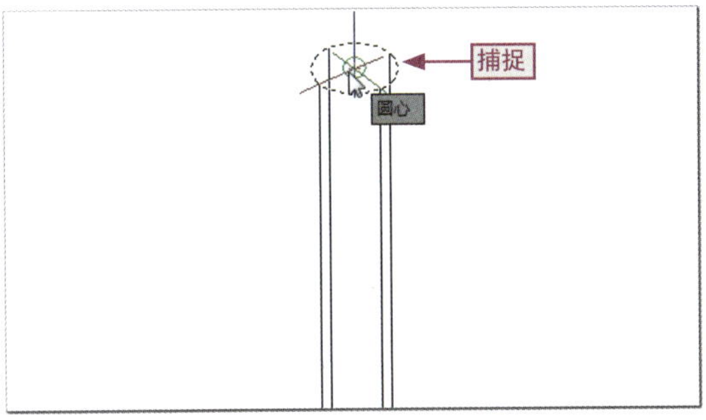

图9-106 捕捉圆心

步骤07 在命令行提示“指定底面半径”时，在命令行中输入“3”，按Enter键，如图9-107所示。

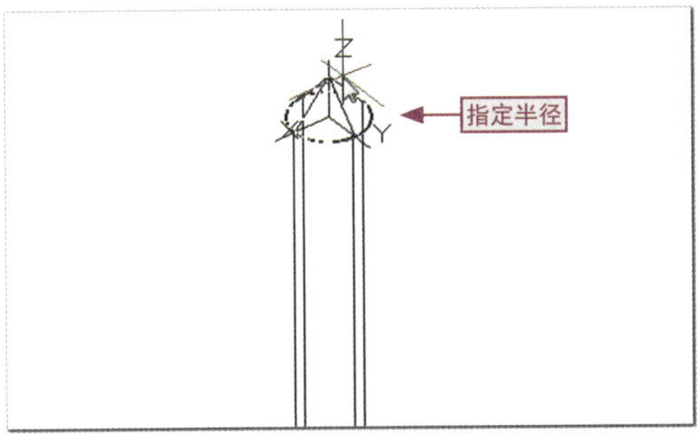

图9-107 指定半径

步骤08 在命令行提示“指定高度”时，输入“40”，按Enter键，完成铁钉的绘制，如图9-108所示。

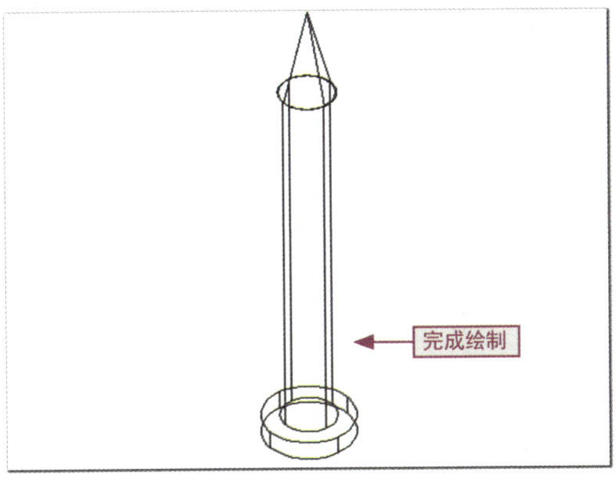

图9-108 完成图形绘制

小绝招

圆锥体命令中各选项的含义

在绘制圆锥体的过程中，与绘制圆命令过程中相同选项的含义也相同，其关键选项的含义如下。

- 椭圆（E）：创建底面为椭圆的圆锥体。
- 顶面半径（T）：选择该选项后，将创建圆锥台，即没有顶点，顶面是一个平面。

9.5.4 绘制楔体

楔体实际上相当于将长方体从两个对角线处剖切开来的实体，由于在机械建模中，经常需要创建的筋板等都是楔体形状，因此AutoCAD提供了楔体的创建命令，其具体操作如下。

本节素材	/素材/Chapter09/托架.dwg
本节效果	/效果/Chapter09/托架.dwg
学习目标	掌握绘制楔体的方法
难度指数	★★

步骤01 打开“托架”素材文件，在“建模”组的下拉菜单中选择“楔体”命令或在命令行中输入WEDGE命令，如图9-109所示。

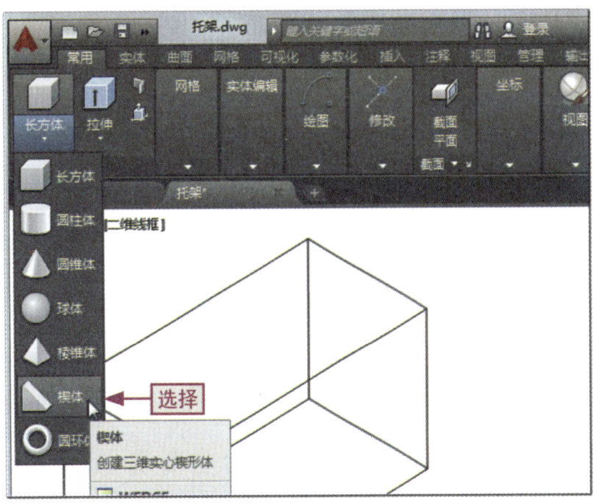

图9-109 选择“楔体”命令

步骤02 在提示“指定第一个角点”时，在长方体上捕捉一点，如图9-110所示。

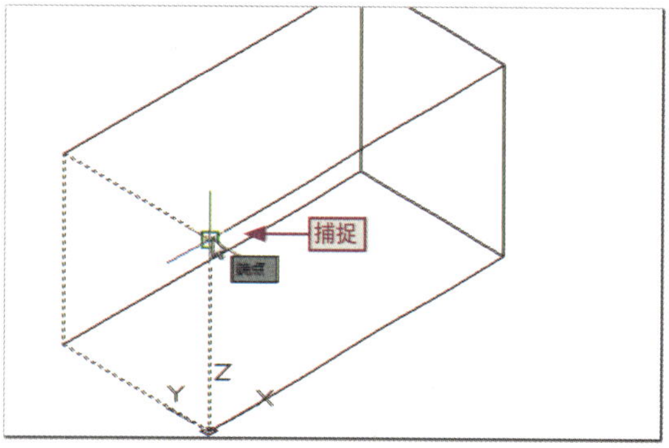

图9-110　指定第一个角点

步骤03 打开“正交”功能，在命令行提示“指定其他角点”时，输入L命令，然后输入“19”，指定长度，如图9-111所示。

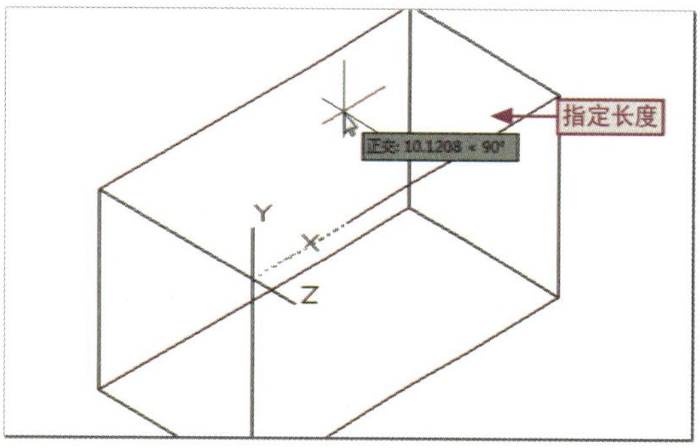

图9-111　指定长度

步骤04 在提示“指定宽度”时，输入“16”，指定楔体宽度，如图9-112所示。

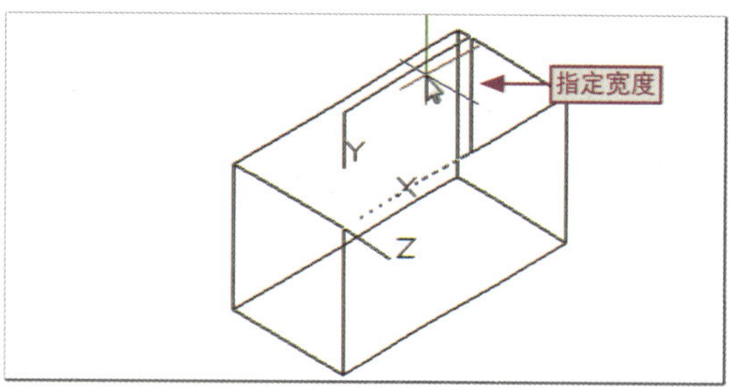

图9-112　指定宽度

步骤05 在命令行提示“指定高度”时，输入“13”，指定楔体的高度。按Enter键完成绘制，如图9-113所示。

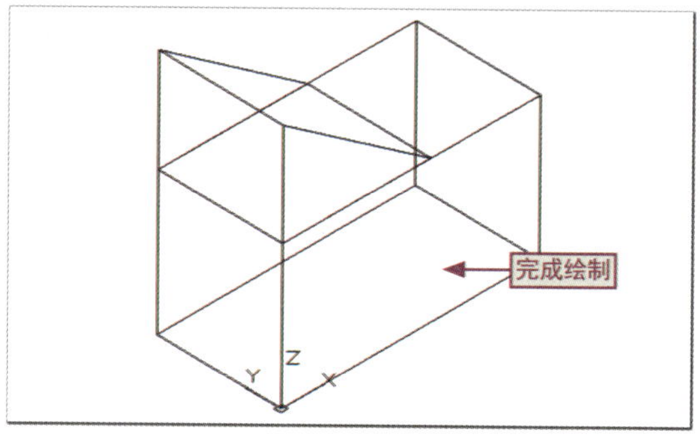

图9-113　完成绘制

9.5.5 绘制球体

球体命令主要用于绘制实心球体，如轴承的钢珠等球体。绘制球体的具体操作如下。

本节素材	/素材/Chapter09/门.dwg
本节效果	/效果/Chapter09/门.dwg
学习目标	掌握绘制球体的方法
难度指数	★★

步骤01 先打开“门”素材文件，然后在“建模”组的下拉菜单中选择“球体”命令或在命令行中输入SPHERE命令，如图9-114所示。

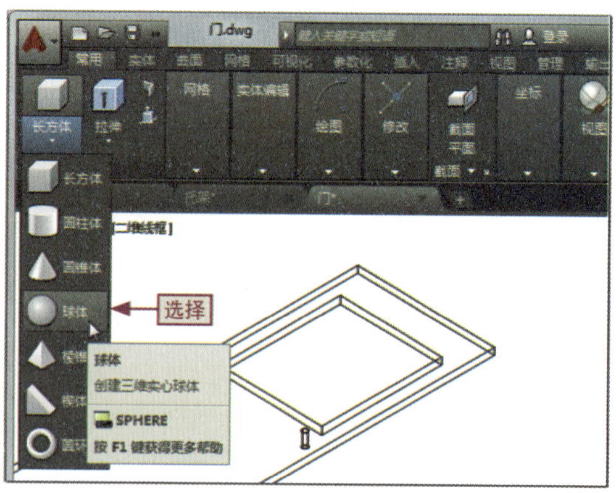

图9-114　选择“球体”命令

步骤02 在命令行提示“指定中心点”时，捕捉图形中圆柱顶部的圆心，如图9-115所示。

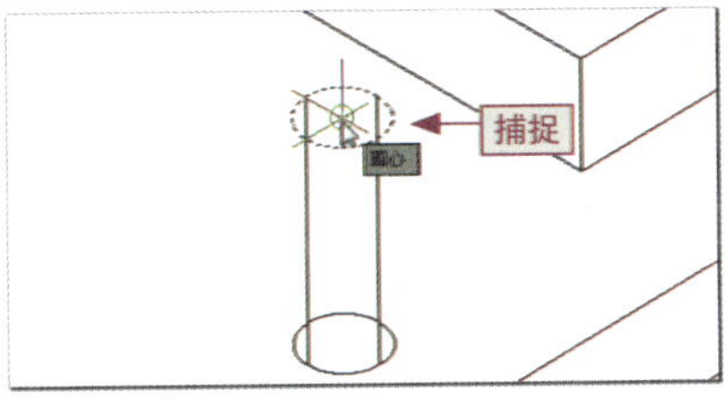

图9-115 捕捉中心点

步骤03 在命令行提示“指定半径”时，输入“40”，按Enter键完成绘制，如图9-116所示。

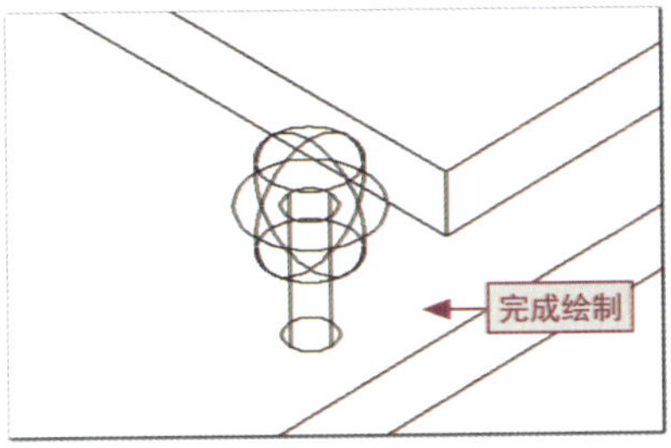

图9-116 完成绘制

9.5.6 绘制圆环体

圆环体也是绘图中常使用的一种图形，创建圆环体的具体操作如下。

本节素材	/素材/Chapter09/无
本节效果	/效果/Chapter09/钢圈.dwg
学习目标	掌握绘制圆环体的方法
难度指数	★★

步骤01 新建一个文件，保存并命名为“钢圈”。执行圆柱体命令，绘制底面半径为50，高度为20的圆柱体，如图9-117所示。

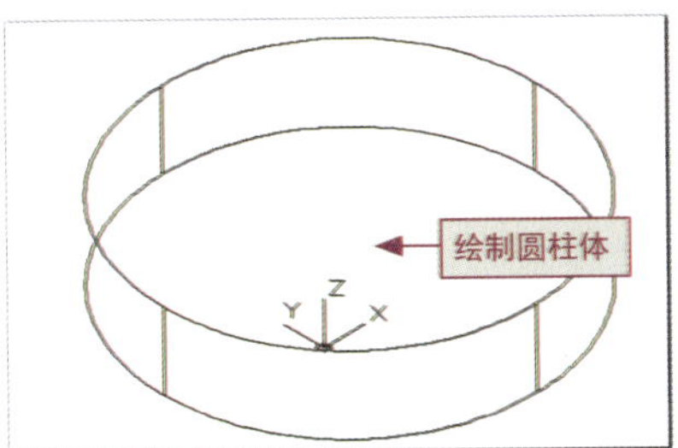

图9-117 绘制圆柱体

步骤02 再次执行圆柱体命令，以圆柱体底面圆心为中心点，绘制半径为40，高度为20的圆柱体，如图9-118所示。

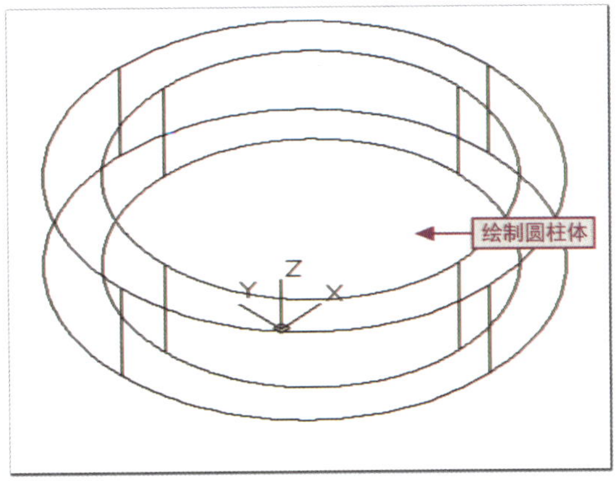

图9-118 绘制圆柱体

步骤03 在“建模”组的下拉菜单中选择“圆环体”命令或在命令行中输入TORUS命令，如图9-119所示。

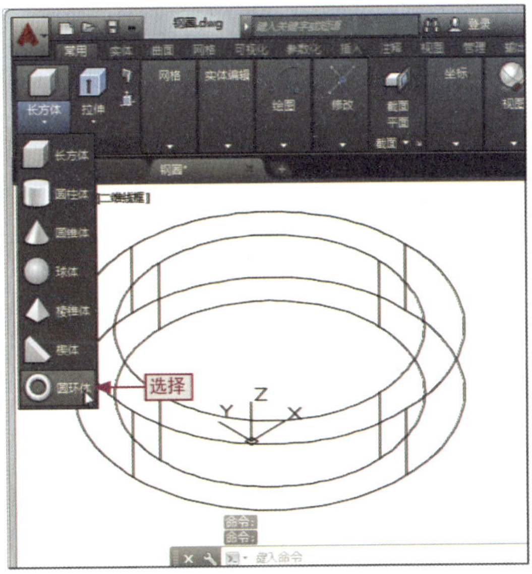

图9-119 选择“圆环体”命令

步骤04 在命令行提示“指定中心点”时，捕捉圆柱体顶面的圆心，如图9-120所示。

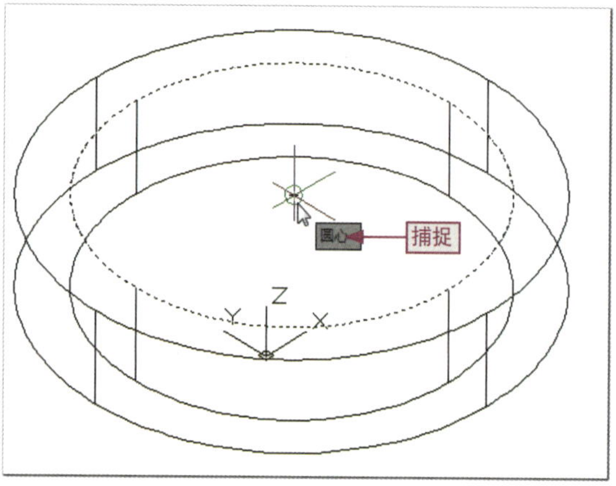

图9-120　指定中心点

步骤05 将鼠标光标向下移动，然后在命令行中输入“10”，将圆环体的中点以圆心为中点向下移动，如图9-121所示。

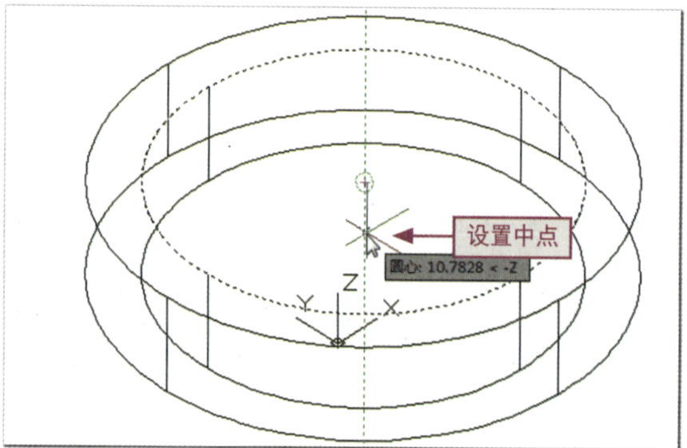

图9-121　指定圆环体中心点

步骤06 在命令行提示“指定半径”时，输入“40”，如图9-122所示。

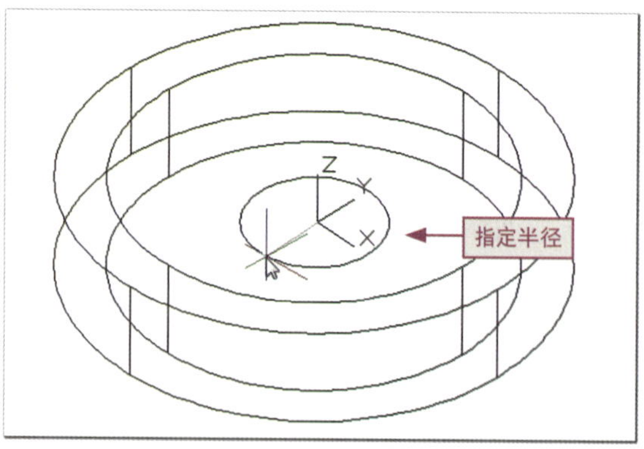

图9-122　指定圆环体半径

步骤07 在命令行提示“指定圆管半径”时，输入“5”，按Enter键，完成绘制，如图9-123所示。

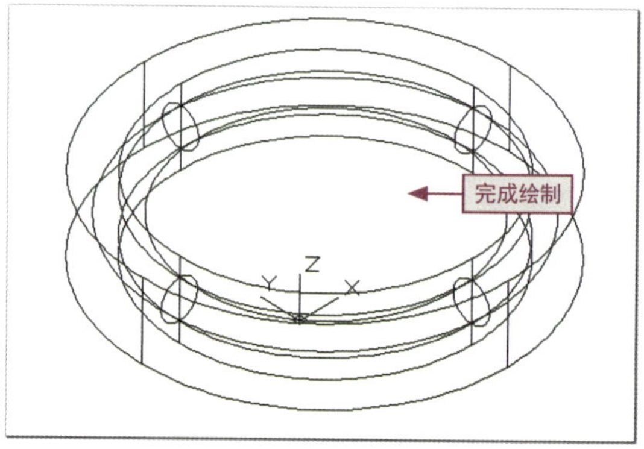

图9-123　完成绘制

小绝招　设置图形显示精度

在绘制实体对象时，带有回旋体的部分（如球体、圆柱或圆锥的曲面部分）在线框显示模式下是通过线条来表示的，通过改变线框密度可以使曲面的显示更加平滑。方法是：单击“应用程序”按钮，在弹出的菜单中选择“选项”命令，打开“选项”对话框。单击“显示”选项卡，在“显示精度”栏的“每个曲面的轮廓素线”文本框中输入密度值，其值设置得越大，则弧面越光滑，值的范围为0～2047。

9.5.7 绘制棱锥体

棱锥体与圆锥体的不同之处在于圆锥体是回转面，而棱锥体除底面外，其他部分由平面组成。棱锥体命令可以创建3～32个侧面的棱锥体，绘制棱锥体的具体操作如下。

本节素材	/素材/Chapter09/无
本节效果	/效果/Chapter09/棱锥体.dwg
学习目标	掌握绘制棱锥体的方法
难度指数	★★

步骤01 新建文件，保存并命名为“棱锥体”。在“建模”组的下拉菜单中选择“棱锥体”命令或在命令行中输入PYRAMID命令，如图9-124所示。

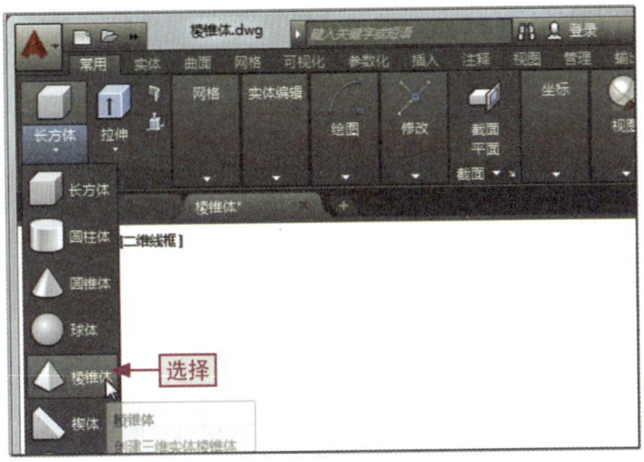

图9-124 选择“棱锥体”命令

步骤02 在命令行提示“指定底面的中心点”时，在绘图区指定中心点；在命令行提示“指定底面半径”时，输入“10”，如图9-125所示。

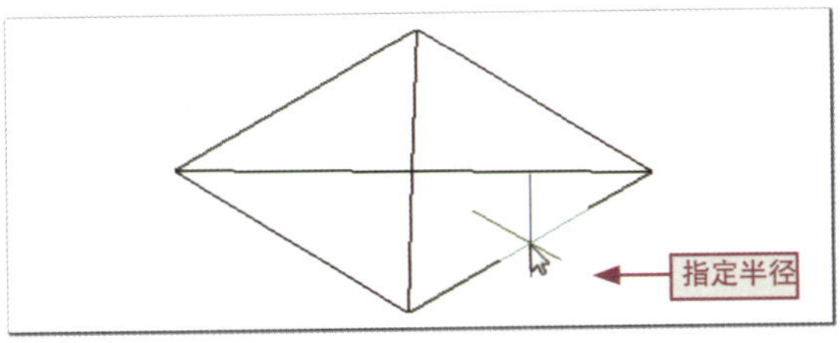

图9-125 指定棱锥半径

步骤03 在命令行提示“指定高度”时，输入“10”，按Enter键完成绘制，如图9-126所示。

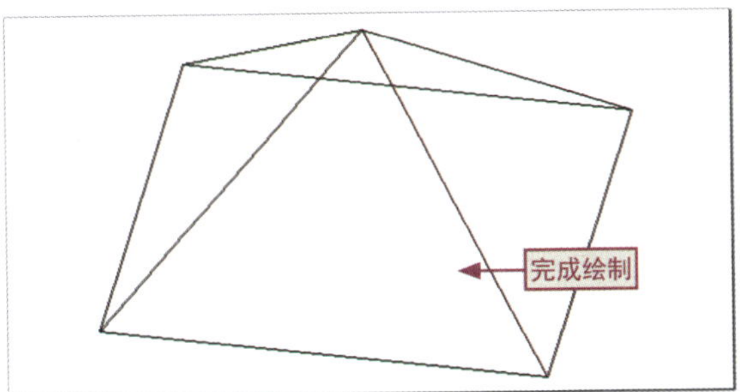

图9-126 完成绘制

小绝招 棱锥体命令各选项的含义

在执行命令的过程中，各主要选项的含义如下。

- 边（E）：选择该选项后，可以通过拾取两点的方式来指定棱锥体底面边的长度。
- 侧面（S）：用于指定棱锥体的侧面数，默认为4，可以输入3～32的整数。
- 内接（I）：以指定中心点方式绘制时，默认为通过指定底面多边形外接圆的方式确定大小，如果选择该选项，则可以指定棱锥体底面内接于棱锥面的底面半径，且选择该选项后，以后绘制时默认为内接，要更改需选择显示的“外切”选项。
- 顶面半径（T）：选择该选项后，将创建棱锥台，即没有顶点，顶面是一个平面，顶面多边形的大小确定方法与底面相同。

9.5.8 绘制多段体

多段体可以看作是带矩形轮廓的多段线，只不过直接绘制出来就是实体。在建筑立体图中，用多段体来创建墙体非常方便。绘制多段体的具体操作如下。

本节素材	/素材/Chapter09/无
本节效果	/效果/Chapter09/墙体.dwg
学习目标	掌握绘制多段体的方法
难度指数	★★

步骤01 新建文件，保存并命名为“墙体”。在“建模”组中单击“多段体”按钮或在命令行中输入POLYSOLID命令，如图9-127所示。

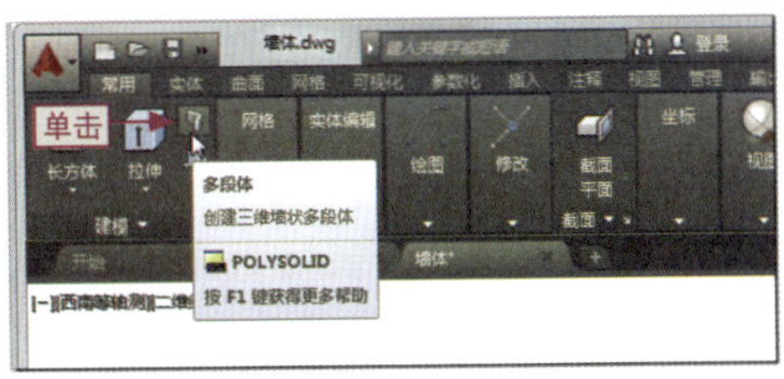

图9-127 单击“多段体”按钮

步骤02 在命令行提示“指定起点”时，输入“H”命令，指定高度为“3000”，再输入“W”命令，指定高度为“240”。在绘图区指定起点，打开正交功能，将鼠标光标向右上方移动，如图9-128所示。

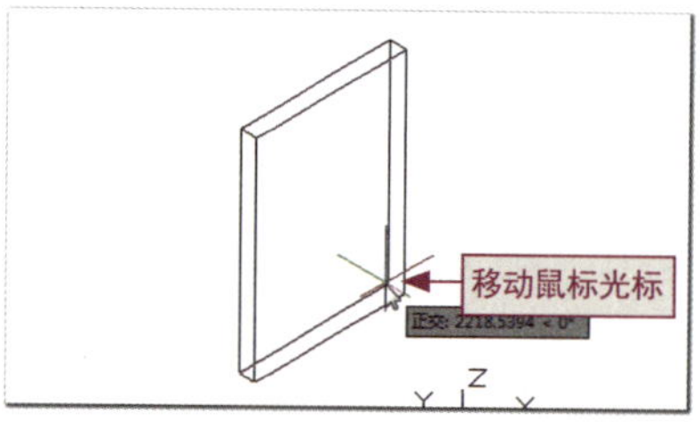

图9-128　设置高度和宽度

步骤03 在命令行提示“指定下一个点”时，输入“3600”，按Enter键。将鼠标光标向左上方移动，在命令行中输入“3300”，按Enter键，如图9-129所示。

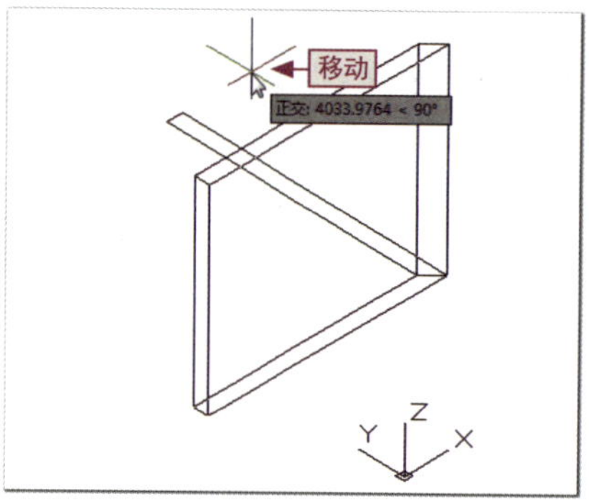

图9-129　指定下一个点

步骤04 在命令行提示“指定下一个点”时，将鼠标光标向左下方移动，输入“3600”，按Enter键，如图9-130所示。

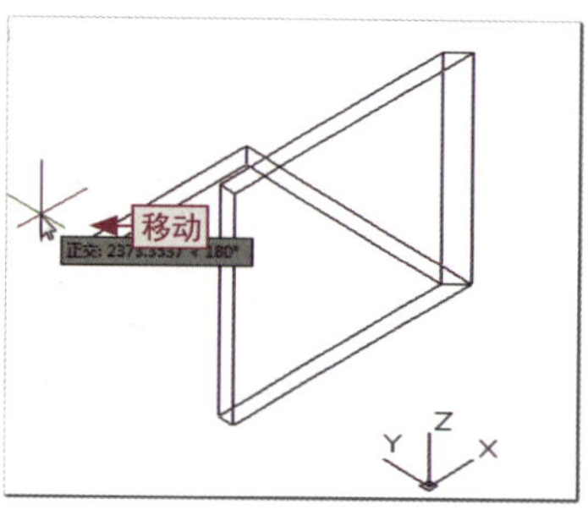

图9-130　指定下一个点

步骤05 在命令行提示“指定下一个点”时，输入“C”命令，将图形闭合，如图9-131所示。

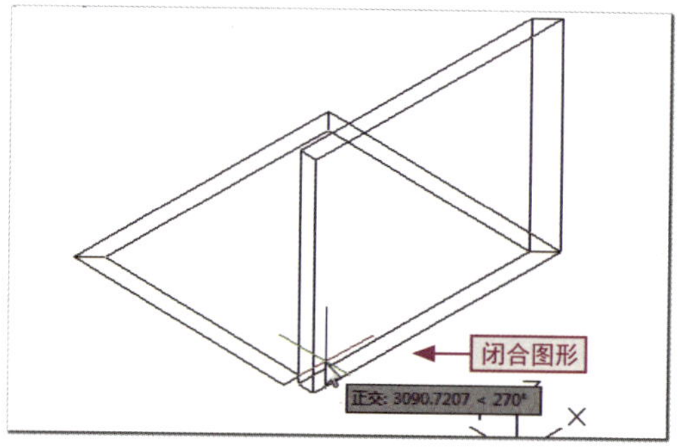

图9-131　闭合图形

步骤06 完成对墙体的绘制，其效果如图9-132所示。

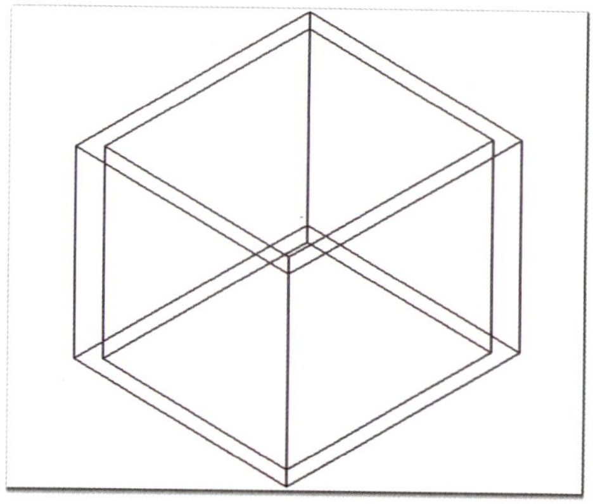

图9-132　完成绘制

小绝招

多段体命令各选项的含义

在执行多段体命令的过程中，与绘制多段线命令过程中相同选项的含义也相同，与多段线命令过程中不同选项的含义如下。

- 对象（O）：选择该选项后，可以选择现有的直线、二维多段线、圆弧或圆，将其转换为具有矩形轮廓的多段体。
- 对正（J）：使用命令定义轮廓时，可以将多段体的宽度和高度设置为左对正、右对正或居中，对正方式由轮廓的第一条线段的起始方向决定。

给你支招 | 设置曲面线条数量

小白：在创建曲面的过程中，组成曲面的线条数量可不可以进行修改呢？

阿智：可以。组成曲面的线条叫U素线和V素线，就是表示曲面组成的横向和纵向的线条。通过修改其特性可以改变其显示的数量，其操作如下。

步骤01 打开需要设置的图形，在图形上双击需要设置的曲面，如图9-133所示。

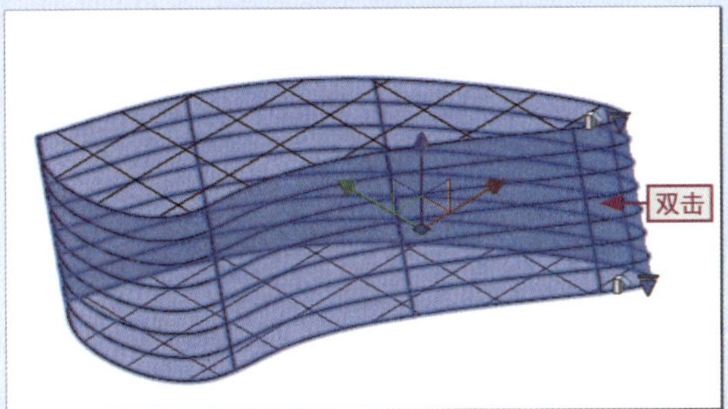

图9-133 双击曲面

步骤02 打开“特性”面板，在“U素线”文本框中输入要设置的线条数量，如图9-134所示。

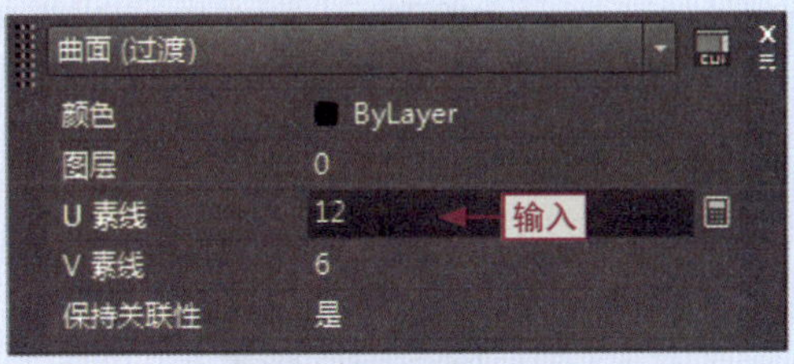

图9-134 设置U素线

步骤03 打开“特性”面板，在“V素线”文本框中输入要设置的线条数量，如图9-135所示。

图9-135 设置V素线

步骤04 关闭特性面板，可以看到图形重新设置了UV素线后的效果，如图9-136所示。

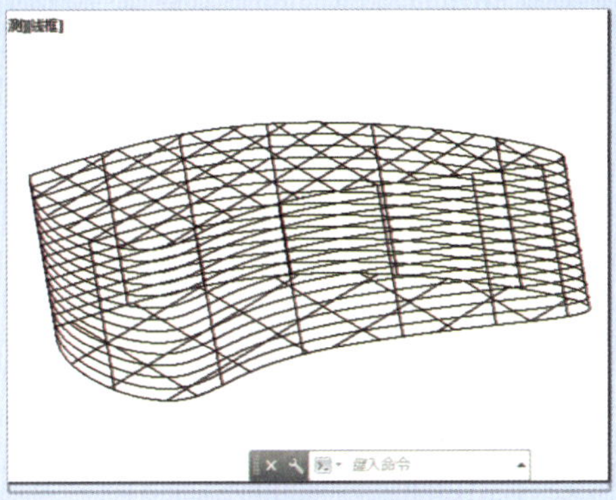

图9-136 设置效果

给你支招 | 如何删除自定义的工作界面

小白：二维图形通过拉伸和扫掠等操作转换为三维实体模型，那二维曲面图形可以转换为三维网格图形吗？

阿智：可以。通过旋转曲面、平移曲面、直纹曲面和边界曲面等功能就可以实现。下面以“旋转曲面”为例来介绍一下，其操作如下。

步骤01 打开需要旋转的图形，在“网格”选项卡的“图元”组中单击“旋转曲面”按钮，如图9-137所示。

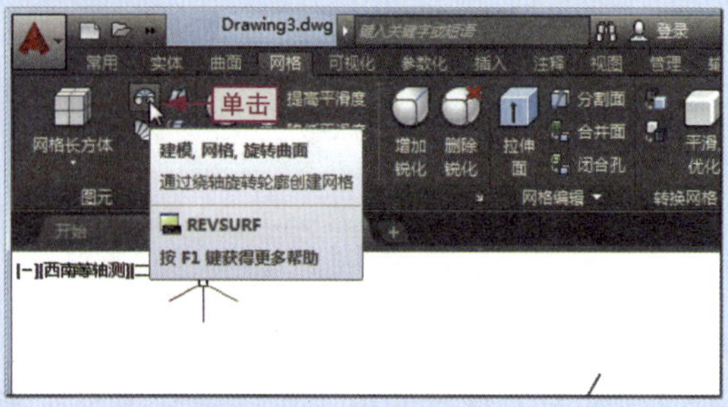

图9-137 单击“旋转曲面”按钮

步骤02 在命令行提示“选择要旋转的对象”时，选择绘图区的圆形图形，如图9-138所示。

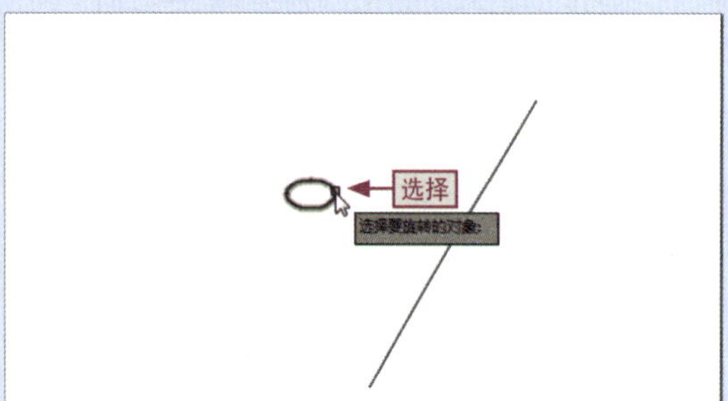

图9-138 选择旋转图形

步骤03 在命令行提示“选择旋转轴”时，选择绘图区的直线图形，如图9-139所示。

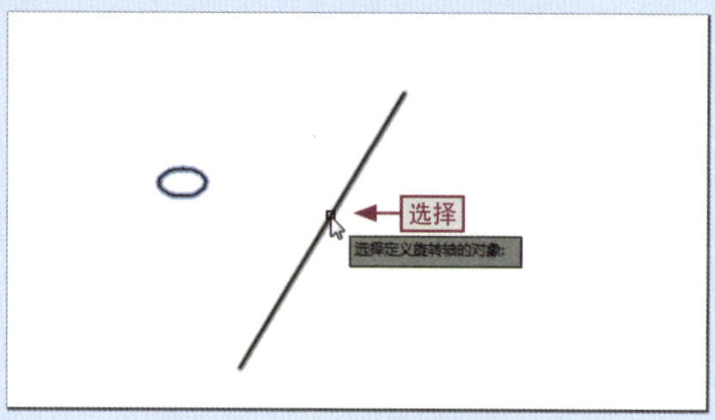

图9-139 选择旋转轴

步骤04 根据提示设置旋转角度后，完成图形的旋转操作，效果如图9-140所示。

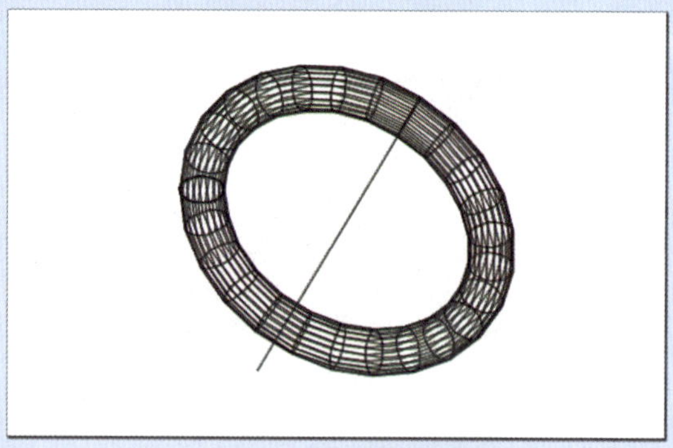

图9-140 完成旋转操作

Chapter 10

三维图形的编辑与渲染

学习目标

在实际建模工作中，需要创建的三维模型大都比较复杂，因此必须对简单的三维模型进行各种编辑，从而构造出较复杂的三维模型。本章将讲解编辑三维实体的形体，通过布尔运算组合实体、三维复制、三维阵列、三维旋转与三维对齐等三维对象的编辑方法，并对渲染三维模型的后期处理进行介绍。

本章要点

- 移动、旋转三维对象
- 并集、差集、交集运算
- 三维实体圆角
- 抽壳三维实体
- 镜像、阵列三维对象
- 三维实体倒角
- 剖切三维实体
- 渲染三维模型

知识要点	学习时间	学习难度
三维模型和三维实体的变换	30 分钟	★★
使用布尔运算	45 分钟	★★★
为三维模型添加效果	50 分钟	★★★

10.1 三维模型的变换

小白：三维模型创建后，角度和位置我还不满意，可以重新进行编辑吗？

阿智：可以啊。通过旋转和移动等三维模型的编辑操作就可以得到你需要的图形，这些编辑操作和二维图形的操作类似。

三维旋转、三维移动、三维对齐、三维阵列以及三维镜像等三维对象编辑命令可以对所有的三维对象进行编辑，并非仅限于三维实体。通过这些命令可以在三维空间中复制三维对象或改变三维对象的位置。

10.1.1 旋转三维对象

使用三维旋转命令，可以将三维模型绕指定的轴旋转一定的角度，其具体操作如下。

本节素材	/素材/Chapter10/组合体.dwg
本节效果	/效果/Chapter10/组合体.dwg
学习目标	掌握旋转三维对象的方法
难度指数	★★

步骤01 打开“组合体”素材文件，在“常用”选项卡的“修改”组中单击“三维旋转”按钮或在命令行中输入3DROTATE命令，如图10-1所示。

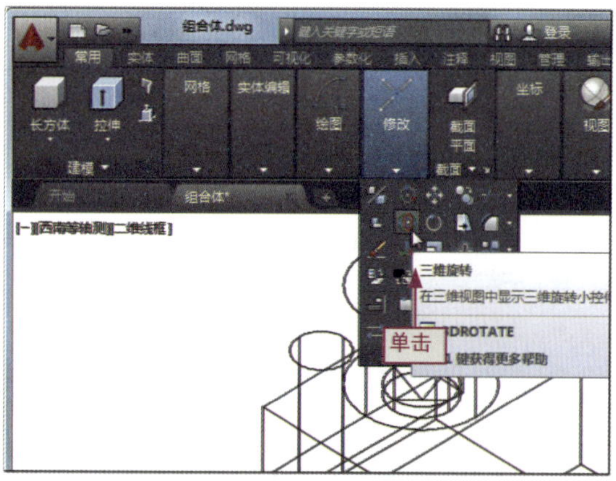

图10-1 单击“三维旋转”按钮

步骤02 在命令行提示“选择对象”时，选择图形中的圆柱体，如图10-2所示。

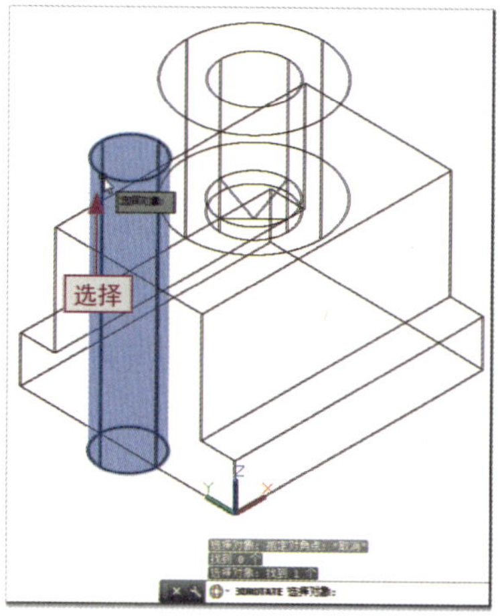

图10-2 选择图形

步骤03 此时将出现夹点工具。在命令行提示“指定基点”时，捕捉圆柱体底面圆的圆心，指定旋转的基点，如图10-3所示。

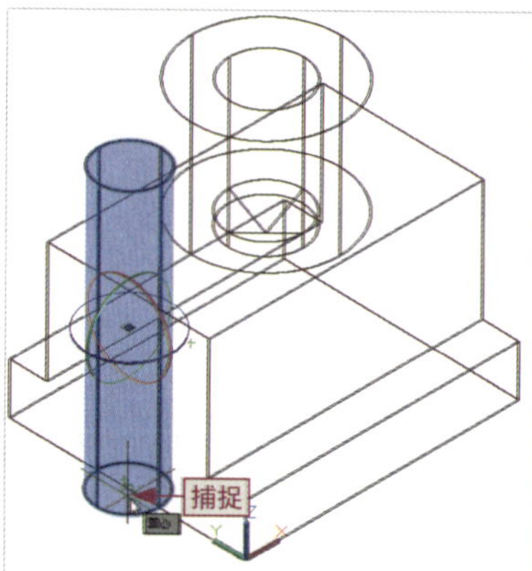

图10-3 指定旋转基点

步骤04 在命令行提示“拾取旋转轴”时，在夹点工具上选择Y轴，指定旋转轴，如图10-4所示。

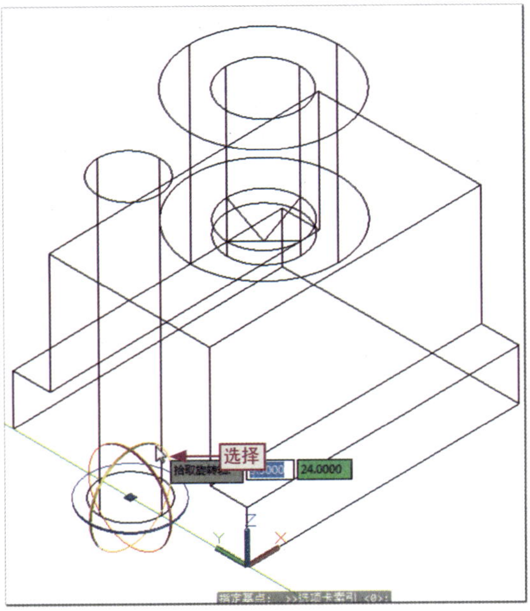

图10-4　选择旋转轴

步骤05 打开“正交”功能，在命令行提示“指定角的起点”时，在左下方拾取一点，指定旋转角的起点，如图10-5所示。

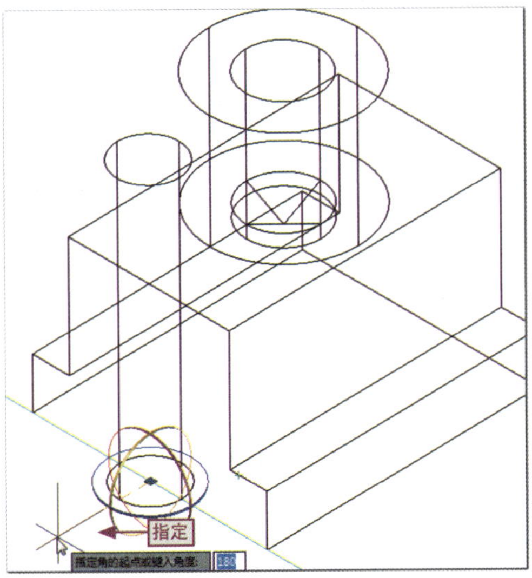

图10-5　指定起点

步骤06 在命令行提示“指定角的端点”时，将鼠标光标向上移动，在竖直方向上拾取一点，指定旋转角的端点，如图10-6所示。

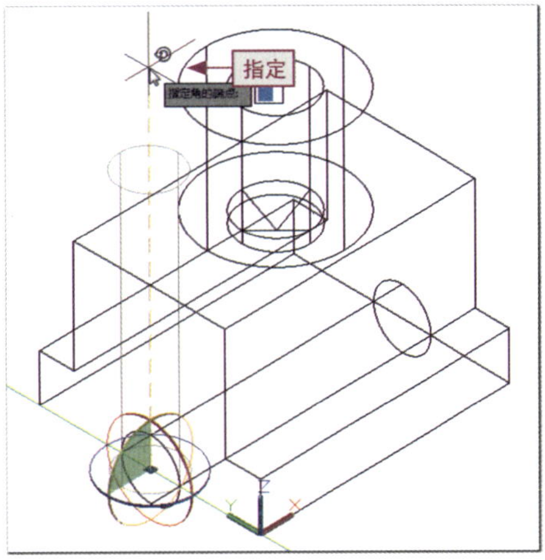

图10-6　指定端点

步骤07 完成对圆柱体的旋转操作，其效果如图10-7所示。

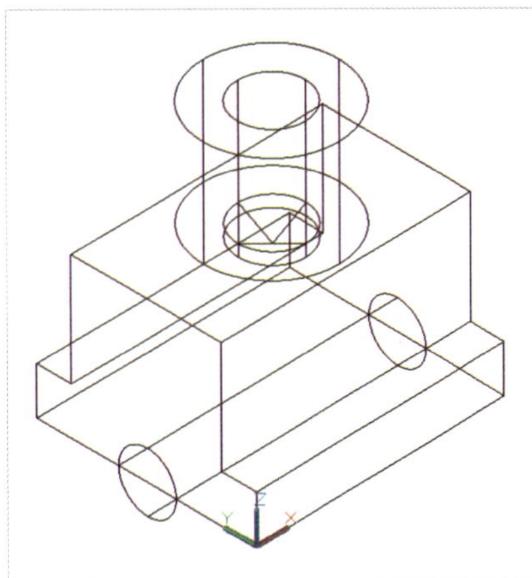

图10-7　旋转效果

小绝招

约束旋转轴

将旋转约束到某根轴上的方法为：指定基点后，将鼠标光标悬停在旋转夹点工具上的轴句柄上，直到光标变为黄色，并且矢量线显示为与该轴对齐时，单击该轴线，然后移动鼠标光标，选择的对象将围绕基点沿指定的轴旋转，这时可单击或输入值来指定旋转的角度。

10.1.2 移动三维对象

三维移动可以在三维空间中沿指定方向将对象移动指定的距离，与二维移动的方法相似，不同的是移动时可以在三维空间中任意移动，移动三维对象的具体操作如下。

本节素材	/素材/Chapter10/组合体1.dwg
本节效果	/效果/Chapter10/组合体1.dwg
学习目标	掌握移动三维对象的方法
难度指数	★★

步骤01 打开“组合体1”素材文件，在“修改”组中单击“移动”按钮或在命令行中输入MOVE命令，如图10-8所示。

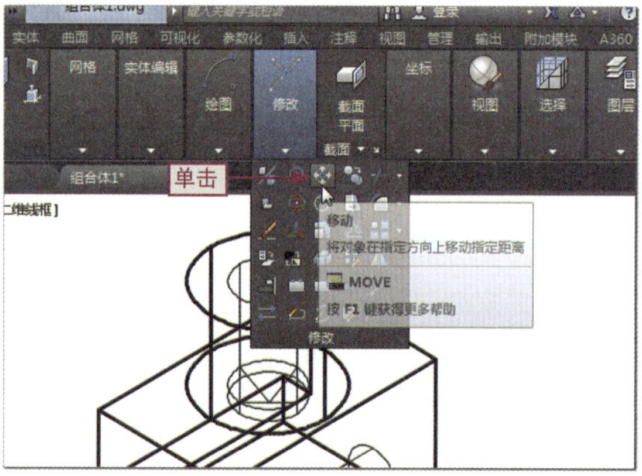

图10-8 单击“移动”按钮

步骤02 在命令行提示“选择对象”时，选择图形中的圆柱体，如图10-9所示。

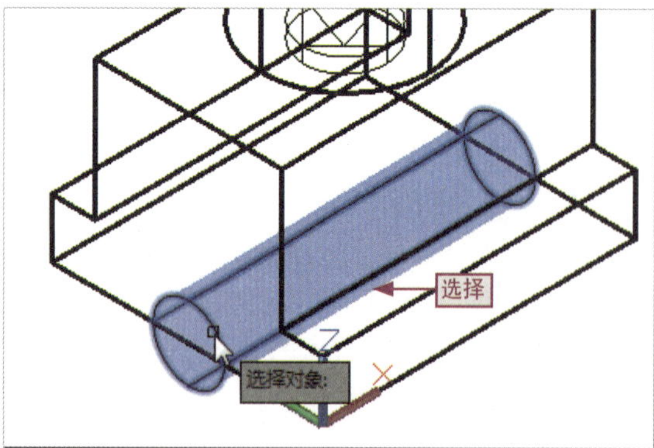

图10-9 选择圆柱体

步骤03 打开移动夹点工具，在命令行提示“指定基点”时，捕捉圆柱体的圆心，如图10-10所示。

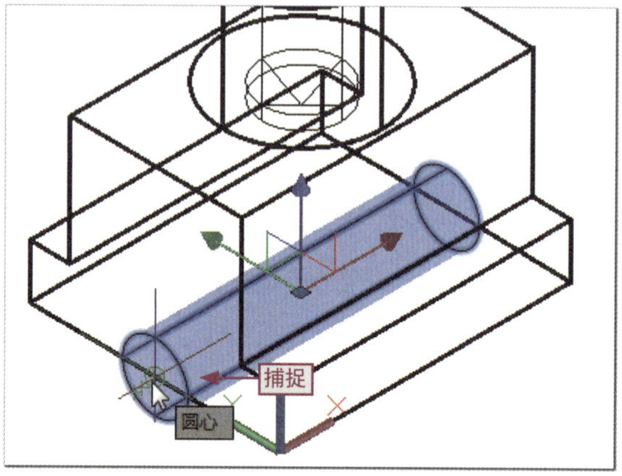

图10-10 指定基点

步骤04 在命令行提示“指定第二点”时，将鼠标光标垂直向上进行移动，如图10-11所示。

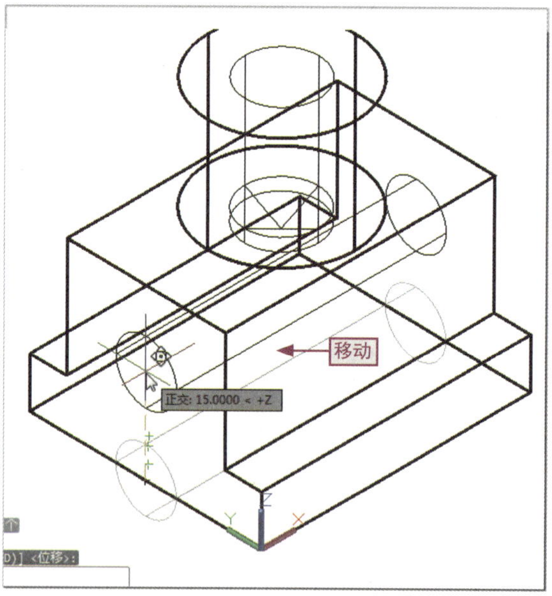

图10-11 指定第二点

步骤05 在命令行提示后输入“13”，指定移动的距离，按Enter键完成移动，如图10-12所示。

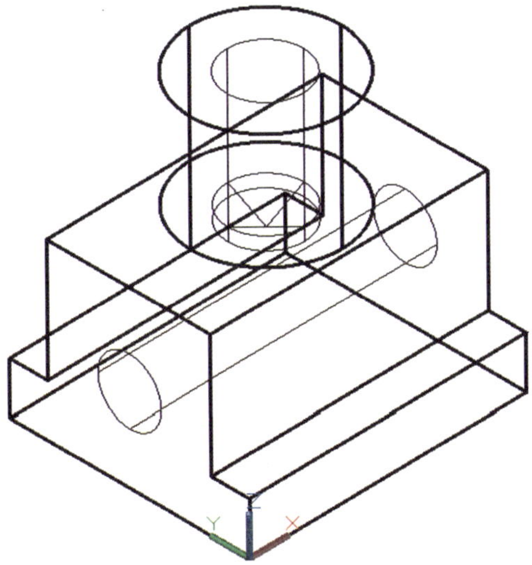

图10-12 移动效果

小绝招 约束移动对象的坐标轴

利用移动夹点工具，可以将移动约束到某根轴或某个平面上，其方法分别如下。

- 将移动约束到轴：选择要移动的对象并指定基点后，将光标悬停在夹点工具的某条轴句柄上，当出现的矢量线显示为与该轴对齐时单击该轴句柄。当拖动鼠标光标时，选择的对象将始终沿指定的轴移动。
- 将移动约束到平面：选择要移动的对象并将移动夹点工具移动到要约束的面上指定基点，将光标悬停在两条远离轴句柄（用于确定平面）的直线汇合处的点上，当光标直线变为黄色时单击该点。移动鼠标光标时，选择的对象将始终沿指定的平面移动。

10.1.3 对齐三维对象

三维对齐与对齐命令的作用相同，同样可以将选择的三维对象与其他对象对齐到面、边或点，但操作起来更直观。对齐三维对象的具体操作如下。

本节素材	/素材/Chapter10/三维对齐.dwg
本节效果	/效果/Chapter10/三维对齐.dwg
学习目标	掌握对齐三维对象的方法
难度指数	★★

步骤01 打开“三维对齐”素材文件，在“修改”组中单击“三维对齐”按钮或在命令行中输入3DALIGN命令，如图10-13所示。

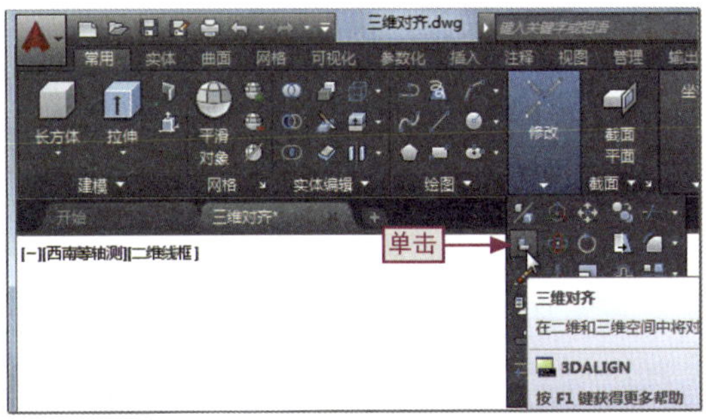

图10-13 单击“三维对齐”按钮

步骤02 在命令行提示“选择对象”时，选择绘图区左侧的长方体图形，如图10-14所示。

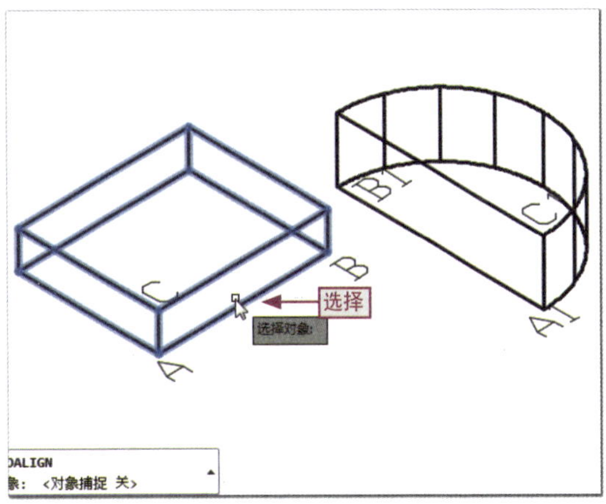

图10-14 选择图形

步骤03 在命令行提示“指定基点”时，捕捉长方体中的A端点；在提示“指定第二个点”时，捕捉B端点；在提示“指定第三个点”时，捕捉C端点，如图10-15所示。

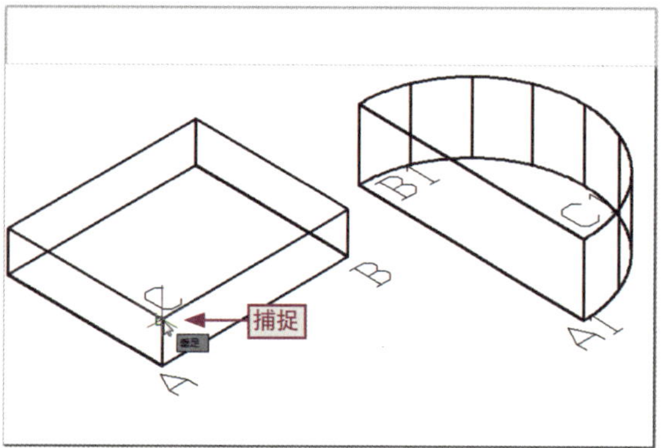

图10-15 捕捉端点

步骤04 在命令行提示“指定第一个目标点”时，捕捉半圆柱体中的A1端点；在提示“指定第二个目标点”时，捕捉B1端点；在提示“指定第三个目标点”时，捕捉C1端点，如图10-16所示。

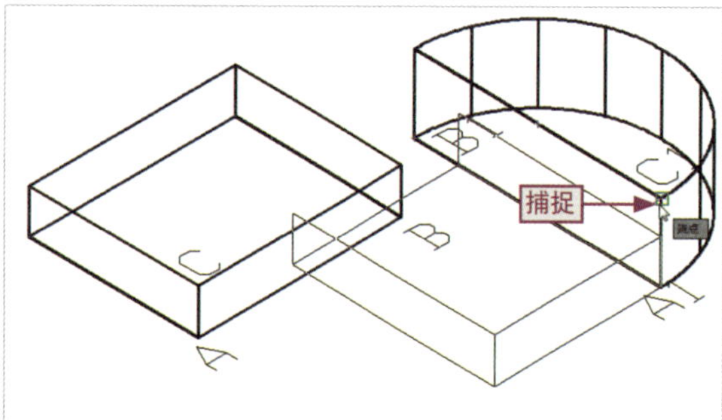

图10-16 捕捉端点

步骤05 完成对三维对象的对齐，其效果如图10-17所示。

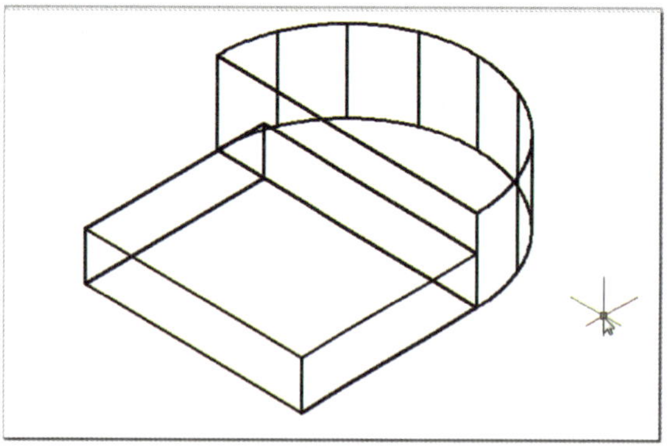

图10-17 三维对象对齐后的效果

10.1.4 镜像三维对象

三维镜像可以在三维空间中将三维对象以指定的平面进行镜像复制，镜像三维对象的具体操作如下。

本节素材	/素材/Chapter10/茶几.dwg
本节效果	/效果/Chapter10/茶几.dwg
学习目标	掌握镜像三维对象的方法
难度指数	★★

步骤01 打开“茶几”素材文件，在“修改”组中单击“三维镜像”按钮或者在命令行中输入MIRROR3D命令，如图10-18所示。

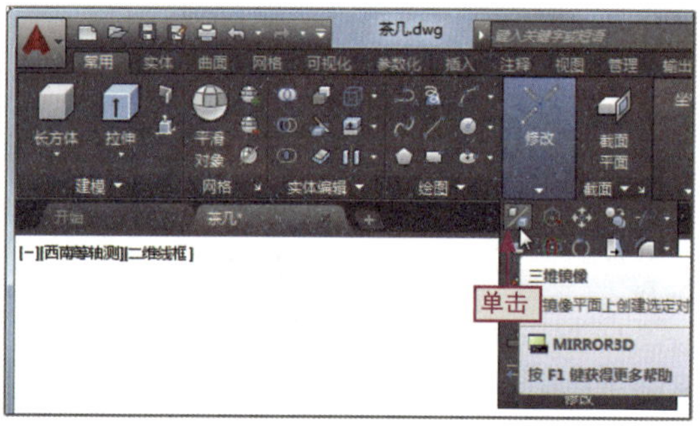

图10-18 单击“三维镜像”按钮

步骤02 在命令行提示“选择对象”时，选择茶几图形中的两个脚，如图10-19所示。

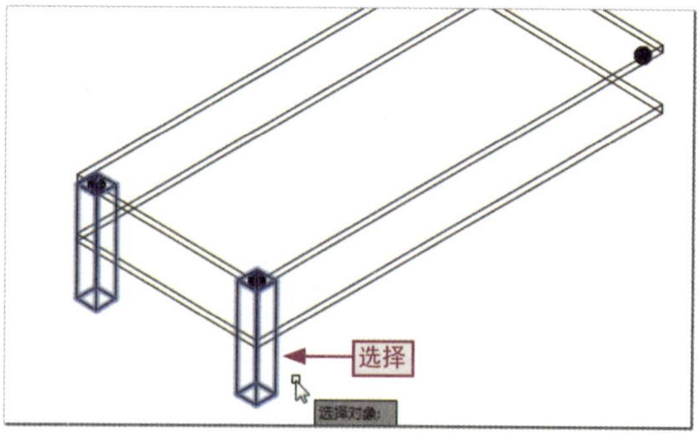

图10-19 选择对象

步骤03 在命令行提示“指定镜像平面（三点）的第一个点”时，输入“YZ”命令，指定镜像平面；在命令行提示“指定YZ平面上的点”时，捕捉茶几长边上任意线条的中点，如图10-20所示。

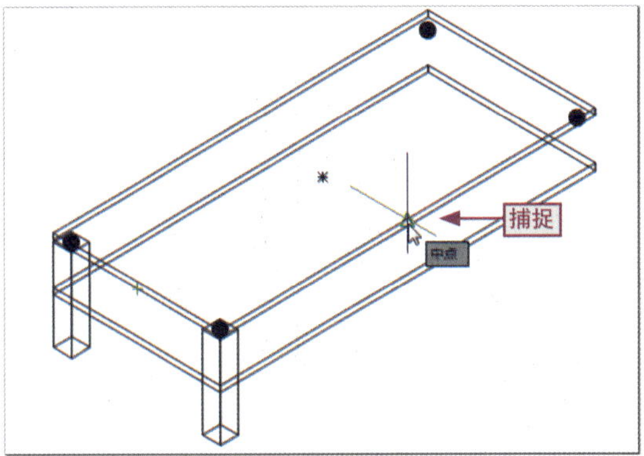

图10-20 捕捉中点

步骤04 在命令行提示“是否删除源对象”时，选择“否”，完成图形的镜像操作，如图10-21所示。

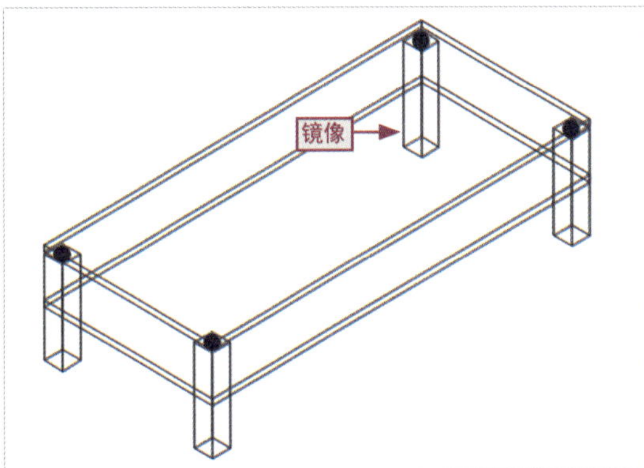

图10-21 查看镜像效果

10.1.5 阵列三维对象

三维阵列命令用于在三维空间中复制三维矩形或环形阵列等实体对象，该命令常用于大量通用构件模型的等距阵列复制。阵列三维对象的具体操作如下。

本节素材	/素材/Chapter10/端盖.dwg
本节效果	/效果/Chapter10/端盖.dwg
学习目标	掌握阵列三维对象的方法
难度指数	★★

步骤01 打开“端盖”素材文件，在“修改”组中单击“三维阵列”按钮或在命令行中输入3DARRAY命令，如图10-22所示。

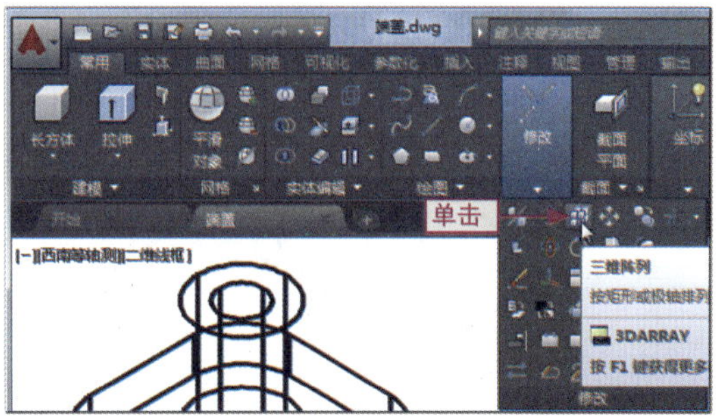

图10-22 单击“三维阵列”按钮

步骤02 在命令行提示“选择对象”时，选择图形下侧的两个圆柱体，如图10-23所示。

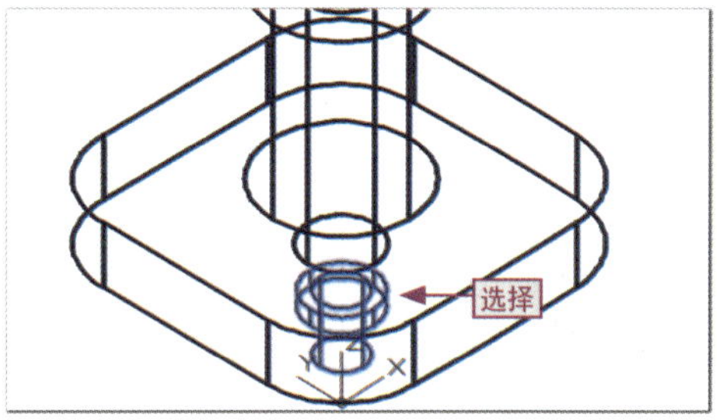

图10-23 选择对象

步骤03 在命令行提示“输入阵列类型”时，输入P命令，选择环形阵列。在提示“输入阵列中的项目数目”时，输入“4”；在提示“指定要填充的角度”和“旋转阵列对象”时，按Enter键选择默认设置；在提示“指定阵列的中心点”时，选择大圆柱体的顶面圆心，如图10-24所示。

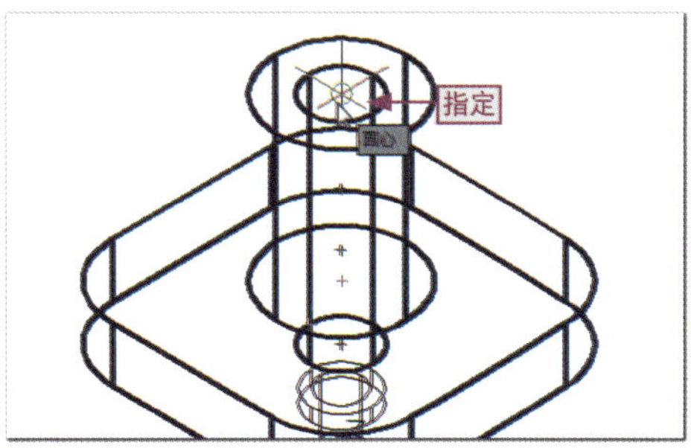

图10-24 指定圆心

步骤04 在命令行提示“指定旋转轴上的第二个点”时，选择大圆柱体底面的圆心，如图10-25所示。

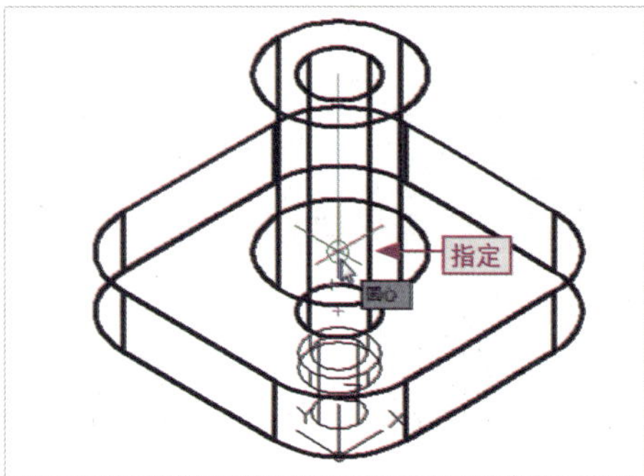

图10-25 指定圆心

步骤05 完成三维对象的阵列，其效果如图10-26所示。

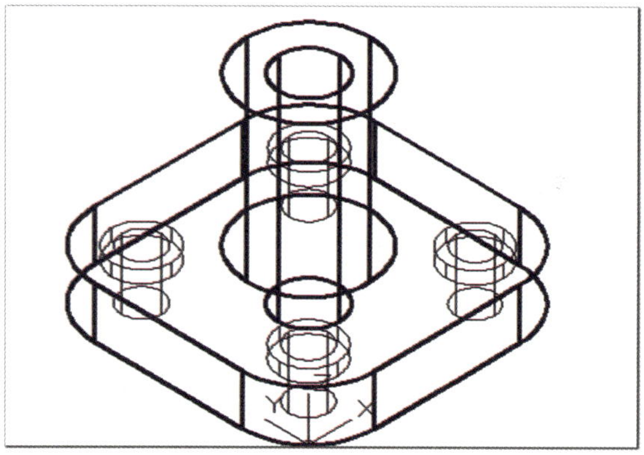
图10-26 阵列效果

10.2 使用布尔运算

阿智：小白，在学校学过交集、并集和差集吗?

小白：学过啊，我们学校的一门课程就叫作布尔运算，和我们学习AutoCAD有关系吗?

阿智：当然有啊，我们接下来就要学习AutoCAD中的布尔运算。

通过布尔运算可以将多个简单的三维实体或二维面域进行求并、求差和求交等操作，从而创建形状复杂的三维实体。这是创建三维实体使用频率非常高的一种方法。

10.2.1 并集运算

通过并集运算命令，可将两个及两个以上且有相并部分的面域或实体合并为组合面域或复合实体。使用并集运算的具体操作如下。

本节素材	/素材/Chapter10/挡板.dwg
本节效果	/效果/Chapter10/挡板.dwg
学习目标	掌握并集运算的使用方法
难度指数	★★

步骤01 打开“挡板”素材文件，在“实体”选项卡的“布尔值”组中单击“并集”按钮或在命令行中输入UNION命令，如图10-27所示。

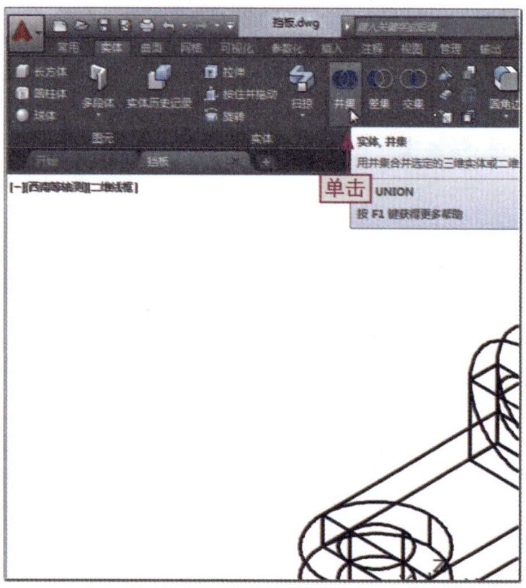

图10-27 单击“并集”按钮

步骤02 在命令行提示“选择对象”时，选择除两个小圆柱之外的所有图形，如图10-28所示。

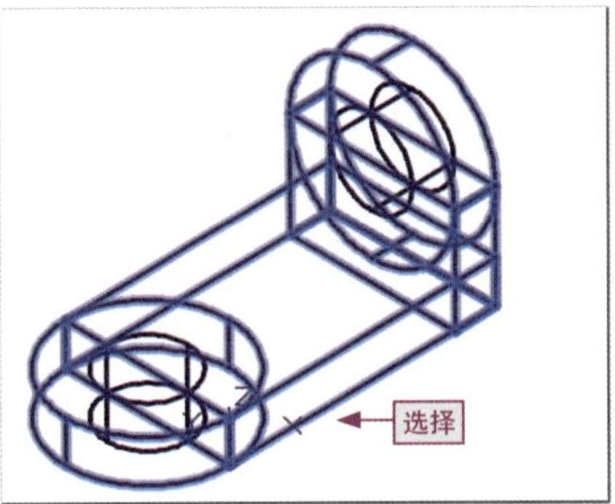

图10-28 选择对象

步骤03 按Enter键，确定参加并集运算图形的选择，完成并集运算操作，如图10-29所示。

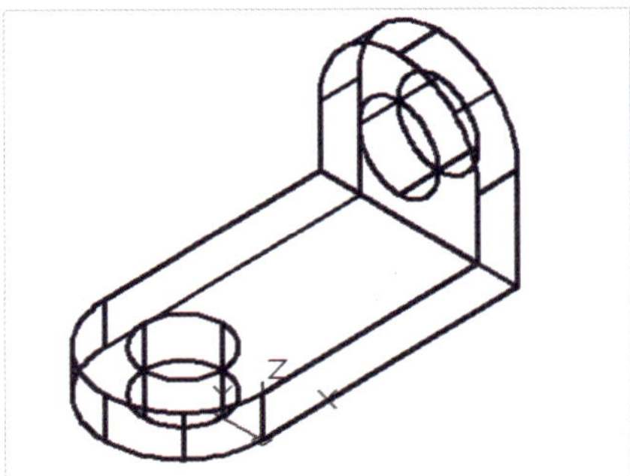

图10-29 并集效果

步骤04 将视觉样式设置为“概念”，可看出图形进行并集运算后的具体效果，如图10-30所示。

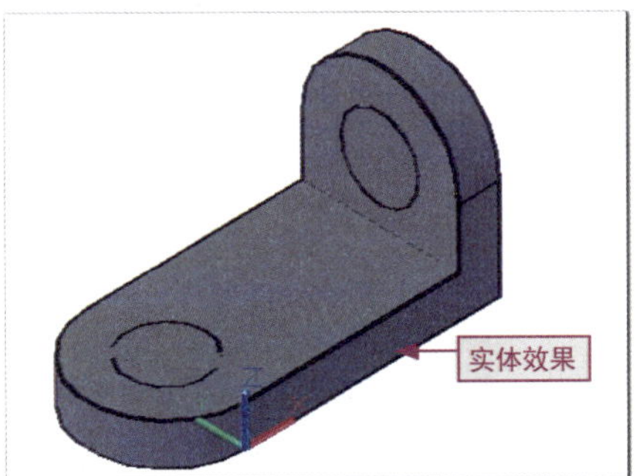

图10-30 并集运算后的实体效果

10.2.2 差集运算

通过差集运算命令可从所选三维实体组或面域组中减去一个或多个实体或面域。从而得到一个新的实体或面域。使用差集的具体操作如下。

本节素材	/素材/Chapter10/挡板1.dwg
本节效果	/效果/Chapter10/挡板1.dwg
学习目标	掌握差集运算的方法
难度指数	★★

步骤01 打开“挡板1”素材文件，在“布尔值”组中单击“差集”按钮或在命令行中输入SUBTRACT命令，如图10-31所示。

图10-31 单击“差集”按钮

步骤02 在命令行提示“选择要从中减去的实体、曲面和面域”时，选择两个小圆柱之外的其他图形，如图10-32所示。

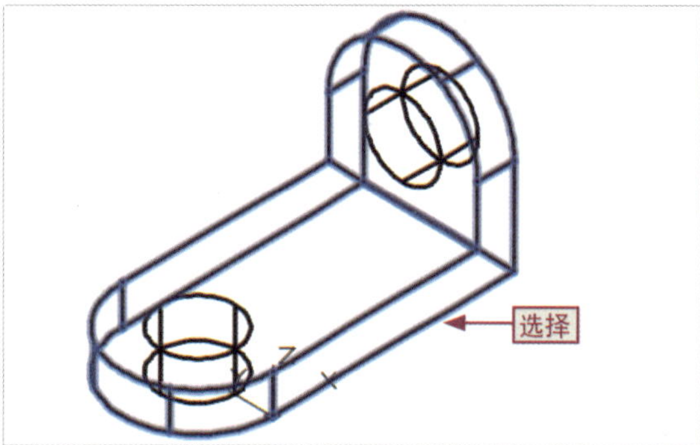

图10-32　选择圆形

步骤03 在命令行提示“选择对象”时，选择两个要减去的小圆柱图形，如图10-33所示。

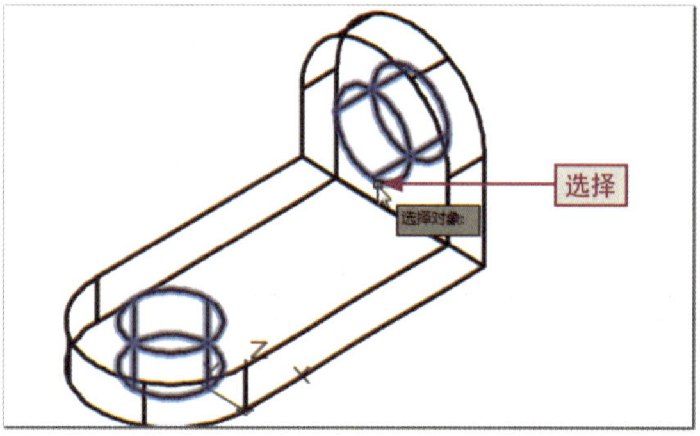

图10-33　选择减去图形

步骤04 按Enter键，完成差集运算操作，如图10-34所示。

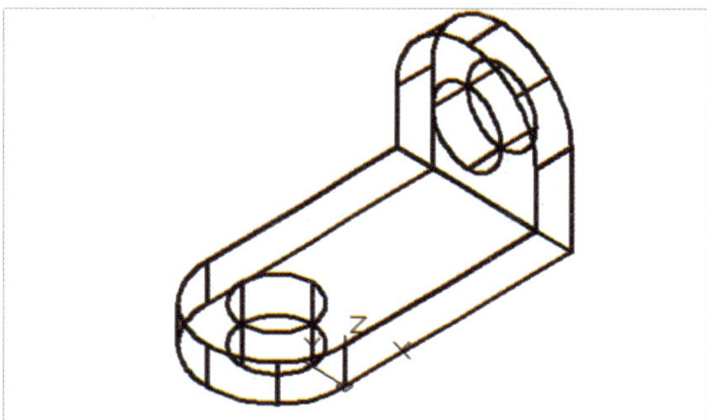

图10-34　差集效果

步骤05 将视觉样式设置为“概念”，可看出图形进行差集运算后的具体效果，如图10-35所示。

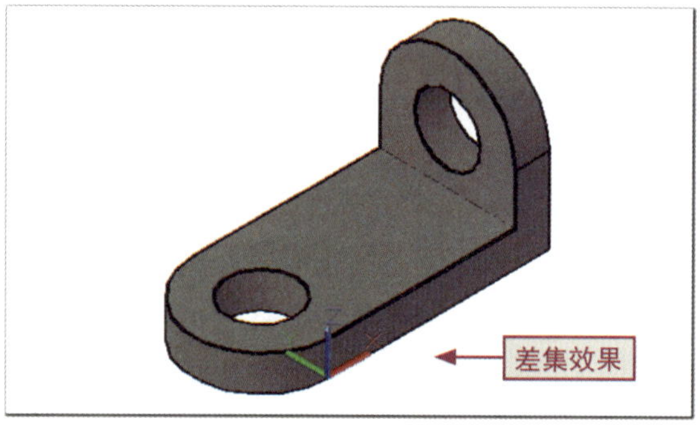

图10-35　差集运算后的实体效果

10.2.3 交集运算

通过交集运算命令可以将多个具有公共部分的面域或实体的非公共部分面域删除，只保留相交部分的实体。使用交集运算的具体操作如下。

本节素材	/素材/Chapter10/交集运算.dwg
本节效果	/效果/Chapter10/交集运算.dwg
学习目标	掌握交集运算的使用方法
难度指数	★★

步骤01 打开“交集运算”素材文件，在“布尔值”组中单击“交集”按钮或在命令行中输入INTERSECT命令，如图10-36所示。

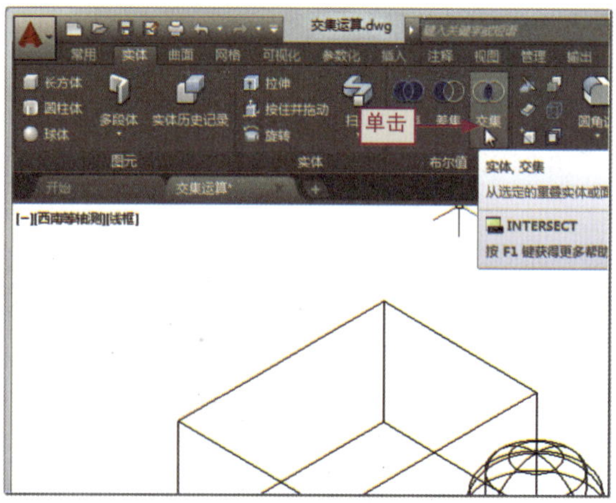

图10-36　单击“交集”按钮

步骤02 在命令行提示“选择对象”时，选择绘图区的长方体和球体图形，如图10-37所示。

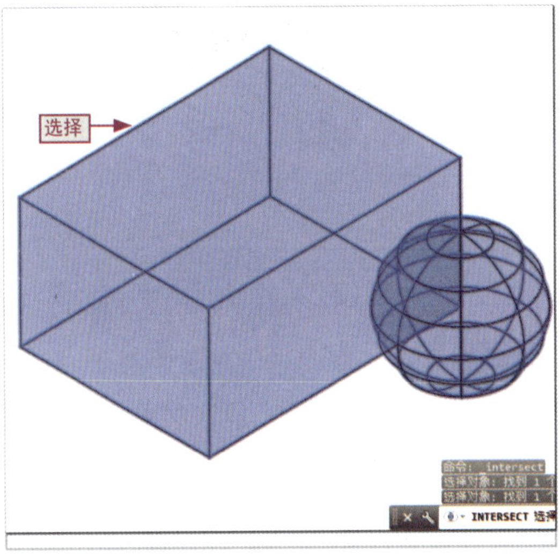

图10-37　选择图形

步骤03 按Enter键，完成交集运算操作，其效果如图10-38所示。

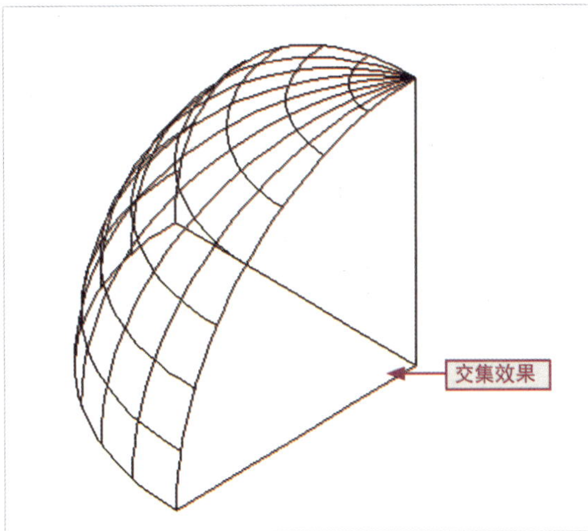

图10-38　完成交集运算后的效果

10.3 三维实体的变换

阿智：我绘制的实体需要查看里面的结构该怎么办呢?

小白：可以通过剖切的方式来切开实体的一面，这样就可以看见内部结构了。除此之外，还有很多编辑实体的方法。

阿智：有些什么编辑方法呢？快给我说说吧。

三维实体的编辑和二维实体的编辑操作类似，也包括倒角和圆角操作，不同的是三维实体还可以进行倾斜、抽壳和剖切等编辑操作。

10.3.1 三维实体倒角

在机械制图中经常出现倒角结构，使用倒角命令，不仅可以对两条相交的直线进行倒角处理，还可以对三维实体的边进行倒角，其具体操作如下。

本节素材	/素材/Chapter10/组合体2.dwg
本节效果	/效果/Chapter10/组合体2.dwg
学习目标	掌握对三维实体进行倒角的方法
难度指数	★★

步骤01 打开“组合体2”素材文件，在“实体编辑”组的“圆角边”下拉菜单中选择“倒角边”命令或在命令行中输入CHAMFEREDGE命令，如图10-39所示。

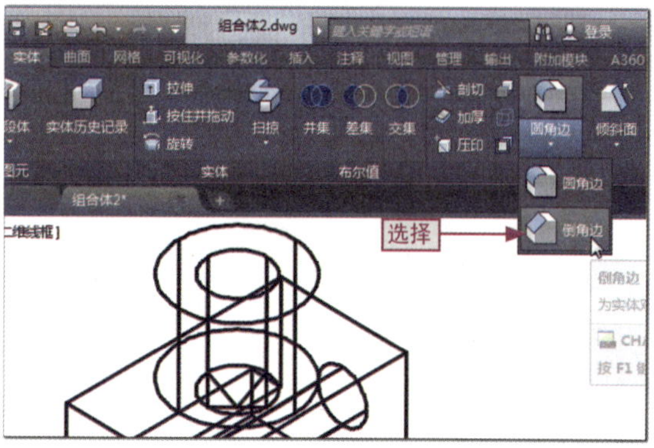

图10-39　选择“倒角边”命令

步骤02 在命令行提示“选择一条边”时，选择圆柱体的圆形边；在命令行提示“选择同一个面上的其他边”时，选择圆柱体的另外一个圆形，如图10-40所示。

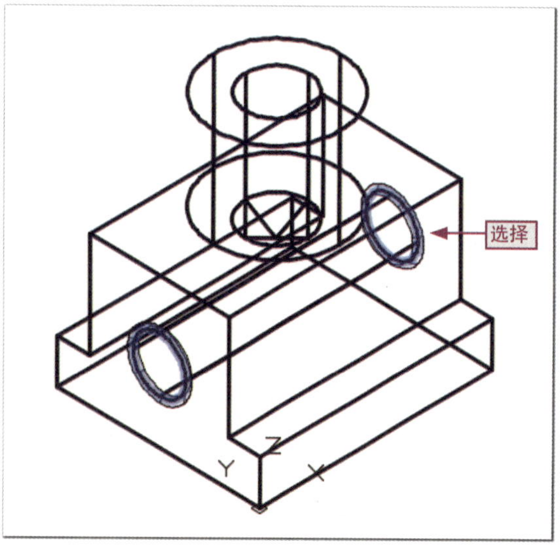

图10-40　选择图形边

步骤03 在命令行提示“按 Enter 键接受倒角”时，输入D命令设置距离；在命令行提示“指定基面倒角距离”时，输入“2”，按Enter键，如图10-41所示。

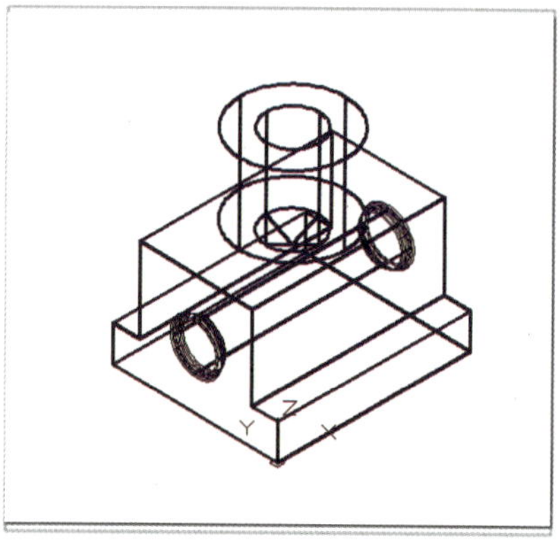

图10-41　设置倒角距离

步骤04 在命令行提示“指定其他曲面倒角距离”时，输入“2”，按Enter键，完成对图形的倒角，如图10-42所示。

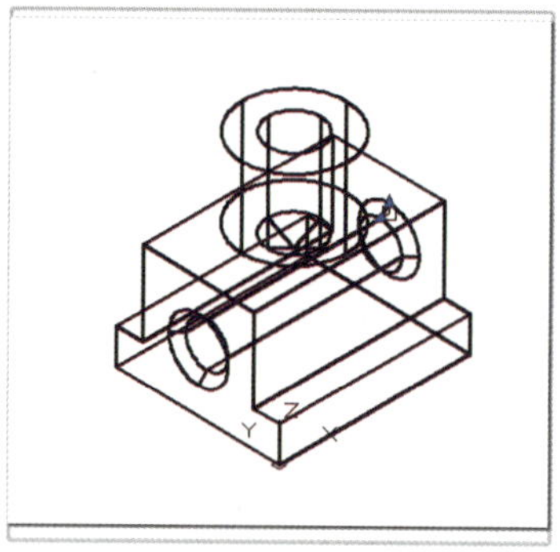

图10-42　完成倒角

步骤05 将视觉样式设置为“概念”，可看出图形进行倒角边后的具体效果，如图10-43所示。

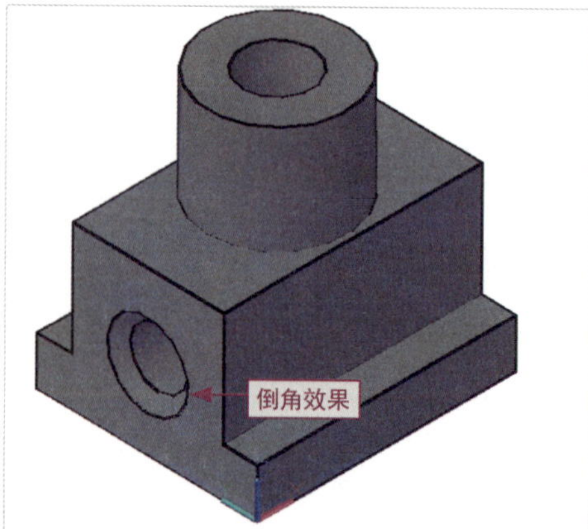

图10-43　倒角效果

10.3.2 三维实体圆角

在二维绘图状态下，圆角命令可以将两条相交的线条进行圆角处理。在三维绘图状态下，使用圆角命令，则可以将三维实体模型的边进行圆角处理，其具体操作如下。

本节素材	/素材/Chapter10/组合体3.dwg
本节效果	/效果/Chapter10/组合体3.dwg
学习目标	掌握三维实体进行圆角的方法
难度指数	★★

步骤01 打开“组合体3”素材文件，在“实体编辑”组的“圆角边”下拉菜单中选择“圆角边”命令或在命令行中输入“FILLETEDGE”命令，如图10-44所示。

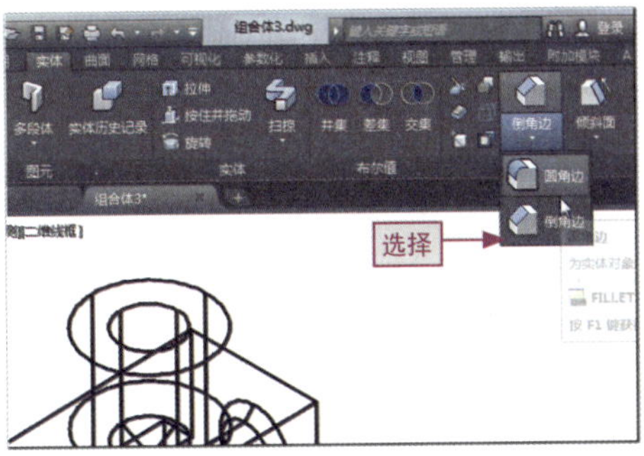

图10-44 选择“圆角边”命令

步骤02 在命令行提示“选择边”时，选择圆柱体顶面的边，然后在命令行中输入R命令；在提示“输入圆角半径”时，输入“1.5”，如图10-45所示。

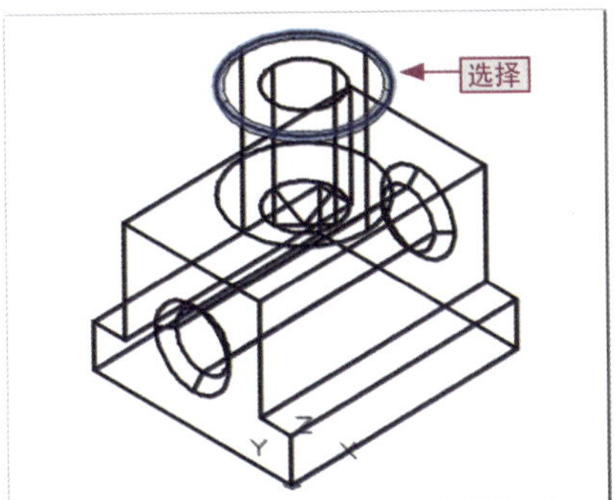

图10-45 设置圆角半径

步骤03 在命令行提示“选择边”时，选择小圆柱体的边，按Enter键，完成对圆柱体的圆角操作，效果如图10-46所示。

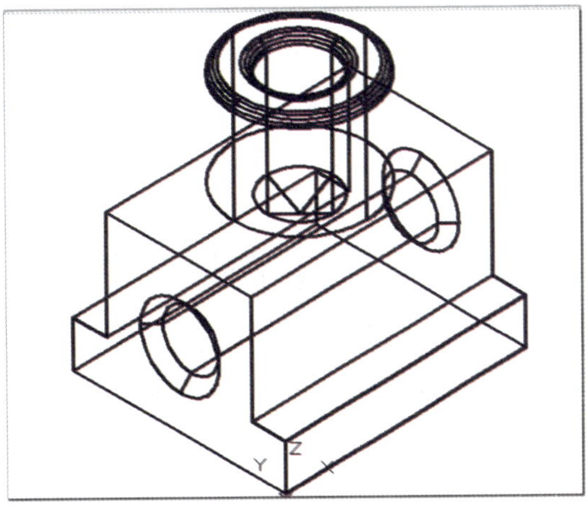
图10-46 完成圆角后的效果

步骤04 将视觉样式设置为“概念”，可看出图形进行圆角边后的具体效果，如图10-47所示。

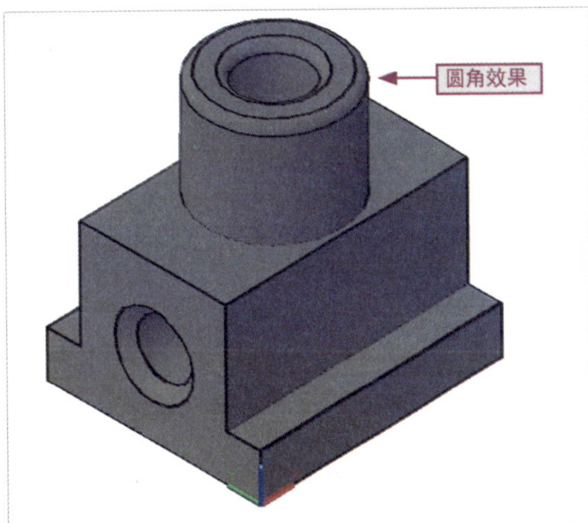

图10-47 进行圆角边后的实体效果

10.3.3 倾斜三维实体

对于未创建好的三维实体，如果需要对其中的一个面进行倾斜，可以使用倾斜面命令来进行。倾斜面的具体操作如下。

本节素材	/素材/Chapter10/倾斜面.dwg
本节效果	/效果/Chapter10/倾斜面.dwg
学习目标	掌握倾斜三维实体面的方法
难度指数	★★

步骤01 打开“倾斜面”素材文件，在“实体”选项卡的“实体编辑”组的下拉菜单中选择“倾斜面”命令或在命令行中输入SOLIDEDIT命令，如图10-48所示。

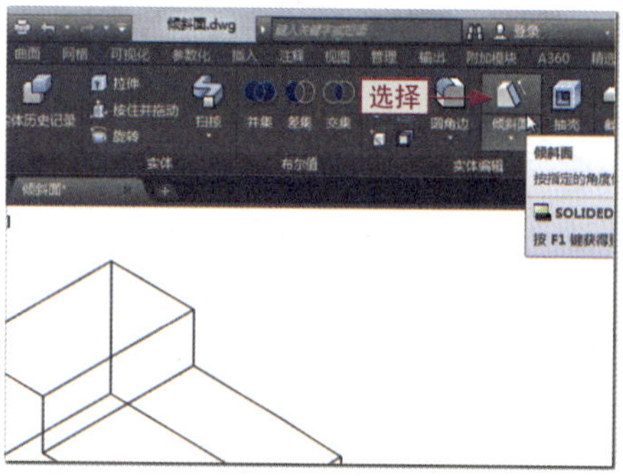

图10-48　选择“倾斜面”命令

步骤02 在命令行提示“选择面”时，选择需要倾斜的面，如图10-49所示。

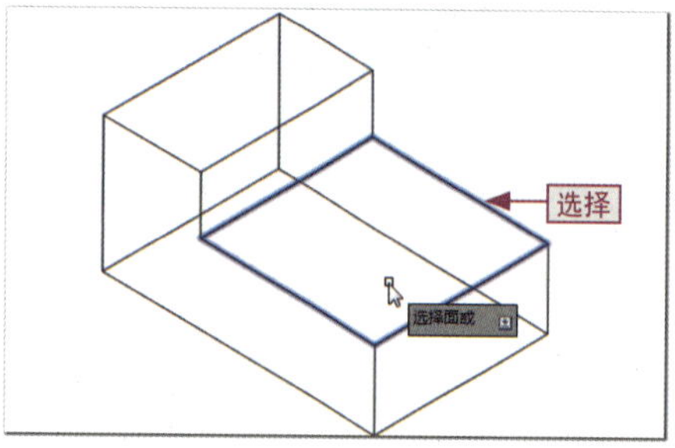

图10-49　选择面

步骤03 在命令行提示“指定基点”时，在选择的面上指定一点，如图10-50所示。

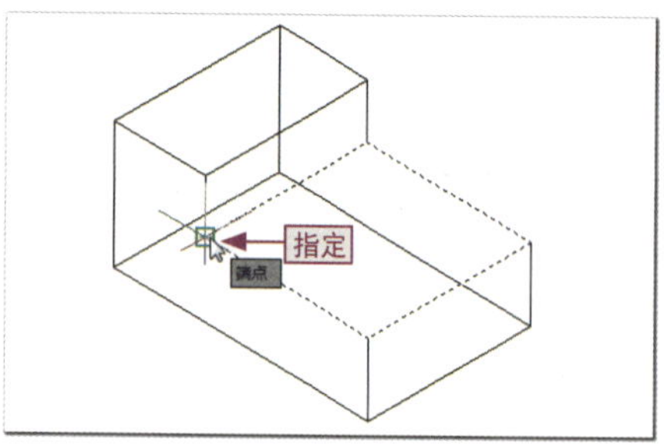

图10-50　指定基点

步骤04 在提示“指定沿倾斜轴的另一个点”时，选择面上的一点，如图10-51所示。

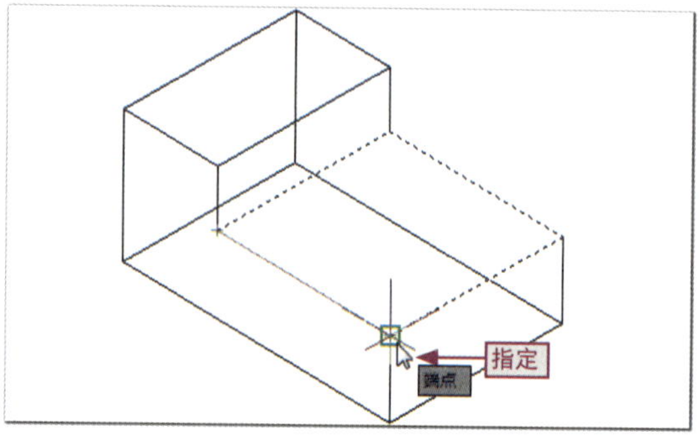

图10-51　指定另一个点

步骤05 在提示“指定倾斜角度”时，输入“30”，将面倾斜30度，按Enter键完成对图形的倾斜，如图10-52所示。

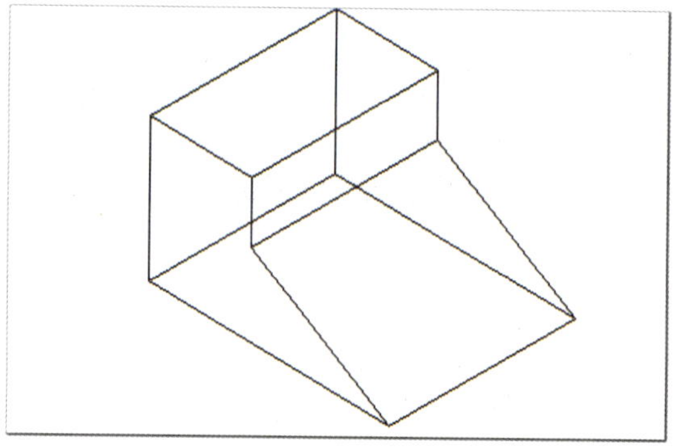

图10-52　完成倾斜面后的效果

10.3.4 抽壳三维实体

抽壳是用指定的厚度创建一个空的薄层，可以为三维实体的所有面指定一个固定的薄层厚度，系统会将现有的面偏移出原来的位置，从而创建出新面，其具体操作如下。

本节素材	/素材/Chapter10/抽壳实体.dwg
本节效果	/效果/Chapter10/抽壳实体.dwg
学习目标	掌握抽壳三维实体的方法
难度指数	★★

步骤01 打开“抽壳实体”素材文件，在“实体”选项卡的“实体编辑”组的下拉列表中选择“抽壳”选项或在命令行中输入SOLIDEDIT命令，如图10-53所示。

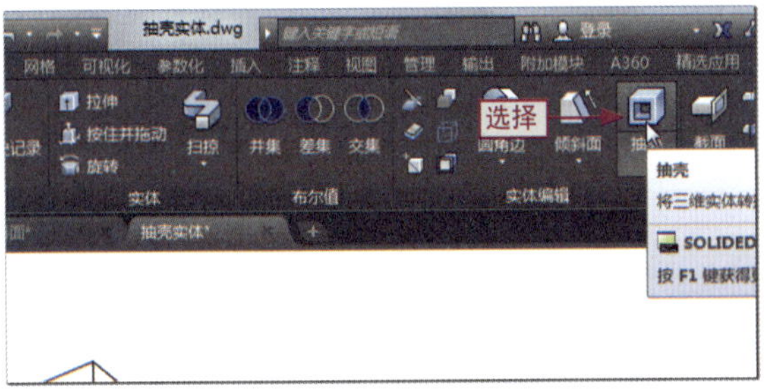

图10-53　选择“抽壳”选项

步骤02 在提示“选择三维实体”时，选择绘图区的长方体图形，如图10-54所示。

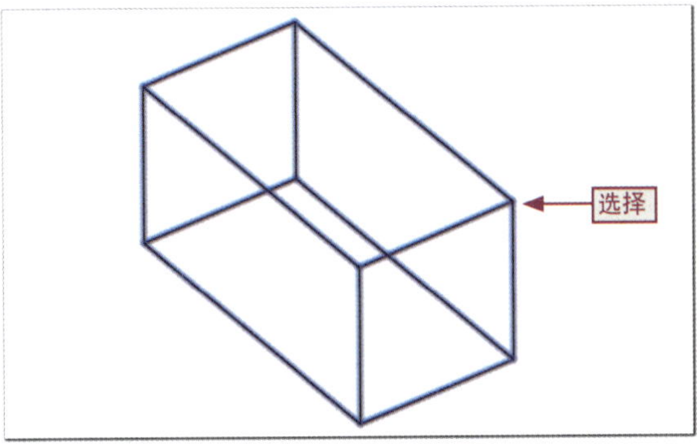

图10-54　选择对象

步骤03 在提示“删除面”时，在需要删除的面上单击，如图10-55所示。

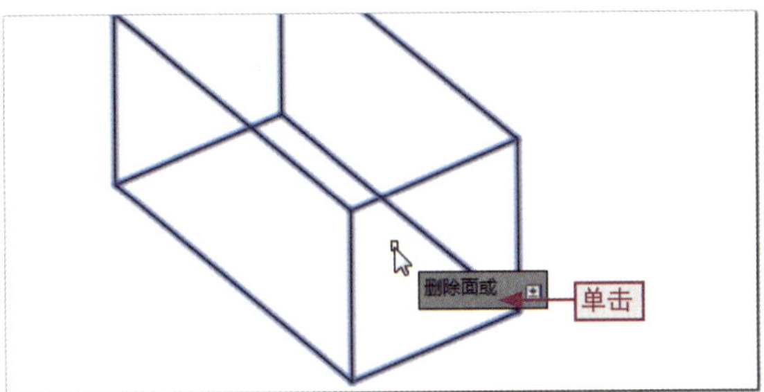

图10-55　选择删除的面

步骤04 在提示“输入抽壳偏移距离”时，在命令行中输入“3”，按Enter键完成对球体的抽壳，如图10-56所示。

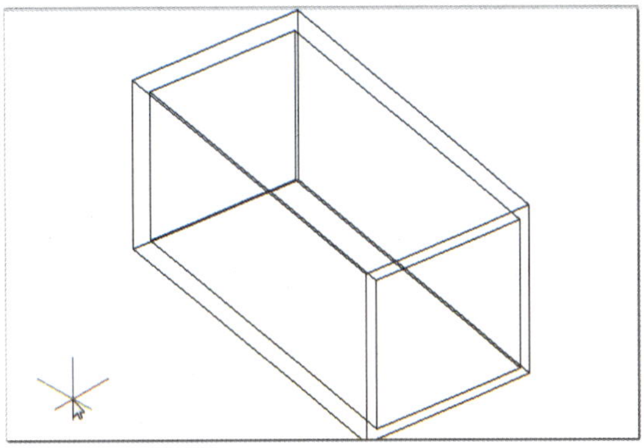

图10-56　完成抽壳后的效果

步骤05 将视觉样式设置为“概念”，可以看出长方体被抽壳成一个空心实体，如图10-57所示。

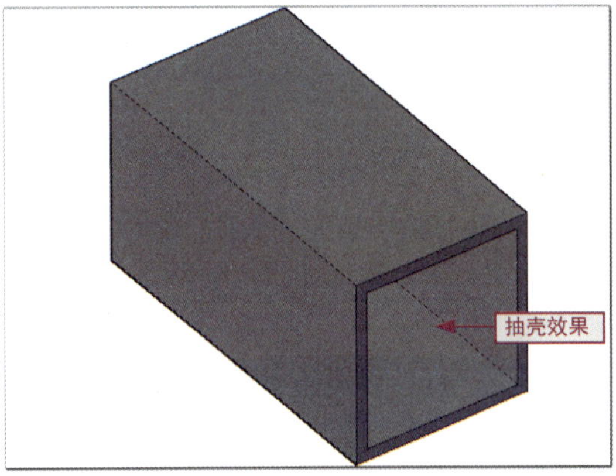

图10-57　抽壳效果

10.3.5 剖切三维实体

剖切实体可以将现有实体从指定位置处切开并移去指定部分，从而创建出新的实体。剖切三维实体常用于绘制剖面体，其具体操作如下。

本节素材	/素材/Chapter10/长方体.dwg
本节效果	/效果/Chapter10/长方体.dwg
学习目标	掌握对三维实体进行剖切的方法
难度指数	★★

步骤01 打开“长方体”素材文件，在“实体编辑”组中单击“剖切”按钮或在命令行中输入SLICE命令，如图10-58所示。

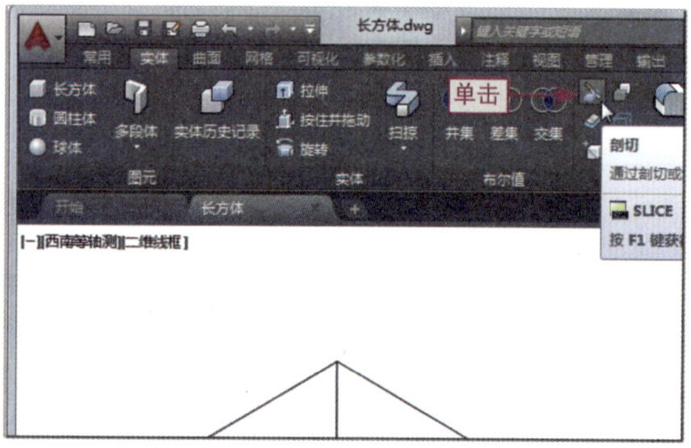

图10-58　单击“剖切”按钮

步骤02 在命令行提示“选择要剖切的对象”时，选择长方体图形，如图10-59所示。

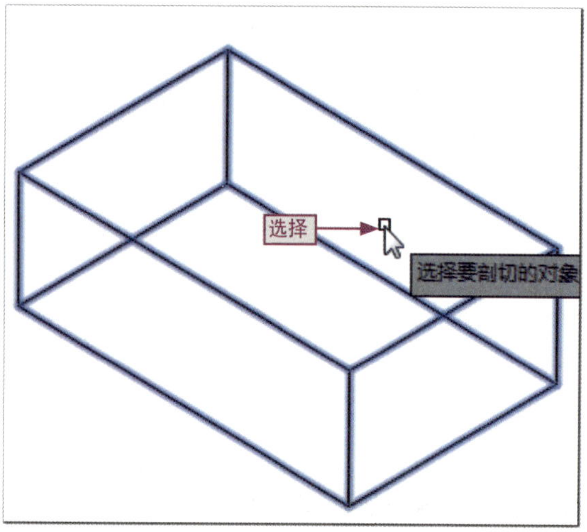

图10-59　选择图形

步骤03 在命令行提示“指定切面的起点”时，选择“三点”选项；在提示“指定平面上的第一点”时，选择长方体左上角的端点，如图10-60所示。

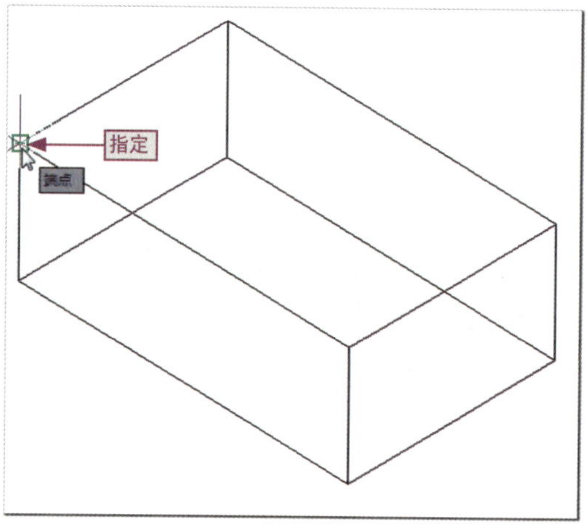

图10-60　指定端点

步骤04 在命令行提示“指定平面上的第二点”时，选择长方体右上角的端点，如图10-61所示。

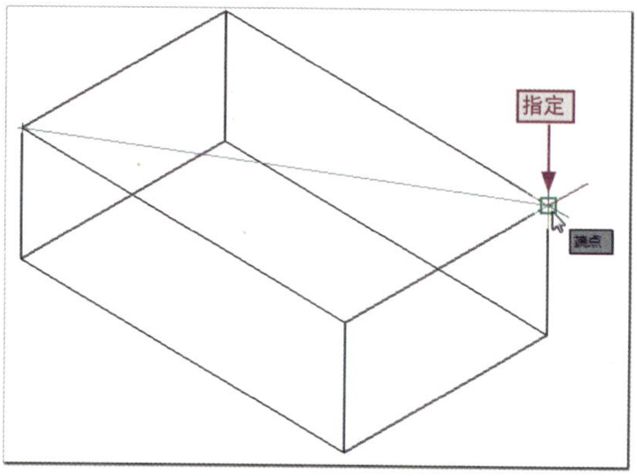

图10-61　指定第二点

步骤05 在命令行提示“指定平面上的第三点”时，选择长方体下侧的端点，如图10-62所示。

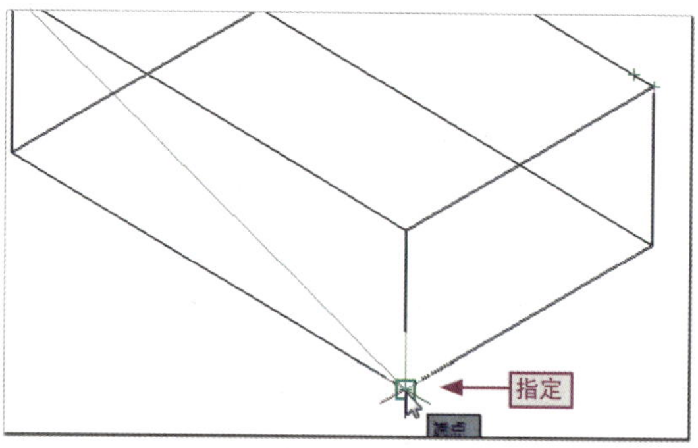

图10-62　指定第三点

步骤06 在命令行提示“在所需的侧面上指定点”时，选择剖切面上的点，如图10-63所示。

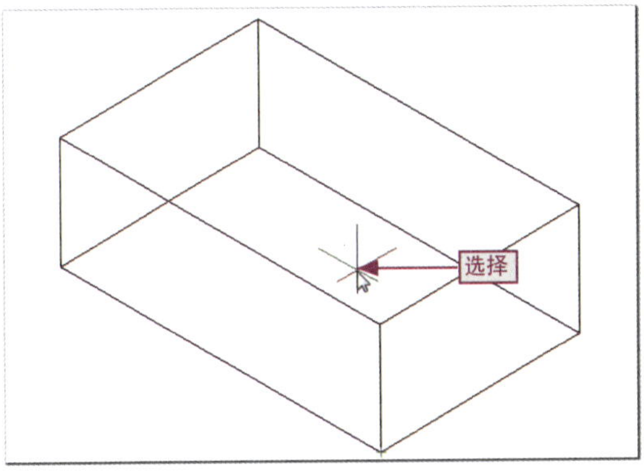

图10-63　选择剖切面上的点

步骤07 完成对长方体的剖切，其效果如图10-64所示。

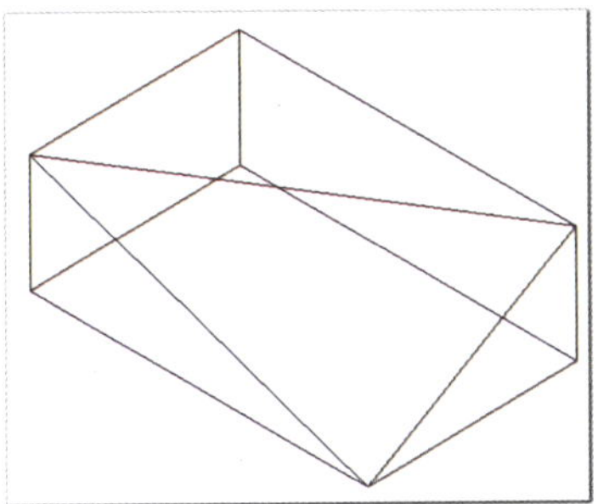

图10-64　剖切效果

小绝招

剖切命令中各选项的含义

执行剖切命令的过程中，默认以指定平面上两点的方式进行，通过这两点的剖切平面将垂直于当前UCS坐标系。剖切实体命令执行过程中，各选项的含义如下。

- 平面对象：选择已有的圆、椭圆、圆弧、二维样条曲线或二维多段线等对象所在的平面作为剖切平面。
- 曲面：选择该选项后可以对表面模型进行剖切，但旋转网格、平移网格、直纹网格和边界网格不能进行剖切。
- Z轴：剖切平面过Z轴上指定的两个点。
- 视图：使剖切面平行于当前视图所观测的平面，需指定一个点来确定剖切面的位置。
- XY、YZ、ZX：以平行于XY、YZ或ZX面的一个平面作为剖切平面，需指定一个点来确定剖切平面的位置。
- 三点：指定3个点来确定剖切平面。

10.4 为三维模型添加效果

阿智：小白，知道你绘制的三维图形为什么不怎么真实吗？

小白：是啊，我看其他人绘制的很真实，我还差什么操作吗？

阿智：你还差对三维模型进行渲染的操作，通过渲染后的实体模型就和真实的实体差不多了。

三维模型创建完之后还必须对其进行相应处理，如设置材质和渲染等，它们都有利于观察创建的三维模型。

10.4.1 添加材质

为模型附着材质即指定三维模型的材料，如瓷砖、釉面、织物或玻璃等，让三维实体更具真实的效果。设置材质的具体操作如下。

本节素材	/素材/Chapter10/泵盖.dwg
本节效果	/效果/Chapter10/泵盖.dwg
学习目标	掌握为三维模型设置材质的方法
难度指数	★★

步骤01 打开“泵盖”素材文件，在“可视化”选项卡的“材质”组中单击“材质浏览器”按钮或在命令行中输入MATBROWSEROPEN命令，如图10-65所示。

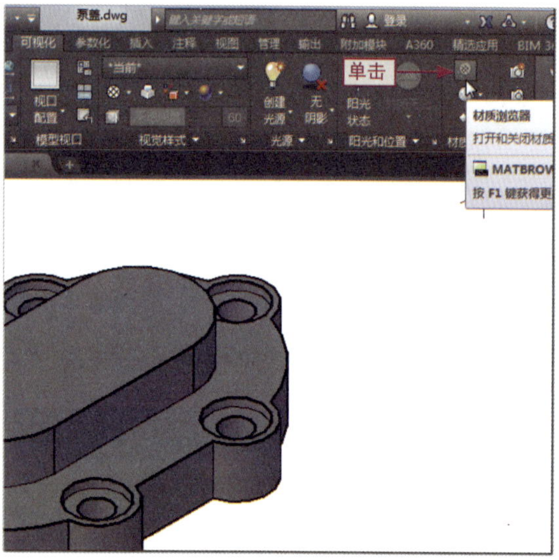

图10-65 单击“材质浏览器”按钮

步骤02 打开“材质浏览器”面板，在列表框中选择“反射-麦色”选项，并单击后面出现的“编辑”按钮，如图10-66所示。

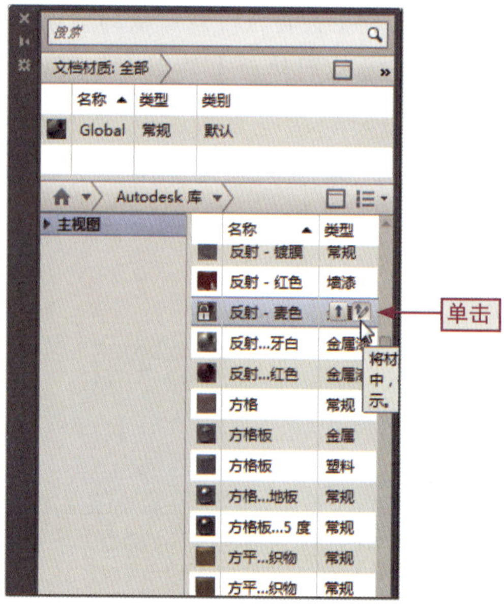

图10-66 选择材质

步骤03 打开“材质编辑器”选项板，在其中对材质的外观进行设置，如图10-67所示。

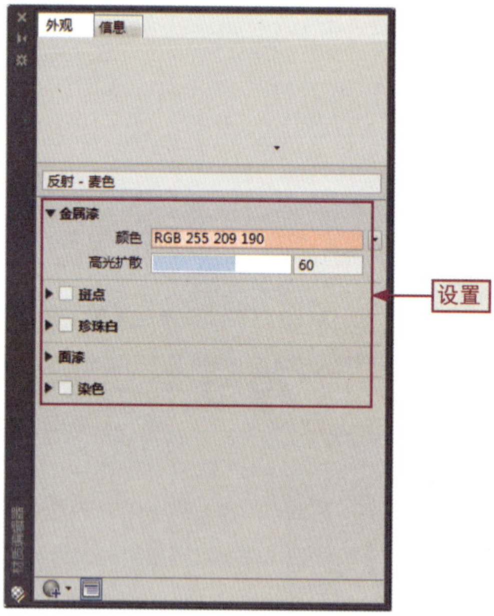

图10-67 设置材质外观

步骤04 返回“材质浏览器”面板，选择绘图区的图形对象，在上侧的列表框中选择的材质上右击，在弹出的下拉菜单中选择“指定给当前选择”命令，如图10-68所示。

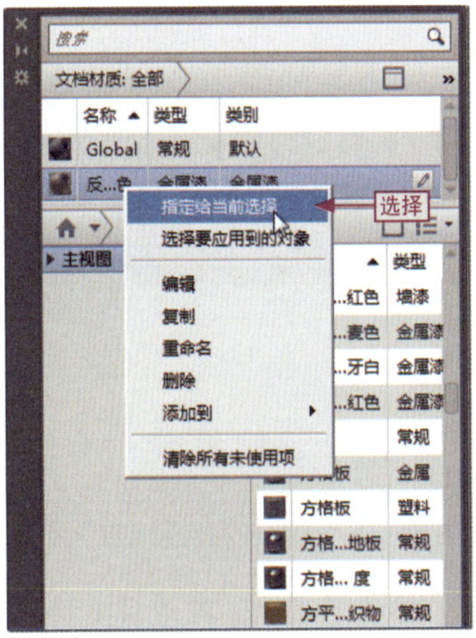

图10-68 为实体设置材质

步骤05 返回绘图区即可看到为实体设置材质的效果，如图10-69所示。

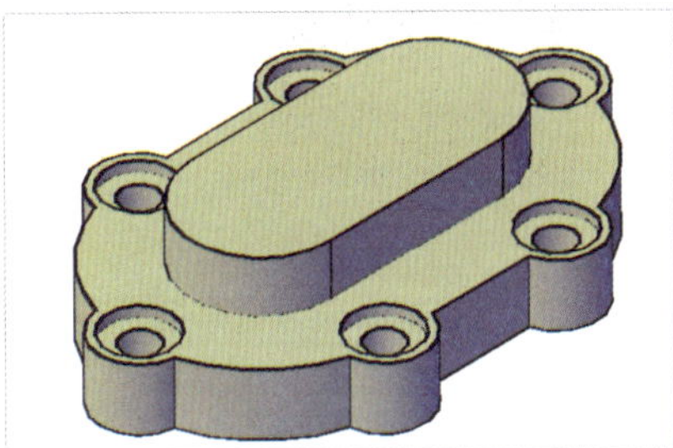

图10-69 设置材质效果

10.4.2 添加光源

如果选择的材质较暗淡，可以为图形添加光源，以便得到明度较高的渲染模型。添加光源的具体操作如下。

本节素材	/素材/Chapter10/泵盖1.dwg
本节效果	/效果/Chapter10/泵盖1.dwg
学习目标	掌握添加光源的方法
难度指数	★★

步骤01 打开“泵盖1”素材文件，在“可视化”选项卡的“光源”组的“创建光源”下拉菜单中选择“聚光灯”命令或在命令行中输入SPOTLIGHT命令，如图10-70所示。

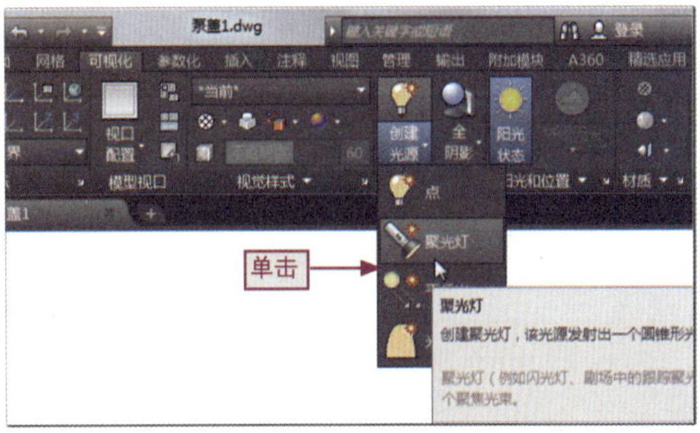

图10-70 选择“聚光灯”命令

步骤02 在绘图区将出现的“聚光灯”移动到需要的位置，然后单击，确定聚光灯显示的位置，如图10-71所示。

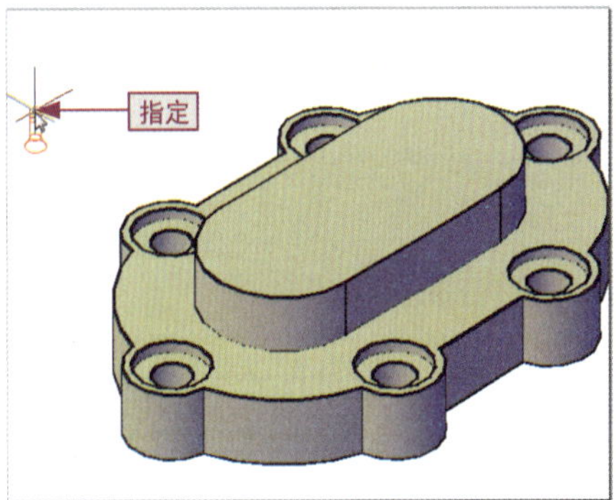

图10-71 设置聚光灯位置

步骤03 确定位置后，再次移动鼠标光标指定聚光灯的方向。在实体的顶面上单击，确定聚光灯方向，如图10-72所示。

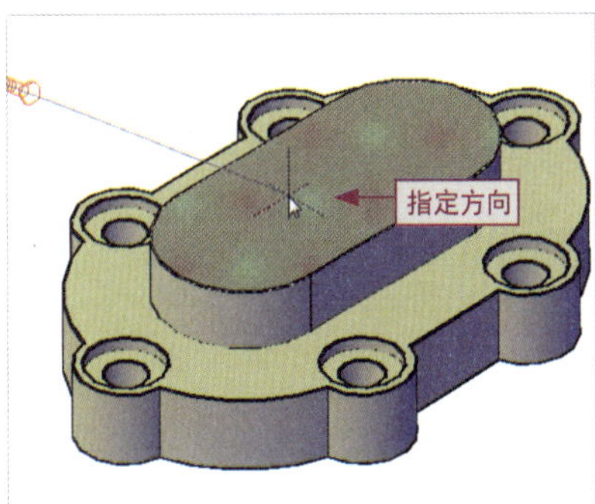

图10-72 指定聚光灯方向

步骤04 单击“光源”组的下拉按钮，在弹出的菜单中设置光源的亮度和对比度等，如图10-73所示。

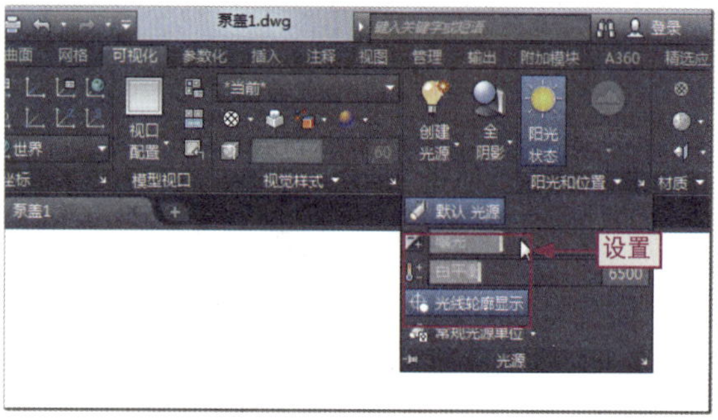

图10-73 设置光源

步骤05 在“光源”组的“阴影”下拉菜单中选择“全阴影”命令，为实体设置阴影效果，完成编辑如图10-74所示。

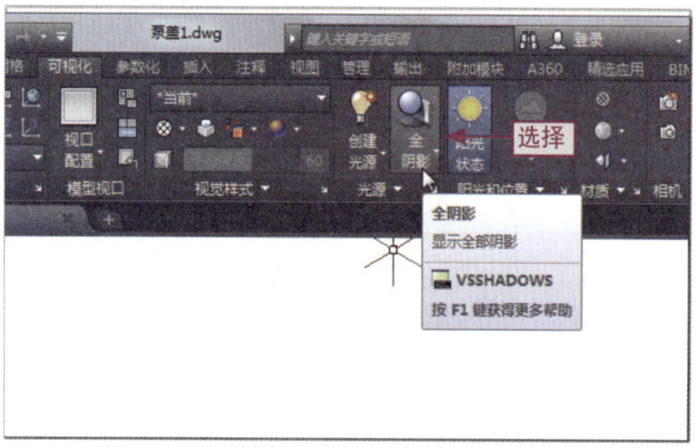

图10-74 完成编辑

10.4.3 渲染三维对象

设置好材质和光源后，便可进行三维模型的渲染工作了。渲染三维对象的具体操作如下。

本节素材	/素材/Chapter10/泵盖2.dwg
本节效果	/效果/Chapter10/泵盖2.dwg
学习目标	掌握渲染三维对象的方法
难度指数	★★

步骤01 打开“泵盖2”素材文件，在“注释”选项卡的“渲染”组的下拉菜单中选择“渲染到尺寸”命令，如图10-75所示。

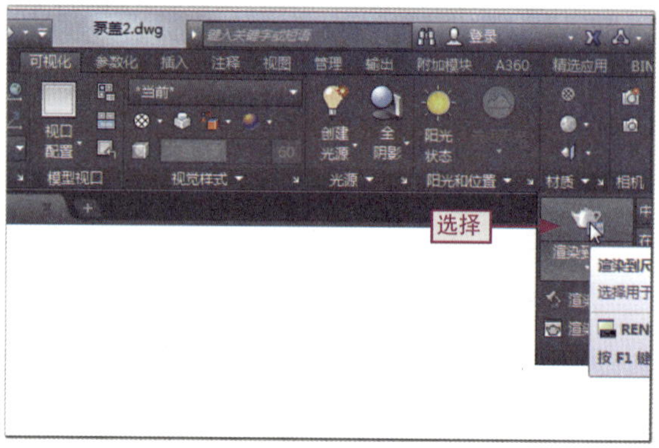

图10-75 选择“渲染到尺寸”命令

步骤02 打开“渲染”对话框，开始对三维实体进行渲染操作，如图10-76所示。

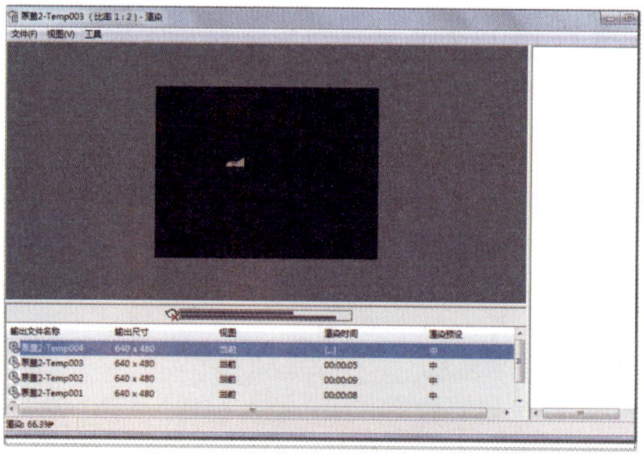

图10-76 开始渲染

步骤03 完成渲染后，在对话框中可以看到渲染后的效果，如图10-77所示。

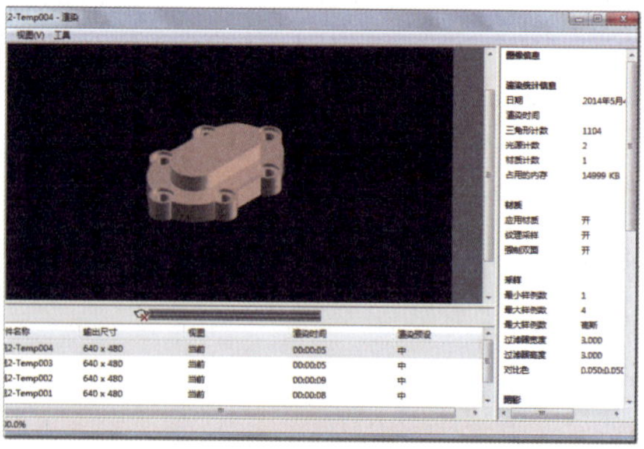

图10-77 查看渲染效果

给你支招 | 设置线框密度

小白：为什么我绘制的三维图形只有几段线条，而其他人绘制的图形线条显示较密呢？

阿智：这是因为你的线框密度太小了，可以通过设置线框密度来显示三维图形，其操作如下。

步骤01 打开要设置线框密度的图形，在命令行中输入ISOLINES命令，然后按Enter键，如图10-78所示。

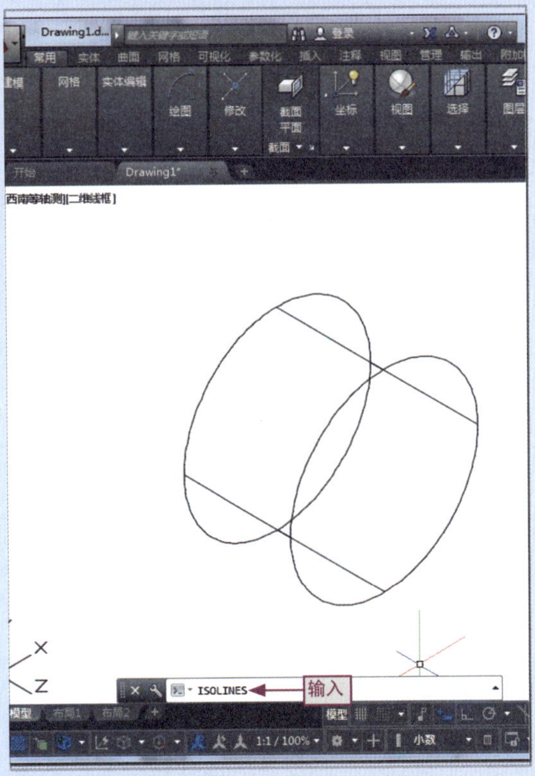

图10-78 输入ISOLINES命令

步骤02 在命令行提示输入新值时，输入“20”，然后按Enter键，在绘图区可以看到新的线框密度，如图8-79所示。

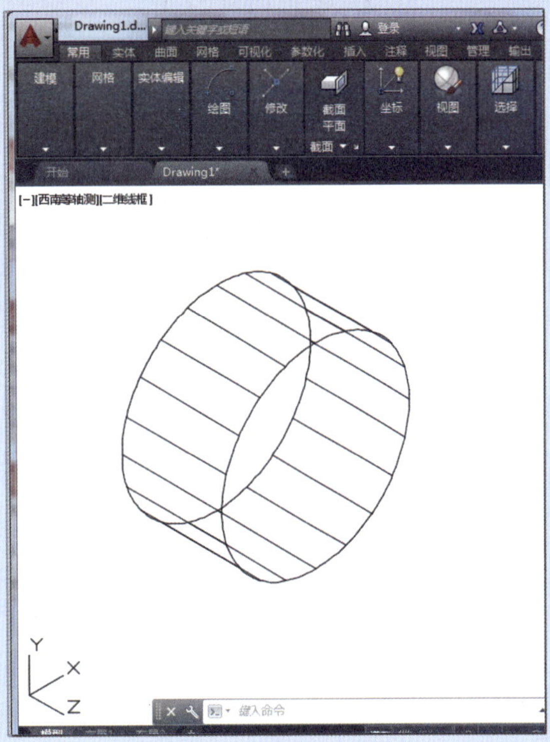

图10-79 设置线框密度效果

给你支招 | 设置网格平滑度

小白：为什么我绘制的三维网格，如球体，效果看起来好像有很多棱角，如图10-80所示，怎样绘制才能像一个真正的球体呢？

阿智：绘制三维网格时可以通过提高平滑度来让图形更加逼真。在“网格”选项卡的“网格”组中单击“提高平滑度”按钮，然后选择图形即可，如图10-81所示。

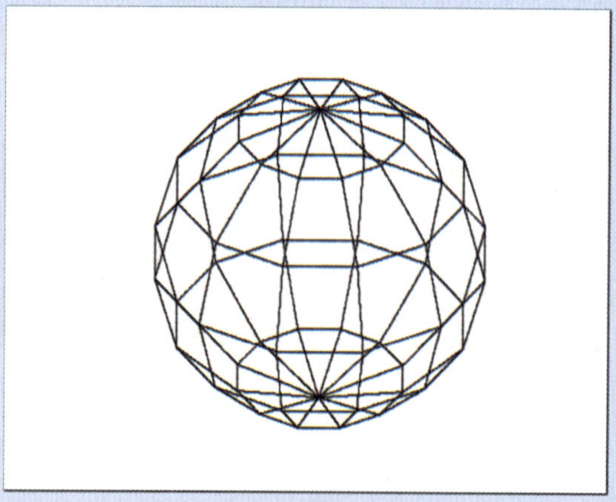

图10-80　提高平滑度之前

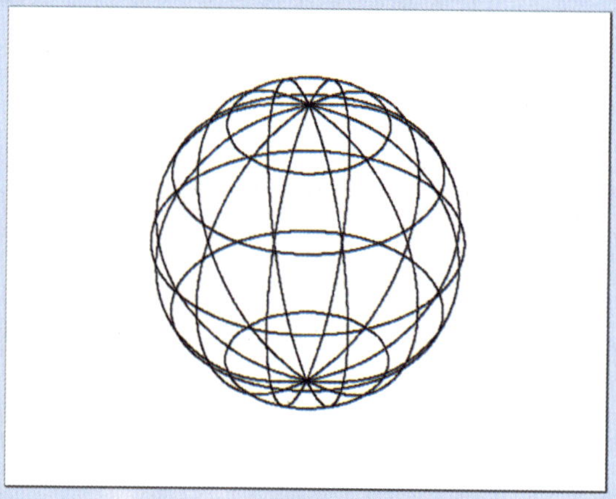

图10-81　提高平滑度之后

Chapter 11

输出与打印图形文件

学习目标

在AutoCAD中绘制的图形通常都需要输出，输出AutoCAD图形的设备主要有打印机和绘图仪，其中使用较为普遍的设备是打印机。本章将详细讲解通过打印机将绘制的图形打印到图纸上的方法，包括打印参数的设置、打印效果的预览、保存与调用打印设置以及将AutoCAD中的图形输出为其他图形文件等操作。

本章要点

- 模型与图纸空间的转换
- 布局的新建
- 管理布局
- 非矩形浮动窗口的创建
- 选择打印设备
- 设置打印比例
- 输出DWF文件
- 输出PDF文件

知识要点	学习时间	学习难度
模型与图纸空间	20 分钟	★★
使用浮动窗口	30 分钟	★★
设置打印参数并预览输出	40 分钟	★★★

11.1 模型与图纸空间

小白：前面的绘制操作都学习完了，可以学习打印图纸的操作了吧？

阿智：绘制图纸完成后，还可以设置模型与图纸的空间，这样方便绘图者浏览图纸。

小白：那怎么设置呢？你说说吧。

模型空间与图纸空间是两个不同的工作空间。模型空间用于对对象建立模型，而图纸空间是用户将模型空间中生成的二维或三维对象，按用户指定的观察方向显示，并且可以使用需要的比例将图纸摆放在图形界限内的任意位置。

11.1.1 模型与图纸空间的转换

模型与图纸空间分别有不同的绘制方式，因此需要在两者之间切换的方法。

1. 从模型空间向图纸空间切换

模型空间与图纸空间之间的切换方式有很多种，此处首先介绍从模型空间向图纸空间切换的方法。

本节素材	/素材/Chapter11/马桶.dwg
本节效果	/效果/Chapter11/无
学习目标	掌握模型空间向图纸空间的切换方法
难度指数	★★

步骤01 打开“马桶”素材文件，默认情况下，文件打开后显示为模型空间，如图11-1所示。

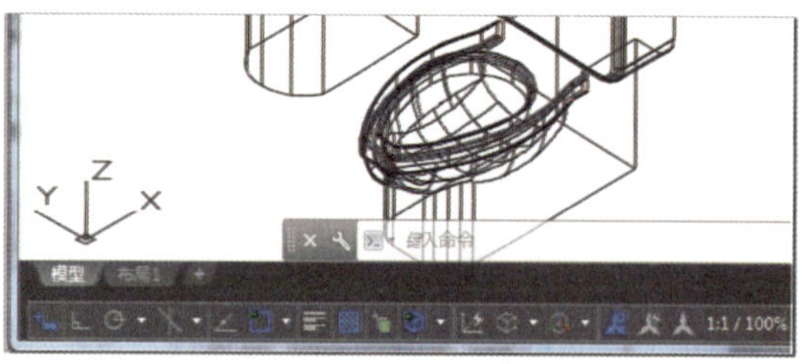

图11-1　默认情况下的模型空间

步骤02 单击窗口左下角的“布局1”按钮，切换至图纸空间，如图11-2所示。

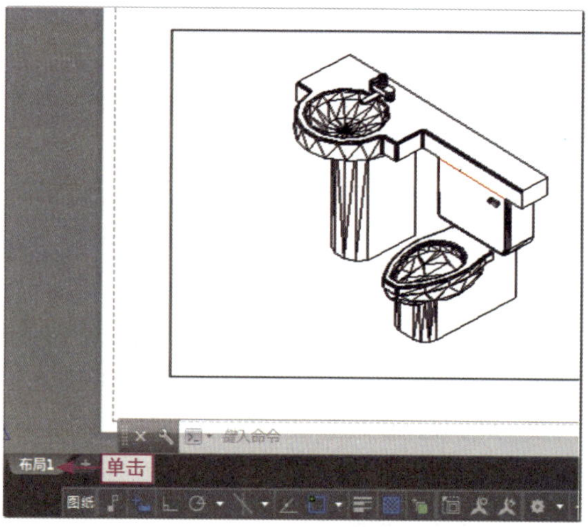

图11-2　切换至图纸空间

小绝招　快速切换模型空间与图纸空间

除了上述的切换方法外，在窗口右下角单击“图纸”按钮，也可快速切换至图纸空间。

长知识

快速查看布局与图形

在绘图窗口的右下角，有两个按钮，分别是“快速查看布局”和“快速查看图形”，单击“快速查看布局”按钮，将自动出现当前图形的模型与布局的缩略图。在缩略图上右击可以进行相应的快捷操作，如图11-3所示。而单击“快速查看图形”按钮后，可以预览当前打开的所有图形，从而进行相应操作，如图11-4所示。

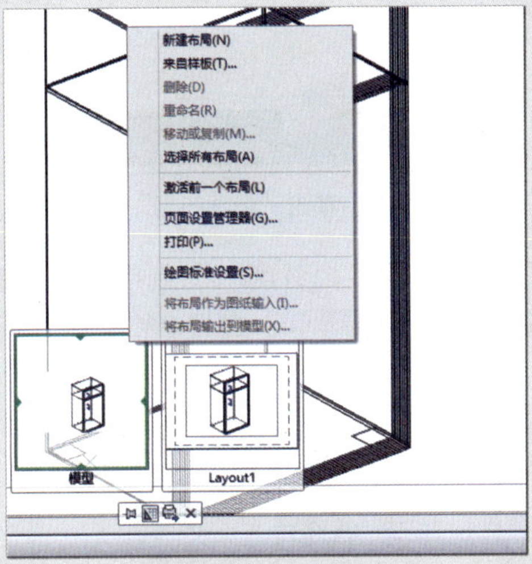

图11-3 快速查看布局

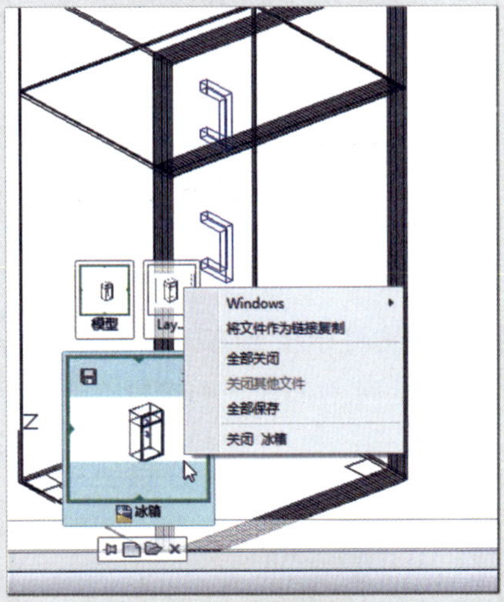

图11-4 快速查看图形

2. 从图纸空间向模型空间切换

从图纸空间切换到模型空间的常规方法与前面相似，此处不再赘述。这里讲解通过输入命令从图纸空间切换到模型空间的操作。

本节素材	/素材/Chapter11/马桶2.dwg
本节效果	/效果/Chapter11/无
学习目标	掌握从图纸空间切换到模型空间的方法
难度指数	★★

步骤01 打开素材“马桶2”文件，单击“布局1”按钮，将绘制空间切换至图纸空间，如图11-5所示。

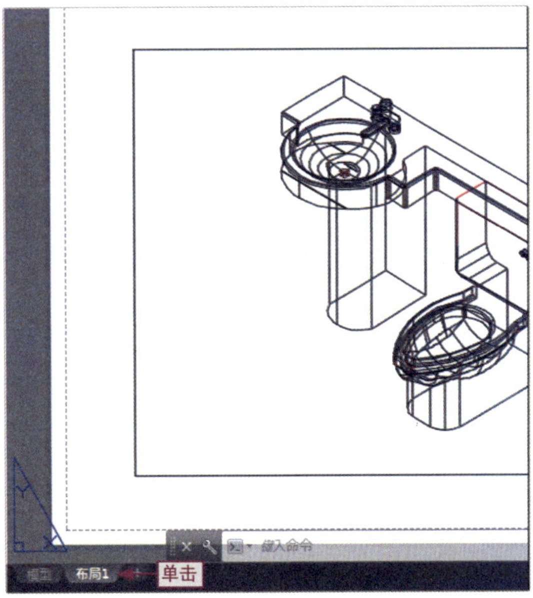

图11-5 单击“布局1”按钮

步骤02 在命令行中输入MSPACE命令，如图11-6所示，按Enter键。

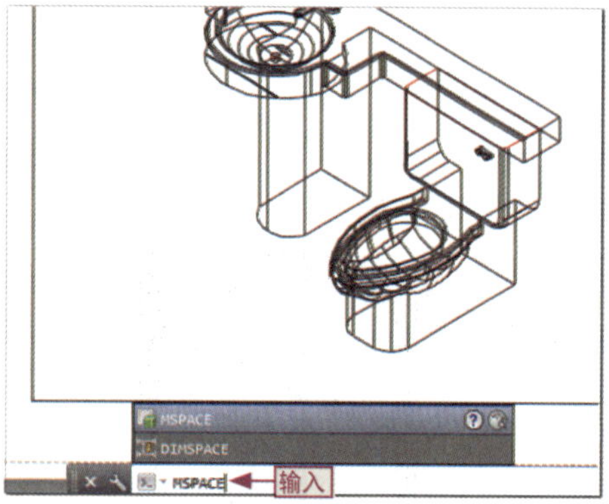

图11-6　在命令行中输入命令

步骤03 系统提示生成布局，即当前活动的视口在模型空间中工作，如图11-7所示。

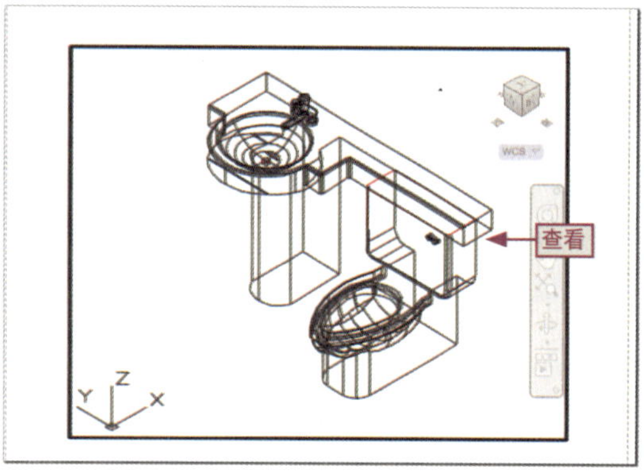

图11-7　视口在模型空间中工作

11.1.2 布局的新建

布局的创建是用于设置在模型空间中绘制不同图形的不同视图方式，主要是为了在输出图形时进行设置。

本节素材	/素材/Chapter11/煤气灶.dwg
本节效果	/效果/Chapter11/煤气灶.dwg
学习目标	掌握创建布局的方法
难度指数	★★

步骤01 打开“煤气灶”素材文件，单击“布局”选项卡上的“+”按钮，如图11-8所示。

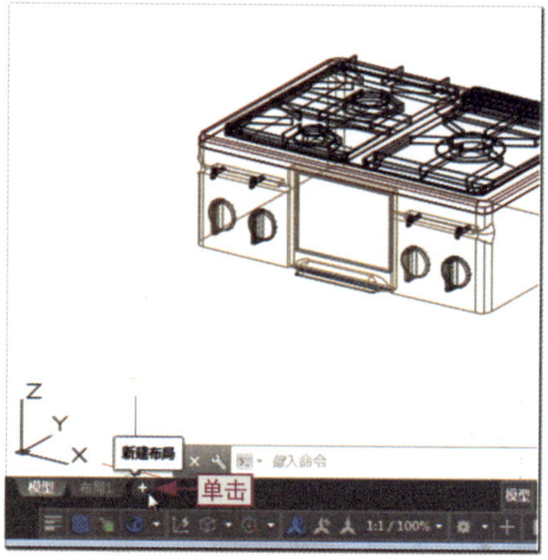

图11-8　单击“新建布局”按钮

步骤02 完成后，创建一个布局，其名称自动命名为“布局2”，如图11-9所示。

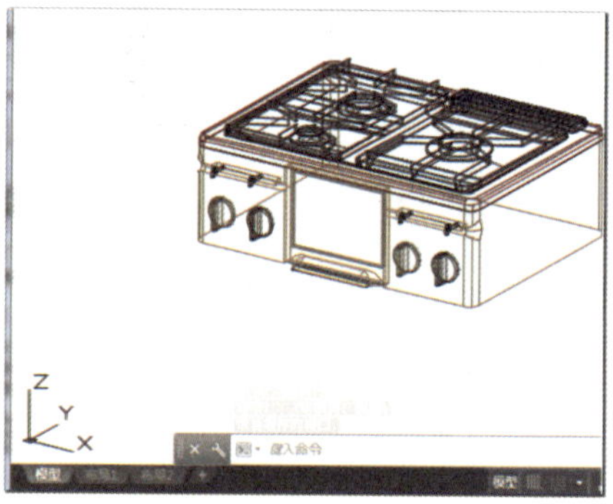

图11-9　新建布局

步骤03 单击左下角的“布局2”按钮，查看新建布局的效果，如图11-10所示。

图11-10　查看新建布局窗口

小绝招

从样板创建布局

在“布局”选项卡上右击，在弹出的菜单中可看到除了“新建布局”之外，还有“从样板”选项，其意思是插入来自样板中的布局，可创建系统提供的布局样式，如图11-11所示。

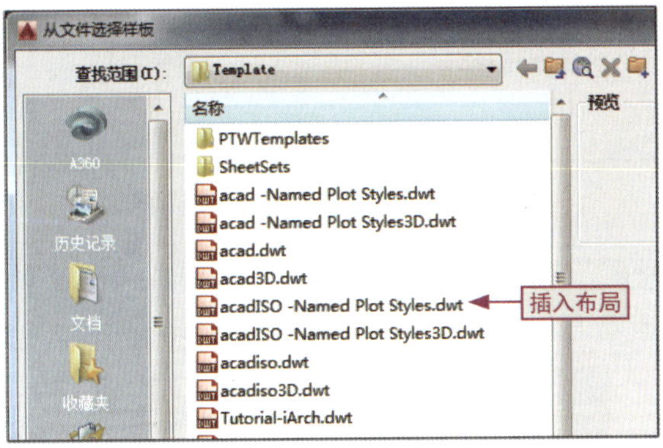

图11-11 插入来自样板中的布局

11.1.3 管理布局

创建布局后，可以对其进行相应的管理，如删除、显示和隐藏选项卡等。

1. 删除布局

布局是用来排版出图的，如果发现有多余的布局，可将其删除。

本节素材	/素材/Chapter11/门.dwg
本节效果	/效果/Chapter11/门.dwg
学习目标	掌握布局的删除方法
难度指数	★★

步骤01 打开“门”素材文件，在“布局1”按钮上右击，在弹出的快捷菜单中选择“删除”命令，如图11-12所示。

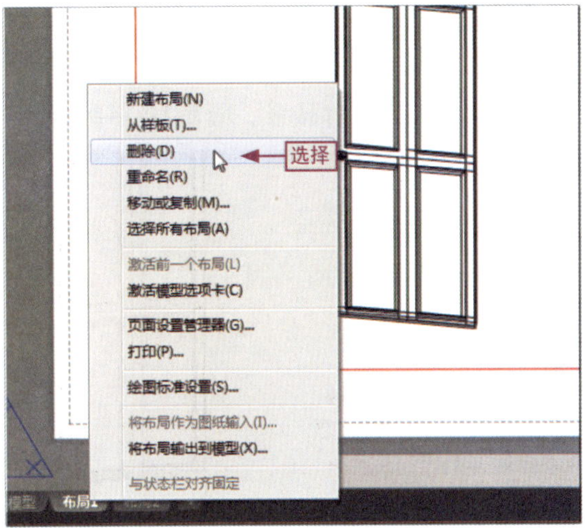

图11-12 选择“删除”命令

步骤02 打开提示对话框，单击“确定”按钮，将选择的“布局1”删除，如图11-13所示。

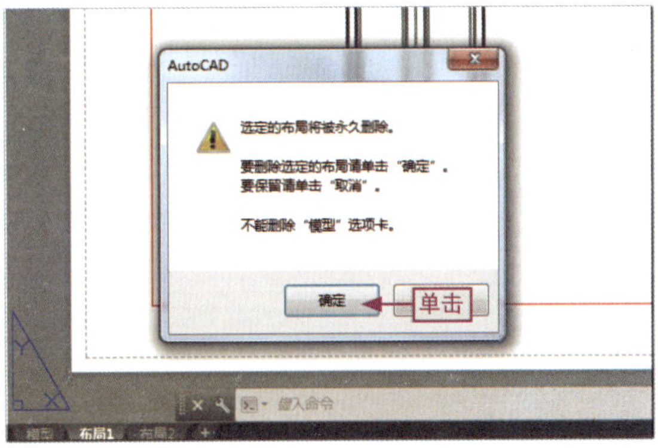

图11-13 确认删除布局

2. 隐藏/显示布局和模型选项卡

在绘图过程中，用户可根据实际需要对布局和模型选项卡进行隐藏和显示，其具体操作如下。

本节素材	/素材/Chapter11/门1.dwg
本节效果	/效果/Chapter11/门1.dwg
学习目标	掌握显示模型与布局选项卡的方法
难度指数	★★

步骤01 打开"门1"素材文件，在窗口中右击，在弹出的快捷菜单中选择"选项"命令，打开"选项"对话框，如图11-14所示。

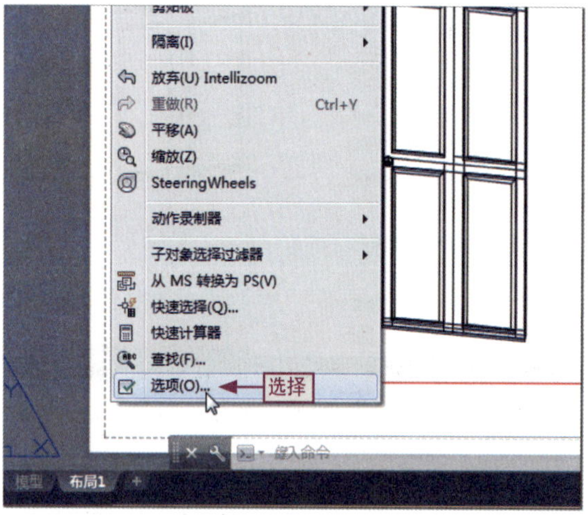

图11-14 选择"选项"命令

步骤02 打开"选项"对话框，❶在"布局元素"栏下选中"显示布局和模型选项卡"复选框，❷单击"确定"按钮，如图11-15所示。

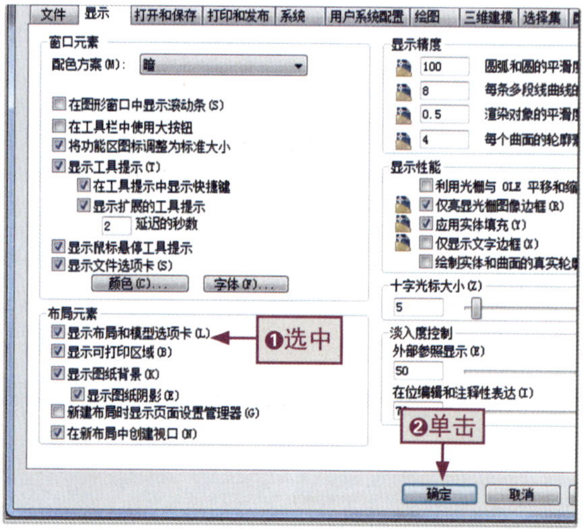

图11-15 显示布局与模型选项卡

步骤03 在窗口中即可查看到原本被隐藏的布局与模型选项卡，如图11-16所示。

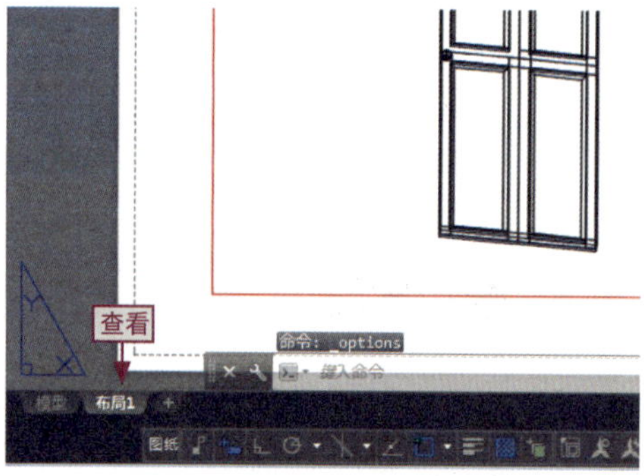

图11-16 查看被隐藏的布局与模型选项卡

11.2 浮动窗口的利用

小白：我绘制的图形需要从两个不同的角度同时显示出来，如何操作呢？

阿智：可以通过创建视口来同时显示图形的不同角度。

小白：那要怎么创建呢？你给我介绍一下吧。

布局空间的视口通常被称为浮动窗口，与模型空间一样，用户可在布局空间创建视口，确定视口的大小，并且将其放置在布局空间的任意位置。

11.2.1 创建和编辑浮动窗口

浮动窗口在编辑图形时可以同时多角度观察图形，下面具体介绍其创建和编辑方法。

1. 新建浮动窗口

用户可以在布局空间创建多个视口，也可以创建单个视口，其具体操作如下。

本节素材	/素材/Chapter11/冰箱.dwg
本节效果	/效果/Chapter11/冰箱.dwg
学习目标	掌握浮动窗口的基本操作方法
难度指数	★★

步骤01 打开“冰箱”素材文件，在“视图”选项卡的“模型视口”组中单击“命名”按钮，如图11-17所示。

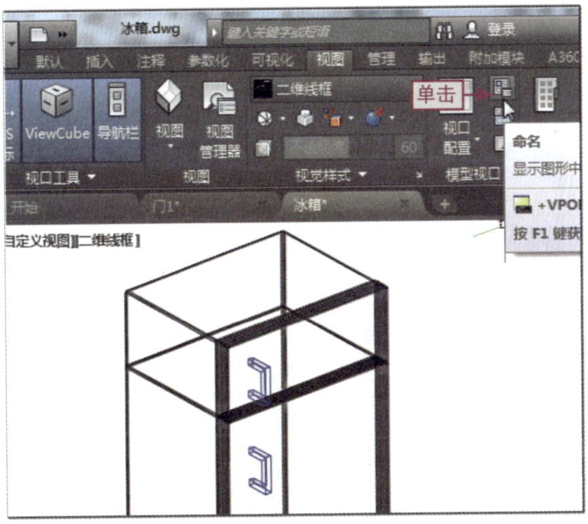

图11-17　单击“命名”按钮

步骤02 打开“视口”对话框，❶单击“新建视口”选项卡，❷在“标准视口”下选择“两个：垂直”选项，❸在“设置”下设置为“三维”视图，如图11-18所示。

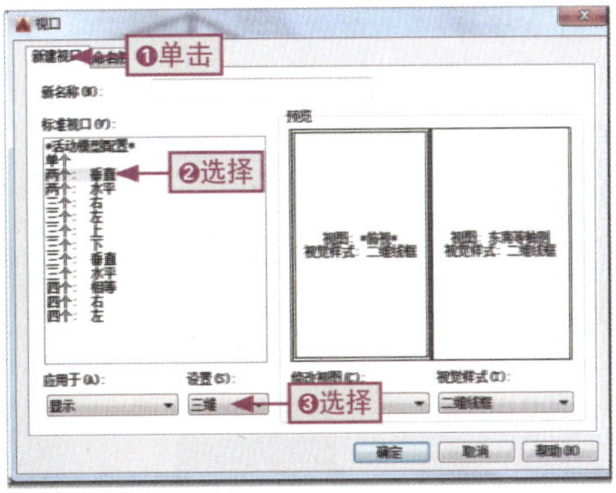

图11-18　设置当前新建视口

步骤03 ❶在“视觉样式”下设置为“真实”选项，❷单击“确定”按钮，完成新建浮动窗口操作，如图11-19所示。

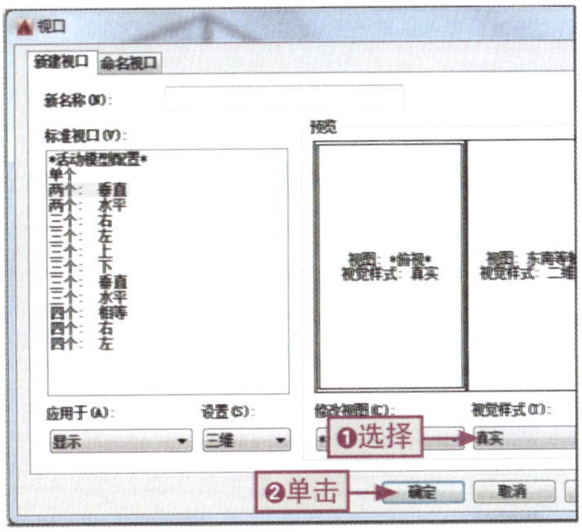

图11-19　修改视觉样式

步骤04 设置完成后，它的平铺效果如图11-20所示。

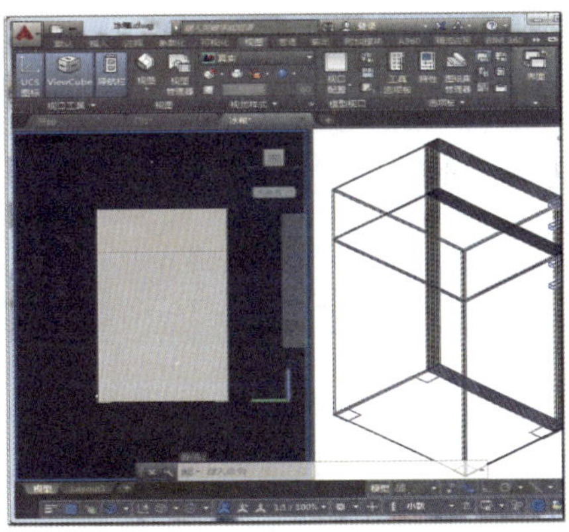

图11-20　垂直两个浮动窗口的效果

步骤05 根据以上方法，也可设置3个视口的不同效果，如图11-21所示。

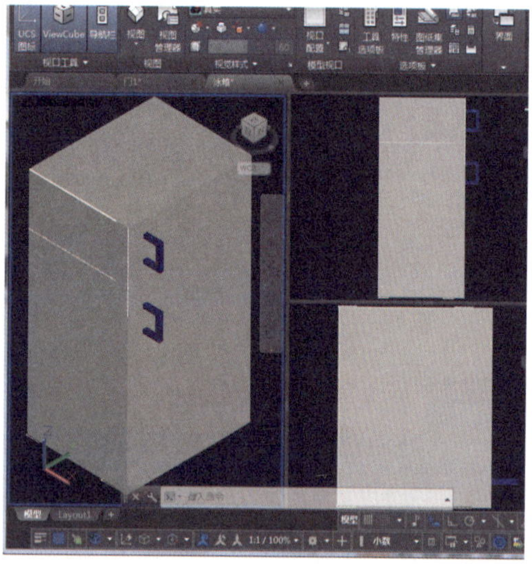

图11-21　三个不同视口的展示效果

2. 调整和删除浮动窗口

当用户对新建的浮动窗口不满意时，可以选择调整浮动窗口或将其删除。

本节素材	/素材/Chapter11/冰箱1.dwg
本节效果	/效果/Chapter11/冰箱1.dwg
学习目标	掌握浮动窗口的调整和删除方法
难度指数	★★

步骤01 打开“冰箱1”素材文件，❶在“视图”选项卡的“模型视口”组中单击“视口配置”下拉按钮，❷选择“两个水平”命令，如图11-22所示。

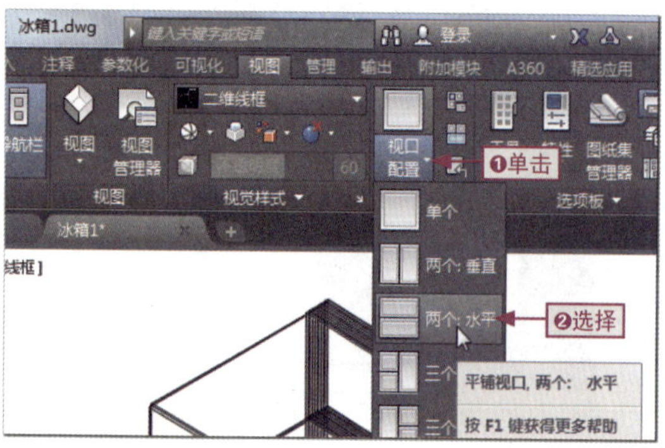

图11-22　选择“两个水平”命令

步骤02 设置完成后，它的平铺效果如图11-23所示。

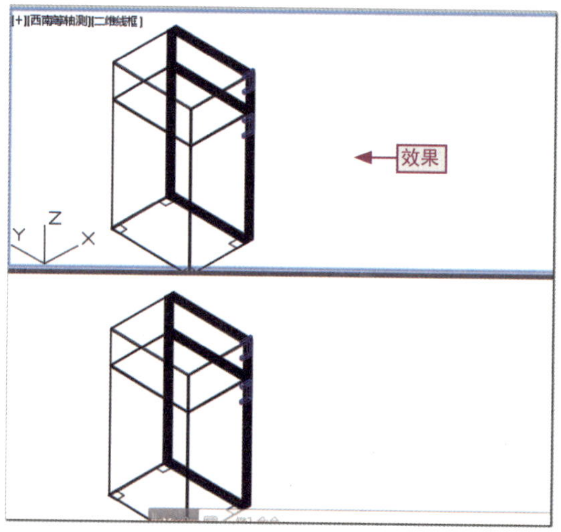

图11-23　平铺两个浮动窗口的效果

步骤03 在“视图”选项卡的“模型视口”组中单击“命名”按钮，如图11-24所示。

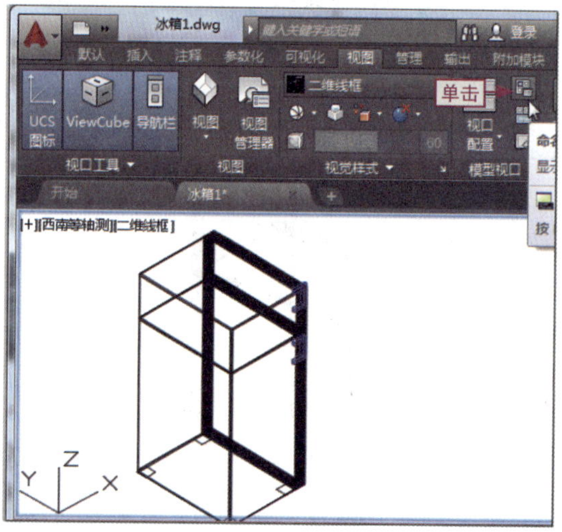

图11-24　单击“命名”按钮

步骤04 打开“视口”对话框，❶右击，在弹出的快捷菜单中选择“删除”命令，❷单击“确定”按钮，如图11-25所示。

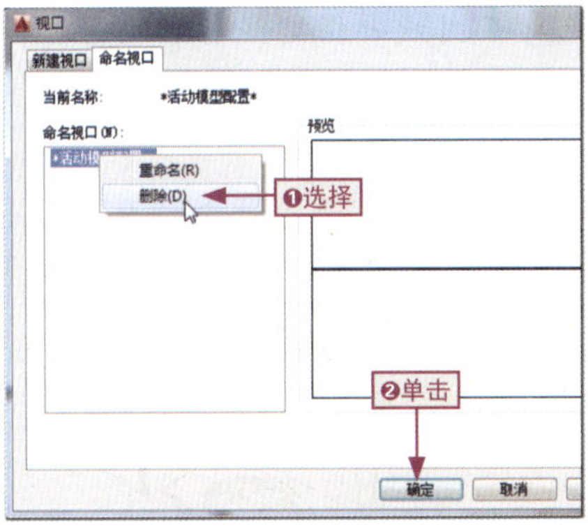

图11-25 删除视口

11.2.2 缩放视图比例

在打印出图时，需要设置比例。例如某个平面建筑的视图比例是1：100，而计算机采用的却是1：20的比例，此时可在视口中设置用户需要的比例。

本节素材	/素材/Chapter11/计算机.dwg
本节效果	/效果/Chapter11/计算机.dwg
学习目标	掌握比例缩放的方法
难度指数	★★

步骤01 打开“计算机”素材文件，切换至布局视图，选择视口框，单击“视图”选项卡的“选项板”组中的“特性”按钮，如图11-26所示。

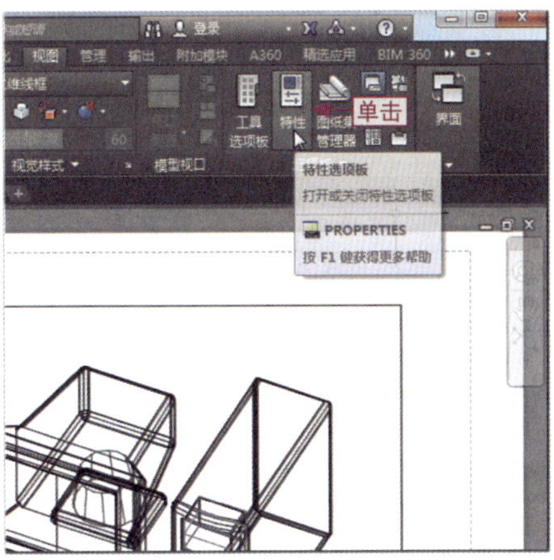

图11-26 单击“特性”按钮

小绝招 快速打开“特性”对话框

选中视口框后，右击，选择“特性”命令，可快速打开“特性”对话框，如图11-27所示。

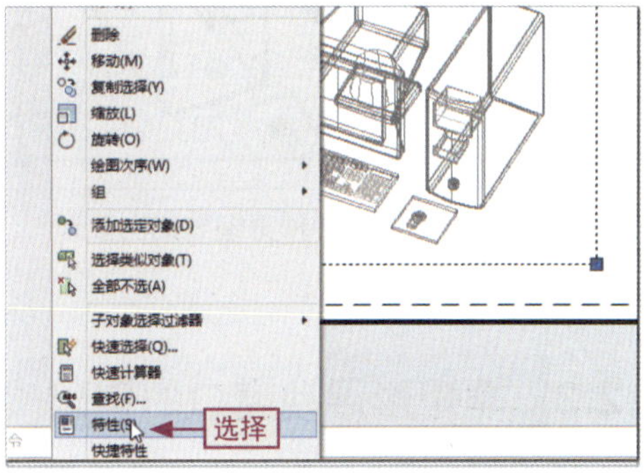

图11-27 选择“特性”命令

步骤02 打开“特性”对话框，❶在“其他”栏中单击“标准比例”按钮，❷选择用户需要的缩放比例，如图11-28所示。

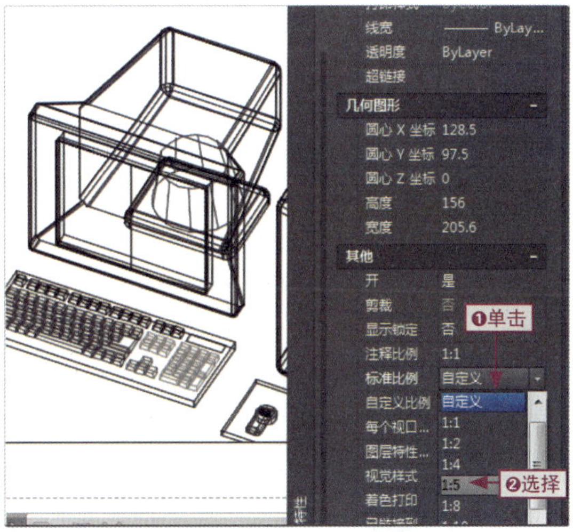

图11-28 选择缩放比例选项

步骤03 选择缩放比例后，在视口中即可预览缩放比例效果，如图11-29所示。

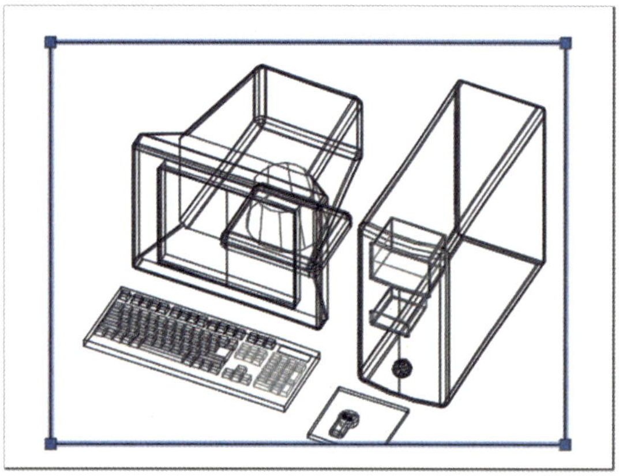

图11-29　在视口中预览缩放比例效果

11.2.3 非矩形浮动窗口的创建

在创建浮动窗口时，一般创建的都是矩形窗口，用户也可创建非矩形的浮动窗口，其具体操作如下。

本节素材	/素材/Chapter11/马桶1.dwg
本节效果	/效果/Chapter11/马桶1.dwg
学习目标	掌握创建非矩形的浮动窗口的方法
难度指数	★★

步骤01 打开“马桶1”素材文件，然后切换到布局视图，在“布局”选项卡的“矩形”下拉菜单中选择“多边形”命令，如图11-30所示。

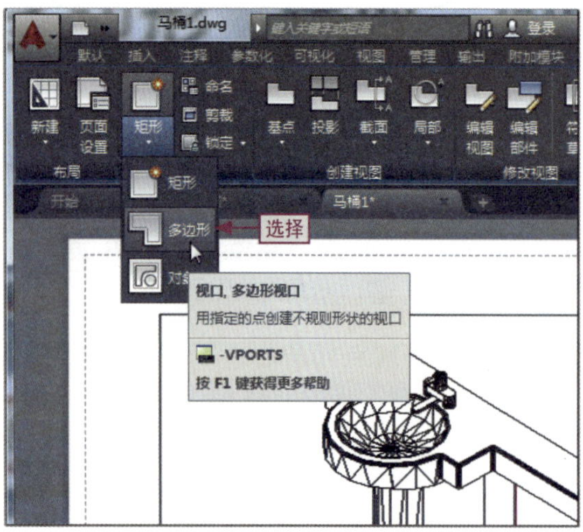

图11-30　选择“多边形”命令

步骤02 在图纸中指定任意形状，选择完成后，按Enter键，如图11-31所示。

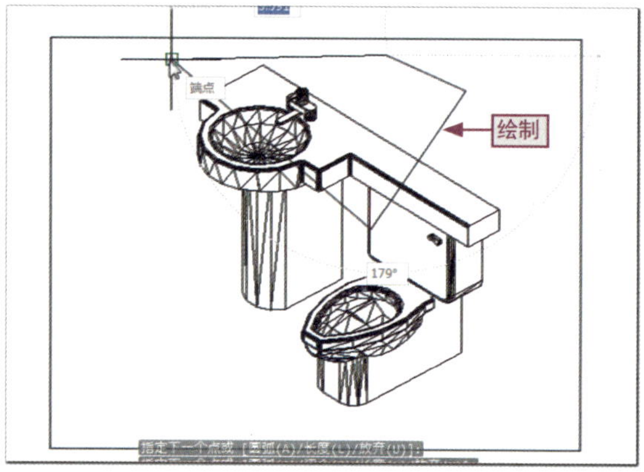

图11-31　在图纸中选择形状

步骤03 可在图纸中预览非矩形浮动窗口的效果，如图11-32所示。

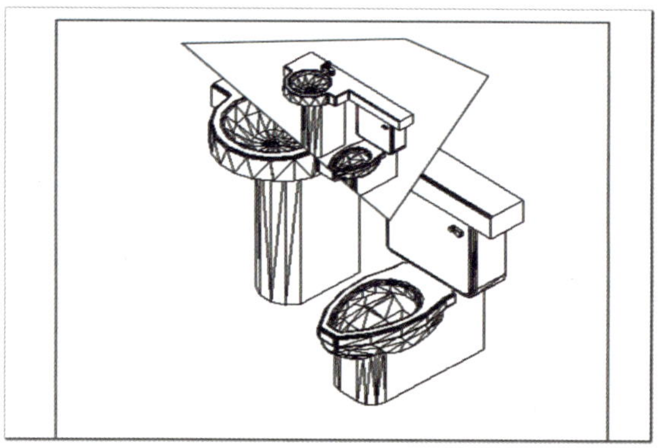

图11-32　预览非矩形的浮动窗口效果

小绝招

封闭形状的边界作为视口边界

除了直接创建非矩形视口的形状以外，还可以选择视口的边界，然后在“视图”下拉菜单中选择“视口/对象”命令，直接设置新建视口的边界。

11.3 设置打印参数

小白：我想将绘制的图形打印在A4纸上，要如何操作呢？

阿智：你可以通过设置打印参数来完成绘制图形的打印。

小白：那你给我演示一下吧。

在打印图纸之前，首先要确定的就是打印参数，其中包括打印机设备的设定、设置图纸纸型以及打印比例等。

11.3.1 选择打印设备

在设置打印参数时，首先要做的是确定打印设备，利用打印设备输出文件。

本节素材	/素材/Chapter11/电视.dwg
本节效果	/效果/Chapter11/无
学习目标	学习如何选择打印设备
难度指数	★★

步骤01 打开“电视”素材文件，在“应用程序”下拉菜单中选择“打印/打印”命令，如图11-33所示。

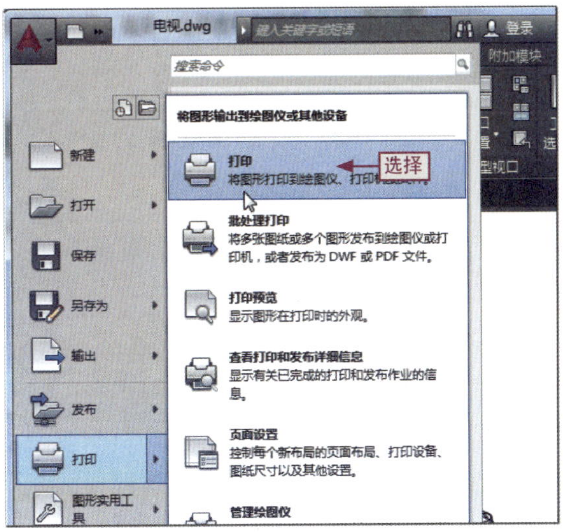

图11-33 选择“打印”命令

步骤02 打开“打印-模型”对话框，❶单击“打印机/绘图仪”栏下的“名称”下拉按钮，❷在下拉列表中即可选择打印设备，如图11-34所示。

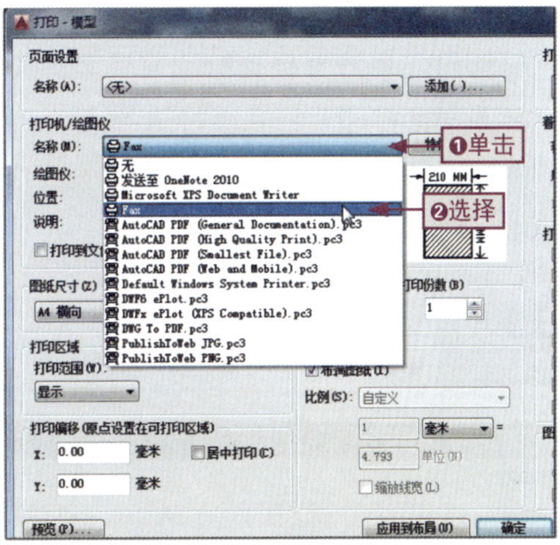

图11-34 选择打印设备

11.3.2 选择图纸纸型

打印图纸类型很多，用户需要选择合适的图纸类型。打开“打印-模型”对话框，单击“图纸尺寸”按钮，在下拉列表中选择需要的图纸，如图11-35所示。

学习目标	掌握选择图纸纸型的方法
难度指数	★★

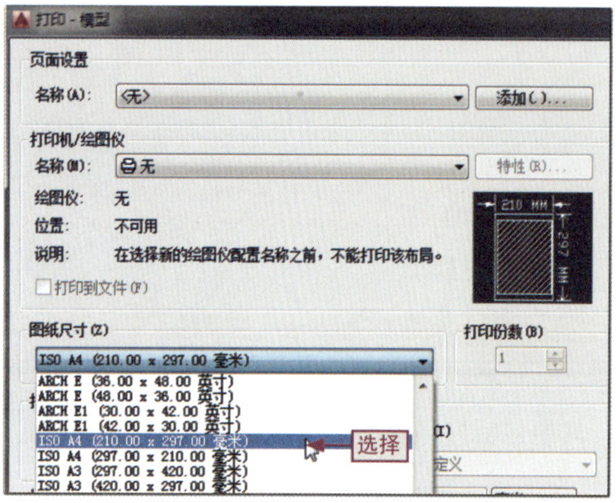

图11-35　选择图纸纸型

11.3.3 设置打印区域

打印时，用户可根据打印需要选择整体打印还是局部打印。打开“打印-模型”对话框，在“打印范围”下拉列表中即可选择打印的范围，如图11-36所示。

学习目标　掌握设置打印区域的方法

难度指数　★★

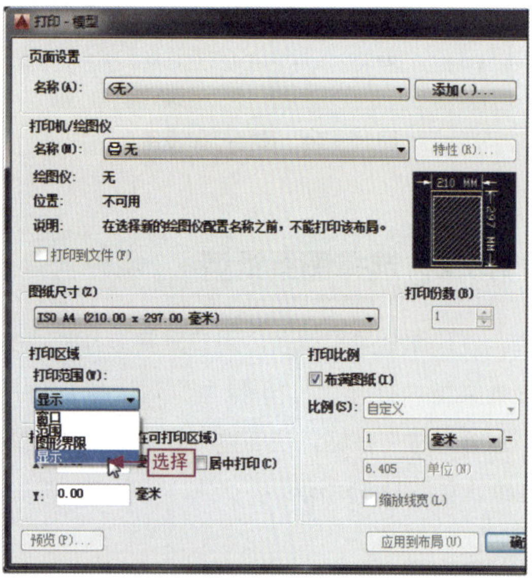

图11-36　设置打印范围

11.3.4 设置打印比例

设置打印比例，即确定打印的图形在图纸中所占比例大小。打开“打印-模型”对话框，如果需要自定义打印比例，取消选中“布满图纸”复选框，单击“自定义”按钮。

如果要选择系统自带的打印比例，则直接选择即可，如图11-37所示。

学习目标　掌握设置打印比例的方法

难度指数　★★

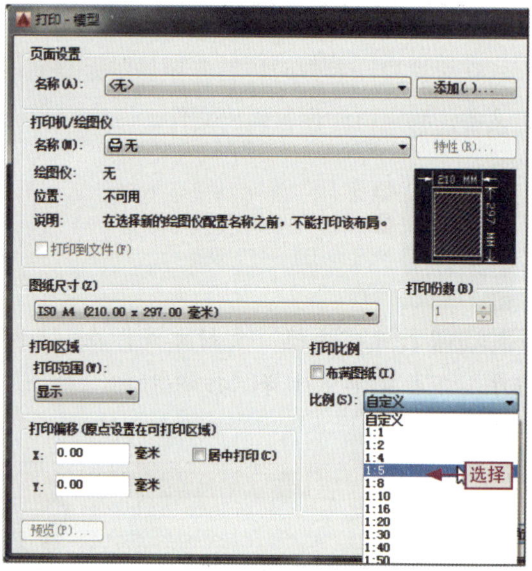

图11-37　设置打印比例

11.3.5 设置打印样式

根据不同的打印要求，可设置不同的打印样式。打开“打印-模型”对话框，在“打印样式表”下拉列表中即可选择相应的打印样式，如图11-38所示。

学习目标 掌握打印样式的设置方法
难度指数 ★★

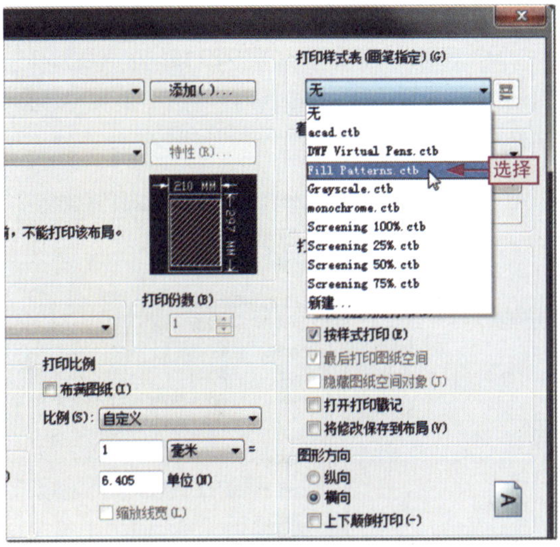

图11-38 设置打印样式

11.3.6 指定图形打印的位置

若需要指定打印出的图形显示在图纸上的某个区域，可设置打印位置。打开“打印-模型”对话框，在“打印偏移”栏中选中“居中打印”复选框，可让图形处于打印纸的正中，如图11-39所示。

学习目标 掌握设置打印位置的方法
难度指数 ★★

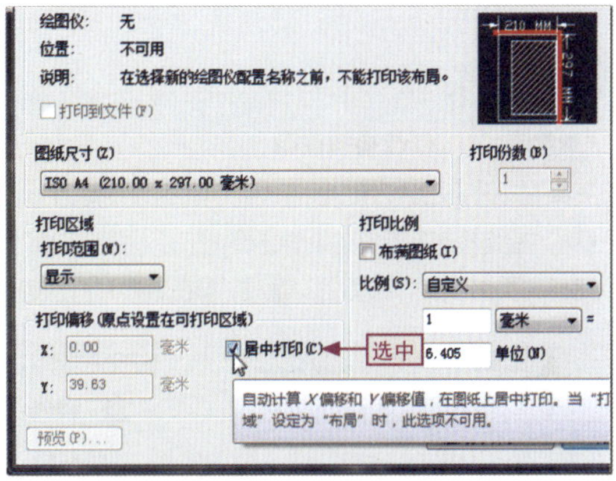

图11-39 设置打印位置

11.3.7 设置打印方向

在打印时还需要确定的是打印出图时的方向。打开“打印-模型”对话框，在“图形方向”栏下即可选择打印的方向，如图11-40所示。

学习目标 掌握打印方向的设置方法
难度指数 ★★

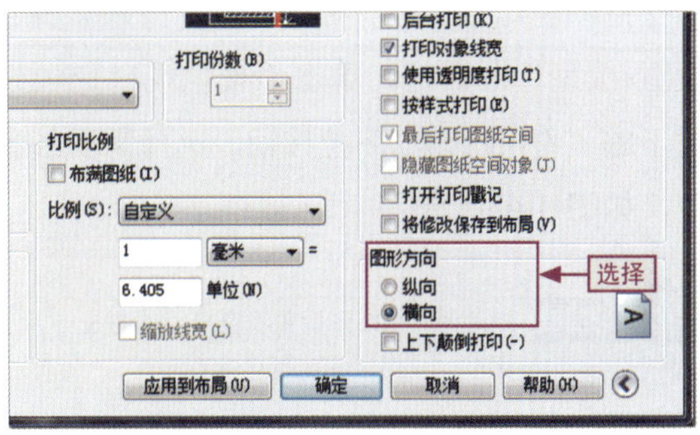

图11-40 设置打印方向

长知识

修改页面设置

如果在设置打印时，用户发现布局中有错误的地方，可打开“页面设置编辑器”对话框，在其中进行修改。其方法为：❶在“应用程序”下拉菜单中选择“打印/页面设置”命令，打开“页面设置管理器”对话框，❷单击“修改”按钮，打开“页面设置-模型”对话框，❸在其中对打印选项进行修改，如图11-41所示。

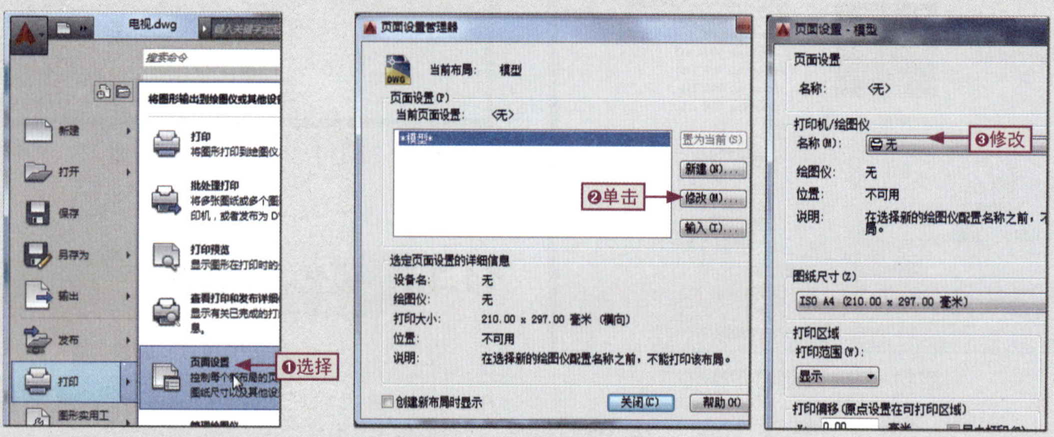

图11-41　修改页面设置

11.3.8 为三维图形设置着色打印

为了更好地查看打印后的三维图形，可以在打印前对图形进行着色处理。打开“页面设置-模型”对话框，单击“着色视口选项”栏下的“着色打印”下拉按钮，选择需要的着色，如图11-42所示。

学习目标　掌握为三维图形设置着色打印的方法

难度指数　★★

小绝招

输入“SHA”命令着色

在打印前，如果想知道着色打印之后图形的具体情况，可输入“SHA”命令，选择“着色”选项，就可查看当前三维图形的着色效果。

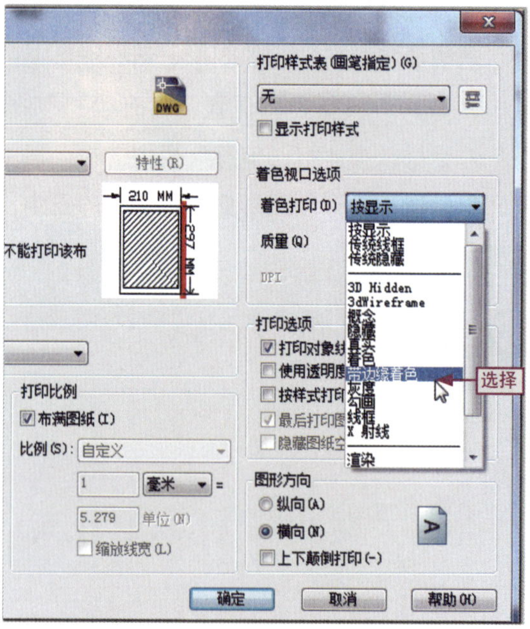

图11-42　为三维图形设置着色打印

长知识

如何新建打印布局

AutoCAD为用户提供了新建打印布局的功能，打开“页面设置管理器”对话框，❶单击“新建”按钮，打开“新建页面设置”对话框，❷输入新建名称，❸单击“确定”按钮，就可查看新建的打印布局，如图11-43所示。

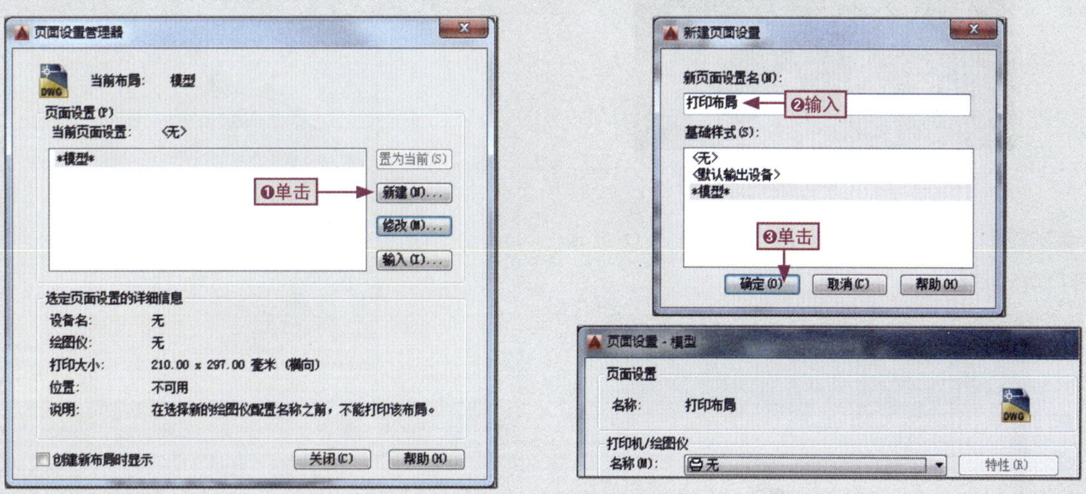

图11-43 新建打印布局

11.4 打印与输出图像

小白：我想先看看绘制的图形打印出来的效果是什么样，该怎么办呢？

阿智：可以通过预览来查看打印图纸的效果。

小白：在哪儿预览呢？你给我说说吧。

在布局中完成了打印设备、打印样式以及为三维图形进行着色设置之后，就可以打印出图了。

11.4.1 预览图形

在图形还未以纸张形式呈现在用户面前之前，可进行预览，看一下打印出来的效果。

本节素材	/素材/Chapter11/电视2.dwg
本节效果	/效果/Chapter11/无
学习目标	学习预览打印效果的方法
难度指数	★★

步骤01 打开“电视2”素材文件，单击“输出”选项卡，在“打印”组中单击“预览”按钮，如图11-44所示。

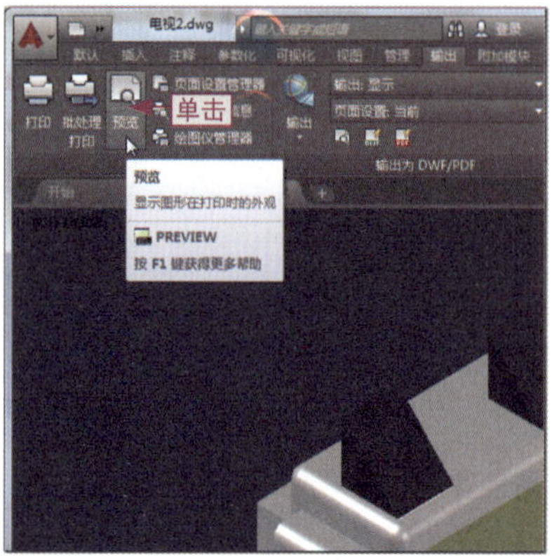

图11-44　单击“预览”按钮

步骤02 系统自动打开图形预览窗口，如图11-45所示。

图11-45　预览打印效果

步骤03 在打印预览窗口中，单击“窗口缩放”按钮，如图11-46所示。

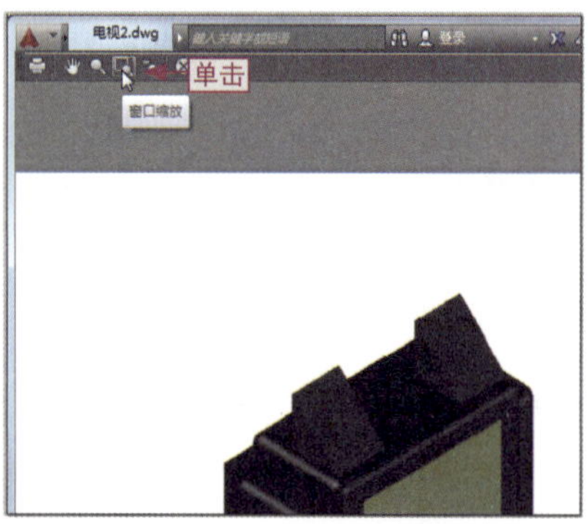

图11-46　单击“窗口缩放”按钮

步骤04 在图形中选择需要缩放的区域，如图11-47所示。

图11-47　选择缩放区域

步骤05 便可在打开的窗口中更仔细地查看该区域，如图11-48所示。

图11-48　查看缩放区域

11.4.2 打印图形

执行最后的打印操作较为简单，在设置好打印参数并保存后，在“应用程序”下拉菜单中选择“打印/打印”命令即可，如图11-49所示。

学习目标	掌握图形打印的方法
难度指数	★★

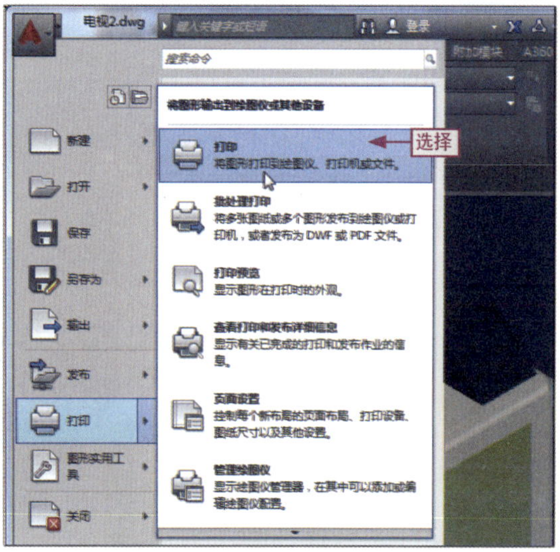

图11-49　打印图形

小绝招　预览后直接打印

在打印预览之后，单击“打印”按钮，即可直接执行“打印”操作。

11.5 以其他格式输出图形文件

小白： 我想把绘制的图形保存为其他格式的文件行吗？

阿智： 可以啊，AutoCAD可以保存多种格式的文件。

小白： 你帮我保存一下吧。

在AutoCAD中，不仅可以输出AutoCAD本身的DWG文件，还可以输出其他格式的文件，如DWF文件、PDF文件等。

11.5.1 输出DWF文件

在AutoCAD中可以输出DWF格式的文件，其具体方法如下。

本节素材	/素材/Chapter11/电视3.dwg
本节效果	/效果/Chapter11/无
学习目标	学习输出DWF文件的方法
难度指数	★★

步骤01 打开“电视3”素材文件，在“应用程序”下拉菜单中选择“输出/DWF”命令，如图11-50所示。

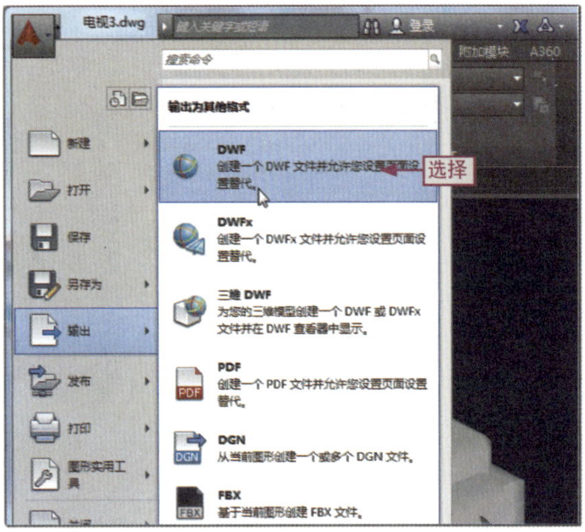

图11-50 选择“输出 | DWF”命令

步骤02 打开“另存为DWF”对话框，按照另存文件的方法，储存DWF图形，如图11-51所示。

图11-51 储存DWF文件

11.5.2 输出PDF文件

PDF文件是常用的文件格式，可以将AutoCAD的图形文件输出为PDF格式的文件，其具体操作如下。

学习目标 掌握输出PDF文件的方法
难度指数 ★

步骤01 在应用程序下拉菜单中选择PDF命令，如图11-52所示。

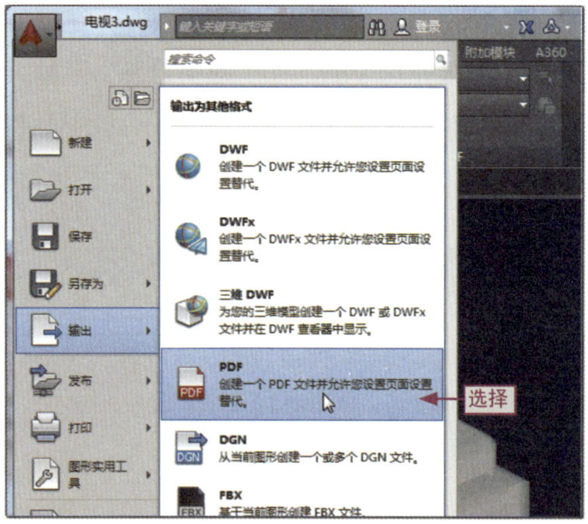

图11-52 选择PDF命令

步骤02 在打开的对话框中单击“保存”按钮即可，如图11-53所示。

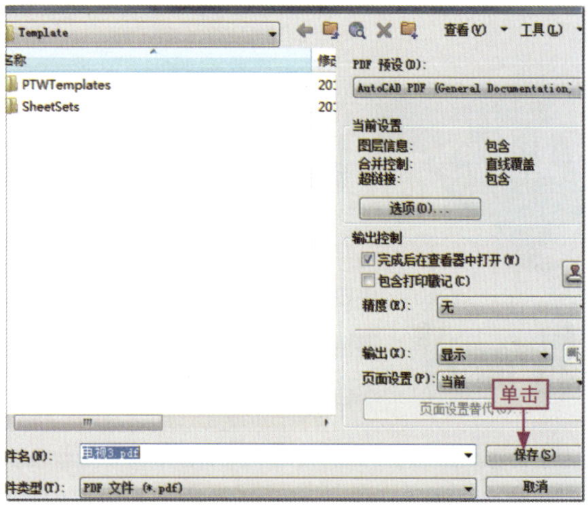

图11-53 单击“保存”按钮

给你支招 | 如何转换 JPG 文件

小白：我需要将AutoCAD中绘制的文件转换为JPG格式的图像文件，可输出数据的类型中没有该格式，该怎么办？

阿智：如果输出数据的类型中没有JPG格式的选项，可以通过打印设置来完成JPG格式的转换，其具体操作如下。

步骤01 在“应用程序”下拉菜单中选择“打印/打印”命令，如图11-54所示。

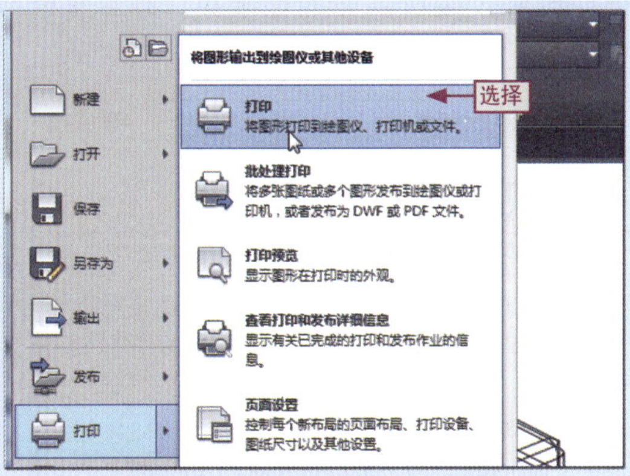

图11-54 选择“打印”命令

步骤02 在打开的对话框的“打印机/绘图仪”下拉列表框中选择PublishToWeb JPG.pc3选项，如图11-55所示。

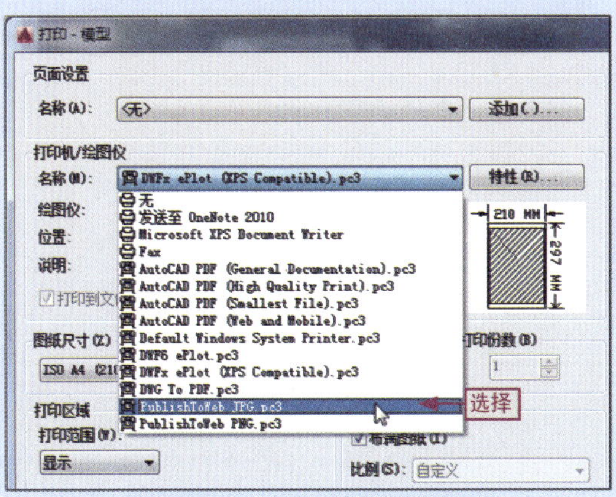

图11-55 选择打印机名称

步骤03 在打开的对话框中选择第一个选项，如图11-56所示。

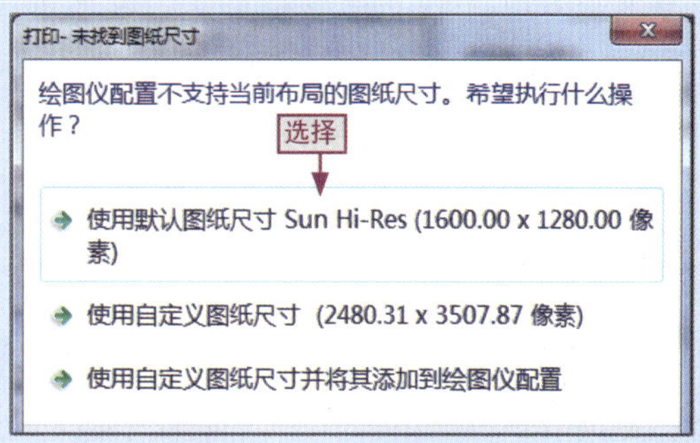

图11-56 选择尺寸

步骤04 ❶在打开的对话框中设置相应的保存位置和名称，❷单击“保存”按钮，如图11-57所示。

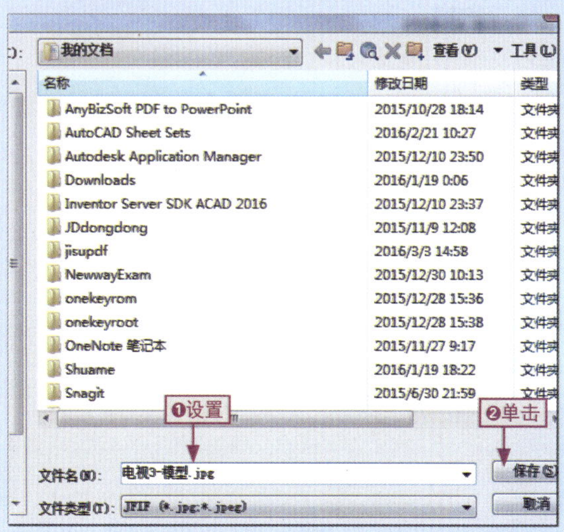

图11-57 保存文件

给你支招 | 设置打印样式选项

小白： 为什么在“图层特性管理器”面板中，打印样式选项为灰色不可用状态？如何才能对打印样式进行设置？

阿智： 如果想对“图层特性管理器”对话框中的“打印样式”选项进行设置，则需要进行相应的设置，其操作如下。

步骤01 在绘图区空白处右击，在弹出的快捷菜单中选择“选项”命令，打开“选项”对话框，❶切换到“打印和发布”选项卡，❷单击“打印样式表设置”按钮，如图11-58所示。

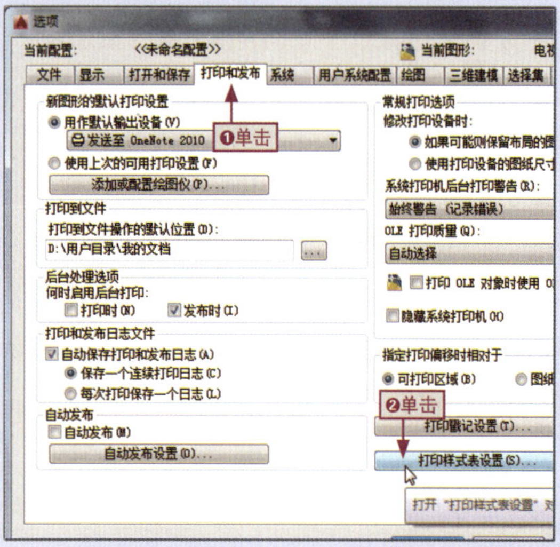

图11-58 “选项”对话框

步骤02 打开“打印样式表设置”对话框，❶选择“使用命名打印样式”单选按钮，❷单击“确定”按钮，关闭对话框，然后重新启动程序，如图11-59所示。

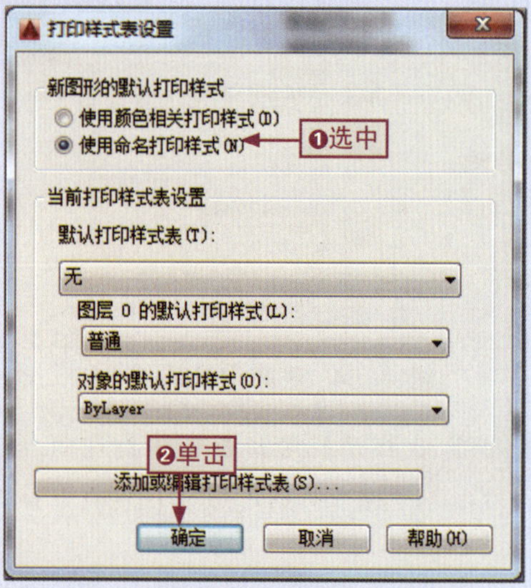

图11-59 “打印样式设置”对话框

Chapter 12 AutoCAD 机械设计绘图

学习目标

本章通过3个比较有代表性的实例来演示用AutoCAD绘制二维平面图形和三维实体模型的一般分析方法与绘制过程。通过学习，不要停留在这几个实例的本身如何绘制这点上，而应该通过这几个实例学会举一反三，掌握灵活运用各种命令进行绘图的方法。

本章要点

- 绘制法兰盘
- 绘制阀体边孔
- 绘制阀体侧边孔及垫环
- 绘制螺孔
- 绘制阀体球心
- 绘制阀体连接体

知识要点	学习时间	学习难度
绘制法兰盘、边孔、阀体轮廓	40 分钟	★★★★
绘制边孔和垫环、螺孔、球心	50 分钟	★★★★
绘制密封圈、螺杆、螺母、扳手	50 分钟	★★★★

12.1 案例制作效果和思路

小白：我看到同学绘制了一个实体模型很真实，也很漂亮。我也希望自己可以绘制一个这样的模型，但是不知道从何开始。

阿智：想要绘制出一个三维实体模型，首先需要掌握本书前面讲解的基础知识，而且还要学习一些综合实体模型的绘制流程。下面我就通过制作一个机械零件“阀体”的三维实体模型为例，给你讲解绘制三维实体模型的具体操作流程。

阀体模型是由各种零件组合在一起的装配图模型，主要利用阀杆来控制整个阀体的运作。该阀体主要由法兰盘、阀体接头、接头螺杆、密封圈、阀体、阀杆和螺母等组成。对众多的零件来说，首先应确定先绘制哪部分的零件模型，然后确定如何将零件模型组合起来。图12-1所示是阀体实体模型效果。

本节素材	/素材/Chapter12/无
本节效果	/效果/Chapter12/阀体.dwg
学习目标	掌握绘制三维实体模型的方法
难度指数	★★★★★

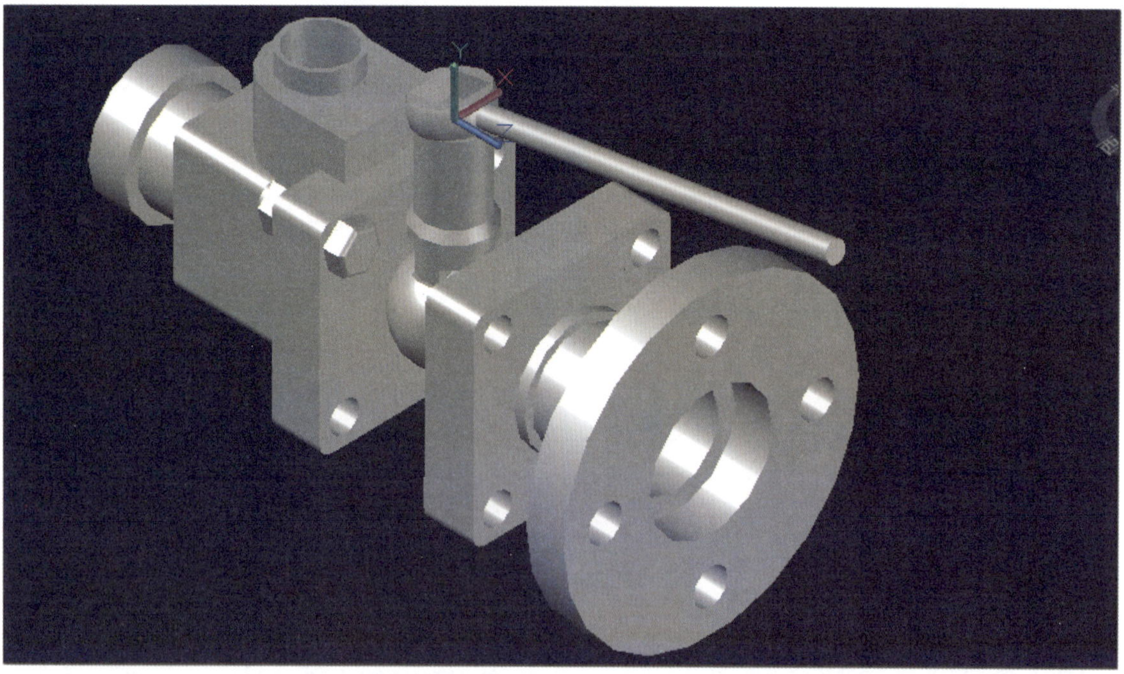

图12-1 阀体实体模型效果

在学习制作本案例之前，首先需要了解案例制作的大体思路，这样才能在制作过程中游刃有余，如图12-2所示。

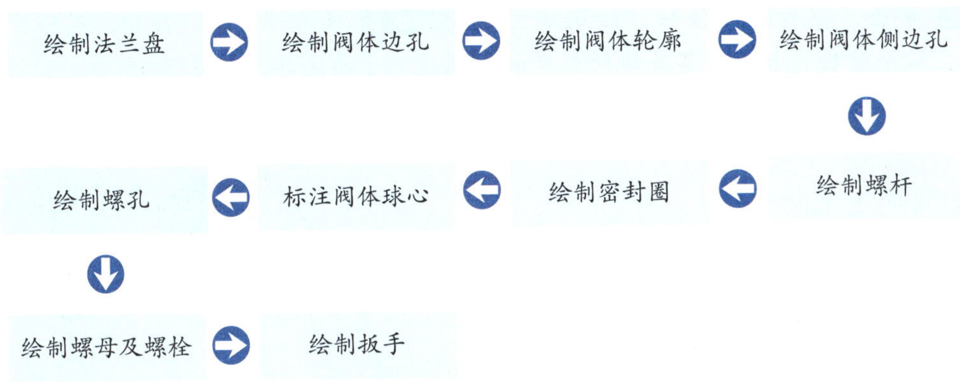

图12-2　案例制作大体思路

12.2 绘制三维模型

了解了实体模型的大概样式及制作流程后，就可以进入绘制操作了。三维实体模型一般按照从上到下，从左到右的顺序进行绘制。因此，接下来开始从左侧的法兰盘进行绘制。

12.2.1 绘制法兰盘

开始绘制图形之前，应先对图形进行一些简要的设置，以便绘制工作的顺利进行，其具体操作如下。

步骤01 新建一个AutoCAD文件，将其保存且命名为“阀体”，格式为DWG。将其转换到西南等轴测视图，使用UCS命令定义用户坐标系，并将坐标系绕X轴旋转90°，命令行操作如下。

```
命令: UCS
当前 UCS 名称: *俯视*
输入选项 [新建(N)/移动(M)/正交(G)/上一个(P)/恢复(R)/保存(S)/删除(D)/应用(A)/?/世界(W)] <世界>: N
指定新 UCS 的原点或 [Z 轴(ZA)/三点(3)/对象(OB)/面(F)/视图(V)/X/Y/Z] <0,0,0>: X
指定绕 X 轴的旋转角度 <90>:
```

步骤02 单击“实体”选项卡的“图元”栏中的“圆柱体”按钮，绘制一个圆心为坐标原点，半径为60，高度为15的圆柱体，如图12-3所示。

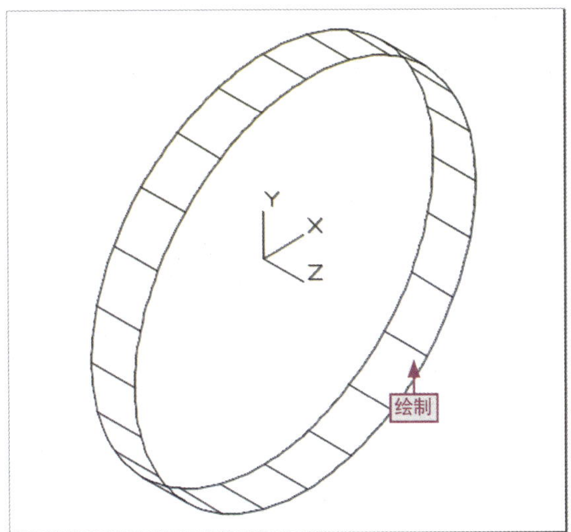

图12-3　绘制圆柱体

步骤03 单击“圆柱体”按钮，绘制法兰盘螺孔，命令行操作如下，其具体的效果如图12-4所示。

```
命令: _cylinder
当前线框密度: ISOLINES=24
指定圆柱体底面的中心点或 [椭圆(E)] <0,0,0>:
43,0,0
指定圆柱体底面的半径或 [直径(D)]: 7
指定圆柱体高度或 [另一个圆心(C)]: 15
```

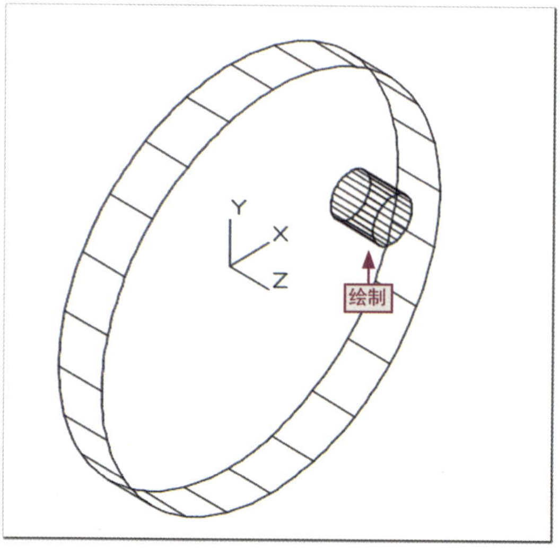

图12-4 绘制法兰盘螺孔

步骤04 单击“环形阵列”按钮，绘制阵列数目为4，中心点为(0,0,0)，旋转轴上的第二点为(0,0,10)的环形阵列，如图12-5所示。

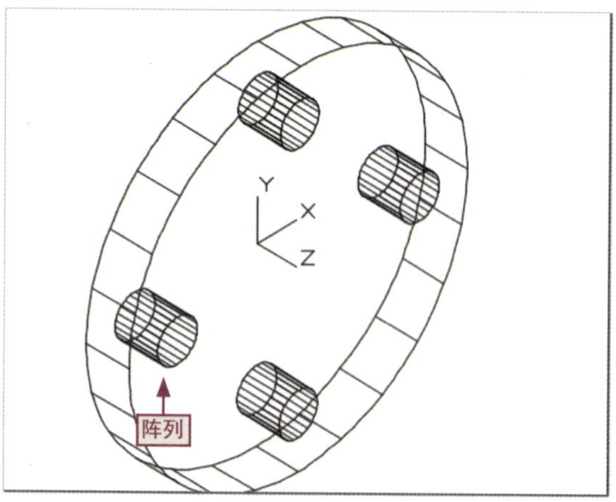

图12-5 阵列圆柱体

步骤05 单击“差集”按钮，对法兰盘的螺孔进行差集运算，如图12-6所示。

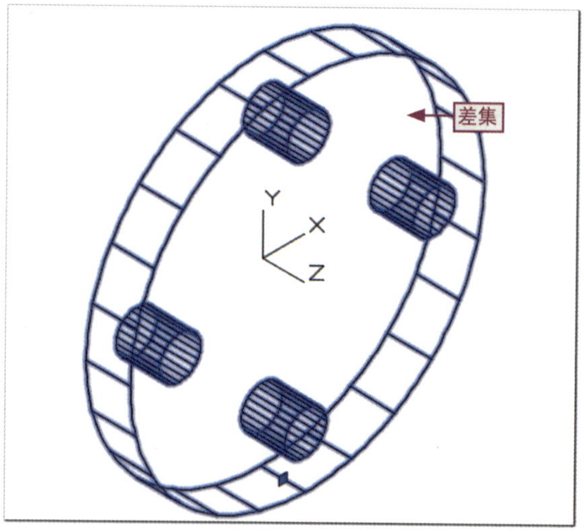

图12-6 对螺孔进行差集运算

步骤06 单击“圆柱体”按钮，绘制一个圆心坐标为(0,0,0)，半径为25，高度为15的圆柱体，如图12-7所示。

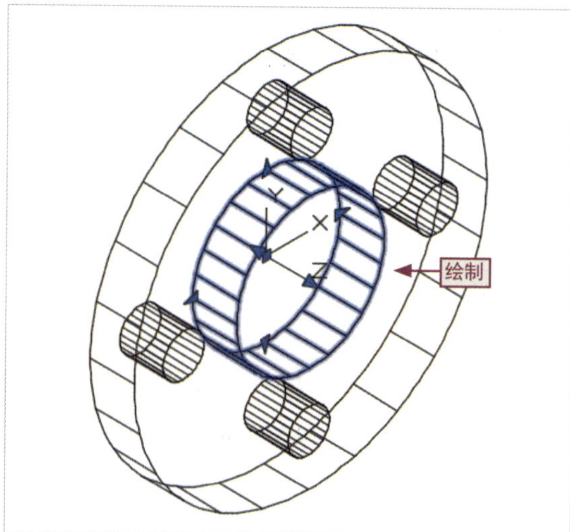

图12-7 绘制圆柱体

步骤07 单击“差集”按钮，对绘制的圆柱体进行差集运算，如图12-8所示。

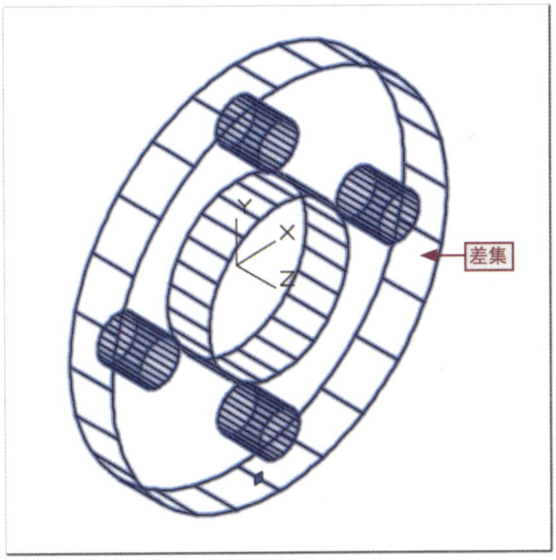

图12-8　对圆柱体进行差集运算

12.2.2 绘制阀体边孔

绘制阀体的法兰盘之后，下面绘制阀体的边孔。注意边孔与法兰盘的衔接，其具体操作如下。

步骤01 使用UCS命令定义用户坐标系，并将坐标系向Z轴方向移动15，命令行操作如下。

```
命令: UCS
当前 UCS 名称: *没有名称*
输入选项 [新建(N)/移动(M)/正交(G)/上一个(P)/恢复(R)/保存(S)/删除(D)/应用(A)/?/世界(W)] <世界>: M
指定新原点或 [Z 向深度(Z)] <0,0,0>: 0,0,15
```

步骤02 单击“圆柱体”按钮，绘制一个圆心坐标为(0,0,0)，半径为25，高度为15的边孔，如图12-9所示。

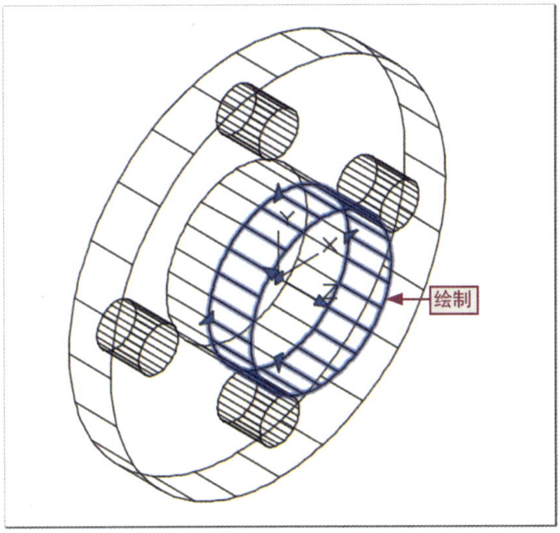

图12-9　绘制边孔

步骤03 单击“圆柱体”按钮，绘制一个圆心坐标为(0,0,15)，半径为20，高度为20的边孔，如图12-10所示。

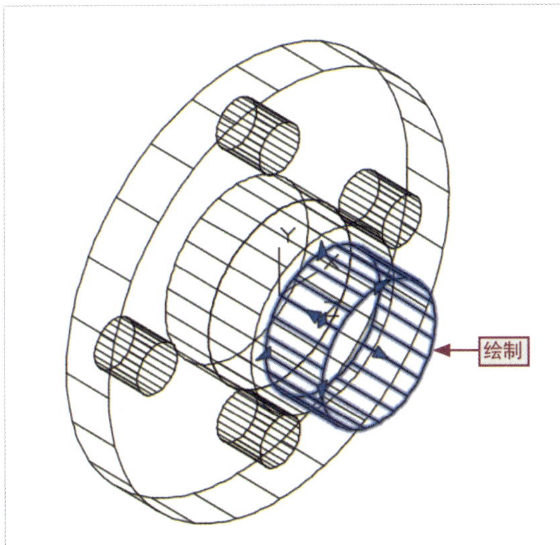

图12-10　绘制边孔

步骤04 单击“差集”按钮，对绘制的边孔进行差集运算，如图12-11所示。

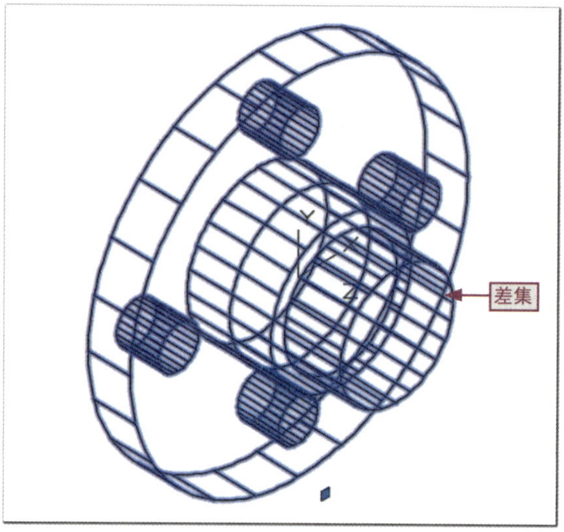

图12-11　差集运算

步骤05 单击“圆柱体”按钮，绘制一个圆心坐标为(0,0,0)，半径为15，高度为35的流通孔，然后进行差集运算，如图12-12所示。

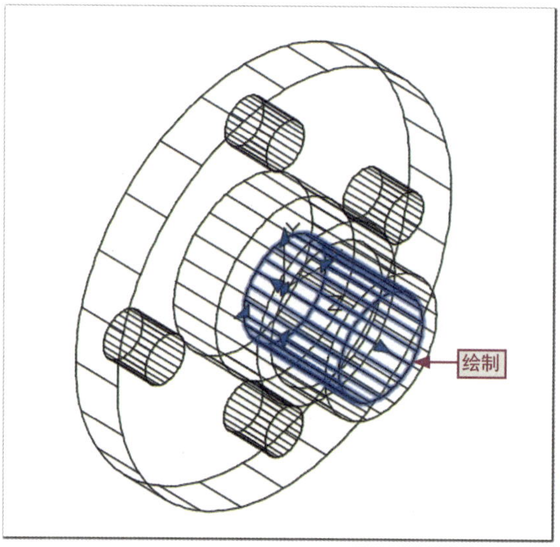

图12-12　绘制流通孔圆柱体

12.2.3 绘制阀体轮廓及中孔

绘制阀体的边孔之后，即可开始绘制模型的阀体部分，其中涉及长方体的长度、宽度及方向，其具体操作如下。

步骤01 使用UCS命令定义用户坐标系，并将坐标系向Z轴方向移动35，命令行操作如下。

命令: UCS
当前 UCS 名称: *没有名称*
输入选项 [新建(N)/移动(M)/正交(G)/上一个(P)/恢复(R)/保存(S)/删除(D)/应用(A)/?/世界(W)] <世界>: M
指定新原点或 [Z 向深度(Z)] <0,0,0>: 0,0,35

步骤02 单击“长方体”按钮，绘制一个角点坐标为(-25,-28,0)，长为50，宽为56，高为56的阀体轮廓，如图12-13所示。

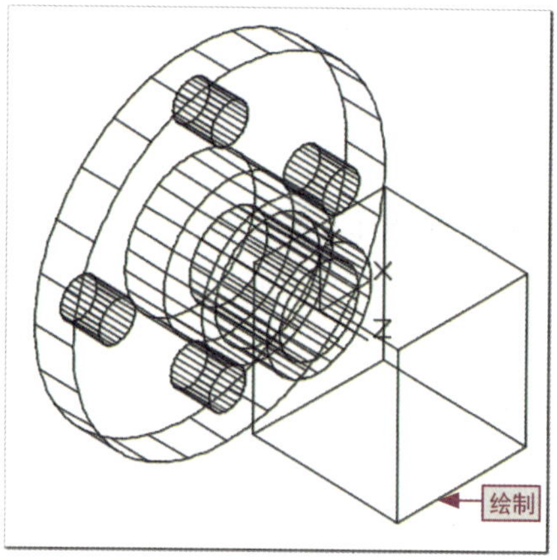

图12-13　绘制长方体

步骤03 单击“圆角边”按钮，对阀体的边角进行圆角处理，圆角半径为5，如图12-14所示。

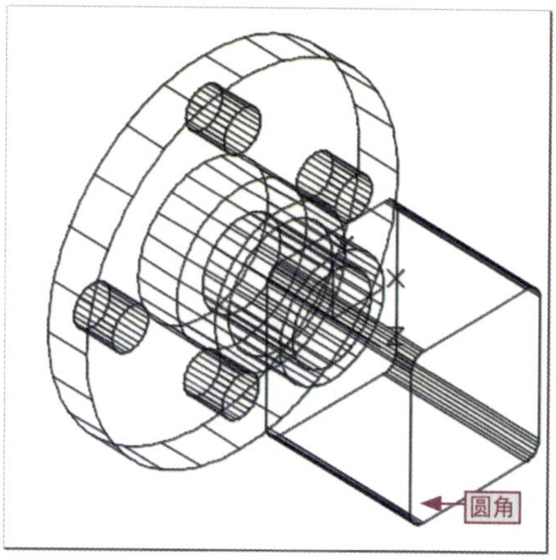

图12-14　圆角长方体

步骤04 单击“长方体”按钮，绘制一个角点坐标为(-40,-40,56)，长为80，宽为80，高为10的长方体，如图12-15所示。

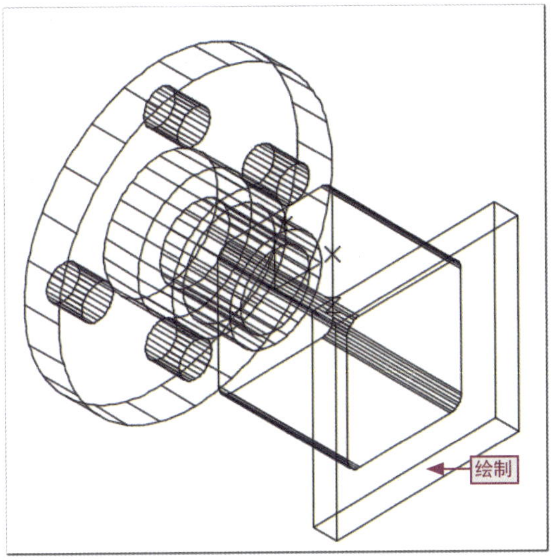

图12-15 绘制长方体

步骤05 单击“圆角边”按钮，对长方体的边角进行圆角处理，圆角半径为5，如图12-16所示。

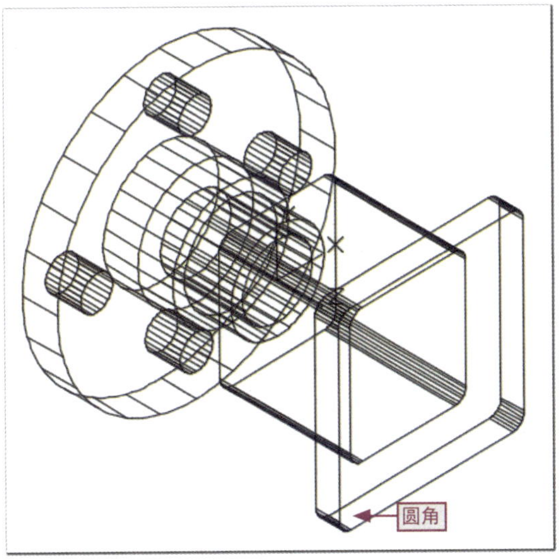

图12-16 圆角长方体

步骤06 单击“圆柱体”按钮，绘制一个圆心坐标为(0,0,0)，半径为12.5，高度为66的孔，如图12-17所示。

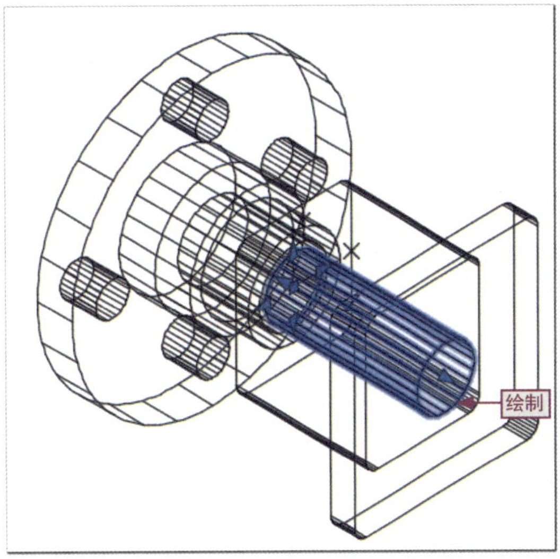

图12-17 绘制中孔圆柱体

步骤07 单击“差集”按钮，选中两个长方体，然后从中减去绘制的圆柱体，其效果如图12-18所示。

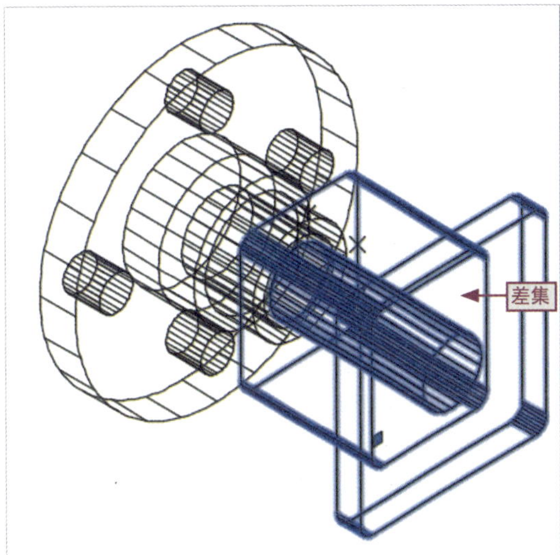

图12-18 差集运算

12.2.4 绘制窗体侧边孔

绘制完成阀体的轮廓及中孔后，下面绘制阀体的侧边孔，其中涉及多段线和拉伸的操作，其具体操作如下。

步骤01 使用UCS命令重新定义用户坐标系，并将用户坐标系向Z轴移动66，其命令行操作如下。

命令: UCS
当前 UCS 名称: *没有名称*
输入选项 [新建(N)/移动(M)/正交(G)/上一个(P)/恢复(R)/保存(S)/删除(D)/应用(A)/?/世界(W)] <世界>: M
指定新原点或 [Z 向深度(Z)] <0,0,0>: 0,0,66

步骤02 使用UCS命令重新定义用户坐标系，并将用户坐标系绕X轴旋转-90°，其命令行操作如下。

命令: UCS
当前 UCS 名称: *没有名称*
输入选项 [新建(N)/移动(M)/正交(G)/上一个(P)/恢复(R)/保存(S)/删除(D)/应用(A)/?/世界(W)] <世界>: X
指定绕 X 轴的旋转角度 <90>: -90

步骤03 单击“多段线”按钮，绘制侧边孔轮廓，如图12-19所示，命令行操作如下。

命令: _pline
指定起点: -20,0,28
当前线宽为 0.0000
指定下一个点或 [圆弧(A)/半宽(H)/长度(L)/放弃(U)/宽度(W)]: @0,30
指定下一点或 [圆弧(A)/闭合(C)/半宽(H)/长度(L)/放弃(U)/宽度(W)]: A
指定圆弧的端点或[角度(A)/圆心(CE)/闭合(CL)/方向(D)/半宽(H)/直线(L)/半径(R)/第二个点(S)/放弃(U)/宽度(W)]: @40,0
指定圆弧的端点或 [角度(A)/圆心(CE)/闭合(CL)/方向(D)/半宽(H)/直线(L)/半径(R)/第二个点(S)/放弃(U)/宽度(W)]: L
指定下一点或 [圆弧(A)/闭合(C)/半宽(H)/长度(L)/放弃(U)/宽度(W)]: @0,-30
指定下一点或 [圆弧(A)/闭合(C)/半宽(H)/长度(L)/放弃(U)/宽度(W)]: C

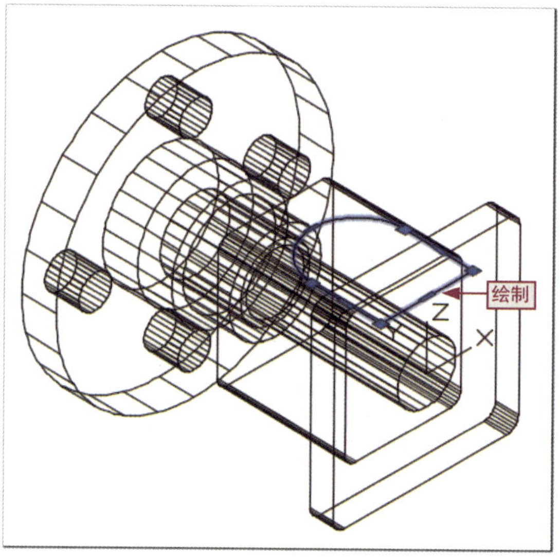

图12-19 绘制多段线

步骤04 单击“面域”按钮，将绘制的多段线转换为面域，命令行操作如下。

命令: _region
选择对象:
选择对象:
已提取 1 个环
已创建 1 个面域

步骤05 单击“拉伸”按钮，将面域向上拉伸，拉伸距离为27，如图12-20所示。

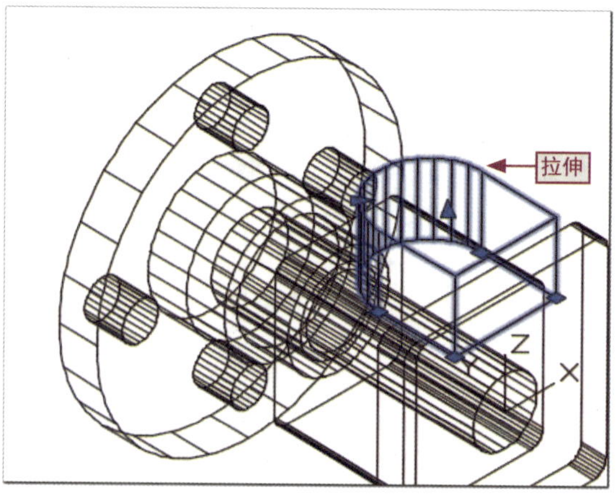

图12-20 拉伸多段线

步骤06 单击“并集”按钮，对阀体侧边孔进行并集操作，如图12-21所示。

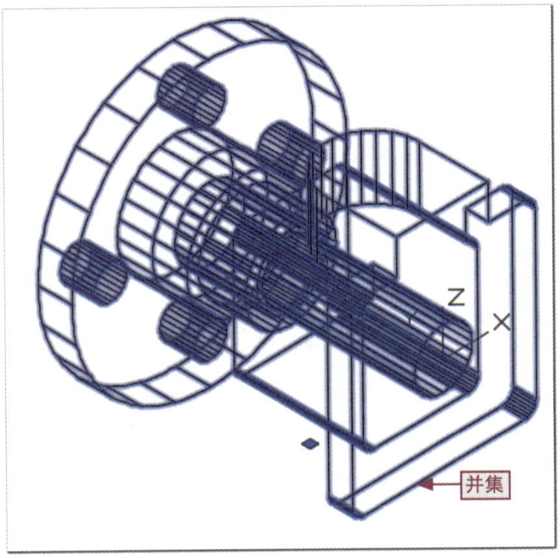

图12-21 并集运算

步骤07 单击“圆柱体”按钮，绘制半径为12，高为55，圆心坐标为(0,30,0)的圆柱体，如图12-22所示。

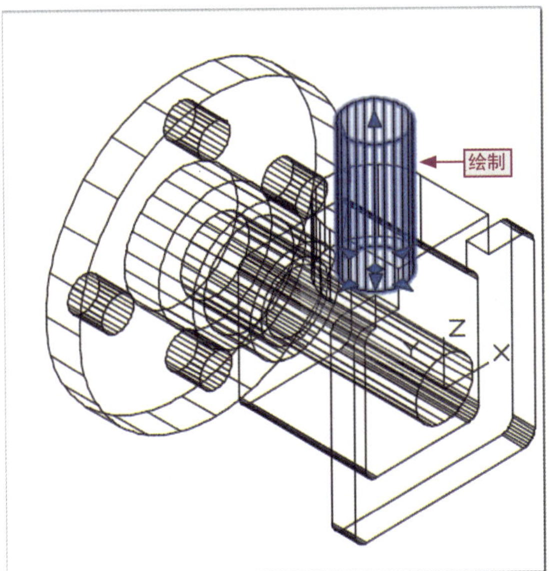

图12-22 绘制圆柱体

步骤08 单击“差集”按钮，对阀体侧边孔进行差集运算，如图12-23所示。

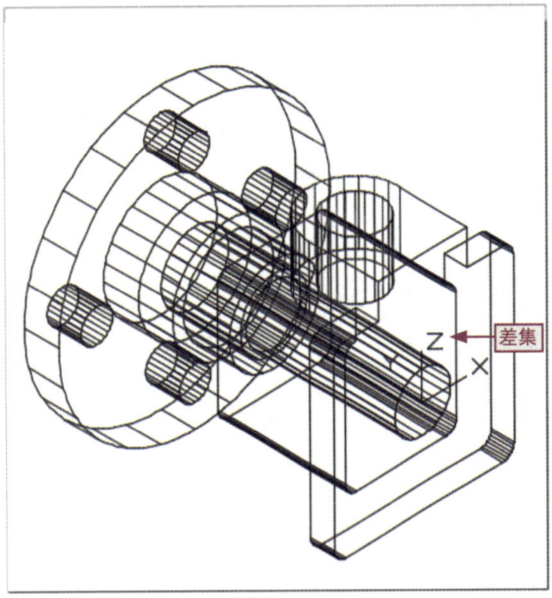

图12-23 差集运算

12.2.5 绘制垫环及螺孔

将阀体侧边孔绘制完之后，还应该为阀体绘制垫环及连接的螺孔，其中要注意坐标原点的转移，其具体操作如下。

步骤01 使用UCS命令设置新的用户坐标系，并将用户坐标系的坐标原点相对Y轴移动30，相对Z轴移动55，命令行操作如下。

命令: UCS
当前 UCS 名称: *俯视*
输入选项 [新建(N)/移动(M)/正交(G)/上一个(P)/恢复(R)/保存(S)/删除(D)/应用(A)/?/世界(W)] <世界>: M
指定新原点或 [Z 向深度(Z)] <0,0,0>: 0,30,55

步骤02 单击“圆柱体”按钮，绘制半径为14，高为8，圆心坐标为(0,0,0)的垫环轮廓，如图12-24所示。

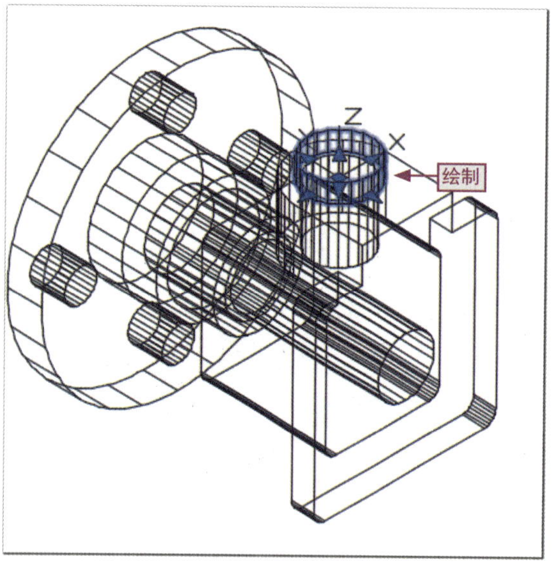

图12-24 绘制垫环轮廓

步骤03 单击“圆柱体”按钮，绘制半径为12，高为8，圆心坐标为(0,0,0)的垫环内环，如图12-25所示。

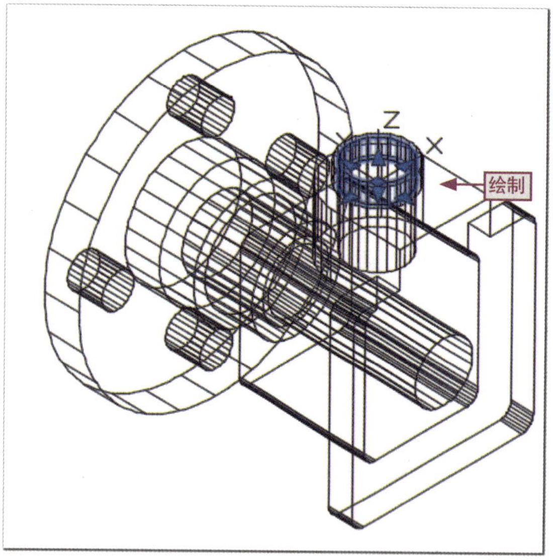

图12-25 绘制垫环内环

步骤04 单击“差集”按钮，对垫环进行差集运算，如图12-26所示。

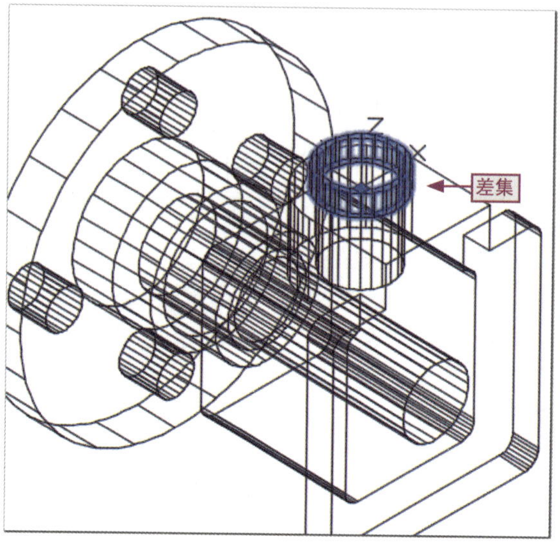

图12-26 对垫环进行差集运算

步骤05 使用UCS命令建立新用户坐标系，并将用户坐标系的坐标原点相对Y轴移动-30，相对Z轴移动-55，命令行的具体操作如下。

命令: UCS
当前 UCS 名称: *俯视*
输入选项 [新建(N)/移动(M)/正交(G)/上一个(P)/恢复(R)/保存(S)/删除(D)/应用(A)/?/世界(W)] <世界>: M
指定新原点或 [Z 向深度(Z)] <0,0,0>: 0,-30,-55

步骤06 使用UCS命令建立新用户坐标系，并将坐标系绕X轴旋转90°，命令行的操作如下。

命令: UCS
当前 UCS 名称: *没有名称*
输入选项 [新建(N)/移动(M)/正交(G)/上一个(P)/恢复(R)/保存(S)/删除(D)/应用(A)/?/世界(W)] <世界>: X
指定绕 X 轴的旋转角度 <90>:

步骤07 单击“圆柱体”按钮，绘制半径为6，高为-8，圆心坐标为(30,30,0)的螺孔，如图12-27所示。

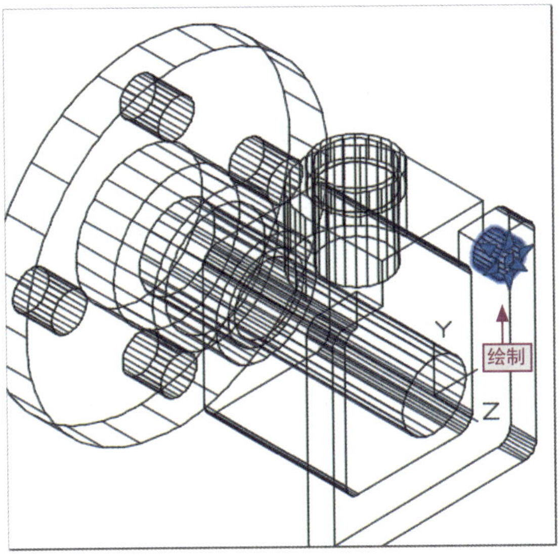

图12-27 绘制螺孔

步骤08 单击“环形阵列”按钮，绘制阵列数目为4，中心点坐标为(0,0,0)，旋转轴上的第二点坐标为(0,0,10)的环形阵列螺孔，如图12-28所示。

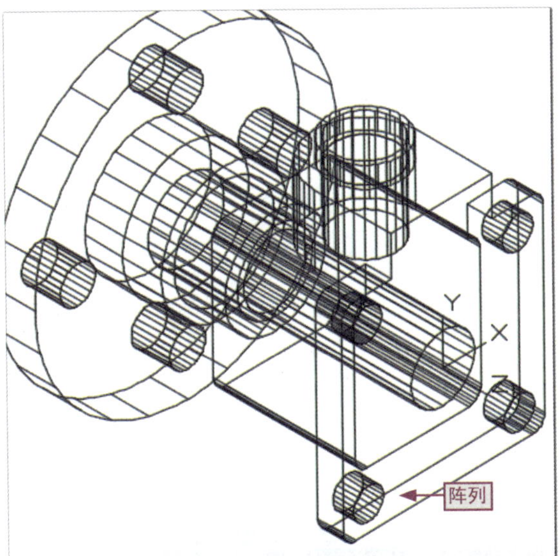

图12-28 阵列螺孔

步骤09 单击“差集”按钮，对螺孔进行差集运算，如图12-29所示。

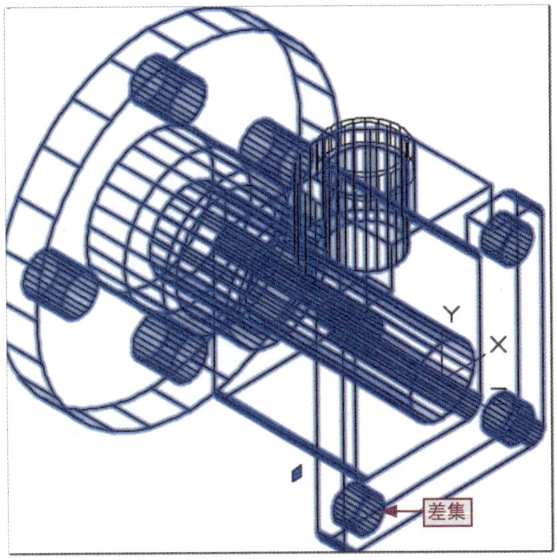

图12-29 对螺孔进行差集运算

12.2.6 绘制阀体球心

将螺孔绘制完后，下面绘制阀体球心，以便将阀体连接起来，其具体操作如下。

步骤01 单击“长方体”按钮，绘制一个角点坐标为(-40,-40,0)，长为80，宽为80，高为10的长方体，如图12-30所示。

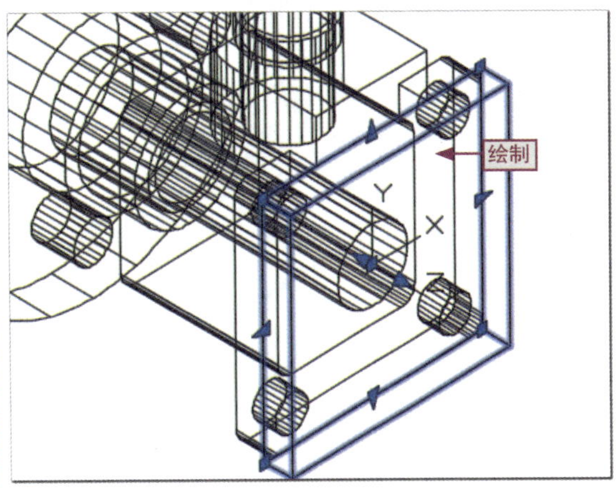

图12-30 绘制长方体

步骤02 单击“圆角边”按钮，对长方体进行圆角，圆角半径为5，如图12-31所示。

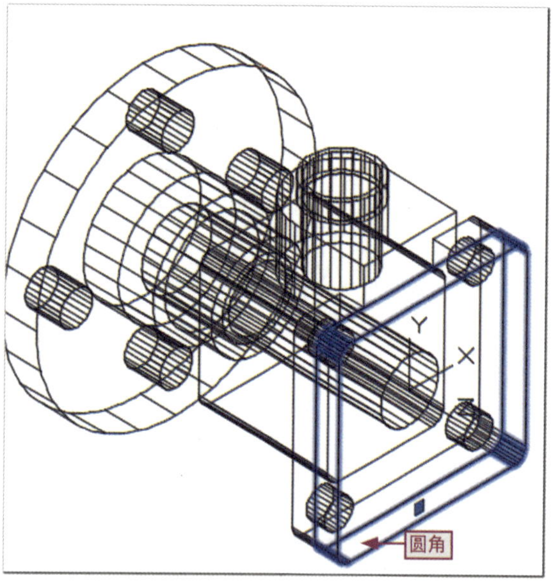

图12-31　圆角长方体的边

步骤03 单击“圆柱体”按钮，绘制半径为6，高度为10，圆心坐标为(30,30,0)的螺孔，如图12-32所示。

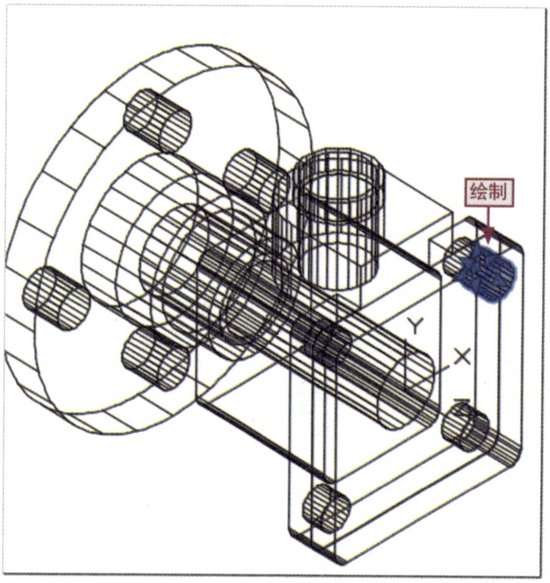

图12-32　绘制螺孔

步骤04 单击“环形阵列”按钮，绘制阵列数目为4，中心点坐标为(0,0,0)，旋转轴上的第二点坐标为(0,0,10)的环形阵列螺孔，如图12-33所示。

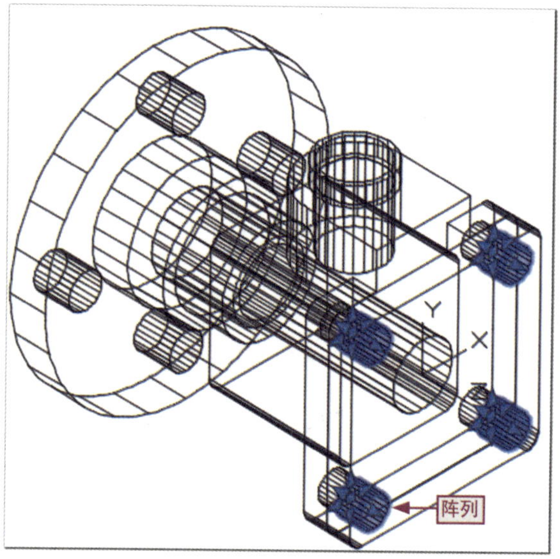

图12-33　阵列螺孔

步骤05 单击“差集”按钮，对螺孔进行差集运算，如图12-34所示。

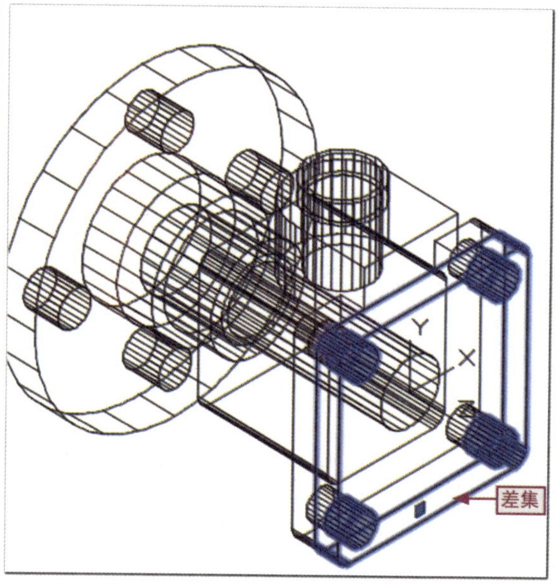

图12-34　对螺孔进行差集运算

步骤06 单击“球体”按钮，绘制半径为20，球心为坐标(0,0,25)的球体，如图12-35所示。

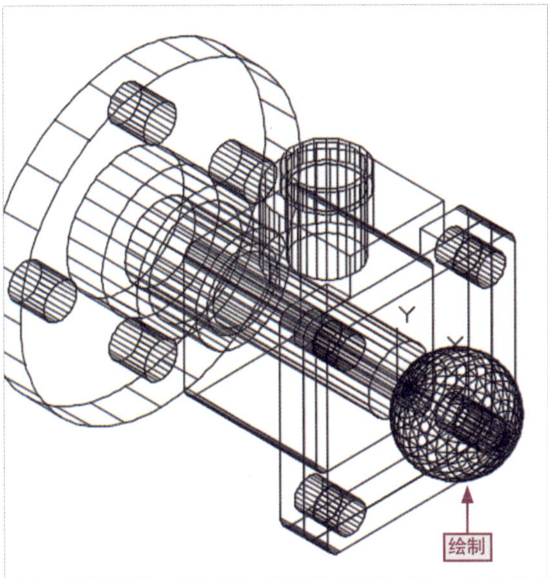

图12-35 绘制球体

步骤07 单击“圆柱体”按钮，绘制半径为12，高度为50，圆心坐标为(0,0,0)的圆柱体，如图12-36所示。

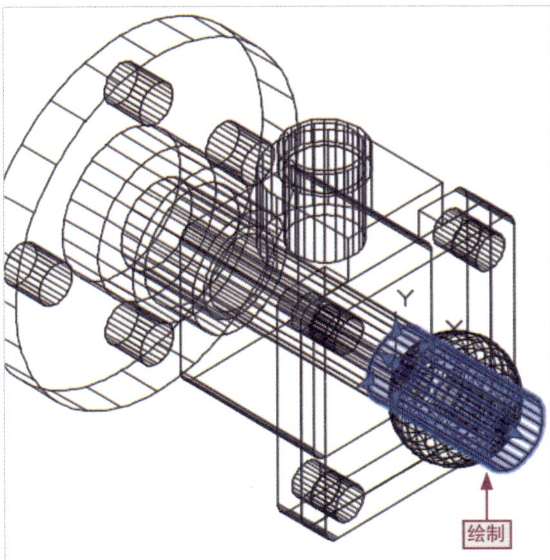

图12-36 绘制圆柱体

步骤08 单击“差集”按钮，从长方体和球体中减去圆柱体，如图12-37所示。

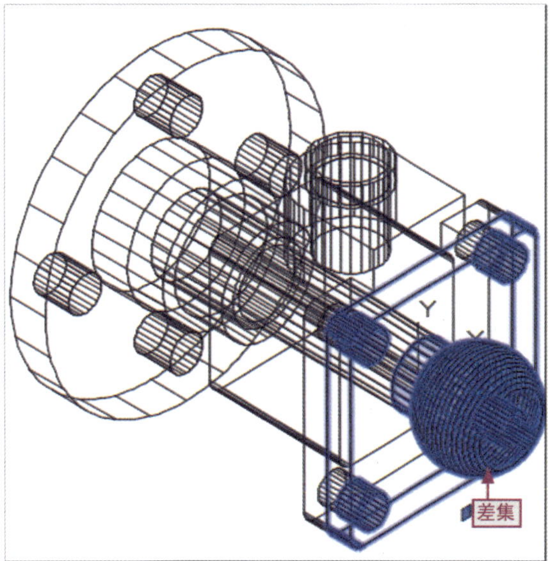

图12-37 运行差集运算

步骤09 单击“长方体”按钮，绘制长、宽、高分别为30、5和10的长方体，角点坐标为(15,-15,20)，如图12-38所示。

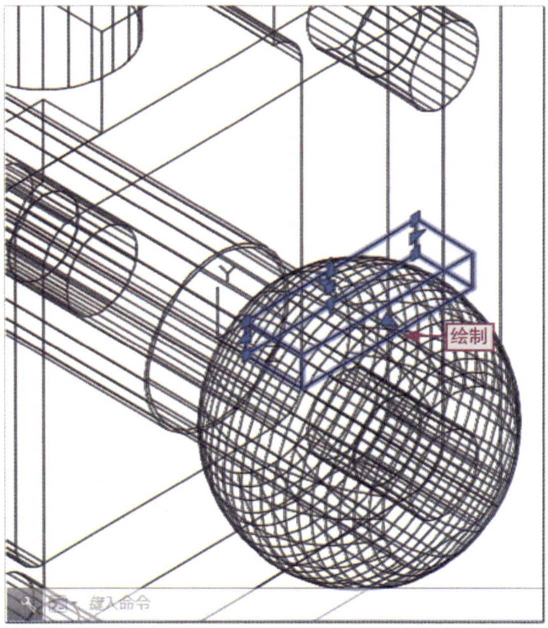

图12-38 绘制长方体

步骤10 单击“差集”按钮，从修剪的球体中减去长方体，如图12-39所示。

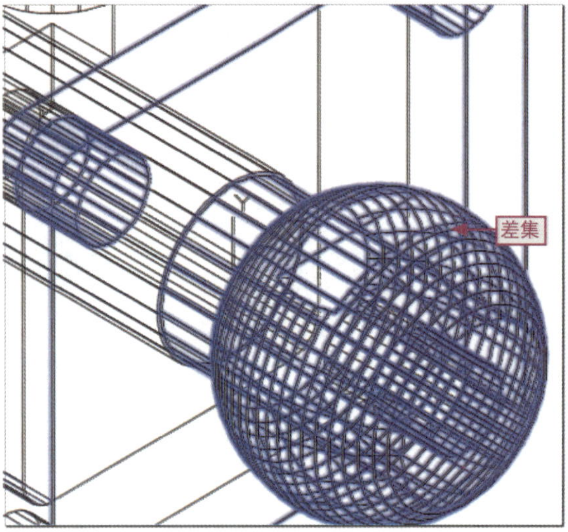

图12-39　进行差集运算

步骤11 使用UCS命令建立新的用户坐标系，即将用户坐标系的坐标原点相对Y轴移动15，相对Z轴移动25，命令行操作如下。

命令: UCS
当前 UCS名称: *没有名称*
输入选项 [新建(N)/移动(M)/正交(G)/上一个(P)/恢复(R)/保存(S)/删除(D)/应用(A)/?/世界(W)] <世界>: M
指定新原点或 [Z 向深度(Z)] <0,0,0>: 0,15,25

步骤12 使用UCS命令建立新的用户坐标系，并将坐标系绕X轴旋转-90°，命令行操作如下。

命令: UCS
当前 UCS 名称: *没有名称*
输入选项 [新建(N)/移动(M)/正交(G)/上一个(P)/恢复(R)/保存(S)/删除(D)/应用(A)/?/世界(W)] <世界>: X
指定绕 X 轴的旋转角度 <90>: -90

步骤13 单击“圆柱体”按钮，绘制半径为12，高度为50，中心点坐标为(0,0,0)的圆柱体，如图12-40所示。

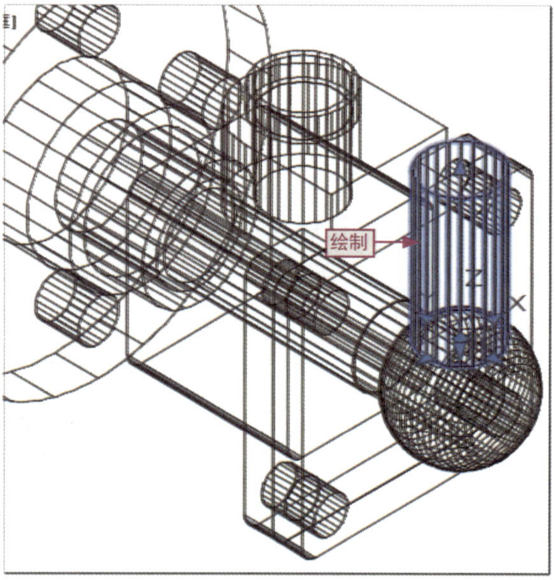

图12-40　绘制圆柱体

步骤14 单击“长方体”按钮，绘制长、宽、高分别为30、-7和6，中心点坐标为(-15,-5,0)的长方体，如图12-41所示。

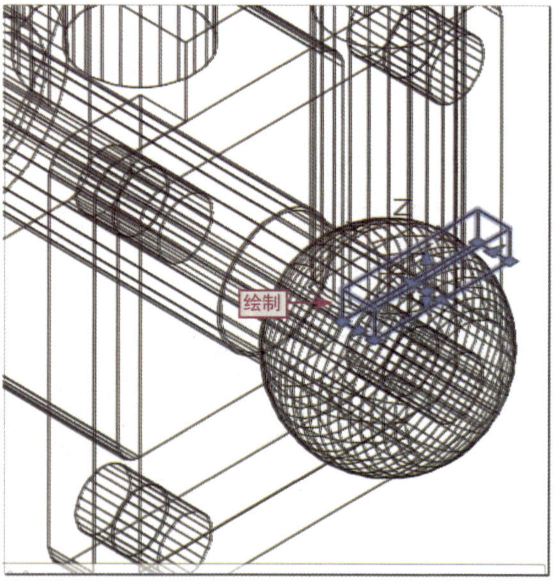

图12-41　绘制长方体

步骤15 使用“三维镜像”命令将绘制的长方体进行镜像复制，生成相对的两个长方体，镜像平面为ZX，如图12-42所示。

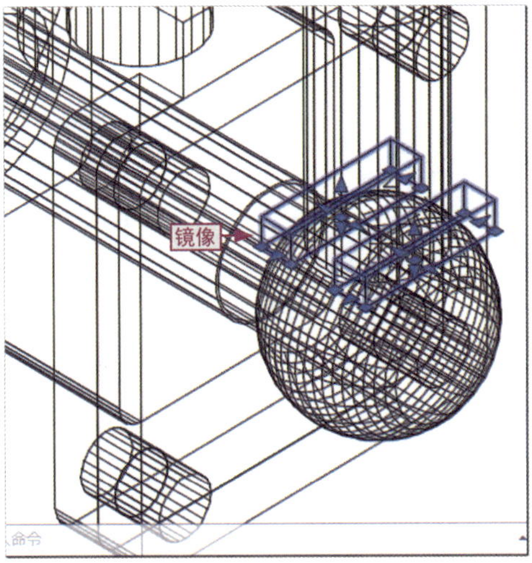

图12-42　镜像长方体

步骤16 单击“差集”按钮，从圆柱体中减去两个长方体，如图12-43所示。

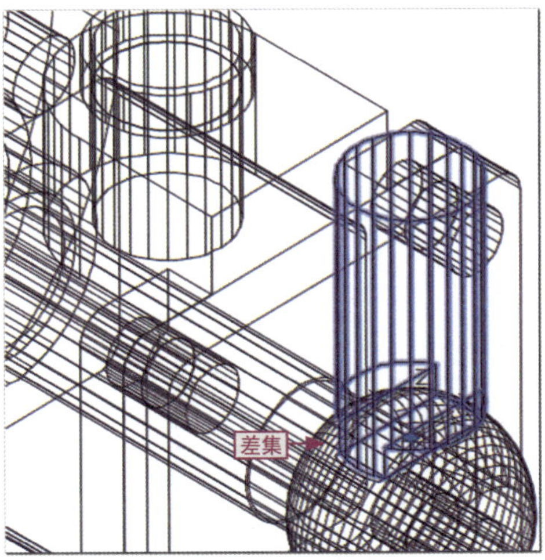

图12-43　对长方体进行差集运算

步骤17 使用UCS命令建立新的用户坐标系，并将坐标系绕X轴旋转90°，命令行操作如下。

命令: UCS
当前 UCS 名称: *没有名称*
输入选项 [新建(N)/移动(M)/正交(G)/上一个(P)/恢复(R)/保存(S)/删除(D)/应用(A)/?/世界(W)] <世界>: X
指定绕 X 轴的旋转角度 <90>:

步骤18 使用“三维多段线”命令绘制一条三维多段线，命令行操作如下，其效果如图12-44所示。

命令: 3DPOLY
指定多段线的起点: 0,12,12
指定直线的端点或 [放弃(U)]: @0,0,2
指定直线的端点或 [放弃(U)]: @0,4,0
指定直线的端点或 [闭合(C)/放弃(U)]: @0,4,-2
指定直线的端点或 [闭合(C)/放弃(U)]: C

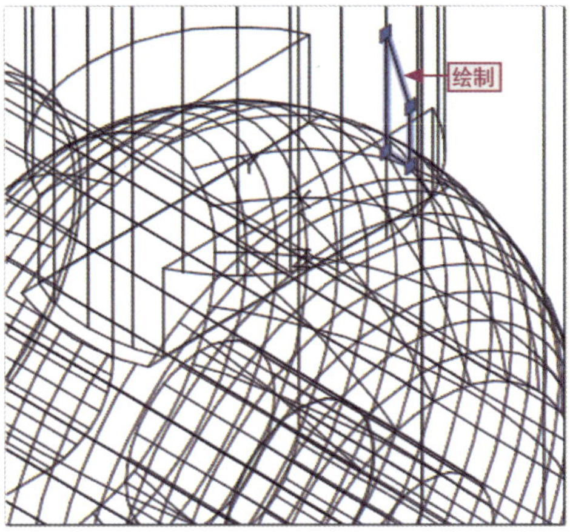

图12-44　绘制多段线

步骤19 单击“三维旋转”按钮，将刚绘制的三维多段线进行旋转，旋转轴为Y轴，生成实体，如图12-45所示。

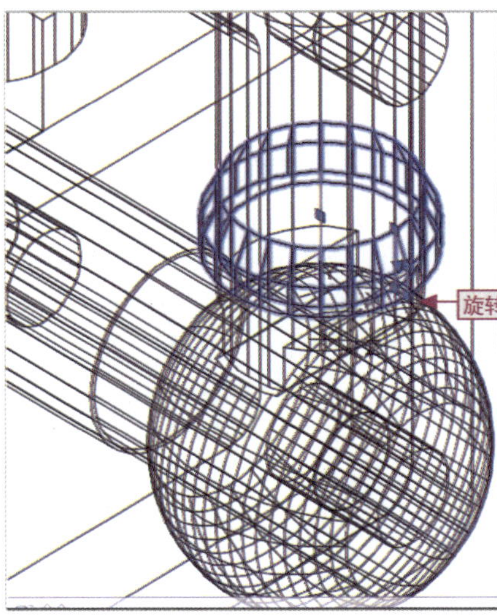

图12-45　旋转多段线

步骤20 单击“并集”按钮，将绘制的圆柱体和旋转实体进行合并，如图12-46所示。

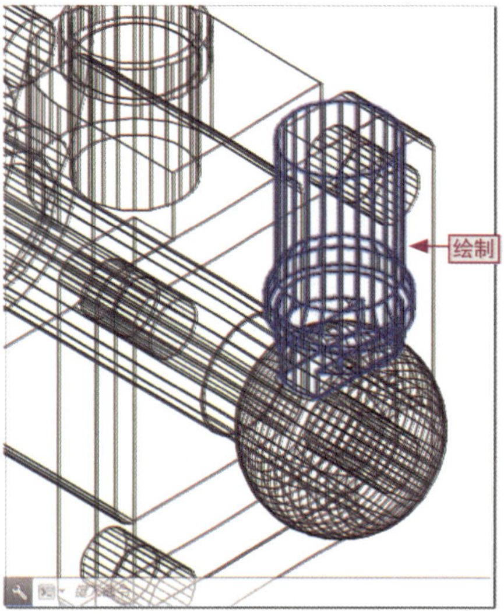

图12-46 合并实体

12.2.7 绘制密封圈

下面绘制阀体实体模型的密封圈，它主要绘制在模型的内部，因此绘制时要注意其坐标位置，具体操作如下。

步骤01 将坐标原点移动到球体右侧的中间点，并绕X轴旋转90°。单击“圆柱体”按钮，以(0,0,0)为圆心，绘制半径为12.5和20，高都为8的两个圆柱体，如图12-47所示。

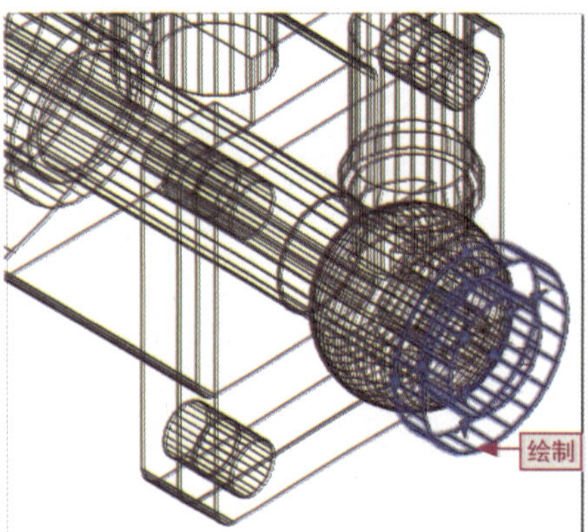

图12-47 绘制圆柱体

步骤02 单击“差集”按钮，从大圆柱体中减去小圆柱体，如图12-48所示。

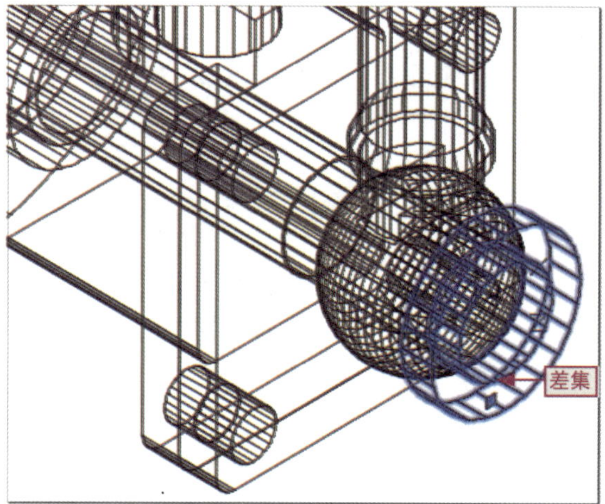

图12-48 差集运算

步骤03 单击“球体”按钮，绘制半径为20，球心坐标为(0,0,20)的球体，效果如图12-49所示。

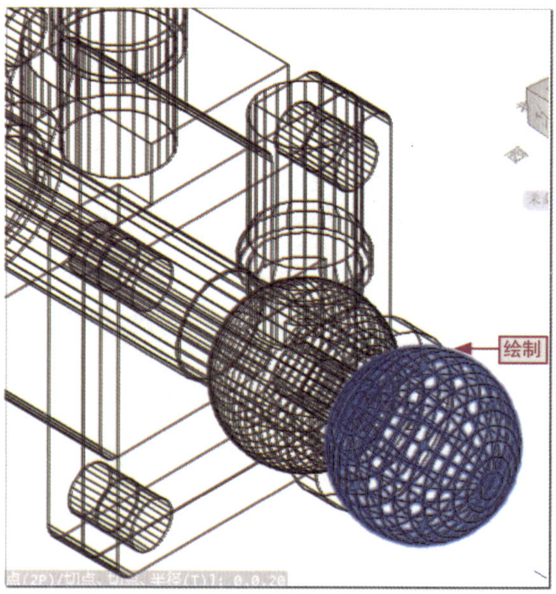

图12-49 绘制球体

步骤04 使用“三维镜像”命令将绘制的球体进行镜像复制，如图12-50所示，其命令行操作如下。

命令: MIRROR3D
选择对象:
选择对象:
指定镜像平面 (三点) 的第一个点或 [对象(O)/最近的(L)/Z 轴(Z)/视图(V)/XY 平面(XY)/YZ 平面(YZ)/ZX 平面(ZX)/三点(3)] <三点>: XY
指定 XY 平面上的点 <0,0,0>: 0,0,4
是否删除源对象？[是(Y)/否(N)] <否>:

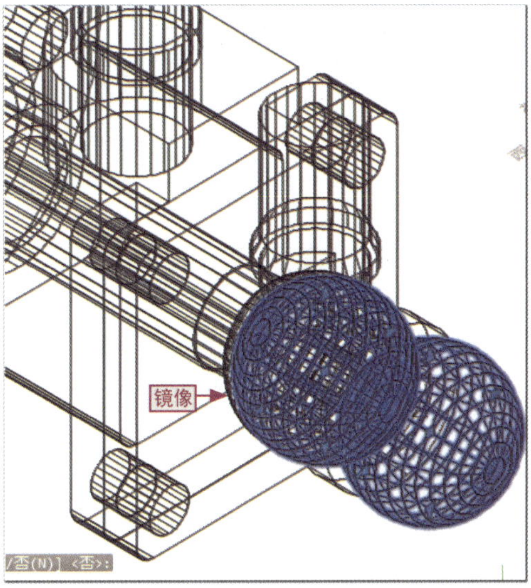

图12-50　镜像球体

步骤05 单击“差集”按钮，从圆环体中减去两个球体，如图12-51所示。

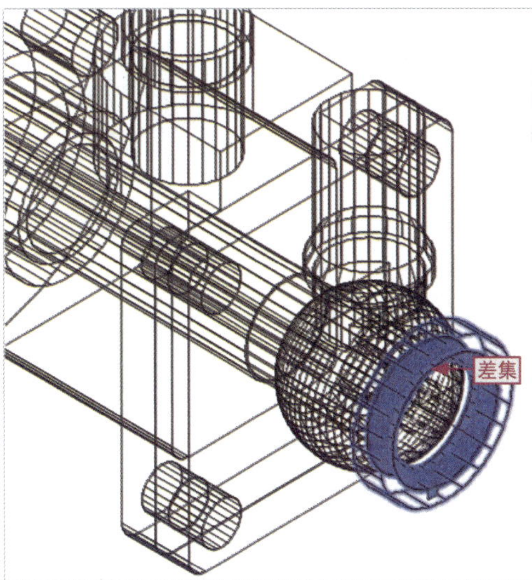

图12-51 差集运算

12.2.8 绘制阀体连接件

下面绘制阀体的连接底座，其绘制方法与前面绘制长方体类似，其具体操作如下。

步骤01 使用UCS命令建立新的用户坐标系，即将用户坐标系的坐标原点相对Z轴移动8，命令行操作如下。

命令: UCS
当前 UCS 名称: *没有名称*
输入选项 [新建(N)/移动(M)/正交(G)/上一个(P)/恢复(R)/保存(S)/删除(D)/应用(A)/?/世界(W)] <世界>: M
指定新原点或 [Z 向深度(Z)] <0,0,0>: 0,0,8

步骤02 单击“圆柱体”按钮，绘制半径为23，高度为4，中心点坐标为(0,0,0)的圆柱体，如图12-52所示。

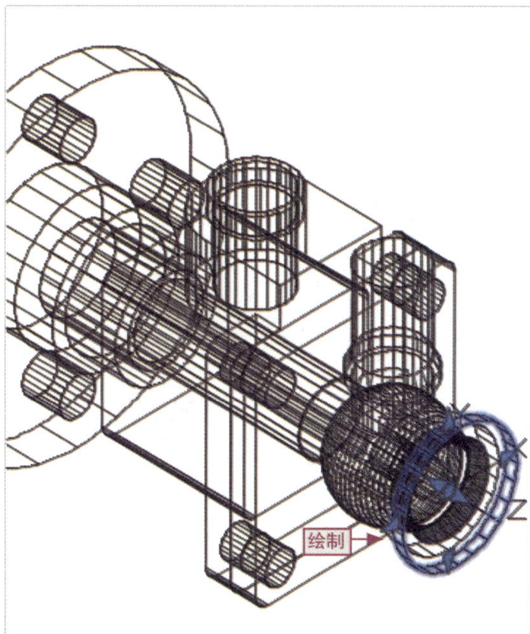

图12-52　绘制圆柱体

步骤03 单击“圆柱体”按钮，绘制半径为20，高度为14，中心点坐标为（0,0,0）的圆柱体，如图12-53所示。

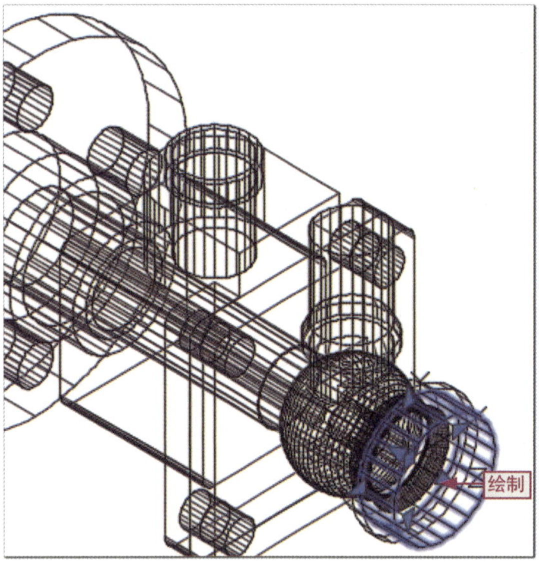

图12-53　绘制圆柱体

步骤04 单击“长方体”按钮，绘制一个角点坐标为(-40,-40,4)，长为80，宽为80，高为10的连接体，如图12-54所示。

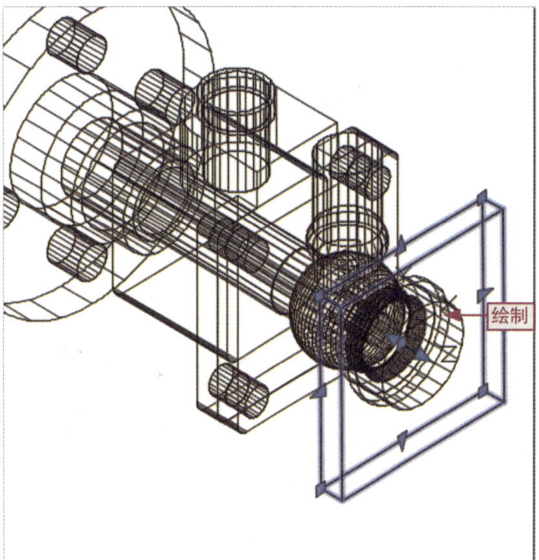

图12-54　绘制连接体

步骤05 单击“差集”按钮，选择半径为23的圆柱和长方体，同时减去半径为20的圆柱体，如图12-55所示。

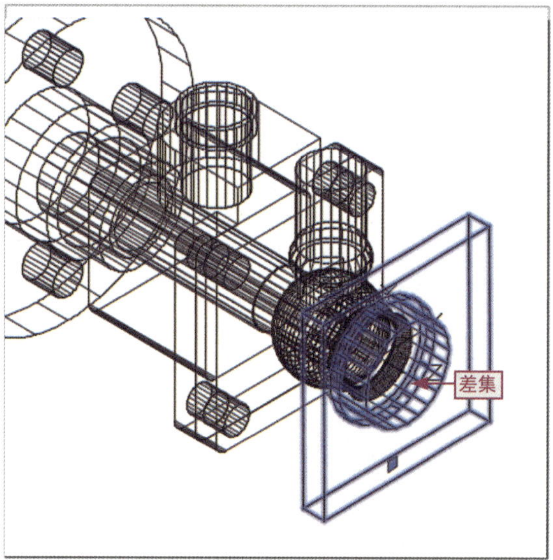

图12-55　差集运算

步骤06 单击“圆柱体”按钮，绘制半径为6，高度为10，中心点坐标为(30,30,4)的螺孔，如图12-56所示。

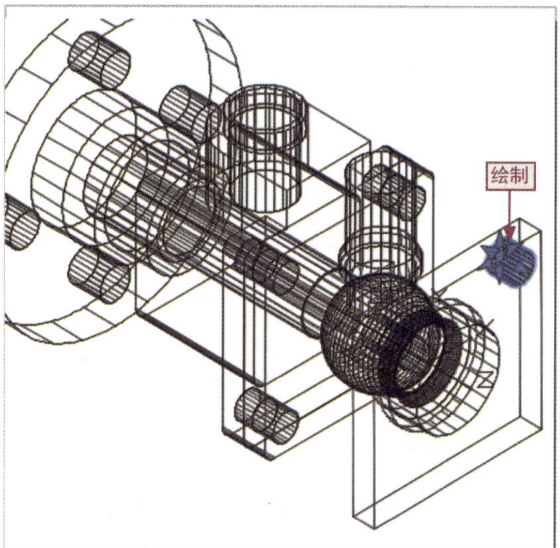

图12-56　绘制螺孔

步骤07 单击“环形阵列”按钮，绘制阵列数目为4，中心点坐标为(0,0,0)，旋转轴上的第二点坐标为(0,0,10)的环形阵列，如图12-57所示。

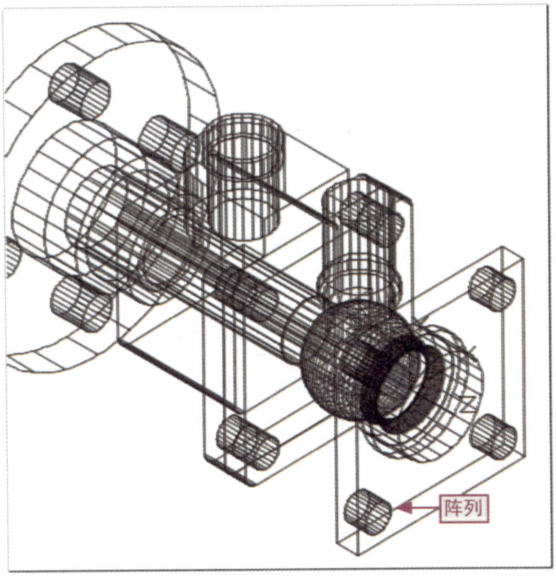

图12-57 阵列螺孔

步骤08 单击“差集”按钮，对模型进行差集运算，如图12-58所示。

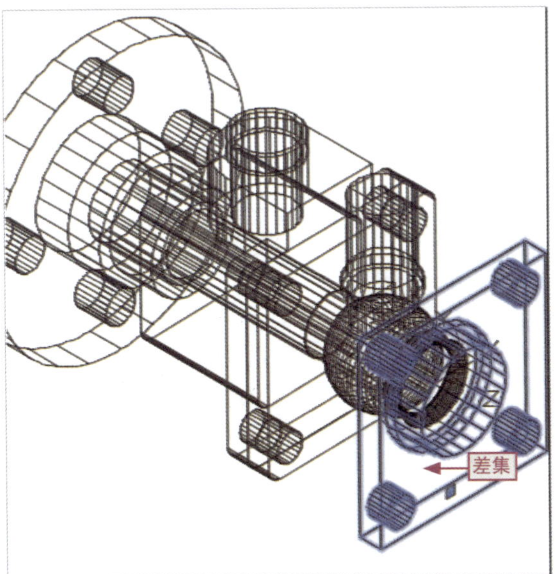

图12-58 差集运算

步骤09 单击“圆角边”按钮，对阀体的边角进行圆角处理，圆角半径为5，如图12-59所示。

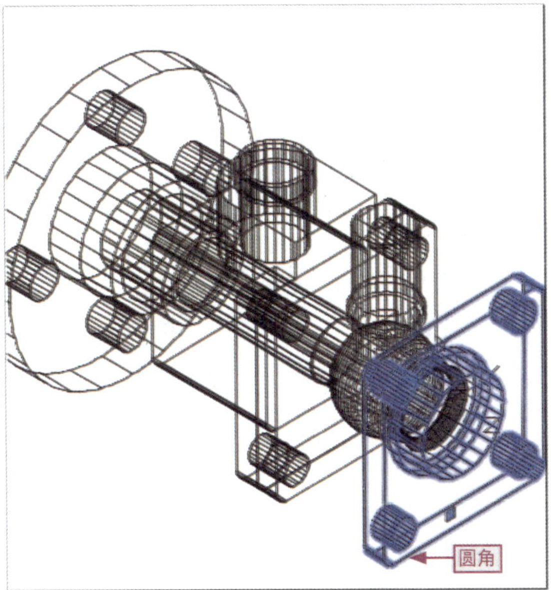

图12-59 圆角阀体的边

12.2.9 绘制螺杆及法兰盘

下面绘制阀体的螺杆实体和法兰盘，涉及的操作有圆柱体和差集运算，具体操作如下。

步骤01 使用UCS命令建立新的用户坐标系，并将用户坐标系的坐标原点相对Z轴移动14，命令行操作如下。

命令: UCS
当前 UCS 名称: *没有名称*
输入选项 [新建(N)/移动(M)/正交(G)/上一个(P)/恢复(R)/保存(S)/删除(D)/应用(A)/?/世界(W)] <世界>: M
指定新原点或 [Z 向深度(Z)] <0,0,0>: 0,0,14

步骤02 使用“三维镜像”命令将绘制的阀体连接件进行镜像复制，镜像平面为XY，如图12-60所示。

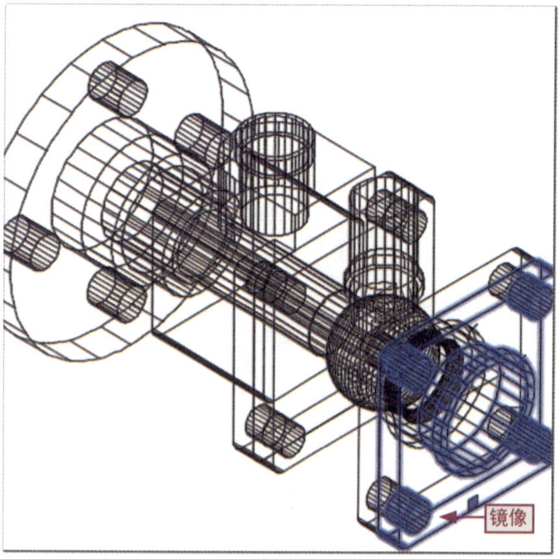

图12-60　镜像阀体

步骤03 单击“圆柱体”按钮，绘制半径为20，高度为38，中心点坐标为(0,0,0)的圆柱体，如图12-61所示。

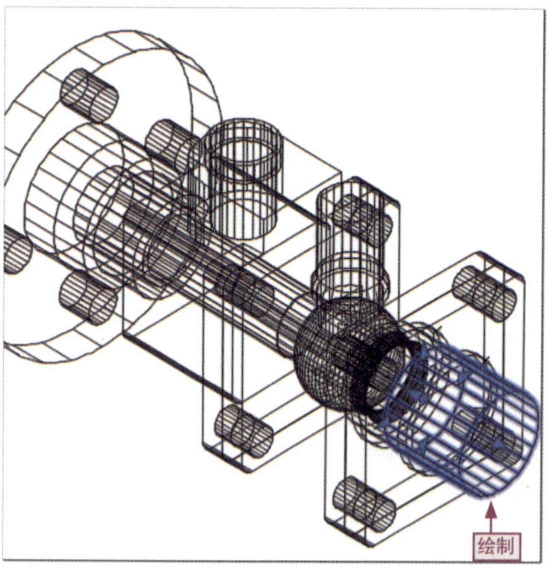

图12-61　绘制圆柱体

步骤04 单击“圆柱体”按钮，绘制半径为25，高度为14，中心点坐标为(0,0,38)的圆柱体，如图12-62所示。

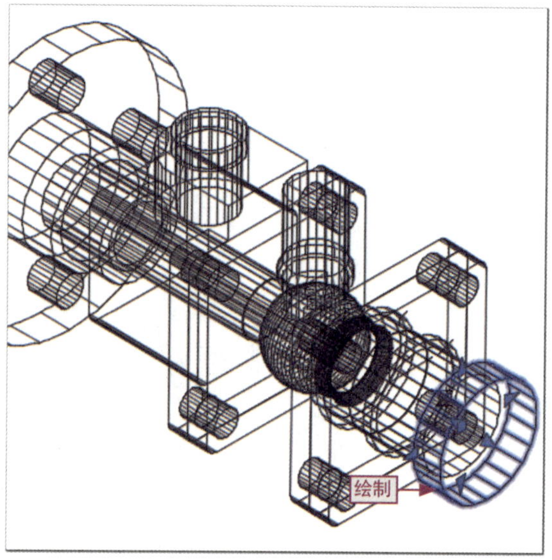

图12-62　绘制圆柱体

步骤05 单击“圆柱体”按钮，绘制半径为18，高度为60，中心点坐标为(0,0,0)的圆柱体，如图12-63所示。

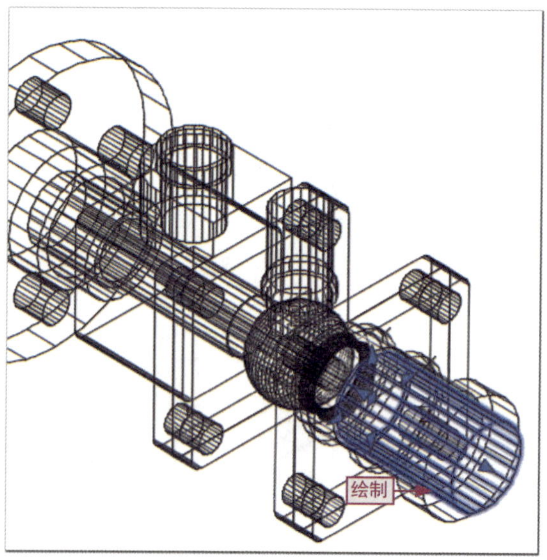

图12-63　绘制圆柱体

步骤06 单击“差集”按钮，选择半径为20和25的圆柱体，从中减去半径为18的圆柱体，如图12-64所示。

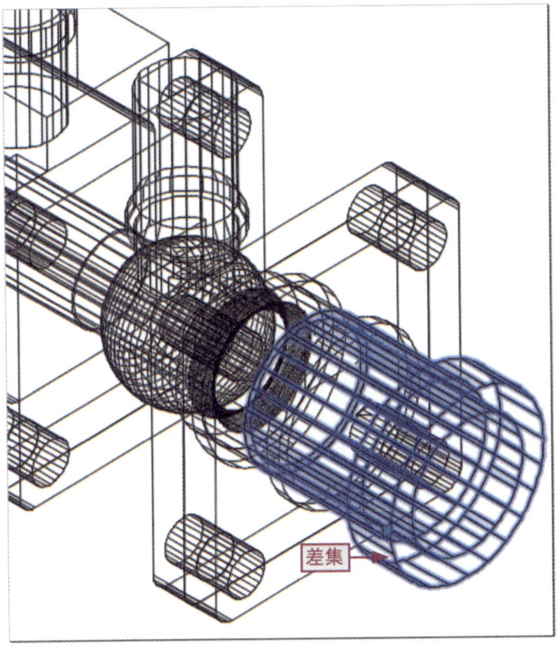

图12-64 差集运算

步骤07 选择“三维复制”命令，将左侧绘制的法兰盘进行复制，完成阀体主体的绘制，如图12-65所示。

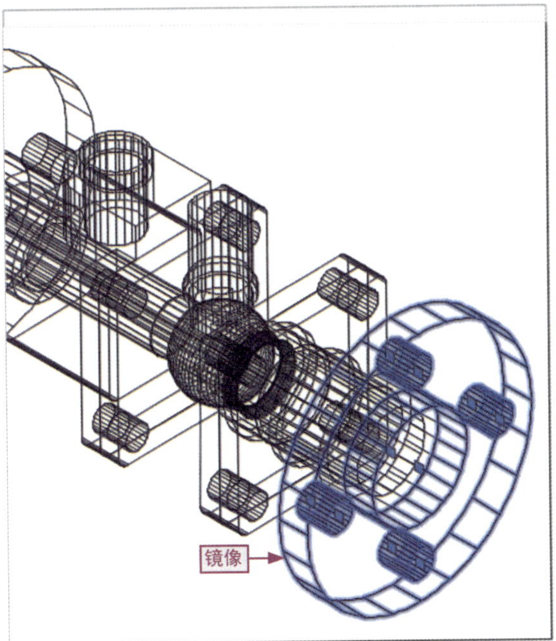

图12-65 复制法兰盘

12.2.10 绘制螺母及螺栓

下面绘制螺母和螺栓，将连接件和螺杆进行连接，涉及多边形和拉伸等操作，其具体操作如下。

步骤01 使用UCS命令建立新的用户坐标系，并将用户坐标系的坐标原点移动到螺杆螺孔的圆心。单击“正多边形”按钮，绘制一个外接于圆，半径为8的正六边形，如图12-66所示。

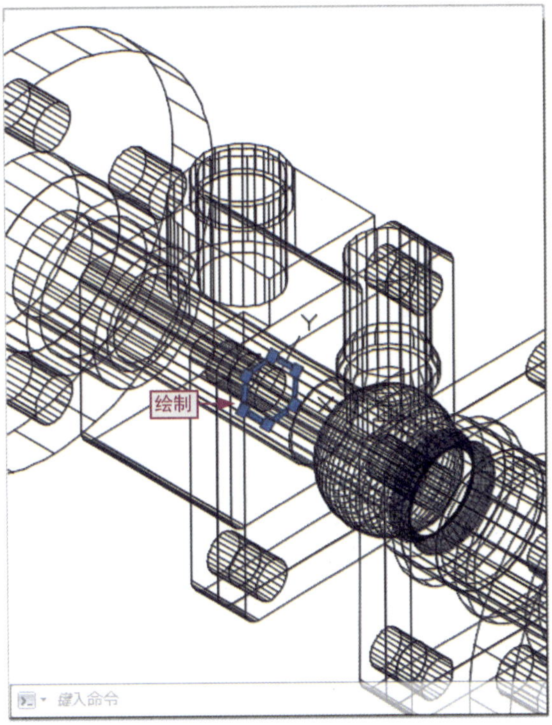

图12-66 绘制正六边形

步骤02 单击“拉伸”按钮，对绘制的正六边形进行拉伸，拉伸的高度为7，其效果如图12-67所示。

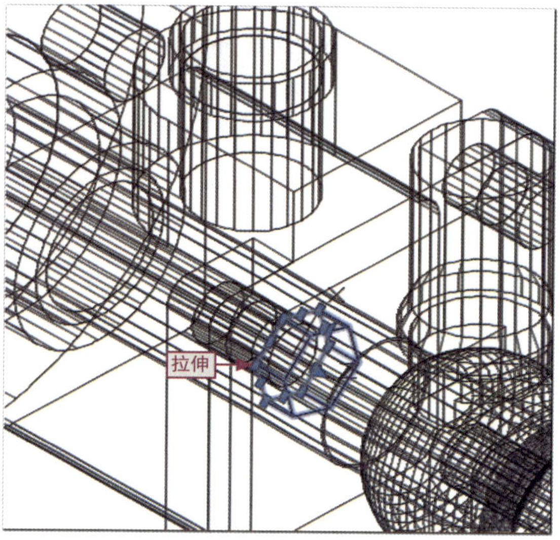

图12-67　拉伸正六边形

步骤03 单击“圆角边”按钮，对螺母的边角进行圆角处理，圆角半径为2，如图12-68所示。

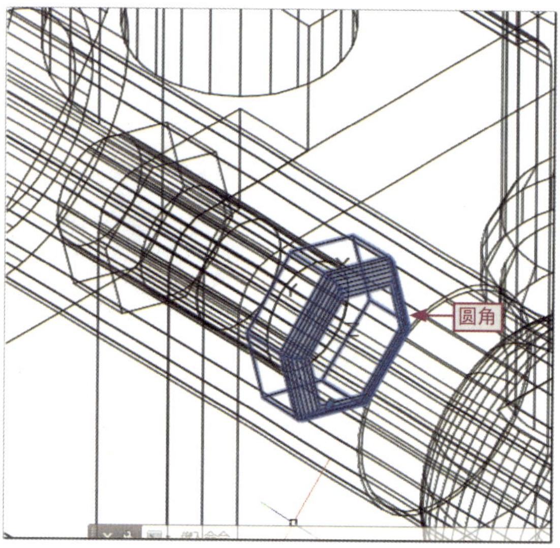

图12-68　圆角边

步骤04 单击“圆柱体”按钮，绘制一个半径为6，高度为-30，中心点坐标为(0,0,0)的圆柱体，如图12-69所示。

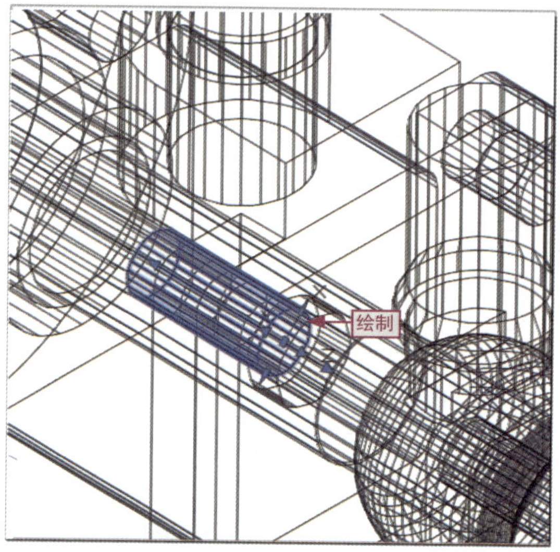

图12-69　绘制圆柱体

步骤05 单击“正多边形”按钮，绘制一个外接于圆，半径为8，中心点坐标为(0,0,-20)的正六边形，如图12-70所示。

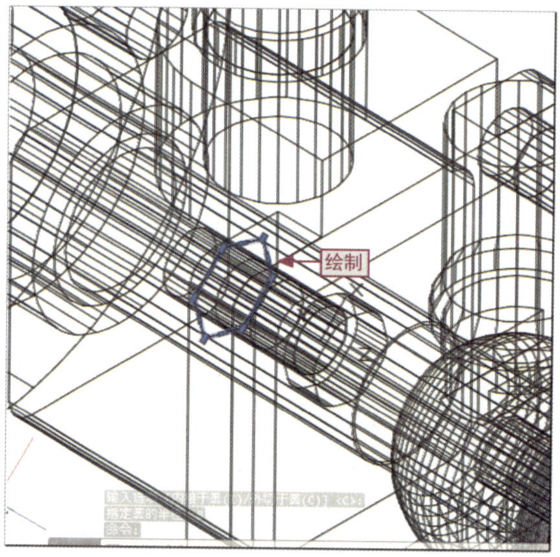

图12-70　绘制正六边形

步骤06 单击“拉伸”按钮，对绘制的正六边形进行拉伸，拉伸的高度为-7，如图12-71所示。

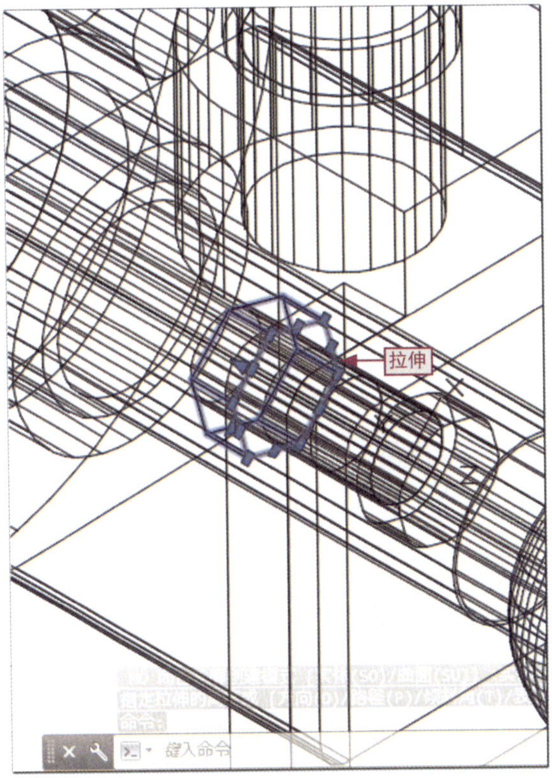

图12-71　拉伸正六边形

12.2.11 绘制扳手

下面绘制控制阀体运作的扳手，主要用于通过扳手转动来控制阀体的开关，其具体操作如下。

步骤01 使用UCS命令建立新的用户坐标系，并将用户坐标系的坐标原点移动到阀体球心圆柱的圆心上。将用户坐标系绕X轴旋转-90°，单击“长方体”按钮，绘制一个长、宽、高分别为17、17、10，角点坐标为(-8.5,-8.5,0)的长方体，如图12-72所示。

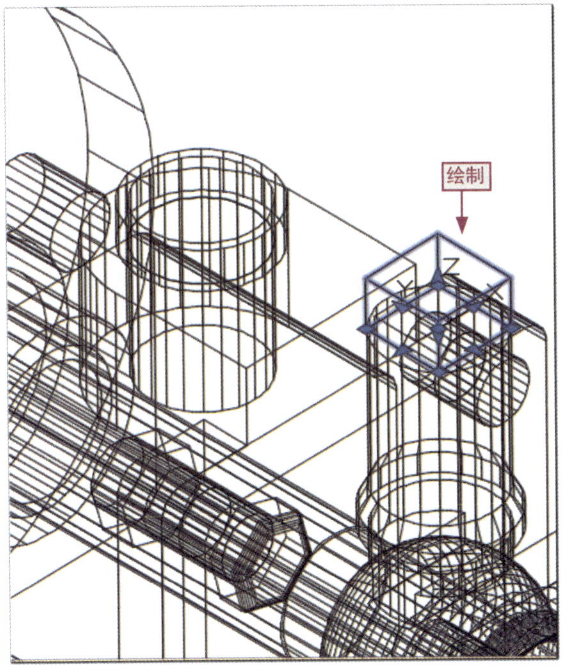

图12-72　绘制长方体

步骤02 单击“球体”按钮，绘制半径为14，球心坐标为(0,0,5)的球体，如图12-73所示。

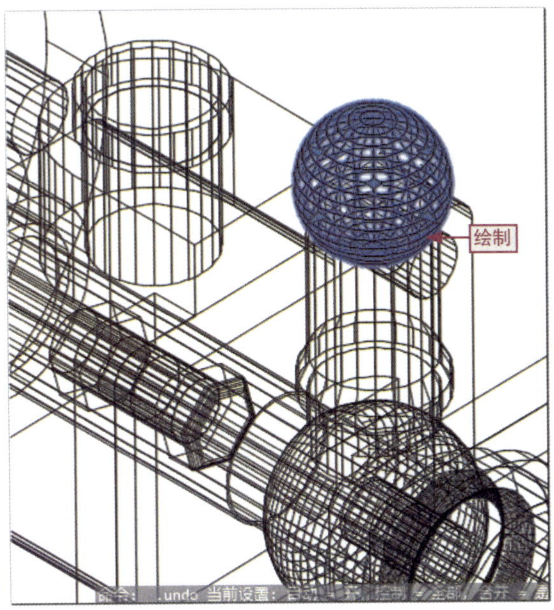

图12-73　绘制球体

步骤03 单击“剖切”按钮，对刚绘制的球体进行剖切，命令行操作如下。

命令: _slice
选择对象: //选择球体
选择对象:
指定切面上的第一个点，依照 [对象(O)/Z 轴(Z)/视图(V)/XY 平面(XY)/YZ 平面(YZ)/ZX 平面(ZX)/三点(3)] <三点>: XY
指定 XY 平面上的点 <0,0,0>:
在要保留的一侧指定点或 [保留两侧(B)]:

步骤04 单击“剖切”按钮，对刚绘制球体的另一边进行剖切，命令行操作如下。

命令: _slice
选择对象: //选择球体
选择对象:
指定切面上的第一个点，依照 [对象(O)/Z 轴(Z)/视图(V)/XY 平面(XY)/YZ 平面(YZ)/ZX 平面(ZX)/三点(3)] <三点>: XY
指定 XY 平面上的点 <0,0,0>: 0,0,10
在要保留的一侧指定点或 [保留两侧(B)]:

步骤05 单击“剖切”按钮，将剖切后的球体和长方体进行干涉，命令行操作如下。

命令: _interfere
选择实体的第一集合:
选择对象: //选择球体
选择对象:
选择实体的第二集合:
选择对象: //选择长方体
选择对象:
比较 1 个实体与 1 个实体。
干涉实体数 (第一组): 1
(第二组): 1
干涉对数: 1
是否创建干涉实体? [是(Y)/否(N)] <否>: Y

步骤06 单击“差集”按钮，从剖切后的球体中减去干涉的实体。使用UCS命令建立新的用户坐标系，即将用户坐标系绕X轴旋转90°，命令行操作如下。

命令: UCS
当前 UCS 名称: *没有名称*
输入选项 [新建(N)/移动(M)/正交(G)/上一个(P)/恢复(R)/保存(S)/删除(D)/应用(A)/?/世界(W)] <世界>: X
指定绕 X 轴的旋转角度 <90>:

步骤07 单击“圆柱体”按钮，绘制半径为4，高度为150，中心点坐标为(0,5,8.5)的圆柱体，如图12-74所示。

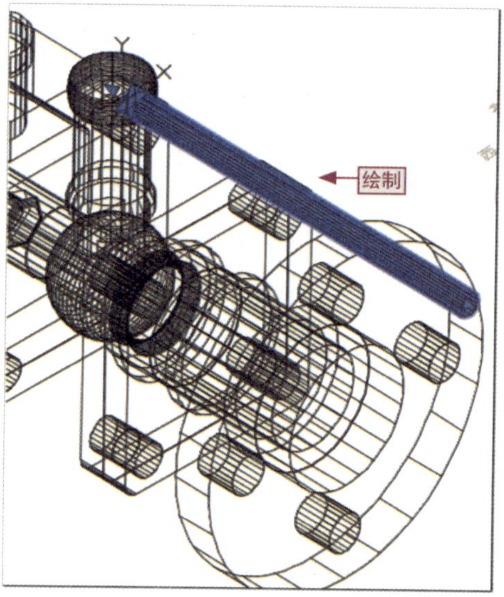

图12-74 绘制圆柱体

步骤08 单击“并集”按钮，将剖切后的球体与圆柱进行合并，如图12-75所示。

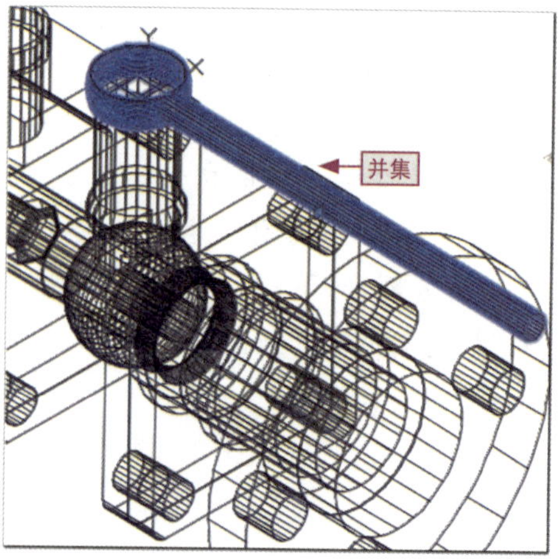

图12-75 合并实体

步骤09 使用“三维旋转”命令对扳手进行旋转，如图12-76所示，其命令行操作如下。

命令: ROTATE3D
当前正向角度: ANGDIR=逆时针 ANGBASE=0
选择对象:
选择对象:
指定轴上的第一个点或定义轴依据 [对象(O)/最近的(L)/视图(V)/X 轴(X)/Y 轴(Y)/Z 轴(Z)/两点(2)]: X
指定 X 轴上的点 <0,0,0>:
指定旋转角度或 [参照(R)]: -10

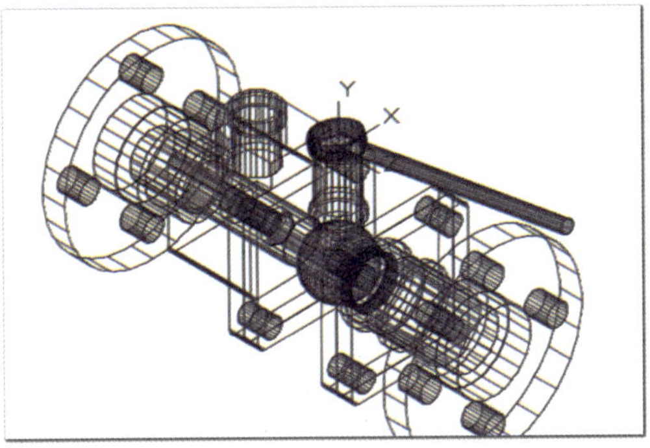

图12-76 旋转角度

步骤10 将视觉样式设置为“真实”，查看绘制实体的最终效果，如图12-77所示。

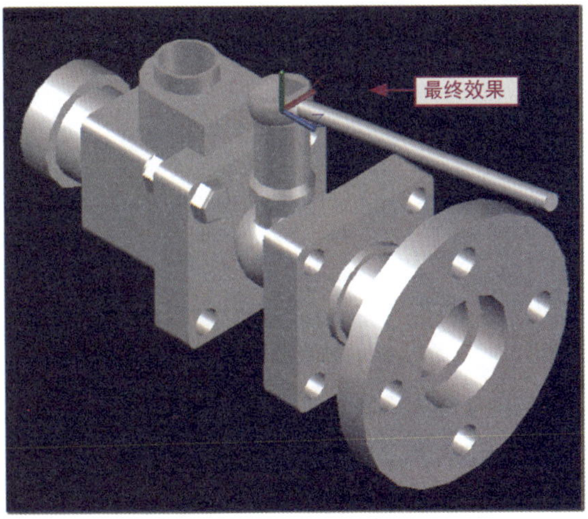

图12-77 完成绘制

12.3 案例制作总结和答疑

案例制作完成后，需要及时对其进行总结与分析，这样才能更好地掌握相关的知识。下面就来对本案例进行一个简单的总结与答疑。

本例的主要任务是绘制阀体的实体模型。相对于绘制二维图形而言，绘制三维图形有一定的难度，主要体现在三维模型的显示方式上，因此在绘制时，要对立体的三维图形的表现方式有所了解，并且要掌握在绘图工程中随时使用不用的视图来观察图形是否绘制准确。

绘制本案例主要有以下特点。

图形的多样性：该图形包含AutoCAD三维图形中众多的模型，例如法兰盘使用了圆柱模型，阀体则使用了长方体和圆柱模型等。

零件多：该阀体由众多的零件组成，如法兰盘、阀体接头、接头螺杆、密封圈、阀体、阀杆和螺母等。

图形的复杂性：该图形不仅由很多个零件组成，而且要将各零件紧密地连接起来，而各部分之间的连接正是绘制本例图形的难点。

给你支招 | 隐藏和显示图形

小白：在绘制圆柱体时，图形由很多圆柱组成，每次都不能捕捉到圆柱底面的圆心，如何才能完成呢?

阿智：三维模型由很多复杂的线条组成，在捕捉对象时，不容易捕捉到。可以对暂时不需要显示的图形进行隐藏，这样只剩下绘制的图形，就方便捕捉对象了，其操作如下。

步骤01 选择需要隐藏的图形，在其上右击，在弹出的快捷菜单中选择“隔离对象”或“隐藏对象”命令，如图12-78所示。

图12-78　选择“隔离/隐藏对象”命令

步骤02 选择的对象被隐藏，此时就可以进行相应的编辑操作了，如图12-79所示。

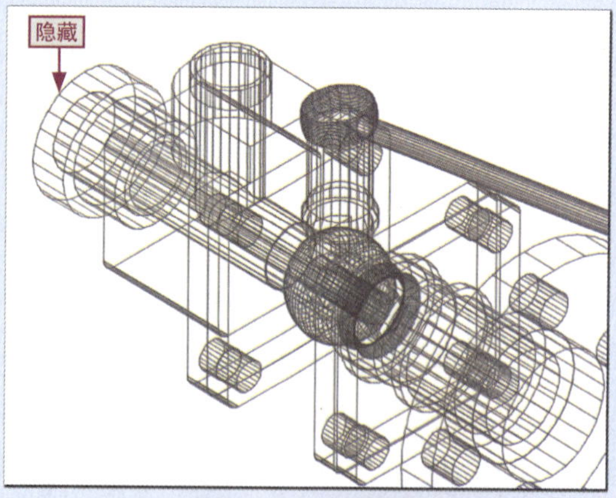

图12-79　隐藏图形

步骤03 编辑完成后，在绘图区的空白处右击，在弹出的快捷菜单中选择“隔离对象”或“结束对象隔离”命令，如图12-80所示。

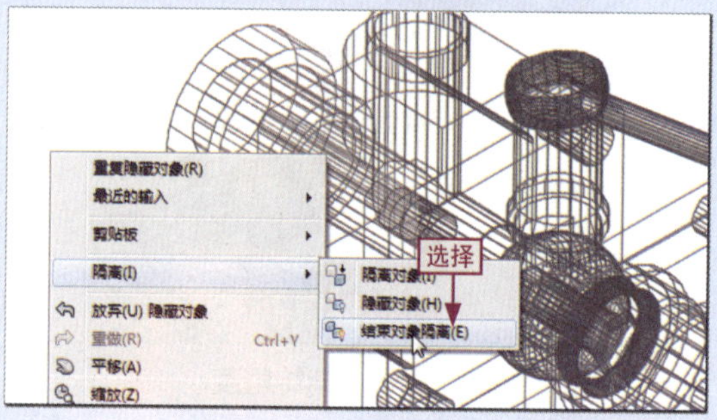

图12-80　选择命令

步骤04 将先前隐藏的对象再次显示出来，如图12-81所示。

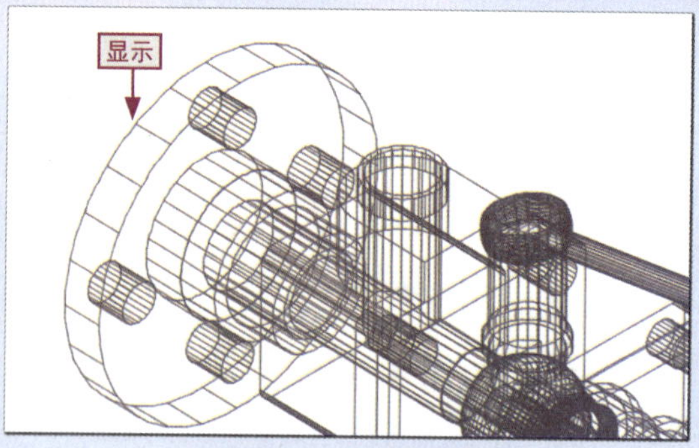

图12-81　显示图形

给你支招 | 设置填充比例

小白：在填充图形区域时，为什么我填充的图形区域全部变成了黑色？

阿智：这是因为在进行填充时没有设置填充图案比例，可以重新设置填充图案的比例，其具体操作如下。

步骤01 选择需要设置的填充区域，在出现的"图案填充编辑器"选项卡的"特性"组中设置填充比例，如图12-82所示。

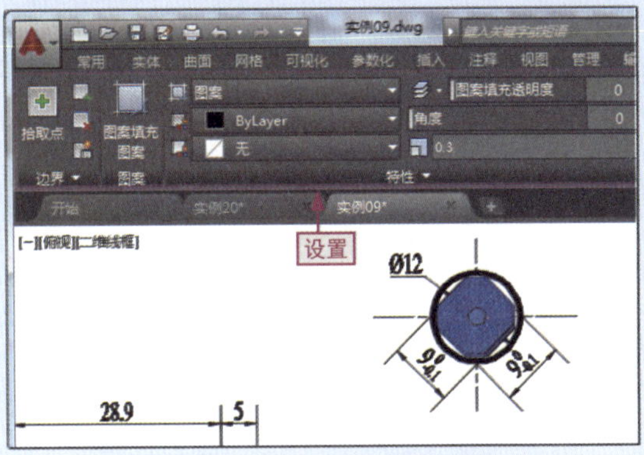

图12-82 输入填充比例

步骤02 完成后即可看到重新设置填充比例的效果，如图12-83所示。

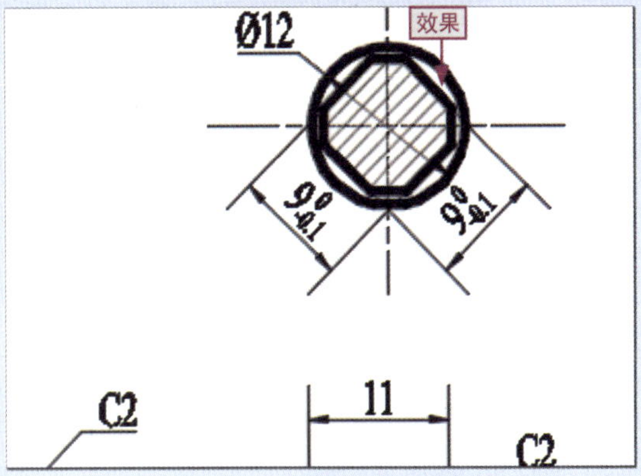

图12-83 重新设置效果

阅读随笔

Chapter 13 AutoCAD 建筑设计绘图

学习目标

本章通过对建筑的平面图、立面图和剖面图的绘制，让读者了解AutoCAD在建筑平面绘图中的相关知识和操作。通过这几个实例学会举一反三，掌握灵活运用各种命令进行绘图的方法，可以绘制其他的建筑图形来巩固学习成果。

本章要点

- 绘制建筑平面图
- 绘制建筑立面图
- 绘制建筑剖面图

知识要点	学习时间	学习难度
绘制建筑平面图	50 分钟	★★★★
绘制建筑立面图	60 分钟	★★★★
绘制建筑剖面图	60 分钟	★★★★

13.1 案例制作效果和思路

小白：我看到一套建筑图纸，里面有好多图形，看得我眼花缭乱。这些图纸是怎么绘制出来的呢？

阿智：绘制这些图纸的方法很简单，不过一套建筑图纸有很多，平面图、立面图以及剖面图等，所以看起来不知道如何进行绘制。下面将进行一幢别墅的绘制，以了解建筑图纸的一些绘制过程和方法。

本案例是一幢别墅图纸的绘制过程，主要介绍了建筑的平面图、立面图和剖面图及其各种详图的绘制，包括窗户、门和楼梯等图形。图13-1所示是建筑平面图、立面图和剖面图的效果。

本节素材	/素材/Chapter13/建筑图纸.dwg
本节效果	/效果/Chapter13/建筑设计/
学习目标	掌握在AutoCAD中进行建筑绘图的方法
难度指数	★★★★★

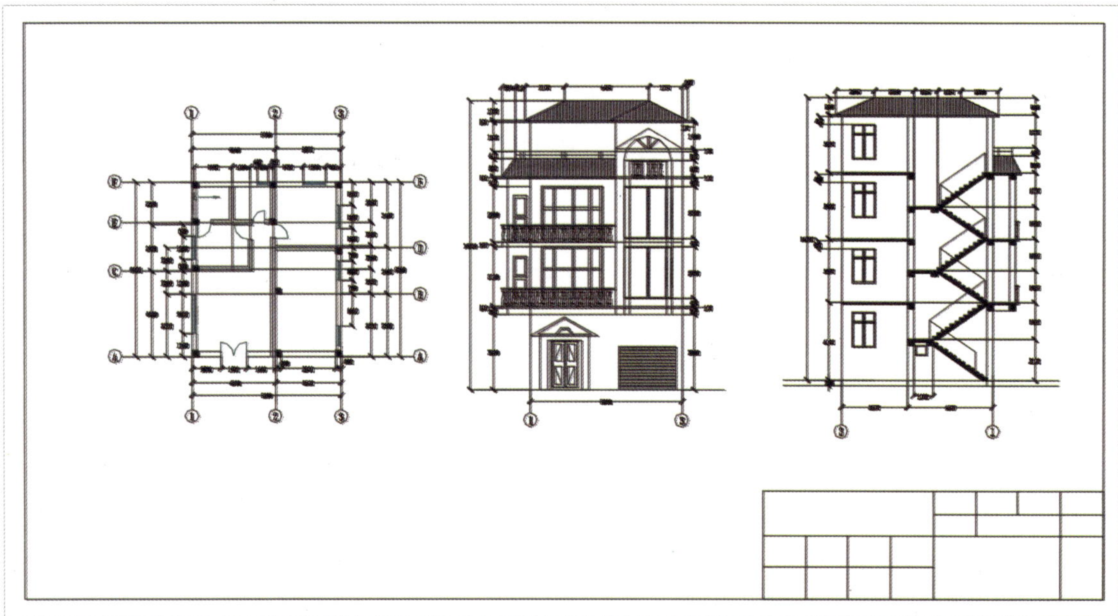

图13-1　建筑平面图、立面图和剖面图效果

本案例主要绘制三种图纸，绘制流程类似。在学习制作本案例之前，首先需要了解案例制作的大体流程，如图13-2所示。

图13-2 案例制作大体思路

一套完整的建筑图纸，首先绘制的第一张应该是“设计说明”图纸，其中包括项目概况、设计标高、用料说明和室内外装修、门窗、幕墙等，绘制过程中主要涉及表格和文字，但本章不做介绍，其效果如图13-3所示。

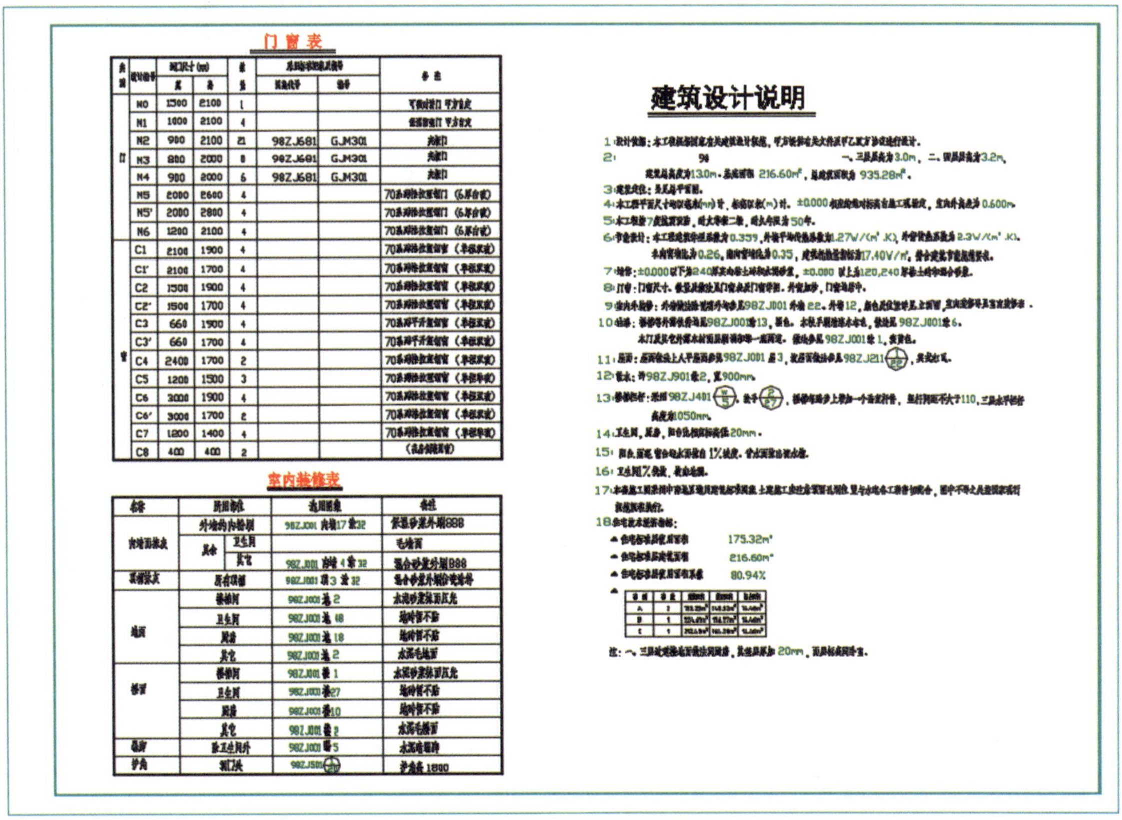

图13-3 建筑设计说明效果

13.2 绘制建筑平面图

下面将绘制别墅的底层平面图，在绘制过程中，将用到的操作有图层的创建、图形的绘制、标注和文字的输入等，以及偏移、修剪和移动等编辑功能。

13.2.1 设置绘图环境

绘制建筑图纸时，首先需要设置其绘图环境，包括图纸空间的界线、图层的创建以及文字样式的创建，具体操作方法如下。

步骤01 打开“建筑图纸”素材文件，设置其空间界线，命令行操作如下。

命令: LIMITS
重新设置模型空间界限:
指定左下角点或 [开(ON)/关(OFF)] <0.0000,0.0000>:
指定右上角点 <42000.0000,29700.0000>: 42000,29700

步骤02 在“默认”选项卡的“图层”栏中单击“图层特性”按钮，打开“图层特性”面板，在其中创建轴线、墙体、门窗、楼梯、柱子和标注等图层，并设置其颜色和线型等参数，如图13-4所示。

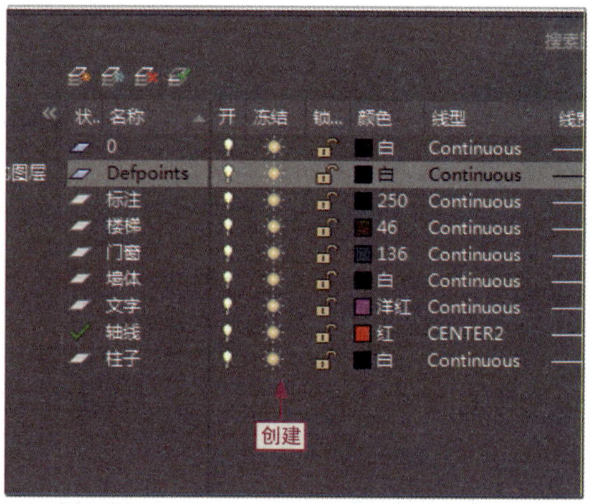

图13-4 创建图层

步骤03 在命令行中输入线型比例命令“LTS”，将全局比例因子设置为100，其命令行操作如下。

命令: LTS
LTSCALE 输入新线型比例因子 <1.0000>: 100
正在重生成模型

步骤04 在“注释”选项卡中的“文字”栏中单击“箭头”按钮，打开“文字样式”对话框。将字体设置为“仿宋”，“宽度因子”设置为“0.8”，单击“置为当前”按钮，如图13-5所示。

小绝招 调用现成模板文件

如果已经保存有建筑图纸规范模板文件，则可以直接调用该文件，从而减少对一些标准参数进行设置的操作。

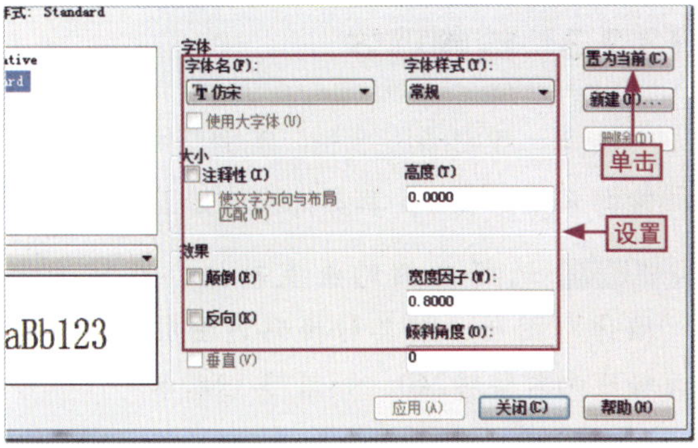

图13-5 设置字体样式

步骤05 单击“标注”栏中的“箭头”按钮，打开“标注样式管理器”对话框，❶新建一个“建筑样式”，❷单击“修改”按钮，如图13-6所示。

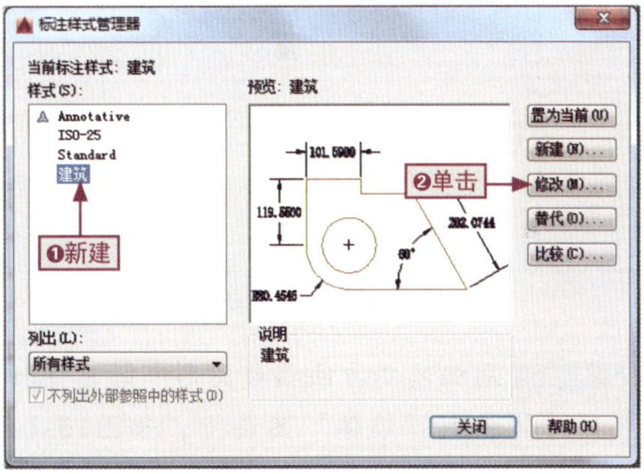

图13-6 创建新标注

步骤06 ❶在打开的对话框中单击“调整”选项卡，❷设置“全局比例”为100，如图13-7所示。

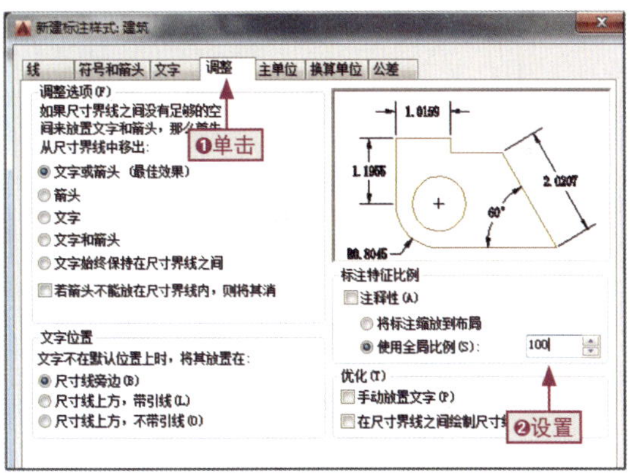

图13-7 设置标注全局比例

13.2.2 绘制轴线和柱网

本案例是一幢四层的别墅，面积较小，比较简单。轴线的绘制主要以垂直和水平线为主，然后对其进行偏移即可，其具体制作流程如下。

步骤01 选择“轴线”图层，单击“直线”按钮，绘制长分别为9000与10000的水平和垂直轴线，如图13-8所示。

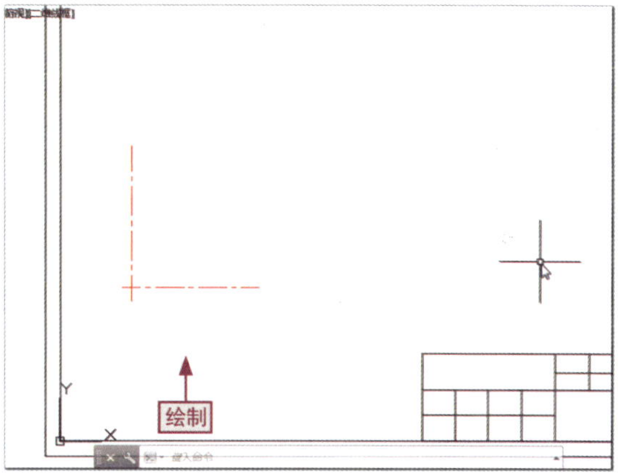

图13-8 绘制水平和垂直轴线

步骤02 单击“偏移”按钮，将垂直轴线向右分别偏移4500和3500，将水平轴线向上分别偏移3200、1200、1200、1200及2200，如图13-9所示。

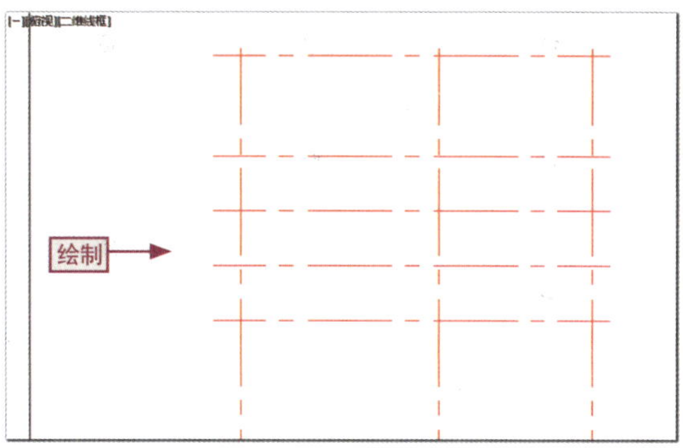

图13-9 偏移轴线

步骤03 单击“矩形”按钮，以轴线的交点为起点，绘制一个长和宽均为300的矩形，如图13-10所示。

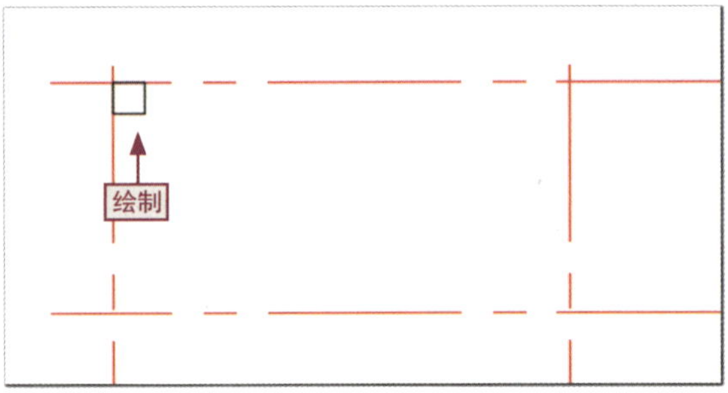

图13-10 绘制矩形

步骤04 单击“填充”按钮，把绘制的矩形填充为黑色，如图13-11所示。

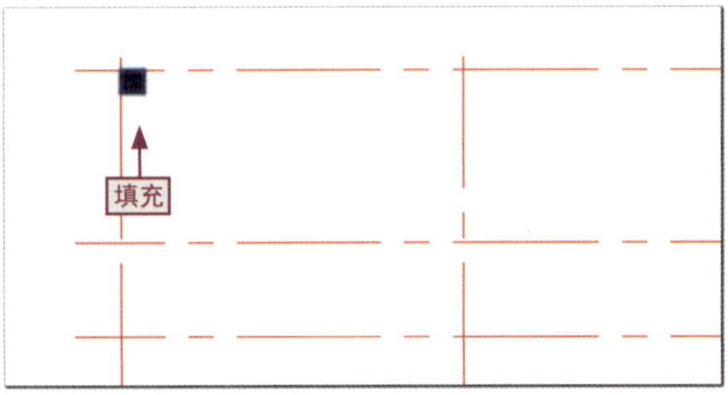

图13-11 填充矩形

步骤05 单击“复制”按钮，将绘制的矩形和填充区域复制到如图13-12所示的各个轴线的交点上。

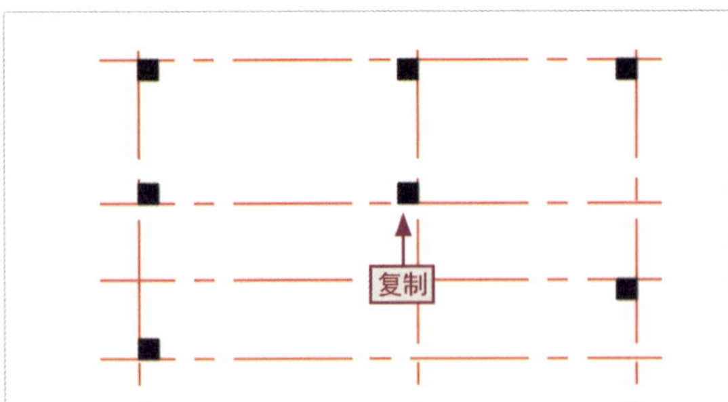

图13-12 复制矩形

13.2.3 绘制墙体

墙体一般由多线绘制，本例使用直线偏移和修剪来绘制墙体，其具体操作如下。

步骤01 选择左侧的垂直轴线，然后选择“墙体”图层，将其转换到该图层中，再将该轴线向右偏移240，如图13-13所示。

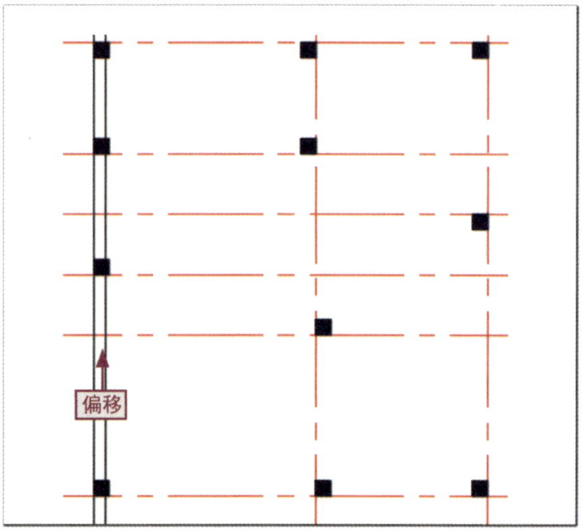

图13-13 偏移墙线

步骤02 用相同的方法偏移图形中的其他轴线，并转换到“墙体”图层上，如图13-14所示。

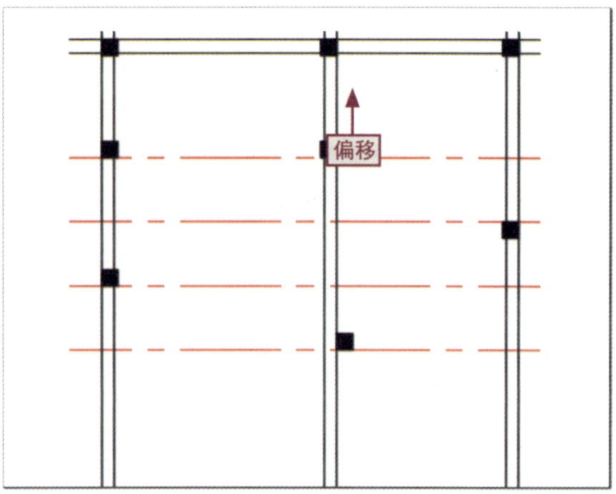

图13-14 绘制其他墙体

步骤03 选择最上方墙体下面的水平轴线，然后分别将其向上和向下偏移60，并将其转换到“墙体”图层上，如图13-15所示。

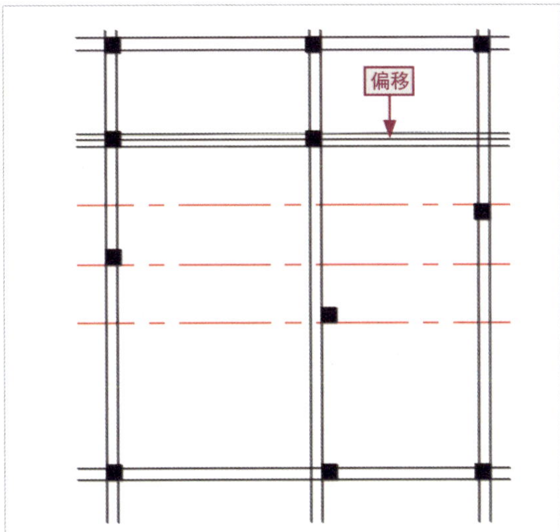

图13-15　偏移水平轴线

步骤04 用同样的方法选择下面的两条水平轴线，分别对其进行偏移，偏移距离为60，再将其转换到“墙体”图层上，如图13-16所示。

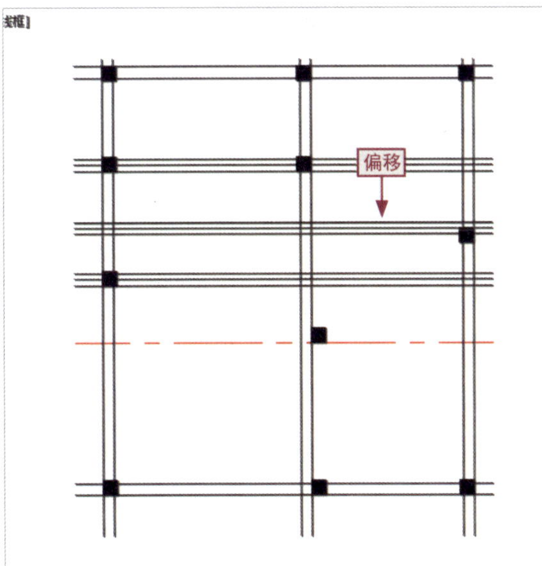

图13-16　偏移其他水平轴线

步骤05 选择最左侧的垂直墙体直线，将其向右偏移2100和1000，如图13-17所示。

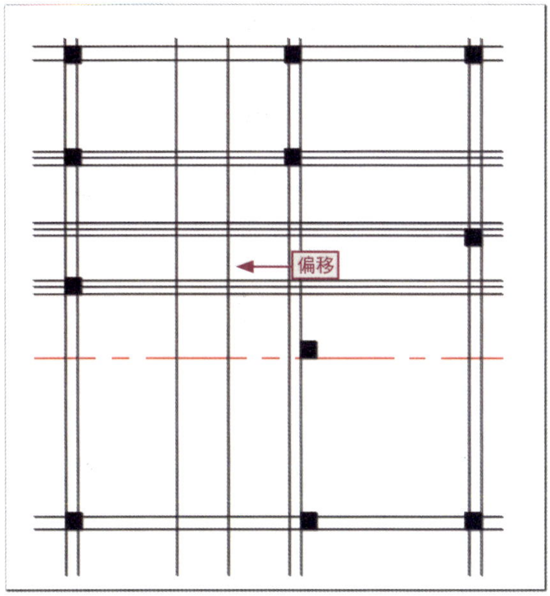

图13-17　偏移垂直墙体直线

步骤06 将偏移后的两条垂直直线依次向右偏移60两次，如图13-18所示。

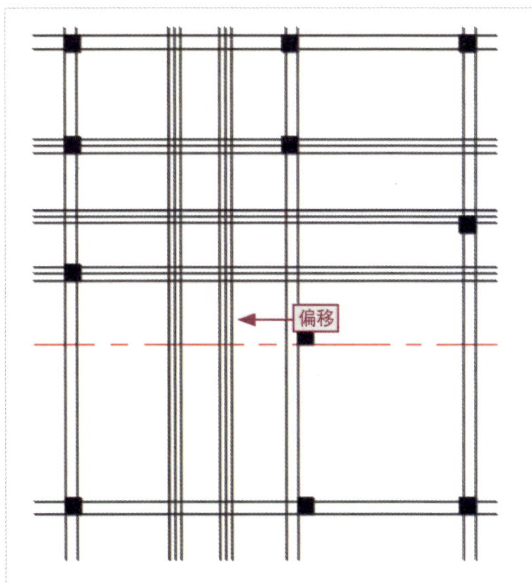

图13-18　偏移墙线

步骤07 单击“修剪”按钮，选择图中全部图形，对其进行修剪，其最终效果如图13-19所示。

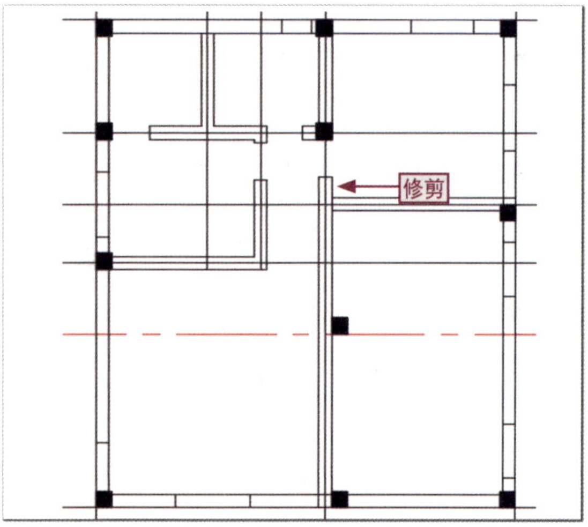

图13-19　修剪墙线

13.2.4 绘制门和窗

本案例中的门主要有两种：单扇门和双扇门。单扇门可以利用直线和圆弧进行绘制，双扇门可以通过单扇门的镜像操作来完成，其具体操作如下。

步骤01 选择“门窗”图层，单击“直线”按钮，绘制一条长度为700的垂直直线，如图13-20所示。

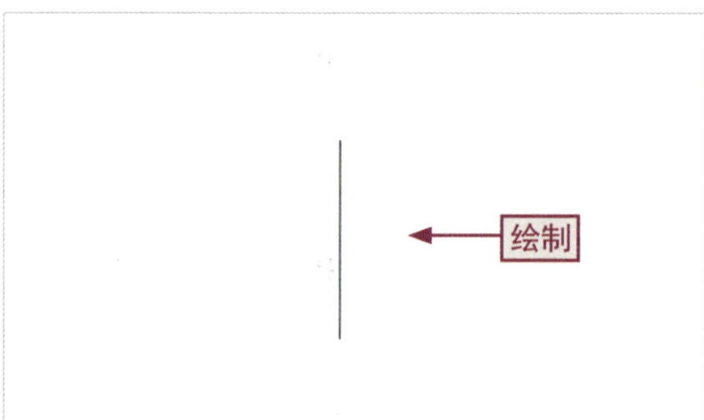

图13-20　绘制直线

步骤02 单击“圆弧”按钮，选择直线的上端点和下端点，设置角度为90°，绘制一条圆弧，如图13-21所示。

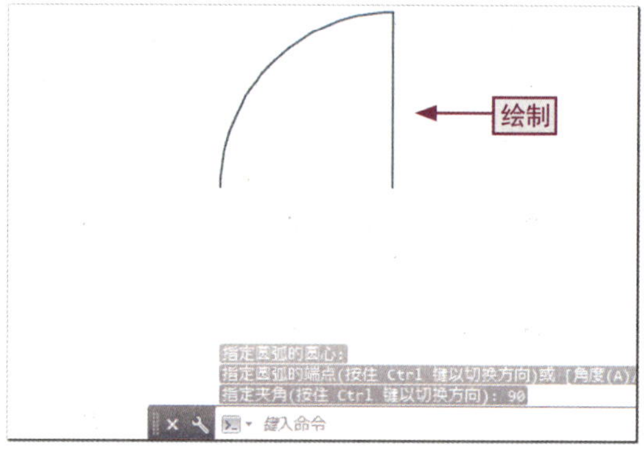

图13-21　绘制圆弧

步骤03 在“块”组中单击“创建”按钮，打开“块定义”对话框。❶设置名称为“单扇门”，并选择上面创建的直线和圆弧，将其转化为图块，❷单击“确定”按钮，如图13-22所示。

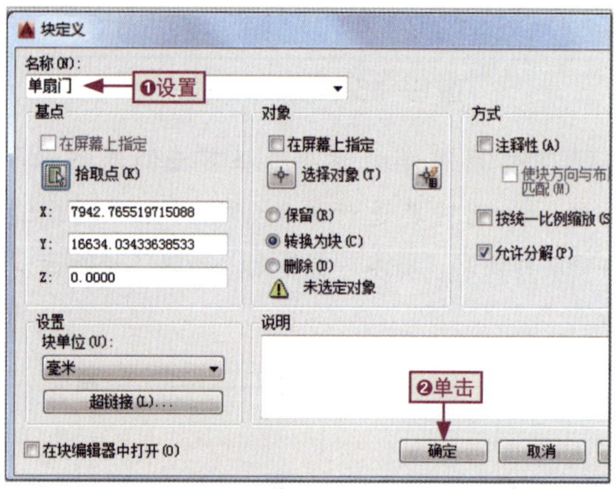

图13-22　定义块

步骤04 选择创建的直线和圆弧图形，对其进行镜像复制，然后将复制后的图形创建为“双扇门”图块，如图13-23所示。

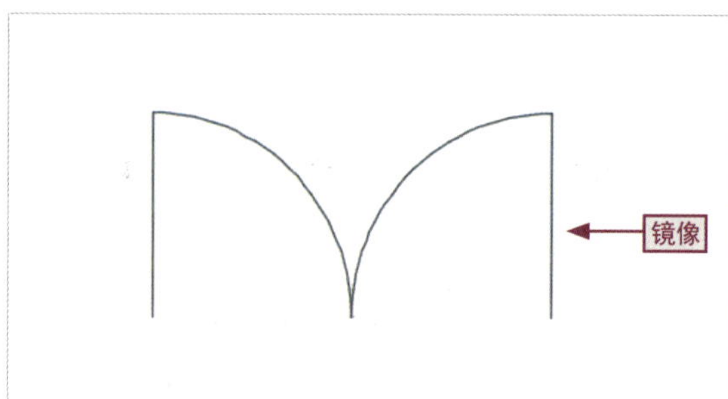

图13-23　绘制双扇门图形

步骤05 单击“直线”按钮，以图形中“窗户”的两个端点为界线绘制一条直线，然后向上偏移三次，偏移距离为60，其效果如图13-24所示。

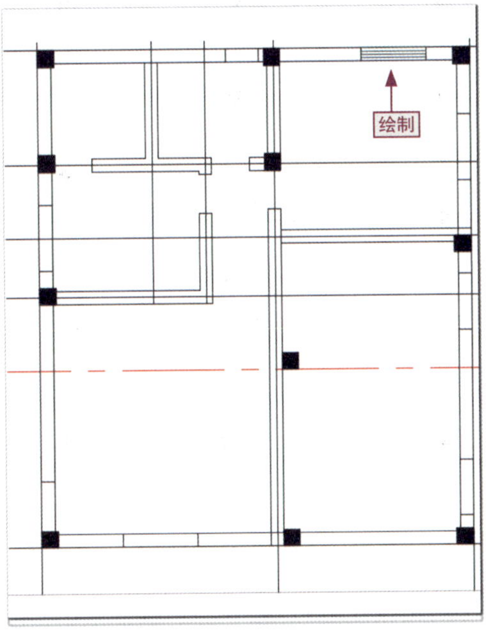

图13-24 绘制窗户图形

步骤06 用同样的方法在其他墙体上绘制“窗户”图形，如图13-25所示。

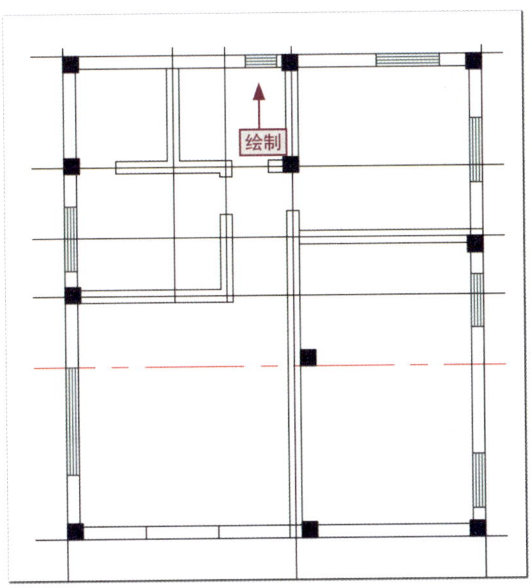

图13-25 绘制全部窗户图形

步骤07 ❶在“图层”组中单击“插入”按钮，❷从弹出的下拉列表中选择“单扇门”命令，如图13-26所示。

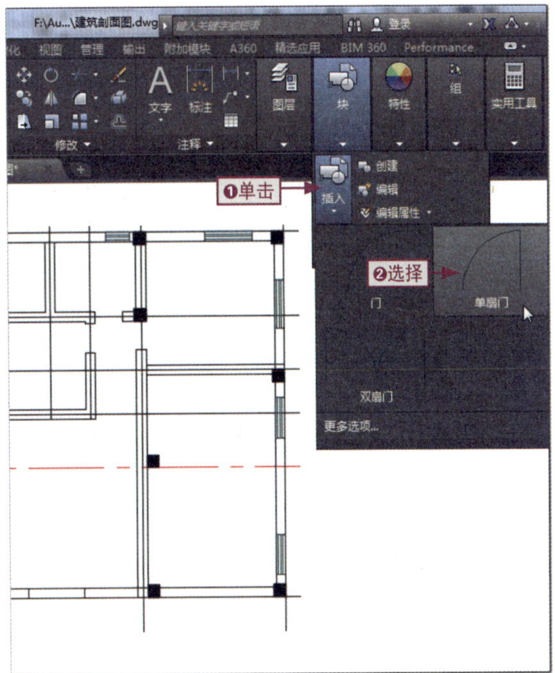

图13-26 插入创建的块

步骤08 在绘图区将选择的“单扇门”图块插入相应的位置上，如图13-27所示。

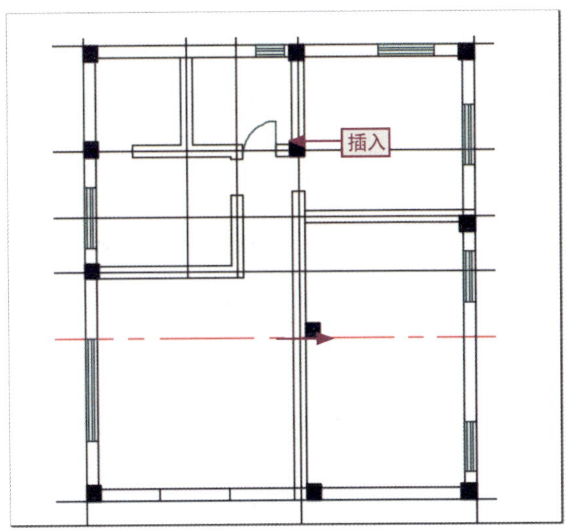

图13-27 插入图块

步骤09 用相同的方法在图形的其他位置插入“单扇门”图块，如图13-28所示。在插入图块时，注意调整图块的方向。

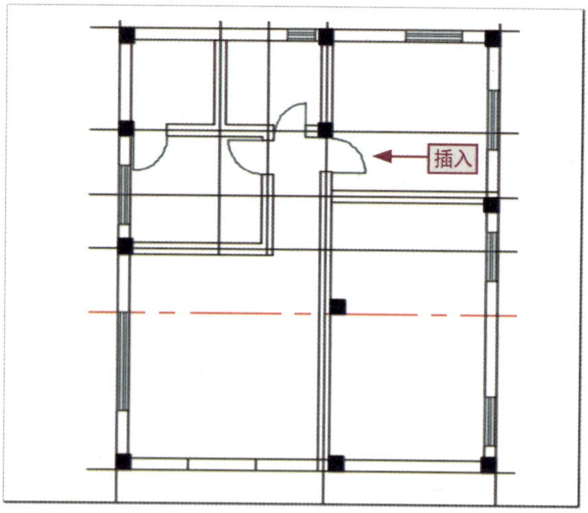

图13-28　插入其他图块

步骤10 选择“双扇门”图块，将其插入图形中的相应位置上，如图13-29所示。

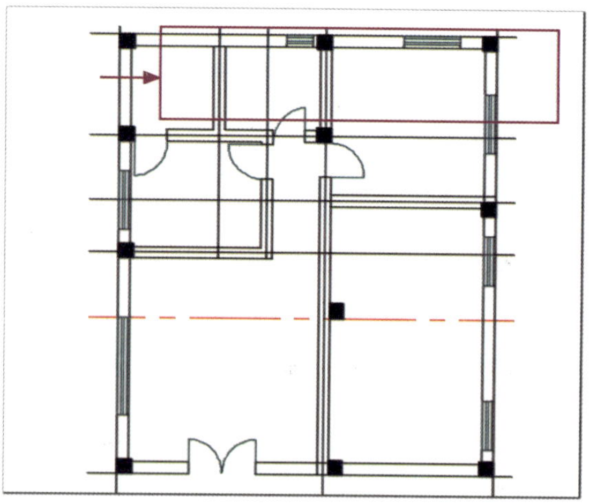

图13-29　插入图块

13.2.5 绘制楼梯

在平面图中，表现楼梯的样式主要是以绘制的直线来进行，再绘制折断线来表示楼梯转角，其具体操作如下。

步骤01 单击“直线”按钮，在左侧墙体两个柱子之间的最左侧绘制一条垂直直线，如图13-30所示。

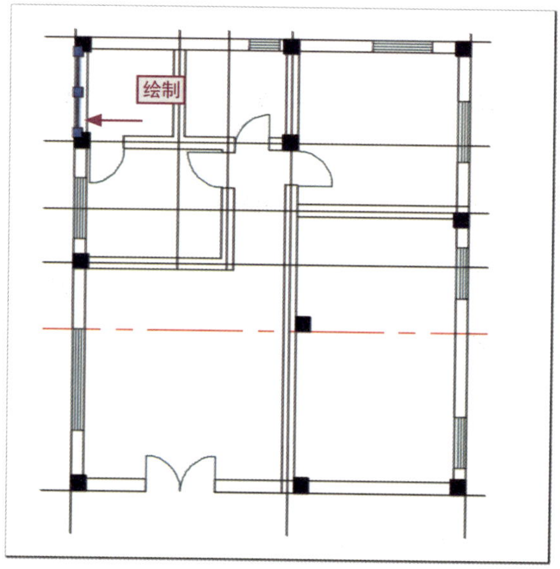

图13-30　绘制楼梯线

步骤02 选择绘制的直线，单击“偏移”按钮，将其向右偏移7次，偏移距离为260，如图13-31所示。

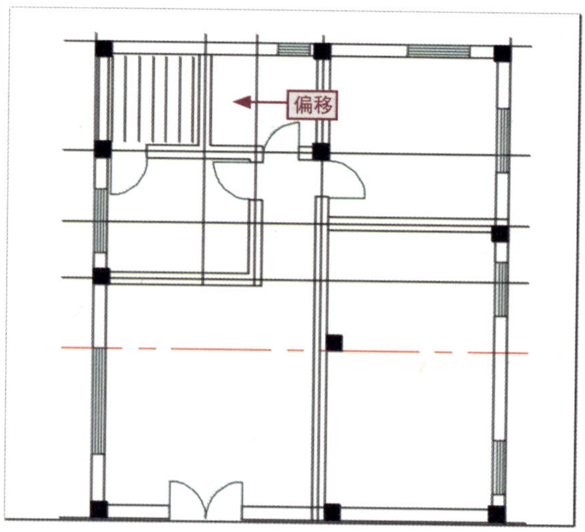

图13-31　偏移楼梯线

步骤03 选择上面墙体的内墙线，单击“偏移”按钮，向下分别偏移1145和60，如图13-32所示。

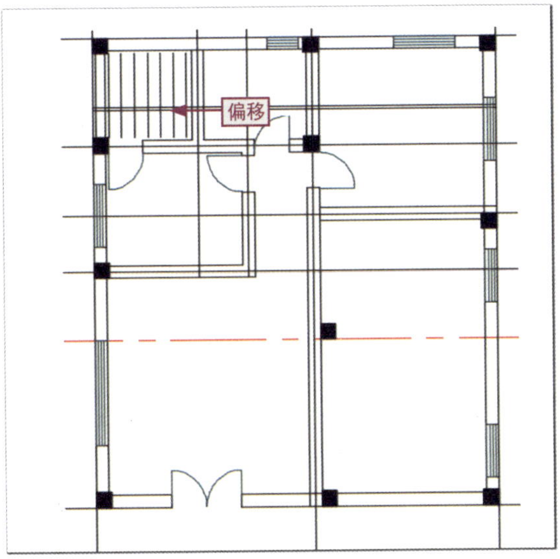

图13-32 偏移直线

步骤04 单击“直线”按钮，在楼梯位置上绘制一条折断线，如图13-33所示。

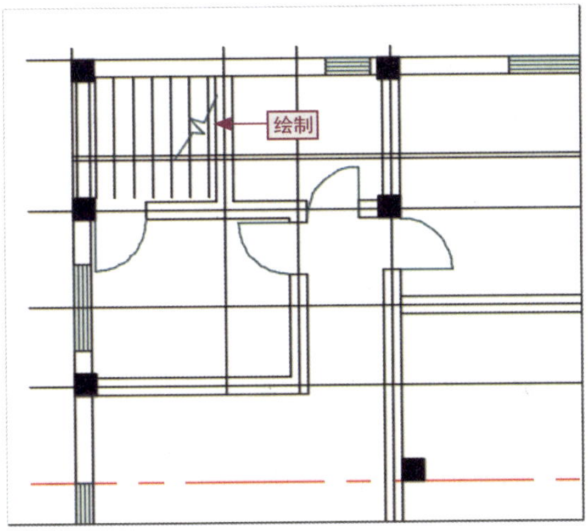

图13-33 绘制图形

步骤05 单击“修剪”按钮，选择绘制的全部楼梯图形，然后对其进行修剪，效果如图13-34所示。

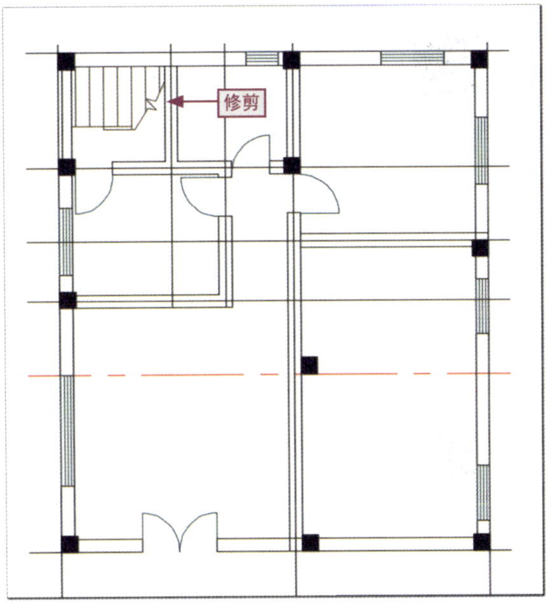

图13-34 修剪图形

步骤06 单击“多段线”按钮，以楼梯垂直中点为起点，绘制一个起点宽度为0，端点宽度为80，长度为400的箭头，如图13-35所示。

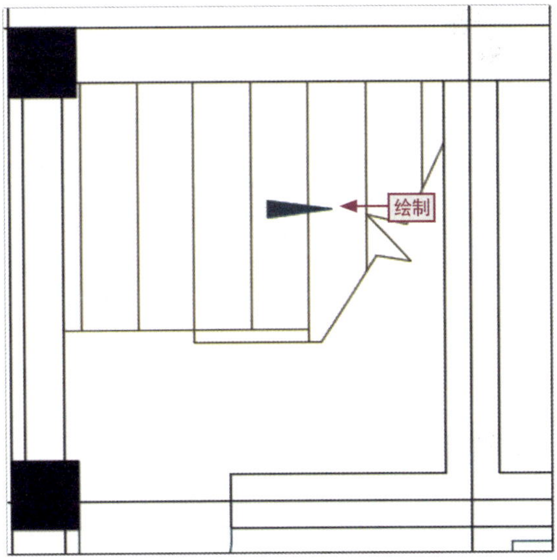

图13-35 绘制箭头

步骤07 单击“直线”按钮，以绘制的箭头的中点为起点，向左绘制一条长度为800的直线，如图13-36所示。

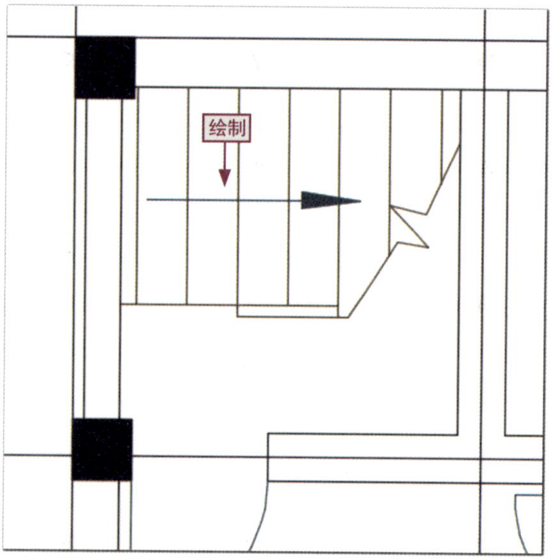

图13-36 绘制直线

步骤08 单击“单行文字”按钮，在绘制的箭头左侧创建一个文字“上”，并将其高度设置为“300”，如图13-37所示。

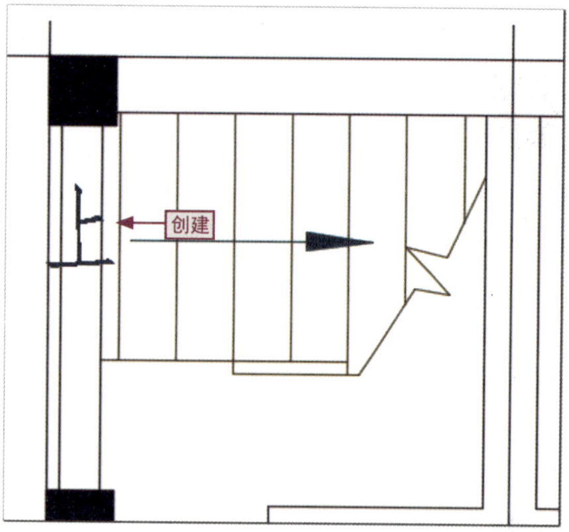

图13-37 创建文字

13.2.6 标注图形

图形绘制完成后，可以为其进行尺寸标注。本案例主要使用线性标注和连续标注，以及使用圆命令绘制的轴线，其具体操作如下。

步骤01 单击“线性”按钮，为图形的左上角标注尺寸，如图13-38所示。

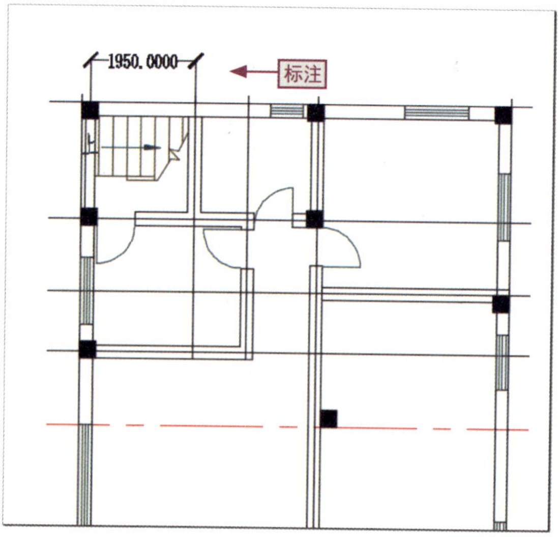

图13-38 添加线性标注

步骤02 单击“连续”按钮，将标注了线性标注的图形进行连续标注，如图13-39所示。

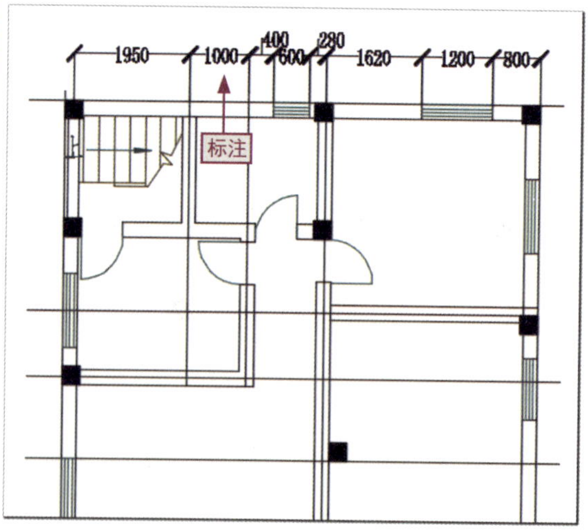

图13-39 添加连续标注

步骤03 用同样的方法对墙体的其他位置进行标注，如图13-40所示。

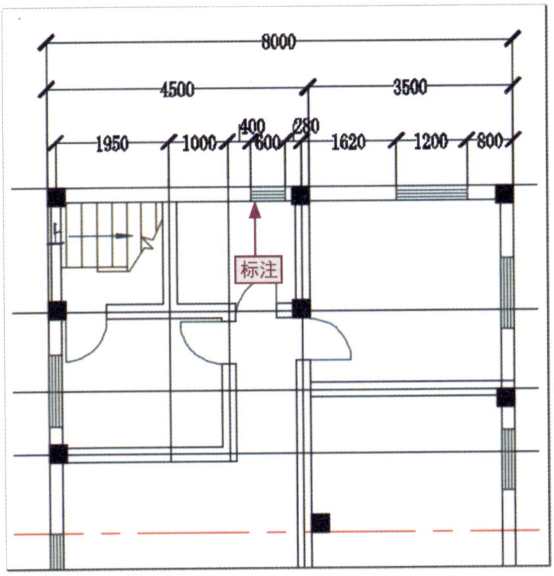

图13-40 添加标注

步骤04 单击“圆”按钮，绘制一个半径为350的圆形，再在其下绘制一条垂直直线，并将其移动到标注上，如图13-41所示。

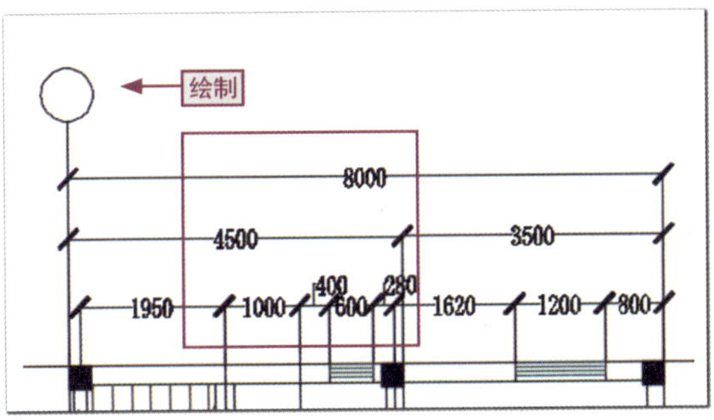

图13-41 绘制圆形

步骤05 单击“文字”按钮，在圆形中添加文字“1”，并将其高度设置为400，如图13-42所示。

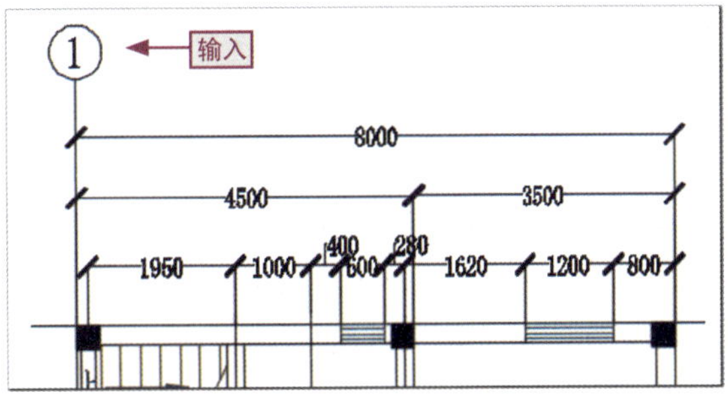

图13-42 输入文字

步骤06 用相同的方法为图形添加尺寸标注，完成图形的绘制，如图13-43所示。

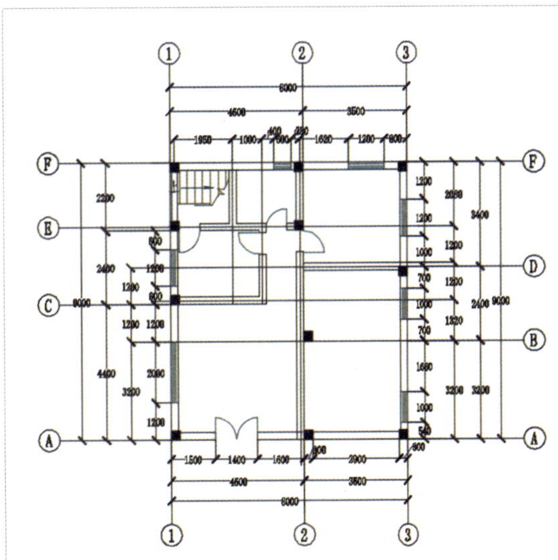

图13-43 添加其他尺寸标注

13.3 绘制建筑立面图

接下来将承接上面的别墅建筑绘制别墅的立面图。建筑立面图就是建筑的正面图，绘制过程中也使用了常规平面图形的绘制和编辑工具。

13.3.1 绘制立面轮廓

立面图是建筑的外形显示，在了解建筑的平面和屋顶平面后，就可以根据其尺寸来绘制立面轮廓，其具体操作如下。

步骤01 将前面绘制的平面图另存为“建筑立面图”，打开“图层特性管理器”面板，在其中根据需要再新建“栏杆”、“屋顶”和“装饰”等图层，如图13-44所示。

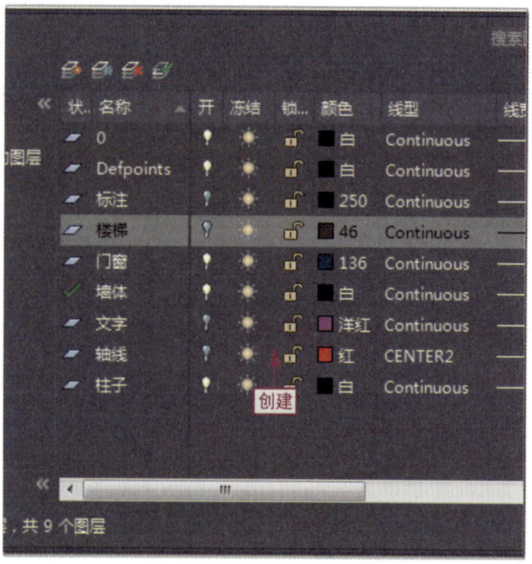

图13-44 创建图层

步骤02 根据前面绘制的平面图尺寸，绘制一个建筑的立面图轮廓，如图13-45所示。

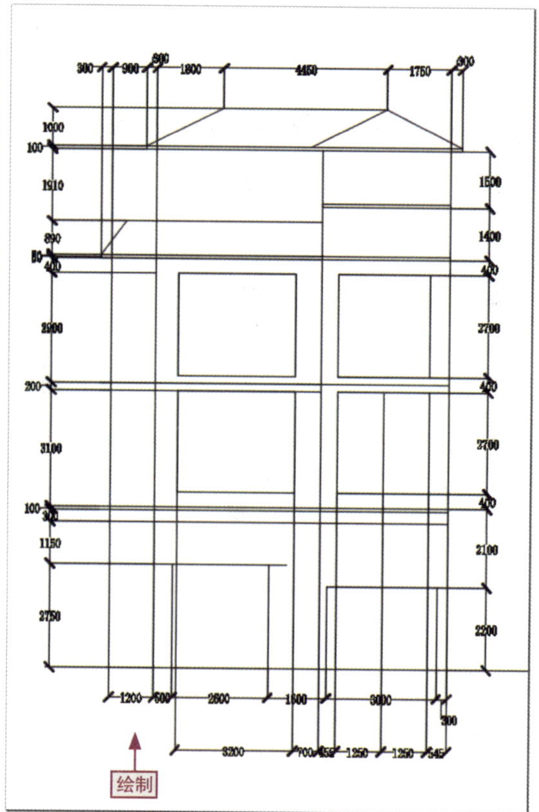

图13-45 绘制轮廓

13.3.2 绘制大门

立面图将会显示门的具体样式，因此在本案例中可以先将大门图形绘制出来，其具体操作如下。

步骤01 单击“直线”按钮，在绘图区的空白位置绘制一个长度为3600、高度为1000的等腰三角形，如图13-46所示。

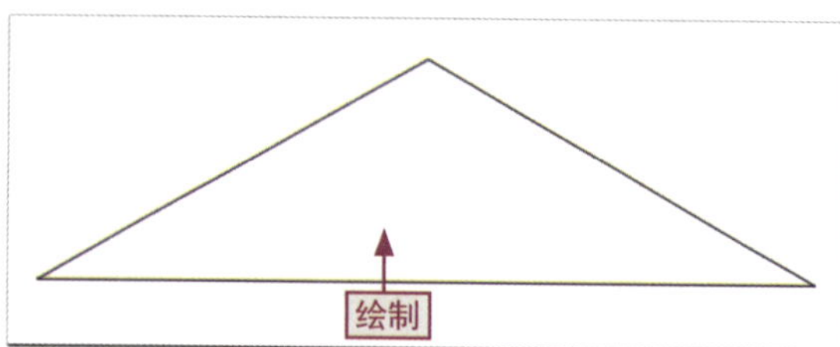

图13-46 绘制三角形

步骤02 单击“偏移”按钮，将三角形的边向内偏移100，然后单击“修剪”按钮，将图形修剪为如图13-47所示的效果。

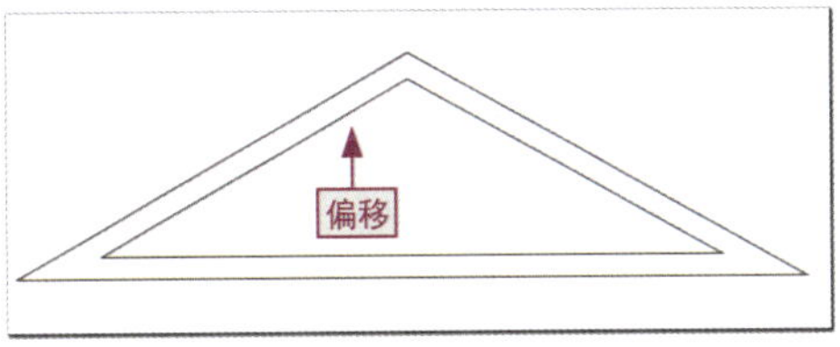

图13-47 偏移和修剪线条

步骤03 单击“直线”按钮，在距离三角形左侧角点的500处绘制一条长度为2750的垂直直线，然后将该直线向右偏移400、1800及400，如图13-48所示。

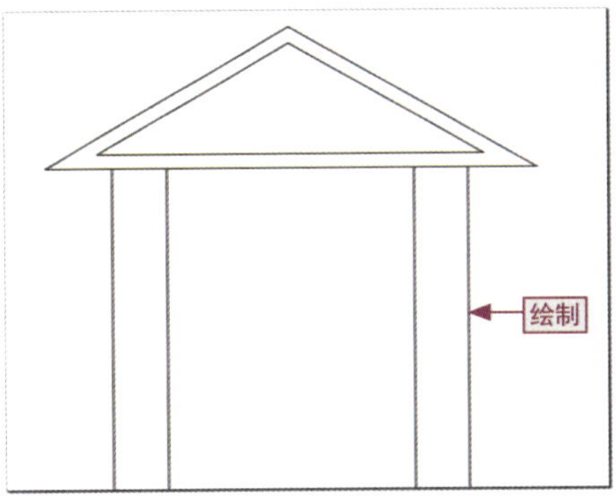

图13-48 绘制直线

步骤04 单击“偏移”按钮，选择三角形的水平直线，将其向下偏移215，然后将该图形修剪为如图13-49所示的效果。

图13-49 偏移直线

步骤05 单击“圆”按钮，以三角形内侧水平直线的中心为圆心，绘制一个半径为467的圆形，然后将其向内偏移100，最后将该图形修剪为如图13-50所示的效果。

图13-50 绘制圆弧

步骤06 单击“矩形”按钮，以左上角的角点向右偏移200为起点，绘制一个长1400、宽2400的矩形，如图13-51所示。

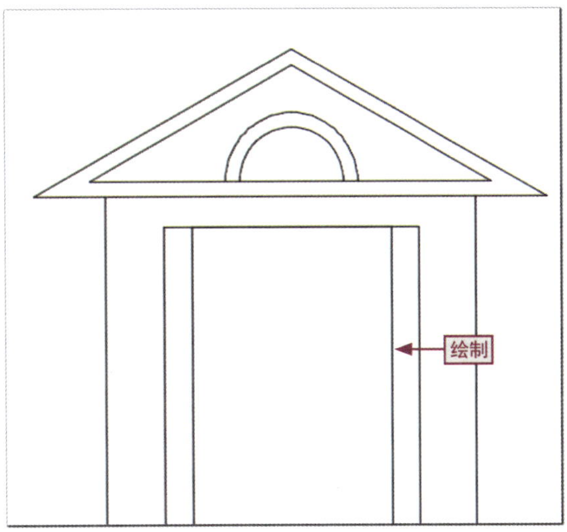

图13-51 绘制矩形

步骤07 单击“矩形”按钮，以刚绘制矩形的起点偏移20、-20为起点，绘制一个长660、宽2360的矩形，如图13-52所示。

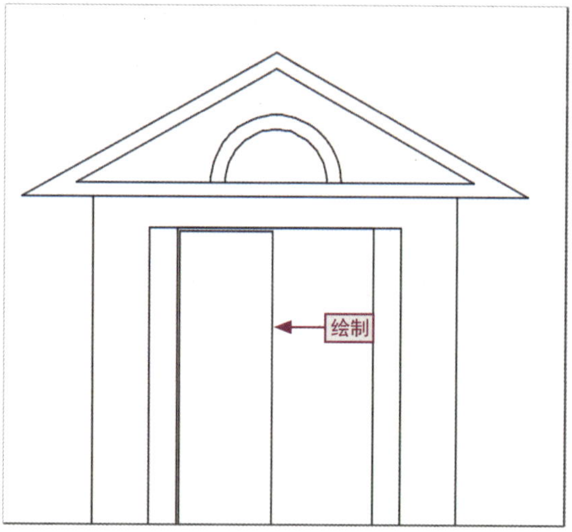

图13-52　绘制矩形

步骤08 单击“矩形”按钮，以刚绘制矩形的起点偏移140、-145为起点，绘制一个长370、宽883的矩形，如图13-53所示。

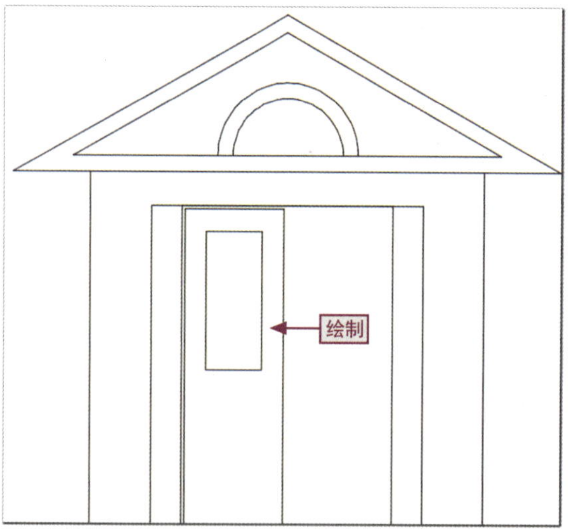

图13-53　绘制矩形

步骤09 选择刚创建的矩形，对其进行向下镜像操作，然后选择这两个矩形，将其向右镜像，如图13-54所示。

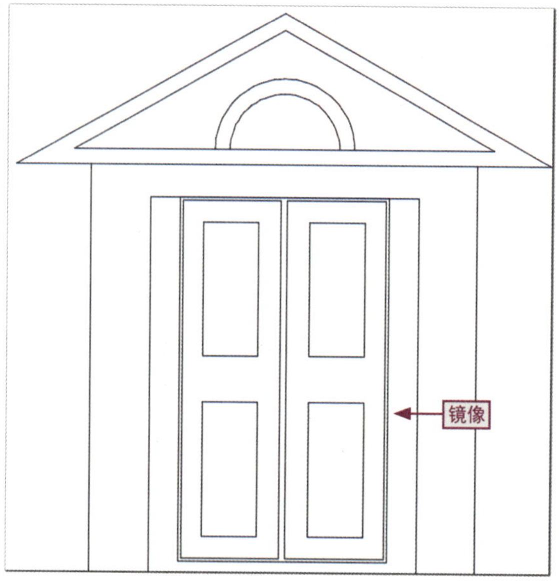

图13-54　镜像矩形

步骤10 单击“直线”按钮，在矩形中绘制对角线，完成大门图形的绘制，其效果如图13-55所示。

图13-55　绘制直线

13.3.3 绘制窗户和栏杆

本案例中的窗户有两种，但其绘制的方法

相同。栏杆主要使用多段线来绘制，其具体操作如下。

步骤01 单击“矩形”按钮，绘制一个长2500、宽2700的矩形，如图13-56所示。

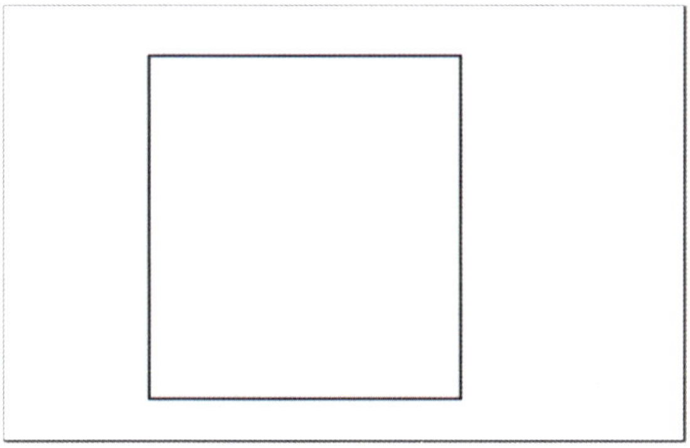

图13-56 绘制矩形

步骤02 单击“矩形”按钮，以矩形的起点偏移30、-50为起点，绘制一个长240、宽2600的矩形，如图13-57所示。

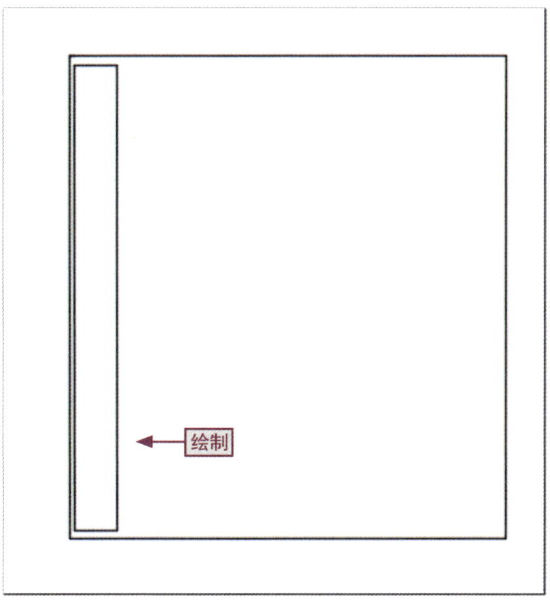

图13-57 绘制矩形

步骤03 单击“矩形”按钮，以刚绘制的矩形的起点向右偏移30为起点，绘制一个长900、宽2600的矩形，如图13-58所示。

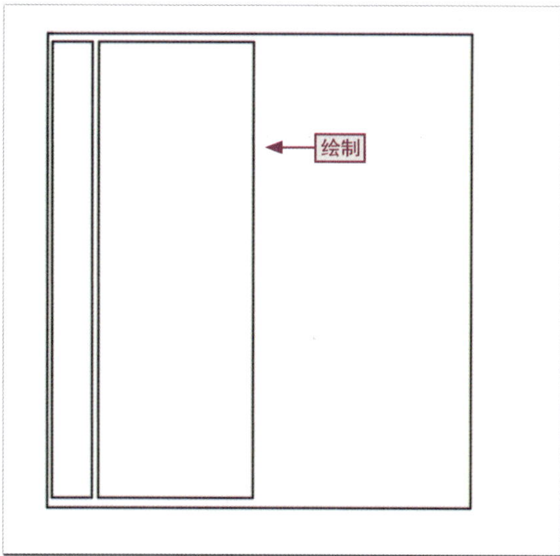

图13-58 绘制矩形

步骤04 单击“直线”按钮，为大矩形绘制一条中线，然后选择绘制的两个小矩形，以中线为对称轴进行镜像操作，完成窗户绘制，如图13-59所示。

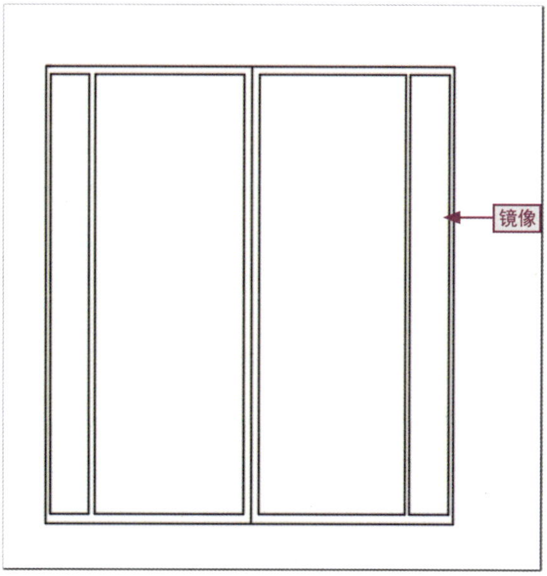

图13-58 镜像矩形

步骤05 单击“直线”按钮，绘制两条长度为2700、一条长度为3200的直线，效果如图13-60所示。

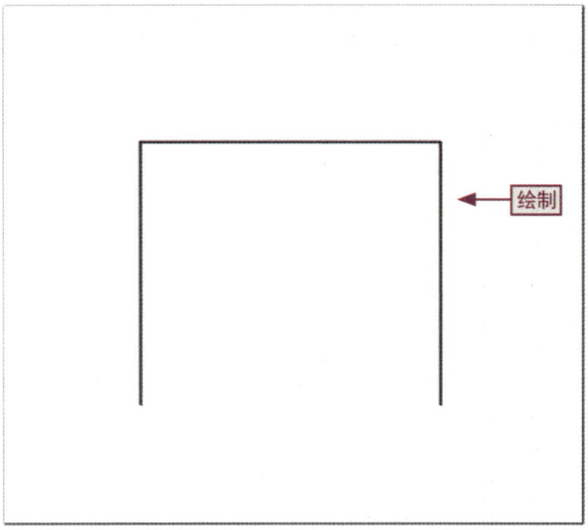

图13-60 绘制直线

步骤06 单击“偏移”按钮，将刚绘制的水平和垂直直线向内偏移100，效果如图13-61所示。

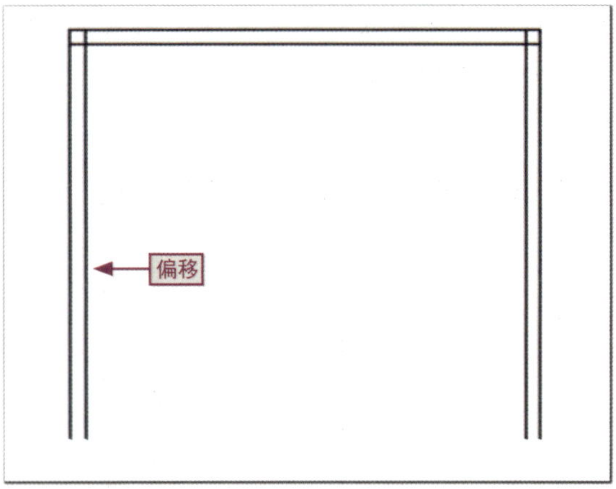

图13-61 偏移直线

步骤07 选择两条水平直线，将其向下偏移1100。选择左侧两条垂直直线，将其向右偏移500和1000，将右侧两条垂直直线向左偏移500，然后将其修剪为如图13-62所示的效果，完成另外一扇窗户的绘制。

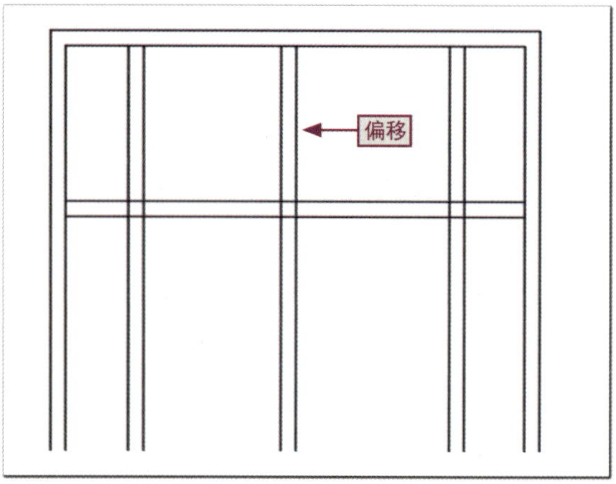

图13-62 偏移直线

步骤08 单击“矩形”按钮，绘制一个长900、宽2200的矩形，然后再以该起点偏移100、-100为起点，绘制一个长500、宽900的矩形，如图13-63所示。

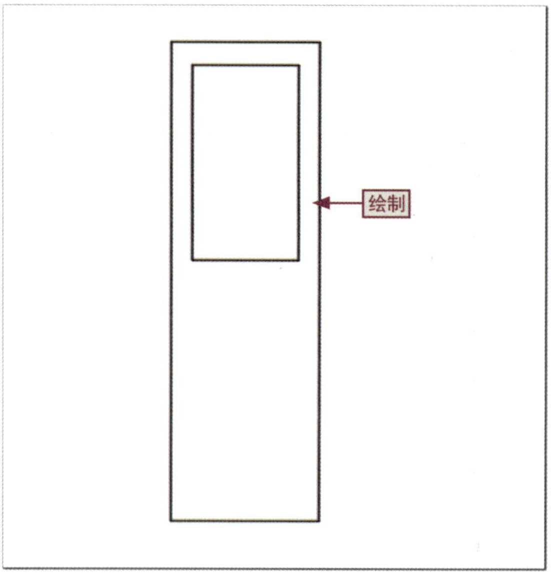

图13-63 绘制矩形

步骤09 单击“直线”按钮，在大矩形中绘制一条中线，然后选择小矩形，将其向下镜像，完成阳台门的绘制，其效果如图13-64所示。

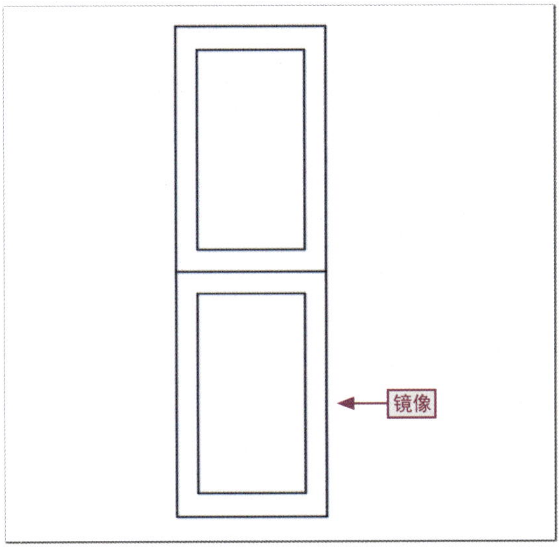

图13-64　镜像图形

步骤10 单击“直线”按钮，在绘图区绘制一个效果如图13-65所示的栏杆图形。

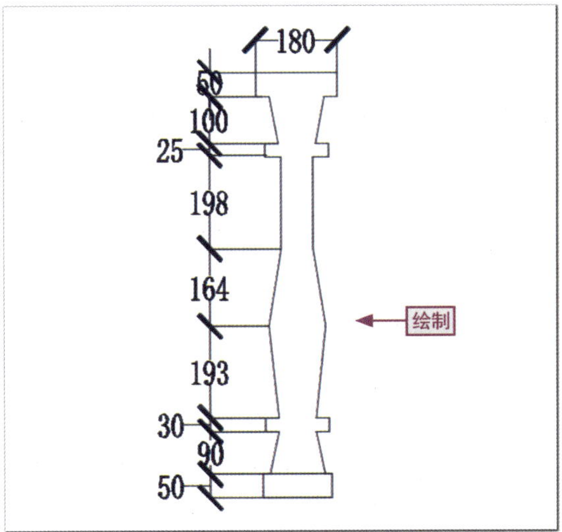

图13-65　绘制栏杆图形

13.3.4 编辑立面图

立面轮廓和门窗等图形绘制完成后，即可将门窗等图形插入立面中，以及进行尺寸标注来完成立面图的绘制，其具体操作如下。

步骤01 单击“填充”按钮，选择“屋顶”区域，为其填充图案为ANI31、角度为45、比例为20的效果，如图13-66所示。

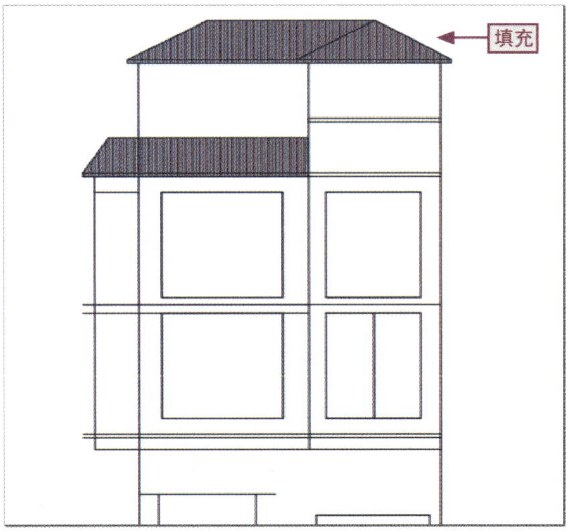

图13-66　填充屋顶图形

步骤02 选择前面创建的“门”图形，将其移动到立面图中的相应位置，其效果如图13-67所示。

图13-67　移动门

步骤03 选择前面创建的“阳台门”图形，将其移动到立面图中的相应位置，如图13-68所示。

图13-68　移动阳台门

步骤04 选择前面创建的“窗户”图形，将其移动到立面图中的相应位置，其效果如图13-69所示。

图13-69　移动窗户

步骤05 使用“圆”命令和“直线”命令，在剖面图中绘制如图13-70所示的装饰图案效果。

图13-70　绘制装饰图案

步骤06 选择绘制的“栏杆”图层，对其进行复制，然后将其移动到立面图中的相应位置，如图13-71所示。

图13-71　移动栏杆图形

步骤07 在三楼楼顶使用“直线”命令，绘制“不锈钢”栏杆效果，如图13-72所示。

图13-72 绘制栏杆

步骤08 选择"车库门"图形，为其填充图案为ANI31、角度为135、比例为20的效果，如图13-73所示。

图13-73 填充图形

步骤09 使用标注为图形添加尺寸标注，完成建筑立面图的绘制，如图13-74所示。

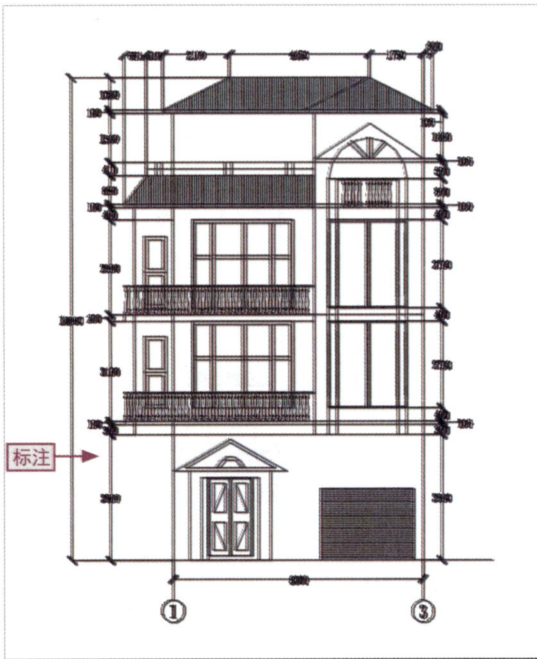

图13-74 标注图形

13.4 绘制建筑剖面图

下面接着前面的别墅建筑绘制其剖面图，即建筑的左视图或者右视图。通过剖面图可以展现建筑平面或内部不能直观显示出来的一些对象，实际建筑中也需要通过各种视图来展现其完整的效果。

13.4.1 建筑图形定位

建筑图形定位就是导入平面图和立面图，利用平面图侧面定位垂直尺寸，利用立面图来定位水平尺寸，其具体的操作方法如下。

步骤01 将前面绘制的平面图另存为“建筑剖面图”，并将平面图和立面图复制到绘图区，将平面图旋转180°，然后排列三图位置，如图13-75所示。

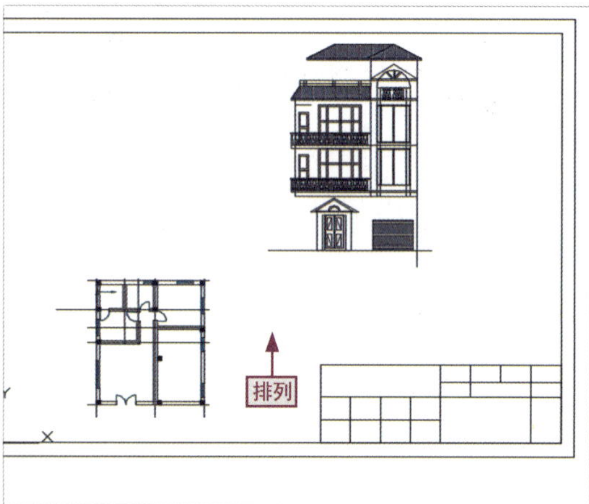

图13-75 导入图形

步骤02 选择“轴线”图层，单击“直线”按钮，根据右侧立面图的图形绘制水平轴线，如图13-76所示。

图13-76 绘制水平轴线

步骤03 单击“直线”按钮，根据下方平面图形绘制垂直轴线，如图13-77所示。

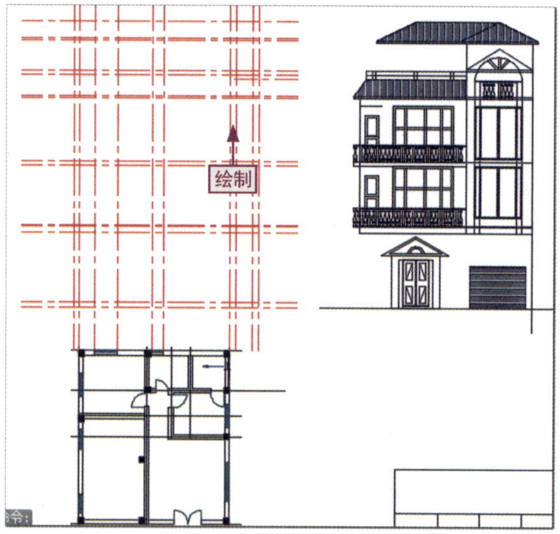

图13-77 绘制垂直轴线

步骤04 选择“墙体”图层，单击“直线”按钮，根据绘制的轴线绘制如图13-78所示的剖面轮廓图。

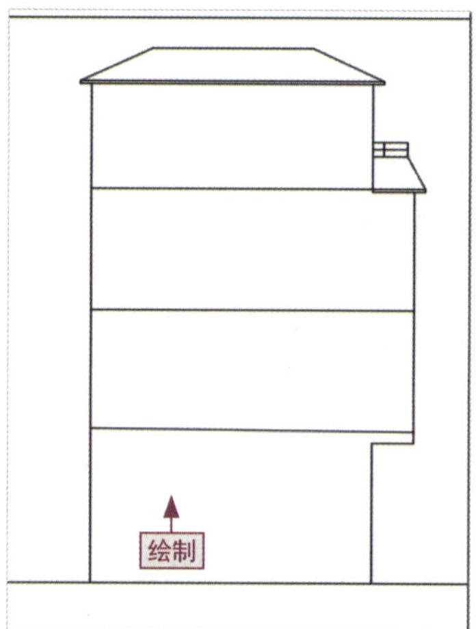

图13-78 创建剖面轮廓

13.4.2 绘制楼板和窗户

楼板图形的绘制是由立面图中得出的轴线来进行偏移完成的。

在平面图中，可以看出窗户是直线的形式，但是在剖面图中是以矩形的形式展现的。绘制楼板和窗户的具体操作如下。

步骤01 直接选择第3层楼板线，然后单击“偏移”按钮，将其向下偏移100，如图13-79所示。

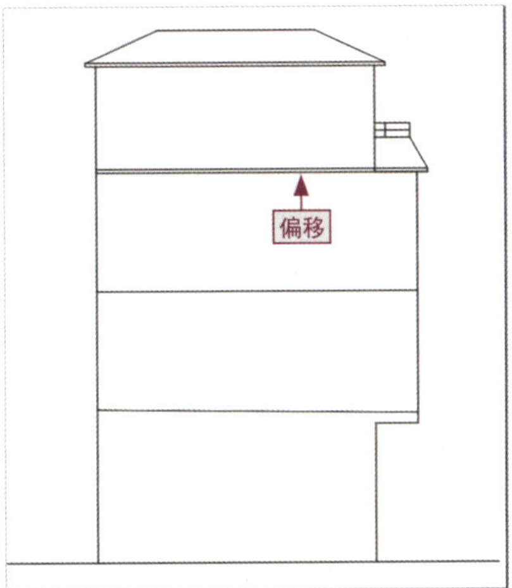

图13-79　绘制楼板

步骤02 用相同的方法将其他两个楼板线进行偏移，完成楼板的绘制，如图13-80所示。

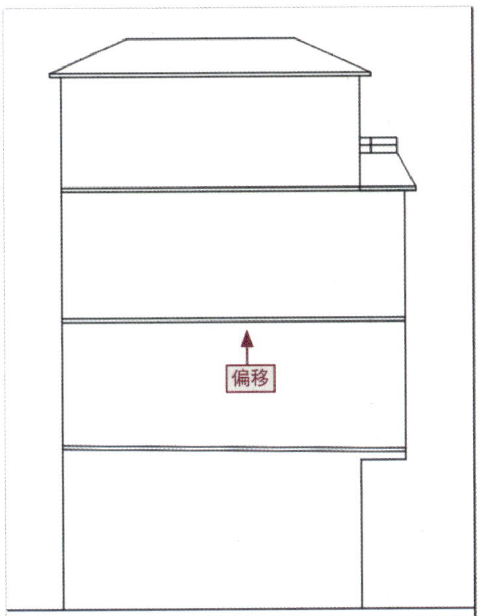

图13-80　创建楼板图形

步骤03 单击“矩形”按钮，在空白区域绘制一个长1200、宽1800的矩形，并在矩形的中点绘制一条垂直直线，如图13-81所示。

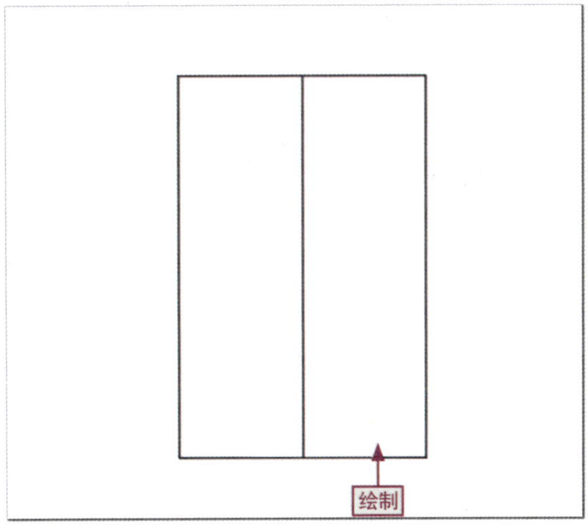

图13-81　绘制矩形

步骤04 在距离矩形起点下方500处绘制一条水平直线，并以矩形起点偏移50，-50的位置为新起点，再绘制一个长500、宽400的小矩形，其效果如图13-82所示。

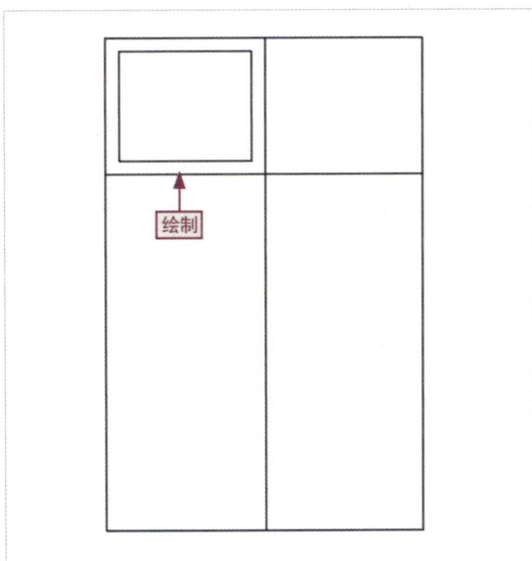

图13-82　绘制矩形

步骤05 在下方以水平直线与大矩形的交点偏移50、-50为起点，绘制一个长500、宽1200

的矩形，然后选择两个小矩形，对其进行镜像操作，如图13-83所示。

图13-83 镜像图形

步骤06 绘制一个长500、宽600的矩形，然后将其向内偏移50，完成窗户的绘制，如图13-84所示。

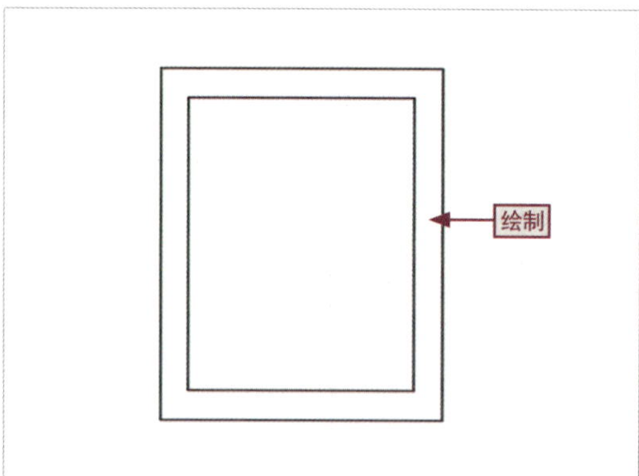

图13-84 绘制窗户

13.4.3 绘制梁

剖面图中的梁是根据平面图中的尺寸进行绘制的，其具体操作如下。

步骤01 将前面绘制的窗户插入图形中的相应位置，如图13-85所示。

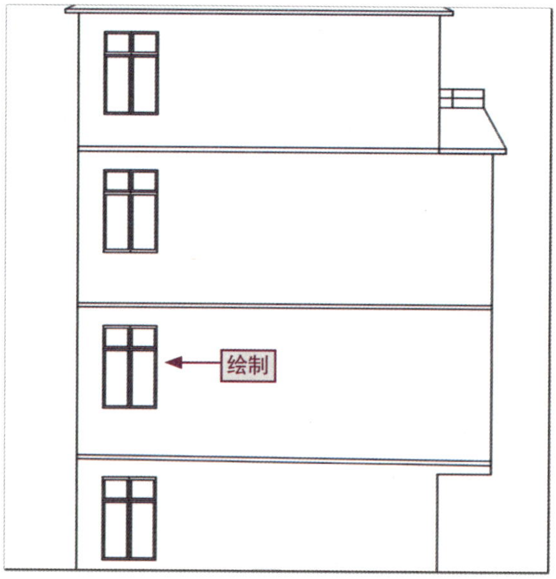

图13-85 插入窗户

步骤02 根据平面图的尺寸绘制一个剖面的墙体，如图13-86所示。

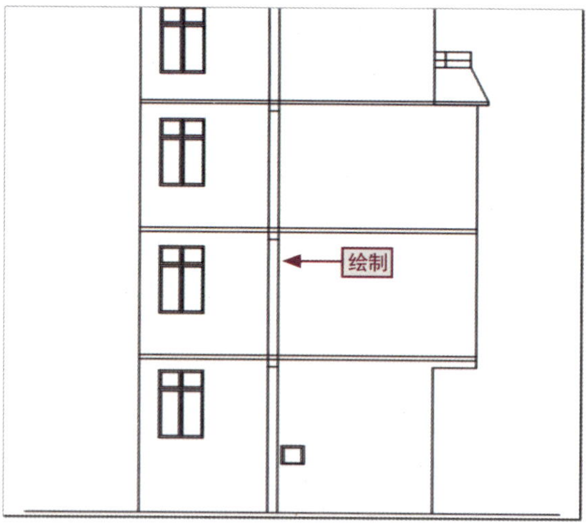

图13-86 绘制梁

步骤03 选择图形中的楼板，然后将墙体中的楼板部分向下偏移300，并填充为黑色，如图13-87所示。

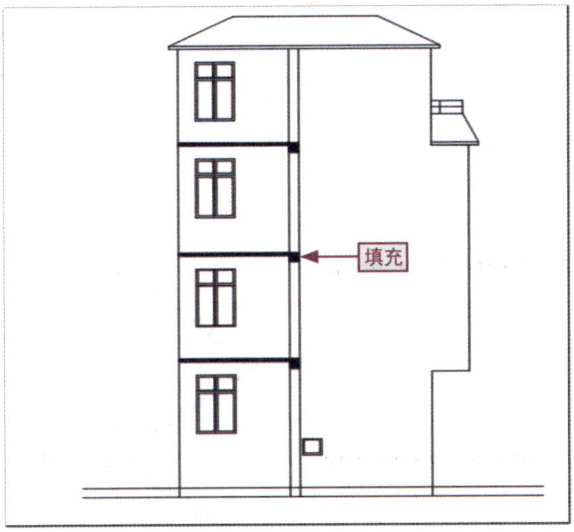

图13-87　填充梁图形

13.4.4 绘制楼梯

楼梯的级数可以根据墙体之间的宽度来确定，其具体操作如下。

步骤01 使用直线命令绘制楼梯图形，并绘制楼梯转角处的剖面图，如图13-88所示。

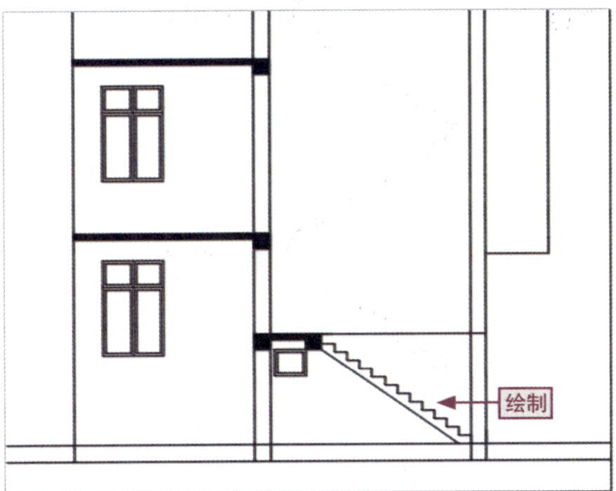

图13-88　绘制楼梯

步骤02 用相同的方法绘制向右侧的楼梯图形，如图13-89所示。

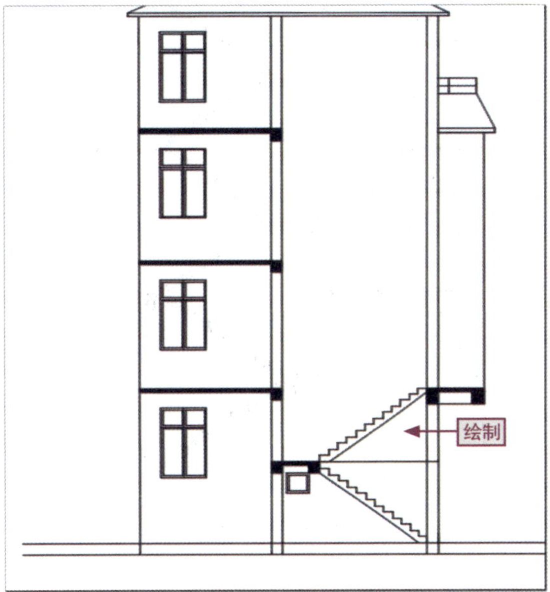

图13-89　绘制楼梯

步骤03 用相同的方法绘制二楼和三楼的楼梯，效果如图13-90所示。

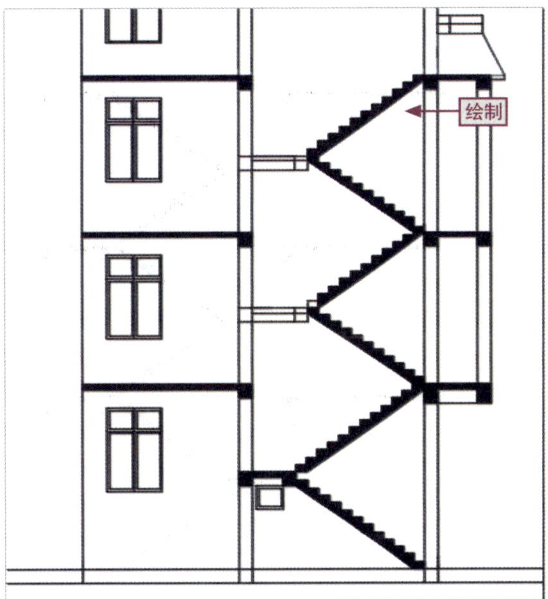

图13-90　绘制楼梯

步骤04 单击“直线”按钮，在楼梯上绘制高度为1000的扶手图形，其效果如图13-91所示。

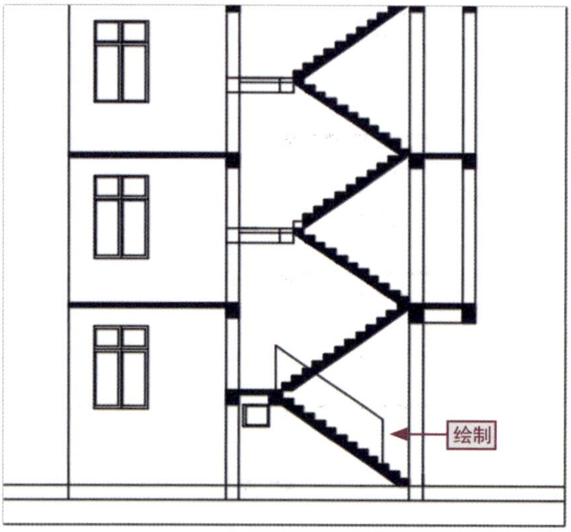

图13-91　绘制栏杆

步骤05 用同样的方法绘制其他楼梯上的扶手图形，如图13-92所示。

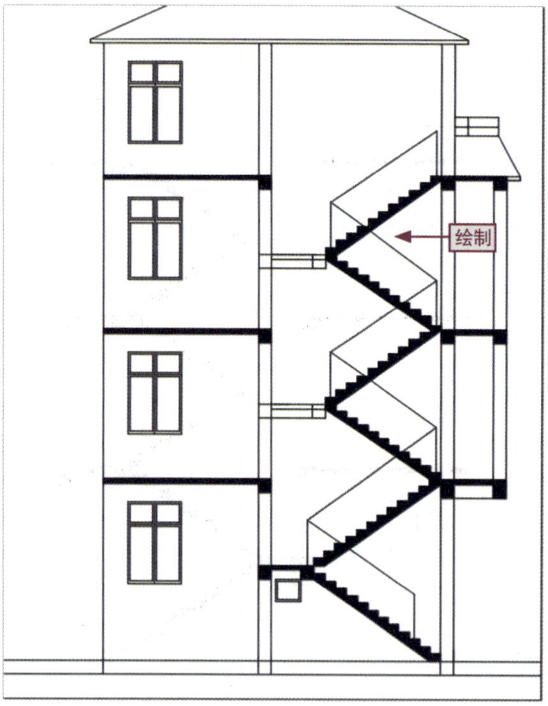

图13-92　绘制其他栏杆

步骤06 单击“填充”按钮，选择“屋顶”区域，为其填充图案为ANI31、角度为90、比例为20的效果，如图13-93所示。

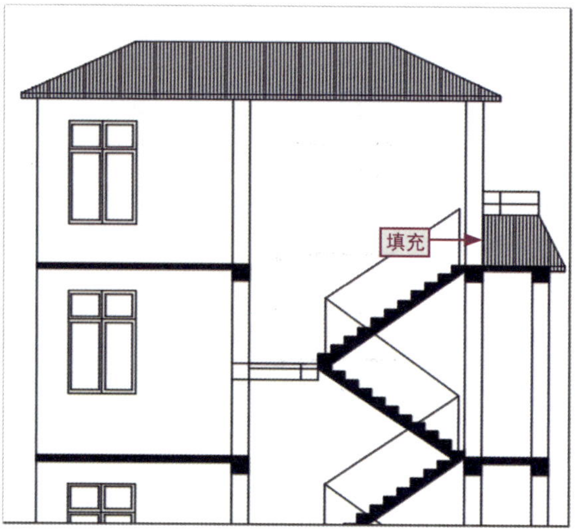

图13-93　填充屋顶

步骤07 选择前面绘制的栏杆图形，将其复制到图形右侧的垂直线上，如图13-94所示。

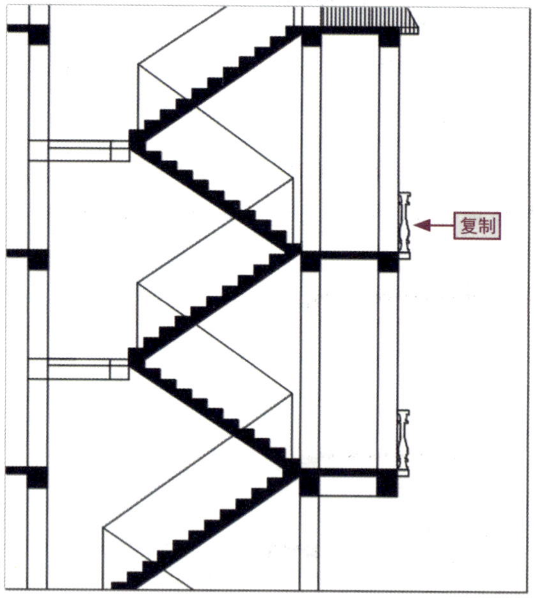

图13-94　复制栏杆

步骤08 使用线性标注和连续标注为剖面图添加标注，如图13-95所示。

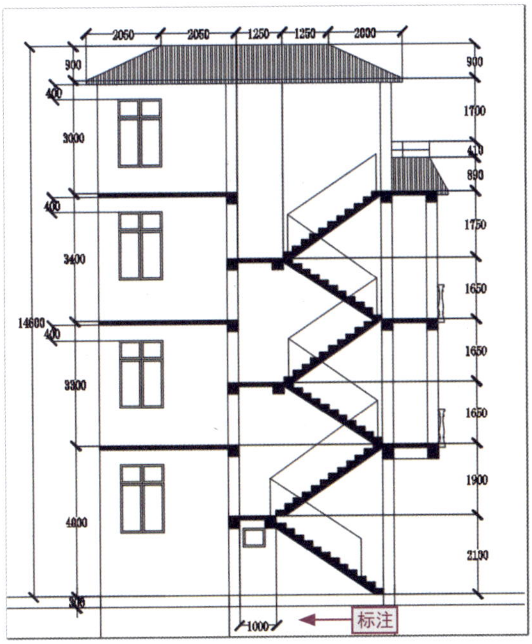

图13-95 标注图形

步骤09 按照前面绘制轴号的方法为图形绘制轴号标注，完成剖面图的绘制，如图13-96所示。

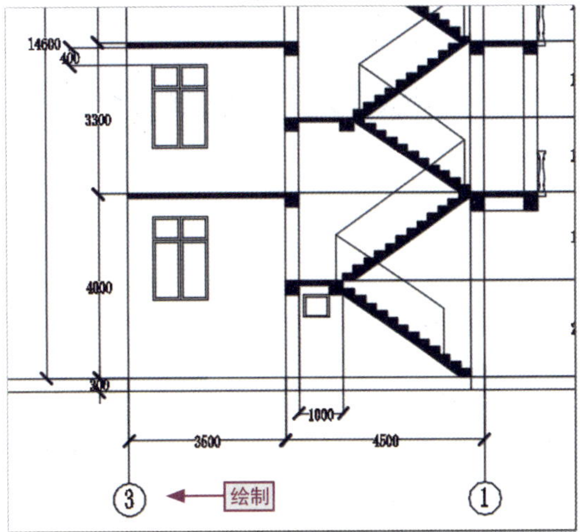

图13-96 绘制轴号

13.5 案例制作总结和答疑

案例制作完成后，需要及时对其进行总结与分析，这样才能更好地掌握相关的知识。下面就来对本案例进行一个简单的总结与答疑。

本案例主要介绍别墅建筑施工图的绘制过程，主要内容包括平面图、立面图和剖面图的绘制。对其他楼层平面图的绘制可以参照已经绘制好的平面图进行绘制，立面图可以先导入平面图进行建筑定位，剖面图可以导入平面图和立面图来定位尺寸，其他各种平面详图的绘制在建筑制图中也是很重要的，通过详图可以清楚地知道详细尺寸和定位，让施工更方便。

给你支招 | 调用系统图集

小白： 绘制那些建筑图都需要插入绘制过的图形，每次都要重新绘制，除了保存为块之外，还有没有其他方法呢?

阿智： 当然有。在AutoCAD的设计中心里面保存有一些常规的图形，在使用时可以直接调用，其具体操作如下。

步骤01 在“插入”选项卡的“内容”组中单击“设计中心”按钮，如图13-97所示。

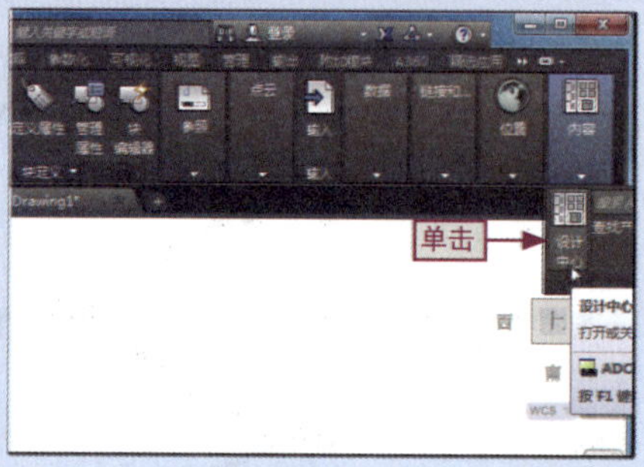

图13-97　单击“设计中心”按钮

步骤02 打开“设计中心”面板，在左侧的“文件夹列表”中双击AutoCAD安装位置中的AutoCAD文件夹，如图13-98所示。

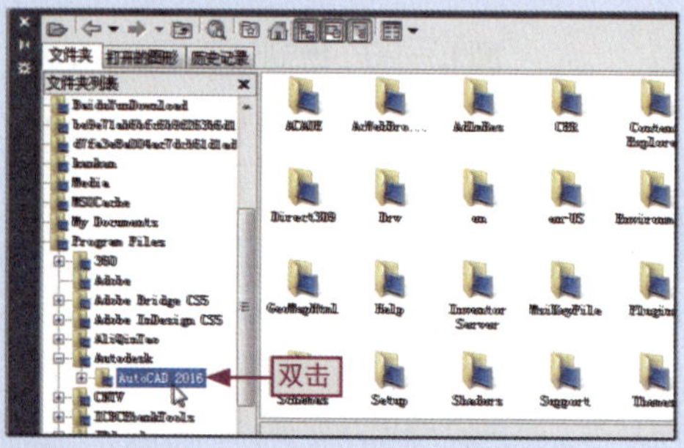

图13-98　选择安装文件夹

步骤03 在展开的文件夹中双击“Sample”文件夹，如图13-99所示。

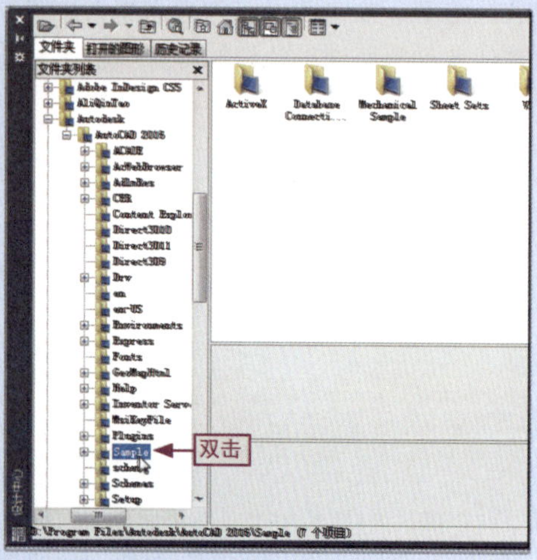

图13-99　双击文件夹

步骤04 在展开的文件夹中双击“zh-cn”文件夹中的“DesignCenter”文件夹，如图13-100所示。

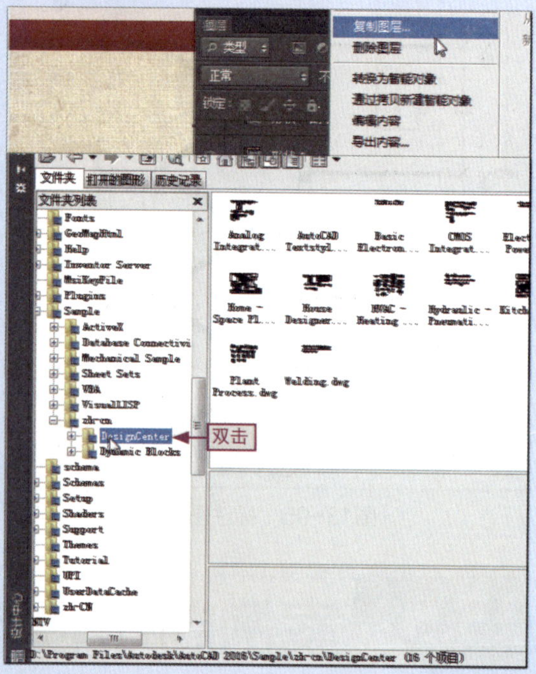

图13-100　双击文件夹

步骤05 打开“设计中心”文件夹，在其中选择相应的分类，然后在右侧列表框中双击“块”图标，如图13-101所示。

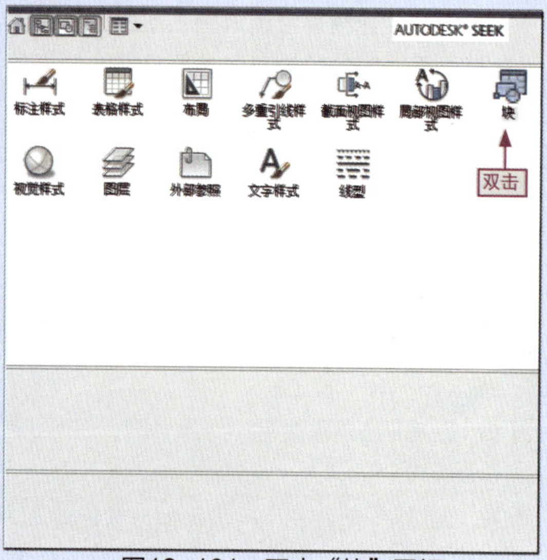

图13-101　双击“块”图标

步骤06 打开的列表中显示了多个常用的图形，在需要的图形上右击，从弹出的快捷菜单中选择“插入块”命令，如图13-102所示。将该图形即插入绘图区。

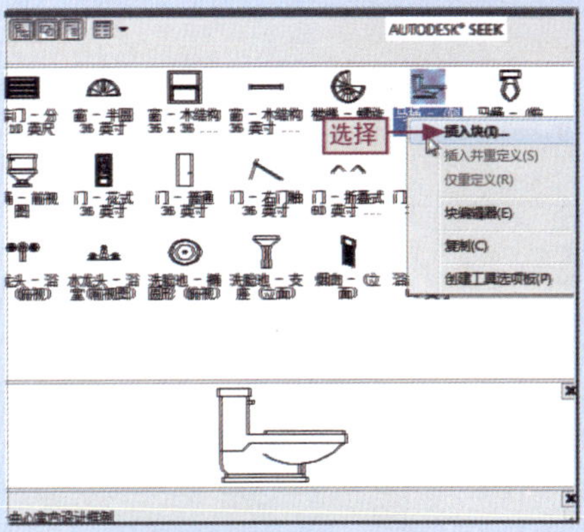

图13-102　选择图形

给你支招 | 通过网站学习知识

小白：AutoCAD的绘图知识学习完了，但是要真正运用到实践和工作中，是不是还要学习一些其他知识呢？

阿智：AutoCAD只是一个绘图的辅助工具，在绘制专业的图纸前，还需要学习一些专业的知识，如机械设计、建筑设计和室内设计等方面的知识。除此之外，还可以在网络上学习一些用AutoCAD绘制相关图纸的知识，如“CAD之家”网站就是学习AutoCAD的综合性网站，如图13-103所示。

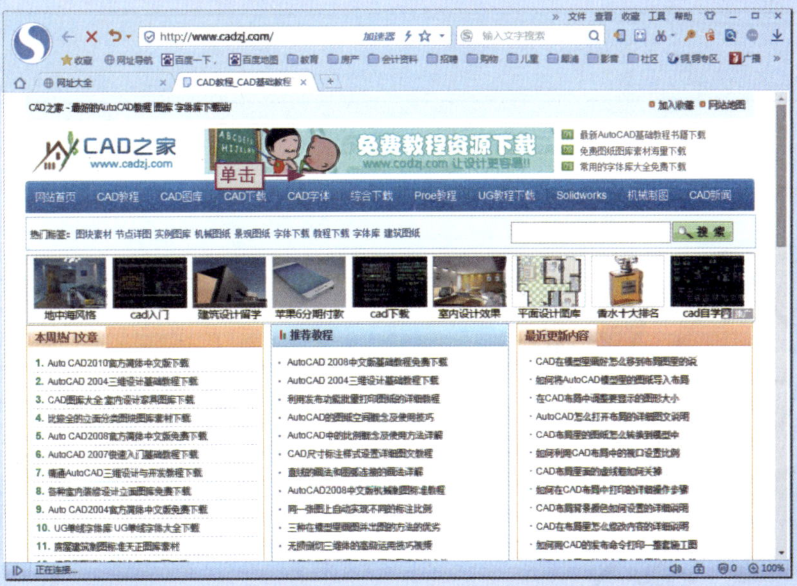

图13-103　“CAD之家”网站

阅读随笔